LA RHÉTORIQUE

ET

SON HISTOIRE

PAR

A.-Ed. CHAIGNET

RECTEUR DE L'ACADÉMIE DE POITIERS
CORRESPONDANT DE L'INSTITUT

PARIS

F. WIEVEG, LIBRAIRE-ÉDITEUR
E. BOUILLON et E. WIEVEG, Successeurs
67, RUE DE RICHELIEU, 67
1888

(Droits de propriété et de traduction réservés)

LA RHÉTORIQUE

ET

SON HISTOIRE

POITIERS
Imp. Millet, Descoust & Pain

LA RHÉTORIQUE

ET

SON HISTOIRE

PAR

A.-Ed. CHAIGNET

RECTEUR DE L'ACADÉMIE DE POITIERS
CORRESPONDANT DE L'INSTITUT

PARIS

F. WIEWEG, LIBRAIRE-ÉDITEUR
E. BOUILLON ET E. WIEWEG, SUCCESSEURS
67, RUE DE RICHELIEU, 67
1888

(Droits de propriété et de traduction réservés)

PRÉFACE

On n'enseigne plus la rhétorique dans les classes de rhétorique des lycées et collèges de France : c'est assez dire qu'on ne l'enseigne nulle part. Les programmes de l'Enseignement secondaire, encore une fois révisés en 1885, en suppriment même le nom et instituent à sa place, dans les classes de troisième, seconde et rhétorique « des notions sommaires d'*Histoire* des littératures grecque, latine et française. » J'avoue que ce changement, qui substitue à un enseignement théorique un exposé de faits sans principes et sans lois qui les expliquent, me paraît regrettable et qu'il est loin d'être, à mes yeux, une réforme, si ce mot signifie toujours une amélioration et un progrès, dans le système des études libérales. J'y vois même un danger pour la culture générale de la jeunesse, comme pour le développement et le maintien du goût classique et de l'esprit français.

L'histoire des lettres est une chose ; les lettres mêmes en sont une autre, différente et, à mon sens, beaucoup plus importante et supérieure. Si l'on veut envelopper dans la notion de cette histoire la critique des œuvres littéraires, la critique, c'est-à-dire l'admiration réfléchie et raisonnée du beau dans l'art, suppose une théorie, une doctrine, un système de règles qui puisse fournir un point de repère au jugement et une mesure à l'appréciation du goût. Si l'on ne consent pas à accepter la thèse de M. Taine, pour qui tout est également beau, si on fait des distinctions, si on garde des préférences, si l'on trouve l'Iliade plus belle qu'une chanson cafre, la Vénus de Milo plus belle qu'un magot papou, il faut en donner des raisons et un système de raisons. Si une doctrine littéraire, qu'on la suppose aussi compréhensive qu'on voudra, est reconnue nécessaire pour l'éducation et l'exercice du goût, n'est-il par raisonnable de commencer par là ? Écrire l'histoire de la Tragédie sans dire ce que c'est que la Tragédie, est sans doute possible, mais à la condition qu'on l'ait appris d'ailleurs et antérieurement. J'ajoute que le sens historique, qui n'est pas le sens critique, est encore moins le sens littéraire, qu'il importe surtout, j'imagine, d'imprimer à la jeunesse. M. Alfred Croiset, dans la préface de son *Histoire de la littérature grecque*, reconnaît, avec Sainte-Beuve lui-même, qu'il y a dans les lettres des productions belles, et d'autres chétives ; qu'il y a des avortons, des monstres, des époques d'enfance, de maturité, de déclin ; qu'il y a un sens du beau, un goût esthétique, une raison littéraire qui reste inflexible à l'égard de ce qui n'est pas raisonnable et qui exige qu'on ne méconnaisse pas les lois éternelles et fondamentales de la pensée. Tout cela est excellent, est parfait. Mais ce n'est pas l'Histoire assurément qui éveillera et fortifiera le sens du beau, qui formera le goût, qui apprendra à distinguer les formes mal venues et monstrueuses, qui enseignera quelles sont les *lois éternelles* de la pensée dans l'ordre littéraire. Je ne veux pas dire par là que l'historien de la littérature doive apporter dans l'exposition et l'analyse un idéal a priori, abstrait, particulier et déterminé. L'histoire a son domaine et ses conditions propres ; elle peut se passer, peut-être, de principes rationnels et de notions a priori : je dis peut-être, car que serait l'histoire sans les principes de la morale et de la politique, qu'elle applique et confirme mais ne contient pas? Mais en tout cas l'esprit humain ne s'en passe pas; l'éducation de la jeunesse ne s'en passe pas, du moins impunément. L'histoire des lettres n'a pas de sens pour qui n'a pas le sens et le goût des lettres ; jamais l'histoire des lettres ne remplacera l'étude, le goût et la pratique des lettres.

Il y a dans la thèse de M. Sainte-Beuve, que je vais résumer tout à l'heure, des contradictions qui naissent du conflit inconciliable entre son système et son sens esthétique, si juste, si clair et si profond. Il parle quelque part[1] du devoir de la critique « de *classer* chaque auteur, et de le mettre à sa *place*, dans l'*ordre de l'art* ». Il n'y a pas un mot de cette définition excellente qui ne soit la contradiction de toute sa théorie. Où prendre, dans son hypothèse, l'origine et la rai-

---

[1] *Causeries du lundi*, t. XII, p. 161.

son d'une classification, d'un ordre, d'une place dans cet ordre, d'un art même ? Cette contradiction interne ruine tout le système artificiel de sa méthode critique ; car il est toujours vrai de dire que la contradiction est le signe caractéristique de l'erreur, et que l'accord de la pensée avec elle-même est le signe caractéristique de la vérité[1]. L'histoire littéraire peut rendre aux lettres, sans doute, de réels services ; elle élargit, complète, contrôle l'idée du vrai et du beau : elle ne saurait la produire ; elle fait sentir la nécessité d'une théorie compréhensive, affranchie du joug étroit des écoles et d'un goût trop exclusif : elle ne la remplace pas. Oserai-je dire toute ma pensée ? Je comprends mal une histoire des lettres. L'histoire a pour objet ce qui passe, ce qui change, ce qui est mort, et par conséquent ce qui était mortel. Son œuvre est une reconstruction, une évocation ; elle fait sortir les ombres de la nuit du passé et pour ainsi dire de la mort. Les lettres, comme les arts, n'ont pas besoin de cette évocation magique ; elles ne sont pas mortes ; dans leur beauté, qui est leur essence, elles sont immortelles. Les chefs-d'œuvre de la poésie et de l'éloquence, que nous avons pu sauver des mains du temps et des mains des hommes, parfois encore plus barbares, sont des choses actuelles, présentes, vivantes, que je puis et que je dois, pour les comprendre, contempler directement du regard de mon esprit ; car cette contemplation intime et profonde est seule capable d'y éveiller la palpitation joyeuse et délicieuse qu'on appelle l'admiration. Il en est de

---

[1] Arist., *Eth. Nic.*, I, 13. πάντα γὰρ ὁμοφωνεῖ τῷ λόγῳ. Herbart, t. I, 178. Denken einig mit sich selbst.

même des œuvres de l'art plastique ; certes je ne lis pas sans intérêt ni profit les renseignements historiques sur la Vénus de Milo, le Laocoon, le groupe des Parques, sur l'époque où ont vécu leurs auteurs, sur la vie de ces maîtres, leurs rapports avec les hommes et les choses de leur temps. Cela peut m'aider à comprendre quelques particularités accessoires de leurs œuvres : mais cela ne me donne ni le sens ni l'idée de leur beauté divine. Pour les admirer et pour en jouir il faut en avoir la sensation, une sensation esthétique sans doute, mais enfin une sensation comme de toutes les choses du monde des formes et de la vie. Rien ne remplacera pour la culture de l'esprit, pour le développement de l'imagination esthétique le contact immédiat, le commerce intime avec les œuvres mêmes, et le système raisonné de l'art théorique que la raison, appuyée sur cette étude, en tire et en construit.

Je n'ignore pas que le courant qui entraîne la critique et la noie ainsi dans l'histoire remonte à une date déjà éloignée, et qu'outre la consécration d'une ancienneté relative, elle peut s'appuyer sur l'autorité d'illustres et éminents esprits.

M. Guizot, dans sa brillante et forte étude sur Shakespeare, a le premier donné le branle : « La littérature, dit-il, n'échappe point aux révolutions de l'esprit humain ; elle est contrainte de le suivre dans sa marche, de se transporter sous l'horizon où il se transporte, de s'élever et de s'étendre avec les idées qui le préoccupent, de considérer les questions qu'elle agite sous les aspects et dans les espaces nouveaux où les place le nouvel état de la pensée et de la société. »

Sous cette forme pénétrante et grave, on voit apparaître, un peu enveloppée par la phraséologie, l'idée que la littérature a une valeur purement relative : ce qui n'est vrai que sous certaines réserves et dans certaines limites. Si l'on entend par littérature l'ensemble indistinct des productions de l'esprit qui se manifestent par la parole et l'écriture, on doit reconnaître que la société et le milieu exercent sur elle une influence toute puissante, et qu'elle ne peut être comprise et jugée que dans ce rapport même qui la détermine et pour ainsi dire la constitue. Mais on entend ordinairement et plus justement le mot dans un sens moins large et moins général ; la littérature est autre chose que l'expression des besoins passagers, des sentiments vulgaires et des idées positives d'un temps et d'un milieu donnés. Les œuvres de l'esprit ne sont appelées littéraires que dans la mesure où elles sont belles, et cet élément de la beauté est précisément ce qui échappe en elles aux révolutions de la société et aux mouvements de l'histoire. Il y a là, au milieu des ombres qui passent et des figures qui disparaissent, quelque chose qui ne passe pas, quelque chose qui demeure[1]. Je ne me représente pas un temps, un milieu, une société civilisée où Homère et Virgile, Sophocle et Corneille, Démosthènes et Bossuet auront perdu, par suite du mouvement des institutions sociales et politiques, leur charme et leur beauté. S'il s'agit d'un retour offensif de la barbarie, je n'ai plus rien à dire.

---

[1] Schiller : Was sich nie und nirgends hat begeben,
　　　　　Das allein veraltet nie.
Ce qui ne s'est jamais ni nulle part réalisé, cela seul ne vieillit jamais.

M. Sainte-Beuve a poussé plus loin le principe de la relativité du goût et du beau dans l'art littéraire. Il a exposé une méthode de critique qu'il appelle naturelle, et qui serait plus exactement appelée naturaliste. La littérature n'est point distincte de l'homme et ne peut-être jugée indépendamment de l'homme même. Mais qu'est-ce que l'homme? une organisation. Donc : « S'agit-il d'étudier un homme supérieur, — le système ne donne aucun moyen, aucun signe pour reconnaître un homme supérieur, — s'agit-il d'étudier un homme supérieur, voici comment il faut s'y prendre : si l'on connaissait la *race physiologiquement*, les ascendants et les ancêtres, on aurait un grand jour sur la qualité secrète et essentielle des *esprits*. Mais le plus souvent cette racine profonde reste obscure et se dérobe; dans le cas où elle ne se dérobe pas tout entière, on gagne beaucoup à l'observer. C'est dans le *sang*, dans le *tempérament* qu'il faut aller chercher les causes de l'originalité littéraire. » Avant tout, il faut observer le tempérament et les propriétés du sang chez la mère, — il est vraiment plaisant que le père ne soit ici compté pour rien [1], — chez les sœurs, chez les frères, dans les enfants. M. Guizot avait confondu la critique avec l'histoire ; M. Sainte-Beuve l'identifie avec une biographie d'un caractère tout physiologique et plus qu'indiscret.

La méthode, quand elle aurait d'ailleurs toutes les autres qualités, manquerait d'une qualité assurément nécessaire, d'être praticable. Comment expliquer

---

[1] On ne s'explique cette étrange omission que par les difficultés de la recherche de la paternité, dont les erreurs, toujours possibles, suffiraient à compromettre la théorie.

le caractère poétique de l'Odyssé et de l'Iliade par le tempérament et les propriétés du sang de la mère du poète ? Il y en a qui prétendent qu'il n'a pas existé. Pour les auteurs récents et contemporains, si cette recherche n'est pas absolument impossible, elle prendrait fatalement un tour indécent, scandaleux, diffamatoire. Cela me dispense d'insister.

M. Taine, dont l'incontestable talent se complaît visiblement dans l'outrance, M. Taine a renchéri encore sur ces principes en en précisant les conséquences. Pour lui chaque âge, chaque race, chaque peuple a sa beauté propre, qui est une vraie beauté. Chaque individu a le droit d'avoir son idéal et d'en changer dix fois du matin au soir. Pour qui sait se placer au *vrai*[1] point de vue, une ode d'Horace ne vaut pas mieux qu'une chanson de nègres, le plus horrible fétiche est aussi beau que la plus belle statue grecque. La beauté n'est qu'une sensation. La conséquence est qu'il n'y a plus d'art, et partant plus d'art de la critique. Mais alors vous même pourquoi me parlez-vous? vous n'avez plus rien à m'apprendre et à me dire ; que me fait à moi votre sensation? gardez-la pour vous; j'ai naturellement la mienne, qui naturellement vaut bien la vôtre, dont je ne sais pourquoi[2] vous tenez à m'entretenir et que vous vous efforcez de me faire partager. Le système semble le triomphe de l'individualité : en réalité, il la détruit ; car ma sensation n'est mienne qu'en apparence ; je n'en suis ni l'auteur ni le maître ; elle appartient à l'objet extérieur qui la

---

[1] Vrai ? Quel singulier mot dans une théorie qui renverse le fondement de toute vérité !

[2] Ou plutôt je sais bien pourquoi, par une contradiction interne qui ruine le système, mais que ne peut retenir l'irrésistible force du bon sens.

produit, et dont je suis la proie et la victime. L'homme n'est plus même la mesure des choses : il en est le jouet. Le génie qu'on s'était plu, jusqu'ici, à considérer comme une force, une cause, n'est qu'un résultat ; ce n'est plus une lumière, c'est un reflet ; ce n'est plus une voix, c'est un écho.

Ces doctrines, qui ne sont au fond que l'envahissement de l'histoire dans le domaine des idées, le triomphe du fait sur la raison qui en est la loi et la cause, ont exercé sur les esprits et particulièrement dans la critique une influence sinon profonde, du moins générale. C'est une de leurs conséquences qui a fait supprimer de la classe de rhétorique l'enseignement de la rhétorique théorique qui lui avait donné son nom. Mais leur empire me paraît aujourd'hui fort ébranlé ; une réaction salutaire s'est produite, qui commence à nous ramener au bon sens et à la vérité. Il est facile d'en apercevoir les symptômes dans l'esprit de la jeune critique[1], et je me plais à en voir un autre, dans un morceau excellent dont je veux citer au moins un passage. Il est extrait du rapport de M. Jules Girard sur le concours de l'agrégation des lettres en 1886, qui est tout entier à relire et à méditer : « Le commentaire littéraire *admet* des comparaisons, *quand il y a lieu ;* mais il doit avant tout s'appliquer au texte lui-même... Il faut éviter avec soin de *s'égarer* dans des généralités plus ou moins banales sur l'auteur ou sur son ouvrage, et s'efforcer principalement, par une analyse pénétrante de la pensée et par une étude attentive de l'expression,

---

[1] Les études de M. F. Brunetière, de M. Em. Faguet, de M. J. Lemaître.

de déterminer le caractère du style. » L'étude des textes, l'analyse de la pensée, l'ordonnance et l'économie de la composition, l'observation des caractères du style, ce sont là des choses que l'on prenait l'habitude de négliger comme indifférentes ou accessoires, tandis qu'en ce qui concerne les renseignements sur l'auteur, son pays, sa famille, le tempérament et les qualités du sang de sa mère et de ses sœurs, sur le milieu social et politique où il a vécu, sa vie intime et secrète, quand par bonheur elle ne se dérobe pas, la critique était d'une abondance intarissable autant que stérile. J'espère que ce mouvement de sage et sensée réforme finira par l'emporter, et qu'on rétablira, dans l'éducation libérale, la rhétorique à la place d'honneur qu'elle n'a pas cessé de mériter par les services qu'elle peut rendre dans cet ordre d'enseignement.

La rhétorique a tenu une grande place dans le système pédagogique des Grecs. Si Platon proclame encore que la haute éducation consiste dans l'art de bien danser et de bien chanter, c'est-à-dire, dans la pratique disciplinée de la gymnastique et de la musique, s'il est vrai que les poètes ont été les premiers instituteurs de la Grèce et les plus grands, il est impossible de contester que l'art de bien dire, εὖ λέγειν, enseigné par les sophistes et les rhéteurs, a eu aussi son rôle dans le magnifique développement de la civilisation grecque ; comme la poésie, il a été la condition nécessaire et pour ainsi dire l'apprentissage de la vie morale et pratique, εὖ πράττειν [1]. Les rhéteurs

---

[1] Plat., *Protag.*, 316, d. ὁμολογῶ τε σοφιστής εἶναι καὶ παιδεύειν ἀνθρώπους. *Id.*, 349. παιδεύσεως καὶ ἀρετῆς διδάσκαλον.

sont aussi des instituteurs. Ce n'est pas seulement une prétention de leur part : c'est un fait historiquement démontré ; à un moment donné et connu, les sophistes se sont emparés de l'éducation de la jeunesse et se sont proposé de la préparer, par leurs leçons, à la vie pratique, dont la forme supérieure et la plus noble était la vie politique, pour laquelle l'art de la parole est l'instrument indispensable. C'était là l'idéal du vrai citoyen, entrevu déjà par Homère[1], et que Solon avait voulu réaliser, en prescrivant, par une loi, les moyens de rendre tout citoyen d'Athènes capable de bien penser, de bien agir et de bien parler, ce qui est aussi une manière d'agir : λέγειν τε καὶ πράττειν δεινοί. Dès ce moment l'homme bien élevé est, non plus celui qui sait jouer de la lyre, mais celui qui sait bien penser, bien dire et bien agir, ἱκανώτατος εἰπεῖν καὶ γνῶναι καὶ πρᾶξαι[2]. Homère fut signalé à l'admiration et à l'imitation de la jeunesse non plus seulement comme le plus grand des poètes, mais comme le plus parfait des orateurs[3].

C'est pour satisfaire à cette condition, devenue de bonne heure la plus essentielle de l'éducation de l'homme et du citoyen, que se forma et s'organisa en se développant, par l'action des sophistes, des rhéteurs, et surtout des philosophes, des plus grands

---

[1] *Il.*, IX, 442. Πηλεύς, dit Phœnix,

Τοὔνεκά με προέηκε διδασκέμεναι τάδε πάντα
μύθωντε ῥητῆρ' ἔμεναι πρηκτῆρά τε ἔργων,

ce que Cicéron, dans sa langue exquise, traduit : oratorem verborum actoremque rerum.

[2] Lysias, *Epitaph.*, 9.

[3] Hermogen., ed. Ald., p. 140.

d'entr'eux et des plus sévères écoles[1], le corps de doctrine, le système rationnel de principes, d'observations et de règles qui, sous le nom de rhétorique, dans tous les pays civilisés, depuis le v⁵ siècle avant

---

[1] Quintil., II, 15. « Post Aristotelem et Theophrastum diligentius hac de arte philosophos scripsisse quam rhetores », et chose plus remarquable encore, « Peripateticorum et Stoicorum principes. » J'aurai souvent, dans le cours de cet ouvrage, l'occasion d'en fournir les preuves ; je me borne ici à mentionner sommairement les philosophes qui ont ou écrit des traités de rhétorique, ou fait entrer la rhétorique dans le domaine de leur doctrine :

1. Épicure, auteur d'une Τέχνη ῥητορική (D. L., X, 13; Planud., Rh. Gr. Walz., t. V, p. 440) : c'est là sans doute qu'il recommandait de ne pas rechercher les grâces artificielles du style (οὐδὲ ῥητορεύειν καλῶς, D. L., X, 118), et de ne viser qu'à la clarté parfaite (μηδὲν ἄλλο ἢ σαφήνειαν ἀσκεῖν). Car l'éloquence n'est pas un art; la nature nous donne les règles de la vraie éloquence (Sch. Hermog., φύσις γάρ ἐστιν ἡ κατορθοῦσα τοὺς λόγους· τέχνη δὲ οὐδεμία).

2. Philon l'académicien (Cic., de Or., III, 40; Tusc., II, 9). Nostra autem memoria Philo... instituit alio tempore rhetorum præcepta tradere, alio philosophorum.

3. Théophraste (Cic., de Or., I, 43). Quintil., III, 1. « Theophrastus quoque de Rhetorice diligenter scripsit atque hinc vel studiosius philosophi quam rhetores. » — Ses études sur l'art oratoire comprenaient, outre « Un traité des passions et des émotions, τὰ πάθη τῆς ψυχῆς, et des moyens de les faire sentir et de les communiquer », un traité de l'action oratoire qu'il déclarait d'un effet tout puissant; il avait insisté sur ce principe que les mouvements du corps et les inflexions de la voix, τὸν τόνον τῆς φωνῆς, devaient être en parfaite harmonie avec toutes les autres parties du discours, c'est-à-dire avec les pensées et le style ». Anonym., Rhet. Gr. Walz, t. VI, p. 35.

4. Zénon, auteur d'un livre intitulé περὶ λέξεων, et d'une Τέχνη, qui semble plutôt un traité de logique que de rhétorique, quoique on en cite des définitions de la narration, de l'exemple et des préceptes sur la narration (D. L., VIII, 4; Plut., Stoïc. Rep., 2; Anon. Seg., Rh. Gr., Speng., t. I, p. 447; Quintil., IV, 2).

5. Cléanthe, auteur d'une Τέχνη ῥητορική, avait traité spécialement des Tropes et de l'ὀνομάτων μετάληψις, c'est-à-dire du style métaphorique ou figuré (D. L., VII, 202, 175; Plut., St. Rep., 5 et 28; Athen., XI, 467, d, 471, b.)

6. Chrysippe, auteur d'une Τέχνη ῥητορική, d'un livre περὶ λέξεων, d'un autre περὶ τὰς λέξεις καὶ τὸν κατ'αὐτὰς λόγον, de deux livres, l'un sur l'ἐρώτησις, l'art de questionner, l'autre sur la πεῦσις, l'art d'interroger ; il avait prescrit que la péroraison ne contînt qu'une seule partie, μονομερής, le résumé ou la récapitulation (D. L., VII, 66, 191; Anon., Rh. Gr., Speng., t. I, p 454; Plut., St. Rep., 28). Il avait défini l'éloquence l'art d'orner et d'ordonner le discours, τέχνην περὶ κόσμου καὶ εἰρομένου τάξιν. Dans le premier livre de sa rhétorique, il écrivait : « Non seulement à mon avis, il faut, dans le discours, rechercher des grâces simples et libres, mais dans l'action oratoire user de ports de voix, τάσεις τῆς φωνῆς, d'expressions de visage, de mouvements de mains appropriés et justes », et arrivant dans ce même ouvrage à parler de l'hiatus ou du choc des voyelles entr'elles, συγκρούσεις, il dit : « Non seulement on peut se les permettre pour atteindre des qualités

J.-Ch. jusqu'à nos jours[1], a fait partie du programme des études libérales. C'est Platon, Aristote, Théophraste, Zénon, Cléanthe, Chrysippe qui ont fondé la rhétorique. Ce ne sont pas là précisément des esprits superficiels.

A priori on pourrait supposer, mais si on veut se donner la peine de lire seulement l'ouvrage d'Aristote, on sera convaincu que le but qu'ils se proposaient tous et le résultat pratique auquel ils sont arrivés était tout autre que de communiquer à la jeunesse « un art sans profondeur, qui ne s'occupe et ne traite que de

et des effets supérieurs, mais il y a certaines obscurités, certaines négligences de style, et même certaines fautes de langue, σολοικισμούς, qu'il ne faut pas éviter, bien que tant d'autres les décrient comme des fautes honteuses ». Par ce petit nombre d'exemples, on voit que ces grands esprits ne s'étaient pas bornés à poser les principes généraux et pour ainsi dire la philosophie de l'art oratoire; ils en avaient embrassé dans leurs traités toutes les parties et n'avaient même pas dédaigné les détails et les règles les plus pratiques.

[1] Le *Musée pédagogique* a publié dans le fascicule n° 25 un catalogue fort étendu et très intéressant de tous les traités de Rhétorique en usage dans les collèges en Europe au XVIe siècle. Le mémoire sur le *Règlement des études dans les Lettres humaines*, rédigé par Antoine Arnaud et déterminant l'emploi du temps dans la classe de rhétorique, y prescrit l'étude de la Rhétorique de Suarez, de la Rhétorique d'Aristote et de la Rhétorique de Quintilien en passant de celle-ci plusieurs choses.

M. G. Boissier (*Revue des Deux-Mondes*, 1882, t. 51, p. 588) signale comme un des effets les plus considérables de la Renaissance, la réforme qui introduisit au XVIe siècle, dans l'enseignement des Universités, l'étude de la rhétorique qui prit peu à peu la place de la logique. Sous cette formule absolue, on pourrait entendre que la scolastique avait supprimé du cours complet des études l'enseignement de la rhétorique : il n'en est rien. La rhétorique formait, avec la grammaire et la dialectique avec lesquelles elle a des rapports directs et intimes, le groupe des trois arts libéraux qui constituaient le trivium, et elle a toujours été enseignée dans toutes les écoles du moyen âge. Ce qui est plus exact, c'est que la scolastique se bornait à la doctrine, et que la grande et féconde innovation de la réforme fut de mettre la jeunesse en contact immédiat avec les chefs-d'œuvre mêmes de la poésie et des lettres antiques, dont la théorie, en soi toujours abstraite, sèche, logique, était impuissante à donner à l'esprit cette éducation intellectuelle et morale, vivante et humaine, parlant au cœur et à l'imagination autant qu'à l'entendement, qui, depuis lors, est devenue, dans tous les pays civilisés, la forme libérale de l'éducation. L'innovation des jésuites s'est bornée à transporter des Universités dans les collèges, c'est-à-dire de l'Enseignement supérieur dans l'Enseignement secondaire, la rhétorique et la philosophie. C'est encore aujourd'hui une question non résolue de savoir auquel de ces deux ordres ces enseignements appartiennent logiquement et naturellement.

l'arrangement des mots et de l'arrangement des phrases [1]. »

La rhétorique est un genre littéraire exclusivement grec par son origine [2], universel par sa fonction ; elle a eu sans doute pour but premier de former théoriquement et pratiquement à l'exercice de la parole publique ; mais concurremment elle est née de la curiosité scientifique, du besoin instinctif de se rendre compte des procédés, des moyens, des causes par lesquels s'expliquent les effets souvent prestigieux de l'éloquence. A ce point de vue du moins, on reconnaîtra que la rhétorique n'a rien perdu de son intérêt et de son importance. Mais, même pour réaliser ses fins pratiques, la rhétorique fut contrainte d'observer la marche et les formes du raisonnement, les lois et la nature de la pensée, d'analyser les mouvements de l'âme, les passions, les émotions, les désirs, les volontés, d'en pénétrer les sources, d'en reconnaître les ressorts, d'en suivre les effets, de déterminer et de définir les idées du beau, du juste, du bien qui dominent notre intelligence et gouvernent notre vie, de perfectionner, de constituer même le système grammatical, d'épurer le vocabulaire, de fonder une théorie générale du style, d'établir et de limiter les rapports nécessaires de l'art oratoire avec la science sociale et politique, la morale, la législation, les finances, l'instruction publique, le commerce, l'organisation militaire ; elle touche ainsi, sans y pénétrer pour ne pas s'y perdre, à la logique, à la

---

[1] M. Liard, *Rev. de l'Enseignement supér.*, 15 décembre 1887, p. 544.
[2] Ce que M. Paul Regnaud appelle la *Rhétorique sanskrite* n'est qu'une étude des formes et qualités du style, particulièrement du style poétique.

psychologie, à l'éthique, à la politique, à la science du droit international, public, privé, à l'histoire générale et à l'histoire particulière ; elle renferme un élément spéculatif et un élément expérimental, et par sa généralité en même temps que par son objet a toujours été et demeure l'un des instruments les plus parfaits d'une haute culture et d'une éducation étendue de l'esprit.

Je ne puis véritablement considérer comme sérieux le reproche qu'on adresse à la rhétorique de former avant tout les jeunes gens à l'art de bien dire ? N'est-ce rien d'abord que de bien dire ? et quelle est donc la rhétorique, et surtout la rhétorique tirée des règles d'Aristote, de Quintilien, de Cicéron, d'Horace, qui n'a pour premier principe que l'art de bien dire a pour fondement nécessaire l'art de penser ? Comment peut-on appeler le traité d'Aristote : « un art sans profondeur[1] ! » Sans doute la rhétorique s'occupe, comme la philosophie des collèges, encore plus des mots que des choses dont ils sont la représentation toujours voilée ; mais ce qu'il y a d'admirable dans l'étude de la phraséologie, c'est que la pensée est tellement incorporée aux termes qui l'expriment qu'on ne peut jamais les séparer complètement. En étudiant les formes oratoires, la valeur et l'emploi des mots, la source des images, la correction des tours, les qualités du style, la structure de la phrase, la force d'expression de l'harmonie et de la mélodie de la parole, comme les lieux des raisonnements et la topique des mœurs et des passions, ce sont des idées qu'on

---

[1] M. Liard l. l.

acquiert, des idées sans doute d'ordre général et vraisemblable, accessibles à tous les esprits, telles enfin que peut les supporter et les comprendre un adolescent de 16 ou 17 ans, mais telles aussi que doit les employer et les connaître l'orateur même, dont l'art ne peut et ne doit se confondre avec aucune science déterminée. On ne peut pas dire que la rhétorique soit inutile à qui veut pouvoir et savoir parler convenablement en public. Elle ne lui donnera certes pas le don naturel de l'éloquence ; mais elle lui inspirera une conscience plus pleine et plus réfléchie de cet art, du but qu'il poursuit, des principes d'où il découle, des procédés qu'il met en œuvre, des règles auxquelles il doit obéir. Cependant elle perdit de bonne heure, même chez les Grecs, une grande partie de cette valeur positive et pratique. Il est douteux que la rhétorique d'Aristote ait fait naître un seul orateur. Ce n'est pas dans le but d'en former qu'elle fut enseignée dans les écoles du moyen âge et prescrites même dans les écoles de Port-Royal, mais parce qu'elle est la forme la plus compréhensive sinon la plus intensive de l'éducation de l'esprit. On n'apprend pas aux jeunes gens le dessin pour qu'ils deviennent des peintres, la géométrie pour qu'ils deviennent des géomètres, la danse pour qu'ils deviennent des danseurs. Ce n'est pas pour en faire des orateurs qu'on leur enseignait autrefois la rhétorique à la fin de leurs classes et qu'on devrait la leur enseigner encore [1].

[1] On commence à comprendre que ce n'est pas pour qu'il les sache qu'on fait apprendre tant de choses à un jeune homme : c'est plutôt pour qu'il les oublie, *in futuram oblivionem*, dit Kant. La faculté de l'oubli est aussi précieuse pour la for-

On a fait à cet enseignement une objection plus spécieuse : il apprend, dit-on, à parler, mais non à écrire ; de plus il ne touche qu'un seul genre littéraire et laisse en dehors de ses principes et de ses règles des genres non moins intéressants : la philosophie, l'histoire, la critique, le genre dramatique, le roman.

Je ne prétends pas que la rhétorique constitue à elle seule une éducation littéraire complète : je soutiens seulement qu'elle en est un élément nécessaire et suffisant à la jeunesse. Aucun des genres qu'elle néglige ne peut la remplacer, et elle peut, dans une certaine mesure, remplacer tous les autres. Je ne parle pas, bien entendu, de la poésie, dont l'art et la théorie sont exposés dans les Poétiques d'Aristote, d'Horace et de Boileau, qu'on n'a pas encore eu le courage de supprimer des études et des classes d'humanités. Les rhéteurs anciens ont été les premiers à proclamer que l'art d'écrire était le fondement de l'art de parler, et par l'étendue, parfois excessive, qu'ils leur donnent, les règles de la composition oratoire

---

mation et le développement de la personnalité intellectuelle et morale que la mémoire. L'esprit n'est point un vase destiné à garder intact le dépôt des idées qui lui ont été communiquées. Cet invisible ouvrier élabore et transforme, s'assimile et s'incorpore, suivant sa nature propre, les matières qu'il a la force de saisir. C'est cette force active qu'il faut avant tout développer et accroître ; ce sont ces habitudes de l'esprit, qui pourrait à peine se mouvoir ou du moins se mouvoir librement, s'il portait dans sa conscience la longue et lourde chaîne de toutes ses connaissances acquises. Le malheur et l'utopie de nos jours consistent à vouloir que dans les études du Lycée on enseigne au jeune homme tout ce qu'il a besoin de savoir. On ne réserve rien pour l'effort de la vie ultérieure. De là la surcharge des programmes qui ne s'arrêtera que lorsqu'on aura renoncé à ce faux, absurde et pernicieux principe. Les classes du Lycée ne sont qu'une discipline. C'est au jeune homme de vingt ans qu'il appartient d'apprendre quelque chose pour le savoir, c'est-à-dire quand son esprit, son caractère, sa langue seront formés et sa vocation dessinée. Jusque-là, tout est une ébauche : la conscience même n'est pas achevée. L'élève est à peine responsable, surtout de ses idées : il n'a encore et ne peut avoir que les idées des autres, qui ne sont pas encore devenues siennes, parce qu'elles n'ont pas été organisées par lui et en lui.

constituent un système littéraire très général, applicable sans modifications sensibles à tous les genres, et qui, s'il entrait plus profondément dans l'éducation des esprits, finirait peut-être par nous délivrer de la littérature et de la critique qu'on appelle personnelles et qui sont l'une et l'autre aussi insipides qu'absurdes [1].

Je n'attache pas, on a pu le voir, une très grande valeur aux effets d'ordre pratique que peut avoir l'enseignement d'une forte théorie de l'art oratoire : ils ne sont pourtant pas absolument nuls, et à ce point de vue, on peut, sans exagération, dire qu'on n'a pas souvent dans la vie réelle ni la tentation ni l'occasion d'écrire un roman ou de composer un drame, tandis que chez les peuples qui jouissent d'un gouvernement libre, et particulièrement chez nous, l'obligation de prendre la parole en public est fréquente et inévitable. Il est enfin un reproche bien étrange qu'on fait à l'enseignement de la rhétorique, et qu'il est encore plus étrange de trouver dans les œuvres de M. Guizot [2] que de voir citer avec complaisance par M. Taine [3] : « Qu'on n'oublie jamais, dit le grave doctrinaire, que c'est dans les établissements d'instruction publique qui existaient à cette époque, par les hommes qui les dirigeaient, d'après *les méthodes qui y étaient en vigueur*, qu'a été formée cette génération *imprudente et turbulente*, dont les uns ont fait ou approuvé la Révolution, et dont les autres

---

[1] V. *Revue des Deux-Mondes*, 15 janvier 1888, art. de M. Brunetière.
[2] *Essai s. l'Histoire et sur l'état actuel de l'Instruction publique en France*. 1816, p. 26.
[3] *L'Ancien Régime et l'Esprit classique*, III, 2.

n'ont su ni la prévoir ni la diriger. » La Révolution est une idée : on ne peut contester que l'éducation classique a gardé vivante, a entretenu puissante cette grande idée et rendu possible le noble effort de la réaliser. Ceux qui ne sont pas les adversaires et les ennemis de la Révolution devraient bien méditer cet argument. Oui ! L'éducation classique a nourri et élevé l'esprit français, et a permis et de concevoir et de réaliser la Révolution. Il se pourrait bien qu'une éducation plus pratique et tournée plus spécialement vers les faits parvînt à la détourner de son cours, à la corrompre dans son essence, sinon à la détruire.

La rhétorique que je présente au public n'est pas et n'a pas la prétention d'être une œuvre originale. Elle n'est le plus souvent qu'un commentaire développé et complété à l'aide d'autres auteurs, de la rhétorique d'Aristote, qui est, comme sa logique et sa poétique, un de ces ouvrages qu'on ne refait pas et qu'on refait sans cesse. De tous ses écrits c'est le plus complet, le plus régulier, le plus méthodique ; les principes y sont posés d'une main si sûre, d'un jugement si profond et si étendu qu'on ne saurait guère les changer : mais d'un autre côté les révolutions historiques des civilisations, des littératures et des langues, dans un genre littéraire qui pénètre si profondément dans la vie réelle, prescrivaient d'en modifier les formes, d'en restreindre certains développements, en un mot d'adapter cette théorie à un milieu moral et intellectuel nouveau. Cependant je n'ai eu en vue que l'éloquence des langues classiques : les littératures étrangères entreront à mon sens, bien difficilement, dans l'éducation secondaire ; elles me semblent par leur nature réservées à l'Enseignement supérieur. On ne se rend pas généralement compte de la difficulté de faire passer une idée et surtout une forme esthétiques d'un peuple à un autre. D'une part on l'altère, et de l'autre on trouble la pureté du goût national. La civilisation, dont la littérature n'est qu'une forme, n'est communicable que par ses éléments extérieurs : elle reste, pour le fond et pour l'essence, fermée et renfermée dans chaque peuple qui a une langue, une civilisation et une littérature. On peut adopter la coiffure et la chaussure d'un autre peuple : on ne saurait s'assimiler ni même comprendre que par un effort qu'il ne faut pas demander aux enfants et aux jeunes gens de nos lycées, ses habitudes de penser et de sentir et surtout son tour d'imagination. Il y a dans l'esprit et les mœurs d'une nation une sorte de personnalité qui, comme toutes les personnalités, reste incommunicable.

Dans sa *Lettre à l'Académie française*, Fénelon esquissant un projet de rhétorique ne craint pas de dire que : « celui qui entreprendrait cet ouvrage et y rassemblerait tous les plus beaux préceptes d'Aristote, de Cicéron, de Quintilien et des autres auteurs célèbres, en ne prenant que la fleur de la plus belle antiquité, ferait un ouvrage court, exquis et délicieux. » Cette rhétorique idéale, exquise et délicieuse n'a encore été faite par personne : je me demande même si elle est possible ; car tous les traités de cette nature sont d'une lecture sévère et réclament une étude sérieuse. En tout cas je dois avouer que je n'ai pas eu une telle ambition et que non seulement je n'ai pas pu faire de la rhétorique un ouvrage délicieux, mais que je n'ai pas su le faire

court. Les développements dans lesquels je suis entré
m'ont au contraire paru utiles et même nécessaires,
nécessaires là surtout où l'aridité de la matière semblait conseiller de glisser. C'est un mauvais conseil.
Ce n'est souvent que par le détail, en approfondissant
et examinant un sujet sous toutes ses faces, qu'on
peut en faire ressortir l'intérêt et l'attrait propres,
auxquels un coup d'œil rapide et superficiel nous
laisse indifférent. La brièveté est une belle chose,
mais en son lieu et place, et je ne puis mieux faire
pour terminer que de reprendre pour mon compte la
citation que, dans un ouvrage[1], dont j'ai beaucoup
profité et qui n'est ni délicieux ni court mais solide
et substantiel, Vossius faisait d'un excellent passage
de Pline le Jeune : « Brevitas sit custodienda, si res
permittat : alioqui prævaricatio etiam cursim et breviter
attingere quæ sunt inculcanda, infigenda, repetenda[2]. »

[1] *Commentar. Rhetoricorum libri sex.* Leyd., 1643.
[2] Plin. Jun., *Ep.*, 20, ad C. Tacit., l. 1.

Poitiers, 15 septembre 1888.

TABLE DES CHAPITRES

Histoire de la Rhétorique. 1

LA RHÉTORIQUE

PREMIÈRE PARTIE

Chapitre Iᵉʳ. — La Rhétorique et l'Éloquence. 71
Chapitre II. — Rapports de l'Éloquence avec la Dialectique et la Topique. 83
Chapitre III. — Définition de l'Éloquence. 88
Chapitre IV. — Division de la Rhétorique. 96

SECONDE PARTIE

L'INVENTION

Chapitre Iᵉʳ. — Les preuves intrinsèques ou ἄτεχνοι. 99
Chapitre II. — Les preuves extrinsèques. 108
  § 1. — La démonstration oratoire. 111
  § 2. — Classification des raisonnements oratoires ou enthymèmes. . 121
  § 3. — Les lieux communs proprement dits, ou de logique formelle. . 126
  § 4. — Les lieux (communs) des enthymèmes. 132
  § 5. — Les lieux des enthymèmes apparents. 144
  § 6. — Les procédés de la réfutation. 149
Chapitre III. — La Topique générale des mœurs et des passions oratoires. 158
  § 1. — La Topique générale des mœurs ou l'ἦθος oratoire. . . . 159
  § 2. — Le caractère, ἦθος, dans sa généralité. 161
  § 3. — Le caractère oratoire, considéré dans ses formes particulières 169

CHAPITRE IV. — Topique générale des passions oratoires, τὰ πάθη. . . 172
  § 1. — La colère. 177
  § 2. — Le calme ou la douceur. 183
  § 3. — L'amour et la haine. 186
  § 4. — La crainte et l'assurance. 190
  § 5. — La honte. 194
  § 6. — La bienfaisance et la reconnaissance. . . . 197
  § 7. — La pitié. 198
  § 8. — L'indignation. 206
  § 9. — L'envie. 209
  § 10. — L'émulation ou la rivalité. 211
CHAPITRE V. — De l'influence de certaines circonstances sur les caractères et les passions 214
  § 1. — Les passions et les habitudes des jeunes gens . . . 217
  § 2. — Les passions et les habitudes des hommes âgés. . . 221
  § 3. — Les mœurs des hommes dans la vigueur de l'âge. . . 222
  § 4. — Les mœurs des nobles. 223
  § 5. — Les mœurs des riches. 225
  § 6. — Les mœurs des gens au pouvoir et des gens heureux. 226
CHAPITRE VI — § 1. — Les lieux spéciaux des enthymèmes, ou Topique appliquée. 226
  § 2. — Classification des genres oratoires, γένη, εἴδη. . 228
CHAPITRE VII. — § 1. — La Topique générale ou les εἴδη du genre délibératif. 258
  § 2. — L'Éthique du genre délibératif et les lieux spéciaux qui en sont tirés. 268
  § 3. — La théorie du bonheur. 272
  § 4. — La théorie de l'utile et des biens. 286
  § 5. — La théorie des gouvernements. 285
CHAPITRE VIII. — La Topique spéciale ou les εἴδη du genre épidictique. 300
CHAPITRE IX. — La Topique spéciale ou les εἴδη du genre judiciaire.
  § 1. — Les états de cause 320
  § 2. — La nature de l'injustice ; ses causes, ses fins, ses objets. 329
  § 3. — De la loi. 338
  § 4. — De l'équité. 342
  § 5. — Du plus ou du moins dans les actes injustes. . . 343

TROISIÈME PARTIE

LA STRUCTURE ET L'ÉCONOMIE DU DISCOURS

CHAPITRE Iᵉʳ. — La division du discours et l'économie de ses parties. 347
CHAPITRE II. — § 1. — Économie de l'exorde. 359
  § 2. — Topique de l'apologie dans l'exorde. 374
CHAPITRE III. — Économie et Topique de la narration. . . . 381

Chapitre IV. — Économie et ordonnance des preuves.	393
Chapitre V. — Économie de la péroraison.	409

QUATRIÈME PARTIE

THÉORIE DU STYLE

Chapitre Iᵉʳ. — Considérations générales sur le style et classification de ses qualités.	413
Chapitre II. — Les qualités générales du style.	422
Chapitre III. — Les qualités particulières du style.	
§ 1. — Le rythme et l'harmonie.	430
§ 2. — La couleur et le mouvement. — La vie du style.	450
§ 3. — Théorie des qualités du style d'Hermogène.	462
Chapitre IV. — Théorie des figures.	
§ 1. — Les figures de mots.	467
§ 2. — Les tropes.	481
§ 3. — Les figures de pensée.	497
Chapitre V. — Théorie des caractères du style.	508
Chapitre VI. — Théorie des catégories oratoires.	532
Chapitre VII. — La loi des convenances du style.	536
Errata.	541
Table analytique des matières.	543

HISTOIRE
DE
LA RHÉTORIQUE

Quand on apprend que c'est en Sicile et à Syracuse que sont nées l'éloquence et la rhétorique, on éprouve d'abord quelqu'étonnement, et on est enclin à voir dans ce fait une de ces ironies de l'histoire qui donnent un démenti aux inductions les plus fondées de la raison et de l'expérience.

Cet étonnement cesse quand on se rappelle le brillant développement de la culture grecque dans cette île favorisée. Les tyrans établis à Agrigente, Géla, Syracuse, Catane, dans d'autres villes encore, y firent épanouir avec une rapidité inouïe les arts de la paix comme ceux de la guerre. Ils attirent de la mère patrie les poètes déjà illustres Pindare, Simonide, Arion, Bacchylide, Eschyle. Des genres nouveaux de poésie apparaissent: c'est en Sicile que le génie de Stésichore opère le passage de la poésie épique à la poésie lyrique, et que la poésie chorale organise la structure strophique;

c'est en Sicile qu'Aristoxène de Sélinunte écrit le premier des compositions iambiques d'un genre bouffon, qui deviennent l'origine de la comédie sicilienne [1], créée par Épicharme; c'est en Sicile que Sophron de Syracuse fonde le genre tout à fait original des mimes, où il introduisit des rôles de femmes.

Il ne faut donc pas s'étonner de voir naître en Sicile l'art, encore inconnu à Athènes, de la rhétorique, à la suite ou plutôt au milieu même des orages politiques et de la lutte de la démocratie contre l'aristocratie. Les perturbations économiques, produites par les fréquentes et profondes révolutions sociales, les déplacements violents et répétés des propriétés foncières causèrent un grand nombre de procès [2] qui rendirent nécessaire la création rationnelle, dans une espèce spéciale, il est vrai, du genre oratoire, pour lequel les Siciliens, par la facilité et l'abondance de leur parole, la finesse ingénieuse et subtile de leur esprit, avaient une aptitude et un goût naturels [3]. Ce talent et ce tour d'esprit se font remarquer même dans les maigres fragments des comédies d'Épicharme.

A tout art destiné à se développer et né dans un milieu favorable à son développement, il faut une discipline, à la fois théorique et pratique. Il est remarquable [4] que, tandis que la poésie et les autres arts ont attendu longtemps que la réflexion et l'observation leur donnassent, dans des formules synthétisées, la conscience de leurs principes et la connaissance de leurs procédés techniques [5], la rhétorique est née

---

[1] Comédie de genre plutôt que de caractère, et qui prend souvent la forme d'une parodie mythologique.

[2] Cic., *Brut.*, XII, 46. Aït Aristoteles... quum sublatis in Sicilia tyrannis res privatæ longo intervallo judiciis repeterentur. *Prolegg. in Hermog.*, Speng., *Artium Scriptt.*, p. 25. οὐκέτι τυράννῳ τὰ πράγματα κατεπίστευσαν. Λοιπὸν ἐγένετο δημοκρατία πάλιν.

[3] Cic., *Brut.*, id., XII, 46. Gens acuta et controversa natura; *Verr.*, IV, 43. Nunquam tam male est Siculis quin aliquid facete et commode dicant.

[4] Ottfried Müller, *Hist. of the litterat. of ancient Greece*, p. 466.

[5] Les plus anciens traités d'architecture n'étaient qu'un recueil de calculs et de mesures. Sophocle a écrit des préceptes sur l'art dramatique, Polyclète sur la statuaire.

presque en même temps que l'éloquence, et est née comme elle en Sicile. Ce fut un philosophe et un philosophe pythagoricien, Empédocle, qui fit les premières observations et réunit les premières règles sur cet art [1]. Quelles étaient-elles ? nous l'ignorons absolument.

Corax, élève d'Empédocle, et qui avait été un des favoris du roi Hiéron [2], est presqu'unanimement cité comme le premier auteur d'un traité didactique écrit, Τεχνή, de l'art oratoire, qu'il avait lui-même pratiqué avec succès comme orateur politique et comme avocat [3]. Nous tenons ce renseignement d'Aristote [4] qui avait, sinon écrit une véritable histoire de la rhétorique, du moins composé un recueil des anciens traités de rhétorique [5], non sans les analyser, les éclaircir et les critiquer, suivant sa méthode constante dans tous les genres de sciences, où l'exposition dogmatique est toujours précédée chez lui d'un résumé historique des travaux antérieurs et des résultats acquis.

Le germe était trouvé, et il fut extrêmement fécond : « Le germe une fois trouvé, dit Aristote, il est bien plus facile de le compléter et de le développer, et c'est précisément ce qui est arrivé pour l'art de la rhétorique. Ceux qui en ont découvert les premiers éléments n'ont d'abord fait que quelques

---

[1] D. L., VIII, 57. « Aristote, dans le *Sophiste*, rapporte : πρῶτον Ἐμπεδοκλέα ῥητορικὴν εὑρεῖν. » Sext. Emp., adv. *Math.*, VII, 5, répète l'assertion d'Aristote en se servant du mot κεκινηκέναι, que Quintilien (III, 1) traduit ainsi : « Primus movisse aliqua circa Rhetoricen Empedocles dicitur. »

[2] *Prolegg. ad Hermog.*, παρὰ τῷ βασιλεῖ μεγάλως ἠκούετο.

[3] *Id., id.*, ἤθελεν οὗτος... πείθειν καὶ τὸν ὄχλον.

[4] Cic., *Brut.*, XII, 46. Aristoteles ait... artem et præcepta Siculos Coracem et Tisiam conscripsisse.

[5] Τεχνῶν συναγωγή. Théophraste avait également écrit un ouvrage : περὶ Τεχνῶν ῥητορικῶν, qui semble aussi de nature historique... *Rh. ad Her.*, II, 2. « Ac veteres quidem scriptores artis usque a principe illo atque inventore Tisia repetitos, unum in locum conduxit Aristoteles et *nominatim cujusque* præcepta magna conquisita cura perspicue conscripsit atque *enodata* diligenter exposuit. » Son livre avait même, dit Cicéron, fait oublier les leurs. Conf. *de Or.*, II, 38. Les travaux sur l'éloquence étaient déjà nombreux, comme Aristote nous l'apprend lui-même (*Soph. Elench.*, III, ch. 34). περὶ μὲν τῶν ῥητορικῶν ὑπῆρχεν πολλὰ καὶ παλαιά. Plat., *Meno*, 91, e, οὐ μόνον Πρωταγόρας ἀλλὰ καὶ ἄλλοι πάμπολλοι, οἱ μὲν πρότεροι γεγονότες ἐκείνου, οἱ δὲ καὶ νῦν ἔτι ὄντες.

pas; mais ceux qui ont aujourd'hui tant de réputation, recevant la science comme un héritage successivement accru par de nombreux labeurs, l'ont portée au point où nous la voyons aujourd'hui. Tisias après les premiers inventeurs — (Empédocle et Corax), — Thrasymaque après Tisias[1], Théodore après celui-ci, et tant d'autres ont complété et développé les parties de la rhétorique, et il n'y a pas lieu ainsi de s'étonner que cette science soit arrivée à sa constitution entière [2]. » Ailleurs encore et plus explicitement, Aristote montre l'estime qu'il fait des travaux de ses prédécesseurs, de Corax particulièrement qu'il nomme avec honneur. Dans la dédicace [3] de *la Rhétorique à Alexandre*, il est dit : « J'ai recueilli tout ce que j'ai trouvé de solide et de juste parmi les autres technographes dans leurs traités sur la matière. Étudie donc avec soin ces deux livres, dont l'un est de moi, l'autre de Corax ». Quand bien même la lettre serait d'un faussaire, désireux de recommander par le grand nom d'Aristote un manuscrit qu'il désirait vendre cher, elle n'en contient pas moins l'affirmation du fait, que Corax avait écrit[4] une rhétorique digne d'être réunie sous un même titre à une œuvre d'Aristote.

Que contenait ce traité écrit qu'Aristote avait pris la peine

---

[1] Quintil., III, 1. Artium scriptores antiquissimi, Corax et Tisias, Siculi; id., II, 17. Doctores artis...

[2] Arist., *Soph. El.*, III, c. 34. πολλοὶ πολλὰ συνενηνοχάσι μέρη... οὐδὲν θαυμαστὸν ἔχειν τι πλῆθος τὴν τέχνην. L'auteur des *Prolégomènes* des Στάσεις (Sp., p. 214) dit : εἰς ἀκμὴν παρεγένετο.

[3] M. Rav., *Ess. s. la Mét.*, p. 32 : « Le caractère de la pensée et du style suffit pour la (toute la correspondance d'Aristote et d'Alexandre) rendre suspecte, et elle pourrait bien avoir été fabriquée comme la lettre qui forme l'Introduction de la Rhétorique à Alexandre, pour accréditer auprès des rois de Pergame et d'Égypte quelqu'ouvrage d'Aristote que l'on voulait leur vendre. » Conf. Sainte-Croix, *Exam. critiq. des Histor. d'Alexandre*, p. 201. Stahr., *Aristot.*, II, p. 227. L. Spengel, *Art. Scriptt.*, p. 181.

[4] Aristote (*Brut.*, XII) nous dit positivement que ce traité était écrit (Artem conscripsisse). Syrianus (*ad Hermog.*, p. 240) le répète par le mot ὁ Κόραξ ὁ τεχνόγραφος. Garnier (*Hist. de l'Instit.*, t. II, p. 44-80), et Titze (*de Ar. Oper. Serie*, p. 35) pensent que c'est l'ouvrage connu sous le titre de *Rhétorique à Alexandre*, développé par Tisias et interpolé par un écrivain postérieur, qui y a introduit des citations d'Euripide et d'autres anachronismes.

de reproduire et de commenter soigneusement? nous n'en connaissons que peu de chose, mais ce que nous en savons n'est pas sans valeur.

C'est d'abord la définition, devenue traditionnelle, de l'éloquence, vivement attaquée par Platon et modifiée par Aristote : « L'éloquence est l'ouvrière de la persuasion, πειθοῦς δημιουργός [1]. » Quelle que soit la définition qu'on adopte de l'éloquence, on ne peut nier que l'idée de la persuasion en fasse partie et partie essentielle, et Aristote la maintiendra comme un élément intégrant de la sienne.

On ne peut guère donner une définition réelle et vraie, quoique peut-être encore incomplète, sans avoir embrassé et conçu, au moins mentalement, l'objet entier : c'est un premier mérite qu'il faut reconnaître à Corax. Il fit plus : il considéra le discours comme un corps pourvu d'organes distincts, ayant chacun leur fonction séparée, liés entr'eux et au tout et concourant tous à sa vie, et à ces parties du discours organisé il donna des noms, c'est-à-dire qu'il posa le principe de la division rationnelle des parties du discours et ébaucha la technologie de l'art oratoire. Le nombre de ces membres fut fixé par lui à cinq, et ce nombre a été adopté par la plupart des rhéteurs postérieurs, parce qu'en effet il est fondé en raison [2]. C'étaient : l'exorde ou prélude, προοίμιον, la constitution, l'établissement de la question, κατάστασις [3], qui se rattache, tantôt à l'exorde, tantôt à la narration ; la narration ou exposition développée du sujet, διήγησις ; l'argu-

---

[1] *Prolegg. in Hermog.*, l. l., p. 20 : ὦ Κόραξ, τί ἀπαγγέλλω διδάσκειν ; ὁ δὲ Κόραξ φησὶ τὸ πείθειν ὃν ἂν θέλῃς...; id., ap. Fabric., *Bib. Gr.*, t. IX, p. 591. λέξον μοι, Κόραξ, τὸν τῆς ῥητορικῆς ὅρον· ὁ δέ φησιν ῥητορική ἐστι πειθοῦς δημιουργός...; id., p. 8 (Speng., p. 34)... οἱ περὶ Τισίαν καὶ Κόρακα ὁρίζονται αὐτὴν οὕτως· Ῥητορική ἐστι πειθοῦς δημιουργός.

[2] *Prolegg.*, id., Sp., 25, ἅπερ ἐκάλεσε ; *Prolegg.* des Στάσεις, Sp, p. 211. συνέθηκε τεχνήν περὶ προοιμίων καὶ διηγήσεων καὶ ἀγώνων καὶ ἐπιλόγων.

[3] Syrianus (*in Hermog.*, p. 240) nous dit que Corax entendait l'exorde par ce mot : c'est encore en ce sens que l'emploie la *Rhétorique à Alexandre*, ch. 29, tandis que pour les rhéteurs postérieurs il désigne une espèce particulière de la narration.

mentation ou la preuve, qu'il appelle du nom pittoresque et énergique, plus que technique [1], ἀγών, parce que c'est là le terrain où s'engage et où se livre la vraie bataille, ce qui constitue le point décisif de la lutte oratoire ; la quatrième partie était la digression, παρέκϐασις, qui, tout en sortant de la question même, du sujet vrai du débat, concourt néanmoins à l'éclaircir et à la résoudre ; enfin l'ἐπίλογος, la conclusion, formait la cinquième et dernière partie.

On voit que ces parties se succèdent dans un ordre logique, et qu'elles épuisent par leur nombre toutes les fonctions essentielles que doit remplir le discours. Il y a là, outre un principe de division, un principe rationnel et profond de composition, et l'on peut dire que Corax a fondé la belle ordonnance et la savante économie du discours [2].

Les *Prolégomènes* d'Hermogène auxquels sont empruntés ces renseignements donnent en même temps les définitions de chacune de ces parties. Le texte ne permet pas d'affirmer qu'elles viennent de la *Rhétorique* même de Corax. Je relève seulement la place et l'importance qu'il donne à l'argumentation, et je trouve, sur ce point comme sur celui que j'indique en note, qu'Aristote n'est ni juste ni exact en soutenant que tous les autres rhéteurs, avant et excepté lui, ont dans leurs traités didactiques omis cet élément, qui lui semble avec raison l'essentiel de l'art, pour ne s'occuper que des fonctions accessoires [3].

Le caractère logique des preuves dont fait le plus souvent usage l'éloquence est, d'après Corax, surtout le vraisemblable, et c'est de la théorie et de l'analyse de ce lieu d'arguments

---

[1] Il sera cependant reproduit par les rhéteurs des dernières époques.
[2] Je ne trouve pas Aristote, *Rh.*, I. 1, 9, suffisamment juste envers ceux qui, les premiers, ont, comme Corax, cherché à analyser et à déterminer quelles sont les fonctions et quel est le contenu propre de chacune de ces parties : τί δεῖ τὸ προοίμιον καὶ τὴν διήγησιν ἔχειν. Quoi qu'il en dise, ce n'est pas là sortir des bornes d'un traité de Rhétorique, ἔξω τοῦ πράγματος τεχνολογοῦσιν ὅσοι ἄλλα διορίζουσιν. La preuve est sans doute la partie essentielle de l'Éloquence, mais non pas l'unique.
[3] Id., id., I, 1, 9. περὶ δὲ τοῦ ἔξω πράγματος τὰ πλεῖστα πραγματεύονται.

qu'Aristote nous apprend qu'était composée toute sa *Rhétorique* [1]. Platon confirme le renseignement d'Aristote en en faisant d'ailleurs un sujet de reproche à Tisias ou à celui, quel qu'il soit, c'est-à-dire à Corax, qui croit avoir découvert là un art bien caché et un rare secret [2]. Malgré sa critique, d'ordre tout philosophique et tout moral, Platon reconnaît que Corax avait posé le véritable fondement de l'éloquence réelle, et que le vraisemblable est bien l'essence des raisons et des faits qu'elle doit poursuivre : πάντως λέγοντα τὸ δὴ εἰκὸς διωκτέον [3]. La vérité absolue, l'ordre absolu, que poursuit, peut-être en vain, la philosophie, ne sont pas du domaine ni des débats judiciaires ni des débats politiques, où il faut bien, comme dans la vie pratique, se contenter du probable. Aristote a raison de soutenir « que parmi les propositions qui servent de fondement aux arguments de l'art oratoire, il en est bien peu de nécessaires, attendu que les faits dont on s'occupe au barreau et dans les délibérations politiques peuvent pour la plupart se produire de plusieurs manières; car on ne délibère que sur des actions humaines; on ne juge que des actes humains, qui sont tous de cette catégorie, c'est-à-dire contingents et relatifs. On peut même dire qu'il n'y en a pas un seul de nécessaire [4]. » Les anciens rhéteurs et Corax, le chef du chœur, n'avaient donc point eu un tort si grave de recommander particulièrement de s'appuyer sur le vraisemblable.

La *Rhétorique à Alexandre* distingue trois espèces de raisons vraisemblables à l'usage de l'orateur, et l'origine de cette distinction pourrait bien remonter, comme le conjecture M. Spengel [5], à Corax. La première consiste à développer les

---

[1] Ar., *Rh.*, II, 24. τὸ εἰκός... ἔστι δὲ ἐκ τούτου τοῦ τόπου ἡ Κόρακος τέχνη συγκειμένη.
[2] Plat., *Phædr.*, 93 δεινῶς γ'ἔοικεν ἀποκεκρυμμένην τέχνην ἀνευρεῖν.., ἢ ἄλλος τις. Hermias, dans son commentaire (*Ast.*, p. 197) : τοῦτο δὲ εἶπεν ἴσως διὰ τὸν Κόρακα ; seulement, il fait de Corax le disciple de Tisias.
[3] *Phædr.*, 272.
[4] *Rh.*, I, 2, 6. οὐδὲν, ὡς ἔπος εἰπεῖν, ἐξ ἀνάγκης.
[5] Sp., *Art. Scriptt.*, p. 90. Tres species... quarum origo fortasse ipsum Coracem attingit.

passions naturelles aux hommes ensuite desquelles il est vraisemblable qu'ils ont commis ou commettront telles ou telles actions; la seconde, c'est l'habitude, qui rend vraisemblable toute action conforme; la troisième est tirée de l'amour du gain, auquel il est vraisemblable que cèdent des hommes, même pour commettre des actions contraires à leurs mœurs comme à la nature [1].

Je ne veux pas cacher que Corax et ses successeurs semblent avoir enseigné à faire de ce lieu du vraisemblable un usage sophistique, éristique, captieux. Ils supprimaient du raisonnement les conditions et les relations qui en font la légitimité et la moralité, c'est-à-dire les κατά τι, καὶ πρός τι καὶ πῇ, omission qui, volontaire, constitue un emploi perfide et déshonorant de la parole, οὐ προςτιθέμενα ποιεῖ συκοφαντίαν [2]. Sopater [3] compare ce procédé sophistique d'omettre les circonstances de temps ou de lieu, qu'il désigne par les noms réunis de Corax et de Tisias, τὸ κατὰ Τισίαν καὶ Κόρακα, avec le sophisme qu'on appelait *le Crocodilite*, et qui consiste en ceci : La fille d'un devin est tombée entre les mains de pirates, et le père vient la leur redemander. Ceux-ci jurent par serment qu'ils la lui rendront s'il devine si, oui ou non, ils le feront : il répond non, et les voilà bien embarrassés ; car s'ils lui rendent sa fille, le devin n'a pas deviné juste ; s'ils ne la lui rendent pas, ils manqueront à leur serment, puisqu'il aura deviné juste.

L'exemple de l'homme débile qui essaie d'échapper à l'accusation de coups et blessures en prétendant qu'un tel acte n'est pas vraisemblable de sa part, cet exemple cité par Aristote [4] dans le même passage où il mentionne la *Rhétorique* de Corax, semble bien emprunté à cet ouvrage, d'autant plus

---

[1] *Rh. ad Al.*, ch. 7. L'auteur appelle ἰδέαι ces formes ou espèces du vraisemblable. Spengel, dans son commentaire, p. 154. « Hæc divisio in πάθος, ἔθος, κέρδος haud inepta alibi non invenitur. » Isocr., dans l'*Antidos*, § 217, dira, comme l'auteur, que tous les hommes font toutes choses, ἡδονῆς, ἢ κέρδους ἢ τιμῆς ἕνεκα.
[2] Ar., *Rh.*, II, 24.
[3] *Ad Hermog.*, p. 59; Sp., p. 28.
[4] Il l'avait été déjà par Platon, *Phædr.*, 273.

que c'est après l'avoir produit que Platon ajoute ironiquement : « Pour découvrir un art si mystérieux, qu'il a donc fallu de génie à l'inventeur! » On voit ainsi percer le sophisme, c'est-à-dire l'abus déloyal des formes logiques, jusque dans les origines de l'art : c'est par le sophisme et la sophistique que commencent la logique et la dialectique. Les origines en toutes choses sont non seulement obscures, mais troubles.

Cicéron ne fait pas grand cas du talent oratoire de Corax ni de celui de Tisias, si du moins il faut lui attribuer les opinions qu'il met dans la bouche d'Antoine et dans celle de Crassus : il fait dire au premier : « quasi dedita opera neminem scriptorem artis ne mediocriter quidem disertum fuisse dicebat [1], quam repeteret usque a Corace nescio quo et Tisia, quos artis illius inventores et principes fuisse constaret [2], » passage d'où il résulte seulement que Corax avait un faible talent d'orateur, comme d'ailleurs tous les auteurs de traités sur l'éloquence : c'était comme un fait exprès, dit ironiquement et plaisamment Antoine. Crassus, de son côté, jouant sur le mot Corax, exprime également une opinion fort méprisante sur les orateurs sortis des écoles des rhéteurs et particulièrement de celle de Corax : « Quare Coracem istum vestrum patiamur nos quidem pullos suos excludere [3] in nido qui evolent, clamatores odiosi ac molesti [4]. »

Tisias de Syracuse fut le disciple de Corax, et ils sont souvent tous deux désignés ensemble comme les premiers auteurs de l'art d'enseigner l'éloquence dans une théorie méthodique. Cette théorie était accompagnée d'un apprentissage pratique tout mécanique, qui souvent en tenait lieu. Ces maîtres, comme plus tard Gorgias, faisaient apprendre par cœur des discours entiers ou des tirades développant et variant les thèmes et les motifs qui reparaissent le plus

---

[1] On ne voit pas s'il parle de Ménédème ou de Charmadas l'académicien.
[2] *De Orat.*, I, 20.
[3] Couver et faire éclore.
[4] *De Or.*, III, 21.

fréquemment dans les débats judiciaires et politiques [1]. L'histoire du procès du disciple et du professeur est plus spirituelle que vraisemblable : « Si tu m'as réellement appris à persuader, lui dit Tisias, je vais te persuader de ne me prendre aucun honoraire pour tes leçons : si je ne te le persuade pas, c'est que tu ne m'as pas appris, comme tu t'y es engagé, à persuader, et alors je ne te dois rien. A quoi Corax répondit : Si tu me persuades de ne pas prendre d'honoraires, c'est que je t'ai appris à persuader, et alors tu dois me payer, puisque j'ai tenu mon engagement, et tu le dois encore, si tu ne parviens pas à me persuader de ne rien recevoir de toi [2]. » Ces arguments firent pousser aux juges et au public l'exclamation devenue proverbiale : κακοῦ Κόρακος κακὰ ὠά.

Après le procès, Tisias éleva lui-même à Syracuse une École de rhétorique où il enseigna et donna de plus grands développements à ce système [3]. Je ne sais s'il était arrivé à se rendre bien compte de l'essence de cette méthode, qui fut d'abord désignée par les termes de λόγων τέχνη, τὰ βιβλία τὰ περὶ λόγων τέχνης γεγραμμένα [4], plus tard sous celui de ῥητορική, qui malheureusement fait équivoque. Ces traités didactiques ne s'occupaient guère que du genre judiciaire, parfois mais rarement et brièvement, du genre délibératif [5].

Il eut pour élève Gorgias de Léontium [6], avec lequel il se rendit à Athènes [7], on ne sait trop à quelle occasion ni dans quel but. S'il allait y soutenir, avec Gorgias, les intérêts de Léontium, il trahissait ceux de sa patrie, et l'explication que

---

[1] Ar., *Soph. El.*, III, c. 34, 8.
[2] *Prolegg. in Hermog.*, l. 1. Par erreur, Hermias (*Scholl. Plat., Phædr.*, 273) fait de Corax le disciple. Fabric., *Bib. Gr.*, t. IX, p. 591. *Prolegg.* des Στάσεις (Sp., p. 211) τούτου (Corax) γέγονε μαθητὴς ὁ Τισίας.
[3] *Prolegg. Herm.*, ἤρξατο διδάσκειν καὶ πλατύνειν τὴν ῥητορικήν.
[4] Plat., *Phædr.*, 266, c. d.
[5] Id., id., μάλιστα μέν πως περὶ τὰς δίκας λέγεται καὶ γράφεται τέχνη... λέγεται δὲ καὶ περὶ δημηγορίας. Isocr., *c. les Soph.*, 319. οἱ πρὸ ἡμῶν... τὰς καλουμένας τέχνας γράψαι τολμήσαντες... ὑπέσχοντο δικάζεσθαι διδάξειν. Ar., *Rh.*, l. 1. περὶ δὲ τοῦ δικάζεσθαι πάντες πειρῶνται τεχνολογεῖν.
[6] *Prolegg. Herm.* Γοργίας... μαθητεύει τῷ Τισίᾳ.
[7] Pausan., VI, 376. Plat., *Phædr.*, 273, d. πρὶν καὶ σὲ παρελθεῖν.

donne Hardion [1] de ce voyage, à savoir que les Syracusains l'avaient envoyé à Athènes pour y combattre de son talent l'influence de son élève, n'a plus aucun fondement. D'après Denys d'Halicarnasse, il donna dans cette ville des leçons auxquelles assista Isocrate [2], et qui lui valurent une grande réputation. On le retrouve plus tard à Thurii, fondant, dans cette colonie alliée de Syracuse, une nouvelle École de rhétorique, rivale de celle d'un Nicias, parfaitement inconnu d'ailleurs, que fréquenta, comme la première, l'orateur Lysias [3].

Platon qui le nomme parmi ceux qui professent la prétention mal fondée d'enseigner l'éloquence [4], constate qu'il avait écrit, sur cet art, des traités didactiques fort lus, fort étudiés et goûtés encore même du temps de Socrate [5]. Aristote le cite comme ayant suivi les premiers maîtres de l'art [6].

Comme son maître, auquel il est presque constamment associé, il définissait l'éloquence l'ouvrière de la persuasion [7], et donnait une importance excessive, on pourrait dire exclusive, au traitement des lieux du vraisemblable. C'est à lui que Platon attribue l'argument de l'homme fort et de l'homme débile, qu'il célèbre ironiquement comme une invention d'un art admirable [8]; il le signale encore comme ayant découvert et enseigné l'usage méthodique du procédé de l'amplification. « Laisserons nous dormir oubliés Tisias et Gorgias qui ont découvert que le vraisemblable vaut mieux que le vrai; qui savent, par la force du discours, rendre grandes

---

[1] Acad. Inscriptt., t. XV, p. 168.
[2] D. Hal., de Isocr. Jud. γενόμενος ἀκουστὴς Προδίκου... καὶ Γοργίου... καὶ Τισίου τῶν τότε μέγιστον ὄνομα ἐχόντων ἐπὶ σοφίᾳ.
[3] Ol. 84, 1. Plut., de Lys., p. 230. ἐκεῖ διέμεινε (Lysias) παιδευόμενος παρὰ Τισίᾳ καὶ Νικίᾳ τοῖς Συρακουσίοις; Plut., p. 489; Suid., V. Λυσίας· μαθητὴς Τισίου καὶ Νικίου.
[4] Plat., Phædr., 273 οἱ περὶ τοὺς λόγους τεχνικοὶ προσποιοῦνται.
[5] Phædr., 273, a. τόν γε Τισίαν αὐτὸν πεπατηκὼς ἀκριβῶς... τοῦτο δὴ .. σοφὸν εὑρὼν ἅμα καὶ τεχνικὸν ἔγραψεν.
[6] Soph. El., p. 638 Τισίας μετὰ τοὺς πρώτους.
[7] Prolegg. Hermog., p. 8. Amm. Marc., XXX, 1. Tisias suasionis opificem esse memorat, assentiente Leontino Gorgia (cf. Quintil., II, p. 178).
[8] Plat., Phædr., 273, a.

les choses petites et réciproquement, petites les choses grandes, donner à l'ancien un air de nouveauté, et au nouveau un air d'antiquité; enfin parler sur le même sujet, à leur gré, tantôt d'une manière très concise tontôt d'une manière très développée[1]. »

C'est par Tisias et Gorgias, arrivés tous deux en même temps à Athènes que fut apporté dans la Grèce propre l'enseignement de la rhétorique, que n'avait pas attendu, sans doute, pour naître et pour fleurir, la vraie éloquence; mais qui, par ses préceptes, ses pratiques et ses exemples acheva de la porter à un point de perfection qu'elle n'a encore atteint dans aucun autre pays ni dans aucun autre temps. Gorgias, né à Léontium vers la 70e ou 71e Olympiade[2], était le disciple d'Empédocle et de Tisias, et son originalité a été de fondre en une seule méthode les principes et les règles de la rhétorique et de la sophistique, et de donner à cet art pour principal objet la politique. Il enseigna avec un succès immense[3], dû à un réel talent de parole, à la nouveauté et à l'éclat de son style, « à ses antithèses extraordinaires, à ses *isocola*, ses *parisa*, ses *omoioteleuta*, artifices que la nouveauté faisait alors applaudir, mais qui trahissaient l'affectation et seraient aujourd'hui dédaignés et ridicules[4]. »

On ne peut pas douter que cet habile artiste enseignait, dans ses Τεχναί ῥητορικαί[5], la méthode théorique et pratique d'employer ces ingénieux procédés, qui lui réussissaient si bien que le jour où il donnait une séance était un jour chômé, ἄπρακτοι, une fête, ἑορτή. Le nom donné comme un éloge à ces

---

[1] *Phædr.*, 267, b. *Gorg.*, 449.

[2] D L, VIII, 58; Suid., V; Quint., III, 1. Empedoclis, ut dicitur, discipulus. *Prolegg. Hermog.*, μαθητεύει τῷ Τισίᾳ, 500 ou 496 av. J.-Ch.

[3] Son succès fut tel que les jours où il devait prendre la parole s'appelaient ἑορταί, des fêtes, et ses discours λαμπάδες, des flambeaux, des feux d'artifice. Le mot γοργιάζειν était l'équivalent de ῥητορεύειν. Philostr., *Ep. ad Aug.* L'éloquence devient comme une audition musicale ou une représentation dramatique.

[4] Diod. Sic., XII, 53.

[5] Diod., XII, 53. πρῶτος ἐξεῦρε. C'est par erreur que Diodore affirme qu'il fut le premier à écrire un traité de Rhétorique.

brillants morceaux révèle le caractère de son talent comme orateur [1], et le vice de tout le système. Néanmoins, dans toute la Grèce, qu'il visita, il recueillit la gloire et la richesse, car ce maître de sagesse politique faisait payer cher ses leçons publiques comme ses leçons privées [2]. L'engoûment qu'il inspira fut tel qu'on lui éleva à Delphes, seul d'entre les hommes, une statue d'or [3]. Il mourut à Athènes dans un âge très avancé, à 108 ou 109 ans, dit-on [4].

Nous ne savons pour ainsi dire rien de ce que contenait son *Traité de l'Art oratoire* et de ce qui constituait sa méthode d'enseignement. C'est plutôt par son éloquence et par ses procédés personnels d'argumentation [5] que par un système rationnel de rhétorique, plutôt par son exemple que par ses préceptes qu'il exerça une influence si puissante et si étendue, à laquelle n'échappa aucun des grands esprits de son temps, pas même celui qui l'a tant attaqué, Platon. Son enseignement paraît avoir été plutôt pratique, mécanique, que théorique et scientifique. C'est du moins ainsi que Aristote [6] nous représente la méthode de Gorgias. ἡ τοῦ Γοργίου πραγματεία. « On donnait à apprendre par cœur des morceaux écrits et tout préparés traitant les sujets sur lesquels tombent le plus habituellement les parties adverses. L'en-

---

[1] *Vid. Supr.*, p. 12, n. 3. *Prolegg. Hermog.*

[2] Plat., *Hipp.*, I, 282. εἴτε δήμῳ... καὶ ἰδίᾳ ἐπιδείξεις ποιούμενος χρήματα πολλὰ εἰργάσατο καὶ ἔλαβεν. Les prix d'entrée variaient de 1 à 5 drachmes (0,90 à 4,50). Les Sophistes entreprenaient en outre à forfait des éducations complètes, Gorgias lui-même, au prix de 100 mines (9,000 fr.).

[3] Cic., *de Or.*, III, 32. Cui tantus honos habitus est a Graecis, ut soli ex omnibus, Delphis non inaurata statua, sed aurea statueretur. Pausan., VI, 7 ; X. 2. Mais Pline (*Hist. N.*, XXXIII, 4) et Athénée (XI, 505) prétendent que c'est Gorgias lui-même qui fit au temple cette magnifique offrande. Platon, dans un livre sur Gorgias cité par Hermippe (Athen., l. l.), fait allusion à cette statue dans le propos : Oh ! voici le beau Gorgias en or ; — à quoi le Sophiste répond : Voilà le bel et nouvel Archiloque.

[4] Philostr., 492.

[5] Diod. Sic., XII, 53. δεινότητι λόγων πολὺ προέχων πάντων τῶν καθ' ἑαυτόν.

[6] *Soph. El.*, III, c. XXXIV. « La méthode d'enseignement de ces professeurs, à prix d'argent, d'éristique, était à peu près celle de Gorgias, ὁμοία τις ἦν τῇ Γοργίου πραγματείᾳ.

seignement était rapide, mais non scientifique et rationnel, ἄτεχνος. Il exposait non pas l'art même, mais les résultats de l'art et s'imaginait ainsi avoir enseigné quelque chose. C'est comme si quelqu'un prétendait être capable d'enseigner scientifiquement à n'avoir pas mal aux pieds, et au lieu d'apprendre à faire ou à se procurer de bonnes chaussures, se bornait à en énumérer les espèces diverses. Assurément c'est là donner un secours utile à la pratique, mais ce n'est pas enseigner un art[1]. » Cicéron nous donne à peu près la même idée de la méthode de Gorgias et de Protagoras : « Scriptas fuisse et paratas a Protagora *rerum illustrium* disputationes quæ nunc communes appellantur loci : quod idem fecisse Gorgiam quum singularum rerum laudes vituperationesque conscripsisset, quod judicaret hoc oratoris esse proprium *rem augere* posse laudando, vituperandoque rursus *affligere*[2] ».

Quant à sa théorie oratoire, le peu que nous en savons n'a pas grande autorité. D'un passage du commentaire de Plutarque sur le *Gorgias* de Platon[3] on pourrait conclure qu'il définissait comme il suit l'éloquence : « L'éloquence est un art qui exerce sa puissance par la parole : elle opère, par des discours *politiques*, sur tout sujet qui se présente, une persuasion qui a le caractère de la créance plutôt que celui d'une certitude produite par la démonstration scientifique[4].

---

[1] τέχνην δὲ οὐ παρέδωκε. La rhétorique ne peut pas être confondue avec l'éloquence, et c'est par une confusion ambitieuse et fausse que ceux qui professaient la rhétorique se croyaient tenus de prouver qu'ils possédaient également l'art de l'orateur. *Phædr.*, 266, c. οἱ σοφοὶ μὲν αὐτοὶ λέγειν γεγόνασιν, ἄλλους τε ποιοῦσιν. C'était l'application de la maxime : Médecin, guéris-toi toi-même.

[2] *Brut.*, 12.

[3] Non encore imprimé. Speng., p. 35. *Cod. Monac.*, VIII, f° 139.

[4] Id., id. ἐν πολιτικοῖς λόγοις.. πιστευτικῆς οὐ διδασκαλικῆς. Le mot πολιτικὸς λόγος a eu bien des sens dans la langue technique de la rhétorique grecque : il signifie ici l'éloquence qui traitait des sujets qui intéressent tout citoyen, en tant que citoyen, et dans un style qui correspondait au niveau, assez élevé chez les Grecs, de l'éducation générale des citoyens. Il comprenait, comme le dit expressément la *Rhétorique à Alexandre*, les deux genres délibératif et judiciaire : ταῦτα γὰρ μόνα περὶ τὰ τῆς πόλεως γίγνεται πράγματα. Sop., *ad Hermog.*, p. 25. On l'opposait

Il paraît douteux que cette définition soit tirée d'un traité même de Gorgias, et il est plus probable, comme le remarque M. Spengel [1], qu'elle est composée des formules successivement arrachées au sophiste dans le dialogue qui porte son nom. Il avait cependant écrit plusieurs traités de rhétorique que lisait encore Denys l'ancien, ὁ πρεσβύτερος [2], et parmi lesquels on mentionne un Traité sur l'A-propos, περὶ τοῦ καιροῦ, ou *la convenance*. C'est un sujet des plus importants sur lequel, jusqu'ici, aucun rhéteur, aucun philosophe n'avait, suivant Denys d'Halicarnasse, donné des préceptes techniques précis, τέχνην ὥρισεν, pas même celui qui avait le premier essayé d'en traiter par écrit, c'est-à-dire Gorgias, dont l'ouvrage ne mérite pas la peine qu'on en parle [3]. » Malgré le jugement sévère de Denys, M. Spengel semble croire que c'est à l'un de ces ouvrages que le rhéteur fait allusion dans son jugement sur Lysias, qui, dit-il, observe aussi bien qu'*aucun des anciens rhéteurs* (ou *orateurs*) la triple convenance du style aux choses, à l'auditeur ou à l'orateur même [4]. Je ne

---

ainsi aux ouvrages de médecine, aux écrits de philosophie et plus tard aux discours épidictiques : d'où Aristote, *Poet.*, 6, opposait πολιτικῶς λέγειν à ῥητορικῶς λέγειν. Au contraire, il désigne dans D. Hal., *Art. Rh.*, I, l'atticisme du style. Enfin, il finit par exprimer la perfection même, la forme classique de l'élocution, dans Aristide et déjà dans Hermogène. Cf. sur la définition de la rhétorique par Gorgias, Sext. Emp., *adv. Rhet.*, 2, 5; Doxopat., *Rh. Gr.*, II, 104.

[1] *Uber die Rh., d. Arist.*, p. 4.
[2] Cité par le scoliaste anonyme d'Hermogène (Speng., p. 78). περιέτυχον καὶ τισι τέχναις; id., *Proleyg. Hermog.* (Sp., p. 82). « Il apporta avec lui les traités écrits de Corax et de Tisias, et en écrivit lui-même un autre ». D. L., VIII, 58. « Il nous a laissé un traité de rhétorique, τέχνην ἀπολελοιπότα. » M. Spengel, malgré tout cela, ne croit pas que Gorgias ait écrit des ouvrages didactiques de rhétorique ; il se fonde sur le mot d'Aristote : τέχνην οὐ παρέδωκε, auquel j'ai attribué un autre sens. Les passages du scoliaste d'Hermogène, de Diogène, sont confirmés par Quintilien (III, 1) qui, après avoir dit : « Artium *scriptores* antiquissimi, Corax et Tisias », ajoute : « quos insecutus est Gorgias ». Krische (*de Phædr. Plat.*, p. 101) partage ce sentiment qu'on peut appuyer de l'autorité de Platon (261, 1.) : « N'as-tu pas entendu parler des Τέχναι de rhétorique, que Nestor et Ulysse, pour charmer leurs loisirs, ont mis par écrit, συνεγραψάτην? — Oui, vraiment : si du moins tu fais de Gorgias une espèce de Nestor et de Thrasymaque ou de Théodore une sorte d'Ulysse ».
[3] *De Verb. Colloc.*, p. 73, Goeller. οὐδὲν ὅτι καὶ λόγου ἄξιον ἔγραψεν... ἐπεχείρησε περὶ αὐτοῦ γράφειν; Suid., V. τέχνην ἔδωκε.
[4] *De Lys.*, 9. οὐδενὸς ἧττον τῶν ἀρχαίων ῥητόρων; Speng., *Art. Scriptt.*,

vois rien qui oblige ni même autorise à faire remonter la théorie de la convenance, sous ces trois points de vue, à aucun des anciens rhéteurs auxquels Lysias est comparé, et particulièrement à Gorgias. Denys applique à sa critique une distinction théorique devenue de son temps une règle reconnue de l'art oratoire, et qu'ont pu pratiquer les anciens orateurs, sinon sans en avoir conscience, du moins sans en connaître et sans en avoir inventé les formules.

Il est plus probable que c'est à un ouvrage technique écrit de Gorgias que se rapporte Aristote dans le passage de la *Rhétorique* où il traite du ridicule : « Gorgias a dit qu'il fallait, δεῖν — c'est bien la formule d'un précepte — détruire l'effet d'une chose grave dite par l'adversaire en provoquant le rire, et détruire l'effet du ridicule par la gravité de la réponse; et il a eu raison de le soutenir [1]. »

Je n'ai point ici à analyser et à apprécier le talent d'écrivain et d'orateur de Gorgias, d'après les pièces plus ou moins authentiques que nous avons conservées de lui; mais comme son enseignement était à coup sûr conforme à sa pratique oratoire, il est plus que vraisemblable qu'il prescrivait comme règles et comme préceptes les procédés de composition et de style qu'il employait lui-même avec tant de succès. C'est de la beauté de la forme surtout qu'il semble avoir été préoccupé. Après avoir cité un fragment de son discours sur les Athéniens qui se sont illustrés dans la guerre, le scoliaste anonyme d'Hermogène détermine et caractérise comme il suit, la forme de son style [2] : « Gor-

p. 81. Qua in re Gorgias jam tres omnino partes separasse videtur ut accurate et ad dicentem et ad audientem et ad rem ipsam, in quibus omne versatur decorum et εὔκαιρον adverteret iisque *praecepta sua accomodaret*.

[1] III, 18. ὀρθῶς λέγων.
[2] Speng., *Art. Scriptt.*, p. 80. D. Hal. *de Isoc.* « Gorgias dépasse toute mesure; il est partout vraiment puéril, παιδαριῶδη ». M. Spengel, sur l'autorité d'un Ms. de la Bodléienne, propose de lire πολλαχοῦ au lieu de πανταχοῦ. Aristote (*Rh.*, III, 1) critique également ces artifices mécaniques appelés τὰ Γοργίεια, τὸ Γοργιάζειν. Conf. Xenoph., *Conv.*, 2, 26. Γοργίοις ῥήμασι; D. Hal., t. 6, p. 760, Reisk. σχήμασι τοῖς Γοργείοις; id., 1033, 7. τὰ θεατρικὰ τὰ Γοργεῖα. Phot., *Cod.*, 168, p. 116, 14; *Schol. Thucyd.*, I, 2, et 144. ἡ Γοργείος πάρισωσις.

gias entasse ici les expressions magnifiques, relève des pensées assez communes par des *parisa,* des *omoioteleuta,* des *omoiocatarcta,* répandant partout, jusqu'à satiété, κατακόρως, les ornements du style. » La recherche du pittoresque, de la couleur, de l'éclat dans l'expression, que le scoliaste désigne sous le nom de καλλωπίζων [1], et pour laquelle M. Spengel propose le terme très précis et très juste d'εὐέπεια, déjà employé par Platon, en opposition à l'ὀρθοέπεια [2], la tendance à la beauté de la forme, qui prétend donner à la prose le charme de la poésie, caractérise non seulement la manière, mais la méthode oratoire de Gorgias et de l'école sicilienne. Elle eût une influence étendue et profonde non seulement sur le style des orateurs, mais sur celui de tous les prosateurs grecs [3]. C'est par elle que s'introduisit dans la prose le mouvement animé et vivant, le coloris chaud, lumineux, éclatant, l'harmonie expressive et pathétique du style: pour obtenir ces effets si puissants, elle enseigna l'emploi des métaphores, des formes poétiques et archaïques, la disposition antithétique ou symétrique des mots, produite par l'allitération et la rime, l'arrangement calculé et mesuré, pour ainsi dire l'alignement des membres de la phrase qui amènent d'eux-mêmes le nombre et le rythme, cette ἁρμόνιος σύνθεσίς [4], cette *concinnitas* [5], qui, portée à sa perfection par Isocrate, constituera plus tard la forme périodique. Par là on peut dire que

---

[1] Et Den. Hal., *Dem.*, c. 25. καλλωπισμὸς τῆς ἀπαγγελίας.

[2] *Phædr.*, 267, c. πρὸς ποίησιν εὐεπείας.

[3] Philostr., *Ep.*, 73. « Il eut pour disciples les plus illustres des Grecs : Aspasie, Critias, Thucydide lui ont dû τὸ μεγαλόγνωμον et τὴν ὄφρυν, l'attitude hautaine et l'air de grandeur de leur style. Platon, le divin Platon lui-même, s'enveloppe des formes oratoires des sophistes, ἐς τὰς ἰδέας τῶν σοφιστῶν ἴεται, il ne veut pas céder à Gorgias même la gloire de gorgiaser mieux que lui, et l'on entend souvent dans sa composition retentir l'écho des formules d'Hippias et de Protagoras. » D. Hal., *Dem.*, c. 26, en cite un curieux exemple que j'ai déjà reproduit dans ma *Vie de Platon*, p. 512.

[4] C'est le nom que lui donne Cæcilius de Calacta, Phot., *Cod.*, 259.

[5] Cic., *Or.*, 49, 52. Hujus concinnitatis Gorgiam fuisse principem accepimus... Hoc genere antiqui jam ante Isocratem delectabantur, et maxime Gorgias, cujus in oratione plerumque efficit numerum ipsa concinnitas.

Gorgias rendit un service réel à la langue de la prose, en montrant qu'elle était susceptible de recevoir et en prescrivant de lui imprimer la forme de la beauté et de lui demander de produire des effets esthétiques. C'est à partir de ce moment qu'on travailla la langue en artiste et que, peu à peu, après des excès et des tâtonnements inévitables, pût naître ce type parfait de style, aussi éloigné de la conversation ordinaire et de l'expression triviale et plate des besoins journaliers de la vie que des accents inspirés de la poésie, que les Grecs finirent par appeler πολιτικός λόγος, qui répond à peu près à ce que nous entendons par le terme : style classique.

Le grand vice de l'école sicilienne et le grand danger du mouvement puissant qu'elle imprima aux esprits, c'est qu'on s'habitua vite à ce charme des agréments extérieurs et à ces caresses sensuelles de l'oreille [1]. On sacrifia la pensée à l'expression, le fond à la forme, et dans la forme même l'élément intellectuel à l'élément purement sensible. Ce ne fut plus un travail d'organisation, mais une œuvre de mécanique [2]. On sculptait amoureusement le vase, et on oubliait d'y verser le parfum. Le goût de la ciselure s'empare vite des esprits, surtout des esprits médiocres ; car l'emploi de ces procédés n'exige ni force d'esprit ni élévation de sentiments et de pensées. La poésie elle-même se nourrit de pensées : à plus forte raison l'éloquence, qui n'est pas un art de luxe, mais un art de service. L'influence du talent et les doctrines sophistiques et oratoires de Gorgias ont donc, à côté de leurs heureux résultats, jeté un germe de corruption dans la langue et le goût, comme dans l'esprit et les mœurs, et si la réaction de Platon et d'Aristote, en même temps que les grands évènements historiques de cette époque, permettent à l'éloquence de garder sa gravité, sa noblesse, sa vraie beauté, on en retrou-

---

[1] Cic., *de Or.*, III. Delectationis atque aurium caussa numeris (orationem) astringeret.
[2] Cic., *Or.*, 12. Versiculorum simila, nimium depicta.

vera les effets pernicieux dans les sophistes et les orateurs de la décadence.

Les disciples les plus célèbres de Gorgias sont : Polus d'Agrigente [1], Licymnius, Thrasymaque de Chalcédoine, Théodore de Byzance, Évènus de Paros.

Polus, qui avait eu aussi Licymnius pour maître [2], avait écrit un traité de rhétorique que mentionne expressément Platon [3], et dont il semble citer textuellement ou à peu près un extrait [4]. Le trait caractéristique de cette rhétorique est de prescrire à l'éloquence de viser surtout à la beauté, d'en faire un art, ayant pour but, comme tous les véritables arts, de plaire et de charmer [5]. Elle enseignait comme moyens d'atteindre à cette fin essentielle l'emploi de ce que Platon appelle ironiquement les μουσεῖα λόγων, c'est-à-dire toutes les espèces de παρισώσεις, la diplasiologie, la gnomologie, l'iconologie, et de tous ces procédés d'expression que Licymnius lui avait fait connaître, quoiqu'il s'en arrogeât la découverte, et qui concourent à donner au discours la forme de la beauté, εὐέπεια ou καλλιλεξία [6]. Nous savons déjà ce que c'est que la parisosis ou l'art d'établir entre les membres de la phrase une égalité de dimension [7], ou une similitude de formes lexiques. Il est plus difficile de déterminer la signification précise de la diplasiologie. Le scoliaste de Platon et Hermias [8]

---

[1] Syr., *Sch. Hermog.*, p. 18. ὁ Γοργίου μαθητὴς ἐν τῇ Τέχνῃ φησίν.
[2] *Sch. Plat.*, *Phædr.*, 267. ὁ Λικύμνιος δὲ Πώλου διδάσκαλος.
[3] *Gorg.*, 462. « ἐν τῷ συγγράμματι, que j'ai lu récemment. »
[4] Id., id, 448, c. πολλαὶ τέχναι, etc.; cf. Arist., *Met.*, 1, 1.
[5] *Sch. Hermog.*, Speng., 87. « Gorgias et Polus, σφόδρα τοῦ κάλλους πεφροντικότες. »
[6] Plat., *Phædr.*, 267. Le mot μουσεῖα me paraît être l'adjectif et non le substantif : c'est non-seulement ce qu'il y a de musical dans la parole, mais l'ensemble de ces grâces auxquelles président les Muses et que l'Art peut lui donner. Heindorf croit sans raison que c'était le titre même de l'ouvrage de Polus. Hermias (Sp., p. 86). μουσεῖα λόγων ἐκάλεσεν, ἐπειδὴ ἐδόκει τῇ καλλιλεξίᾳ πάνυ κοσμεῖν τὸν λόγον.
[7] Ce n'était pas, quoi qu'en dise Platon, προσεποίησεν. une invention de Polus, comme le constate Philostrate (p. 497). τῇ τοιᾷδε ἀγλαίᾳ Πῶλος εὑρημένῃ κατεχρήσατο.
[8] Hermias, Speng., p. 86. « διπλασιολογίαν δὲ τὸ τὰ αὐτὰ δὶς λέγειν, οἷον φεῦ φεῦ », ou comme encore : Ah ! Corydon, Corydon, ou : παρθενία παρθενία, ποῖ με

prétendent qu'elle consiste à répéter deux fois le même mot, comme φεῦ, φεῦ, mais ce procédé n'est pas un précepte de style, et n'a guère de place dans les œuvres oratoires. Heindorf l'entend des mots composés, nouveaux et extraordinaires, τὰ διπλᾶ ὀνόματα, qu'Aristote attribue à Lycophron et à Gorgias, comme πολυπρόσωπον οὐρανόν, τῆς μεγαλοκορύφου γῆς, πτωχόμουσος κόλαξ, qui donnent un caractère poétique au style, comme le remarque Aristote, mais produisent dans le genre oratoire des effets bien froids et de mauvais goût, s'ils ne sont employés avec beaucoup d'art et de discrétion [1]. Spengel et Stallbaum pensent qu'il s'agit de ces isocola et de ces parisa où l'on exprime deux fois les mêmes choses par les mêmes mots comme φιλόδωρος εὐμενείας, ἄδωρος δυσμενείας, ou comme dans la phrase du *Gorgias*, qui semble tirée de l'ouvrage même de Polus : « πολλαὶ τέχναι... ἐκ τῶν ἐμπειριῶν ἐμπείρως εὑρημέναι... μεταλαμβάνουσιν ἄλλοι ἄλλων ἄλλως, τῶν δὲ ἀρίστων οἱ ἄριστοι [2].

La gnomologie est l'art d'introduire dans le discours des propositions sentencieuses, des proverbes, des maximes. L'iconologie consiste à exprimer les pensées le plus souvent possible sous forme d'images, d'exemples, de comparaisons.

Licymnius avait, comme Polus, son élève, écrit un traité sur l'art oratoire que signalent Aristote [3] et Suidas [4], ce dernier en précisant le sujet spécial de l'ouvrage, ἔγραψε περὶ λέξεων. Le style, certains artifices et procédés tout pratiques d'élocution, tel était donc l'objet de cette rhétorique. Il avait divisé les mots en diverses catégories [5] : les mots propres κύρια, les mots composés, σύνθετα, les mots frères, ἀδελφά, tirés

---
λιποῖσ' ἀποίχη (Sapho. *Fr.*, 109). C'est ce qu'on appelait διπλασιασμός ou παλιλλογία. La figure prenait le nom d'ἀναδίπλωσις ou d'ἐπανάληψις, lorsque la répétition portait sur plusieurs mots.

[1] Ar., *Rh.*, III, 5. ποιητικὰ διὰ τὴν δίπλωσιν... ψυχρὰ ἐν τοῖς διπλοῖς ὀνόμασιν ; id., III, 2. ὀλιγάκις καὶ ὀλιγαχοῦ χρηστέον.
[2] *Gorg.*, 448, c.
[3] *Rh.*, III, 13. οἷον Λικύμνιος ποιεῖ ἐν τῇ Τέχνῃ.
[4] Voc.
[5] *Sch. Plat., Phædr.*, 267, c. ; *Herm.*, p. 191 ; *Speng.*, p. 88.

d'une même racine, les ἐπίθετα ou adjectifs d'ornement, d'autres classes encore, le tout, comme chez Polus, pour concourir à la beauté de l'expression, πρὸς εὐέπειαν. De plus il avait observé que le charme du style vient ou de l'harmonie des mots, ou de l'idée qu'ils expriment, et qu'ainsi, de même qu'il y a des formes belles et gracieuses de style, il y en avait de disgracieuses et de laides [1]. Toutes ces observations ne concernent, comme on le voit, que le style, mais elles contiennent des distinctions très justes, qui correspondent à la réalité, et qui feront désormais partie de toute théorie systématique du style. Licymnius remarque même cette intime connexion de la forme et du fond de la pensée, qui fait que dans la beauté du style il y a toujours et nécessairement un élément intelligible.

Il semble même qu'il avait porté ses analyses sur une autre partie du discours : la composition, ou les formes à donner à l'argumentation. Il avait distingué l'ἐπούρωσις, l'ἀποπλάνησις et les ὄζοι, termes dont la signification est loin d'être claire, et distinctions qu'Aristote critique comme purement vaines et vides [2], et dont il ne donne ni le genre ni la différence. Le manuscrit que nous citons en note dit à ce sujet : « Il avait appelé ἐπορούσεις ce que l'on nomme ἐπαναλήψεις [3]. Mais ce mot ἐπόρουσις est très obscur : il ne repré-

---

[1] Ar., *Rh.*, III, 2.

[2] *Rh.*, III, 13. κένον καὶ ληρῶδες. Les *Scholies* du Ms. de Munich, XC. Speng., p. 89, donnent la leçon ἐπίρουσις ou ἐπώρουσις. Vossius., *Rh. Inst.*, I, p. 339, lisait ἐπέρωσις.

[3] On ne voit guère de rapports possibles entre cette composition et la figure de l'Epanalepsis, qui est une répétition de mots comme dans :

> *Ambo* florentes ætatibus, Arcades *Ambo* (*Ecl.*, 8).
> *Hujus* ero vivus, mortuus *hujus* ero (Prop., II, 15)

ou dans cette inscription charmante :

> *Balnea, vina, Venus* corrumpunt corpora nostra :
> Conservant eadem *balnea vina, Venus.*

Voss., *Instit. Orat.*, p. 290. L'idée d'impétuosité, de choc violent, se trouve dans la racine du mot ἐπορούω. Vossius, qui lit ἐπέρωσις et dérive ce mot d'ἔρωή, motus gravis, impetus, croit qu'il s'agit d'un exorde *ex abrupto* (*id.*, p. 339).

sente pas ce qu'il signifie, et il nous est, à nous du moins, inconnu. » Il propose alors de lire ἐπούρουσις qui, dit-il, signifie au propre, tout ce qui soutient et renforce les idées et sert d'appui à la démonstration, *quoique pris en dehors du sujet même*[1]. Je suis porté à croire que ces derniers mots, ἔξω τοῦ πράγματος, ont été introduits par erreur dans la définition de l'ἐπούρουσις : ils appartiennent manifestement à la définition du second procédé de composition, distingué par Licymnius sous le nom d'ἀποπλάνησις. Spengel ne veut y voir qu'une explication du mot poétique ὄζοι, mais le terme est susceptible d'un sens technique très acceptable : C'est, dit le Ms. déjà cité, une seconde narration, ou bien une sorte de digression, d'écart du sujet, mais qui néanmoins sert à fortifier l'argumentation, et concourt à la preuve. Ernesti le définit comme un procédé habile de détourner l'attention d'un point défavorable à notre thèse, et, si nous sommes obligés de l'aborder, de quitter insensiblement et sans qu'on s'en aperçoive ce terrain dangereux.

Les ὄζοι présentent un sens non moins obscur. Le même scoliaste croit y voir indiqués les deux termes extrêmes du discours, c'est-à-dire l'exorde et la péroraison. Spengel les confond, comme nous venons de le dire avec la digression, et Vossius y voit une division de l'exorde en deux branches, un exorde branchu, comme il l'appelle, *ramosum*.

Thrasymaque de Chalcédoine était à la fois un logographe, un orateur et un professeur de rhétorique. Théophraste lui attribuait comme orateur le mérite que Denys d'Halicarnasse réclame pour Lysias, d'avoir conçu et observé, entre l'élocution poétique enseignée par l'école sicilienne, toute chargée d'artifices et enluminée de fard et la diction toute nue et

---

Ἐπουρόω signifie être poussé par un bon vent, ou plutôt l'action du vent qui pousse favorablement le navire, τὰ συνεπουρίζοντα καὶ βοηθοῦντα τοῖς ἐνθυμήμασι... τῇ ἀποδείξει (Sp., p. 89).

[1] Sp., *id.*, l. l. ἔξω τοῦ πράγματος λεγόμενα, συμβαλλόμενα δὲ εἰς τὰς ἀποδείξεις καὶ βοηθοῦντα.

semblable à la conversation ordinaire, un genre moyen d'élocution qui tenait de ces deux extrêmes et n'était ni l'un ni l'autre. « Il se montre tout entier, c'est-à-dire pur, avec une force étonnante d'invention, un style serré, ferme et achevé, dans ces écrits techniques sur l'art oratoire, ἐν τοῖς τεχνογραφικοῖς, comme dans ses discours d'apparat [1]. »

De ces écrits sur l'éloquence dont un critique sévère loue en ces termes le style, le seul dont nous connaissions le titre et la matière est les Ἔλεοι, cité par Aristote [2]. Il y traitait de l'action oratoire, ἡ ὑπόκρισις, qui, disciplinée par une méthode rationnelle produit, dit Aristote, des effets aussi puissants que le jeu scénique, ἡ ὑποκριτική, c'est-à-dire cause des impressions plus fortes que le texte même des paroles soit des poètes, soit des orateurs. Il semble avoir été le premier à aborder cette partie technique de l'art, et l'avoir fait superficiellement et brièvement. Il avait d'autant plus de raisons d'être sobre en cette matière, qu'il pensait comme Aristote, que ce talent était plutôt un don de la nature qu'un effet de l'art [3]. L'ouvrage de Thrasymaque que Cicéron appelle *Miserationes* [4], c'est-à-dire l'art de traiter le pathétique, d'exciter les émotions, devait certainement contenir des préceptes sur l'action et sur le débit oratoires, qui sont essentiellement pathétiques ; mais je ne vois rien qui autorise à dire que le pathétique de l'action en était exclusivement l'objet. Ce qu'en dit Platon, s'étend bien au-delà : « Quant à l'art d'exciter la pitié par des plaintes et des gémissements en faveur de la

---

[1] D. Hal. *de Is.*, p. 627. Conf. 722; Cic., *Or.*, 12; *de Lys.*, § 5; *de Dem.* vi, p. 958. « Quel fut l'auteur de ce genre de style, Thrasymaque ou tout autre, je ne le saurais dire. »

[2] Ar., *Rh.*, III, 1. ἐγκεχειρήκασι δὲ ἐπ'ὀλίγον περὶ αὐτῆς εἰπεῖν τινες· οἷον Θρασύμαχος ἐν τοῖς Ἐλέοις. C'est sans doute le même ouvrage que Suidas désigne par les termes τέχνην ῥητορικήν, ἀφορμὰς ῥητορικάς, et qui est visé par Platon (*Phæd.*, 271, a.). « ὁ Θρασύμαχός τε καὶ ὅς ἂν ἄλλος σπουδῇ τέχνην ῥητορικὴν διδῷ ». Cicéron (*de Or.*, III, 16, le cite au nombre des *doctores* faciendi dicendique sapientiæ.

[3] Quintil., III, 3. Memoria atque actio natura, non arte contingunt, licet Thrasymachus quoque idem de actione crediderit.

[4] *Or.*, 12.

vieillesse ou des misères humaines, je donne la palme au puissant chalcédonien. C'est un homme capable de mettre en fureur une multitude et aussitôt après de charmer et d'apaiser sa colère [1] ». « Le chalcédonien, dit Hermias sur ce passage [2], a enseigné comment il faut s'y prendre pour pousser le juge à la compassion, lui arracher des sentiments de pitié en se lamentant sur la vieillesse, la pauvreté, les enfants de l'accusé et mille choses de cette nature ». Sans doute Platon et Aristote lui-même prétendent que ce sont là des choses accessoires, étrangères à l'art, et qui ne s'adressent qu'à la personne du juge [3]. Mais comme les juges sont des hommes, il est permis de les émouvoir pour les amener à être justes, et il n'y a pas lieu de faire un crime à Thrasymaque d'avoir considéré comme une des parties de la rhétorique l'étude et l'analyse des moyens propres à exciter les émotions de l'âme humaine.

Le nombre oratoire ne se borne pas à charmer l'oreille qui se plaît naturellement au rythme et à l'harmonie et à faciliter, par ce plaisir même, l'acte de l'assimilation intellectuelle : il a aussi des effets pathétiques d'une puissance réelle et reconnue, plus puissants et plus manifestes dans le chant et dans les vers, mais grands encore dans la parole parlée [4]. Il n'est donc pas invraisemblable que ce soit dans ce même traité des Ἔλεοι, que Thrasymaque ait traité du nombre, dont il passe pour avoir été l'un des premiers sinon à découvrir le charme et la force, du moins à analyser scientifiquement les effets : « *Princeps inveniendi numeros fuit Thrasymachus* [5] ». *Primi* (Gorgias et Thrasymaque) *traduntur arte quadam verba vinxisse* [6]. Cicéron, tout en lui reconnais-

---

[1] *Phædr.*, 267, c.
[2] Herm., *Ast.*, p. 192.
[3] Ar., *Rh.*, I, 1. τὰ τοιαῦτα πάθη τῆς ψυχῆς οὐ περὶ τοῦ πράγματός ἐστιν, ἀλλὰ πρὸς τὸν δικαστήν.
[4] Cic., *Or.*, 68. Multo majorem habent apta vim quam soluta; *de Or.*, III, 48. Continuatio verborum soluta multo est aptior atque jucundior.
[5] Cic., *Or.*, 52.
[6] *Id.*, 13 ; *id.*, 12. Vossius, *Instit., Part.*, II, p 71. Numerum oratorium auxit Gorgias, perfecit Isocrates.

sant ce mérite, l'accuse d'avoir, sinon enseigné, du moins pratiqué une méthode de composition qui coupe la phrase en membres trop nombreux et trop courts, semblables à de petits vers [1]. Il est certain qu'à ce moment la période n'a pas atteint de grandes ailes et que son vol est court et haletant. Le nombre, chez les Grecs, reposait en grande partie sur la quantité métrique, et Thrasymaque, dit Aristote, avait prescrit « de commencer la phrase par le pæon, sans bien savoir ce que c'était, et on a suivi son exemple sans trop savoir pourquoi. La vraie raison pour laquelle on peut l'approuver, c'est que seul parmi les rythmes précédents (l'iambe et le dactyle), il ne constitue pas un mètre, en sorte que l'auditeur ne remarque pas que c'est un pied [2]. »

Théodore de Byzance est, après Gorgias, le plus fameux des artistes de la parole et des professeurs de rhétorique de cette époque [3]. Lysias avait remarqué que son enseignement était profond, et sa pratique de l'éloquence assez pauvre [4]. Mais ce jugement, en ce qu'il a de favorable, n'est point partagé par Denys d'Halicarnasse qui prétend qu'il ne montre pas plus d'exactitude et de sûreté dans la doctrine que de talent dans la pratique [5].

Il semble qu'il avait écrit deux traités de rhétorique ou du moins publié deux éditions successives du même ouvrage. Cet ouvrage, au dire d'Aristote, roulait tout entier [6] sur ce lieu commun d'enthymème, savoir, les antécédents du prévenu, ἐκ τῶν ἁμαρτηθέντων κατηγορεῖν ἢ ἀπολογεῖσθαι... par

---

[1] *Id.*, 12 Ut modo primumque nascentia, minuta et versiculorum similia; *id.*, 13. concisus... minutis numeris.
[2] Ar., *Rh.*, III, 8.
[3] *Phædr.*, 266, d.
[4] Cic., *Brut.*, 12. In arte subtilior, in orationibus jejunior.
[5] De Is., § 19.
[6] Ar., *Rh.*, II, 23 et 28. ἔστι δ' ὁ τόπος οὗτος τοῦ ἐνθυμήματος καὶ τὸ εἶδος ὅλη ἡ πρότερον Θεοδώρου τέχνη. Il paraît bien extraordinaire que ce seul lieu ait pu fournir la matière de toute une rhétorique; M. Rossignol ne peut le croire (*Journal des Savants*, 1840, Octobr., p. 630), et n'admet pas le texte. Il fait observer que dans les 39 autres lieux énumérés dans ce même chapitre, Aristote n'ajoute jamais

exemple : tel crime, dont on est accusé, aurait dû être naturellement précédé de tel autre semblable qui n'a pas été commis.

<small>Quelques crimes toujours précèdent les grands crimes.</small>

Il s'était occupé des divisions du discours et les avait doublées. A la démonstration, πίστωσις, il avait ajouté une confirmation, ἐπιπίστωσις; à la réfutation, ἔλεγχος, un ἐπέλεγχος [1] ; à la narration διήγησις, une προδιήγησις et une ἐπιδιήγησις. Toutes ces divisions et subdivisions paraissent avec raison à Aristote ridicules et vides, κενὸν καὶ ληρῶδες : ce ne sont que des dénominations sans contenu, qui ne répondent à aucune différence réelle. Il ne faut, dit-il sensément, de mots nouveaux que pour des choses nouvelles.

Le style avait été l'objet de l'étude de Théodore : il recommandait de piquer l'attention par des idées ou des formules neuves et paradoxales[2]. Il avait donné de l'éloquence une définition qui voulait, sans y réussir, dit Quintilien, éviter le défaut que l'on reproche même à celle d'Aristote, à savoir : « vis inveniendi et eloquendi cum ornatu credibilia (τὰ ἐοικότα) in omni oratione [3] ». Ces derniers mots qui permettraient à des fauteurs de crimes de porter le nom sacré d'ora-

---

au mot τόπος ni ἐνθυμήματος ni εἶδος. La construction de πρότερον avec τέχνῃ lui paraît singulière, quoi qu'acceptable. Alde, suivi par les éditions de Bâle et de Venise, avait écrit προτέρα. Avant Vettori, on lisait ὁ τόπος οὗτος καὶ τοῦ ἐνθυμήματος τὸ εἶδος, et c'est ce commentateur qui, sur la foi d'un manuscrit, a proposé la leçon actuelle. M. Rossignol rétablit l'ancienne, et, par une autre transposition, lit : « ὁ τόπος οὗτος καὶ τὸ ἐνθυμήματος τὸ εἶδος πρότερον, c'est-à-dire : ce lieu et l'espèce précédente d'enthymème constituent toute la rhétorique de Théodore : » elle n'en devient pas, par cette hypothèse, sensiblement plus riche.

[1] *Phædr.*, 266. d. 277, a. Arist., *Rh.*, III, 13. La προδιήγησις est appelée par Hermogène (III, p. 81-81) προκατάστασις. La définition de l'ἐπιδιήγησις est donnée par Quintil., IV, 2 (Rufus (*Rh. Gr.*, III, p. 453). — Fortunatianus (p. 81) connaît encore l'ἀντιδιήγησις, la μερικὴ διήγησις, la παραδιήγησις mentionnée par Aristote (*Rh.*, III, 16), l'ὑποδιήγησις, la καταδιήγησις et la διασκευή.

[2] *Rhet.*, III, 11. παράδοξον... τὸ καινὰ λέγειν.

[3] II, 16. Il n'est pas certain, mais il est probable qu'il s'agit dans ce passage de notre Théodore. D'autres ont pensé à Théodore de Gadara. Plusieurs Mss. donnent la leçon Eudore.

teurs paraissent à Quintilien excessifs et inexacts, comme le περὶ ἕκαστον d'Aristote.

Quintilien[1] lui attribue la première théorie connue sur ce qu'on a appelé[2] plus tard les états de cause, στάσεις, et qui a tant occupé et divisé les anciens rhéteurs, et il nous la fait connaître en ces termes : « Quod nos statum, id quidam constitutionem vocant; alii quæstionem, alii quod ex quæstione appareat : Theodorus generale caput, id est κεφάλαιον γενικώτατον, ad quod referantur omnia ». L'état de cause était donc pour Théodore le chef le plus général auquel se ramène et dans lequel rentre tout le débat. Selon cet auteur, continue Quintilien, il n'y a jamais que deux choses à rechercher : si le fait existe, *an sit;* ou, le fait étant constant, quelles en sont les propriétés, *de accidentibus ei quod esse constat.* La première de ces questions pose une conjecture: la seconde enferme toutes les propriétés qu'Apollodore réduit à deux: la qualité et le nom, c'est-à-dire qu'elle implique une définition. Théodore y faisait entrer quatre parties : l'essence, la qualité, la quantité, la relation : *quid, quale, quantum, ad aliquid.*

Le bel Evénus de Paros, comme l'appelle Platon[3], avait distingué deux parties dans la démonstration : la preuve proprement dite, la preuve directe, et la preuve indirecte, ὑποδήλωσις; il avait étendu cette distinction, qu'il jugeait sans doute importante, à l'éloge et à la critique, où il établissait des formules indirectes ou apparentes qu'il nommait les unes παρέπαινοι, les autres παράψογοι. Ce nom de παρέπαινοι signifie,

---

[1] L. III, c. 6.
[2] Quintilien estime que c'est à tort que cette dénomination est attribuée à Hermagoras; non seulement quelques-uns la rapportent à Naucratès, disciple d'Isocrate, d'autres à Zopyre de Clazomène ; mais encore Æschine, dans son discours contre Ctésiphon, s'en sert, en priant les juges de ne pas permettre à Démosthènes de s'écarter *de ipso causæ statu.* Le nom, ajoute-t-il, est tiré « vel ex eo quod ibi sit primus causæ congressus, vel quod in hoc causa consistit ». Le nom de Théodore se retrouve à chaque instant dans Quintilien, III, 11. Theodori Schola, IV, 2 Theodorei quoque...
[3] *Phædr.*, 267, a.

dit Hermias[1], que la louange n'est pas sincère : ce n'est un éloge qu'en apparence ; et il en est de même des παράψογοι. Ce qu'il y a de de plus particulier à dire sur ce rhéteur, persifflé par Platon, c'est qu'il avait écrit en vers son manuel de rhétorique, pour qu'on pût l'apprendre par cœur et le retenir plus facilement, ἐν μέτρῳ μνήμης χάριν [2]. Plus modeste ou moins en vogue que Gorgias, qui n'admettait à ses cours que des gens payant un abonnement de 100 mines (9000 fr.), Evénus n'en prenait que 5 (c.-à-d. 450 fr.).

Ce n'est pas seulement par des leçons théoriques que ces professeurs enseignaient l'art oratoire : c'est encore et surtout par des procédés pratiques, et pour ainsi dire mécaniques. Comme leurs prédécesseurs ils écrivaient, pour les faire apprendre, déclamer et imiter, des exordes, des péroraisons, des développements de lieux communs applicables à tous les sujets : ce fut la pratique de Céphale d'Athènes [3] et d'Antiphon de Rhamnonte [4] ; de ce dernier, Pollux [5] cite un traité de rhétorique, mais qui ne lui paraît pas authentique, quoique l'*Antiatticista* en cite le IIIe livre.

Théramène, qui avait reçu le sobriquet de ὁ κόθορνος, parcequ'il avait servi tous les partis et les avait tour à tour tous trahis, comme un soulier qui peut aller à tous les pieds [6],

---

[1] *Ad Phædr.; id.*, p. 191.
[2] *Phædr.*, 267, a. Il fut en cela imité par Théodecte, si nous devons en croire Suidas, V. ἔγραψε δὲ καὶ τέχνην ῥητορικὴν ἐν μέτρῳ. En tout cas, ce n'est pas le traité qu'Aristote s'attribue dans la lettre qui sert de préface à la *Rhétorique à Alexandre*, et dont Théodecte passait aussi pour l'auteur. Quintil., II, 15. Theodectes, sive ipsius id opus est, quod de rhetorice nomine ejus inscribitur, sive ut creditum est, Aristotelis. Anonym. Sp., *Rh. Gr.*, I, 454. Ἀριστοτέλης ἐν ταῖς Θεοδεκτικαῖς τέχναις
[3] Suid., V.
[4] Id., V. ἅμα, αἰσθέσθαι et μοχθηρός. Cic., *Brut.*, 12. Huic (Gorgias) Antiphontem similia quædam habuisse conscripta. C'était une pratique employée par les plus grands orateurs : habeo, dit Cicéron (*ad Attic.*, XVI, 6), volumen prooemiorum ; ex eo deligere soleo quum aliquid σύγγραμμα institui.
[5] VI, 143. Apsin, p. 719. Ἀντιφῶν ἐν ταῖς Τέχναις ῥητορικαῖς. Ammon., Fr., p. 127. Valken, *Prolegg. in Hermog.*, Morell., t. I, p. 300. λέγεται τέχνην γράψαι. Quint., III, 1. Antiphon... et orationem primus omnium scripsit, et nihilominus *artem* et ipse composuit.
[6] Troïl., *Bib. Coisl.*, p. 594.

avait également écrit une sorte de traité, τινὰς οὔσας τέχνας, dédié à un personnage nommé Boton [1], qu'étudia et pratiqua Isocrate [2].

Lysias avait commencé, avant d'écrire des discours pour les autres, à professer la rhétorique ; primo profiteri solitum artem esse [3]... Il y renonça pour se consacrer tout entier au métier peu estimé mais lucratif de logographe [4]. Plutarque lui attribue un traité écrit [5], et ce renseignement est confirmé par Denys d'Halicarnasse [6]. « Je crois que les traités de rhétorique, dans lesquels on expose les conditions d'une belle narration, n'ont pas tiré les préceptes et les principes qu'ils posent d'ailleurs que du traité de Lysias. » Il avait également écrit des développements de lieux communs qu'il appelait παρασκευαί, ou exercices préparatoires : par exemple ce que la pauvreté, la richesse, la vieillesse, la jeunesse fait des hommes [7]. Nous n'en connaissons rien de plus.

On cite encore les traités de Callippe et de Pamphile [8] qui ne contenaient de préceptes que sur certains lieux communs.

La plus grande et la plus célèbre école de rhétorique fut celle d'Isocrate, fondée d'abord à Chio [9], puis transférée à Athènes, près du Lycée. On jugera de son importance et de sa renommée par les deux passages suivants de Cicéron : « Cujus domus cunctæ Græciæ quasi ludus quidam patuit atque officina dicendi [10]... Cujus e ludo tanquam ex equo Trojano meri principes exierunt [11] ».

---

[1] Plut., *Vit. X Or.*, Isocr.
[2] D. Hal., *de Isocr.*
[3] *Brut.*, 42.
[4] *Phædr.*, 257, c. διὰ πάσης τῆς λοιδορίας ἐκάλεσεν (αὐτὸν) λογογράφον. Herm., ad. l. ll. αἰσχρὸν ἐκλήθη τὸ λογογραφεῖν. Dem., *de Fals. leg.*, t. I, p. 417 Reiske. λογογράφους τοίνυν καὶ σοφιστὰς ἀποκαλῶν τοὺς ἄλλους καὶ ὑβρίζειν πειρώμενος.
[5] *X Or.*, Lys.
[6] *De Lys.*, 18. ᾗ τῶν ὑπὸ Λυσίου γραφεισῶν.
[7] Amm. Marc., *in Hermog.*, p. 142.
[8] Ar., *Rh.*, II, 23 ; Cic., *de Or.*, III, 21 ; Quintil., III, 6.
[9] Plut., X *Or.* Isoc.
[10] *Brut.*, 32.
[11] *De Or.*, II, 22 ; D. Hal., *Is.*, I. τῆς Ἀθηναίων πόλεως εἰκόνα ποιήσας τὴν ἑαυτοῦ σχολήν.

Isocrate, né en 436, mort en 338 après la bataille de Chéronée, avait eu pour maîtres Prodicus, Tisias et Gorgias, et fut mis par Xénophon en rapport avec Socrate, sans toutefois avoir fait partie de son cercle intime. Bien qu'on rapporte qu'il parut le lendemain de la mort de son maître en vêtements de deuil, et que, dans Platon, Socrate l'appelle son ami chéri, παιδικά, Isocrate mentionne assez sèchement et une seule fois le nom du philosophe [1]. Sa seconde école, ouverte vers l'an 380, fut particulièrement fréquentée par des étrangers ; la durée du cours était de 3 ou 4 ans [2]. Parmi ses disciples nationaux il cite lui-même Timothée, fils de Conon ; les biographes nomment Léodamas, Lycurgue, Hypéride, Isée, Coccus et Céphisodore ; parmi les étrangers Théopompe de Chio, Ephore de Cumes, Théodecte de Phaselis, Naucratès d'Erythræ, Isocrate d'Apollonie, et Philiscus de Milet.

Il semble certain qu'Isocrate avait exposé par écrit son système de l'art oratoire [3], et il paraîtrait étonnant qu'un homme que la faiblesse de sa constitution et de son organe, et une timidité invincible avaient obligé d'écrire tous ses discours, se fut borné à un enseignement tout oral. Cicéron nous rapporte qu'après avoir, au commencement de sa carrière, contesté qu'il pût y avoir une théorie de l'éloquence, il se consacra plus tard tout entier à l'enseignement de cet art, et composa sur cet objet des traités spéciaux. Cependant il est étrange que, dans un autre ouvrage, où il affirme également le fait, Cicéron nous dise qu'il n'a pas pu retrouver un seul

---

[1] *Busir.*, 2.
[2] *Antid.*, 87 ; Phot., *Bib. Cod.*, 224.
[3] *Brut.*, 12. Totum se ad artes componendas transtulisse. Le passage de la lettre à Atticus (II, 1) : « Meus autem liber totum Isocratis μυροθήκιον... consumpsit », peut être aussi bien une allusion à ses préceptes qu'à ses discours. Dion. Hal., *ad Amm.*, I, 2. « Je ne veux pas laisser croire que c'est la philosophie péripatéticienne qui nous a donné toutes les règles de la rhétorique, περιείληφεν τὰ ῥητορικὰ παραγγέλματα, et que Théodore, Thrasymaque, Antiphon, n'ont rien trouvé qui fut digne d'être estimé, non plus qu'*Isocrate*, Anaximène, Alcidamas et leurs contemporains, à la fois écrivains de traités techniques, παραγγελμάτων τεχνικῶν συγγραφεῖς et orateurs de talent.

traité de la rhétorique dont Isocrate fût certainement l'auteur[1]. Il n'est pas moins singulier que Quintilien, après avoir dit dans un endroit : nous avons un traité de l'un comme de l'autre, c'est-à-dire d'Isocrate comme d'Aristote, ajoute ailleurs cette réserve : « *Si tamen revera ars, quæ cirumfertur, ejus est*[2] ». On lit dans Photius[3] : « On prétend qu'il écrivit un traité de rhétorique, et je sais qu'il y en a un qui porte son nom ; mais d'autres soutiennent que pour former un orateur il employait plutôt les exercices pratiques que des leçons techniques et méthodiques, συνασκήσει μᾶλλον ἢ τέχνῃ χρήσασθαι. » Zosime[4] ajoute ce détail : que le traité de rhétorique écrit par Isocrate s'était perdu, mais qu'Aristote dans son recueil l'avait mentionné. Les commentateurs d'Hermogène nous ont transmis d'assez longs fragments de cet ouvrage, qui ont été recueillis par Sauppe[5].

Néanmoins il reste pour moi à peu près démontré, comme pour Ot. Müller, qu'Isocrate, ne fût-ce que pour servir de base à son enseignement oral et en coordonner les préceptes, avait écrit un traité théorique aujourd'hui perdu, où il avait rassemblé probablement, sous une forme rationnelle[6] et systé-

---

[1] *De Inv.*, II, 2. Cujus ipsius quam contest esse artem non invenimus.
[2] Quintil., II, 16.
[3] Bekk., p. 486, que reproduit presque textuellement Plut., X *Or.*, ed. Tauchn., t. V, p. 144. οἱ δ'οὐ μεθόδῳ ἀλλ' ἀσκήσει χρήσασθαι.
[4] P. 258, 137. συναγαγὼν τέχνας ῥητορικὰς ἐμνήσθη καὶ ταύτης.
[5] *Orat. Attic.*, II, p. 224. Conf., *Cod. Mon.*, CXXIII, f° 188 Ἰσοκράτης φησὶν ἐν τῇ Τέχνῃ. Sopat., *Ald.*, p. 297. τῶν παρ' Ἰσοκράτους εὖ ἐχόντων εἰρημένων ἐν τῇ Τέχνῃ. *Sch. Anon.*, p 386, et *Cod. Mon.*, VIII, f° 464. ἐκ τῆς Ἰσοκράτους Τέχνης. Ménand, *Rh. Ald.*, p. 597. τῷ Ἰσοκράτους θεωρήματι χρησόμεθα. Plut., *Dem.*, « Hermippe rapporte que Clésibius avait entendu dire à Callias de Syracuse et à quelques autres que Démosthènes avait pu se procurer en secret les traités d'Isocrate, τὰς Ἰσοκράτους τέχνας, et ceux d'Alcidamas pour les étudier. Malgré tous ces témoignages, Pfund (*de Is. Vit.*, p. 22), Bake (*Sch. Hypomn.*, III, 67), Kyprianos (τὰ ἀπόρρητα τοῦ Ἰσοκράτους, p. 215), Rehdanz (*Goett Gel. Anz*, 1872, p. 1201) et Blass (*die Attisch. Bereds.*, t. II, p. 97), croient à un enseignement exclusivement oral.
[6] Cic., *Ep. ad Lent.*, I, 10. Omnem antiquorum et Aristoteleam et Isocrateam *rationem* oratoriam complectuntur. Spengel (p. 168) conjecture que la *Rhétorique à Hérennius* est en grande partie tirée de celle d'Isocrate. Benseler (*Isocr.*, t. II, p. 276) cite une série d'extraits de la Τέχνη d'Isocrate faits par Max. Planude dans son commentaire sur Hermogène, et par Jean de Sicile (Joh. Siceliotes, VI, 156).

matique, les principes et les règles qu'il exposait dans son cours et qu'il pratiquait dans ses propres ouvrages, dans lesquels il fait souvent allusion à ses doctrines oratoires.

La première chose qui nous frappe dans ce que nous savons de cette doctrine oratoire, c'est la prétention de modifier profondément le but et la nature de l'éloquence. Cette ambition se manifeste le plus ouvertement dans la tentative malheureuse d'imposer violemment à l'éloquence un autre nom, le nom de philosophie. L'art de la parole enferme essentiellement, nécessairement un principe moral qu'ignorent les orateurs politiques, et un élément pratique qu'ont tort de négliger les philosophes spéculatifs. La parole, la faculté de nous entretenir les uns avec les autres est ce par quoi les hommes s'élèvent au dessus de la vie animale, et peuvent jouir des bienfaits de la civilisation et de l'ordre social. C'est la parole qui a établi et défini ce que c'est que le juste et l'injuste, ce qui est honnête et ce qui est honteux; c'est par elle que nous pouvons instruire les ignorants et éprouver ceux qui prétendent ne pas l'être; c'est par elle que nous luttons pour des droits contestés et que nous examinons les choses incertaines. Parler comme il faut est le plus grand signe de la sagesse. Un discours véridique, conforme aux lois et à la justice, est l'image d'une âme vertueuse en qui l'on peut avoir toute confiance [1]. Cultiver et perfectionner en soi le don de la parole, c'est perfectionner l'instrument le plus caractéristique de l'homme et de l'humanité, c'est former à la fois son esprit, son âme et son caractère. Voilà pourquoi il veut [2] appeler du nom de philosophie [3] l'art

---

[1] *Nicocl.*, Tauch., p. 32.
[2] *Antid.*, 19. περὶ τῆς ἐμῆς εἴτε βούλεσθε καλεῖν δυνάμεως εἴτε φιλοσοφίας, εἴτε διατριβῆς. La science qu'il professe est double : c'est d'une part un enseignement méthodique et rationel; d'autre part, l'éloquence fondée sur la morale qui en est la fin. C'est cet ensemble qu'il appelle philosophie ou encore παίδεια; c'est un système général d'éducation libérale et de haute culture.
[3] C. *Soph.*, I. οἱ περὶ φιλοσοφίαν διατρίβοντες, dans l'*Antidosis*. (Tauch., p. 390), il appelle l'éloquence γυμνασίαν τῆς ψυχῆς καὶ παρασκευὴν φιλοσοφίας.

de parler et l'art qui l'enseigne qui, par une exagération qui sent bien le rhéteur, s'identifient pour lui avec l'art de vivre. Dans cette exagération même, il n'est pas difficile de reconnaître un disciple de Socrate, en qui Platon signale, comme un trait de supériorité manifeste dès sa jeunesse, des dispositions merveilleuses et un esprit naturellement philosophique [1].

Un service plus réel rendu par Isocrate, sinon à la rhétorique proprement dite, du moins à la critique littéraire, c'est la distinction des genres dans les écrits en prose. Il appelle ces genres τρόπος ou ἰδέαι [2]. Il compte parmi les λόγοι les généalogies et la vie des dieux, l'histoire militaire et politique, les explications et les commentaires des poètes, les discussions éristiques, d'autres encore qu'il serait, dit-il, trop long d'énumérer ; et il s'attache à faire ressortir l'importance supérieure de cette espèce de discours qu'il nomme hellénique, panégyrique, politique ou générale, ἑλληνικοί, πολιτικοί, ou κοινοί, πανηγυρικοί, parce qu'ils nous enseignent l'art de vivre et d'agir en bons et utiles citoyens. Dans ce genre même, il distingue les discours destinés à être lus, comme les siens, de ceux qui sont destinés aux débats judiciaires, qui n'ont de valeur que le jour où ils sont entendus, et n'exciteraient que de vives désapprobations, si on les entendait plusieurs fois, tandis que les autres causent une jouissance toujours plus profonde à mesure qu'on les pratique davantage, parce que le style en est plus poétique et plus élégant, les pensées plus profondes, plus générales, et procurent un charme plus durable, presque semblable à celui de la poésie et des vers [3]. Mais il ne faut pas confondre ces discours, dont l'objet est toujours grave et beau, avec ceux qui n'ont d'autre but que la vanité ou l'argent [4]. Son genre, à lui, est un genre

---

[1] *Phædr.*, 278. ἔνεστι τις φιλοσοφία τῇ τοῦ ἀνδρὸς διανοίᾳ.
[2] *Antid.*, 18.
[3] *Antid.*, 18.
[4] *Antid.*, 1, ad *Philipp.*, 10. οἱ λεγόμενοι et οἱ ἀναγιγνωσκόμενοι. Dans ces derniers, il faut distinguer τοὺς μὲν περὶ σπουδαίων ῥητορεύεσθαι τοὺς δὲ πρὸς ἐπίδειξιν καὶ πρὸς ἐργολαβίαν γεγράφθαι. Le véritable orateur s'appelle ἀγωνιστής, celui qui écrit ses discours λόγων ποιητής. *C. Soph.*, 8, p. 84. Tauchn.

mixte [1], qui renferme tout ce que les autres ont de beau et de bon.

Cette éducation libérale, parfaite et complète, suppose pour réussir trois conditions : d'abord, et c'est la plus nécessaire, l'aptitude naturelle, le don inné ; en second lieu une pratique assidue et des exercices consciencieux et appliqués ; enfin une méthode, une instruction théorique, une institution spéciale [2]. Mais il ne faut pas s'imaginer que, même en réunissant toutes ces conditions et au plus haut degré, on soit certain d'arriver à la science parfaite et absolue qu'il n'est pas permis à l'homme d'atteindre.

Dans l'ordre des choses pratiques, dans lequel se meut et se renferme l'art de la parole, nous devons nous contenter de l'opinion, de la conjecture, qui nous permet de réaliser le plus souvent le meilleur. Ceux qui possèdent cette puissance sont les sages, ceux qui travaillent encore à l'acquérir sont les philosophes [3].

En ce qui concerne la partie proprement technique de sa méthode oratoire, Isocrate appelle ὑπόθεσις [4] ou περιβολή [5] le sujet défini et limité que l'orateur se propose de traiter. Il recommande de choisir, car le genre que conseille Isocrate de pratiquer permet ce choix, tandis que, dans les autres, il est imposé par les circonstances et les faits, il recommande de choisir un sujet sérieux et beau, σπουδαίαν [6], ou du moins qui n'offense pas l'honnêteté [7], tel enfin que l'orateur et ceux qui l'imiteront et l'écouteront n'en puissent être corrompus, et que ce choix ne soit pas de nature à déshonorer son art [8].

---

[1] *Antid., id.*, 6. ὡς ὄντος μικτοῦ τοῦ λόγου.
[2] *C. Soph.*, 8. αἱ μὲν γὰρ δυνάμεις τῶν λόγων ἐγγίγνονται, 1. ἐν τοῖς εὐφύεσιν, 2. ἐν τοῖς περὶ τὰς ἐμπειρίας γεγυμνασμένοις, 3. ἡ δὲ παίδευσις.
[3] *Antid.*, p. 271. οὐκ ἔνεστιν ἐν τῇ φύσει τῇ τῶν ἀνθρώπων ἐπιστήμην λαβεῖν.
[4] *Helen.*, 1. *Antid.*, 6. *Busir.*, 4.
[5] *Ad Philipp.*, 6.
[6] *Busir.*, 4.
[7] *Id.*, 22.
[8] Ce n'est pas ainsi que Quintil. (III, 5) nous représente l'ὑπόθεσις d'Isocrate. « Isocrates causam esse ait : quæstionem finitam civilem, aut rem controversam in

Après avoir déterminé le sujet à traiter, il faut indiquer le but que le discours tout entier et chacune de ses parties veut atteindre, leurs fonctions propres et distinctes : c'est la division qui est, rationnellement faite, un commencement et le principe de l'organisation [1]. Après cela, il faut chercher les idées, τὰς ἰδέας, les moyens logiques et intellectuels par lesquels ces fonctions seront remplies, et le but sera atteint [2] : c'est l'invention, qui prend ici, comme on le voit, la seconde place, et vient, comme dans le système de Buffon, après l'organisation et la constitution du plan.

Ces idées ou preuves, qui se présentent à notre esprit, ne sont pas toutes à utiliser; il faut, parmi elles, faire un choix; de plus les lier les unes avec les autres, les fondre ensemble de manière à former un tissu compact et serré; en outre les disposer dans un certain ordre réglé par l'art; pour tout cela, il faut prendre conseil des circonstances et saisir l'à-propos. D'ailleurs il convient de varier la forme et la nature des arguments, et il est nécessaire de donner au style le charme du rythme et la grâce de l'harmonie [3], par une composition périodique.

En ce qui concerne l'ordre des idées, Isocrate conseille de réserver les plus grandes et les plus belles pour la fin [4]. L'exorde doit avoir une étendue proportionnée au tout [5]. La narration doit contenir les antécédents et les conséquents du fait principal et faire connaître les mobiles moraux de

---

personarum finitarum complexu ». Si cette définition est réellement extraite de la Rhétorique d'Isocrate, elle comprenait le genre politique et judiciaire, qui semble ailleurs exclus.

[1] *Epist.*, 6, p. 261, t. τί τῷ λόγῳ καὶ τοῖς μέρεσι τοῦ λόγου διαπρακτέον.

[2] *Id.*, ἐπειδὰν δὲ... ζητητέον τὰς ἰδέας δι' ὧν ταῦτα ἐξεργασθήσεται καὶ λήψεται τέλος.

[3] *C. Soph.*, 9. ἃς δεῖ προδιελέσθαι, 2. μίξασθαι πρὸς ἀλλήλας, 3. τάξαι κατὰ τρόπον, 4. τῶν καιρῶν μὴ διαμαρτάνειν, 5. τοῖς ἐνθυμήμασι πρεπόντως ὅλον τὸν λόγον καταποικίλαι, 6. τοῖς ὀνόμασιν εὐρύθμως καὶ μουσικῶς εἰπεῖν. Conf. *Antid.*, 5. συγκεκλεισμένον.

[4] *Panath.*, 176, 199. Blass., p. 103.

[5] *Id.*, 33.

l'agent[1]; de plus elle doit être d'une extrême clarté, courte et avoir un grand air de vraisemblance[2].

Dans les preuves, τὸ τῶν πίστεων εἶδος, il distingue celles qui sont fondées sur les vraisemblances, τὰ ἐοικότα, et les témoignages positifs, τεκμήρια, parmi lesquels il relève le jugement ou l'opinion d'un homme universellement respecté et faisant autorité[3]. Il n'est fait mention ni de la réfutation ni de la péroraison comme parties distinctes du discours, qui n'en comprendrait alors, dans le système d'Isocrate, que trois : l'exorde, la narration, la démonstration. C'est la division déjà établie, mais simplifiée. Cependant Isocrate parle d'une proposition qui est à la limite commune de l'exorde et de la narration, μεθόριον[4], et mentionne une récapitulation, τὸ ἀναμιμνήσκειν καθ'ἕκαστον τῶν εἰρημένων, qui naturellement devait faire fonction de péroraison et en tenir la place[5].

Dans l'invention il recommande la gravité et la force des preuves, l'originalité des idées, et à défaut d'originalité réelle, il prescrit de rajeunir par la nouveauté de la forme les faits et les idées trop connus[6]. La puissance de la forme est telle, dans l'éloquence comme dans l'art, qu'elle permet de donner l'apparence de la grandeur aux choses familières et basses, et l'apparence de la bassesse aux choses grandes et nobles. La convenance des développements par rapport au sujet traité et la proportion des parties entr'elles sont des qualités également nécessaires[7].

---

[1] Fragm. 8. *Cod. Mon.*, CXXIII, f° 188. Speng., *Art. Scriptt.*, 160. « Isocrate dit dans son traité (Τέχνη) que dans la narration, λεκτέον τό τε πρᾶγμα καὶ τὰ πρὸ τοῦ πράγματος καὶ τὰ μετὰ τὸ πρᾶγμα, καὶ τὰς διανοίας αἷς ἕκαστος τῶν ἀγωνιζομένων χρώμενος τόδε τι πέπραχεν. »

[2] Quintil., IV, 2. Qui sunt ab Isocrate volunt esse lucidam, brevem, verisimilem. Aristote, *Rh.*, III, 16, critique ces préceptes et surtout le second.

[3] *Antid.*, 280. Blass., p. 103.

[4] D. Hal., *Lys.*, 17.

[5] Blass., p. 103. *Panath.*, 266.

[6] *Antid.*, 47. τοῖς ἐνθυμήμασι ὀγκωδεστέροις καὶ καινοτέροις χρῆσθαι. *Ad Nic.*, 14. ζητεῖν τὰς καινότητας.

[7] *Antid.*, 5. συναρμόσαι... καὶ οἰκειῶσαι καὶ πάσας ποιῆσαι σφίσιν αὐταῖς ὁμολογουμένας. *C. Soph.*, 13. τῶν καιρῶν καὶ τοῦ πρέποντως καὶ καινῶς ἔχειν μετάσχωσιν.

En ce qui concerne l'élocution, qu'il appelle λέξις, ὀνόματα, Isocrate distingue les termes propres, dont la forme et le sens ont été régulièrement établis par l'usage public, τεταγμένα ou πολιτικά, les termes métaphoriques, les locutions étrangères, les mots nouveaux, μεταφοραί, ξένα ὀνόματα, καινά, ou πεποιημένα. Le style brillant et pittoresque ne convient guère qu'au poète, et en général l'orateur doit se borner à l'emploi des termes propres et en usage[1]. Cependant il ne doit pas s'interdire absolument les ressources de la poésie avec laquelle son art a plus d'un rapport : il pourra donc employer à propos une métaphore qui ne sera pas trop hardie, et même, dans une mesure très restreinte, des mots nouveaux. Mais les grandes qualités du style oratoire sont la propriété, la pureté et la couleur qui donnent tant de grâces au discours[2].

Dans l'ordre et la disposition des mots, sous le point de vue de l'harmonie, il faut éviter l'hiatus, l'identité des syllabes qui terminent un mot avec celles qui commencent le mot suivant[3], les formes métriques trop reconnaissables, les rythmes trop accentués, bien que la prose elle-même ait son rythme et sa musique propres[4]. Il ne faut pas en effet que le style du discours soit soumis aux lois rigoureuses du vers ; il ne faut pas non plus qu'il ait l'air d'une conversation familière[5]. Il faut garder dans la composition rythmique du discours à la fois la beauté et la dignité[6].

Enfin à l'orateur qui prononce comme à celui qui lit son discours, est nécessaire un organe pur, clair, harmonieux :

---

[1] *Evagor.*, 9.
[2] *Sch. An.*, p. 386. Sp., p. 161. Fragm. Sauppe, 12. χρῆσθαι ἢ μεταφορᾷ μὴ σκληρᾷ, ἢ τῷ καλλίστῳ ἢ τῷ ἥκιστα πεποιημένῳ. *Philipp.*, 4. τὴν λέξιν ὡς ἀκριβῶς καὶ καθαρῶς ἔχουσαν ἀνθηρότερον καὶ χαριέστερον λέγοντος.
[3] Long., (*Vulgo Apsin.*), p. 713. εὐτρέπεσθαι τραχύνειν τοῦ λόγου τῇ παραθέσει καὶ συμπλοκῇ τῶν φωνηέντων.
[4] *Ep.*, VI, 6. εἰπεῖν ἐπιχαρίτως καὶ μουσικῶς. On lui attribue (Fragm. Saupp., 14) une définition de la période qui ne nous a pas été conservée.
[5] Fragm. 12. Sp., 161. ὅλως δὲ ὁ λόγος μὴ λόγος ἔστω... μηδὲ ἔμμετρος.
[6] Menand., *Ald.*, p. 597. τὸ κάλλος καὶ τὴν σεμνότητα θεωρώμεθα.

l'un et l'autre doivent savoir varier les intonations et donner à la voix cet accent expressif, pénétrant, communicatif, qu'on appelle ἦθος [1].

Alcidamas, disciple et successeur de Gorgias, avait écrit une rhétorique que Plutarque dit avoir été, comme celle d'Isocrate, l'objet des études approfondies de Démosthènes [2]. Il appelait l'éloquence philosophie, comme Isocrate [3], ou dialogique, et la définissait : δύναμις τοῦ ὄντος πιθανοῦ [4]. C'est à peu près tout ce qui nous reste de ce traité dont Blass met l'existence en doute. C'est là probablement que se trouvait la première classification connue des propositions, λόγους, en propositions affirmatives et négatives, propositions interrogatives et interpellatives, προςαγόρευσιν [5].

D'un auteur anonyme que depuis Vettorio on s'accorde à peu près unanimement à nommer Anaximène de Lampsaque, il nous reste un traité de rhétorique [6] qui porte le nom d'Aristote et est intitulé : la *Rhétorique à Alexandre*. C'est avec la rhétorique d'Aristote l'unique traité complet que nous ayons conservé de l'époque classique [7].

L'auteur de cet ouvrage assez court définit, comme Alci-

---

[1] *Antid.*, 189.
[2] *Vit. Dem.*, 5. Dion. Hal., p. 723. *Ad Amm.*, I, 2.
[3] Dans son discours : περὶ τῶν γραπτῶν.
[4] *Schol. Hermog.*, p. 8. *Cod. Monac.*, VIII, f° 130. Speng., p. 172. ὡρίζοντο λέγοντες αὐτὴν διαλογικὴν εἶναι.
[5] Qui lui est attribuée par Diog. L., IX, 53, et par Suid., V.
[6] On cite encore d'Isée (Plut., X, *Or.*) une Rhétorique, ἰδίας τέχνας; d'un passage de Quintilien, III, 6, on conjecture que Naucratès, disciple d'Isocrate, Zopyre de Clazomène et Zoïle (*Sch. Phæbam.*, Speng., p. 180) en avaient également composé une, dont il ne nous reste rien. Il en est de même de l'ouvrage d'un Eschine, différent de l'orateur, qui, dit Apollonius, dans sa *Vie d'Eschine*, λέγεται τέχνας ῥητορικὰς γεγραφέναι.
[7] D. Hal., *De Is.*, 19. Ἀναξιμένην... καὶ τέχνας ἐξενήνοχεν. *Ad Amm.*, I, 2. Quintil., III, 4. Anaximenes judicialem et concionalem generales partes esse voluit : septem autem species. Cf. Finck, *de Auct. Rh., quæ dicitur ad Alex.* Heilbronn., 1849. Paulys *R. Encyclop.* ; Cope, *an Introd. to, Arist. Rhetoric.*, Lond., 1867. B.-St-Hilaire, trad. de la *Rh. d'Ar.*, t. II, p. 161. Erasme avait déjà, dans son édition de 1531, deviné qu'Aristote n'en était pas l'auteur. Pierre Vettorio, dans la préface de son commentaire de la *Rhétorique d'Aristote*, 1548, se fondant sur le passage de Quintilien, l'attribue hardiment à Anaximène. Bien qu'acceptée par Spengel, cette opinion n'est pas sans difficultés.

damas et Isocrate, l'éloquence une philosophie, la philosophie du discours, ἡ φιλοσοφία τῶν λόγων [1]. On peut le diviser en trois parties.

La première partie institue une classification des discours *Politiques*, c'est-à-dire de ceux que nous pouvons être appelés à entendre, à juger ou à prononcer en vertu de nos droits et de nos devoirs de citoyens d'un État organisé [2]. L'auteur établit trois genres [3] : le genre démégorique, τὸ δημηγορικόν, le genre judiciaire, et le genre épidictique, τὸ ἐπιδεικτικόν, et de plus sept espèces εἴδη [4], qui ne semblent être que des divisions peu nécessaires de chacun des trois genres. Ces sept espèces sont :

1. Le discours qui a pour objet d'entraîner l'auditeur à prendre certaine résolution, τὸ προτρεπτικόν,

2. Et celui qui au contraire a pour but de le détourner de la prendre, τὸ ἀποτρεπτικόν ;

3. Le discours qui a pour but de louer, τό ἐγκωμιαστικόν,

4. Et celui qui a pour but de blâmer, τὸ ψεκτικόν ;

5. Le discours qui a pour but d'accuser, τὸ κατηγορικόν.

6. Et celui qui a pour but de défendre un accusé, τὸ ἀπολογητικόν ;

7. Enfin une dernière espèce, qui s'appelle τὸ ἐξεταστικόν, dont la définition est donnée au ch. 5 de l'ouvrage. C'est moins une espèce qu'une partie du discours dans laquelle on s'efforce de mettre en pleine lumière les contradictions des intentions, des paroles, des actes, soit les uns avec les autres, soit avec le reste de la vie de la personne [5]. Quintilien

---

[1] *Lettre dedicat.*, p. 3. Speng.
[2] Isocr., *C. Soph.* περὶ τὰς πράξεις ἐν αἷς πολιτευόμεθα.
[3] C'est sans autorité que M. Spengel imprime dans son édition *deux* au lieu de *trois*, qui est la leçon de tous les manuscrits. Convaincu que l'auteur est Anaximène, il n'a pas reculé devant cette violation hardie du texte, afin de se mettre d'accord avec Quintilien (III, 4), qui nous fait connaître qu'Anaximène, qui a certainement écrit une Rhétorique, n'établissait que deux genres.
[4] Cf. Syr., *ad Hermog. Rh. Gr.*, IV, p. 60. Speng., *Art. Scriptt.*, p. 184.
[5] Quintil., III, 4, 9... exquirendi, quod ἐξεταστικόν dicit. *Rh. ad Al.*, 5. Syr., *ad Hermog., Rh. Gr.*, IV, 60.

fait observer que les deux premières espèces se rattachent au genre délibératif, les trois dernières au genre judiciaire, les deux intermédiaires au genre démonstratif [1]. Ces espèces peuvent chacune constituer un discours, mais le plus souvent elles se mêlent les unes aux autres, suivant les nécessités du sujet, et on les rencontre ainsi unies jusque dans les conversations particulières [2]. L'espèce ἐξεταστικόν, surtout, se rencontre rarement seule, mais presque toujours mêlée aux autres espèces, et surtout dans la partie réfutative du discours [3].

L'auteur, négligeant absolument la classification des genres, examine et analyse les caractères propres à chacune de ces formes et les caractères communs à toutes.

Les lieux communs que doit développer l'orateur dans la première espèce, τὸ προτρεπτικόν, sont le juste, le légal, l'utile, le beau, l'agréable, le facile, le nécessaire ; dans la seconde, bien entendu, ce sont les lieux contraires. Les matières qui leur sont communes à toutes deux sont : les institutions religieuses, les lois, la constitution politique, les traités d'alliance et de commerce, tout ce qui a rapport à la guerre, à la paix, aux finances.

La 3ᵉ et la 4ᵉ espèces, traitées plus brièvement et dont les lieux sont les mêmes que les précédents, donnent plus souvent l'occasion d'agrandir ou de diminuer l'importance des choses ou des personnes, αὔξησις, ταπείνωσις.

Les espèces judiciaires posent et discutent la question de fait, la qualification légale de l'acte et l'intention de l'agent. L'enquête, ἐξέτασις, cherche à montrer ce qu'il y a de contradictoire dans les actes et les paroles des personnes, ou la politique de l'administration des États, ou ce qu'ils ont de contraire aux maximes de la vie morale [4].

---

[1] Mais comme ce genre ne fait pas partie, d'après Quintilien, de la classification d'Anaximène, qui n'en compte que deux, on ne voit pas, dans cette hypothèse, à quoi relier ces deux espèces.
[2] *Rh. ad Al.*, 1. καὶ ταῖς ἰδίαις ὁμιλίαις.
[3] *Id.*, 87.
[4] *Rh. ad Al.*, 37. ἂν πόθ'ἡμῖν λόγον ἢ βίον ἢ πρᾶξιν ἀνθρώπων ἢ διοίκησιν πόλεως ἐξετάζειν συμβῇ.

Les propriétés communes à toutes les espèces sont : les preuves, les προκαταλήψεις, c'est-à-dire cette argumentation qui consiste à écarter d'avance les raisons qu'on prévoit devoir être présentées par l'adversaire, les αἰτήματα, ou les choses qu'on a le droit de demander aux auditeurs mêmes [1], la récapitulation, παλιλλογία, l'ironie, les jeux d'esprit. ἰστειο- λογίαι, l'art d'étendre ou d'abréger les développements, la concision, συντομία, enfin le style, ἑρμήνεια.

Il y a deux sortes de preuves : celles qui sont tirées du discours même, c'est-à-dire le vraisemblable [2], l'exemple, le témoignage, τεκμήριον [3], l'enthymème, les maximes, γνῶμαι, les signes, la réfutation, ἔλεγχος : et celles qui sont tirées du dehors et qui s'ajoutent soit au discours même, soit aux faits de la cause [4], c'est-à-dire la réputation de l'orateur, les dépositions, μαρτυρίαι, les aveux arrachés par la torture, βάσανοι, les serments. La théorie du style [5] distingue trois espèces de mots : les mots simples, les mots composés, les expressions métaphoriques. Dans le choix des mots, au point de vue des lettres qui entrent dans leur composition, il faut observer trois règles : choisir ceux qui commencent et finissent par une voyelle ; ou par une muette ; ou qui commencent par une muette et finissent par une voyelle. En ce qui concerne la disposition respective des mots dans l'organisation de la phrase, on peut, si les mêmes mots sont répétés, ou les

---

[1] *Id.*, 19, p. ex : d'écouter avec impartialité et bienveillance, de juger selon les lois.
[2] Le τεκμήριον est ici un fait contradictoire à l'acte incriminé, ou les contradictions mêmes de l'accusation. Ce qu'il y a d'étrange, c'est que l'enthymème (ch. X) reçoit une définition à peu près identique à celle du τεκμήριον οὐ μόνον τὰ τῷ λόγῳ καὶ τῇ πράξει ἐναντιούμενα, ἀλλὰ καὶ τοῖς ἄλλοις ἅπασι. Cicéron (*Top.*, 13) la reproduit « ex hoc illa rhetorum sunt *ex contrariis conclusa* quæ ipsi ἐνθυμήματα appellant. » Cf. Ernesti., p. 110. « Apud Gellium, *N. Att.*, VI, 13. Quæstiunculæ symposiacæ et facetiæ, quibus tempus ludebant convivantes, ἐνθυμήματα vocantur ».
[3] Le vraisemblable (ch. 7) est divisé en trois espèces, πάθος, ἔθος, κέρδος : on peut dire, en effet, que les hommes font tout par passion, ou par habitude, ou par amour du gain ; car ce sont là les mobiles et les passions qui sont naturellement le partage des hommes.
[4] *Rh. ad Al.*, id. ἐπίθετοι τοῖς λεγομένοις καὶ τοῖς πραττομένοις.
[5] Ch. 23.

rapprocher ou les séparer le plus possible ; ou **répéter les mêmes mots** ou changer les termes ; ou dire la **chose en un seul mot** ou la paraphraser en plusieurs ; exposer les faits dans leur suite réelle ou logique, ou bien en omettre quelques-uns.

Il convient d'éviter l'obscurité, d'employer de préférence les mots propres, de fuir les hiatus, d'établir une exacte correspondance entre les conjonctions et les pronoms, d'user des formes antithétiques, des *parisa*, des *paromoia*.

La troisième partie traite de la composition du discours dans son tout et de l'ordre à établir dans chacune des sept espèces. Il y est successivement parlé de l'exorde où l'on prépare l'esprit de l'auditeur à la bienveillance et où l'on expose sommairement les faits ; de la narration qui, souvent, peut faire partie intégrante de l'exorde ; de la démonstration, confirmation, ou preuve, βεβαίωσις; du procédé qui consiste à retorquer d'avance les arguments prévus de l'adversaire, προκατάληψις; enfin de la récapitulation ou épilogue, ἐπίλογος, ἀνάμνησις, où il faut non seulement être court, mais savoir toucher l'auditeur, et lui inspirer à la fois sympathie pour nous et antipathie contre l'adversaire [1].

S'il serait injuste de porter un jugement sévère sur la rhétorique d'Isocrate que nous ne connaissons qu'imparfaitement et que nous ne reconstituons qu'en en rapprochant au hasard les fragments épars, la *Rhétorique à Alexandre* nous offre une œuvre courte, mais complète en elle-même, que nous pouvons apprécier en connaissance de cause. On sent partout l'obscurité et la confusion des idées, l'impuissance de l'auteur à se rendre maître de la matière et de lui donner une forme nette et définie. Il n'y a ni méthode d'exposition, ni pénétration psychologique, ni ordre logique. Le style est sans couleur, uniforme de ton et de mouvement, fastidieusement prolixe. Tel qu'il est, l'ouvrage a cependant été peut

---

[1] Id., ch. 36.

être d'une influence pratique plus considérable que celui d'Aristote, dont on ne pourrait affirmer qu'il a formé un seul orateur. Il fait connaître les artifices sophistiques, les procédés pratiques, les formules d'arguments, l'arsenal de lieux propres à faire réussir un orateur et un avocat. Il renferme même sur les lois, les institutions religieuses et politiques des considérations générales qui ne sont pas sans force [1], et dont on retrouve l'analogue, mais avec une tout autre profondeur, dans la rhétorique d'Aristote.

L'enseignement théorique et pratique de l'éloquence, dont nous venons d'exposer sommairement les principes et les procédés, était resté fidèle à la tendance imprimée à la rhétorique par ceux qui l'avaient fondée. On peut dire que tous les rhéteurs appartiennent à la même école, à l'école sicilienne. Le but de la rhétorique est tout pratique, et l'un des meilleurs moyens recommandés, prescrits à l'orateur, est l'εὐέπεια. Ce mot qui caractérise l'école exprime beaucoup de choses. C'était avant tout le principe qu'il faut, dans la prose oratoire, rechercher la beauté de la forme, le coloris et le mouvement dans le style, le charme de l'harmonie et du rythme, l'accent passionné, pathétique, des émotions dramatiques ; mais en même temps qu'il faut connaître la division régulière et l'ordonnance méthodique des parties du discours, peut être même savoir déterminer le point précis du débat et sa nature, puisque l'un de ces rhéteurs passe pour avoir le premier ébauché la célèbre et obscure doctrine des états de cause.

Mais la rhétorique, comme vraie méthode scientifique, ne pouvait être fondée par les rhéteurs : le point de vue immédiatement et exclusivement pratique les dominait trop, et ne leur permettait pas de s'élever aux principes généraux et supérieurs qui règlent les applications les plus pratiques des arts de la parole ; cette œuvre, tentée par les sophistes, ne fut

---

[1] Ch. 2.

accomplie et ne pouvait l'être que par des philosophes, et ce furent les plus grands d'entre eux, Platon et Aristote, qui constituèrent la rhétorique en un art systématique et réellement organisé.

Les sophistes n'eurent pas dans leur enseignement un but aussi exclusif que les rhéteurs. C'est l'éducation générale de l'homme et du citoyen qu'ils se proposent et qu'ils entreprennent. Cette éducation est encyclopédique, quoique la vertu politique en soit plus spécialement l'objet et l'éloquence l'instrument le plus puissant, l'éloquence, dans les conditions de laquelle ils font entrer, comme un élément nécessaire, la dialectique. Ils insistent donc sur trois points négligés par les rhéteurs ou négligemment traités par eux : la dialectique, et la dialectique spéciale de l'orateur ; la forme de cette dialectique, le langage considéré en lui-même, c'est-à-dire au point de vue grammatical ; enfin le but dernier que doit se proposer l'orateur et les mobiles intérieurs qui doivent le pousser à le devenir.

Si l'influence des sophistes, sous ce dernier point de vue, d'ordre tout moral, a été manifestement funeste, on ne peut s'empêcher de reconnaître qu'en ce qui concerne la dialectique oratoire, la correction et la pureté de la diction, qu'ils essaient de fonder sur une théorie rationnelle, ils ont rendu à la prose grecque en général, et en particulier à la prose oratoire, d'inappréciables services. On peut, à l'exemple de Platon, donner le nom d'ὀρθοέπεια [1] à l'ensemble de qualités que Protagoras et Prodicus ont cherché à imprimer à la langue grecque, par leurs travaux didactiques, qui ont créé la science de l'étymologie, la grammaire logique et philosophique, et qui n'ont pas peu contribué à la perfection du

---

[1] *Phædr.*, 267, c. Πρωταγόρεια... ὀρθοέπειά τις. Quintil., 1, 6. « Atque hanc quidem ὀρθοέπειαν solam putant », et il la définit *recta locutio*, c'est-à-dire l'absence de toutes les fautes qui constituent le barbarisme et le solécisme. D. L., IX, cite un ouvrage de Démocrite sous le titre : Ὁμήρου ἢ Ὀρθοεπείης καὶ γλωσσέων et un autre sous celui de Περὶ καλλοσύνης ἐπέων. Il est évident qu'il s'agit ici du style poétique.

style, qui n'est jamais parfait sans la correction grammaticale.

Comme son pendant, l'εὐέπεια, le mot ὀρθοέπεια se prenait, chez les Grecs, dans des sens différents; mais plus généralement il s'entendait de cette qualité de la diction que Denys d'Halicarnasse appelle les premières et les principales, à savoir, τὸ καθαρεύειν τὴν διάλεκτον [1], ou encore, suivant Aristote. τὸ ἑλληνίζειν [2]. Cette qualité exige cinq conditions dont la quatrième avait été formulée par Protagoras. Celui-ci, en effet, après avoir divisé les substantifs en genres masculin, féminin et neutre [3], avait prescrit les règles d'accord : δεῖ γὰρ ἀποδιδόναι καὶ ταῦτα ὀρθῶς.

Mais le mot ὀρθοέπεια peut encore signifier la propriété des termes, ou l'emploi des expressions propres de préférence aux figurées [4]. Dans le premier sens, l'emploi des mots dans la signification pour laquelle ils ont été formés, l'ὀρθοέπεια, exigeait qu'on sut distinguer les sens voisins des mots, les nuances les plus délicates et les plus fines. C'est à quoi s'était particulièrement appliqué Prodicus, dont Platon et même Aristote se raillent pour avoir établi des distinctions de sens entre les mots désirer et vouloir, joie, jouissance et plaisir [5]. Protagoras avait-il écrit un traité spécial de rhétorique, une Τέχνη ? cela est au moins probable. Quintilien nous apprend qu'un certain Evathlus avait édité un ouvrage technique de ce genre qu'il avait obtenu au prix de dix mille deniers de Protagoras le droit d'apprendre par cœur [6]. Il est naturel de penser que c'est dans cet ouvrage, à la fois théorique et manuel pratique de l'orateur, que Protagoras avait

---

[1] *De Lys.*, πρῶτον καὶ κυριώτατον.
[2] *Rh.*, III, 5.
[3] τὰ σκεύη, appelé par Aristote, *Poet.*, 21. τὰ μεταξύ.
[4] Herm., *ad Phædr.*, p. 192. ἡ κυριολεξία·διὰ γὰρ τῶν κυρίων ὀνομάτων μετήρχετο ὁ Πρωταγόρας τὸν λόγον.
[5] Plat., *Crat*, 391. *Euthyd.*, 277, e. Arist., *Top.*, II, 6.
[6] III, 1. Protagoras a quo X millibus denariorum didicisse *artem* quam edidit, Evathlus fertur.

traité et développé par écrit ces thèmes généraux qui reviennent à chaque instant dans les débats publics, politiques et judiciaires[1].

En tout cas, il avait certainement écrit d'autres ouvrages dont Diogène nous donne la liste et les titres, entr'autres une Τέχνη ἐριστικῶν, et deux livres d'Ἀντιλογίαι[2], qui se rattachent à la rhétorique telle que la concevait Protagoras, c'est-à-dire fondée en grande partie sur la dialectique et l'art de raisonner.

C'est probablement à ces ouvrages que sont empruntés les traits par lesquels Diogène caractérise ses principes oratoires : λόγων ἀγῶνας ἐποιήσατο, ce que Suidas répète et paraphrase comme il suit : πρῶτος τοὺς ἐριστικοὺς λόγους εὗρε καὶ λόγων ἀγῶνα ἐποιήσατο. Cette phrase obscure semble signifier que la tendance de Protagoras était, dans l'éloquence, de faire porter moins sur les idées que sur *les mots* l'effort de la discussion : ce qui est bien l'essence des artifices de l'éristique. Diogène, dans la suite de son article, semble le comprendre ainsi : « Négligeant le fond des idées, il raisonnait sur les mots et engendra ainsi ce procédé artificiel et superficiel de l'éristique[3]. » C'est ce caractère nouveau et funeste, inprimé à l'art du raisonnement, que Platon signale en appelant Protagoras l'Ἀντιλογικός, c'est-à-dire l'homme qui fait profession de pouvoir, sur tous les sujets possibles, argumenter et raisonner dans les deux sens contraires, et de rendre, à l'aide de cet instrument dialectique, mauvaise la meilleure des causes, et bonne la plus mauvaise[4]. Il prétendait qu'il y avait sur toute

---

[1] Cic., *Brut.*, 46. Scriptasque fuisse et paratas a Protagora *rerum illustrium disputationes*. D. L., IX, 53 πρῶτος κατέδειξε τὰς πρὸς τὰς θέσεις ἐπιχειρήσεις, à argumenter sur une thèse générale.

[2] D. L., IX, 53.

[3] Id., id. πρὸς τοὔνομα διελέχθη.

[4] Ar., *Rh.*, II, 24. τὸ τὸν ἥττω δὲ λόγον κρείττω ποιεῖν... τὸ Πρωταγόρου ἐπάγγελμα. Cic., *Brut.*, 8. Docere se profitebantur, arrogantibus sane verbis, quemadmodum causa inferior *dicendo fieri* superior posset. Aristoph., *Nub.*, V, 112.

εἶναι παρ' αὐτοῖς φασὶν ἄμφω τὼ λόγω
τὸν κρείττον' ὅς τις ἐστὶ καὶ τὸν ἥττονα
τούτοιν τὸν ἕτερον τοῖν λόγοιν, τὸν ἥττονα
νικᾶν λέγοντα φασί τἀδικώτερα.

question et sur tout fait deux argumentations, deux raisonnements contraires l'un à l'autre, et qu'il était également possible à l'art de la parole de soutenir et de faire triompher [1].

Malgré la réprobation que lui attira cette proposition fameuse, elle n'était pas en soi aussi condamnable qu'elle le paraît. Les choses ne sont pas si simples et la vérité si certaine, dans l'ordre des faits contingents et humains, qu'on semble le croire. La contradiction entre dans leur nature : Les choses sont à la fois semblables et différentes, unes et multiples, en repos et en mouvement. C'est le fait d'une grande force, d'une grande pénétration d'esprit, Platon le reconnaît lui-même, de découvrir ces faces multiples, diverses, ondoyantes, contradictoires, des choses, des sentiments et des idées [2]. Cette puissance certainement nécessaire à l'orateur ou à l'avocat ne devient un art funeste que s'il est appliqué sans conscience, et pour des fins que la morale réprouve. Mais ces fins de la vie, ce n'est point à la rhétorique de les enseigner. Ce qu'on doit reprocher aux sophistes, c'est de n'avoir proposé à l'éloquence pour prix des succès et des triomphes de la parole que la force et la domination, le moyen de satisfaire les ambitions politiques et de se dérober aux dangers des luttes qu'elles suscitent. Il appartenait, nous le verrons, aux vrais philosophes, de montrer dans l'éloquence un élément moral, qui sans en constituer l'essence, en relève la dignité, la beauté, la noblesse, la grandeur, τὸ ὑψηλόνουν, qui permet aux âmes les plus pures et les plus fières, qui leur prescrit même de s'armer de ce puissant instrument afin de savoir dire aux hommes la vérité pour la vérité même, et de lutter avec succès pour l'honneur, la patrie, la justice et le devoir.

Les sophistes et Protagoras, qui est le plus grand d'entre

---

[1] D. L., IX, 53. δύο λόγους εἶναι περὶ παντὸς πράγματος ἀντικειμένους ἀλλήλοις.

[2] *Phædr.*, 261, e. ἡ γενναία... ἡ δύναμις τῆς ἀντιλογικῆς τέχνης. Cf. *Rep.*, V, 453, e. Arist., *Top.*, I, 10.

eux, n'ont point eu de si hautes pensées ; mais il serait injuste de méconnaître les services qu'ils ont rendus à l'éloquence grecque en montrant les rapports de cet art avec l'art du raisonnement, en recherchant les principes et en instituant les règles de la logique formelle, en analysant les procédés, les finesses subtiles, le mécanisme pratique et presque matériel de la démonstration, en étudiant les formes de la pensée et les formes du langage, ce qui a singulièrement accru la souplesse native de l'esprit grec. L'histoire des règles logiques et des origines de la grammaire méthodique prouve qu'elles remontent les unes et les autres jusqu'à la sophistique [1].

En ce qui concerne le langage, si intimement lié avec le raisonnement, les sophistes avaient curieusement étudié les significations propres et accidentelles des mots, les variétés et les changements de leurs formes, ébauché une théorie des catégories grammaticales. Protagoras, comme Alcidamas, avait divisé le discours en quatre formes ou espèces : « la prière, εὐχωλή, l'interrogation, la réponse, l'ordre : d'autres même disent en sept : le récit, l'interrogation, la réponse, l'ordre, l'exposition, ἐπαγγελία, la prière, l'apostrophe, κλῆσις, formes qu'il appelait : les fondements, les racines du discours, πυθμένη λόγων [2]. » Il avait même distingué les parties du temps [3], c'est-à-dire sans doute dans leur expression par le langage, ou les temps du verbe.

On aperçoit dans cette classification une confusion des formes oratoires et des formes grammaticales qui en rend le sens fort obscur. Était-ce une division du verbe en modes, et une classification des formes principales des propositions ? On retrouve en effet là la distinction de l'optatif et de l'impératif ; mais si l'on peut à toute force y faire une place à l'interrogation, on ne sait pas comment y faire entrer la *réponse*.

---

[1] Prantl., *Gesch. d. Logik*; Walck., *Parerg., Acad.*, p. 498 sqq. *De Orig. Artis logicæ*; Classen, *de Primord. Gramm. Græcæ*.
[2] D. L., IX, 53.
[3] Id., IX, 52.

Est-ce une division des parties d'oraison ou des espèces de mots, dont Aristote ne connaît encore que trois bien distinctes : le nom, le verbe et l'adverbe[1] ? On ne peut guère l'admettre sans violenter le texte. Est-ce une division oratoire, comme le pense Quintilien, qui, après avoir exposé sur ce sujet la classification d'Anaximène, mentionne en passant celle de Protagoras : « *Protagoram transeo qui interrogandi, respondendi, mandandi precandi, quod* εὐχωλήν *dicit, partes solas putat*[2]. » Il est facile de ramener la division d'Anaximène aux trois grands genres classiques ; mais il me paraît impossible de concilier celle de Protagoras avec cette classification ; aussi Aristote y attache-t-il un autre sens : au chapitre XIX de sa *Poétique*, dans un passage d'ailleurs fort obscur, le grand critique arrive à l'élocution dramatique : il observe que les autres effets tragiques peuvent être produits par la vue seule de l'action, mais que l'effet de la pensée ne saurait être opéré que par les paroles qui l'expriment, παρὰ τὸν λόγον γίγνεσθαι, et est dû à celui qui les prononcent.... Il y a dans l'élocution une partie qui concerne le débit et qui constitue un art spécial : c'est celle qui traite ce qu'Aristote appelle d'un terme équivoque τὰ σχήματα τῆς λέξεως. Que faut-il entendre par là, sinon le geste, l'accent, le ton de la voix de l'acteur qui achèvent de donner aux mots leurs sens et même leurs formes grammaticales ? On n'en peut guère douter, lorsqu'on entend Aristote ajouter que « cet art n'appartient pas à la poétique, mais à l'hypocritique, et est du domaine de celui qui possède cet art souverain, τοῦ τὴν τοιαύτην ἔχοντος ἀρχιτεκτονικήν. » Or les diverses formes d'expression que peut prendre la voix de celui qui parle sont au nombre de *six* : l'ordre, la prière, le récit, la menace, l'interrogation et la réponse. Ce n'est pas au poète, c'est à l'acteur, au rhapsode à donner aux mots ces significations, ces expressions. Aussi

---

[1] D L., VII, 57. Zénon en porte le nombre à 5 : Le nom, le prédicat, προσηγορία, le verbe, la conjonction, l'article. Antipater y ajoute le moyen, τὴν μεσότητα.
[2] Quintil., III, 4.

Protagoras est-il ridicule de reprocher à Homère d'avoir employé l'impératif au lieu de l'optatif dans la phrase : Μῆνιν ἄειδε, θεά. » Il résulte de ce passage que dans l'interprétation d'Aristote, la division de Protagoras se rapportait aux figures grammaticales qui, en réalité, dépendent moins des mots que de la voix qui les prononce.

Les rapports de la grammaire à l'art de bien dire nous autorisent à parler ici des travaux de Prodicus sur le langage qui ont, plus encore que ceux de Protagoras, pour objet l'ὀρθοέπεια ou, comme l'appelle Hermias, la κυριολεξία [1], c'est-à-dire l'effort d'exprimer les choses par leurs termes propres et non par des circonstances accidentelles et accessoires, ἐπίθετα. Il semble qu'il y a dans cette tendance une réaction contre la recherche excessive des effets de style poursuivis à outrance par l'école sicilienne. Prodicus d'ailleurs n'était ni un rhéteur ni un philosophe ni un dialecticien proprement dit : c'est un maître qui se propose pour objet l'éducation générale et l'instruction encyclopédique de la jeunesse[2]. On ne cite de lui qu'un ouvrage intitulé : *les Heures*[3], dont le sujet était tout moral. Son enseignement philologique, comme nous l'appellerions aujourd'hui, consistait en leçons publiques ou privées [4] et se renfermait dans l'étude de ces synonymes apparents dont il cherchait à préciser les différences, ce qui le conduisait nécessairement à en fixer la signification primitive et vraie, ἔτυμος λόγος. C'est le premier essai de la science de la synonymie et de l'étymologie : elle intéresse trop peu la rhétorique pour que nous entrions dans le détail des faits curieux que nous fait connaître Platon, en les assaisonnant,

---

[1] Herm., *ad Phædr.*, 192. Plat., *Enthyd.*, 277, e. περὶ ὀρθότητος ὀνομάτων, 191. τὴν τῶν ὀνομάτων ἀκρίβειαν. Amm. Marcell., *Thuc.*, XIII. ἐζήλωσε... Προδίκου τὴν ἐπὶ τοῖς ὀνόμασιν ἀκριβολογίαν.

[2] Plat., *Protag.*, 318, e. ἐγκύκλια μαθήματα.

[3] Suid., 5. *Mem.*, II, 1, 21. C'est celui que Xénophon désigne sous le titre : τὸ σύγγραμμα τὸ περὶ Ἡρακλέους. Ce que Platon (*Protag.*, 340) appelle sa musique, c'était son talent et sa perspicacité à découvrir les nuances diverses du sens des mots.

[4] *Hipp. maj.*, 282, b. καὶ ἰδίᾳ ἐπιδείξεις ποιούμενος.

suivant son usage, de malices satiriques et de fines ironies.

Le seul précepte de vraie rhétorique qu'on lui rapporte est une réponse à la plaisante prétention de Gorgias et de Tisias de faire leurs discours aussi longs qu'on le voudrait : ni longs ni courts, dit Prodicus, mais proportionnés [1]. Il aurait aussi, d'après Quintilien, écrit des tirades oratoires sur les émotions et les passions, comme Gorgias et Protagoras avaient fait sur les lieux communs [2].

Hippias s'est encore moins occupé de l'éloquence que Prodicus : il se présente exclusivement comme un professeur de morale. En dehors de cette occupation, qui remplit presque toute sa vie, il a traité avec une supériorité remarquable « de la valeur des lettres, des syllabes, des accents, des rythmes [3]. » Il contribue ainsi à constituer cette partie de la philologie sur laquelle Platon lui-même, dans le *Cratyle*, a émis des vues ingénieuses, parfois profondes, souvent aventureuses.

Nous arrivons maintenant à un esprit d'un autre ordre, à Platon, qui sans doute n'a pas écrit un traité technique de rhétorique, mais a exposé les vrais principes, et même, sous certaines réserves, les plus pratiques. Sa théorie oratoire est une réaction salutaire contre celles des rhéteurs et des sophistes. Ceux-ci n'avaient tous guère étudié que les procédés pour ainsi dire mécaniques de l'art de parler, et d'autre part ils avaient ou négligé ou sciemment rompu les liens qui rattachent l'éloquence aux principes supérieurs de la vie sociale et morale. De même qu'il réfute leurs systèmes dialectiques dans l'*Euthydème*, le *Théætète*, le *Philèbe*, le *Politique*, de même il détruit dans le *Gorgias* et le *Phèdre* leurs principes oratoires, et, par une conséquence nécessaire, leurs principes de morale. Mais il ne se borne pas à réfuter leurs thèses, il édifie en même temps la science, et, pour cela, divise la théorie de l'éloquence en deux

---

[1] *Phædr.*, 267, b.
[2] I, 10. Affectus Prodicus et Hippias (tractasse dicuntur).
[3] *Hipp. maj.*, 285, b. *Hipp. Min.*, 368.

parties dont l'une fixe le but vrai qu'elle doit se proposer pour être un art, et dont l'autre expose sa nature, ses principes, ses règles et ses procédés.

L'éloquence n'est pas, comme la poésie et la musique, un art de luxe: c'est un art de service. Elle ne doit pas viser uniquement ni essentiellement à charmer et à plaire [1] : elle est un instrument d'action dans la vie sociale, et l'action d'un homme dans la vie humaine ne peut avoir pour but que le bien de la société où il vit, et de lui-même qui vit dans cette société. Or le bien de la société comme de l'individu est l'ordre, la justice, la tempérance, la piété, le courage, en un mot c'est la vertu.

La société politique repose sur l'idée du bien, sur la loi universelle de l'ordre, qui gouverne le monde moral comme le monde physique, et dont l'ordre politique, dans son essence idéale, doit être un reflet. Il faut donc se servir de l'éloquence, comme de tout autre moyen d'action sociale, pour la justice [2]. Il s'agit, pour elle, de servir les hommes, de les rendre meilleurs et par cela même plus heureux, dût-elle pour cela leur déplaire. Car si l'éloquence doit plaire, elle doit plaire aux dieux d'abord. L'orateur, qui a à sa disposition cette arme si puissante de la parole, doit toujours se rappeler qu'il est responsable de l'usage qu'il en fera, qu'il y a une autre vie, d'autres juges, une autre assemblée, la vie d'au-delà, les juges infernaux, l'assemblée des dieux souterrains, devant lesquels il aura à prendre la parole, et par lesquels il doit faire effort afin que son éloquence soit applaudie.

L'éloquence exige la connaissance sûre de la vérité; quand bien même on accorderait que la vraisemblance, τὸ εἰκός, est le caractère nécessaire des questions qu'elle peut traiter, si l'on voulait se dispenser de la recherche de la vérité même et d'en fixer les caractères distinctifs et essentiels, on perdrait

---

[1] *Gorg.*, p. 500.
[2] *Id.*, 527, a. καὶ τῇ ῥητορικῇ οὕτω χρηστέον ἐπὶ τὸ δίκαιον ἀεὶ καὶ τῇ ἄλλῃ πάσῃ πράξει.

la notion de la vraisemblance même, qui n'a de valeur que par sa ressemblance avec la vérité et de mesure que par son approximation avec elle [1]. Ce que les rhéteurs appellent l'invention ne peut donc être tiré que de la connaissance vraie des choses, et cette science c'est la philosophie ou la dialectique.

C'est encore à la philosophie que les orateurs doivent aller demander les moyens de remplir les deux autres conditions de leur art, en tant qu'art, c'est-à-dire d'une part la faculté et l'habitude acquise de lier et d'analyser, de combiner et d'ordonner comme il convient les idées, et d'autre part la puissance souveraine d'exercer sur les âmes, leurs sentiments, leurs émotions, leurs passions une action qui incline leurs volontés et détermine leurs actes.

La rhétorique, considérée comme la théorie rationnelle et la discipline méthodique [2] de l'éloquence, renferme ainsi trois parties : 1° l'invention ; 2° la disposition, c'est-à-dire l'ordre et l'enchaînement des idées ; 3° le pathétique.

S'il n'y a pas d'autres parties dans la rhétorique didactique, il y a d'autres conditions à remplir pour devenir un orateur. La première est ce que Platon appelle τὸ δύνασθαι, la puissance, la facilité propre, ou εὐφυὴς εἶναι, l'aptitude naturelle qui enveloppe toutes les qualités physiques et intellectuelles que réclame la pratique de cet art : la beauté et la puissance de la voix, la prestance, l'imagination, la force de l'intelligence, le goût inné, l'amour sacré du beau et du bien que la philosophie éclaire et fortifie, mais qu'elle ne crée pas.

Ce n'est pas tout : car Platon sait faire à la réalité sa place et sa part : il reconnaît qu'il faut à l'orateur des études préparatoires, conditions préalables et nécessaires de l'art, mais non l'art même [3], c'est-à-dire une connaissance parfaite de la langue, une étude théorique et pratique des formes et des qualités du style, des divisions et de l'ordonnance du dis-

---

[1] *Phædr.*, 272, c. 274.
[2] *Phædr.*, 270, d. e. τέχνη, μέθοδος.
[3] *Id.*, 296. πρὸ τῆς τέχνης ἀναγκαῖα μαθήματα.

cours, le sentiment de l'harmonie et du rythme, enfin ce qu'il appelle τὰ μουσεῖα λόγων, τὰ κομψὰ τῆς τέχνης, c'est-à-dire un mécanisme pratique, pour l'apprentissage duquel il renvoie aux rhéteurs.

Platon donne à ces principes oratoires de profonds et magnifiques développements : jamais avant lui, jamais après lui les écoles de rhétorique n'ont entendu de tels accents.

L'éloquence est en fait une sorte d'action magique exercée par la parole sur l'âme humaine[1]. sur les cœurs et les esprits qu'elle mène à son gré. Son empire s'étend sur les tribunaux, les assemblées politiques, sur les réunions privées et touche aux plus grands comme aux plus humbles intérêts de l'homme et du citoyen. Mais elle ne peut maîtriser ainsi les intelligences et les volontés qu'en les dominant par la volonté et l'intelligence. Il faut donc que l'orateur s'élève au-dessus des hommes qu'il veut persuader par l'ascendant du caractère et par la supériorité de l'esprit. Cette hauteur de vue, cette étendue et cette profondeur de la pensée ne se peut communiquer ou se développer que par un commerce persévérant et passionné avec les seuls objets dignes du respect et de l'admiration, et que seule la philosophie nous apprend à connaître, à admirer, à aimer : ce sont les Idées. La grandeur et la force de l'âme, condition et mesure de son action sur les autres âmes, n'est autre chose que le pressentiment plus ou moins clair de sa vraie nature, qui est d'être, elle aussi, une Idée. Quand elle a pu voir, ne fût-ce que de loin, ce chœur glorieux des essences supracélestes, quand elle a pu contempler, quoique voilées par les brumes d'ici-bas, le resplendissement de l'idée du bien, du vrai, du juste, lorsqu'elle s'est, pour ainsi dire, perdue dans la nue[2], elle a alors acquis cette hauteur et cette force qui la rend capable d'accomplir l'œuvre vraiment merveilleuse de l'éloquence.

---

[1] *Phædr.*, 261, a. 271. ψυχαγωγία τις διὰ λόγων.
[2] *Phædr.*, 270, μετεωρολεσχίας ἐμπλησθείς... προσδέονται ἀδολεσχίας καὶ μετεωρολεσχίας... τὸ ὑψηλόνουν τοῦτο καὶ πάντῃ τελεσιουργόν.

La philosophie a encore pour l'éloquence une autre utilité plus positive et plus visible.

1. Si l'orateur ne doit jamais oublier que sa mission est de dire toujours la vérité, s'il ne doit jamais se servir des mensonges et des artifices de la sophistique, il est pourtant nécessaire qu'il les connaisse afin de n'en être pas la dupe et d'éviter les pièges qu'elle tendrait à sa bonne foi ; il doit savoir en quoi consiste la justesse et la solidité du raisonnement, pour découvrir les vices volontaires ou involontaires des faux raisonnements. C'est la dialectique qui lui fournira cette arme défensive contre les perfidies d'une éloquence sans conscience et sans foi.

2. La matière du discours, c'est la pensée ; mais il y a un art de penser qui a des principes, des règles, des procédés ; il a aussi ses illusions et ses périls, et c'est encore la philosophie qui peut nous apprendre à connaître et à pratiquer les uns, à connaître et à éviter les autres.

Le premier principe est de définir avec exactitude et précision l'objet qui est en question : c'est ce que les orateurs et les plus illustres négligent de faire, de sorte qu'ils ne s'entendent presque jamais les uns avec les autres, et quelquefois ne s'entendent pas avec eux-mêmes.

3. Il ne suffit pas de connaître l'objet dont on doit parler, la matière même du discours : il faut lui donner une forme, l'organiser, c'est-à-dire concevoir les parties nécessaires dont il se compose, mettre chacune en son lieu et place ; il faut que toutes les idées dont il est le développement se tiennent et s'enchaînent, soient toutes rattachées à une idée centrale de manière à former un tout un et à se fondre sans se confondre ; en un mot il faut de l'ordre dans le discours, parce que c'est l'ordre qui l'organise et en fait à la fois la clarté, la force et la beauté. Tout discours en effet doit être semblable et aussi semblable que possible à un être vivant [1] : c'est un

---

[1] *Phædr.*, 264. ὥσπερ ζῷον. D. Hal., *Rhet.*, X, 6. ἥν φησι δεῖν Πλάτων... εἶναι τὸν λόγον ἐοικότα σώματι· ἐκ κεφαλῆς ἐπὶ πόδας ἔχοντι τὰ μέρη καὶ τὰ μέλη ἀλλήλοις τε πρέποντα καὶ τῷ ὅλῳ συστήματι τοῦ σώματος.

corps organisé qui a sa tête, son buste, ses pieds, c'est-à-dire des membres extrêmes et une partie médiane qui s'accordent et sont proportionnés les uns avec les autres comme avec le tout, et ont chacune leur fonction propre.

4. Mais on ne pourra bien connaître l'objet dont on doit parler, ni les parties dont il se compose, ni leurs fonctions propres, ni leurs rapports entr'elles et avec le tout, si l'on n'est pas versé dans la science de décomposer et de recomposer, de diviser et d'unir, c'est-à-dire dans la pratique réfléchie et méthodique de la synthèse et de l'analyse que seule enseigne la dialectique [1].

Voici en quoi consiste cette double méthode : on peut d'abord chercher à réunir sous une idée générale les idées particulières qu'on possède de la chose, mais jusque-là dispersées et sans lien, de manière à enfermer dans le cercle clos, dans l'enceinte nettement tracée d'une définition rigoureuse l'objet en question.

On peut aussi, si l'on possède l'idée générale, chercher les espèces qui la divisent par des différences opposées, puis les sous-espèces, qui divisent chacune de ces espèces, et poursuivre ainsi la division jusqu'à ce qu'on ait rencontré l'objet qu'on veut définir [2] : faire de plusieurs un et de un plusieurs, c'est l'art même de penser [3].

Comparés aux ressources que fournit à l'éloquence cette grande dialectique, les artifices de la rhétorique pratique sont véritablement bien mesquins et misérables. Et cependant là ne se borne pas son importance pour l'orateur. L'éloquence, Platon le reconnaît, ne doit point être seulement une lumière qui éclaire les esprits : c'est une flamme qui échauffe, qui

---

[1] Plat., *Soph.*, 253, d. διαιρέσεις καὶ συναγωγαί. Cic., *Brut.*, 88. Partitiones et collectiones ; *de Inv.*, I, 40. Complexiones, conductiones.

[2] Et en effet définir n'est autre chose que déterminer le lieu et le rang qu'occupe une idée donnée dans un système d'idées donné (Drobisch., *Emp. Psych.*, § 65 ; id., *Logik.*, § 104).

[3] ἓν πολλὰ, πολλὰ ἕν. Cf. D. Hal., *Rhet.*, XI, 7.

meut, qui entraîne et bouleverse les cœurs. Sans doute ce don de persuasion communicative dépend surtout de la nature et de l'exercice ; mais en tant qu'il dépend d'une science, c'est de la philosophie qu'il dépend. L'art oratoire s'exerce sur l'âme, comme la médecine sur le corps. Qui pourra persuader les hommes, s'il ne connaît pas leur âme, et qui connaîtra l'âme humaine, la place qu'elle occupe dans le tout vivant qui est l'homme, le rapport qu'elle a avec les autres êtres, les choses et Dieu, s'il ne connaît pas la nature des choses sensibles et suprasensibles, dont le secret mystérieux et divin ne lui peut être révélé que s'il a été initié aux grands mystères, à la philosophie.

Dût-il se borner à la connaissance de l'âme humaine, il faut encore que l'orateur sache si elle est simple ou composée : quelles sont ses facultés actives et passives ; qu'il ait distingué les natures diverses des âmes, leurs espèces, leurs caractères individuels, afin d'y adapter les espèces diverses de discours qui y correspondent. Quand on a étudié théoriquement toutes ces différences, il faut savoir s'y plier dans la réalité par un mouvement sûr et rapide, οἷος ὑφ' οἵων πείθεται, ou bien on ne saura jamais que répéter la leçon du maître. Si au contraire on est en état de reconnaître que telle nature d'argument, telle sorte d'émotion est propre à persuader tel auditeur, si, lorsqu'on se trouve en présence d'un individu ou d'une foule, on sait les pénétrer sur le champ et se dire à soi-même : voilà les natures d'esprit et d'âme que je considérais tout à l'heure en théorie : les voilà devant moi ; et voici d'autre part, je le sais maintenant, le langage qu'il faut leur tenir pour leur suggérer telle ou telle pensée, les déterminer à telle ou telle résolution : si de plus on sait quand il faut prendre la parole et quand il faut s'abstenir de le faire, quand il faut employer la concision vigoureuse du style, le pathétique touchant, la véhémence d'une indignation généreuse, quand il est à propos et quand il n'est pas opportun de mettre en usage ces autres artifices du discours qu'on a d'ailleurs étudiés [1], alors on possède l'art parfait et achevé de l'orateur : jusque-là, non. Dès que vous êtes en défaut sur quelqu'un de ces points, vous qui parlez ou enseignez ou écrivez, si vous prétendez posséder l'art d'écrire ou de parler, on est en droit de vous dire : non [2].

En résumé, pour persuader les hommes, il faut connaître les hommes, leur destinée, leurs intérêts, leurs passions et les objets divers et changeants de leurs passions et de leurs intérêts. L'art de l'orateur repose donc d'une part sur la connaissance des choses, de l'autre et surtout sur la connaissance de l'esprit et du cœur humains. Ceux mêmes qui pervertissent cet art admirable usent des moyens que nous avons indiqués mais pour flatter, corrompre et perdre les États comme les individus. On peut les comparer à un homme qui, ayant observé les mouvements instinctifs et les appétits d'un animal grand et robuste, sait par où il faut l'approcher et le toucher pour s'en faire obéir et suivre, quand et pourquoi il s'irrite et s'apaise, quels cris il a coutume de pousser, quels sentiments il manifeste en telle ou telle occasion, quels accents, quels sons de voix emflamment sa fureur, quels ont le privilège de la calmer [3]. Et ceux qui écrivent ces traités que l'on connaît, ce sont des hypocrites qui nous cachent leur connaissance profonde de l'âme humaine et de ses faiblesses, et qui fondent sur cette connaissance les procédés pratiques qu'ils nous enseignent. Bien qu'il ne faille pas les mépriser et les omettre, car ils ont leur puissance souvent victorieuse, n'allons pas prendre ces règles mécaniques qu'ils veulent bien

---

[1] βραχυλογίας, ἐλεεινολογίας, δεινώσεως... καιροὺς τούτε πότε λεκτέον καὶ ἐπισχετέον. Parmi ces élégances de la parole, τὰ κόμψα, Platon distingue l'εὐλογία, la pureté et la correction, l'εὐαρμοστία, l'harmonie, l'εὐσχημοσύνη, la grâce, εὐρυθμία le nombre et le rythme ; mais il ajoute que ces qualités du style sont les effets naturels de la beauté de l'âme, εὐηθείᾳ ἀκολουθεῖ, *Rep*, III, 400. Diderot semble avoir dans la mémoire ce passage, quand il dit : « D'un poète sec et dur, ne dites pas qu'il n'a pas d'oreille : dites qu'il n'a pas d'âme »

[2] *Phædr.*, 271.

[3] *Rep.*, VI, 493, D.

nous faire connaître, pour l'art lui-même qu'ils nous dérobent [1].

Il n'entre pas dans le plan de cet ouvrage de poursuivre l'histoire de la rhétorique jusqu'à la fin de la littérature grecque, où cette discipline n'a jamais cessé de tenir une grande place. La rhétorique grecque, et l'on doit dire la rhétorique même, sera désormais la rhétorique d'Aristote: elle absorbe dans son système rationnel, qui les épure et les coordonne, tous les éléments, qui méritaient d'être conservés, des travaux antérieurs, et les théories oratoires subséquentes ne font guère que la commenter, l'amplifier, la paraphraser, plutôt que l'enrichir : on n'y ajoute, on n'y retranche rien d'essentiel. Je veux cependant faire connaître au moins les noms de ceux qui ont consacré à ces études, chères aux anciens, des travaux sans grande originalité, sans doute, mais non sans valeur. Nous avons vu qu'on attribuait à Théodecte, à Théophraste [2] et à Naucratès [3], disciple d'Isocrate, des traités didactiques de rhétorique. Plutarque en cite un d'Isée, et Denys d'Halicarnasse [4] mentionne Antiphon parmi les συγγραφεῖς παραγγελμάτων τεχνικῶν, dont les ouvrages ne nous sont pas parvenus. Les stoïciens avaient fait entrer l'éloquence dans le domaine des sciences et de la philosophie [5], tandis que les péripatéticiens et Critolaüs n'y voyaient qu'une simple pratique, ne relevant pas d'un art et d'une

---

[1] *Phædr.*, 271, b.
[2] D. Hal., *de Isocr.*, c. 3 Quintil., X, 1, 27, un traité περὶ λέξεως. Long., περὶ ὕψους, c. 32-33, ἐκ τῶν Λογγ, § 31. Demetr., § 41. πολλὰ βιβλία θέσεων ἐπιγραφόμενα, cités par Theon, *Progym.*, c. 10.
[3] Quintil., III, 6. Isocratis discipulus, id., II, 15. A quo non dissentit Theodectes sive ipsius id opus est, quod de Rhetorice nomine ejus inscribitur, sive, ut creditum est, Aristotelis.
[4] Reisk., p. 722.
[5] Quintil., II 15. Chrysippe « ductus a Cleanthe » la définissait : *Scientia dicendi.* D. L., VII, 174. C'était une des deux branches de la partie logique de la philosophie, et pour eux : ἐπιστήμην οὖσαν τοῦ εὖ λέγειν περὶ τὸν ἐν διεξόδῳ λόγον. Ils connaissent et adoptent les trois genres d'Aristote, comptent quatre parties dans la rhétorique : l'invention, εὕρεσις ; l'élocution, φράσις ; l'ordre, τάξις ; le débit, ὑπόκρισις ; ils divisent le discours en quatre parties : l'exorde, la narration, la réfutation, τὰ πρὸς τοὺς ἀντιδίκους, et la péroraison, ὁ ἐπίλογος. Une rhétorique

méthode et acquise uniquement par l'usage : « usus dicendi (nam hoc τριϐή significat) [1] ». Ariston, son maître, avait été plus réservé et moins absolu : il définissait l'éloquence : « Scientia videndi et *agendi* in quæstionibus civilibus per orationem popularis persuasionis [2]. »

Hermagoras, de Lemnos, contemporain de Cæcilius de Calacta et de Denys d'Halicarnasse, c'est-à-dire du premier siècle avant J.-Ch., avait enseigné la rhétorique à Rome et son enseignement y jouit d'une grande autorité. Malgré la pauvreté de son style et l'aridité de son exposition, sa doctrine faisait loi, comme fit plus tard celle d'Hermogène [3] : elle portait plutôt sur l'invention et sur l'ordre que sur le style. Sa topique oratoire et sa théorie sur l'économie, οἰκονομία, du discours, qui étaient fort étendues et entraient dans beaucoup de détails, s'étendaient à la fois aux objets réels,

---

anonyme (Sp., I, 434-447) cite des définitions de la narration et de l'exemple tirées de Zénon, probablement le philosophe, et prétend que Chrysippe (id., p. 454) enseignait que la péroraison devait être indivise, μονομέρης. Xénocrate, observe Sext. Emp. (*Math.*, II), avait déjà dit, comme les stoïciens, que l'éloquence est une science, ἐπιστήμη, et la science de bien dire ; mais il entendait ce mot dans son ancienne signification, celle d'art, τέχνη. Les stoïciens l'entendent autrement et au sens absolu ; ils veulent dire que l'éloquence exige des pensées certaines, et d'une vérité évidente ou prouvée, βεϐαίας καταλήψεις, et que, par suite, le sage seul la possède. Pour eux, bien dire (*Prolegg. Hermog.*, Walz., VII, 8), τὸ εὖ λέγειν, c'était dire la vérité, τὰ ἀληθῆ λέγειν. Un peu plus loin, Sextus reproduit la définition de l'éloquence, déjà donnée par D. L., VII, 174. τὸ δὲ λέγειν ἐν μήκει καὶ διεξόδῳ θεωρούμενον, ῥητορικῆς ἐτύγχανεν ἴδιον, où les mots soulignés expriment le caractère du procédé oratoire, qui se développe en longueur, sans admettre les interruptions et les phrases courtes et coupées des demandes et des réponses, comme la dialectique. Senec., *Ep.*, 89. Omnis oratio aut continua est aut inter respondentem et interrogantem divisa. Hanc διαλεκτικήν, illam ῥητορικήν placuit vocari. Cic., *Or.*, 32. Zeno quidem, a quo disciplina Stoïcorum est, manu demonstrare solebat quid inter has artes interesset : nam quum compresserat digitos pugnumque fecerat, *dialecticam* aiebat esse ejusmodi ; quum autem diduxerat et manum dilataverat, palmæ illius similem *eloquentiam* esse dicebat.

[1] Quint., II, 15, qui fait par erreur de Critolaüs le maître d'Ariston au lieu de son élève. Critolai discipulus.
[2] Id., id.
[3] Cic., *Brut.*, 76 et 78. Dialog., *de Orat.*, 19. Aridissimis Hermagoræ et Apollodori libris. Quintil., III, 3, 9 et 41, 5, 14. Sunt tamen inscripti nomine Hermagoræ libri... sive falsus est titulus, sive alius hic Hermagoras. Nam ejusdem esse quomodo possent, qui de hac arte *mirabiliter multa* composuit.

pratiques de l'éloquence, *causas*, et aux sujets fictifs, imaginaires, généraux, destinés aux exercices de l'école, *theses*. Dans son système, toutes les parties de la rhétorique, qu'il appelait *judicium*, le choix et l'invention des arguments, la division, *partitio*, l'ordre, *ordo*, le style étaient subordonnés à une partie principale et maîtresse, qu'il nommait οἰκονομία, l'architecture, la structure régulière, la savante composition du discours [1]. Cicéron, après avoir critiqué une définition d'Hermagoras relative à la matière oratoire lui refuse un vrai talent, la vocation et la pratique de l'art même qu'il enseignait : mais cependant il ajoute que sa critique ne porte pas sur la doctrine et la méthode, empruntées aux anciens traités de rhétorique il est vrai, mais composées avec intelligence et avec soin, et renfermant même quelques parties originales [2]. On peut lui rapporter l'invention de cette partie de la méthode qu'on appelle les états de causes, στάσεις, quoiqu'on conteste que ce nom ait été donné par lui à cette doctrine [3], qui, avec la théorie des figures, sont les seules qui, depuis Aristote, aient reçu quelque développement particulier. Ses successeurs ou disciples furent Athénée de Naucratis, qui, par sa définition de l'éloquence comme un art de tromperie et de mensonge, *ars fallendi*, se rattache à l'ancienne académie, Apollonius ὁ ἐπικληθεὶς Μόλων, cité par Phœbammon [4], Denys Halicarnasse, plutôt un critique qu'un rhéteur, car la *Rhétorique* que nous avons conservée sous ce

---

[1] Qu., III, 3; id., III, 5. Cic., *Brut.*, ex hac inopi ad ornandum, sed ad inveniendum Hermogoræ disciplina. Ea dat rationes certas et præcepta dicendi ; quæ etsi minorem habent apparatum (sunt enim exilia) tamen habent ordinem et quasdam errare in dicendo non patientes vias.
[2] *De Inv.*, I, 6. Neque id dico quod ejus *Ars*, quam *edidit*, — ses ouvrages nombreux et admirables, au dire de Quintilien, sont aujourd'hui perdus, — mihi mendosissime scripta videatur; nam satis in ea videtur ex antiquis *Artibus* ingeniose et diligenter electas res collocasse, et non nihil ipse quoque novi protulisse.
[3] Quintil., III, 6. Statum Græci στάσιν vocant, quod nomen non primum ab Hermagora traditum putant, sed alii ab *Neucrate*, Isocratis discipulo, alii a Zopyro Clazomenio. Eschine s'est servi de ce terme, mais dans un sens général et non technique dans son discours contre Ctésiphon.
[4] *Rh. Gr.*, Sp., vol. III, p. 44.

titre, qui n'est guère justifié, ne peut pas lui être attribuée; Cæcilius de Calacta, Nicetès, Hybreas, Théodore, Plution [1], Longin, l'auteur du *Traité sur le Sublime* [2], qui semble plutôt un amateur enthousiaste qu'un maître systématique et méthodique; enfin Apollodore et Théodore, chefs des deux écoles rivales, dont nous ne pouvons pas apprécier les différences [3], mais qui paraissent n'avoir guère traité que de l'invention, et avoir considéré comme accessoire le style [4]. De la foule de tous les rhéteurs postérieurs, et dont nous donnons en note les noms et citons les ouvrages, nous ne relevons qu'Hermogène qui fit entrer toutes les matières de l'éloquence et de la rhétorique [5], au moyen de formules tranchantes, dans des cadres ingénieusement et subtilement divisés et déterminés [6]. Sa théorie du style, trop systématique et trop compliquée, renferme cependant des observations

---

[1] S. Jérôm., *Ol.*, 187. « Nobilissimi artis rhetoricæ Græci præceptores habentur.
[2] Différent sans doute de l'auteur de l'ouvrage, Τέχνη Λογγίνου.
[3] Quintil., III, 2, 17. Strab., XIII, 625.
[4] Piderit, p. 28.
[5] On y fit entrer tous les genres de prose, même l'histoire, qui, déjà, du temps de Denys d'Halicarnasse, par une tendance contre laquelle il réagit vainement (*ad Pomp.*, 784), n'était plus qu'une philosophie oratoire, φιλόσοφος ῥητορική. La forme oratoire s'emparait de tous les genres, et les altérait tous dans leur essence. C'est l'œuvre malfaisante de la rhétorique.
[6] Rhéteurs dont les ouvrages sont publiés dans les *Rhetores Græci* de Spengel :

1. Longin, auteur du traité du *Sublime* et d'un traité de rhétorique : Τέχνη ; 2. L'auteur anonyme d'un traité de rhétorique ; 3. L'auteur inconnu d'un ouvrage dont l'extrait porte le titre : ἐκ τῶν Λογγίνου ; 4. Apsines : Τέχνη ; 5. Minucianus : Traité des Epichérèmes ; 6. L'auteur anonyme d'une Τέχνη τοῦ πολιτικοῦ λόγου, qui a de la valeur ; 7. Rufus : Τέχνη ; 8. Hermogène, auteur d'une Τέχνη fort étendue, et d'exercices préparatoires : Προγυμνάσματα — *Primordia dicendi*, spéciaux à la jeunesse des écoles, qui semblent différer des *declamationes* des Romains, qui étaient des exercices pratiques, destinés à entretenir, chez l'orateur déjà formé, son talent, et à le développer, soit en parlant, soit en écrivant. Theon., *Progymn.*, οὐδ' ὅλως τῶν ἐν τῇ ῥητορικῇ καλῶν οὐδέν ἐστι χρήσιμον, ἐὰν μὴ καὶ αὐτὸς ἕκαστος ταῖς καθ' ἑκάστην ἡμέραν γραφαῖς ἐγγυμνάζηται. *Commentabar declamitans*, dit Cicéron dans le *Brutus*. Les Grecs les appelaient μελέτη, γυμνάσματα καὶ ἀσκήματα τῆς ῥητορικῆς. D. Hal., *Rh.*, ἡ ἀμφιλ. λόγων ἄσκησις. Liban, *Ep.*, 201. ἀγωνίσματα διατριβῶν. Aristide, de Smyrne, — γυμναστικοὶ λόγοι, Phot., *Bibl.*, et dans les écrivains postérieurs, λαλίαι. Chez les Latins : Certamina Rhetoricæ ; Prisc., Præexercitamenta, dicendi simulacra ; Ennodius, *Ep.*, I, l. 4. Decursus lubricos et simulacra præliorum voluptuaria. Aul. G., *N. Att.*, VII, 3 ;

très judicieuses et atteste un jugement littéraire très pur et très fin.

Je veux faire à la rhétorique latine encore une moindre place qu'à celle des Grecs : mais en me bornant à résumer plus que sommairement en note son histoire [1], je tiens à faire

9. Aphthonius; 10. Théon, auteur de *Progymnasmata*; 11. Aristide, auteur d'un traité : περὶ πολιτικοῦ καὶ ἀφελοῦς λόγου ; 12. Alexandre, auteur de Ρητορικαὶ ἀφορμαὶ et d'un traité sur les figures; 13. Phœbammon, auteur d'un traité des figures; 14. Tibérius ; 15. Æl. Hérodien ; 16. Polybe de Sardes ; 17. Un anonyme ; 18. Zonæus ; 19. Un anonyme; 20. Un anonyme, tous les six, auteurs de traités sur les figures; 21. Tryphon ; 22. Un anonyme; 23. Grégoire de Corinthe; 24. Un anonyme; 25. Cocondrios, tous cinq auteurs de traités sur les Tropes; 25. Démétrius, peut-être celui qu'on nomme de Phalère, auteur d'un traité : *De l'Élocution*; 27. Ménandre, auteur d'un traité sur les discours épidictiques ; 28. Nicolas, le sophiste, auteur de *Progymnasmata*.

[1] L'éloquence a été, tardivement, à Rome, l'objet d'un enseignement technique et méthodique. Suétone, *de Clar. Rhet.*, nous apprend même qu'elle fut interdite à plusieurs reprises, d'abord sous le consulat de C. Fannius Strabo et de M. Valerius Messala, et plus tard par un édit des censeurs Cn. Domitius (Enobarbus et L. Licinius Crassus (92 av. J.-Ch.). « Rhetorica quoque apud nos, perinde atque grammatica sero recepta est, paulo etiam difficilius : quippe quum constet nonnunquam etiam prohibitum exerceri. »

1. Le premier qui l'enseigna fut L. Plotius Gallus. Jérôme (Euseb., *Chron.*, a. 1920-666 de Rome, 88 av. J.-Ch). « Plotius Gallus primus Romæ latinam rhetoricam docuit ». Suet.; *Rh.* ; 2. « L. Plotius Gallus : de hoc Cicero ad Titinium sic refert : Equidem memoria teneo, pueris nobis, primum latine docere L. Plotium quemdam ». S. Jerom., ann. 1936-673 nomme encore un « Vultacilius Plotius Rhetor, Cn. Pompeii libertus et doctor, scholam Romæ aperuit » qui semble le même personnage.
2. Blandus, Rhetor (Senec., *Controv.*, II, 8, 5. *Præfat*) « qui eques Romanus, Romæ docuit. Ante illum intra libertinos præceptores pulcherrimæ disciplinæ continebantur ».
3. M. Cato Censorius (Quintil., III, 1). « Romanorum primus, quantum ego quidem sciam, condidit aliqua in hac materia ».
4. M. Antonius (Qu., III, 1). « Inchoavit : nam hoc solum opus ejus, atque id ipsum imperfectum ».
5. L. Otacilius Pilitus (Suet., 3). « Servisse dicitur... Deinde rhetoricam professus Cn. Pompeium magnum docuit ».
6. Cicéron.
7. Cornelius Celsus (Quintil., II, 15). « Qui finem rhetorices ait : dicere persuasibiliter in dubia et civili materia ».
8. L'auteur de la *Rhétorique à Hérennius* (Cornificius peut-être), qui, suivant ses propres termes, ne fait que traduire les technographes grecs, et dont l'ouvrage clair et complet est supérieur à celui de Quintilien.
9. Elpidius, maître de M. Antoine et d'Auguste (Suet., *Rh.*, 4). « Calumnia notatus ludum dicendi aperuit. »
10. Sextus Clodius Siculus, mentionné par Cicéron (*ad Attic.*, IV, 15, 2. *Philipp.*, 2, 17, 43. Id., 3, 9, 22).

une exception, qu'il est inutile de justifier amplement, en faveur de Cicéron, dont les vues sur l'art oratoire n'ont jamais pris la forme réellement didactique et qui se rattache, par ses principes un peu flottants, à Platon et à Aristote

La première question qui se présente au sujet de l'élo-

---

11. Caiüs Albutius Silus, De Novare (Qu., II, 15), non obscurus professor atque auctor. Suet., *Rh.*, 6. Ex eo clarus propria auditoria instituit.

12. L. Cæstius Pius (Suet., *Rh.*). S, Jerom., ann. 2004. Smyrnæus rhetor latine Romæ docuit. Senec., *Controv.*, III, 16. Memini (c'est Cassius Severus qui parle) me intrare scholam ejus quum recitaturus esset in Milonem.

13. M. Porcius Latro. — S. Jerom., a. 2913. Latinus declamator. Qu., X, 5, 18. « Qui primus clari nominis professor fuit ». Compatriote et ami de Sénèque l'ancien. Senec., *Controv.*, I. *Præf.*, 13.

14. Q. Curtius Rufus, l'auteur de l'*Histoire d'Alexandre* et rhéteur. Suet., *Rh.*

15. L. Valerius Primanus.

16. Verginius Flavus. (Qu., III, 1.) Scripsit de eadem materia, et (VII, 4.) Cujus apud me maxima est auctoritas quum artem scholæ tantum componeret.

17. L. Statius Ursulus (S. Jer , 2373). Tolosensis celeberrime in Gallia Rhetoricam docet.

18. P. Clodius Quirinatis (S. Jer., a. 2063) Arelatis Romæ insignissime docet.

19. M. Antonius Liberalis (S. J., a. 2064), latinus Rhetor.

20. Sext Julius Gabinianus (S. Jer., a. 2092). Celeberrimi nominis rhetor in Gallia docuit.

21. M. Fabius Quintilianus, l'auteur de l'*Institutio Oratoria*.

22. L. Annæus Cornutus, maitre de Perse (Suid). ἔγραψε πολλὰ φιλόσοφά τε καὶ ῥητορικά, a écrit en latin : *De Figuris sententiarum* (Aul. Gell., IX, 10, 5).

23. C. Plinius Secundus, avait écrit un manuel oratoire accompagné d'exemples. (Quintil., III, 1.) Scripsit de eadem materia. Plinius et (23 *bis*) Tutilius, surnommé Princeps Rhetorum.

24. Tullius Tiro, tous ces onze, cités par Suétone.

25. Stertinius.

26. Popilius Lenas. (Quintil., X, 7, 32, et III, 1, XI, 3.)

27. Gallio, mentionné par Qu., III, 1, ami de Sénèque l'ancien (Sen., *Suas.*, 3, 6. *Controv.*, II, 1, VIII. *Præf.*, 5). Gallio Noster : auteur d'un ouvrage de rhétorique (Quintil., III, 1, 21).

28. Visellius.

29. P. Rutilius Lupus (Qu., IX, 2). « Qui quatuor Gorgiæ libros, non Leontini, sed alius sui temporis, in unum contraxit ».

30. Aquila Romanus.

31. Julius Rufinianus, auteur de traités sur les figures de style plusieurs fois réimprimés.

32. Curius Fortunatianus, auteur d'une *Ars Rhetorica* en trois livres, disposés par demandes et par réponses, et qui contient la théorie d'Hermagoras.

33. C. Julius Victor, auteur d'un petit ouvrage découvert par Angelo Mai, et intitulé *Ars Rhetorica Hermagoræ, Ciceronis, Quintiliani*, dont il reproduit souvent jusqu'aux termes.

34. Sulpicius Victor, tout aussi inconnu que son homonyme, auteur d'*Institutiones Rhetoricæ*, publiés à Bâle en 1521, d'après un manuscrit aujourd'hui perdu.

quence, et qui se présente surtout à un orateur est de savoir si elle peut être communiquée et enseignée par des règles théoriques, par une méthode systématique, rationnelle, en un mot par ce que les Grecs appelaient Τέχνη [1] et les Latins, *Ars*. L'étude de la rhétorique est-elle ou non utile à celui qui aspire à devenir un orateur?

Le mot *ars* ne s'entend guère que des choses qui peuvent être l'objet d'une connaissance scientifique, et le domaine de la fonction et de l'action de l'orateur ne renferme que des faits et des idées, objets d'opinions plus ou moins vraisemblables mais non de certitude [2]. L'éloquence n'est pas le fruit d'une méthode, quelle qu'elle soit, mais la méthode a été tirée par l'analyse et l'observation des œuvres de l'éloquence [3] : elle est d'ordre expérimental. Il semblerait donc que la rhétorique n'est guère utile, ou du moins qu'elle n'est pas nécessaire pour former un orateur. Ce serait aller trop loin : les principes tirés de l'expérience, les règles fondées sur l'observation des œuvres oratoires et la pratique des maîtres de l'art, constituent sinon une science, du moins une quasi science, qui a sa grandeur et sa beauté, et même une

---

35. Marius Victorinus, maître de S. Jérôme, et auteur de commentaires conservés sur les ouvrages de rhétorique de Cicéron.
36. Emporius Victor, qui a écrit sur l'Ethopée et le lieu commun.
37. Julius Severianus.
38. Martianus Capella.
39. S. Augustin.
40. Priscien.
41. Cassiodore.
42. Beda.
43. Isidore.
44. Alcuin... Mais il est temps de s'arrêter : Sat prata biberunt.

[1] Le mot s'oppose en grec à ἐμπειρία, τρίβη. Les traités de rhétorique portent ce nom par excellence pour marquer la supériorité de l'enseignement de l'éloquence, toujours plus ou moins rationnel, sur l'enseignement des autres arts, tels que la sculpture, l'architecture, la musique, qui a toujours un caractère pratique et expérimental.

[2] Cic., *de Or.*, II, 7. Ars enim earum rerum est, quæ sciuntur; oratoris autem omnis actio opinionibus, non scientia continetur.

[3] *De Or.*, I, 33. Non eloquentiam ex artificio, sed artificium ex eloquentia natum.

certaine utilité pratique qu'il ne faut ni exagérer ni méconnaître[1].

Les préceptes théoriques peuvent surtout être utiles pour apprendre à manier les esprits et surprendre les cœurs[2]. Il ne faut guère espérer qu'ils nous viendront en aide dans l'invention et qu'ils nous souffleront, pour ainsi parler, ce que nous avons à dire ; mais lorsque, soutenus par la nature, par le goût et la passion de l'art, par l'exercice, nous avons trouvé les idées et la forme dont elles doivent être revêtues, nous pouvons les rapporter à ce modèle intérieur et idéal de la parfaite éloquence, que la théorie nous construit et nous expose, et les juger alors d'un jugement sûr et éclairé[3].

L'éloquence suppose :

1. Le génie naturel de la parole et les qualités constitutives de ce génie, c'est-à-dire une imagination vive et forte, qui nous découvre les idées, féconde en développements, sensible à la beauté de la forme et capable de la traduire dans le style, enfin une mémoire étendue et sûre[4]. Il faut de plus à l'orateur des dons physiques particuliers, une prononciation libre et facile, la puissance et la beauté de l'organe, une constitution vigoureuse de la poitrine capable de résister à la fatigue, une certaine prestance de la physionomie et de toute la personne[5].

2. En second lieu, une vocation sincère et forte, une sorte d'entraînement irrésistible, d'enthousiasme presque divin, d'amour sacré, presque de folie pour les lettres et les triomphes de la parole[6].

---

[1] *De Or.*, II, 8. Sum confessus... artem esse, non maximam... Si non plane artem, at quasi artem quamdam. *Id.*, II, 7. Res facultate præclara, arte mediocris.

[2] *Id.*, II, 8.

[3] *Id.*, II, 57. In his præceptis hanc vim et utilitatem esse arbitror, non ut ad reperiendum quid dicamus, arte ducamur, sed ut ea, quæ *natura*, quæ *studio*, quæ exercitatione consequimur, aut recta esse confidamus, aut prava intelligamus, quum quo referenda sint didicerimus.

[4] *Id.*, I, 25.

[5] *Id.*, id., et figura totius oris et corporis.

[6] *Id.*, I, 30. Studium atque ardorem quemdam amoris; II, 46. Inflammatione animorum et... quodam afflatu furoris.

3. Enfin le travail courageux, l'effort puissant et patient, la pratique assidue.

Les travaux auxquels il faut se livrer sont de deux sortes : les études théoriques et les exercices pratiques.

Les études théoriques sont immenses et pour ainsi dire infinies ; car puisque l'orateur est tenu de savoir bien parler de toutes choses [1], il faut qu'il connaisse toutes choses, sans quoi il ne posséderait plus qu'un verbiage vide et ridicule [2].

Ces sciences sont :

La philosophie en toutes ses parties : la dialectique qui enseigne l'art de raisonner ; la morale qui fait connaître le cœur et le caractère des hommes, et ouvre à l'esprit les grandes idées de la gloire, du patriotisme, du devoir, du bien et du beau, par où on les touche et on les transporte : la philosophie même de la nature ne doit point rester étrangère à l'orateur parce qu'elle lui montre, au-delà de la vie terrestre, un élément divin qui domine et gouverne les choses. Ce commerce avec le monde de l'au-delà communiquera à sa parole et à sa pensée je ne sais quelle magnificence et quelle incomparable grandeur [3].

Mais s'il s'y élève, il ne faut pas qu'il se perde dans la nue. C'est une obligation stricte pour lui de connaître le droit, la jurisprudence, la politique, l'histoire qui lie le présent au passé et constitue comme la chaîne indéfinie sinon éternelle de l'humanité, les chefs-d'œuvre des lettres humaines, où l'on puise, comme à sa source, la vraie éloquence [4].

Les études pratiques sont d'une part l'exercice fréquent de la parole, dont les effets sont de beaucoup supérieurs à l'effet des meilleures leçons des maîtres [5], sous la réserve

---

[1] *De Or.*, I, 13. Eum qui de omnibus rebus possit dicere.
[2] *Id.*, I, 5. Sine qua verborum volubilitas inanis atque irridenta est. Le caractère formel de la rhétorique échappe à Cicéron.
[3] *Brut.*, 93 ; *Or.*, 3 ; *id.*, 32 et 33, 34.
[4] *Or.*, 34 ; *Brut.*, 93. Studuisse litteris... quibus fons perfectæ eloquentiæ continetur.
[5] *Or.*, I, 4. L'enseignement d'Aristote avait aussi une partie pratique. Cic., *de Or.*, III, 35, en parlant d'Aristote : rerumque cognitionem cum *orationis exercitatione*

qu'on n'abordera cet exercice qu'après une préparation sérieuse, et après s'être muni des ressources que peuvent donner les travaux du cabinet ; car c'est en parlant mal qu'on s'habitue à toujours mal parler[1] ; d'autre part, la pratique de la composition écrite est le meilleur maître et le plus sûr pour apprendre à bien parler [2].

Pour se guider dans cette double pratique, l'orateur fera bien de se choisir un modèle réel qu'il se propose d'imiter, et mieux encore un modèle idéal, dont l'image sera toujours sous ses yeux, comme Phidias avait toujours dans sa pensée une beauté souveraine, dont la contemplation intérieure dirigeait son art et son ciseau [3].

Dans la composition, ou plutôt dans l'invention, il importe d'élever la question particulière à une idée générale qui permet à l'orateur de faire appel à l'expérience universelle et à l'universel bon sens [4]. Ces vérités sont vieilles, sans doute, mais vieilles comme le monde, et par cela même aussi toujours nouvelles : elles parlent aux hommes une langue toujours comprise. En se généralisant, le débat s'élève et s'agrandit : un horizon plus vaste s'ouvre à la pensée, et un point d'appui plus profond est donné pour l'émotion. L'individu a conscience qu'il porte en lui l'humanité même.

Dans l'exposé des preuves il faut réunir deux conditions contraires : à savoir que les idées soient distinctes et cependant fondues dans le tissu du style [5], où l'on ne doit point aperce-

---

conjunxit. *Or.*, XIV. In hac (les Thèses générales), Aristoteles non adolescentes ad philosophorum morem tenuiter disserendi, sed ad copiam rhetorum in utramque partem exercuit. D. L., V, 3. καὶ πρὸς θέσιν συνεγύμναζε τοὺς μαθητὰς ἅμα καὶ ῥητορικῶς ἐπασκῶν. Theon., *Progymn. Rh. Gr.*, II, 69. παραδείγματα δὲ τῆς τῶν θέσεων γυμνασίας λαβεῖν ἔστι παρά τε Ἀριστοτέλους καὶ Θεοφράστου.

[1] *De Or.*, I. 33. Perverse dicere homines perverse dicendo facillime consequi.

[2] *De Or.*, I, 33. Caput autem est... quam plurimum scribere. Stilus optimus et præstantissimus dicendi effector ac magister

[3] *Or.*, 3. Incaque defixus, ad illius similitudinem artem et manum dirigebat.

[4] Cic., *de Or.*, I, 36. Ita dici placet ut traducatur ad perpetuam quæstionem atque de universo genere dicatur. *Or.*, 14. A propriis personis et temporibus semper, si potest, avocet controversiam... Hæc quæstio... appellatur Thesis. Den. Hal., *Rhet. Gr.*, VIII, 16. συγκατασκευάζοντα τὸν οἰκεῖον ἀγῶνα τῷ κοινῷ.

[5] *De Or.*, II, 41. Interpuncta argumentorum plerumque sit occulas, ne quis ea numerare possit, ut re distinguantur, verbis confusa esse videantur.

voir de coupure, de division, ni même de soudure, mais qui doit couler comme un fleuve, d'un mouvement continu, ininterrompu, en sorte que chaque flot emporté par le flot qui le précède emmagasine la vitesse acquise, et transmette aux flots suivants l'impulsion et la force accumulées.

Sur le style bornons nous à un seul précepte qui les contient tous : qu'il y ait entre les idées et les choses une correspondance et une harmonie parfaite [1]. La beauté du style est comme un épanouissement de l'idée même et n'en est que le reflet radieux [2]. C'est dans la connaissance approfondie du sujet, en se mettant en contact intime avec les faits, les idées, les sentiments qu'il soulève, qu'on trouvera cette splendeur de formes et ces magnifiques mouvements de style qui enlèvent l'admiration, l'esprit et l'âme des auditeurs.

---

[1] *Or.*, 36. Erit rebus ipsis par et æqualis oratio.
[2] *De Or.*, II, 34. Ea (res et sententiæ) vi sua verba parient. *Id.*, 31. Rerum enim copia verborum copiam gignit, et si honestas est in rebus ipsis, exsistit ex rei natura quidam splendor in verbis. *Id.*, 1, 6. Ex rerum cognitione efflorescat et redundet oportet oratio.

LA RHÉTORIQUE

LA RHÉTORIQUE

> La parole est l'emploi le plus propre que l'homme fasse de son corps [1].

PREMIÈRE PARTIE

CHAPITRE PREMIER

LA RHÉTORIQUE ET L'ÉLOQUENCE

La poétique n'est pas la poésie ; la poétique d'Aristote et celle d'Horace n'ont rien de commun avec l'Iliade, l'Odyssée, les hymmes de Pindare, les tragédies d'Eschyle, de Sophocle d'Euripide, les comédies d'Aristophane, en un mot avec les productions du génie poétique. La rhétorique n'est pas davantage l'éloquence. La rhétorique d'Aristote et celle de Quintilien ne sauraient être confondues avec les œuvres du génie oratoire, les discours de Lysias, d'Isocrate, de Démosthènes, de Cicéron, et cependant le mot rhétorique a été et est encore parfois pris dans le sens du mot éloquence, ou du moins la distinction n'en a pas été faite avec une précision

---

[1] Ar., *Rh.*,, I, 1. λόγος ὃ μᾶλλον ἴδιόν ἐστι ἀνθρώπου τῆς τοῦ σώματος χρείας.

et une clarté suffisantes. Cela tient aux deux significations différentes, mais mal définies qu'a eues chez les Grecs chacun des deux termes : *Art* et *Rhétorique*. Étymologiquement, comme dans l'usage habituel, le mot ῥητορική, accompagné ou non du substantif τέχνη, signifie l'art de dire, l'art oratoire, l'éloquence considérée comme genre littéraire et non pas seulement comme talent personnel. Le mot français de rhétorique n'a pas complètement perdu cette signification : les douze dissertations de Hardion sur les *Origines et les Progrès de la Rhétorique en Grèce*[1] sont encore plus une histoire de l'éloquence qu'une histoire de la rhétorique. D'un autre côté, le mot *Art* ne présente pas moins d'équivoque. La poésie est un art assurément, mais on dit aussi l'art poétique d'Horace et l'art poétique de Boileau. De même l'éloquence aussi est un art, et l'on dit également en grec et en français l'art de la rhétorique.

Je crois nécessaire avant tout de faire cesser cette confusion de mots et d'idées par des définitions précises.

La rhétorique, sous la forme de leçons orales ou sous la forme de traités écrits que les Grecs appelaient Τέχναι, est l'exposé systématique et méthodique de la nature, des principes, du but, des conditions, des règles théoriques et des procédés pratiques de l'art de la parole. Elle tire cette connaissance de l'analyse des œuvres oratoires, de l'observation de la pratique des grands orateurs, de la recherche des causes de leur perfection et de leur imperfection, de l'étude des principes rationnels qui, consciemment ou inconsciemment, dirigent et corrigent même l'expérience, et à l'aide desquels elle a pu se systématiser et s'organiser en un corps de doctrines[2]. C'est à la rhétorique ainsi conçue comme une sorte de science et de science formelle qu'on a donné le nom d'art, qui s'applique en grec comme en fran-

---

[1] *Mem. Acad. des Inscriptt.*, t. IX, XIII, XV, XVI, XIX, XXI.
[2] Ar., *Rh.*, I, 1. αἰτίαν θεωρεῖν... τέχνης ἔργον.

çais à tout système de moyens choisis, liés et ordonnés par la raison [1], en vue d'une fin précise et pratique, c'est-à-dire destinés à réaliser un produit extérieur à l'agent qui le crée.

La rhétorique est-elle utile ? Comme théorie de l'éloquence, sa plus grande utilité est d'ordre spéculatif, comme toutes les sciences qui servent à l'éducation libérale, à l'éducation d'un homme bien élevé. Il est clair que des considérations systématisées sur les principes, le but et les procédés techniques de l'éloquence fraient la voie et facilitent le chemin [2] à ceux que la nature a doués d'une faculté spéciale pour cet art; mais la rhétorique est autre chose et mieux qu'une école d'application pour devenir orateur. Comme toutes les sciences, elle nous élargit et nous fortifie l'esprit, en nous apprenant beaucoup de choses que nous ignorions ; elle nous représente, comme en mouvement, le système des moyens employés pour émouvoir l'àme, convaincre l'esprit, entraîner la raison, soulever les émotions et les passions, séduire l'imagination. La vue réfléchie de ces ressorts qui disposent de nos volontés, de ce mécanisme intellectuel et moral qui agit, souvent à notre insu, sur nous, n'est-elle pas, pour tous les hommes cultivés, un spectacle intéressant et curieux ?

En nous initiant aux secrets de l'art, la rhétorique nous fait mieux comprendre et mieux goûter les chefs-d'œuvre de l'art oratoire; elle forme un goût sûr et fin, qui nous permet de ne pas nous laisser surprendre par les fausses beautés qui ont souvent leurs admirateurs, comme les fausses gloires ont parfois leur couronne.

Le premier principe d'où peut et doit partir la rhétorique, c'est une définition de l'éloquence, qu'il convient de préparer par quelques considérations générales. Dans un sens plus élevé et plus philosophique encore que la rhétorique, l'élo-

---

[1] L'art vrai n'est autre chose que la raison. Cic., *de Or.*, II, 147. Ratio, quam licet, si volumus, appellemus artem.
[2] ὁδοποιεῖν. Ar., *Rh.*, I, 1.

quence est un art : un art créateur ou poétique, suivant le terme technique d'Aristote, c'est-à-dire qu'elle produit une œuvre ayant une existence réelle, extérieure à l'agent qui l'a produite, et conforme à une idée conçue par l'esprit et contenue en lui : le discours [1]. Il y a deux espèces d'arts : les arts qui ont pour but de satisfaire aux besoins et aux intérêts de la vie pratique, soit individuelle, soit sociale : πρὸς ἀναγκαῖα, πρὸς χρῆσιν ; les autres qui ont pour but de procurer aux hommes certains agréments, certains plaisirs, consolation et délassement de la vie réelle, πρὸς ἡδονὴν καὶ ῥαστώνην, πρὸς διαγωγήν, ἀναπαύσιως ἕνεκα ἐν τῷ βίῳ [2]. Les uns et les autres sont fondés sur une connaissance réfléchie de leur principe, de leur matière, de leurs fins, de leurs moyens et instruments, en un mot de leurs causes. C'est en cela même, par leur caractère en quelque sorte scientifique [3], que les arts utiles diffèrent d'une routine purement mécanique et d'une pratique sans intelligence, livrées aux artisans et aux manœuvres, χειροτέχναι, δημιουργοί, tandis que les autres sont entre les mains de véritables artistes, ἀρχιτέκτονες. Ils sont les produits d'une disposition naturelle, d'une faculté de l'esprit, accompagnée dans son acte par le raisonnement et le calcul, guidée par des principes généraux, obéissant à des règles

---

[1] Quintil., II, 18. Quum sint autem artium (le mot *artes* est pris ici dans le sens le plus général et signifie toutes les activités humaines) aliæ in inspectione, id est, cognitione et æstimatione rerum, aliæ in agendo, quarum in hoc finis est et ipso actu perficitur ; aliæ in effectu quæ operis quod oculis subjicitur consummatione finem accipient, fere judicaudum est *rhetoricen* in actu consistere : hoc enim quod est sui officii perficit ; § 5. Maximus ejus usus actu continetur. Quintilien n'a pas compris, ce qui lui arrive assez souvent, la classification d'Aristote. Bien que le discours puisse ne laisser aucune trace de lui-même, s'il n'est pas écrit ou reproduit, c'est une œuvre extérieure à l'agent, dont les auditeurs peuvent garder le souvenir vivant, qui a eu une réalité objective, quoique fugitive, et on ne peut pas dire de l'éloquence qu'elle s'épuise et s'achève dans un acte interne, comme la volonté. Par les mots : ipso actu perficitur, Quintilien veut dire ce qui est vrai, mais ce qui ne répond pas à la distinction d'Aristote, que le succès de l'orateur n'est pas la mesure exacte de la valeur de son œuvre.

[2] Arist., *Pol.*, VIII, 5.

[3] Id., *Met.*, I, 981, b. 6. οὐ κατὰ τὸ πρακτικοὺς εἶναι σοφωτέρους ὄντας, ἀλλὰ κατὰ τὸ λόγον ἔχειν καὶ τὰς αἰτίας γνωρίζειν... διὰ τοῦτο τὴν τέχνην τῆς ἐμπειρίας οἰόμεθα μᾶλλον ἐπιστήμην εἶναι.

réfléchies, en un mot ils sont ce qu'Aristote appelle tantôt δυνάμεις¹, tantôt ἕξεις μετὰ λόγου ποιητικαί².

Auquel de ces deux genres d'art appartient le genre oratoire ? C'est manifestement un art utile, un art de service, car il a pour fin de satisfaire aux besoins et aux intérêts de la vie sociale et politique, plutôt que de charmer, comme les arts de luxe, les loisirs, et de remplir le repos par une activité qui a sa fin en elle-même, et plaît par cela seul qu'elle est une activité : le plaisir est la fleur de l'acte. Mais on peut dire, avec Aristote, que l'organisation politique et sociale, la civilisation et toutes les institutions qu'elle amène, ne sont pas tant une nécessité fatale et physique qu'une forme de la vie humaine supérieure à la vie animale, et destinée à réaliser dans la mesure du possible, le beau comme le bien dans l'humanité. Si la civilisation elle-même est comme un luxe moral et esthétique que se donne l'homme par le libre effort de sa volonté et de son intelligence, l'éloquence qui a sa part assurément dans l'œuvre de cet ordre moral, dont la fin idéale serait de permettre à l'homme de ne plus connaître d'autre vie que la vie de la science, d'autre activité que l'activité de la pensée, l'éloquence peut être déjà considérée comme supérieure aux arts absolument nécessaires, qui ont pour cause la vie même, tandis qu'elle sert au bien de la vie. Nous verrons même que pour remplir sa fonction propre l'éloquence a besoin de plaire, et de donner aux pensées et aux émotions qu'elle exprime et veut communiquer la forme de la beauté. Lorsque les besoins pratiques qui l'ont créée ont disparu, cette forme subsiste, et le discours n'apparaît plus aux yeux de la postérité que comme une pure œuvre d'art.

L'éloquence est donc un art mixte ; car, malgré tout, on ne

---

[1] *Ethic. Nic.*, I, 2, 6. « Nous voyons les plus nobles des arts, δυνάμεων, tels que la stratégie, l'économique, l'éloquence, ῥητορικήν, appartenir au genre de la politique. » *Id., Rh.*, I, 2. ἔστω δ' ἡ ῥητορικὴ (l'éloquence) δύναμις.

[2] *Eth. Nic.*, VI, 3 et 4. *Anal. Post.*; II, 19, 100, 10.

peut pas dire qu'elle se suffise à elle-même ; elle emprunte sa raison d'être à la morale et à la politique [1] ; on ne parle pas pour le plaisir de parler, comme on chante et on danse pour le plaisir de danser et de chanter.

L'art oratoire est-il un art utile? Ne serait-il pas plutôt un art nuisible à la société humaine et aux états qu'il prétend servir? Sa fonction n'enferme-t-elle pas nécessairement tantôt des fins, tantôt des moyens contraires à l'honnêteté et à la morale? Les épicuriens le qualifiaient d'art corrupteur κακοτεχνία [2], et le rejetaient comme ils rejetaient la dialectique, tous les arts et toutes les sciences [3]. L'un deux, Athénée, l'appelait l'art de la fraude et du mensonge : fallendi artem [4], et le maître niait que ce fut même un art. Dans une *Rhétorique* qu'on lui attribue [5], Épicure prétendait être le seul qui eût découvert l'art de l'éloquence vraiment sociale, τέχνην πολιτικῶν λόγων, tout en se contredisant au moins dans les termes, puisque, d'après lui, la nature seule produisait les hommes éloquents et que l'art n'y était pour rien, τέχνη δὲ οὐδεμία. Tout cela n'était qu'une amplification et une exagération du mot sévère de Platon, οὐκ ἔστι τέχνη, ἀλλ' ἄτεχνος τριβή [6], l'éloquence n'est pas un art, mais une pratique

---

[1] Brandis (*Arist.*, t. II, p. 147) rappelle que même les beaux-arts ont des rapports plus ou moins intimes à d'autres fins et à d'autres sciences, ce qui ne les empêche pas d'avoir leur caractère propre. Nulla ars in se tota versatur. Sans doute, mais il y a dans le genre oratoire non seulement des rapports qui le complètent et le justifient : il y a une subordination à des fins sans lesquelles on ne pourrait même le concevoir. La danse peut être un exercice salutaire à la santé, mais elle a néanmoins sa fin en elle-même, dans le plaisir que cause une activité réglée par des mouvements harmonieux.

[2] Quintil., II, 15, 2. Quidam etiam pravitatem quamdam artis, id est, κακοτεχνίαν, nominaverunt. Amm. Marcell., *Vit. Thuc*, XXX, 4, 3. Epicurus autem κακοτεχνίαν nominans inter artes numerat malas. *Rhet. Gr.*, Walz., t. IV, 26, ματαιοτεχνία VI, 18 et 43, ψευδοτεχνία. Le péripatéticien Critolaüs en disait autant, en cela contraire à la tendance de son école. Sext. Emp., *adv. Rhet.*, 12. οἱ περὶ Κριτόλαον ἐκάκισαν αὐτὴν (l'éloquence) ὡς κακοτεχνίαν μᾶλλον ἢ τέχνην καθεστηκυῖαν.

[3] D. L., X, 85, p. 274. Lond.. Sext. Emp., *adv. Math.*, I, 1, p. 140. Cic. *de Nat. D.*, I, 26. Gassendi, *de Vit. et Mor. Epic.*, l. VIII.

[4] Qu., II, 15, 2.

[5] *Scholl. in Hermog.*, p. 377. ὁ δὲ Ἐπίκουρος ἐν τῷ περὶ Ῥητορικήν.

[6] *Phædr.*

mécanique sans principes rationnels. Cette réaction des philosophes et des moralistes contre les abus de l'art oratoire allait à l'encontre et de la vérité et du sentiment le plus profondément enraciné dans l'esprit grec. Thucydide met dans la bouche de Périclès ce que pensaient à ce sujet tous ses compatriotes : « L'homme qui sait penser et ne sait pas exprimer ce qu'il pense est au niveau de celui qui ne sait pas penser [1]. »

Sans doute, l'orateur de talent peut surprendre la bonne foi de ceux qui l'écoutent, tromper leur raison, égarer leur sensibilité, exciter les mauvaises passions de leur cœur, en un mot fausser et courber la règle du droit, du juste et du bien; mais, s'il le peut, il ne doit pas le faire, et il doit peut-être ne jamais le faire. Le mensonge n'est pas la fin de l'art : il en est la corruption ; parfois, lorsque des intérêts supérieurs, je dis des intérêts d'ordre moral, l'exigent, il peut en être une nécessité passagère, comme dans la vie même. On peut abuser de l'éloquence, comme de la force, de la santé, de la richesse. Le médecin peut empoisonner le malade et le poète corrompre les imaginations au lieu de les charmer. Mais la nature des choses met une borne, et, Dieu soit loué, une borne assez étroite à cette corruption systématique des facultés humaines les plus belles. La vérité et la justice, le bien et le beau fournissent des raisons et des émotions naturellement plus pressantes et plus persuasives, ont une force d'entraînement et de conviction, même un charme supérieurs à leurs contraires [2]. La parole parlée ne supporte pas longtemps le mensonge et l'iniquité. Pour tromper et pour trahir, le grand secret est de se taire. Les vrais menteurs sont les silencieux. Les hommes ont naturellement le sens du vrai et le goût du juste : ils savent presque instinctivement

---

[1] *Thuc.*, II, 60.
[2] Ar., *Rh.*, I, 1. ἀεὶ τἀληθῆ καὶ τὰ βελτίω τῇ φύσει εὐσυλλογιστώτερα καὶ πιθανώτερα.

les distinguer et les reconnaître[1]; et ce sens est non seulement commun à tous les hommes : il est une **marque propre et caractéristique de l'humanité**.

D'ailleurs, l'art oratoire est capable et seul capable de prévenir et de guérir les maux que l'abus en peut causer. La connaissance des procédés sophistiques, le secret des ruses dialectiques qui permettent de plaider le oui et le non, le pour et le contre, sont nécessaires à l'orateur, non pour s'en servir, mais pour en déjouer les artifices. Il ne faut pas oublier la complexité infinie et presque la contradiction qui se rencontrent dans les choses et à la racine même de l'esprit humain, par suite de leur commune imperfection. Même les questions de la morale sont loin de se présenter, quand on les approfondit, sous des aspects aussi simples et avec des solutions aussi tranchées qu'on le suppose : elles offrent des points de vue très différents, parfois contraires, qu'il faut savoir voir. Il est souvent encore plus difficile de connaître son devoir que de le faire. Enfin, il faut bien qu'un homme sache se défendre contre le sophisme et la calomnie : s'il est honteux d'avoir le corps si faible qu'on ne puisse repousser par la force une violence ou une injure, comment ne serait-il pas plus honteux d'avoir l'esprit si débile qu'il ne puisse se défendre contre des accusations mensongères, et réfuter de perfides arguments [2]. Si la parole, comme le dit éloquemment Aristote, est l'emploi le plus propre que l'homme puisse faire de son corps [3], l'éloquence qui n'est qu'une fonction spéciale de la parole et non la moins haute, participe nécessairement à cette dignité et à cette noblesse. La démonstration scientifique parfaite est impossible dans certaines matières, sur certains problèmes, et sur ceux-là même qui intéressent le plus les hommes. Fût-elle possible, elle est inaccessible au grand

---

[1] Id , I, 1, 10. οἱ ἄνθρωποι πεφύκασι πρὸς ἀλήθειαν ἱκανῶς, καὶ τὰ πλείω τυγχάνουσιν τῆς ἀληθείας.
[2] Ar., *Rh.*, I, 1.
[3] Id., *id.*

nombre, qu'il faut pourtant éclairer, puisque c'est lui au fond, et particulièrement dans les sociétés libres, qui décide et qui agit. On ne le peut qu'à l'aide d'un art qui s'appuie sur des principes communs à tous les hommes et accessibles à tous les esprits.

La vraie éloquence, celle qui est un art, consiste, nous le verrons, presqu'exclusivement dans la preuve, et par suite dans ce syllogisme oratoire appelé enthymème, qui est le corps de la preuve. Or, la preuve, c'est la pensée même, qui devient ainsi le fondement de l'art oratoire, sa substance propre, et comme son seul aliment. Les grandes passions qui exaltent les âmes ne sont elles-mêmes que des idées. C'est pourquoi je trouve Aristote bien sévère, et en contradiction avec lui-même, quand il blâme l'usage que peut en faire l'éloquence[1], tandis que dans sa *Rhétorique* il expose les moyens de les exciter et non seulement d'émouvoir, mais encore de plaire. Il va jusqu'à dire que, dans l'éloquence, le style est accessoire, περίεργα, comme tout ce qui est en dehors de la preuve ; que l'éloquence, sous toutes ses formes, ne visant qu'à l'opinion probable, πρὸς δόξαν, n'est pas en soi une chose fort belle, bien qu'elle soit nécessaire, et que, s'il faut que l'orateur cherche à donner par le style au discours la forme de la beauté, c'est parce que les charmes de la parole ont une puissance énorme sur l'auditoire, à cause et en raison même de sa faiblesse morale[2] : ce qui n'empêchera

---

[1] « Les parties au débat, dit-il, doivent se borner à soutenir que le fait existe ou n'existe pas, a eu lieu ou non, aura lieu ou non. Quant à la question de savoir s'il est juste ou injuste, utile ou funeste, c'est au juge de le décider, quand la loi n'a pas qualifié le fait, puisqu'elle ne peut prévoir toutes les espèces. » Je vois là une réaction contre la tendance sophistique des écoles de rhétorique, plutôt qu'un principe même et une règle absolue : « Les traités actuels de l'art se tiennent en dehors du sujet même de l'art, qui est de prouver. Par leurs préceptes sur l'exorde, a narration, la division, l'ordre des parties, l'emploi des passions, les grâces du style, ils ne cherchent qu'à mettre le juge dans un certain état d'esprit, et voilà pourquoi, malgré l'intérêt supérieur du genre politique, ils ne traitent guère que du genre judiciaire, et leurs préceptes ne touchent pas le fond du sujet, τὰ ἔξω τοῦ πράγματος τεχνολογοῦσιν. C'est que dans la politique, où s'agitent des intérêts généraux, il est moins utile de s'écarter de la vraie question, ἔξω τοῦ πράγματος λέγειν.

[2] *Rhet.*, III, 1. οὐκ ὀρθῶς ἔχοντος, ἀλλ' ὡς ἀναγκαίον τὴν ἐπιμέλειαν ποιητέον... ὅμως μέγα δύναται... διὰ τὴν τοῦ ἀκροατοῦ μοχθηρίαν.

pas qu'il ne donne lui-même une longue et profonde théorie dans le III⁰ livre de sa *Rhétorique* du style, dans le II⁰ des passions oratoires.

Dans ce haut point de vue moral où l'on veut élever l'éloquence, je ne puis m'empêcher de voir une exagération, et une exagération où l'on sent percer dans le disciple l'idéalisme de Platon et qui s'accuse plus nettement encore dans Isocrate. L'office social et politique qu'avait rempli la poésie et la poésie comique même [1], est désormais attribué à l'éloquence qu'Isocrate appelle la philosophie : Aristote, plus sage, mais à mon sens excessif encore, demande à l'éloquence de pratiquer une morale parfaite, et cela en face d'une législation, d'un système pénal, en un mot d'une société qui est loin d'être arrivée à cet état de perfection. Platon, du moins, pour faire place à cette éloquence idéale, refaisait la société tout entière. Mais Aristote ne pousse pas si loin l'idéalisme, et est plus inconséquent. Pourquoi, afin d'arracher un homme, même coupable, à une pénalité excessive, à des rigueurs abominables, à un supplice atroce, pourquoi ne serait-il pas permis d'essayer de fléchir le juge et de l'incliner à la pitié? Pourquoi ne serait-il pas permis de lui rappeler que la justice humaine est faillible et que la clémence et la miséricorde n'en doivent pas être exclues.

Je conclus : l'éloquence est un art utile et moral. Son essence est complexe, contradictoire même, et répond par la diversité de ses fonctions à cette nature humaine si ondoyante et si diverse dans son unité. *Homo duplex:* il y a deux hommes dans l'homme, et cette dualité est l'homme même : il n'est pas permis à l'orateur de l'ignorer.

---

[1] D. Hal., *Rhet.*, VIII, 11. ἡ δὲ κωμῳδία πολιτεύεται καὶ φιλοσοφεῖ ἐν τοῖς δράμασι; id., *de Isocr.*, I, définit ainsi la fonction de l'orateur : 1. τάς τε πόλεις ἄμεινον διοικήσεσθαι; 2. τοὺς ἰδιώτας ἐπίδοσιν ἕξειν πρὸς ἀρέτην.

CHAPITRE DEUXIÈME

RAPPORTS DE L'ÉLOQUENCE AVEC LA DIALECTIQUE ET LA TOPIQUE

L'éloquence fait le pendant de la dialectique, dit Aristote[1], c'est-à-dire qu'avec des différences et des oppositions, elle remplit une fonction analogue[2].

En quoi consistent et ces oppositions et ces analogies?

La dialectique n'est pas pour Aristote comme pour Platon toute la philosophie : elle n'est même pas pour lui toute la logique. C'est la partie de la logique qui s'oppose à l'analytique, en ce que ses procédés propres, le syllogisme et l'induction dialectiques[3], reposent sur des idées simplement probables, sur de pures opinions conjecturales[4], tandis que

---

[1] *Rh.*, I, 1. ἀντίστροφος τῇ διαλεκτικῇ. Cic., *Or.*, 32 : « Illam artem quasi ex altera parte respondere dialecticæ (Aristoteles dicit). Alex. Aphr., *in Top.*, I. τὸ γὰρ ἀντίστροφον περὶ τὰ αὐτὰ στρεφομένην καὶ καταγινομένην λέγει.

[2] Plat., *Gorg.*, 464. ἐπικοινωνοῦσι μὲν δὴ ἀλλήλαις, ὅμως δὲ διαφέρουσίν τι ἀλλήλων.

[3] Ar., *Top.*, I, 1. συλλογισμὸς ὁ ἐξ ἐνδόξων συλλογιζόμενος. Il y a quatre espèces de syllogismes (*Top.*, VIII, 11) :
  1. Le syllogisme démonstratif et scientifique, φιλοσόφημα.
  2. — dialectique — ἐπιχείρημα.
  3. — éristique — σόφισμα.
  4. Un procédé de raisonnement, ἀντιφάσεως, qui ne mérite pas le nom de syllogisme, parce que si en apparence il procède d'opinions vraisemblables, en réalité il souffre d'un vice de forme et n'en procède pas : Il conclut dans l'une ou l'autre des contradictoires. Quintil., V, 14, expose clairement la différence du syllogisme et de l'épichérème : illi (syllogismi) vera colligunt veris : epicherematis frequentior circa credibilia est usus. La logique scolastique donne, comme on le sait, une tout autre définition de l'épichérème.

[4] Ar., *Rh.*, I, 1, § 11. πρὸς τὰ ἔνδοξα στοχαστικῶς ἔχειν. L'état de l'esprit en présence de propositions vraisemblables n'est toujours qu'une conjecture. Les ἔνδοξα

l'analytique fait reposer le raisonnement sur des faits certains, des principes évidents ou des lois déjà démontrées.

L'éloquence a des analogies avec la dialectique en ce que ses raisonnements s'attaquent également à toute espèce de sujets, que son objet n'appartient pas à une catégorie déterminée et fermée. C'est en cela que, malgré quelques définitions qui l'honorent de ce grand nom, elle n'est pas une science, ἐπιστήμη. « Toute science porte sur un sujet qui a ses propriétés : des rapports sans termes définis, des formes qui ne renferment rien et qui peuvent s'appliquer à tout, ne sont pas l'objet propre d'une science... Ce sont des notions indéterminées qui ne peuvent rien faire connaître que d'une manière superficielle et extérieure, par une induction incertaine, par une vague opinion. En un mot ce sont des cases vides ou des lieux dont la théorie forme la topique, et c'est sur la topique que se fondent les deux sciences discursives ou plutôt les deux arts de l'opinion et de la vraisemblance, la dialectique et la rhétorique [1] », ou mieux encore l'art oratoire qui emploie et met en œuvre ces procédés dont la rhétorique lui fournit la théorie et lui fait connaître la nature.

L'éloquence tire donc ses arguments de principes vraisemblables, communs à tous les ordres de connaissances, et non de principes spéciaux et d'axiomes propres à une science déterminée[2]. Elle s'alimente, comme l'art de l'argumentation, de faits et d'expériences à la portée de tous les esprits, bien commun de l'humanité, et qui sont comme le fond de la conscience générale développée par la vie et par l'histoire. Cependant, il y a là même quelque différence. L'éloquence n'est pas un art purement formel : elle a un objet sinon exclusif, du moins plus spécial, la politique, entendue au sens large

---

sont définis par les *Topiques* (I, 1), τὰ δοκοῦντα πᾶσιν ἢ τοῖς πλείστοις ἢ τοῖς σοφοῖς, les propositions acceptées comme vraies par tout le monde, ou par le plus grand nombre, ou par les hommes éclairés et compétents.

[1] Ravaisson., *Ess. s. la Mét. d'Ar.*, t. I, p. 372.
[2] Ar., *Rh.*, I, 1. οὐδεμίας ἐπιστήμης ἀφωρισμένης.

que lui donnaient les anciens. Enfin elle ressemble encore à la dialectique en ce qu'elle se prête, on ne peut pas dire indifféremment, mais enfin sans se détruire elle-même, aux conclusions en sens contraires.

Mais elle s'en distingue par des différences caractéristiques : la dialectique est véritablement universelle et formelle : l'éloquence, nous venons de le dire, ne s'étend guère qu'aux questions qui dépendent de la politique ; elle a donc une matière déterminée, quoique vaguement déterminée et sans limites précises. L'une emploie le dialogue, procède par demandes et réponses, et coupe par conséquent le discours ; l'autre, au contraire, expose les idées dans une forme continue qui se déroule depuis le commencement jusqu'à la fin, sans interruption, le plus souvent du moins. Enfin et surtout, la dialectique démontre des propositions générales ; l'éloquence s'occupe plutôt de choses individuelles, aboutit à des conclusions particulières, à savoir qu'il faut faire tel acte déterminé ou qu'il ne faut pas le faire, qu'il faut punir ou ne pas punir, louer ou blâmer tels ou tels actes déterminés. L'éloquence est pour ainsi dire une partie, une branche et en même temps une image de la dialectique et de la morale[1], une application particulière de l'art de raisonner à certains buts pratiques d'ordre moral.

L'éloquence et la dialectique sont toutes deux des facultés de trouver et de produire des raisons, δυνάμεις τινὲς τοῦ πορίσαι λόγους. Mais la dialectique a un but supérieur : elle conduit à la philosophie, elle cherche, comme l'analytique, à la fonder, et en diffère seulement en ce qu'au lieu de prendre, comme cette dernière, son point de départ dans des vérités universelles et nécessaires, elle se contente des opinions probables et le plus généralement acceptées. L'éloquence n'a pas cette

---

[1] *Rh.*, I, 2. « οἷον παραφυές τι τῆς διαλεκτικῆς, καὶ τῆς περὶ τὰ ἤθη πραγματείας ἥν δίκαιόν ἐστι προσαγορεύειν πολιτικήν, et elle en prend souvent la forme la forme et l'allure, τὸ σχῆμα ». Un peu plus loin : « μόριόν τι τῆς διαλεκτικῆς καὶ ὁμοίωμα.

portée scientifique, et n'a pas non plus la forme scientifique. Au lieu de l'induction, elle emploie l'exemple ; au lieu du syllogisme l'enthymême, c'est-à-dire des raisonnements qui, par leur forme comme par leur contenu, sont faciles à saisir, et par cela même nécessaires à l'orateur, parce que l'auditoire auquel il s'adresse doit être toujours supposé composé d'esprits simples, ὑπόκειται εἶναι ἁπλοῦς, [1]. C'est toujours la pensée, c'est-à-dire la raison qui gouverne le monde ; mais les multitudes se refusent à la démonstration scientifique, et, cependant, ce sont elles qu'il faut conduire, et conduire à la connaissance et à la pratique de l'utile et du juste, et cela par des raisons vraies ou vraisemblables, mais qui leur soient accessibles, quelquefois par des raisons que la raison ne comprend pas. C'est proprement l'œuvre de la topique, forme plus pratique encore de la dialectique. La topique a pour but de trouver une méthode qui nous mette en état, sur tout sujet proposé, de fournir des conclusions tirées de raisons vraisemblables [2]. On peut la pratiquer soit comme un pur exercice intellectuel, comme une gymnastique du raisonnement, πρὸς γυμνασίαν [3], soit en vue des débats publics, περὶ τῆς πρὸς τοὺς πολλοὺς ἐντεύξεως, soit même comme exercice préparatoire, comme initiation à la philosophie πρὸς τὰς κατὰ φιλοσοφίαν ἐπιστήμας. La seconde de ces fonctions est celle qui la rapproche de l'éloquence, et la rend indispensable à l'orateur.

« Zénon, interrogé sur la question de savoir en quoi la dialectique diffère de l'éloquence, ferma d'abord la main, puis la rouvrit toute grande et dit : « La main fermée représente la manière serrée et brève de la dialectique ; la main ouverte et les doigts allongés expriment la manière développée et abondante de l'éloquence [4]. »

[1] *Rh.*, I, 2.
[2] *Top.*, I, 1.
[3] *Id.*, I, 2.
[4] Sext. Emp., *adv. Math.*, II, 7. Cic., *de Fin.*, II, et *Orat.*, 32 : « Quum autem

Tels sont les rapports de l'art oratoire avec la dialectique et la topique.

diduxerat manum et dilataverat, palmæ illius similem eloquentiam esse dicebat... ut hoc videlicet differant inter se, quod hæc ratio dicendi latior sit, illa loquendi contractior »; *de Fin.*, II, 6 : « Rhetoricam palmæ, dialecticam pugni similem esse dicebat (Zeno), quod latius loquerentur rhetores, dialectici autem compressius ». Cicéron interprète dans les *Académiques* (*Pr.*, II, 47) d'une façon différente cette image, et l'applique aux différents degrés de compréhension de la vérité. Le mot κατάληψις, comprehensio, correspond parfaitement à cette image.

CHAPITRE TROISIÈME

DÉFINITION DE L'ÉLOQUENCE

Qu'est-ce maintenant que l'éloquence? Il n'est pas aussi facile qu'on pourrait le croire de la définir.

Isocrate, et tous les rhéteurs qui l'ont précédé, Corax, Tisias, Gorgias, la définissaient : l'ouvrière de la persuasion, πειθοῦς δημιουργόν, formule que Quintilien[1] et les latins en général ont traduite par : *persuadendi opificem*. Il est facile de voir que les conditions logiques d'une définition scientifique font défaut à cette formule qui n'est guère qu'une métaphore, et dont le sens n'est pas aussi clair qu'il semble. M. Spengel[2] rappelle que le mot δημιουργός avait, dans la langue politique des Doriens, une signification tout autre que celle d'ouvrier, d'artisan, de fabricant. On le trouve en effet dans les inscriptions[3] employé pour signifier une haute magistrature politique et dans le sens de chef de l'État. Nous lisons dans Turnèbe[4], « apud Dorienses, inquit Hesychius, qui publica negotia resque civitatis administrant *Demiurgi* vocantur, qui similes sunt iis qui ab Atheniensibus *Demarchi* vocantur, id est, tribuni : Peloponnesii autem dorici sunt generis. Quo factum est ut *Damiurgi* dorice Livius diceret. Appellat Thucydides (I, 56) ἐπιδημιουργούς... ubi annotant ἐπί redundare et demiurgos esse

---

[1] Quint., II, 15 : πειθοῦς δημιουργόν, persuadendi opificem. Hæc opinio originem ab Isocrate duxit. » Cf. Amm. Marcell., *Vit. Th.*, XXX, 4, 3).
[2] *Rhein. Mus.*, t. XVIII, p. 482.
[3] *Corp. Inscriptt.*, n°ˢ 1193 et 1543.
[4] *Advers.*, l. XIV, c. 11.

phylarchos... *opifices* autem ab interprete explicari equidem plerumque miratus sum. » Suidas [1], qui cite le passage de Thucydide, applique le mot à l'auteur même de l'histoire de la guerre du Péloponnèse, et le commente ainsi : « Il montre, par son propre exemple, comment les habiles artistes, πλαστικώτεροι τῶν δημιουργῶν, recevant une matière informe et grossière, l'amènent à la forme de la beauté, εἰς μορφὴν κατασχηματίζουσι. Le mot qui s'appliquait d'abord à l'ouvrier manuel, au manœuvre, χειροτέχνης, s'étendit à l'architecte (celui qui construit l'idée, qui conçoit dans sa pensée le plan idéal, qui possède l'art même), de sorte que lorsque l'on dit qu'une chose est faite, δημιουργικῶς, de main d'ouvrier, cela veut dire qu'elle est faite avec art, τεκτονικῶς, et le terme δημιουργός a un sens identique à celui de τέκτων. » Dans la langue même de Platon, le Démiurge est le Dieu qui, d'après les idées du beau et du bien, d'après les formes mêmes de la raison, ordonne le chaos de la matière et des forces aveugles et en fait le monde, c'est-à-dire l'ordre.

La définition de Corax voudrait donc dire, non seulement que l'éloquence produit la persuasion comme un ouvrier fabrique ses ouvrages, mais qu'elle est comme la reine de la persuasion, qu'elle en est la maîtresse souveraine, et qu'elle est à cette œuvre, non pas comme le maçon à la maison, mais comme l'architecte qui en a conçu le plan, et qui dirige et règle par son art le travail de ses ouvriers.

Mais tout cela ne donne pas encore une vraie définition, puisque la formule traditionnelle ne dit pas dans quel genre il faut placer l'éloquence, si elle indique vaguement sa différence caractéristique et spécifique. Aristote n'en fait pas une science, ni une vertu, comme le feront les stoïciens [2], ni un art proprement dit, qui, malgré les rapports intimes qu'il peut

---

[1] Suid., V.
[2] Sext. Emp., *adv. Rh.*, 61. « Xénocrate et les stoïciens, qui en faisaient une des deux parties de la logique, disent que l'éloquence est ἐπιστήμην τοῦ εὖ λέγειν. D. L., VII, 42, ajoute à cette définition, περὶ τῶν ἐν διεξόδῳ λόγων. Le rhéteur

avoir avec d'autres activités intellectuelles, a cependant des principes propres et est indépendant; il ne la rabaisse pas à une pure pratique, à une routine mécanique [1], il l'appelle une faculté, une force, une puissance, δύναμις [2]. En ce qui concerne la différence spécifique, il observe qu'il faut distinguer entre les moyens et la fin, la fonction, ἔργον et la τέλος [3]. Ce n'est pas, dit-il, définir vraiment l'éloquence que de donner comme son essence une fin qui peut lui échapper par des causes dont elle n'est pas maîtresse. La médecine se propose assurément de guérir le malade : mais elle ne peut pas considérer comme de son essence le fait d'atteindre toujours cette fin, et on ne peut pas sans injustice lui reprocher de

anonyme (*Rh. Gr.*, W., VII, 8), répète cette formule et en explique la dernière partie : οἱ Στωικοί... τὸ δὲ εὖ λέγειν ἔλεγον τὸ ἀληθῆ λέγειν. Cic., *de Or.*, I, 83. Mnesarchus dicebat ipsam eloquentiam, quod ex bene dicendi *scientia* constaret, unam quamdam esse *virtutem*; id., III, 65. Stoicos... hanc iis habeo gratiam quod soli ex omnibus eloquentiam *virtutem* ac *sapientiam* esse dixerunt; id., *Partit. Or.*, 79. Nihil enim aliud est eloquentia nisi copiose loquens *sapientia*.

[1] Amm. Marc., *Rh. Gr.*, W., IV, 53, rapporte que ceux qui voulaient dénigrer l'éloquence et lui refusaient la qualité d'un art, l'appelaient διοίκησις, πραγμάτεια (appliqué aussi à la rhétorique) ἐμπειρία, συνήθεια (Arist., *Rh.*, I, 1) μελέτη, ἐπιμέλεια ; en latin on trouve les termes studium, usus, labor et industria, ars, artificium, exercitatio, diligentia, consuetudo, animadversio, « *observatio quædam earum rerum quæ in dicendo valent* » (Cic., *de Or.*, II, 232), ce qui ne veut pas dire une observation spéculative, mais une pratique des moyens et des procédés dont l'expérience a fait connaitre la puissance.

[2] Alcidamas (*Rh. Gr.*, VII, 8) la considérait comme une sorte de dialectique, διαλογικήν, et définissait cet art de s'entretenir avec les autres comme une δύναμις τοῦ ὄντος πιθανοῦ. Troïlus (*Rh. Gr.*, VII, 52), δύναμις τεχνικὴ καὶ θεωρητικὴ καὶ ἑρμηνευτικὴ ἐν πράγματι πολιτικῷ, τέλος ἔχουσα τὸ εὖ λέγειν. Doxopat. (*id.*, II, 104) δύναμις εὑρετικὴ καὶ ἑρμηνευτικὴ μετὰ κόσμου τῶν ἐνδεχομένων πιθανῶν ἐν πράγματι πολιτικῷ τέλος ἔχουσα τὸ εὖ λέγειν. L'anonyme (*Rhet. Gr.*, VII, 49) y ajoute, et il est le seul, un trait tout subjectif, ἄσκησις λόγου ἐν ἰσοσθένεσι τὸν ῥήτορα γυμνάζουσα ὑποθέσεσι, une pratique de la parole qui exerce l'orateur dans des sujets appropriés à son talent et à la mesure de ses forces. Hermagoras la définissait exclusivement par sa fonction, ἔργον. Sext. Emp., *adv. Rh.*, 62. Ἑρμαγόρας τελείου ῥήτορος ἔργον εἶναι ἔλεγε τὸ τεθὲν πολιτικὸν ζήτημα διατίθεσθαι κατὰ τὸ ἐνδεχόμενον πειστικῶς. Varron l'appelle comme Aristote une faculté (Isid., *Orig.*, II, 23) ; à la dialectique considérée comme *disciplina* orationis ratione conclusæ, il oppose « ex altera parte (ἀντίστροφος) oratoria *vis* dicendi, explicatrix orationis perpetuæ ad persuadendum accommodatæ. »

[3] Avec leur subtilité vraiment scolastique, les stoïciens distinguaient, comme Ariston, disciple de Critolaüs (Sext. Emp., *adv. Rh.*, 61), le but que vise l'orateur, σκόπος, et la fin que l'éloquence se propose et qui constitue une partie de son essence, τέλος.

ne pas l'atteindre toujours ; elle peut rencontrer dans la constitution du malade et dans d'autres faits encore, indépendants d'elle, des états inconnus et des forces impénétrables qui rendront vains et l'art et la science du plus habile médecin. Sa vraie fonction est de soigner, c'est-à-dire de connaître et de pratiquer les moyens les plus propres à guérir, et qui guériront, si des obstacles inconnus et étrangers à l'art même ne s'y opposent pas. « Je le pansay, Dieu le guarist [1] ».

De même l'orateur se propose aussi, comme fin de son art, de persuader; mais les plus grands et les plus parfaits des orateurs ne réussissent pas toujours et par la plus parfaite éloquence, à obtenir ce résultat. Leur échec ne témoigne ni de l'impuissance de leur art ni de l'imperfection de leur talent. La fin ne dépend pas ici absolument de l'art même. Le peintre qui ne réussit pas à charmer par la puissance d'expression et par la beauté de son œuvre, n'a le plus souvent à s'en prendre qu'à lui-même. Il n'en est pas ainsi de l'éloquence. Il y a des assemblées et des tribunaux ignorants, aveuglés, corrompus ou terrifiés, dont les oreilles, l'esprit et l'âme sont fermés aux accents de la plus magnifique éloquence et de la plus haute raison [2]. La fonction de l'orateur est de découvrir dans chaque sujet ce qui est de nature à persuader des hommes que d'autres causes n'empêchent pas de céder aux moyens employés par l'art : telle est donc la définition de l'éloquence : δύναμις περὶ ἑκάστου τοῦ θεωρῆσαι τὸ ἐνδεχόμενον

---

[1] Ambroise Paré, *Voyage de Metz.*, t. III, p. 70, ed. Malgaigne (Paris, 1840-41, 3 vol. in-4°).

[2] Il n'est pas difficile d'en fournir des exemples : ils ne sont que trop nombreux dans l'histoire. Quintil., II, 15 « Verum et pecunia persuadet et gratia, et auctoritas dicentis, et dignitas et postremo aspectus, vel facies aliqua miserabilis vel formæ pulchritudo sententiam dictat », et il cite l'anecdote de Phryné que n'aurait peut-être pas sauvée l'éloquence d'Hypéride. Cic., *de Inv.*, I, 5. *Officium ejus facultatis* videtur esse dicere apposite ad persuasionem ; finis, persuadere dictione. Inter officium autem et finem hoc interest, quod in officio quid fieri, in fine, quid officio conveniat consideratur ; ut medici officium dicimus esse curare ad sanandum apposite; finem sanare curatione. Id., *de Nat. Deor.*, II, 4. Ne ægri quidem quia non omnes convalescunt, id circo nulla ars est medicina.

πιθανόν [1], c'est-à-dire la capacité de voir dans tout sujet ce qui s'y trouve de nature à produire la persuasion. Aucun autre art ne remplit cette fonction : c'est donc bien là la différence spécifique qui caractérise et achève de définir l'éloquence. A moins d'élargir outre mesure le sens du mot θεωρῆσαι, il a semblé cependant à quelques rhéteurs nécessaire de compléter la définition : il ne suffit pas, pour remplir la fonction assignée à l'art oratoire, de découvrir des raisons persuasives, il faut encore savoir les exposer avec ordre et dans un langage revêtu de grâce et beauté [2].

Il est regrettable que l'idée de la persuasion, qui fait au bout du compte le fond de la définition, n'ait été analysée ni par Platon, ni par Aristote, ni par aucun autre philosophe que je sache [3]. Ce n'est pourtant pas une notion aussi claire et aussi simple qu'on a l'air de le croire.

Et d'abord il faut exclure, des éléments essentiels qui la constituent, le fait ou l'acte externe qui en est la conséquence habituelle et la manifestation objective. L'action de la persuasion est tout interne, et complète dans le domaine de l'âme, qui peut être réellement, profondément, intimement convaincue et cependant se déterminer à un acte extérieur contraire. L'homme est libre d'agir contre ses convictions les plus fortes, et il est capable de résister à sa raison comme à celle des autres. Sans doute, comme le dit Vossius [4], l'éloquence pousse les âmes à l'action, mais elle ne les y contraint pas.

---

[1] Au lieu d'ἕκαστον, on trouve dans le même chapitre : περὶ τοῦ δοθέντος, avec restriction ὡς εἰπεῖν, sur quoi Victorius observe : « Sic loquitur quia intelligit materias esse quasdam valde remotas a *studio* oratoris, et in quibus artificium dicendi minus valet; nec tamen non illic etiam, si illud tenet videbid aliquid, quod possit ad id quod voluerit de illis probandum arripere.

[2] Troïl., *Rh. Gr.*, VII, 52. ἑρμηνευτικὴ... τέλος ἔχουσα τὸ εὖ λέγειν. Doxop., d., II, 104. ἑρμηνευτικὴ μετὰ κόσμου. Hermagoras, Sext. Emp., *adv. Rh.*, 62. διατίθεσθαι. Quintil., II, 15. Illud vitium... quod nihil nisi inventionem complectitur, quæ sine elocutione non est oratio.

[3] M. Bain, *Senses and Intellect.*, Bk., II, ch. 2, § 40, ne fait que superficiellemen oucher le sujet.

[4] *De Nat. Rhet.*, p. 96. Ad agendum animos impellit.

Persuader est un acte, une cause ; être persuadé en est l'effet : c'est un état passif, autant qu'un fait de l'âme puisse être passif. La persuasion exprime tantôt l'état dans lequel se trouve la personne persuadée ; tantôt la faculté, la puissance de la personne qui a persuadé ; tantôt l'opération, ἐνέργεια, la mise en mouvement de cette faculté. Analysons l'état psychologique appelé la persuasion.

Le caractère distinctif de cet état mental semble être que non seulement l'âme ne s'appartient plus, mais appartient à un autre : c'est une possession, ψυχαγωγία. L'âme d'une personne est alors dans la possession d'une autre, et cet état est tellement étrange qu'à certaines périodes de la civilisation on ne peut se l'expliquer que par l'intervention d'une puissance surnaturelle, les génies et les démons. On dit également le génie et le démon de la poésie et de l'éloquence.

En quoi consiste cet état de possession? L'âme se donne tout entière, ses sentiments, ses passions, ses volontés, ses idées, aux sentiments, aux volontés, aux idées d'un autre : elle les fait siennes.

Il y a plus : elle s'y abandonne volontairement, avec conscience, et avec la conscience qu'elle fait bien d'agir ainsi ; qu'elle obéit, en le faisant, à la justice comme à la vérité ; elle devient moralement et intellectuellement une autre âme, et l'âme même de celui qui la persuade. C'est une sorte d'assimilation, d'identification, de suggestion. Être persuadé, c'est être converti, c'est-à-dire retourné, changé, réédifié, ἐνιδρύεσθαι ἐν αὐτῷ.

La persuasion diffère de l'état de la conviction, qui est aussi une défaite du sens propre, en ce que celle-ci peut venir de nous-même. Quand nous sommes convaincus, nous ne sommes vaincus que par nous-même, par nos propres idées. Quand nous sommes persuadés, nous le sommes toujours par autrui. C'est l'action victorieuse d'une âme sur une autre âme, dont l'organe essentiel, l'agent le plus habituel est la parole, mais qui s'exerce concurremment aussi par le geste, le regard, le son de la voix, parce que ce sont là des manifestations de la vie intérieure de l'âme. Je ne crois donc pas qu'on puisse dire qu'il y a persuasion dans l'effet de la corruption, de la séduction, de la terreur ou des supplices. Ni les juges de Phryné, ni les tribunaux vendus, ni les parlements terrorisés, ni le patient torturé ne sont persuadés ; ils ne sont pas davantage convaincus : ils sont vaincus. Il y a là une violence dont l'âme a conscience en la subissant; elle assiste à sa propre défaite, et y résiste en même temps qu'elle y cède. On n'est persuadé que par la raison, la raison étant ici l'expression collective des sentiments, des passions, des volontés et des idées de l'homme : par cela même on n'est persuadé que par la parole.

Quintilien [1], et il n'est pas le seul [2] à trouver des défauts ou des lacunes dans la définition d'Aristote, lui reproche de laisser, par son caractère purement formel et général, l'orateur libre d'employer son art contre la raison, la vérité et la justice, de ne tenir compte que de l'invention qui, sans l'élocution, ne constitue pas l'éloquence; enfin, en s'appliquant à toute matière donnée, de dépasser les limites réelles de l'art oratoire [3]. Toutes ces critiques ne sont pas également fondées : le τὸ ἐνδεχόμενον πίθανον enveloppe, sans violenter le sens du mot, avec la force des raisons, la grâce et la beauté du style et le pathétique des sentiments qui contribuent à rendre les choses vraisemblables. Ce n'est pas à l'auteur d'un traité qui consacre à l'élocution et aux passions oratoires tout un livre et la plus grande partie d'un autre sur trois, qu'on peut reprocher d'avoir oublié que le style et les passions oratoires ont leur puissance de persuasion et de sympathie communicative. Si on étend la signification très générale du

---

[1] II, 15, 1.
[2] *Rh. Gr.*, vol. II, p, 102. ὃν καὶ αἰτιῶνταί τινες. Doxopat., *id.*, VII, p. 16. ἡμάρτηται δὲ ὁ ὅρος οὗτος. Troïlus, VI, p. 50. ἡμαρτημένος γάρ ἐστιν. Sopat., V, 15. οὐδ'οὗτος ἀποδεκτέος.
[3] Platon ne lui avait pas donné une moindre étendue. *Phædr.*, 70. περὶ τὰ πάντα τὰ λεγόμενα μία τις τέχνη.

mot θεωρῆσαι, en sorte qu'il enveloppe non seulement l'art de découvrir les raisons propres à persuader, mais encore de les disposer comme il convient et de les mettre en œuvre par le style [1], on reconnaîtra que la définition d'Aristote convient à la fois à tout le défini et ne convient qu'à lui; au point de vue théorique, sa définition est irréprochable; car il n'est point d'objet que ne puisse traiter l'orateur, et, au point de vue pratique et réel, il corrigera ce qu'elle a d'excessif en limitant la matière la plus habituelle du discours à la politique [2].

Aristote nous fait donc suffisamment connaître l'essence de l'éloquence en nous indiquant la fin qu'elle se propose, τὸ πίθανον; sa fonction, ἔργον, qui est de θεωρῆσαι ou πορίσαι τοὺς λόγους; sa matière, qui est, dans la théorie τὸ ἕκαστον, τὸ δοθέν, c'est-à-dire tout sujet donné, mais qui en fait est limitée aux rapports, aux faits, aux actes de l'homme qui naissent de la constitution légale de la vie sociale, πολιτικὸν πρᾶγμα.

---

[1] Les mots πορίσαι λόγους, qu'Aristote emploie comme synonymes de θεωρῆσαι, signifient à la fois trouver et produire des raisonnements, des raisons et des paroles qui les expriment.

[2] Il n'est donc pas nécessaire, et logiquement il n'est pas correct d'ajouter comme beaucoup de rhéteurs, et entr'autres Hermagoras (*Rh. Gr.*, V, 15), les mots δύναμις τοῦ εὖ λέγειν τὰ πολιτικὰ ζητήματα, ou comme Troïlus, ἐν πολιτικῷ πράγματι (*id.*, VII, 52), d'autant plus que les mots πολιτικὸν ζήτημα ou πρᾶγμα ont une signification très large. Ce sont toutes les questions ou affaires pour l'intelligence et le jugement desquelles le bon sens d'un simple citoyen suffit, et qui n'exigent pas de connaissances spéciales.

CHAPITRE QUATRIÈME

DIVISION DE LA RHÉTORIQUE

C'est dans l'analyse des éléments de la définition de l'éloquence qu'on trouve le principe de la division de la rhétorique : les parties de qualité de l'éloquence deviennent les parties de quantité de la théorie qui les expose.

L'éloquence, nous l'avons vu dans toutes les définitions qu'on en propose, aspire à persuader. Or, comme l'homme est éminemment esprit et raison, de tous les moyens de le persuader le plus puissant et au fond le plus sûr, c'est la preuve. Prouver, ce qui ne veut pas dire démontrer, trouver des raisons et des preuves, τὰ ὑπάρχοντα πίθανα, et non seulement des preuves et des raisons certaines et évidentes, mais encore celles qui sont vraisemblables et probables, même celles qui n'ont que l'apparence de la probabilité et de la vraisemblance, c'est la fonction essentielle, éminente de l'art oratoire, dont la dialectique est le fond. La première et la plus considérable partie de la rhétorique traitera donc de l'invention des preuves, et analysera les sources d'où l'orateur les peut puiser [1].

L'élocution, λέξις, ἑρμήνεια, φράσις, en sera la seconde [2], et ces deux parties, si on voulait en croire absolument Aristote

---

[1] Ar., *Rh.*, III, 1. τρία ἔστιν ἃ δεῖ πραγματευθῆναι περὶ τὸν λόγον. 1. ἓν μὲν, ἐκ τίνων αἱ πίστεις ἔσονται.

[2] Ar., *Rh.*, id., id. 2. δεύτερον δὲ περὶ τὴν λέξιν.

qui ne reste pas lui-même fidèle à ce principe, épuisent toute la matière de la rhétorique. Quintilien[1] partage cette manière de voir, parce que, dit-il, « omnis oratio constat aut ex his quæ significantur aut ex his quæ significant, id est rebus et verbis[2] ».

Mais on ne se contenta pas de cette division simple et au fond suffisante : on pensa, et Aristote l'admit lui-même[3], qu'il fallait étudier à part les principes de l'ordre, de la disposition des preuves d'une part, et quand on eut reconnu la nécessité ou l'utilité d'une division des parties du discours, l'ordre et l'économie de ces parties, τάξις, διάθεσις, οἰκονομία.

Une quatrième partie compléta la rhétorique et s'appliquait à l'analyse des principes et à l'exposition méthodique des règles du débit oratoire, ὑπόκρισις : mais Aristote, qui ne fait que la signaler en passant, observe qu'elle n'avait été jusqu'à lui l'objet d'aucune discipline particulière ni d'aucun art technique[4]. La théorie de la mémoire, la mnémonique, y fut ajoutée plus tard, on ne sait ni quand ni par qui, et ainsi fut constituée en cinq parties la doctrine complète et tradition-

---

[1] Qu., III, 5, 1.
[2] C'était la division de la logique chez les Stoïciens en deux parties : l'une, la dialectique, qui traitait des idées, τὰ σημαινόμενα ; l'autre, la rhétorique, qui traitait de l'expression, τὰ σημαίνοντα, et en donnait la théorie. D. L., VII, 43. Senec., Ep., 89. In res quæ dicuntur et vocabula quibus dicuntur.
[3] Ar., Rh., III, 1. τρίτον δὲ πῶς χρὴ τάξαι τὰ μέρη τοῦ λόγου.
[4] Le premier qui en traita expressément fut à ce qu'il paraît Théophraste, περὶ ὑποκρίσεως. Cf. Schmidt : de Theophrasto rhetore, Hall., 1839. Philodème (19, 19) constate l'existence de nombreux traités didactiques sur la matière : τὰ περὶ τῆς ὑποκρίσεως παραγγέλματα πρώτῳ τισὶν ἐφιλοσοφήθη. Les stoïciens la comprenaient dans leur rhétorique, divisée en cinq parties :
1. La νόησις, intellectio (Sulpicius Victor, p. 315), qu'Hermagoras définissait (Rhet. Gr., Walz., V, 217) : γνῶναι τὸ πρόβλημα εἰ πολιτικὸν ἢ μή, καὶ εἰ συνίσταται ἢ μή, καὶ ἐπὶ ποῖον εἶδος τῆς ῥητορικῆς ἢ στάσιν ἀνάγεται, c'est-à-dire l'étude approfondie, la méditation du sujet pour savoir s'il est ou non d'ordre politique (au sens général), s'il a une valeur et comme une existence réelle ou non, à quel genre d'éloquence, à quel état de cause on peut le ramener.
2. La théorie de l'invention, εὕρεσις, et de la composition, διάθεσις, qui comprenait la τάξις, l'οἰκονομία, et l'élocution, λέξις et φράσις. D. L., VII, 43, sépare comme parties distinctes : l'ordre et l'élocution, et y ajoute comme quatrième le débit oratoire.

nelle de la rhétorique, considérée comme le système théorique des principes, de la fin, des fonctions, des moyens, des règles de l'art oratoire. Ni l'art du débit ni l'art mnémonique ne nous paraissent appartenir à l'éloquence, puisqu'ils n'entrent pas dans la définition de son essence; ils ne peuvent donc constituer des parties de la rhétorique, que nous réduirons dans cet ouvrage à trois : l'Invention, l'Ordre ou la Disposition ou plutôt la Composition, enfin l'Élocution.

SECONDE PARTIE

L'INVENTION

CHAPITRE PREMIER

LES PREUVES INTRINSÈQUES OU ἄτεχνοι

La fonction de l'orateur consiste éminemment, nous venons de le voir, à découvrir dans chaque sujet qu'il peut être appelé à traiter, les preuves, c'est-à-dire les pensées et les idées propres et aptes à persuader l'auditeur.

Aristote embrasse souvent, sous le terme général de διάνοια [1], pensée ou représentation, tous les actes de l'esprit et de l'âme susceptibles d'être exprimés par la parole. Il a raison : car tout ce que le langage peut exprimer, idées, sensations, émotions, sentiments, passions, doit avoir été préalablement l'objet de

---

[1] *Rh.*, II, 26. Sub finem. « Nous venons de traiter des exemples, des maximes, des enthymèmes, et en un mot de tout ce qui concerne les pensées, ὅλως τῶν περὶ τὴν διάνοιαν », et par ce mot διάνοια, il faut entendre non seulement les idées en tant que telles, mais les passions et les mœurs, comme le prouve le passage suivant (*Rhet.*, III, 1, 1). « Il y a trois choses qui doivent être traitées par la parole, ἃ δεῖ πραγματευθῆναι περὶ τὸν λόγον, ce sont les preuves, le style, l'ordre des parties. Quant aux preuves, elles consistent : 1. Dans l'art de disposer favorablement les audit-eurs ; 2. Dans l'art de se donner par a parole au moins les apparences de certaines qualités morales ; 3. Dans l'art de prouver. » Les preuves embrassent donc les mœurs et les passions oratoires. *Rh.*, II, 22. περὶ ἑκάστων τῶν εἰδῶν... καὶ περὶ ἠθῶν καὶ παθημάτων καὶ ἕξεων ὡσαύτως εἰλημμένοι ἡμῖν ὑπάρχουσιν οἱ τόποι.

la conscience et avoir pris dans la conscience la forme de la représentation. Cependant, il fait parfois une distinction et met dans une classe à part les caractères, τὰ ἤθη, et rattache les passions, τὰ πάθη. à la pensée, τὴν διάνοιαν [1].

Tout en nous proposant de les traiter comme lui séparément, nous relevons ici simplement que l'invention, dans la rhétorique, doit comprendre une topique des arguments logiques, une topique des mœurs et une topique des passions, parce que ce sont là les causes naturelles des actes des hommes [2], et que l'activité humaine, sous quelque forme qu'elle se produise et qu'on la considère, soit dans l'agent soit dans l'effet, est l'unique objet dont puisse traiter la parole humaine.

Nous commencerons par la topique générale des arguments logiques, et d'abord par l'analyse des preuves intrinsèques ou ἄτεχνοι.

Il y a en effet deux sortes de preuves s'adressant exclusivement à l'intelligence et au raisonnement de l'auditeur [3]. Les unes ne sont pas, pour ainsi dire, du ressort de l'art, et la rhétorique ne peut indiquer aucun moyen de les inventer ou de les découvrir : ce sont celles que les faits contiennent et présentent d'eux-mêmes, qui font partie essentielle des choses traitées, telles, par exemple, que : 1. les lois écrites ou natu-

---

[1] Ar., *Poet.*, XIX, 1 et 2. κατὰ τὴν διάνοιαν ὅσα ὑπὸ τοῦ λόγου δεῖ παρασκευασθῆναι, et les parties de la διάνοια sont : 1. Prouver et réfuter ; 2. τὰ πάθη παρασκευάζειν ; 3. μέγεθος καὶ μικρότητα. On voit que les ἤθη ne figurent pas ici comme éléments de la διάνοια ; ils en sont formellement exclus par l'énumération des parties de qualité de la tragédie (ch. VI). Ces parties sont : 1. La fable ; 2. Les caractères; 3. τρίτον δὲ ἡ διάνοια, qui reçoit alors une définition plus restreinte. ἐν ὅσοις λέγοντες ἀποδεικνύουσί τι ἢ καὶ ἀποφαίνονται γνώμην, ou même τὸ λέγειν δύνασθαι τὰ ἐνόντα καὶ τὰ ἁρμόττοντα.

[2] La *Rhétorique* d'Aristote les réduit souvent à deux : πέφυκεν αἴτια δύο τῶν πράξεων εἶναι, διάνοια καὶ ἦθος.

[3] *Rh.*, I, 2. ὅσα μὴ δι' ἡμῶν πεπόρισται ἀλλὰ προὔπαρχεν... δεῖ τοῖς μὲν χρήσασθαι. Cic., *de Or.*, II, 27. Remota et insita ; V, 1, 1. Inartificialia et artificialia. Quintil., V, 1, 1, ad probandum autem duplex est oratori subjecta materies : una earum rerum quae non excogitantur ab oratore, sed in re positæ, ratione tractantur, ut tabulæ (pièces écrites), testimonia, pacta, conventa, quæstiones (les interrogatoires et les enquêtes), leges, senatusconsulta, res judicatæ (les arrêts), responsa (les réponses des jurisconsultes faisant autorité), reliqua, si quæ sunt, quæ non pariuntur ab oratore, sed ad oratorem a causa atque a reis deferuntur. Cf. Cic., *de Part. Or.*, XIV, 48.

relles ; 2. les témoignages ; 3. les aveux arrachés par la torture ; 4. les pièces écrites, conventions et contrats ; 5. les serments[1]. La rhétorique ne peut enseigner les moyens de les découvrir ; mais elle peut en faire connaître le nombre, la nature, la force et l'usage.

Les autres, au contraire, dépendent du talent exercé de l'orateur, ἔντεχνοι ; c'est à lui de les trouver[6], et la rhétorique peut l'y aider[2].

Quelques auteurs de traités techniques voulaient absolument exclure de la rhétorique la théorie des preuves intrinsèques ; mais Quintilien, qui nous l'apprend, fait très justement observer que, s'il n'y a pas de méthode pour enseigner à les découvrir, il y en a une pour enseigner à en accroître ou en diminuer la force, et qu'on trouve là un emploi fréquent et nécessaire des plus grands efforts de l'éloquence[3]. Aristote qui, le premier, les a distinguées des autres preuves, estime que les preuves intrinsèques sont propres au genre judiciaire, ἴδιαι τῶν δικανικῶν. C'est sans doute pour cette raison qu'il interrompt l'exposition des preuves intrinsèques, pour y insérer celles-ci, après les lieux du genre judiciaire[4]. J'observerai un autre ordre parce que ces preuves, quelques-unes au moins, telles que les règles du droit des gens, les traités de paix, d'alliance, de commerce, les décrets des assemblées délibérantes relatives à des questions de droit politique, peuvent trouver place dans les deux autres genres.

---

[1] Cette énumération, sommairement indiquée au ch. 2, est complétée au ch. 15 du 1er livre. Jul. Victor y ajoute : omina, vox aliqua emissa. La *Rhétorique à Alexandre*, par une fausse doctrine (VIII, 15-18), y fait même entrer la réputation de l'orateur ; elle les appelle (VII) αἱ ἐπίθετοι τοῖς λεγομένοις καὶ τοῖς πραττομένοις. Cicéron, dans les *Partitions Oratoires*, leur donne le nom d'*assumpta*.

[2] *Rh.*, I, 2 ὅσα διὰ τῆς μεθόδου καὶ δι' ἡμῶν κατασκευασθῆναι δυνατόν·ὥστε δεῖ... τὰ δὲ εὑρεῖν. Cic., *de Or.*, II, 27. Altera est quæ tota in disputatione et in argumentatione oratoris collocata est. Cette distinction est due à Aristote, et a été adoptée par tous les rhéteurs, même par Cicéron qui en avait d'abord (*de Invent.*, II, 14) contesté la justesse. Quintil., V, 1. Ac prima quidem illa partitio, ab Aristotele tradita, consensum fere omnium meruit.

[3] Quintil., V, 1. Magnopere damnandi, qui totum hoc genus a præceptis removerunt... ut ipsa per se carent arte, ita summis eloquentiæ viribus et allevanda sunt plerumque et refellenda.

[4] *Rh.*, I, 15.

Parlons d'abord des lois. Si la loi écrite nous est contraire, il faut faire appel à la loi supérieure, invariable, inviolable, conforme à la nature de la justice universelle, à la conscience humaine en général. L'orateur devra donc rappeler aux juges qu'ils ont prêté serment de juger suivant leur conscience, τῇ γνώμῃ τῇ ἀρίστῃ [1], la seule loi morale toujours vraie ; il recherchera si la loi positive, qui le condamne, n'est pas contredite et infirmée par une ou plusieurs autres; si elle ne contient pas dans ses dispositions des principes ou des conséquences contradictoires, par lesquels elle se détruirait elle-même ; il se demandera si elle n'a pas été faite sous l'influence de circonstances qui ont cessé d'être, avec lesquelles elle aurait dû disparaître en réalité, et avec lesquelles elle a moralement cessé d'être en vigueur.

Si, au contraire, la loi écrite nous est favorable, il faut interpréter autrement le serment fait par les juges, qui n'a pas été prescrit pour les dispenser de juger suivant les lois positives, mais pour les affranchir du parjure, si, par ignorance, ils se décidaient, sans le savoir, contre elles. Il vaudrait mieux, dira-t-on, qu'il n'y eût pas de lois, que de ne pas appliquer celles qui existent. Gardons-nous de viser à une loi absolue, à une justice parfaite : usons des lois relatives, conformes au temps, aux mœurs, à l'état social et politique où nous vivons, et qui en sont à la fois le produit et la garantie [2]. Il est dangereux de prétendre en savoir sur la médecine plus long que le médecin, et cependant l'erreur médicale n'est pas, à beaucoup près, aussi préjudiciable à l'intérêt social que la

---

[1] Ar., *Rh.*, I, 15. La formule varie peu : on trouve dans Démosthènes, *c. Bœtus*, § 40; *c. Leptin.*, § 118 ; *c. Aristocr.*, § 96. τῇ δικαιοτάτῃ γνώμῃ, qu'on lit auss dans Arist, *Polit.*, III, 16, et Pollux, *Onom.*, VIII, 10.

[2] Voilà ces points de vue opposés et contradictoires, où l'esprit humain peu e doit se placer pour envisager humainement les choses humaines. On reproche à Aristote, qui parfois le reproche à ses prédécesseurs, de les avoir enseignés. On ne veut pas voir qu'ils sont dans les conditions de l'art même, comme dans la nécessité des choses qui ne sont jamais simples, et contiennent toujours un élémen de contradiction, parce qu'elles contiennent toutes un élément d'imperfection et de relativité. Aristote, qui a si profonds le sentiment du réel et le sens pratique, ne

funeste habitude de ne pas obéir à l'autorité légitime ou légale, et que l'orgueil insensé et téméraire de se croire plus sage que la loi.

En ce qui concerne les témoignages, ils peuvent porter ou sur nous, ou sur notre adversaire, ou sur le fait en litige, ou sur l'honorabilité des parties. Dans ce dernier cas même, il ne faut pas les négliger; car s'ils ne touchent pas le fond du débat, ils peuvent donner au juge une bonne opinion de nous et une fâcheuse de l'adversaire : ce qui n'est pas indifférent pour le jugement qu'il doit porter sur les choses mêmes.

En tout cas, il faut examiner la moralité du témoin, prouver qu'elle est excellente, s'il témoigne pour nous, détestable dans le cas contraire; rechercher s'il est un ami, ou un ennemi, ou un indifférent; si sa réputation est bonne ou mauvaise ou entre les deux.

Le témoignage est la déposition volontaire et libre d'une personne qui sait les choses[1] : il est par lui-même ou croyable ou incroyable ou entre les deux. On comprenait dans cette catégorie chez les anciens les citations des vieux poètes, les réponses des oracles, les proverbes mêmes. Si les témoignages ne sont pas en notre faveur, ou si nous ne pouvons pas en produire, nous dirons qu'il faut se prononcer d'après les probabilités et les vraisemblances réelles, que c'est là vraiment juger selon la justice et la conscience, τῇ γνώμῃ τῇ ἀρίστῃ; que les vraisemblances ne peuvent pas être corrompues à prix d'argent, ni surprises en flagrant délit de fausseté comme les témoignages. Si, au contraire, nous avons les témoignages pour nous, nous soutiendrons que les probabilités ne sont pas des preuves

---

pouvait pas les omettre ou les condamner, comme l'idéalisme absolu de Platon, quoi qu'il sût bien que l'éloquence était, avec la dialectique, le seul art qui pût conclure dans les deux sens contraires. *Rh.*, I, 1, 12. τῶν ἄλλων τεχνῶν οὐδεμία τἀναντία συλλογίζεται. Il était même un professeur pratique, et ne dédaignait pas d'exercer ses élèves à cette dialectique. Cic., *Or.*, 46. Aristoteles adolescentes... ad copiam rhetorum in utramque partem disserendi exercuit.

[1] *Rh. ad Al.*, 15. ὁμολογία συνειδότος ἑκόντος.

légalement valables [1], que si on se fiait à elles, c'est-à-dire au fond à des paroles, il ne serait plus besoin des documents testimoniaux qui tiennent une place si considérable dans le fonctionnement de la pratique judiciaire, et en tenaient une plus considérable encore dans la législation des Grecs et des Romains.

L'interrogatoire des témoins présents, qui se faisait librement et contradictoirement par les parties elles-mêmes ou leurs avocats [2], demandait à la fois une grande connaissance des hommes et une grande expérience du barreau. C'est de tous les moyens étrangers à l'art celui qui demande le plus d'art [3]. Mais c'est un sujet qui intéresse plus la pratique de l'avocat et chez nous, du parquet, que la rhétorique même.

Les conventions et les contrats sont des pièces écrites qui contiennent des engagements. Il faut en grossir ou en diminuer la portée et la valeur suivant la position qu'on prend dans le débat, et montrer qu'ils sont sincères ou déloyaux. Pour ce dernier point, on emploie les mêmes arguments que pour les témoignages. En ce qui concerne le premier, si on a intérêt à soutenir la force et la validité du contrat, on dira qu'il constitue une sorte de loi, quoique particulière; ce ne sont pas sans doute les contrats qui donnent aux lois leur puissance souveraine : ce sont au contraire les lois qui assurent et garantissent la validité des contrats légalement conclus. La loi n'est qu'une sorte de contrat, et déchirer le contrat loyal et légal, c'est détruire la loi même. Toutes

---

[1] *Rh.*, I, 16. ὑπόδικα.

[2] C'est à peu près le système de la *Cross Examination* des Anglais.

[3] Cic., *Part. Or.*, XIV, 48. Foris ad se delata, tamen *arte* tractat et maxime in testibus. Quint., V, 7. Maximus tamen patronis circa testimonia sudor est. Domitius Afer, maître de Quintilien, avait écrit sur ce sujet deux livres que ce dernier avait entre les mains : « Summis artibus interrogantis opus est. » Il l'expose dans le plus grand détail. Les tribunaux romains et ceux des Grecs admettaient, après les plaidoiries et pour les résumer, une sorte d'*Altercation* rapide et courte, par questions et contre questions, dont nous avons des exemples (Lysias, *Or.*, XII, 25; XXII, 5. Cic., *in Vatin.*), et le pendant dans les parties stychomythiques des tragédies des Grecs, où le dialogue prend si souvent les allures et les formes oratoires. Cf. Pauly's, *R. Encycl.*, t. I, p. 809. Soph., *Œd. R.*, V, 547. Hermann, *ad Euripid. Androm.*, V, 576.

les relations humaines reposent sur la fidélité aux engagements contractés, et y porter atteinte, c'est ruiner les fondements de la société elle-même.

S'ils nous sont contraires, nous soutiendrons que s'il est parfois permis de désobéir à une loi dont l'injustice est manifeste, à plus forte raison ne peut-on pas être tenu, ni en conscience ni en droit, d'exécuter un injuste contrat. C'est au juge, et non pas à la lettre écrite, de décider de quel côté est l'équité et le bon droit, fondés sur la nature, tandis que les contrats sont souvent faussés par la perfidie d'une rédaction habile, ou par la contrainte matérielle ou morale qui les a fait conclure. On examinera de plus s'ils ne sont pas contraires à quelque loi, ou à d'autres stipulations qui les annulent. Mais il faudra bien prendre garde que la thèse soutenue par nous ne soit pas de nature à froisser les opinions ou les intérêts des juges, et par suite à nous aliéner leur respect et leur sympathie.

Les aveux obtenus par la torture sont des espèces de témoignages de personnes qui ont connaissance des choses, mais qui n'en déposent que par contrainte [1]. Il n'est pas difficile de trouver les arguments propres à en accroître ou à en affaiblir la force [2]. On dira ou bien que la souffrance arrache au torturé, qui veut la dissimuler, la vérité, et que c'est là le témoignage le plus fidèle et le plus certain, ou au contraire que la nécessité de faire cesser une intolérable douleur lui fait dire des mensonges encore plus souvent que la vérité ; qu'il suffit d'avoir une certaine force d'âme et de corps pour résister à ces violences et pour confirmer en apparence des choses fausses, et on cite des exemples à l'appui de cette thèse [3].

---

[1] *Rh. ad. Al.*, 16. ὁμολογία παρὰ συνειδότος, ἄκοντος δέ.
[2] Ar., *Rh.*, I, 2 ; Cic., *ad Her.*, II, 10 ; *Part. Or*, 50 ; *Top.*, 74 ; Quintil., V, 4.
[3] On s'étonnera sans doute qu'une âme aussi élevée et aussi tendre que celle d'Aristote, qu'un aussi grand esprit n'ait pas, se dérobant aux préjugés de son pays

Les serments sont la dernière des cinq preuves intrinsèques : c'est une affirmation sans preuves où l'on prend les dieux à témoins [1]. Aristote envisage quatre cas qui intéressent plutôt la pratique de l'avocat que la théorie oratoire : on peut en effet déférer le serment [2] et l'accepter si on vous le défère ; le déférer sans l'accepter, l'accepter sans le déférer, ou enfin ne pas le déférer et ne pas l'accepter. Sans entrer dans le détail des préceptes qu'il donne pour chacun de ces cas particuliers, nous nous bornerons à reproduire les règles générales qui sont établies dans la *Rhétorique à Alexandre* [3]. Veut-on donner au serment force démonstrative, qui, dira-t-on, voudrait, en se parjurant, attirer sur soi les vengeances des dieux, ou la flétrissure des hommes ? Si l'on peut croire que ce crime restera inconnu des hommes, on ne peut espérer qu'il le sera des dieux. Si, au contraire, on veut affaiblir cet argument, on dira que l'homme capable de commettre une action coupable n'aura guère de scrupule à commettre le crime du parjure. S'il a espéré, en commettant son crime, se dérober à la justice divine, il croira y

---

et de son temps, protesté ici ni ailleurs contre cette procédure stupide et barbare. On s'étonnera davantage encore que, sous la Restauration, la magistrature française ne la répudiait pas absolument. Un Président de Chambre de la cour d'Orléans fit à un de mes amis, alors tout jeune, qui s'indignait contre cette horrible pratique judiciaire abolie seulement sous Louis XVI, cette réponse qui lui causa une profonde impression et dont il m'a plus d'une fois reproduit les termes : « Eh ! eh ! mon jeune ami, la torture avait du bon ». Le point de vue spécial et les habitudes professionnelles non seulement altèrent la rectitude du jugement, mais corrompent même l'âme et le cœur. On trouve quelques arguments pour et contre dans la *Rhétorique à Alexandre*, ch. 17, et par exemple : que l'irritation que conçoivent les esclaves torturés contre les maîtres qui les ont livrés à ce supplice, leur inspirent de fausses accusations contre eux ; qu'on a vu des hommes libres, pour échapper à la douleur, s'accuser faussement eux-mêmes,

[1] *Rh. ad Al.*, 17.
[2] Quintil., V, 6, dit que les avocats expérimentés de son temps dissuadaient leurs jeunes confrères de jamais déférer le serment : Ne unquam jusjurandum deferremus. Aristote (*Rh.*, I, 15) cite un beau mot de Xénophon, dans le cas où vous ne voulez pas accepter le serment qu'on vous défère : « La partie n'est pas égale entre un impie qui défère le serment, et l'homme religieux à qui il le défère. C'est comme si un homme vigoureux provoquait un homme affaibli par la maladie à se battre ou plutôt à se faire battre. »
[3] C. 17.

échapper encore en se parjurant. On se dérobe même à l'infamie du parjure, en disant qu'on n'a pas été libre, que c'est l'intention qui constitue la faute, que c'est la langue, et non l'âme, qui a juré [1].

[1] τὸ τῇ διανοία ἀλλ'οὐ τῷ στόματι. On connaît le mot d'Euripide (*Hippol.*).
ἡ γλῶσσ' ὀμώμοχ'·ἡ δὲ φρὴν ἀνώμοτος.

CHAPITRE DEUXIÈME

LES PREUVES EXTRINSÈQUES

Les preuves qui ne sont pas contenues dans les faits et les circonstances de la cause, que l'orateur doit trouver en lui-même et de lui-même, soit par un heureux génie donné par la nature, soit par une étude approfondie des principes de son art et des moyens de l'atteindre, sont de trois sortes :

1. Les unes consistent dans le caractère moral de l'orateur, qui a une grande influence sur les déterminations des auditeurs, et est peut-être de tous les moyens oratoires le plus persuasif et le plus puissant[1]. Dans les questions obscures ou douteuses surtout, et il y en a beaucoup, où l'auditeur n'est pas arrivé à se faire lui-même une idée nette des choses et à prendre une résolution personnelle, où il se voit dans la nécessité de s'abandonner, de se fier du moins à la raison d'un autre, de quel poids ne pèse pas dans son esprit et sur sa volonté l'opinion d'un homme dont il connaît les lumières, la probité, et dont il respecte le caractère. Mais il faut bien observer que c'est par la parole même que l'orateur doit prendre cette apparence et exercer cet effet, et non par l'opinion qu'on peut s'être faite antérieurement de sa personne et par d'autres motifs. On peut en effet posséder la vertu de la

---

[1] Ar., *Rh.*, I, 2. ἐν τῷ ἤθει τοῦ λέγοντος... ὥστε ἀξιόπιστον ποιῆσαι... κυριωτάτην ἔχει πίστιν τὸ ἦθος. On peut dire que la *Rhétorique* d'Aristote ramène l'éloquence à ces deux points : découvrir et exposer les preuves de ce qu'on avance ; amener l'auditeur à sympathiser avec l'orateur et à s'intéresser à ses idées et à sa cause.

probité et de l'honnêteté, ἐπιείκεια, on peut l'avoir montrée dans tous les actes de sa vie et être cependant incapable de s'en donner l'apparence par la parole. C'est ce que n'ont pas vu plusieurs auteurs de traités techniques qui exigent de l'orateur une vertu réelle, pratique, laquelle cependant ne contribue pour ainsi dire en rien à l'effet de la sympathie persuasive [1]. L'ἦθος oratoire est une vertu de la parole, un accent de sincérité et de conviction, une fleur de probité et de beauté morale qui ne se révèle et ne brille, pour l'auditeur, que par le discours.

Le second moyen dont l'orateur dispose pour persuader consiste dans la puissance de modifier les dispositions morales de l'auditoire et par là d'influencer indirectement mais sûrement ses manières de juger et ses résolutions d'agir [2]. Car on ne juge pas de la même façon, on ne prend pas les mêmes résolutions, quand on éprouve les sentiments de la haine, de la colère, de la tristesse, ou ceux de l'affection, de la sympathie ou de la joie.

Mais le fond même de l'éloquence est de montrer, par la parole, la vérité réelle ou apparente de la thèse qu'on soutient, de prouver par des raisons et des raisonnements que la chose est telle ou telle [3].

---

[1] Ar., *Rh.*, I, 2. οὐδὲν συμβαλλομένην πρὸς τὸ πιθανόν. Cela est vrai ; mais Aristote ne va-t-il pas trop loin, à son tour ? N'y a-t-il pas quelque chose de vrai dans ce que dit Plutarque (p. 744) à propos de Phocion : ἐπεὶ καὶ ῥῆμα καὶ νεῦμα μόνον ἀνδρὸς ἀγαθοῦ μυρίοις ἐνθυμήμασι καὶ περιόδοις ἀντίρροπον ἔχει πίστιν. Quintil., IV, 1. Plurimum momenti est in hoc positum, si vir bonus creditur, et Virgile n'a pas tort lorsqu'il dit :

Tum pietate gravem et meritis si forte virum quem
Conspexere, silent, arrectisque auribus adstant,
Ille regit *dictis* animos.

[2] *Rh.*, I, 2. ἐν τῷ τὸν ἀκροατὴν διαθεῖναί πως εἰς πάθος ὑπὸ τοῦ λόγου προαχθῶσιν. L'éloquence a ainsi la puissance qu'Aristote, dans la *Politique* (VIII, 5), réserve trop exclusivement à la musique : ποιοί τινες τὰ ἤθη γιγνόμεθα δι' αὐτῆς.

[3] *Id.*, I, 2. ὅτι οὕτως ἔχει. Minucian., *Rh. Gr.*, IX, 60. « Des preuves extrinsèques, ἔντεχνοι, les unes sont morales, ἠθικαί, les autres pathétiques, παθητικαί, les autres logiques ou pratiques, λογικαί αἱ αὐταὶ καὶ πραγματικαί. *Id.*, V, 506. « La preuve logique ou rationnelle est définie : λόγος αὐτοῦ τοῦ πράγματος περὶ οὗ ὁ λόγος· τὰς ἀποδείξεις δὲ δι' ἐνθυμημάτων ποιούμενος. »

De ces trois sortes de moyens de persuader naissent trois conditions que doit remplir l'orateur :

1. Avoir le talent et l'art de raisonner [1] ;

2. Avoir la faculté de voir [2] tout ce qui a rapport aux mœurs oratoires,

3. Et tout ce qui a rapport aux passions oratoires, en quoi consiste chacune d'elles, quel est son caractère propre et distinctif, par quels moyens et comment on peut l'exciter [3].

Ainsi l'éloquence, en tant qu'art, est une partie ou une branche de la dialectique, et en même temps une partie de la théorie des mœurs et des passions, dont le vrai nom est la politique [4]. Mais pour remplir ces conditions, pour réaliser dans la mesure permise à l'homme la fin idéale de l'éloquence, il faut, comme l'enseigne Platon, avec plus de précision qu'Aristote [5], trois choses :

1. Le génie naturel, le don oratoire [6], φύσις.

2. Une méthode rationnelle que le génie peut se créer à lui-même ; car le génie est plein d'un art conscient ou inconscient, τέχνη.

3. Des études pratiques et techniques, ἄσκησις et μελετή.

---

[1] *Rh.*, I, 2. δύνασθαι συλλογίσασθαι.
[2] *Id.*, id. θεωρῆσαι.
[3] Il est difficile de retrouver là le principe des trois conditions imposées par Cicéron à l'orateur : Ut probat, ut delectet, ut flectat. *Or.*, 21 ; *Brut.*, 49 ; *de Opt. Gen. dic.*, I, 3, et par Quintilien, III, 5. Ut doceat, ut moveat, ut delectet.
[4] *Rh.*, I, 2. La politique est toute la philosophie pratique (*Ethic. Nic.*, I, 2, 10), et l'éthique n'en est qu'une partie (*Magn. Mor.*, I, 1), Aristote range sous la politique (*Ethic.*, I, 1, 1094, b. 2) les trois sciences ou arts : la stratégie, l'économique et l'éloquence.
[5] *Phædr.*, 269, d. εἰ ὑπάρχει φύσει ῥητορικῷ εἶναι.
[6] Aristote a analysé les éléments du génie poétique qu'il ramène à l'enthousiasme ou inspiration, au don naturel de l'esprit, εὐφυΐα, enfin, à la raison, qui peut pénétrer l'essence vraie des choses. Il n'a pas apporté le même soin à l'analyse du génie oratoire, dont il ne paraît pas avoir fait grande estime. Le seul mot par lequel il le détermine est celui de puissance, δύνασθαι, qu'il ramène à deux causes (*Rh.*, I, 1, 1) : e hasard, εἰκῇ, ἀπὸ ταὐτομάτου, et une habitude dont la source est une faculté en possession de son action, ἡ συνήθεια ἀπὸ ἕξεως. Isocrate (*Or.*, XIII), comme Platon, reconnaît trois conditions de l'éloquence :
1. Une éducation, spéciale et technique, ἡ παίδευσις ; 2. Le génie naturel, εὐφυΐα ; 3. L'expérience et la pratique. La discipline oratoire ne fera pas de grands

§ 1. — *La démonstration oratoire.*

Qu'elle soit réelle ou apparente, la démonstration, dans le genre oratoire, comme dans la dialectique pure, ne peut s'opérer que par l'induction et le syllogisme, qui prennent, dans l'éloquence, des formes particulières, l'exemple, qui est l'induction oratoire, et l'enthymème, qui est le syllogisme oratoire.

Il n'y a pas d'autres moyens de prouver ce que nous avançons, et suivant que l'orateur emploie plus volontiers l'exemple ou l'enthymème, son discours et son talent prennent un caractère particulier. L'exemple a une force plus persuasive ; l'enthymème pénétre plus au fond des esprits et les trouble davantage [1] ; c'est le corps de la preuve, le plus puissant moyen de persuader, c'est la preuve proprement dite, la preuve même [2], comme le syllogisme, dans le raisonnement dialectique, est l'instrument logique le plus énergique, et pour ainsi dire le plus violent dans les discussions [3]. Cependant l'induction et l'exemple ont aussi leur prix, leur force, leur charme : ils ont quelque chose de plus lumineux, de plus communicatif, de plus compréhensible, parce qu'ils parlent à l'imagination par le moyen des formes sensibles [4].

orateurs de ceux qui n'ont pas reçu de la nature les dons propres de l'éloquence ; mais elle leur permettra, ainsi qu'aux autres, de se surpasser eux-mêmes, αὐτοὺς δ'αὑτῶν προαγάγοιτο.

[1] *Rh.*, I, 2. θορυβοῦνται δὲ μᾶλλον οἱ ἐνθυμηματικοὶ (λόγοι).

[2] *Id.*, I, 1, 3. σῶμα τῆς πίστεως.. κυριωτάτην τῶν πίστεων. Le scholiaste d'Hermogène, *Prolegg.* « Les anciens comparaient le discours à un être vivant, composé d'un corps et d'une âme. Ils appelaient les enthymèmes *l'âme* du discours, et le style et la beauté extérieure de la forme, son corps ».

[3] *Top.*, I, 12, 103, a. 16. βιαστικώτερον... πρὸς τοὺς ἀντιλογικοὺς ἐνεργότερον.

[4] *Top.*, I, 12. πιθανώτερον, σαφέστερον, κατὰ τὴν αἴσθησιν γνωριμώτερον. Cf. *Probl.*, XVIII, 3. « Pourquoi aimons-nous mieux (χαίρουσι) dans les œuvres de éloquence les exemples que les enthymèmes? Est-ce parce qu'on aime à apprendre et à apprendre vite, et c'est l'effet que produisent les exemples? L'enthymème est une sorte de témoignage, et comme on peut les multiplier, l'orateur donne en le faisant plus de crédit à ce qu'il avance, parce qu'on ajoute plus facilement foi à ce

Ce sont là des considérations qui ont besoin d'être éclaircies et développées.

Le syllogisme et l'induction même ne conviennent pas au genre oratoire; car ils partent des propositions antérieurement démontrées ou qui restent à démontrer, parce qu'elles ne sont pas vraisemblables ou que la vraisemblance n'en est pas manifeste. Les démontrer c'est une affaire de longue haleine, trop délicate pour un auditeur qu'on doit toujours supposer un homme d'intelligence moyenne. Ne pas les démontrer, c'est ruiner tout le fondement de la persuasion. Il a donc fallu avoir recours à d'autres formes d'argumentation, plus en rapport avec les conditions du genre, qui est d'ordre pratique et non spéculatif, et ce sont, comme nous l'avons dit, l'enthymème et l'exemple.

L'enthymème est un syllogisme; le syllogisme est un argument dont l'essence est de réunir dans une proposition, appelée conclusion, deux termes opposés, à l'aide d'un troisième terme, appelé moyen, qui contient le plus petit de ces extrêmes et est contenu dans le plus grand. Dans ces conditions la conclusion est nécessaire.

Ce n'est pas ici le lieu de présenter la théorie du syllogisme: bornons-nous à dire que cet argument et tout autre argument consiste à trouver ce moyen, parce que le moyen, c'est la cause, τὸ μέσον αἴτιον, et que connaître, c'est connaître la cause. On peut s'étonner de ce fait; car s'il est nécessaire que la cause contienne son effet, il sera nécessaire que le moyen contienne le grand terme, tandis que dans la forme syllogistique, il y est au contraire contenu. Mais on cessera de s'étonner, si l'on réfléchit qu'il y a deux manières de concevoir cette contenance, ou suivant le mot d'Aristote, qui est

---

qu'attestent un plus grand nombre de témoins. On a d'ailleurs du plaisir à saisir les ressemblances des choses, et l'exemple n'est qu'une comparaison ». *Anal. Post.*, I, 1, p. 71. ὡς αὔτως καὶ οἱ ῥητορικοὶ συμπείθουσιν·ἢ γὰρ διὰ παραδειγμάτων, ὅ ἐστιν ἐπαγωγή, ἢ δι' ἐνθυμημάτων, ὅπερ ἐστὶ συλλογισμός. Cf. *Anal. Pr.*, II, 3.

plus propre, cette appartenance, ὑπάρχει. Un terme est contenu dans un autre quand il appartient à cet autre comme une de ses propriétés constitutives ; c'est ainsi que le caractère de végétal appartient à l'idée d'arbre et y est contenu. Mais d'un autre côté l'idée d'arbre est une espèce du genre végétal, qui possède cette propriété, et par conséquent elle peut être dite contenue dans l'extension du grand terme. Ainsi donc et tour à tour, suivant les points de vue où l'on se place, on peut dire que le sujet contient l'attribut et que l'attribut contient le sujet ; or on sait que dans le syllogisme le moyen est sujet en la majeure et attribut en la mineure, et l'on comprend qu'on puisse le considérer tour à tour à la fois comme contenu dans le grand terme et comme le contenant. Nous voyons apparaître dans la fonction logique du moyen les rapports métaphysiques de l'individuel et de l'universel qui s'engendrent et se contiennent mutuellement et réciproquement. L'espèce tend à s'individualiser, à créer des individus ; l'individu à se spécifier, à créer une espèce [1].

L'enthymème est un syllogisme : mais c'est le syllogisme du vraisemblable, et du vraisemblable dont le contraire aussi est possible, ἐνδέχεται καὶ ἄλλως ἔχειν. C'est là sa différence essentielle avec le syllogisme analytique, dont la conclusion est nécessaire. Une autre différence, qui est d'ordre secondaire, quoi qu'on l'ait souvent prise pour la différence

---

[1] L'étude théorique de la logique formelle et l'habitude prise, dans les exercices de l'école, de mettre les arguments en forme régulière sont loin d'être inutiles à l'orateur. Je vais plus loin : elles lui sont nécessaires, s'il veut éviter pour lui-même, reconnaître et déjouer chez les autres les paralogismes les plus grossiers. C'est pourquoi il n'aurait peut-être pas été hors de propos, dans un traité de rhétorique, d'exposer avec quelques développements les conditions de la preuve formelle : car l'éloquence n'a pas d'autre fin que de faire la preuve qu'on a raison ; on aurait pu exposer et expliquer les règles générales qui président à la combinaison des propositions et organisent le raisonnement syllogistique, examiner et classer les formes particulières que prennent les propositions, par suite de l'application de ces règles. L'abandon des études logiques en France finira par nous faire perdre ce goût de la clarté dans l'exposition, ce besoin de la rigueur dans la démonstration qui ont été les qualités essentielles de l'esprit français. Les études juridiques et les mathématiques n'apportent, comme l'observe M. Renouvier, qu'un remède insuffisant à ce mal et une trop faible compensation à cette grave lacune.

spécifique, c'est qu'il est généralement incomplet et par suite plus court dans la forme. Si en effet l'une des propositions qui constituent le syllogisme type, modèle, ὁ πρῶτος συλλογισμός, est si parfaitement manifeste qu'elle vient pour ainsi dire nécessairement à l'esprit de l'auditeur, il est certainement inutile de le fatiguer et même de l'impatienter en l'exprimant [1] : il le fera lui-même mentalement. C'est un plaisir qu'il est maladroit et imprudent de lui enlever ; car c'est le plaisir d'une activité intellectuelle spontanée, qui d'abord est en soi l'un des plus grands qu'on puisse goûter, et, dans l'espèce, est en outre un soulagement à la passivité et à l'oppression interne que cause à tout auditeur la nécessité d'obéir à tous les mouvements de la pensée d'un autre.

---

[1] *Rh.*, I, 2. καὶ ἐξ ὀλίγων τε καὶ πολλάκις ἐλαττόνων, ἢ ἐξ ὧν ὁ πρῶτος συλλογισμός. Dans les *Anal. Pr.*, II, 27, on lisait : ἐνθύμημα... ἐστι συλλογισμὸς ἀτελὴς ἐξ εἰκότων ἢ σημείων. La grande édition de Berlin a supprimé ἀτελής, à l'exemple de Jul. Pacius, qui se fondait sur l'autorité des Mss., où le mot ne se trouve pas. Les professeurs de Louvain, dans leur commentaire sur l'*Organon*, 1547, ont remarqué que le mot *imperfectus*, traduction d ἀτελής, ne se rencontre pas dans beaucoup de manuscrits de l'ancienne traduction latine. W. Hamilton (*Lect.* ou *Logiks*, XX, vol. 1, p. 386) en a conclu que la définition traditionnelle de l'enthymème était inexacte, et je crois qu'il a raison. Le mot ἀτελής, même s'il était réintégré dans le texte, ne lui donnerait pas absolument tort : il ne signifie pas exclusivement *incomplet, imparfait* dans la catégorie de la quantité, à qui il manque une pièce de son mécanisme, un membre de son organisme. Il peut signifier aussi *imparfait* dans la catégorie de la qualité, dans la fonction, qui ne remplit pas parfaitement la fin à laquelle il est destiné : et telle est bien la différence spécifique de l'enthymème qui ne conclut pas nécessairement, ce qui est l'essence du syllogisme même, ὁ πρῶτος συλλογισμός, mais dont la conclusion, comme les prémisses, n'est que vraisemblable et n'exclut pas la possibilité du contraire. *Rh.*, I, 2. ὡς ἐπὶ τὸ πολὺ γιγνόμενον... οὐχ ἁπλῶς δὲ, καθάπερ ὁρίζονταί τινες, ἀλλὰ τὸ περὶ τὰ ἐνδεχόμενα ἄλλως ἔχειν. Quintil., V, 10. Alii rhetoricum syllogismum, alii imperfectum vocaverunt, quia nec distinctis nec totidem partibus concluderetur. On l'a nommé, dans cette manière de voir, *decurtatus* syllogismus (Wyttenbach., *Præcepta artis Logicæ*, III, 6, § 18. Twesten, § 117), et Juvénal (*Sat.*, VI), lui a donné l'épithète de curtum :

Aut curtum sermone rotato
Torqueat enthymema.

Le nom d'enthymème ne vient pas de ce que l'une des prémisses est retenue dans l'esprit, ἐν θυμῷ, n'est pas exprimée. Jacob Facciolatus (Acroasis, I, *de Enthymemate*, 1734), donne déjà la vraie raison, seule conforme aux principes de l'étymologie et de la formation des mots en grec : « Entymema dici, quia sit *sententia* quædam, seu *commentatio* mentis nostræ quærentis in re aliqua quid vero consentaneum sit... esse enim ἐνθυμεῖσθαι versare animo, commentari. C'est pourquoi Quintil., V, 10, 1. Enthymema quod nos *commentum* sane aut *commentationem* interpretemur.

Les propositions d'où la conclusion est tirée dans l'enthymème, sont les τεκμήρια, les σημεῖα, qui parfois comprennent les τεκμήρια, enfin les ἐοικότα.

Il y a τεκμήριον, signe certain, quand on conclut du genre à l'espèce ou du tout à la partie : dans ce cas la conclusion est nécessaire.

Il y a σημεῖον, indice, quand on conclut de la partie au tout, de l'espèce ou même de l'individu au genre.

Il y a εἰκός, vraisemblance, quand la proposition exprime une affirmation ou un fait le plus généralement exact et vrai, mais qui n'exclut pas la possibilité du contraire : il conclut du général au particulier.

Il y a exemple, quand on conclut par une sorte d'induction d'un fait particulier à un fait particulier.

Il ne faut pas confondre le vraisemblable, τὸ εἰκός, avec le signe ou indice, τὸ σημεῖον. Le vraisemblable est une proposition, une prémisse, exprimant une idée, ou un fait général, ἔνδοξος, reposant sur l'opinion que se sont faite communément les hommes, conduits par l'expérience, et à l'aide d'inductions quoiqu'imparfaites [1]. C'est ainsi qu'ils savent, comme une chose qui arrive ainsi le plus ordinairement [2], que les gens qui nous envient en même temps nous haïssent, et que ceux que nous aimons nous aiment. Le vraisemblable se renferme dans les limites de l'expérience humaine et de l'observation de la vie morale : le contraire n'en est jamais impossible ; car il n'est jamais possible de prévoir d'une vue certaine les résolutions et les actes d'un être libre.

Le signe est tout autre chose : c'est une proposition ou prémisse démonstrative, tantôt nécessaire, tantôt seulement vraisemblable. Il y en a de trois sortes qu'Aristote ramène à trois figures du syllogisme [3].

1. Le signe ou indice exprime un fait particulier d'où l'on

---

[1] Ar., *Anal. Pr.*, II, 27, p. 70, a. 3.
[2] ὡς ἐπὶ τὸ πολὺ οὕτω γιγνόμενον ἢ μὴ γιγνόμενον, ἢ ὂν ἢ μὴ ὄν.
[3] *An. Pr.*, II, 27, p. 70, a. 11.

conclut une proposition générale; par exemple : Socrate était juste, Socrate était sage : c'est un signe ou indice que les justes sont sages. C'est en forme un syllogisme de la troisième figure, qui a un double vice : d'abord aucune des prémisses n'est universelle, ce qui est contre le principe : *ex mere particularibus nihil sequitur;* en second lieu, la conclusion n'est pas particulière, ce qui est contre la règle de cette figure, où l'on ne peut conclure que particulièrement, parce que la mineure étant toujours affirmative, le petit terme qui y est attribut est particulier, et ne peut devenir universel dans la conclusion où il est sujet.

2. Le signe exprime encore une idée générale d'où l'on conclut un fait particulier. Dans ce cas, le rapport du signe à la chose signifiée peut être nécessaire : c'est alors un témoignage probant, τεκμήριον. Une femme a du lait dans ses mamelles : c'est un signe certain qu'elle a eu récemment un enfant; Callias a la fièvre, c'est un signe certain qu'il est malade. Nous avons ici, sous forme réduite, un syllogisme de la première figure dont les règles sont : que la majeure soit universelle, — elle est sous-entendue dans les deux exemples, — et la mineure affirmative.

3. Si le rapport entre le signe et la chose signifiée n'est pas nécessaire, la conclusion peut être vraie ou fausse, et offre prise à la réfutation. Callias a une respiration fréquente, donc il a la fièvre. C'est un syllogisme de la seconde figure dont les règles sont : qu'une des prémisses soit négative, que la majeure soit universelle, et la conclusion négative. Les deux prémisses étant ici affirmatives comme la conclusion, le syllogisme est vicieux et ne prouve pas.

Il y a exemple lorsque l'on montre que le grand extrême appartient au moyen, par une idée semblable au troisième terme. Ainsi, par exemple, soit *a* un mal ; *b* faire la guerre à ses voisins ; *c* la guerre des Athéniens contre les Thébains et *d* la guerre des Thébains contre les Phocidiens. Pour prouver que *a*, un mal, appartient à *c*, guerre des Athéniens contre les Thébains, il faut poser que *a* appartient à *b*, c'est-à-dire que c'est un mal de faire la guerre à ses voisins ; et ceci on le prouve en produisant des cas semblables, à savoir que *a* appartient à *d*, c'est-à-dire que cela a été un mal pour les Thébains de faire la guerre contre les Phocidiens ; *b* appartient à *c* et à *d* : c'est un fait ; *a* appartient à *d*, c'est un résultat acquis ; *a* appartient donc à *c*, parce que le cas est semblable [1]. Nous avons ici un raisonnement par analogie, qui a une si grande application et une si grande étendue [2].

La force de l'exemple repose sur une idée générale dont le fait cité comme exemple et le fait à l'appui duquel l'exemple est cité sont des espèces, lesquels sont par conséquent liés entr'eux par l'attribut commun du genre [3]. Mais cette idée générale qui doit, par sa clarté et sa nécessité, sauter aux yeux n'est pas exprimée pas plus que l'idée moyenne. Il y a dans cette forme d'argument un double mouvement de l'esprit : du fait particulier semblable on s'élève à la proposition générale, et de cette proposition générale on descend à l'autre fait particulier analogue.

Ce double mouvement, qui laisse pour ainsi dire à l'esprit de l'auditeur tout à faire dans la construction de l'argument, loin de lui déplaire, le satisfait en lui donnant le plaisir de créer, par son activité propre, la notion générale, et en même temps de saisir le rapport qui fait rentrer le fait semblable dans cette idée générale. Les discours, comme les orateurs, se caractérisent, les uns par une prédilection pour l'argumentation par exemple, les autres par une prédilection pour les enthymèmes. Ils ont une égale puissance de persuasion ; mais

---

[1] La majeure sous-entendue est : *a* appartient à *b* ; mais rien ne le prouve.
[2] Le mot ἀναλογία n'a pas ce sens dans Aristote où il signifie *proportion*. Cf. Trendelenburg, *Gesch. d. Kategorienlehre*, p. 151.
[3] *An. Pr.*, II, 24. ὅταν ἄμφω μὲν ᾖ ὑπὸ ταὐτό, γνώριμον δὲ θάτερον. Il peut y avoir plusieurs exemples au lieu d'un, cela ne change rien à la nature de l'argument. La preuve consiste toujours à montrer le rapport du moyen au grand extrême, τοῦ μέσου πρὸς τὸ ἄκρον. Des semblables le plus grand appartient au moyen qui contient le plus petit, τὸ Α τῷ Β ὑπάρχει.

l'enthymème désarçonne davantage l'adversaire, et a une plus grande force de réfutation [1]. D'un autre côté l'exemple plaît généralement davantage, et Aristote se demande pourquoi [2]. Est-ce parce qu'on aime à apprendre et à apprendre vite ? car on apprend plus vite par des exemples que par des théories raisonnées [3]. Ce qu'on connaît, ce sont des faits, tandis que l'enthymème est une démonstration par le général, qu'on connaît moins que le particulier. Ce qu'attestent de nombreux témoins, nous le croyons plus facilement et plus volontiers. Or les exemples ressemblent à des témoignages, et les preuves par témoins sont plus faciles. Enfin nous avons du plaisir à saisir les ressemblances des choses : les exemples sont comme les mythes, dont on aime à chercher et à deviner le sens secret.

Il y en a de deux sortes : les exemples réels, historiques, les faits accomplis ; en second lieu les faits fictifs. Ces derniers comprennent eux-mêmes deux espèces : la parabole, comme les comparaisons familières à Socrate; telles que : élire ou tirer au sort les magistrats, c'est comme si on tirait au sort les athlètes qui doivent concourir aux jeux. La seconde espèce renferme, sous le nom de λόγοι, les récits imaginaires, les contes, les fables [4], telles que la fable de Stésichore ou les fables d'Ésope [5].

Des exemples, ceux qui ont un caractère historique ont plus de force démonstrative dans le discours ; les exemples imaginaires offrent à l'orateur plus de facilités.

Des uns et des autres il ne faut se servir que lorsqu'on n'a pas de preuves réelles à fournir, et si l'on s'en sert, même

---

[1] *Rh.*, I, 2, 10.
[2] *Probl.*, XVIII, 3.
[3] Longum iter per præcepta, per exempla breve.
[4] Cf. les αἶνοι de l'*Odyss.*, V, 469-506; *Les Œuvres et les Jours*, d'Hésiode, V, 200; Archiloque, *Fragm* 80-82.
[5] Les fables Æsopiques étaient aussi appelées Libyennes, Sybaritiques, Phrygiennes, Ciliciennes, Cariennes, Égyptiennes, Cypriennes. Cf. Theon, *Progymn.*, 3. Speng., *Rh. Gr.*, t. II, p. 72.

quand on a des preuves, il faut produire les exemples, comme on produit, à l'appui d'une argumentation, des dépositions de témoins. Si on les cite avant toute démonstration, il faut les multiplier : si on s'en sert à la suite des preuves, un seul suffit : car un témoin véridique, même seul, est utile : μαρτυς γὰρ πιστὸς καὶ εἰς χρήσιμος.

L'exemple ou l'argument par analogie ne produira cet effet utile et cette action probante qu'à la double condition : Que le fait particulier, qui forme l'exemple, soit par rapport au fait particulier dont il s'agit comme une partie à une autre partie d'un même tout ou d'une même notion générale, et que ces cas particuliers éveillent naturellement et légitimement cette majeure universelle nécessaire. L'analogie est au contraire fausse si le fait cité comme exemple ne ressemble à l'autre que par des caractères particuliers et accidentels, et non par son essence générale, et si ce n'est pas une notion générale, qu'il partage avec le cas particulier en question, qui produit l'affirmation de la ressemblance. Sans cette majeure universelle, tout raisonnement par analogie n'est qu'un aveugle tâtonnement. On peut rencontrer juste, mais c'est par hasard et sans le savoir, comme un archer qui tire dans la nuit.

La forme d'argument qu'on appelle sentence ou maxime, et qui appartient aux preuves communes et générales, κοιναὶ πίστεις, ne diffère pas en genre de l'enthymème : car la maxime, ἡ γνώμη, n'est qu'une partie d'un enthymème [1]. En effet si on justifie la sentence par une proposition qui en fournisse la raison ou la cause, on reconstitue l'enthymème complet [2]. Elle formule la majeure ou la conclusion, et laisse à l'auditeur le soin et le plaisir de formuler l'autre proposition. C'est l'art ou l'artifice de la suggestion, et c'est par là que les

---

[1] *Rh.*, II, 20, 1. ἡ γὰρ γνώμη μέρος ἐνθυμήματος.
[2] *Id.*, id. προστεθείσης δὲ τῆς αἰτίας καὶ τοῦ διὰ τί ἐνθύμημα ἔσται. *Rh. ad Herm.*, IV, 17, 24. Sunt sententiæ — sine ratione et cum ratione.

maximes sont d'un si grand effet[1] : elles donnent l'universalité de la forme à une vérité particulière ou à un sentiment individuel que l'expérience personnelle a enseignés à l'auditeur et qu'il aime à voir transformés en une vérité générale qu'il ne saurait, par ignorance ou défaut de goût, leur donner lui-même ; il n'en voyait pas la portée profonde et est heureux qu'on la lui montre [2]. Elles ont un avantage plus grand encore ; comme elles portent toujours sur une vérité de morale pratique, elles donnent un caractère moral au discours, parce qu'elles révèlent les principes généraux de morale auxquels obéit ou semble obéir l'orateur [3]. La maxime est un jugement général dont le contenu est d'ordre pratique et porte sur ce qu'il est de notre devoir de faire ou de ne pas faire. L'enthymème a généralement le même contenu, de sorte que la conclusion d'un enthymème moral ou l'une quelconque des prémisses, la forme syllogistique étant supprimée, constitue la maxime [4]. Il y en a de deux sortes : l'une accompagnée, l'autre dépourvue de la proposition qui la justifie et la fonde [5].

Il ne convient pas à tout le monde de formuler ainsi des maximes générales sur les lois de la vie morale. Pour qu'elles soient écoutées avec respect, il faut qu'elles soient sanction-

---

[1] *Rh.*, II, 20. βοήθειαν μεγάλην.
[2] *Id.*, id. χαίρουσι δὲ καθόλου λεγομένου ὃ κατὰ μέρος προϋπολαμβάνοντες τυγχάνουσιν.
[3] *Id.*, id. ἠθικοὺς γὰρ ποιεῖ τοὺς λόγους, διὰ τὸ ἀποφαίνεσθαι τὸν τὴν γνώμην λέγοντα καθόλου περὶ τῶν προαιρετῶν. Voir sur l'origine des maximes morales, Herbart, *Psychol. als Wissensch.*, II, p. 362. La vie morale est l'œuvre de la réflexion, mais elle a d'autres facteurs : un sentiment naturel de bonté qu'on ne peut pas se donner à soi-même ; une force primitive que l'homme trouve en soi, en tant que composé d'une âme et d'un corps, et qu'il ne peut qu'exercer et exercer sur des objets qui se présentent à lui ; enfin, un jugement *esthétique* (ce mot pris dans le sens de Kant), un jugement esthétique sain qui ne part pas de l'abstrait, mais de cas réels particuliers. Ces facteurs de la vertu ne sont pas la vertu même : ils ont besoin d'être rassemblés, éclairés, fortifiés par des maximes, par des principes, par des efforts, par la pratique. Les maximes sont l'indice d'une vie humaine moralement supérieure, ou du moins qui s'est élevée au-dessus des échelons inférieurs de la civilisation, tels que la sauvagerie et la barbarie.
[4] *Rh.*, II 21. Cf. *in Hermog. Rh. Gr*, W., VII, p. 765 et 1154 ; V, 422, d'après Théophraste : καθόλου ἀπόφανσις ἐν τοῖς πρακτέοις.
[5] *Id.*, id. ἢ γὰρ μετὰ ἐπιλόγου... ἢ ἄνευ ἐπιλόγου.

nées par l'expérience et par l'autorité de l'âge. Même dans ce cas il n'en faut user que sobrement, et en fait, on remarque que les orateurs en font rarement usage [1], par exemple Démosthènes qui en fait un emploi si discret, mais chez lequel elles ont un effet très puissant et semblent nécessaires à la démonstration et ne sont jamais employées dans le seul but d'orner le discours. Au contraire les Romains du temps de Quintilien en font abus, et les appelaient *lumina orationis* [2]. Aristote avait observé, avant Herbart, que les habitants de la campagne aiment à formuler en maximes les résultats de leurs expériences morales ou autres [3]. Mais ce sont moins des expériences personnelles, que le produit des expériences accumulées pendant une longue suite de générations, qui leur donnent alors un air d'antiquité vénérable et une sorte d'autorité incontestée ou indiscutée. Il y a quelques proverbes qui peuvent prendre la forme sentencieuse.

§ 2. — *Classification des raisonnements oratoires ou enthymèmes.*

Il y a entre les enthymèmes une importante différence qui se produit également dans les syllogismes dialectiques. Les vérités probables, les propositions vraisemblables qui leur servent de prémisses sont de deux espèces : ou purement logiques et formelles, communes à toutes les sciences et à tous les sujets, comme le raisonnement du plus au moins ou du moins au plus. Ce sont des formes logiques, vides de

---

[1] *Rh. ad Her.*, IV, 17. Sententias raro interponi convenit. Cf. Quintil., VIII, 5.
[2] Cic., *de Opt. gen. dic.*, 3, 7. Senec., *Ep.*, 114, 16. Non tantum in genere sententiarum vitium est si aut pusillae sunt et pueriles, aut improbae et plus ausae quam pudore salvo licet : sed si floridae sunt, et nimis dulces, si in vanum exeunt, et sine effectu nihil amplius quam sonant.
[3] *Rh.*, II, 21. οἱ γὰρ ἄγροικοι μάλιστα γνωμότυποι, par exemple : Il n'y a rien de plus fâcheux que d'avoir des voisins; il n'y a rien de plus sot que d'avoir des enfants : οὐδὲν γειτονίας χαλεπώτερον... οὐδὲν ἠλιθιώτερον τεκνοποιΐας.

tout contenu, et qu'on peut remplir de toute espèce de matière. On les appelle τόποι et le plus souvent τόποι κοινοί, lieux communs. Le lieu est le point où se concentrent et où se rencontrent un grand nombre d'arguments[1]. Cette définition du lieu a besoin d'être éclaircie, et beaucoup ont essayé de l'éclaircir. Théophraste le définissait ainsi : ἀρχή τις ἢ στοιχεῖον ἀφ 'οὗ λαμβάνομεν τὰς περὶ ἕκαστον ἀρχάς, c'est-à-dire un principe général d'où nous tirons les principes particuliers[2]. Vossius : « loci sunt principia sive domicilia ex quibus argumenta desumuntur[3] », et il cite Cicéron dans les *Topiques* : « Quasi sedes e quibus argumenta promuntur », et dans le *De Oratore*[4] : « Regiones intra quas venere et pervestiges quod quæras ». Ailleurs Cicéron les qualifie de *trésors*[5]. Théon de Smyrne considère, comme plusieurs autres rhéteurs, le mot τόπος comme l'équivalent de ἀφορμὴ ἐπιχειρημάτων, c'est-à-dire comme la position stratégique d'où l'on s'élance pour attaquer facilement l'ennemi : « ὅτι ἀπ' αὐτοῦ ὁρμώμενοι οἷον ἐκ τόπου ῥᾳδίως ἐπιχειροῦμεν διόπερ τινὲς καὶ ἀφορμὴν ἐπιχειρημάτων αὐτὸν ὡρίσαντο[6]. Quintilien ajoute un trait caractéristique à la définition : « Locos appello, dit-il, sedes argumentorum quibus *latent*[7] ». Tous les arguments en effet sont des pensées, et les pensées sont cachées au fond de notre esprit : c'est notre esprit seul qui peut, par sa force propre, aller les éveiller de leur sommeil, les tirer au grand jour de leur demeure obscure, les rappeler pour ainsi dire à la lumière et à la vie, qu'elles soient d'ailleurs purement formelles, ou, comme celles dont nous allons parler, qu'elles soient positives.

Il y a en effet, connues aussi sous le nom de lieux, et par la

---

[1] Ar., *Rh.*, II, 26. τόπος εἰς ὃ πολλὰ ἐνθυμήματα ἐμπίπτει. C'est l'élément formel de la construction des arguments ; id., II, 22. στοιχεῖον δὲ λέγω καὶ τόπον ἐνθυμήματος τὸ αὐτό ; II, 26. τὸ γὰρ αὐτὸ λέγω στοιχεῖον καὶ τόπον.

[2] Alex., *in Top.*, I, p. 5. Ald.

[3] *Inst. Or.*, I. p. 13.

[4] II, 34.

[5] *De Fin.*, IV, 4.

[6] Theo., *Progymn.*, 7.

[7] V, 10.

même raison, des vérités particulières d'une science déterminée, des propositions spéciales, prouvées par une longue et sérieuse expérience, acceptées de tous et partout. Aristote les appelle εἴδη ou ἴδια [1] : ce sont des lieux, et même, malgré leur nom, des lieux communs quoique spéciaux, tels que les vérités expérimentales ou théoriques que fournissent les sciences du droit, de la politique, les arts de la marine et de la guerre, les connaissances qui sont relatives aux finances, au commerce et à l'industrie.

User du premier genre de ces lieux est nécessaire : ils sont la forme, le principe logique de tout raisonnement : n'user que d'eux, c'est se condamner à la banalité et au vide, puisqu'ils sont dépourvus de contenu.

User des εἴδη est encore plus nécessaire à l'orateur : car ce sont eux qui constituent le fond solide, le corps robuste de tout le discours. On peut en abuser cependant, si l'on transforme le discours en une dissertation spéciale de morale, d'économie politique et de finances.

L'inventaire des εἴδη et des τόποι a été dressé par Aristote et nous allons le parcourir avec lui.

C'est là que commence à proprement parler le travail de l'invention, à laquelle reste presqu'étranger l'emploi des preuves intrinsèques.

Les moyens que l'orateur doit savoir chercher, savoir où trouver, savoir comment employer sont, comme nous l'avons déjà dit, au nombre de trois :

1. Les preuves tirées du discours et produites par lui, et qu'on trouve et dans les lieux communs proprement dits, τόποι, et dans les lieux spéciaux, les εἴδη : ils constituent à eux deux la topique oratoire.

---

[1] Vossius donne une autre raison de ces dénominations et une autre idée de la nature de ces lieux, dont les uns sont, suivant lui, communs aux trois grands genres de l'éloquence, les autres spéciaux à chacun d'eux : « *Inst. Or.*, I, p. 14. E locis rhetoricis... alii communes sunt tribus caussarum generibus, qui κατ'ἐξοχὴν vocantur τόποι, quia sunt generalia propositionum domicilia, alii quia sunt proprii (loci) cuique generi, qui εἴδη dicuntur, quia sunt sedes propositionum in hac vel illa dicendi forma. »

2. Les mœurs oratoires, τὰ ἤθη τοῦ λέγοντος.

3. Les passions oratoires, τὰ πάθη, ou les moyens de disposer l'âme et l'esprit de l'auditeur, comme il est utile à notre but, τὸν ἀκροατὴν διαθεῖναί πως.

Les lieux communs sont donc des propositions universelles et axiomatiques et des catégories abstraites, communes à toutes les sciences, applicables à toute sorte de sujets [1]. On en peut distinguer deux espèces :

I. Les lieux communs proprement dits, κοινοί, qui sont au nombre de trois. Le possible et l'impossible, le passé et l'avenir, εἰ γέγονεν ἢ μή, εἰ ἔσται ἢ μή, la grandeur ou le plus et le moins, ὅτι μέγα ἢ μικρόν, τὸ μᾶλλον καὶ τὸ ἧττον [2],

II. Et les lieux communs des enthymèmes, τόποι ἐνθυμημάτων, par exemple le bien et le mal, le beau et le laid, le juste et l'injuste, qui se confondent avec les lieux des mœurs, des passions et des habitudes, ἕξεις [3].

Les anciens eux-mêmes ne se faisaient aucune illusion sur la valeur pratique de ces analyses des procédés de logique oratoire. Cicéron les reconnaît utiles : « Animus referendus est ad ea *capita*, et ad illos quos sæpe jam appellavi locos, ex quibus omnia ad omnem orationem inventa ducuntur [4] ». Mais il ajoute que les étudier et les connaître est le fait

---

[1] Cic., *Top.*, I. Maximas, id est, universales ac notissimas propositiones, locos appellatos esse perspeximus. Voss., *Inst. Or.*, II, XV, p. 311. Summa inventionis capita et genera universa.

[2] Ar., *Rh.*, I, 3, 8 ; II, 18, 3 et 4. Vossius, l. l. p. 310, les réduit à deux : le possible et l'impossible ; le grand et le petit, et après les avoir réduits à deux, les relève à quatre : 1. Le possible ; 2. Le fait accompli ; 3. Le futur ; 4. Le grand et le petit. M. Cope, *Introduction to Aristot. Rhetoric.*, y ajoute à tort τὸ αὔξειν καὶ τὸ μειοῦν ; car Aristote dit (II, 26), τὸ αὔξειν καὶ τὸ μειοῦν οὐκ ἔστιν ἐνθυμήματος στοιχεῖον, et il en donne la raison : c'est que cette amplification est un enthymème réel et positif, et non un lieu. Il semble d'ailleurs qu'il rentrerait dans le lieu du plus et du moins. Il est vrai qu'au l. II, ch. 18, 8. Aristote dit : ἔστι δὲ τῶν κοινῶν τὸ μὲν αὔξειν οἰκειότατον τοῖς ἐπιδεικτικοῖς. La doctrine est vacillante comme la terminologie, et Aristote lui-même appelle parfois εἴδη les lieux communs. *Rh.*, I, 9, 40.

[3] *Rh.*, II, 22, 16. ἐξ ὧν δεῖ φέρειν τὰ ἐνθυμήματα τόπων περὶ ἀγαθοῦ ἢ κακοῦ ἢ καλοῦ ἢ αἰσχροῦ, ἢ δικαίου ἢ ἀδίκου, καὶ περὶ ἠθῶν καὶ παθημάτων καὶ ἕξεων, ὡς αὔτως εἰλημμένοι ἡμῖν ὑπάρχουσιν πρότερον οἱ τόποι.

[4] *De Or.*, II, 34.

non pas seulement d'une théorie technique, mais d'une réflexion attentive, d'une observation fine et d'une pratique habituelle. Denys d'Halicarnasse[1] est à peu près du même avis : dans la pratique de l'éloquence, le premier rang appartient à l'invention, à la faculté de trouver des raisonnements et des idées, τῶν ἐνθυμημάτων καὶ νοημάτων εὕρεσις: le second à la faculté d'employer et de disposer les matériaux amassés. L'une a surtout sa force dans la nature, ἐν τῇ φύσει; l'autre emprunte davantage à la méthode. De ces deux éléments de l'éloquence, le génie naturel a une puissance bien supérieure et se passe plus volontiers de discipline et d'étude, διδαχῆς ἐλάττονος δεομένη. Ainsi la théorie des lieux communs n'avait pas, même dans l'ancienne rhétorique, toute tournée vers la pratique, la prétention d'apprendre à l'orateur à trouver des raisons, des raisonnements, des sentiments, des émotions ; mais il est cependant incontestable que la topique peut et doit avoir une très réelle et très heureuse influence sur le développement de l'intelligence et du sens logique en particulier. Elle conduit, soutient, éclaire, fortifie la puissance et la fécondité du génie de l'invention : pour ceux qui n'ont aucune prétention au talent oratoire, elle présente une classification méthodique, un système en quelque sorte scientifique qui groupe et lie la multiplicité des arguments.

C'est en quelque sorte la philosophie de la logique de l'invention : ce n'en est pas la partie la plus attrayante : car elle est d'une aridité manifeste et inévitable. La *Logique* de Port-Royal[2] l'attaque avec une vivacité extrême, parce qu'elle est, dit-elle, de peu d'usage, et serait plutôt nuisible qu'utile, si elle n'était pas pour ainsi dire dépourvue de tout effet. Cependant les auteurs de cet excellent livre, trop oublié et trop peu étudié, chez lesquels dominent toujours la plus haute impartialité et le plus parfait bon sens, ajoutent[3]: « Voilà gros-

---

[1] *De Thucyd.*, 34.
[2] *Part.*, III, ch. XVII.
[3] A la fin du ch. XVIII.

sièrement une partie de ce qu'on dit des lieux. Ceux qui en désireront davantage le peuvent voir dans les auteurs qui en ont traité avec plus de soin. On ne saurait néanmoins conseiller à personne de l'aller chercher dans les *Topiques* d'Aristote, parce que ce sont des livres étrangement confus [1]; mais il y a quelque chose *d'assez beau* sur ce sujet dans le premier livre de sa *Rhétorique*, où il enseigne diverses manières de faire voir qu'une chose est utile, agréable, plus grande, plus petite. C'est pourquoi tout l'avantage qu'on peut tirer de ces lieux se réduit au plus à en avoir une teinture générale, qui sert peut-être un peu, *sans qu'on y pense*, à envisager la matière qu'on traite *par plus de faces et de parties.* » Cela est déjà bien quelque chose; et l'on ne saurait mieux dire. Mais Port-Royal va plus loin : il reconnaît qu'en tant qu'analyse des procédés et des démarches de l'esprit dans la formation des raisonnements, la théorie est exacte : comment ne serait elle pas alors profitable à l'esprit qui ne se nourrit que de vérités? « Tous les arguments qu'on fait sur chaque sujet peuvent se rapporter à ces chefs et à ces termes généraux », et s'il est vrai que cette méthode ne suffit pas à les faire découvrir, il n'est pas indifférent, pour les découvrir, pour vérifier si on les a bien tous découverts, de savoir à quels chefs généraux ils se rapportent.

§ 3. — *Les lieux communs proprement dits, ou de logique formelle.*

Le premier de ces lieux est celui du possible et de son contraire [2], l'impossible. Il s'agit ici de la forme de la moda-

---

[1] On voit percer, dans ce jugement sévère et injuste, l'effet du mouvement de réaction contre la scolastique du moyen âge, dont on faisait, à tort, Aristote le représentant responsable.

[2] Il ne s'agit pas ici des propositions qu'on appelle contraires et qui sont deux propositions opposées en qualité et de même quantité; quand elles sont toutes deux

lité[1] appliquée à certaines idées et tout d'abord à l'idée des contraires.

La théorie des contraires est exposée dans le chapitre X des *Catégories* d'Aristote.

Les contraires, qu'il faut entendre ici des idées et non des individus qui y participent, car l'homme juste n'est pas le contraire de l'homme injuste au même sens que la justice est le contraire de l'injustice, les contraires sont une des quatre espèces d'opposés, ἀντικείμενα, qui sont : les relatifs, les contraires, la possession et la privation, la négation et l'affirmation.

La seconde espèce, celle des contraires, comprend les choses qui ne peuvent pas être à la fois dans le sujet capable de les recevoir toutes deux[2]. Leurs caractères sont les suivants :

I. Ils ne sont pas dits ce qu'ils sont l'un de l'autre, c'est-à-dire, leur essence ne consiste pas dans la relation même. On dit : le père du fils ; la science de la vertu ; le double qui n'est le double que de sa moitié ; mais on ne dit pas le bien du mal, etc. Les contraires sont les oppositions, ἀντιθέσεις, l'un de l'autre.

II. L'existence de l'un des contraires n'entraîne pas nécessairement l'existence de l'autre. L'imperfection existe dans le monde : cela ne prouve pas l'existence dans le monde de son contraire, la perfection.

III. Le sujet d'inhérence des contraires, τὸ δεκτικόν, est un et le même pour chacun d'eux : la justice et l'injustice, la

---

universelles, elles ne peuvent jamais être vraies ensembles, car les contradictoires alors seraient vraies ; mais elles peuvent être fausses toutes deux en même temps. Il s'agit de termes ou plutôt d'idées contraires.

[1] On appelle modales les propositions qui expriment qu'il est possible ou impossible, contingent ou nécessaire, que telle chose soit ou ne soit pas, c'est-à-dire les propositions où l'attribut est *modifié* d'une manière quelconque. Les propositions pures ou absolues, appelées plus tard catégoriques, sont celles où l'attribut est pris d'une façon absolue, sans limites ni réserves. Cf. Ar., *Hermen.*, ch. 12.

[2] Ar., *Met.*, V, 10. οὐκ ἐνδέχεται ἅμα ὑπάρχειν.

maladie et la santé, ont respectivement le même sujet d'inhérence, ταὐτὸ δεκτικόν, l'homme.

IV. Les vrais contraires appartiennent à un même genre, et en sont alors les termes les plus éloignés l'un de l'autre comme le blanc et le noir [1].

C'est là la contrariété absolue et complète.

Il peut se faire encore qu'ils appartiennent à des genres opposés, comme justice et injustice, ou forment eux-mêmes des genres, comme le bien et le mal. Mais ces deux dernières espèces se ramènent à la première : la justice est opposée à l'injustice, le bien au mal, parce qu'ils sont, sous certains rapports, comparables : ils sont l'un et l'autre des mobiles des actions humaines. Un son ne peut être dit le contraire d'une couleur, parce qu'il n'y a pas de passage de l'un à l'autre et qu'ils ne sont pas comparables, οὐκ ἔχει ὁδὸν εἰς ἄλληλα καὶ ἀσύμβλητα.

Il faut distinguer deux sortes de contraires : dans les uns, l'un des contraires doit nécessairement exister dans la chose : un nombre étant donné, il faut nécessairement qu'il soit pair ou qu'il soit impair. Dans ce cas, il n'y a pas de moyen terme entre eux, ni un ni plusieurs, il n'y a pas de passage de l'un à l'autre. Les deux termes opposés sont entr'eux comme *oui* et *non*, et excluent un troisième terme intermédiaire ; c'est ce qu'on appelle *principium exclusi tertii inter duo contradictoria* et l'opposition des contradictoires. Il n'en est pas de même de l'opposition de certains contraires, comme le blanc et le noir : noir n'est pas une négation absolue, une pure négation du blanc ; il pose plutôt une autre qualité positive, et ces deux qualités positives n'excluent pas la possibilité d'un ou de plusieurs intermédiaires qui ménagent la transition d'un extrême à l'autre par une série graduée et presqu'insensible des nuances [2]. Tel est le cas de

---

[1] Ar., *Met.*, X, 4, 1055, a. 39, et V, 10, 1018, a. 25.
[2] Ar., *Categ.*, II, p. 13, 18. ὑπάρχοντος τοῦ δεκτικοῦ δύνατον εἰς ἄλληλα μεταβολὴν γένεσθαι, εἰ μή τινι φύσει τὸ ἓν ὑπάρχει.

tous les changements qui s'accomplissent dans la nature qu'Aristote désigne toujours comme un passage d'un contraire à un autre. Cela vient de ce que ni l'une ni l'autre des propriétés contraires n'existe nécessairement dans le sujet : car il n'est pas nécessaire qu'un corps soit blanc ou soit noir, puisqu'il peut être rouge, jaune ou vert, tandis qu'il est absolument nécessaire qu'un nombre, s'il n'est pas pair, soit impair. Simplicius [1] appelle ἔμμεσα les oppositions qui admettent des termes intermédiaires, et ἄμεσα les oppositions contradictoires qui les excluent. Il faut faire rentrer dans cette dernière classe les cas où l'un des contraires seul est l'essence même de la substance qui le reçoit, comme la chaleur est l'essence du feu.

Venons aux applications logiques de ces définitions.

S'il est possible qu'un contraire soit ou ait été, il est possible que l'autre contraire soit ou ait été ; car les contraires, en tant que contraires, sont également possibles.

Il en est de même du semblable par rapport à l'autre semblable, du plus difficile par rapport au plus facile, du commencement par rapport à la fin et de la fin par rapport au commencement ; car s'il a été possible qu'une chose commençât, il est possible qu'elle finisse. Il en est encore ainsi du conséquent dans l'être ou dans le devenir, par rapport à l'antécédent [2], des parties par rapport au tout qu'elles forment et réciproquement, du genre par rapport à l'espèce et de l'espèce par rapport au genre, du double par rapport à la moitié, d'une production sans art et sans application, à celle où l'on emploie l'application et l'art : si on a pu faire une chose sans s'y appliquer, à plus forte raison est-il possible d'y réussir en y mettant tous ses soins et ses efforts.

La possibilité ne s'applique pas exclusivement à ces relations : il faut placer dans l'ordre du possible les objets de

---

[1] *Scholl. Ar.*, 84, a. 15.
[2] τὸ ὕστερον τῇ οὐσίᾳ ἢ τῷ γένεσθαι καὶ τὸ πρότερον.

nos affections et de nos désirs naturels, les objets des sciences, des arts, de l'industrie des hommes, les choses dont la production dépend de nous directement ou indirectement.

Les enthymèmes de l'impossible sont naturellement tirés des lieux contraires à ceux que nous venons d'énumérer. Les deux lieux, le possible et le futur, ne fournissent pour ainsi dire d'arguments qu'au genre délibératif.

II. Le lieu du fait accompli ou non accompli, le lieu de la réalité, dont nous allons parler, est surtout approprié au genre judiciaire.

Si une chose naturellement moins apte à devenir est devenue, celle qui est plus apte est arrivée certainement. Si ce qui ordinairement n'arrive que postérieurement est arrivée, à plus forte raison est arrivée celle qui d'ordinaire la précède. La chose qu'on a eu la puissance de faire et qu'on a désiré ou voulu faire, est certainement arrivée, puisque sa réalisation ne rencontrait aucun obstacle, et de même si on a voulu la faire et qu'aucun obstacle ne s'y opposât. De même, si on était sur le point de l'accomplir ; car c'est déjà presque le commencement de l'exécution ; ou encore, si ce qui naturellement précède la chose a eu lieu : s'il a éclairé, il a tonné, et réciproquement.

Le lieu de l'avenir est à peu près le même que le précédent : il est certain que nous accomplirons tout ce qui est en notre puissance, conforme à nos volontés, à nos désirs, à nos passions, à nos intérêts. Les antécédents naturels d'un fait sont un lieu d'où l'on tire les preuves qu'il arrivera : il y a de gros nuages au ciel, il est vraisemblable qu'il pleuvra ; on a réuni ici des matériaux de construction : il est très probable qu'on veut y bâtir et qu'on y bâtira une maison.

III. Sur le lieu qu'Aristote appelle tantôt τὸ αὔξειν καὶ μειοῦν [1], tantôt la grandeur et la petitesse, tantôt le plus grand et

---

[1] *Rh.*, II, 26. *Init.* et II, 18.

le plus petit, tantôt du terme général τὰ μεγάλα καὶ τὰ μικρά [1],
et qui a son application la plus fréquente et la plus intime
au genre épidictique, sa théorie est obscure, incertaine et
même contradictoire. Il le cite tantôt comme un lieu commun, et un lieu d'arguments apparents plutôt que réels : par
exemple, en exagérant la signification et l'importance morales
d'un acte, on semble prouver ou plutôt avoir prouvé qu'il a
été accompli : ce qui n'est un argument qu'en apparence [2].
Ailleurs [3], il nie que ce soit un lieu et prétend que c'est un
argument, un enthymème; car on s'en sert pour montrer
que telle chose est grande ou petite, comme l'enthymème
par lequel on démontre que tel acte est juste ou injuste,
utile ou funeste. Or c'est là la matière, le fond, le contenu
des raisonnements, soit syllogismes soit enthymèmes,
et non pas un lieu vide, un principe purement formel,
στοιχεῖον.

Sur ce point d'ailleurs il convient de se reporter à la théorie du genre délibératif, où il est traité de la grandeur des
biens et des degrés de cette grandeur, non pas de la grandeur
abstraite, mais de la grandeur concrète et réelle, du plus
grand et du plus petit bien. Car le bien est la fin de chacun
des genres dans lesquels se divise l'éloquence. L'utile est
un bien comme le beau et le juste. C'est au moyen de ces idées
qu'on peut grossir ou diminuer l'importance des choses. Mais
traiter de la grandeur et des degrés de grandeur abstraitement, sans rapport aux choses qui en sont susceptibles, c'est
parler à vide, κενολογεῖν [4]. C'est donc dans les théories relatives
aux genres qu'il faut placer l'exposition des arguments qui
exagèrent les faits qualifiés de justes, de beaux, d'utiles, ou

---

[1] *Id.*, II, 20, § 26.
[2] *Rh.*, II, 24, § 4. ἄλλος δὲ τόπος, τὸ δεινώσει κατασκευάζειν... ὅταν, μὴ δείξας, αὐξήσῃ τὸ πρᾶγμα.
[3] *Id.*, 26.
[4] Cependant, Aristote. *Rh.*, I, 3, § 9, dit qu'il faudrait traiter du grand et du petit, du plus grand et du plus petit, non seulement au point de vue concret et particulier, περὶ ἑκάστου, mais encore au point de vue général, καὶ καθόλου.

plutôt qui exagèrent dans les faits ces qualités mêmes ou leurs contraires [1].

§ 4. — *Les lieux (communs) des enthymèmes.*

Il y a plusieurs sortes d'enthymèmes : les enthymèmes positifs, démonstratifs, affirmatifs, δεικτικά, et les enthymèmes réfutatifs, ἐλεγκτικά, dont il faut distinguer les λύσεις et les ἐνστάσεις, c'est-à-dire les solutions des difficultés qu'on nous oppose, et les objections que nous opposons aux thèses de nos adversaires [2]; de plus il y a une distinction à faire entre les enthymèmes réels et les enthymèmes apparents.

Mais avant d'en rechercher les lieux et de distinguer leurs espèces, il est bon de traiter de l'enthymème en général, non pas dans sa structure extérieure et pour ainsi dire dans son mécanisme, dont nous avons dit un mot, mais dans la fonction qu'il remplit et l'emploi qu'on en doit faire dans l'éloquence.

Nous savons déjà que l'enthymème est un syllogisme, en quoi il l'est, et par quoi il diffère du syllogisme dialectique. Voici les règles qu'il faut observer dans la recherche et dans l'emploi de cette forme d'arguments.

1. Il ne faut pas attacher trop haut et trop loin le premier anneau de la chaîne des raisonnements : leur longueur en rendrait à une assemblée nombreuse et diversement composée l'intelligence pénible et en troublerait la clarté.

2. Il ne faut pas vouloir tout dire et tout prouver. Prouver l'évidence est un pur bavardage. Ce sont là des défauts qui rendent les gens de science et d'études spéciales fortes,

---

[1] *Id.*, I, c. 14 et I, 3. δεικνύναι ὅτι μέγα ἢ μικρὸν τὸ ἀγαθόν... ἢ τὸ καλόν... ἢ τὸ δίκαιον... τί μεῖζον ἀγαθὸν ἢ ἔλαττον.
[2] *Rh.*, II, 21 et 22.

impropres à l'éloquence populaire et, sous ce rapport, très inférieurs à des ignorants....

οἱ γὰρ ἐν σοφοῖς
φαῦλοι παρ' ὄχλῳ μουσικώτεροι λέγειν[1].

Ceux qui sont des esprits très médiocres, comparés à des hommes de science, ont, par la parole, auprès des foules, une action plus persuasive et plus puissante, parce que les uns exposent des vérités générales tirées de principes très élevés; les autres empruntent leurs arguments à des faits connus de tous et familiers.

3. Il faut bien choisir les idées sur lesquelles nous voulons appuyer nos conclusions ; ne pas chercher à poser des prémisses nécessaires, mais de préférence des propositions le plus ordinairement vraies, acceptées de ceux qui nous entendent, ou de ceux en qui les auditeurs ont pleine confiance.

4. Quel que soit le genre de discours qu'on ait à faire, politique, judiciaire ou démonstratif, dans l'accusation comme dans la défense, dans le blâme comme dans l'éloge, qu'on veuille entraîner une assemblée à certains actes ou l'en détourner, il ne faut pas se contenter de généralités banales et vides, qui n'ont aucune force ni aucun intérêt : ces raisonnements sont languissants et énervés [2]. Il faut connaître ce dont on parle dans son tout et dans les détails, pénétrer au fond des choses, et examiner la question, sinon dans toutes ses faces et dans tous ses éléments, du moins dans la plus grande partie. Il faut avoir sur le sujet des idées précises, exactes, sûres, qui éclairent toute la question et en caractérisent la vraie nature, ou du moins éviter le commun et le banal [3]. Autrement il n'est pas possible de persuader et de prouver.

---

[1] Eurip., *Hipp.*, V, 989.
[2] *Rh.*, II, 22. μαλακώτερον συλλογίζονται.
[3] *Id.*, id. ἀποβλέποντα μὴ εἰς ἀόριστα, ἀλλ' εἰς τὰ ὑπάρχοντα... ἐγγύτατα τοῦ πράγματος, οἰκειότερα καὶ ἧττον κοινά.

5. Enfin, il ne faut pas raisonner, quand il s'agit de passionner et de toucher.

Avant d'entrer dans l'étude des lieux qui leur sont communs, il est bon de déterminer en quoi consiste la différence des enthymèmes démonstratifs et des enthymèmes réfutatifs que nous avons plus haut indiquée.

L'enthymème positif, constructif[1], prouve que la chose est ou n'est pas. Sa conclusion s'appuie sur des propositions universellement ou généralement accordées, vérités, maximes, règles populaires.

L'enthymème réfutatif ou destructif[2] poursuit une conclusion qui affirme la proposition contradictoire à la proposition soutenue par l'adversaire[3], c'est l'idée même de la réfutation, λύσις.

Les enthymèmes soit démonstratifs, soit réfutatifs, ont des lieux communs aux deux espèces. Il est clair, dit Aristote, que la réfutation, τὸ ἀντισυλλογίζεσθαι, se tire des mêmes lieux que la démonstration, et n'a pas recours à une espèce différente de ces lieux[4].

Aristote énumère vingt-huit lieux d'enthymèmes[5], que nous analyserons rapidement :

I. Le lieu des contraires : la tempérance est un bien.

---

[1] *Rh.*, II, 26, 3. κατασκευαστικόν.
[2] *Id.*, II, 22. δεικτικὸν... τὸ ἐξ ὁμολογουμένων συνάγειν... τὸ δὲ ἐλεγκτικὸν τὰ ἀνομολογούμενα συνάγειν.
[3] On pourrait l'appeler ἀνασκευαστικόν. Aristote, *Rh.*, II, 27, se sert d'ἀνασκευάζειν ou de ἀναιρεῖν, comme opposés de κατασκευάζειν. Cf. Hermog., *Progymn.*, Speng., *Rh. Gr.*, II, 8.
[4] Cependant, il en traite quelques-uns à part, dans le ch. 25 du II° l., qui est tout entier consacré à la λύσις. *Rh.*, III, 17. τὰ δὲ πρὸς τὸν ἀντίδικον οὐχ ἕτερόν τι εἶδος. *Id.*, II, 26. οὐδὲ τὰ λυτικὰ ἐνθυμήματα εἶδός τι ἐστιν ἄλλο τῶν κατασκευαστικῶν.
[5] *Rh.*, II, 23. C'est un sujet aride, sur lequel les Romains, qui n'ont jamais eu la tête philosophique, glissaient volontiers. Quintil., V, 8 : « Plerumque aut negligitur aut levissime attingitur ab iis qui argumenta, velut horrida et confragosa, vitantes, amœnioribus locis desident. » L'énumération d'Aristote est sans ordre ; aucune idée générale ne ramène les lieux à un principe commun; plusieurs semblent se confondre, et malgré ce désordre et cette confusion, il vaut encore mieux reproduire ce catalogue, dont le caractère est d'ordre pratique, que d'adopter l'une ou l'autre des classifications scolastiques des rhéteurs postérieurs, empruntées aux stoïciens et dont les divisions et sous divisions mécaniques se multiplient à l'infini, sans aucun profit pour la clarté ni la vraie logique du sujet. Ainsi, Jul. Victor et Curius Fortunatianus

car l'intempérance est un mal. Mais avant de formuler cet enthymème il faut bien examiner si au sujet contraire appartient réellement l'attribut contraire. L'argument repose sur le principe de logique formulé par l'anonyme grec : ἀκολουθεῖ γὰρ τὰ ἐνάντια τοῖς ἐναντίοις [1], les attributs contraires accompagnent ou suivent les sujets contraires et qui est plus simplement appelé par Aristote : ἀκολούθησις [2]. Celui-ci considère les lieux tirés des contraires, ainsi que ceux tirés des σύστοιχα [3], termes conjugués, et des πτώσεις, dont nous allons parler, comme les lieux les plus véritablement communs et les plus favorables à la démonstration [4].

II. Un autre lieu se tire de la similitude des fléxions verbales ou nominales, πτώσεις, et des termes formés d'une même racine et placés pour ainsi dire dans la même rangée, σύστοιχα [5].

(p. 116, ed Halm.) divisent les lieux des enthymèmes en quatre catégories principales : 1. *Ante rem* ; 2. *In re* ; 3. *Circa rem* ; 4. *Post rem*.

La catégorie *ante rem* renferme sept espèces tirées : 1. A persona ; 2. A re ; 3. A causa ; 4. A tempore ; 5. A loco ; 6. A modo ; 7. A materia. Ce sont les sept circonstances qu'Hermagoras énumérait sous le nom de περιστάσεις.

La catégorie *in re* comprend douze espèces : a toto, a genere, a specie, a differentia, etc.

La catégorie *circa rem* en comprend dix : A simili, qui se divise lui-même en cinq sous-espèces : a dissimili, a pari, a contrario, etc.

La catégorie *post rem* n'en possède que deux : ab eventu et a judicato.

Cette systématisation extérieure et mécanique, qui irait à l'infini si on voulait la poursuivre, semble venir des stoïciens, qui avaient compris la rhétorique dans leur logique, et avaient le goût des divisions multiples et des distinctions subtiles. Cf. Cic., de Or., II, 162-177; Partit. Or., 7; de Inv., II, 11; Quintil., V, 10.

[1] *Rh. Gr.*, Walz., t. V, 404 et VII, 762.
[2] Ar., *Top.*, II, 8.
[3] Ar., *Top.*, II, 9. « On tire des arguments réfutatifs et démonstratifs, ἀνακρούοντα καὶ κατασκευάζοντα, des conjugués, σύστοιχα et des flexions, πτώσεις ». Ce dernier mot s'appliquait parfois au sens du premier, mais non réciproquement. Scholl. Leo Mag., *in Top.*, 114, a. 27. αἱ πτώσεις σύστοιχοι λέγονται· ἀκολουθεῖ γὰρ τὸ δικαίως τῇ δικαιοσύνῃ, τὰ δὲ σύστοιχα πτώσεις οὐ λέγονται. En général, πτῶσις désigne les flexions casuelles et verbales ; σύστοιχα, les dérivés d'une même racine, par exemple : τὰ δίκαια et ἡ δικαιοσύνη, τὰ ἀνδρεῖα et ἡ ἀνδρεία.
[4] *Top.*, III, 6. μάλιστα δ'ἐπίκαιροι καὶ κοινοὶ τῶν τόπων.
[5] Cic., *Top.*, c. 4. Conjugata dicuntur quæ sunt ex verbis ejusdem generis : ejusdem autem generis verba quæ orta ex uno varie commutantur, ut sapiens, sapienter, sapientia. Port-Royal, III, 18. Lieux de grammaire. « Les mots dérivés de même racine servent aussi à faire trouver des pensées : *Homo* sum, *humani* nil a me alienum puto ; *mortali* urgemur ab hoste, *mortales*. Quid tam dignum *misericordia* quam *miser*.

On ne peut pas dire que tout ce qui est juste, τὸ δικαῖον πᾶν, est bon ; car on serait, par la loi de l'ἀκολούθησις, obligé de le dire de *justement*, δικαίως, et par exemple de dire qu'il est bon de mourir justement. Mais on peut dire que si la justice est une science, le *justement*, c'est-à-dire tout ce qui est fait justement, est fait scientifiquement, τὸ δικαίως ἐπιστημονικῶς [1].

Aristote fait remarquer que la justice est la seule vertu où les états passifs correspondant aux actes beaux ne soient pas beaux comme eux, τὰ δικαίως ἔργα καλὰ εἶναι, πάθη δὲ οὔ. Car il est encore plus honteux d'être justement puni qu'injustement [2].

III. La relativité, πρὸς ἄλληλα [3], constitue un troisième lieu. Toute action est corrélative à une passion. Si quelqu'un agit, un autre, ou le même en tant qu'autre, souffre ou supporte cette même action, et les propriétés ou qualités de l'action sont communes à la passion et réciproquement. C'est un lieu qui prête au paralogisme, et il faut bien examiner séparément chacun des deux corrélatifs. S'il était juste que Clytemnestre mourût, ce n'est pas une conséquence qu'il fût juste qu'elle mourût de la main de son fils [4]. Il importe donc d'examiner, d'une part si celui qui a fait l'action se conformait à la justice en l'accomplissant, et, d'autre part, si celui qui l'a subie méritait de la subir : il n'y a pas de lien nécessaire entre ces deux choses, qui constituent deux questions distinctes et différentes.

IV. A ce lieu se rattache celui du plus et du moins : car ce sont aussi des corrélatifs. Si les dieux ne peuvent pas tout savoir, encore moins le peuvent les hommes [5]. S'il a été

---

[1] Ar., *Top.*, III, 6, IV, 3. Il y a ici à la fois συστοιχία et ὁμοίαι πτώσεις. Quintil., V, 10, trouve ce lieu ridicule, parce qu'il ne le comprend pas.

[2] Ar., *Rh.*, I, 9.

[3] Ou encore πρός τι. *Rh. Gr.*, V, 40. Minucian., IX, p. 611. D'après un passage de Quintil., V, 10, Cicéron les appelait : res sub eamdem rationem venientes et fortiter consequentes.

[4] Ar., *Rh.*, II, 23. εἰ δικαίως ἔπαθέν τι, δικαίως πέπονθεν, ἀλλ' ἴσως οὐχ ὑπὸ σοῦ.

[5] *Rh.*, II, 23.

capable de tuer son propre fils, encore plus le peut-il être de tuer un autre homme [1]. Ce lieu peut fournir des arguments de forme très variée.

V. Le cinquième lieu se tire des circonstances de temps, par exemple : si je vous avais *alors* demandé, dit Iphicrate, une statue à la condition de vous rendre ces services, certes vous me l'auriez accordée ; je vous les ai rendus, et *maintenant* vous me la refuseriez !

VI. Le sixième se tire des faits mêmes qui nous sont reprochés et qu'on retourne contre l'adversaire. Il est clair qu'on entre ici sur le domaine des mœurs oratoires et des mouvements pathétiques[2] : Comment, toi, Aristophon, tu n'aurais pas livré tes vaisseaux, et moi, Iphicrate, je l'aurais fait ! La force de l'argument tiré de ce lieu, repose comme on le voit, sur la supériorité morale, manifeste et reconnue de celui qui parle : autrement il serait ridicule.

VII. Le lieu de la définition est le fondement de nombreux arguments[3], parce qu'elle seule permet de poser nettement et précisément la question et semble, par cela seul, parfois la résoudre ; car la définition est, dans la forme, la conclusion non démontrée d'un raisonnement.

VIII. Le lieu tiré de la diversité de sens des mots.

IX. Le lieu de la division, par exemple : Les hommes ont trois raisons pour mal faire ; de ces trois raisons, les deux premières sont impossibles à alléguer dans l'espèce, et quant à la troisième, les adversaires eux-mêmes ne prétendent pas qu'elle existe.

X. Le lieu de l'induction.

XI. Les décisions ou jugements antérieurs, sur des questions identiques ou analogues ou contraires, surtout si ces

---

[1] *Rh. Gr.*, V, 404.
[2] Quintil., V, 12. Quidam probationes adjiciunt quas παθητικάς vocant, ductas ex affectibus. Ce ne sont pas les moins puissantes. Ar., *Rh.*, I, 2. κυριωτάτην ἔχει πίστιν τὸ ἦθος.
[3] II, 23. πάντες γὰρ ὁρισάμενοι καὶ λαβόντες τὸ τί ἐστι, συλλογίζονται.

décisions sont universelles et constantes, ou émanent des personnes les plus autorisées, ou de celles mêmes à qui l'on s'adresse, ou de celles dont nos auditeurs respectent l'opinion, ou qu'ils redoutent, ou qu'ils auraient honte de contredire. Par exemple, Sapho dit : Mourir est un mal, et les dieux mêmes en ont jugé ainsi ; autrement ils se seraient soumis à la mort.

XII. L'énumération des parties, qui ressemble fort à la division, puisque la division seule peut créer des parties : par exemple : L'âme est un mouvement, dit-on ; mais quel mouvement ? Est-ce celui-ci, ou celui-là, ou tel autre ?

XIII. Le lieu des conséquences ou des suites les plus générales et les plus ordinaires, ἐκ τοῦ ἀκολουθοῦντος. C'est ce que les Latins appellent *consequens*[1], et Démosthènes τὰ συμβεβηκότα[2]. On peut prouver que la haute éducation est un mal ; car elle a pour conséquence inévitable d'attirer sur soi l'envie ; mais aussi qu'elle est un bien ; car la science, qui en est le résultat, est un bien.

XIV. Ce lieu s'applique à deux choses que l'on oppose l'une à l'autre, comme contraires[3], comme la justice et l'injustice. C'est ainsi que la prêtresse détournait son fils de la carrière politique en lui disant : Si tu défends la justice, les hommes te haïront, et si tu soutiens l'injustice, ce sera les dieux. Mais on peut renverser l'argument, et répliquer : Si je défends la justice, je serai aimé des dieux, et je le serai des hommes si je soutiens l'injustice. C'est ce que l'on appelait βλαίσωσις, *dissortio*, argument où chacun des deux contraires

---

[1] Cic., *de Or.*, II, 170 Quintil., V, 10 ; *ad Herenn.*, II, 30. Quæ rem consequi solent.

[2] *In Aristocrat.*, § 2.

[3] Les opposés ἀντικείμενα ne sont pas nécessairement des contraires (*Categ.*, ch. X et XI). Aristote en distingue quatre espèces : 1. Les relatifs ; 2 Les contraires ; 3. L'opposition de la possession et de la privation ; 4. L'opposition de l'affirmation et de la négation, laquelle exclut les moyens termes. C'est l'opposition des contradictoires, où les deux termes sont entr'eux comme oui et non, et qui, formulée en un jugement, s'appelle ἀντίφασις.

a pour effet le bien et le mal, où les deux contraires sont opposés chacun à chacun, ἑκάτερα ἑκατέροις.

XV. Le quinzième lieu concerne l'opposition entre les désirs secrets et les opinions ouvertement manifestées[1]. On dit bien haut qu'il vaut mieux mourir avec honneur que vivre dans la volupté ; mais dans le secret du cœur on désire et on veut le contraire. Il faut donc contraindre celui qui ose exprimer les sentiments cachés du cœur humain à reconnaître la force des opinions générales et avouées, à s'incliner devant les maximes du sens moral commun de l'humanité, ou inversement. Dans les deux cas on fera éclater la contradiction.

XVI. Le lieu de l'analogie n'est pas sans resssemblance avec celui de la relativité. C'est un procédé de raisonnement dont Aristote fait très souvent usage, lorsque les choses dont il traite ne fournissent pas une idée générale précise, ou ne sont pas en rapport avec une unité déterminée qui puisse fonder une détermination essentielle. L'analogue alors tient lieu de l'élément commun[2] qui fait défaut, lorsque les objets présentent entr'eux une grande et réelle correspondance : comme par exemple les os de la sèche, les arêtes des poissons et les os proprement dits ; ou encore : ce que la vue est dans le corps ou dans l'œil, la raison l'est dans l'âme[3] : ce qu'on dit de l'un, peut être dit de l'autre. Nous avons ici le sens primitif du mot grec analogie : c'est une *proportion*

---

[1] Aristote (*Soph. El.*, 12, 172, b. 36), l'appelle ἐκ τῶν βουλήσεων καὶ τῶν φανερῶν δόξων.
[2] L'élément commun, τὸ κοινόν, est donc fondé tantôt sur le genre, tantôt sur l'espèce, tantôt sur l'analogie. Ar., *de Partib. Anim*., I, sub fin.
[3] *Top.*, I, 17. ὡς ἕτερον πρὸς ἕτερόν τι, οὕτως ἄλλο πρὸς ἄλλο... ὡς ἕτερον ἐν ἑτέρῳ τινί, οὕτως ἄλλο ἐν ἄλλῳ οἷον ὡς ὄψις ἐν ὀφθαλμῷ, νοῦς ἐν ψυχῇ. Dans l'*Ethique à Nicomaque*, I, 4, l'exemple est un peu modifié et on lit : ὡς γὰρ ἐν σώματι ὄψις. Le mot dans Aristote a primitivement le sens de proportion arithmétique, quand il s'agit de nombres, géométrique quand il s'agit de la similitude des figures. C'est de ce sens qualitatif qu'il est transporté au raisonnement en général. *De Gen. et Corr.*, II, 6. « κατ' ἀναλογίαν, οἷον ὡς τόδε λευκὸν, τόδε θερμόν. Les mots ὡς τόδε signifient dans la catégorie de la qualité le semblable, dans la catégorie de la quantité, l'égalité.

qualitative, une égalité de rapports ; ce sont des choses qui ont la même propriété, τὴν αὐτὴν ἔχον δύναμιν [1]. C'est sur l'analogie qu'est fondée la métaphore [2]. Il est difficile d'en exagérer l'importance logique, et on ne saurait trop y exercer l'esprit, qu'il faut habituer à saisir les analogies dans les choses les plus différentes [3].

Cet art est utile pour produire des raisonnements inductifs, des syllogismes hypothétiques [4] et pour établir des définitions. C'est le fil secret qui nous guide dans l'effort d'agrandir le cercle de nos connaissances ; elle cause à l'esprit qui a pu former des séries longues et solides un plaisir tout particulier, parce qu'elle fait éclater, au milieu de la diversité des faits, une loi commune, et que le fait particulier éblouit, ou plutôt illumine les yeux par la clarté de l'universel auquel il est rapporté [5].

On voulait astreindre, malgré son âge, le fils d'Iphicrate, qui était d'une grande taille, au service des liturgies. Si l'on veut considérer, dit le père, comme des hommes les enfants d'une grande taille, il faudra que vous décidiez que les hommes de petite taille sont des enfants.

XVII. Le dix-septième lieu consiste à conclure de l'identité des causes, l'identité des résultats : c'est identiquement la même impiété de dire que les dieux naissent ou de dire qu'ils meurent ; car il en sort la même conclusion, à savoir qu'ils n'existent pas soit avant leur naissance, soit après leur mort. Il s'agit donc de montrer qu'une même conclusion

---

[1] *De Part. An.*, I, 5, 645, b. 9.

[2] *Rh.*, III, 6.

[3] *Top.*, 1, 17. μάλιστα δ'ἐν τοῖς πολὺ διεστῶσι γυμνάζεσθαι δεῖ ; *id.*, 18, ἡ δὲ τοῦ ὁμοίου θεωρία χρήσιμος.

[4] C'est-à-dire des syllogismes dont les prémisses résultent d'un accord, d'un consentement : ἐξ ὁμολογίας.

[5] Trendelenb., *Erlaüter.*, p. 81. Les rapports de l'analogie avec l'exemple sont manifestes : aussi les grammairiens ont-ils nommé *exemple* ou *paradigme* le fait grammatical particulier qui figure l'analogie et où l'on peut voir la loi générale de la flexion.

sort des deux contraires et qu'ils sont causes d'un même effet[1] : me condamner, dit Socrate, c'est condamner l'art même que je professe [2], c'est-à-dire la philosophie.

XVIII. Ce lieu se tire de l'inconstance des sentiments, des opinions, des actions des hommes, qui agissent ou pensent dans un temps d'une manière absolument contraire à ce qu'ils ont fait ou pensé dans un autre : autrefois ils ont mieux aimé combattre pour rentrer dans leur patrie, et aujourd'hui, au risque d'être de nouveau exilés, ils aiment mieux ne se pas battre [3].

XIX. Ce lieu consiste à affirmer comme certaine et réelle la cause seulement probable ou possible d'un fait : ce n'est pas par bonté que les dieux accordent aux hommes de si hautes fortunes : c'est afin de leur en faire sentir plus cruellement la perte, et rendre leur chute plus éclatante.

XX. Le vingtième lieu, commun aux genres politique et judiciaire, se tire des motifs et des raisons qui peuvent engager à faire un acte ou en détourner. Ces motifs et ces raisons sont la possibilité, la facilité, notre intérêt personnel ou celui de nos amis, le dommage qui en résulte pour nos ennemis. C'était, dit Aristote, toute la rhétorique de Callippe et de Pamphile.

XXI. On trouve un lieu d'arguments dans la créance qu'obtient une chose qui n'est ni croyable ni vraisemblable. Si on y ajoute foi, c'est donc qu'elle est vraie, puisque ce

---

[1] Victor, ἐκ τοῦ ἐν ἀποτέλεσμα ἐξ ἀμφοῖν δείκνυσθαι τῶν ἐναντίων καὶ αἴτια ταὐτὰ ἑνός τινος.

[2] Spengel a substitué trop hardiment Isocrate à Socrate, leçon que donnent tous les manuscrits. Il se fonde sur la ressemblance de la phrase citée par Aristote avec une phrase de l'*Antidosis*, § 173 : οὐ γὰρ περὶ ἐμοῦ μέλλετε μόνον τὴν ψῆφον διοίσειν, ἀλλὰ καὶ περὶ τοῦ ἐπιτηδεύματος. Mais Aristote pouvait bien prêter à Socrate la même pensée et l'exprimer dans ces mêmes formes, et la ressemblance ne prouvera rien, d'autant plus que εἰ χρὴ φιλοσοφεῖν, ne pourrait guère avoir été dit d'Isocrate par Aristote, qui était loin de voir en lui un philosophe.

[3] Allusion à l'affaiblissement des mœurs viriles et du dévouement au service militaire chez les Athéniens. Ceux-là même qui n'ont pas craint de risquer leur vie pour échapper à l'exil et recouvrer la patrie, refusent de la défendre, bien que sa défaite ne puisse manquer de les menacer d'un nouvel exil.

n'est ni la vraisemblance, ni la crédibilité, τὸ πιθανόν, qui inspire cette conviction. Les apologistes chrétiens ont souvent fait usage de ce lieu pour prouver la réalité des miracles.

XXII. Cet autre lieu qui consiste à faire ressortir les contradictions soit de paroles, soit d'actes, soit de temps, contenues dans les faits qu'on nous oppose, n'a son emploi que dans la réfutation : il prétend qu'il est dévoué à la République, et il a été un complice des Trente ; il soutient que je suis un homme processif, et il ne peut citer un procès où j'aie été engagé.

XXIII. Celui-ci consiste à faire tomber les soupçons fâcheux dirigés contre certaines personnes ou certaines actions, en en expliquant la cause et l'origine.

XXIV. La cause fournit un lieu des plus généraux [1]. Si l'on peut montrer que la cause existe, on a prouvé l'existence de l'effet; si l'on peut prouver que la cause n'existait pas, on a démontré le contraire, car il n'y a pas d'effet sans cause [2].

XXV. Ce lieu consiste à prouver qu'il n'y avait ou qu'il n'y a rien de mieux à faire que ce qui a été fait, ou qu'on conseille de faire.

XXVI. Le vingt-sixième lieu ressemble fort au dix-huitième il consiste à examiner si ce qu'on se propose de faire n'est pas contraire à nos actes antérieurs ou à nos sentiments hautement exprimés, ou aux actes et aux sentiments de ceux dont nous approuvons les opinions et la conduite, ou aux actes et aux sentiments de nos pareils, ou du plus grand nombre ou de l'universalité des hommes [3].

XXVII. Un autre se tire des antécédents : uniquement propre au genre judiciaire, il ne devrait pas figurer ici où

---

[1] Cic., *de Or.*, II, 171. Ex causis rerum.
[2] *Rh.*, II, 23, § 25. ἄνευ αἰτίου οὐθέν ἐστιν.
[3] Soph. *El.*, 15. ἔτι καθάπερ ἐν τοῖς ῥητορικοῖς... ὁμοίως τὰ ἐναντιώματα θεωρητέον.

l'on énumère les lieux communs aux trois genres. Médée avait commis le crime de renvoyer ses enfants : elle a bien pu commettre celui de les tuer. On connaît le mot terrible d'Iago à Otello sur Desdémone :

> She has deceived her father ; she may thee.

Ce lieu constituait, au dire d'Aristote, toute la rhétorique de Théodore dans sa première forme, ou, suivant une autre interprétation du texte, toute la rhétorique antérieure à Théodore [1].

XXVIII. Le dernier lieu d'arguments est fourni par le nom [2] : C'est avec raison que le législateur athénien s'appelait Dracon ; car ses lois ne sont pas celles d'un homme, mais celle d'un monstre, et Euripide :

> καὶ τοὔνομα ὀρθῶς Ἀφροσύνης ἔχει Θεᾶς.

Tous les arguments, quelle qu'en soit l'espèce, réfutatifs ou positifs, dont l'auditeur doit prévoir la conclusion, et qu'il peut, à peine commencés pour ainsi dire, compléter et achever lui-même, ont un effet plus puissant, parce qu'il est visible qu'ils touchent au fond des choses et n'en effleurent pas seulement la surface. En effet, l'auditeur qui n'a aucun intérêt à se tromper lui-même ne se laisserait pas entraîner par des prémisses fausses ou invraisemblables, et rejetterait *a priori* la conclusion. De plus ces arguments qu'il achève, et tous ceux qu'il comprend aussi vite qu'ils sont exprimés, qu'il forme intérieurement, mentalement, en même temps que l'orateur les formule, lui donne le plaisir d'une activité intellectuelle pour ainsi dire spontanée, ou qu'il considère comme telle, quoi qu'elle lui ait été suggérée, et cette activité constitue le plaisir le plus vif et le plus propre de l'homme.

---

[1] V. ce nom : *Hist. de la Rhét.*, pp. 26-62.
[2] Cic., *de Or.*, II, 165, *ex vocabulo*. Quintil., V, 10.

§ 5. — *Les lieux des enthymèmes apparents.*

S'il est nécessaire d'analyser et de ramener à leurs formes logiques générales les raisonnements oratoires réels et sérieux, il n'est pas inutile d'analyser et d'énumérer de même les lieux des arguments de pure apparence, c'est-à-dire, des sophismes oratoires qui n'ont du raisonnement que la forme extérieure et l'apparence menteuse.

Il ne s'agit pas ici de l'art de prouver indifféremment le pour et le contre, le oui et le non. Il n'est peut-être pas interdit, pour une bonne cause, d'employer un argument vicieux en la forme ; mais il est surtout utile et même nécessaire de connaître quelles formes diverses, quelles multiples apparences peut prendre un argument sophistique, pour ne pas tomber dans le piège qu'il nous tend ; il est nécessaire de savoir découvrir le vice du raisonnement de l'adversaire qu'il serait imprudent de croire très scrupuleux et toujours loyal dans le choix de ses armes logiques : il est bon de savoir parer les coups les plus perfides [1].

L'analyse des lieux des enthymèmes spéciaux a pour complément l'analyse des raisonnements sophistiques, qui forme le IXe livre des *Topiques* d'Aristote, et est une théorie à la fois plus méthodique et plus complète que celle de la *Rhétorique* [2].

Les deux premiers lieux des sophismes oratoires reposent sur le langage et l'expression des idées, παρὰ τὴν λέξιν : ce sont l'homonymie d'une part, et la forme grammaticale de l'autre, σχῆμα τῆς λέξεως.

La figure grammaticale prend plusieurs formes : elle consiste d'abord dans l'artifice de donner à la dernière proposition

---

[1] *Rh.*, I, 1, 12. ἵνα μὴ λανθάνῃ πῶς ἔχει καὶ ὅπως, ἄλλου χρωμένου μὴ δικαίως τοῖς λόγοις, αὐτοὶ λύειν ἔχωμεν.

[2] Aristote les divise en deux classes : l'une des lieux παρὰ τὴν λέξιν, au nombre de six ; l'autre des lieux étrangers à la phraséologie, ἔξω τῆς λέξεως, au nombre de sept.

énoncée la forme d'une conclusion, quoiqu'elle ne soit la conclusion d'aucun raisonnement. Par exemple : ce n'est pas telle chose, ce n'est pas telle autre : il est donc nécessaire que ce ne soit pas non plus celle-ci [1], ἀνάγκη ἄρα καὶ τό. Pour donner ainsi à la phrase l'apparence de la forme syllogistique, il est bon de multiplier les propositions qui ont alors l'air de faire fonction de prémisses : « il a sauvé ceux-ci ; il a vengé ceux-là ; il a affranchi les Grecs : donc... ». Cette forme grammaticale représente le mouvement achevé et la forme parfaite du syllogisme, où les propositions sont posées en face l'une de l'autre ; elle est comme le cadre naturel, comme la résidence habituelle du syllogisme et c'est ce cadre même qui fait illusion sur le fond.

L'homonymie fonde sur l'identité des dénominations l'identité des choses. L'exemple [2] donné par Aristote n'a de sens qu'en grec : Le rat, μῦς, est nécessairement un être noble : car il a donné son nom à la plus sainte des initiations, à l'initiation des mystères, μυστήρια [3]. Ce lieu peut donner naissance à un argument solide [4] comme à un argument apparent : il a sa force dans le principe d'analogie qui nous porte à croire que les mots tirés d'une même racine ont des rapports intimes et réels de signification. Lorsque ces rapports n'existent pas, l'argument n'est qu'un vain et ridicule jeu de mots, et si l'artifice est trop grossier, il est de plus dangereux de s'en servir, car la ruse risque trop d'être démasquée.

Le second lieu consiste dans l'artifice de présenter sous forme divisée ce qui dans la réalité est uni, et réciproquement : c'est le

---

[1] C'est le premier lieu dans la *Rhétorique* : on le retrouve parmi les pièges, les κρύψεις de l'interrogatoire (*Soph. El.*, 15, p. 174, b 8) qu'Aristote appelle le plus perfide des sophismes et qui consiste, après une série de questions, à donner à la proposition qui les suit la forme d'une conclusion : οὐκ ἄρα τὸ καὶ τό.

[2] Il semble tiré de l'*Éloge des Rats*, par Polycrate.

[3] *Soph. El.*, 4. Aristote donne souvent un autre sens au mot homonyme : il dit, par exemple, que μανθάνειν est un homonyme, c'est-à-dire un seul et même mot, ὁμός, pour deux idées différentes : apprendre et savoir. C'est la même chose que l'amphibolie.

[4] V. plus haut le lieu 28.

sophisme que les scolastiques appelaient *fallacia compositionis* et *fallacia divisionis* [1], ce que Port-Royal [2] traduit : passer du sens divisé au sens composé ou inversement. Tel était le sophisme d'Euthydème : « Tu sais, demandait-il, que tu es maintenant dans le Pirée : Tu sais également qu'il y a maintenant des trirèmes en Sicile ; et il concluait, en fondant les deux propositions en une seule et en déplaçant les rapports grammaticaux : Tu sais donc qu'il y a des trirèmes au Pirée, toi qui sais être en Sicile [3] ». Du mot de Polycrate sur Thrasybule : τριάκοντα τυράννους κατέλυσεν, on peut conclure, en divisant, qu'il a tué les uns après les autres les trente tyrans, pour arriver à cette conséquence qu'il a mérité autant de récompenses qu'il a tué de tyrans [4], au lieu qu'au sens composé, cela signifie qu'il a tué la tyrannie des Trente.

Il est vrai de dire en divisant : La femme qui a tué son époux mérite la mort, et il est juste qu'un fils venge son père. Mais cela ne prouve pas qu'Oreste ait eu raison de tuer la femme coupable d'avoir assassiné son père, parce que cette femme était sa mère.

Le troisième lieu des sophismes oratoires consiste dans l'amplification, dans l'exagération, δείνωσις. On se répand en nombreuses et ardentes invectives contre le fait, sans se donner la peine de prouver qu'il a été ou n'a pas été accompli. La généreuse indignation de l'orateur, surtout si elle s'exprime en développements assez longs, fait oublier à l'auditeur que la preuve du fait n'a pas été fournie, et elle en tient pour ainsi dire lieu ; car celui-ci ne peut s'imaginer que l'orateur présentât sous des couleurs si vives et si noires une

---

[1] *Soph. El.*, 4. παρὰ τὴν σύνθεσιν, παρὰ τὴν διαίρεσιν.

[2] III, 6.

[3] Le sophisme est plus spécieux en grec : ἆρα οἶδας σὺ νῦν ἐν Πειραιεῖ ὤν — ἆρα οἶδας σὺ νῦν οὔσας τριήρεις ἐν Σικελίᾳ... ἆρα οἶδας σὺ νῦν οὔσας ἐν Πειραιεῖ τριήρεις ἐν Σικελίᾳ ὤν. C'est le 13ᵉ sophisme des *Soph. El.* : παρὰ τὸ πλείω ἐρωτήματα ἓν ποιεῖν. L'exemple cité par Aristote ne se retrouve pas dans l'*Euthydème* de Platon. Cf. Winckelm., *Prolegg.*, p. XXVII. Sch. Ar., p. 313, b. l.

[4] Quintil., III, 6. An Thrasybulo triginta præmia debeantur, quia tot tyrannos sustulerit. *Rh. Gr.*, V, p. 342.

action dont il serait l'auteur, ou dont ne serait pas l'auteur celui qu'il accuse [1].

Le quatrième lieu est celui du signe, qui est ici distingué du sixième lieu, appelé du conséquent, παρὰ τὸ ἑπόμενον, mais qui, dans les *Raisonnements sophistiques* [2], y est avec raison rattaché. On a vu cet homme errer pendant la nuit : c'est un signe, et en même temps c'est une conséquence qu'il est un adultère. Ces sophismes reposent sur le penchant naturel de l'esprit de renverser les conséquences, ἀντιστρέφει τὴν ἀκολούθησιν. Cet homme voulait accomplir un adultère : nécessairement il devait errer la nuit. On renverse les termes, et on dit : on l'a vu errer la nuit : nécessairement il devait méditer un adultère. C'est la conclusion *post hoc, ergo ab hoc* [3]. L'effet suit toujours la cause ; mais de ce qu'un fait est conséquent, postérieur à un autre, il ne s'en suit pas nécessairement qu'ils soient dans le rapport de cause à effet. C'est prendre l'idée de succession pour l'idée de cause : ce qui, la cause fût-elle même habituelle, serait toujours un sophisme [4]. Les plus grands esprits, les plus nobles orateurs succombent parfois à cette tendance, à cette tentation de mensonge et de perfidie, ψεῦδος. Un rhéteur anonyme [5] accuse Démosthènes d'y avoir cédé dans ce passage : « Lorsque ce misérable voulut prendre la parole, le sénat l'expulsa et la donna à un autre, c'était le

---

[1] *Ad Herenn.*, II, 29. « Ut si quis quem arguat hominem occidisse, et antequam satis idoneas argumentationes attulerit, augeat peccatum et dicat : nihil indignius esse quam hominem occidere ». Ce lieu ne fait pas partie des raisonnements sophistiques des *Topiques*. Ce n'est pas seulement un lieu de sophisme : la δείνωσις est un art suprême, l'art du génie de Démosthènes, qui s'exalte lui-même et qui se répand en cris d'indignation pathétique. Quintil., VI, 2. « Hæc est illa, quæ δείνωσις vocatur, rebus indignis, asperis, invidiosis addens vim oratio, qua virtute præter alias plurimum Demosthenes valuit ».

[2] C. 5.

[3] Ar., *Poet.*, 24. εἰ τὸ ὕστερόν ἐστι καὶ τὸ πρότερον εἶναι ἢ γίνεσθαι.

[4] « La succession est absolument identique pour tout ce qui commence, arrive et cesse en même temps ; elle ne se répète jamais ; car ni le passé ne peut jamais redevenir présent, ni jamais les évènements ne se lient tous dans le moment suivant comme dans le moment précédent ». Herbart, *Psych.*, t. I, p. 187.

[5] *Rh. Gr.*, VII, 322.

déclarer un traître et un ennemi de la patrie [1]. » Car s'il est reconnu que les traîtres sont expulsés de la tribune, il n'est pas nécessairement vrai que tous ceux qui sont chassés de la tribune soient des traîtres.

Le cinquième lieu est de conclure d'un cas accidentel à une loi générale, à une relation essentielle : Les rats ont rongé les cordes des arcs des ennemis : ce sont donc des bienfaiteurs qu'il faut honorer [2]. C'est affirmer l'accident de l'essence même de la chose. Coriscus est différent de Socrate : or Socrate est un homme : donc Coriscus est différent d'un homme.

Le septième [3] lieu est de prendre pour cause ce qui n'est pas cause, τὸ ἀναίτιον ὡς αἴτιον. « Il est très ordinaire parmi les hommes, dit Port-Royal, et on y tombe en plusieurs manières : l'une est par la simple ignorance des véritables causes. ... L'autre est la sotte vanité qui nous fait avoir honte de reconnaître notre ignorance [4]. » Ce lieu se rapproche beaucoup du sixième, et consiste à placer dans la relation d'effet à cause un fait qui s'est produit simultanément ou postérieurement à un autre, τὸ ἅμα ἢ μετὰ τοῦτο γεγονέναι. La politique, qui n'est pas toujours loyale, en a fait, et n'a pas cessé d'en faire un fréquent usage. Si Démosthènes s'en est rendu coupable [5], il en a lui-même ressenti les coups perfides et terribles. C'est ainsi que Démade le déclarait responsable de tous les désastres qui avaient accablé la patrie ; car c'est *après* [6] qu'il fut arrivé au pouvoir qu'avait éclaté cette guerre ruineuse et fatale.

Le huitième lieu lieu consiste à omettre les circonstances

---

[1] *Pro Coron.*, § 135.
[2] *Soph. El.*, 5. Conf. Herodot., II, 141. Clem. Alex., *Protrept.*, p. 25. Port-Royal, III, 5. Fallacia accidentis.
[3] Puisque nous avons traité au quatrième lieu du sixième qui est le conséquent.
[4] P.-Royal, III, 3.
[5] *Pro Cor.*, § 143. πάντων εἷς ἀνὴρ μέγιστος αἴτιος κακῶν... § 159. ὁ γὰρ τὸ σπέρμα παρασχών, οὗτος τῶν φύντων αἴτιος.
[6] ἐξ ὅτου.

de lieu et de manière, τοῦ πότε καὶ τοῦ πῶς. C'est un crime de frapper un homme libre ; oui : mais si l'on est dans le cas de légitime défense, est-ce encore un crime ?

Le neuvième [1] lieu consiste à confondre une simple affirmation conditionnelle ou une probabilité relative avec une affirmation ou une probabilité absolue. παρὰ τὸ ἁπλῶς καὶ μὴ ἁπλῶς ; *a dicto secundum quid ad dictum impliciter*. Ce raisonnement que Port-Royal appelle le plus impertinent du monde [2], est flétri par Denys d'Halicarnasse de l'épithète de souverainement odieux, κακουργότατον τῶν ἐπιχειρημάτων [3], et Aristote le dénonce comme une trahison, ποιεῖ τὴν συκοφαντίαν. Il n'en était pas moins très fréquemment employé, et c'est sur ce lieu, qui permet de donner à une mauvaise raison les apparences d'une bonne et de faire triompher du droit et de la vérité l'injustice et l'erreur, qu'était fondée toute la rhétorique de Corax. Protagoras en a donné la formule claire et cynique, τὸν ἥττω λόγον κρείττω ποιεῖν.

§ 6. — *Les procédés de la réfutation.*

Il ne suffit pas de connaître les lieux des arguments réels ou apparents, il faut encore connaître les procédés de cette argumentation qui détruit ou semble détruire la force des enthymèmes opposés.

---

[1] On pourrait en compter dix, en distinguant le lieu de la composition du lieu de la division. Les *Raisonnements sophistiques* y ajoutent l'*accentuation* qui ne peut se produire que dans l'écriture, car la prononciation manifeste le vrai sens du mot ; *l'ignorance de la question*, παρὰ τὴν τοῦ ἐλέγχου ἄγνοιαν, de la chose qu'on doit prouver : vice très ordinaire, qui nous fait dénaturer, soit par passion sincère, soit par perfidie et mauvaise foi, les sentiments et les faits ; enfin, *prendre pour principe ce qui n'est pas un principe et aurait besoin d'être prouvé*, παρὰ τὸ ἐν ἀρχῇ λαμβάνειν. C'est la pétition de principe, qui suppose vrai cela même qui est en question et l'objet de la démonstration, ou qui semble prouver une chose inconnue ou incertaine par une autre qui ne l'est pas moins.

[2] III, 7. « Il est difficile de rien concevoir de plus impertinent. »

[3] *Ad Amm.*, I, 8.

Le terme général qui exprime cet acte logique est en grec, λύειν, διαλύειν, λύσις [1] : expression métaphorique qui marque au sens propre la rupture ou le relâchement des liens qui faisaient l'unité et la force d'un tout organisé, d'un système quelconque [2] : de là transporté à la logique, le terme a signifié naturellement et vivement l'idée de la réfutation des arguments. Aussi Aristote dit-il excellemment qu'il n'est pas possible de délier ces nœuds, de rompre cette chaîne du raisonnement, si on n'en connaît pas la structure [3]. La première chose à faire, et c'est ce qui a été fait plus haut dans les limites d'une rhétorique, est d'exposer les formes, les lois et les lieux des raisonnements positifs, constructifs, valables ou vicieux, réels ou apparents.

Il s'agit maintenant de connaître les procédés logiques qui permettent de les détruire, c'est-à-dire de les réfuter. La vraie réfutation, λύσις, est la claire et manifeste exposition du vice du syllogisme [4]. Réfuter, c'est détruire, réduire à néant l'affirmation qui constitue ou fonde l'argument vicieux. Reconnaître que l'argument est ruiné par tel ou tel vice, c'est connaître la théorie de la réfutation [5] Il y a pour cela deux moyens [6]. Le premier est d'opposer à l'enthymème de l'adversaire, un enthymème contraire, qui sera par cela même réfutatif, λυτικός ; car c'est la meilleure manière de réfuter l'erreur que de lui opposer la claire lumière de la vérité [7]. Mais cet enthymème réfutatif au fond, ne diffère en rien, dans sa structure et dans sa forme, de l'enthymème démonstratif ou constructif [8] : il se borne simplement à prouver l'op-

---

[1] Aristote se sert encore des termes ἀνασκεύειν, ἀναίρειν. Cf. Hermog., *Progymn.*, *Rh. Gr.*, Speng., II, 8.
[2] En latin : Solvere, solvuntur membra sopore.
[3] *Met.*, B. I, 995, a. 29. λύειν δ'οὐκ ἔστιν ἀγνοοῦντας τὸν δεσμόν. La même comparaison se retrouve, *Eth. Nic*, VII, 3, 1146, a. 24.
[4] *Top.*, VIII, 18. ἡ μὲν ὀρθὴ λύσις ἐμφάνισις ψευδοῦς συλλογισμοῦ.
[5] *Top.*, VIII, 10.
[6] *Rh.*, III, 17. τῶν πίστεων ἔστι τὰ μὲν λῦσαι ἐνστάσει, τὰ δὲ συλλογισμῷ.
[7] *Soph. El.*, 10. « On a réfuté quand on a supprimé, détruit, ἀνελών, ce qui constituait le vice ou l'erreur, ὁ ἀνελὼν παρ'ὃ γίνεται τὸ ψεῦδος. »
[8] *Rh.*, III, 17. τὰ δὲ πρὸς τὸν ἀντίδικον οὐχ ἕτερόν τι εἶδος. II, 26. οὐ δὲ τὰ λυτικὰ ἐνθυμήματα εἶδός τι ἐστιν ἄλλο τῶν κατασκευαστικῶν.

posé, la contradictoire, ἀνταποδεικνύουσι τὸ ἀντικείμενον, ἀντισυλλογίζεσθαι. C'est un syllogisme opposé à un syllogisme en bloc, un tout opposé à un tout. C'est le syllogisme qui contient la contradiction de la conclusion adverse ou plus brièvement le syllogisme de la contradiction, qu'on soit d'ailleurs d'accord sur les prémisses, ou qu'on les nie ou qu'on accorde les unes mais en niant les autres. Dans tous les cas la conclusion de l'un est la contradiction de la conclusion de l'autre et c'est en cela que l'argument est réfutatif [1]. Si l'un a démontré que le fait a eu lieu, l'autre démontrera qu'il n'a pas eu lieu ; si celui-là a démontré qu'il n'a pas eu lieu, celui-ci démontrera qu'il a eu lieu. Ce n'est pas là une différence essentielle, l'essentiel étant ici la forme même. Des deux côtés on emploie le même processus logique : prouver qu'une chose est, et prouver que cette même chose n'est pas, est également un enthymème.

Cet argument réfutatif s'appelle proprement ἔλεγχος [2] : il se tire des mêmes lieux que l'enthymème, et a comme lui pour matière le vraisemblable. L'enthymème est le syllogisme tiré de prémisses probables, et les choses probables sont maintes fois opposées et contraires. On peut donc très vraisemblablement opposer une opinion vraisemblable à une opinion vraisemblable.

Il est à remarquer que les syllogismes réfutatifs sont d'un

---

[1] *Soph. El.*, I, p. 165, a. 2. ἔλεγχος δὲ συλλογισμὸς μετ'ἀντιφάσεως τοῦ συμπεράσματος. 168, a. 35. συλλογισμὸς ἀντιφάσεως. *Rh*, III, 9, 8. συναγωγὴ τῶν ἀντικειμένων, ou II, 23, 23. συναγωγὴν ἐναντίων εἶναι τὸ ἐλεγκτικὸν ἐνθύμημα. Le mot συναγωγή exprime la conclusion qui ramasse et réunit les termes constitutifs de la proposition contraire. *Rh.*, II, 22, 15. τὸ μὲν δεικτικὸν ἐνθύμημα τὸ ἐξ ὁμολογουμένων συνάγειν, τὸ δὲ ἐλεγκτικὸν τὰ ἀνομολογούμενα συνάγειν, où le terme ἀνομολογούμενα signifie manifestement la même chose que ἐναντία et ἀντικείμενα. Alexandre ou Néoclès (Walz, *Rh. Gr.*, V, 406 et VII, 766) emploie un mot singulier pour établir cette même distinction : δεικτικὰ... τὰ κατ'ἔμφασιν ἀκολουθίας προϊόντα, ἐλεγκτικὰ δὲ τὰ κατ'ἔμφασιν μάχης, où μάχη exprime la contradiction rendue manifeste et affirmée, et ἀκολουθία le lien logique des termes qui rend la conclusion nécessaire.

[2] Le sens primitif du mot est un argument qui oblige l'adversaire à nier ce qu'il a affirmé ou à affirmer ce qu'il a nié.

effet plus persuasif et plus brillant que les démonstratifs [1]. La raison en est que la contradiction, qui ne peut s'établir que lorsque la partie adverse a posé ses prémisses et ses conclusions, est devenue, par la comparaison même, plus intelligible à l'auditeur et plus claire en soi, et qu'en outre cette même comparaison, ce rapprochement des contraires rend plus manifeste la forme syllogistique, et donne davantage l'illusion d'un argument valide et concluant [2]. Il y a naturellement une réfutation apparente comme une réfutation réelle, et celle qui n'est qu'apparente a parfois plus de force que la véritable dans les discussions de la tribune et du barreau [3]. Cette remarque s'applique aux deux modes de réfutation, dont nous allons aborder le second.

Le second procédé logique de la réfutation est l'instance, l'objection, ἔνστασις. L'instance est une proposition, de laquelle il résulte clairement qu'il n'y a pas dans ce qu'on nous propose ou ce qu'on nous expose, dans ce qu'on prétend nous prouver, un vrai syllogisme, un vrai raisonnement, ou du moins qu'il y a dans sa constitution un vice qui détruit la conclusion [4]. Le mot grec, traduit littéralement par Boèce par *instantia*, signifie étymologiquement l'action de mettre quelque chose devant quelqu'un, dans sa route, comme un obstacle, un empêchement, qui ne lui permette pas

---

[1] *Rh.*, III, 17, 13. τὰ ἐλεγκτικὰ μᾶλλον εὐδοκιμεῖ τῶν δεικτικῶν.

[2] *Rh.*, II, 23, 30. παράλληλα δὲ φανερὰ εἶναι τῷ ἀκροατῇ μᾶλλον. *Id.*, III, 17, 13. ὅσα ἔλεγχον ποιεῖ, μᾶλλον δῆλον ὅτι συλλελόγισται· παράλληλα γὰρ μᾶλλον τἀναντία γνωρίζεται.

[3] *Top.*, X, 17, 176, a. 19. δόξουσιν εἶναί τινες οὐκ οὖσαι λύσεις ἃς δή φαμεν ἐνίοτε μᾶλλον δεῖν φέρειν ἢ τὰς ἀληθεῖς ἐν τοῖς ἀγωνιστικοῖς λόγοις... οὔκουν τὸ ἐλεγχθῆναι ἀλλὰ τὸ δοκεῖν εὐλαβητέον. La raison en est que l'on considère comme sophistiques les arguments de l'adversaire, et ce n'est que dans ce cas qu'il vaut mieux leur opposer une réfutation spécieuse plutôt que réelle. Le sophisme, en effet, malgré l'apparence, n'a pas de conclusion nécessaire : il ne faut pas chercher à prouver que l'argumentation est vicieuse ; l'important est, non pas de discuter à fond et en forme les choses mêmes, mais de leur enlever l'apparence qui pourrait tromper, et de leur arracher leur masque : pour cela tout est bon. Il y a imprudence et naïveté à réfuter sérieusement un argument qui n'est pas sérieux.

[4] *Rh.*, II, 26. ὅτι οὐ συλλελόγισται ἢ ὅτι ψεῦδός τι εἴληφεν.

d'avancer, c'est-à-dire ici de conclure [1]. L'*elenchus* est un argument général, qui s'attaque à la thèse de l'adversaire, dans son ensemble, dans son tout; l'*instance* est spéciale, et se tourne contre une seule des prémisses du raisonnement adverse : c'est une prémisse opposée à une prémisse [2]. Elle diffère de la prémisse en ce que l'instance peut sans doute, comme la prémisse, être générale, universelle, mais peut-être aussi particulière, ἐπὶ μέρους [3], ce que la prémisse ne peut jamais être, du moins dans les syllogismes universels. Elle ne renverse pas à proprement parler l'argument adverse : en s'attaquant par une contradiction à la prémisse sur laquelle il repose, elle l'arrête dans son mouvement, et l'*empêche* d'arriver à une conclusion, du moins à une conclusion générale ; car une négation, même partielle, détruit l'universalité [4].

Bien que l'instance puisse être universelle et contredire le tout de la proposition universelle opposée, Aristote ne développe que les formes de l'instance particulière, et c'est le caractère qu'en fait elle présente le plus habituellement.

Il y a deux manières de la former : dans la première et dans la troisième figure, les seules qui aboutissent légitimement à des conclusions contradictoires, affirmatives et négatives [5], opposition qui n'a pas lieu dans la deuxième figure qui ne produit que des conclusions contraires, ἐναντία [6], c'est-à-dire qui ne contiennent pas l'opposition de l'affirmation et la négation.

---

[1] *Top.*, IX, 9, 161, a. l. κωλῦσαι συμπεράνασθαι... οὐ δύναται πορρωτέρω προαγαγεῖν. On le trouve dans le sens d'objection, *quod objicitur*, dans le *Phédon* de Platon, 77, b. et dans Isocrate, *Phil.*, § 39.

[2] *Anal. Pr.*, II, 26, p, 69, a. 39. πρότασις προτάσει ἐναντία.

[3] C'est par cette raison que les Anglais ont donné au mot *instance* le sens d'exemple : *for instance*, l'exemple n'étant qu'un fait particulier.

[4] On peut la comparer à l'exception dans la procédure. On la trouve définie dans les *Topiques* (II, 2, 110, a. 11) : ἐπιχείρημα πρὸς τὴν θέσιν. Le mot θέσις, dont le sens est variable dans Aristote, semble ici signifier la proposition qui définit le sujet, c'est-à-dire la proposition universelle.

[5] *Anal. Pr.*, II, 26. ἐκ μόνων τούτων τῶν σχημάτων... οἱ ἀντικείμενοι συλλογισμοί.

[6] Parce que les conclusions en sont toutes négatives.

La première forme de l'instance est celle qu'elle tire de son universalité, opposée à l'universalité de la majeure du syllogisme à réfuter. Ainsi à la proposition que tel prédicat appartient à tel sujet pris universellement [1], si nous pouvons opposer que ce prédicat n'appartient à aucun des individus compris dans l'extension de ce sujet [2], nous sommes dans la première figure. Mais si nous représentons qu'il y a quelques individus ou même un seul auquel ce prédicat n'appartient pas [3], nous opposons à la majeure universelle une majeure particulière, ce qui prouve que cette majeure prétendue universelle ne l'est pas, qu'elle souffre des exceptions et par suite que le syllogisme opposé n'est pas valable : nous sommes alors dans la troisième et dernière figure; car Aristote n'admet que trois figures.

Cette instance est tirée de l'enthymème qui doit être attaqué; supposons qu'il soit : tout amour est bon et respectable. Nous avons deux moyens de le réfuter par une instance, soit en posant la thèse universelle que tout besoin étant une privation, et l'amour est un besoin, est chose mauvaise, soit d'avancer, comme fait particulier, qu'un amour incestueux, comme celui de Biblys pour Caunus, son frère, Καύνιος ἔρως, ne peut être bon, ce qui prouve qu'il y a au moins une exception, et empêche d'appliquer à notre cas, qui peut se trouver une exception, la règle générale. C'est le premier lieu d'où l'on peut tirer une instance. Il y en a trois autres. Le second se tire d'un cas analogue : ἐξ ὁμοίου. Soit l'enthymème à réfuter : les mauvais traitements engendrent toujours la haine, ceux qui les ont soufferts

---

[1] Par exemple : que la science de deux contraires (la maladie et la santé) est la même.

[2] Que la science d'aucun contraire n'est dans ce cas.

[3] La science du connaissable et de l'inconnaissable. Voici en forme l'instance : supposé que la thèse adverse soit : Les contraires appartiennent à une seule et même science. On pourra objecter d'abord qu'aucun contraire n'appartient à la même science; en second lieu, qu'il y a des contraires, comme le connaissable et l'inconnaissable, qui n'appartiennent pas à la même science.

en gardent des ressentiments éternels. S'il en était ainsi, on devrait avoir observé que, par analogie, ceux qui ont reçu de bons traitements en gardent à leur bienfaiteur une éternelle reconnaissance. C'est une proposition que l'expérience de tous détruit. Il est donc nécessaire de reconnaître que l'injure comme le bienfait s'effacent dans le cœur de l'homme, et qu'il n'est pas fait pour des sentiments immuables et éternels.

La troisième espèce de l'instance est celle du contraire : soit à réfuter l'enthymème : l'homme de bien fait du bien à tous ceux qu'il aime, ou en d'autres termes, faire du bien à ses amis, est la preuve nécessaire et universelle qu'on est un homme de bien. L'instance tirée du contraire sera : le méchant, contraire de l'homme de bien, ne fait pas de mal à ses amis, et même peut leur faire du bien. Donc de ce qu'un homme a fait du bien à ceux qu'il aime, on ne peut pas tirer la conclusion qu'il est un homme de bien.

Le quatrième lieu de l'instance est celui des décisions antérieures et des jugements [1] de personnages célèbres dont l'opinion fait autorité. On soutient qu'il convient d'être indulgent aux fautes et aux crimes commis pendant l'ivresse : on réfutera cette proposition par cette instance : ce serait aller contre l'opinion grave et respectée de Pittacus qui les jugeait, au contraire, dignes de plus sévères châtiments [2].

Les arguments que nous avons à réfuter reposent, comme nous l'avons vu, sur quatre notions : celles du vraisemblable, de la similitude, du signe, du témoignage certain, τεκμήριον. Sauf ceux qui reposent sur cette dernière preuve, et qui sont, par leur nature même irréfutables, ἄλυτα [3], tous les

---

[1] On peut le rapprocher du lieu du jugement, κρίσις, et du lieu des témoins. V. plus haut.

[2] Ces trois exemples reposent sur une instance particulière.

[3] Le seul moyen de les réfuter est de prouver que le τεκμήριον prétendu n'existe pas. On accuse une femme d'avoir eu un enfant : on le prouve par cet indice certain et irréfutable qu'elle a du lait. La seule manière de prouver le contraire est de prouver qu'elle n'a pas de lait. Si le fait est indéniable, l'argument est irréfutable

autres arguments, déduits de prémisses probables, ne peuvent produire une conclusion universelle et nécessaire. Ils appartiennent à l'ordre du contingent et du variable; il sera donc toujours possible d'opposer au moins une exception à la généralité qu'ils prétendent établir; par conséquent ils peuvent toujours être réfutés, en ce sens au moins que les conclusions n'en sont pas nécessaires et universelles. Mais, dit profondément Aristote, ce n'est pas là une réfutation honnête et consciencieuse[1]; c'est au contraire le fait du sophisme perfide. La réfutation oratoire a pour but de prouver que le raisonnement qui nous est opposé comme vraisemblable est invraisemblable, et non qu'il n'est pas nécessairement et universellement concluant; car dans l'ordre d'idées et de faits où se meut l'éloquence, il n'y a pas de raisonnement de cette espèce. On n'a pas prouvé l'innocence d'un accusé en prouvant qu'il n'est pas nécessairement le coupable; car, sauf le cas du τεκμήριον, cette preuve ne saurait jamais être faite; mais à l'accusation qui réunit contre le prévenu un système de vraisemblances il faut opposer une série d'arguments qui les transforment en invraisemblances. C'est même là ce qui donne, dans le genre judiciaire, un si grand avantage au défenseur. On ne peut jamais prouver, par des

---

dans son fond comme dans sa forme; on ne peut soutenir qu'il n'y a pas de syllogisme, κατὰ τὸ ἀσυλλόγιστον οὐκ ἔσται λῦσαι; car c'est un syllogisme de la première figure où *avoir du lait* constitue le moyen; *avoir eu un enfant*, le grand terme; *cette femme*, le petit (*An. Pr.*, II, 27). Au contraire, le simple signe, σημεῖον, est toujours susceptible d'une réfutation, ἀεὶ πάντως λύσιμος; car aucun signe ne peut fournir le fondement d'un syllogisme vrai, ἀσυλλόγιστόν ἐστι πᾶν σημεῖον. La pâleur, il est vrai, accompagne ordinairement et suit, ἔπεται, le travail de la parturition. On peut donc dire : cette femme est pâle, donc elle a eu un enfant. C'est un syllogisme de la 2e figure, mais qui n'en a que l'apparence, parce qu'il n'y a pas de syllogisme vrai avec des termes ainsi posés : la pâleur n'est pas l'indice universel et nécessaire de l'accouchement; le moyen n'est pas universel, διὰ τὸ μὴ εἶναι (τὸ μέσον) καθόλου.

[1] Et de même ce n'est pas un jugement consciencieux et honnête, τῇ ἀρίστῃ γνώμῃ κρίνειν, qui ne voudrait se fonder que sur des preuves nécessaires. Le juge humain doit se déterminer par le degré de probabilité, dont la mesure est dans le nombre des faits analogues, et l'orateur doit s'attacher à prouver que cette mesure est en faveur de la thèse qu'il soutient, que le μᾶλλον τὸ ὥ; ἐπὶ πολύ est de son côté. C'est sur ce point aussi que doit porter la vraie objection, ἔνστασις.

arguments nécessaires, la culpabilité d'un homme, et la possibilité d'une seule exception aux plus fortes vraisemblances suffit pour faire hésiter la conscience de certains juges. On a même pu soutenir qu'il était vraisemblable que le vraisemblable n'arrivât pas [1], et on a pu le prouver par des faits.

[1] Ar., Poet., εἰκὸς γὰρ γίνεσθαι πολλὰ καὶ παρὰ τὸ εἰκός.

CHAPITRE TROISIÈME

LA TOPIQUE GÉNÉRALE DES MŒURS ET DES PASSIONS ORATOIRES

L'éloquence a toujours pour objet de provoquer un jugement [1]. Tout auditeur est un juge; cela est manifeste de l'auditeur qui siège dans un tribunal, comme de celui qui siège dans une assemblée politique délibérante, et cela n'est pas moins vrai de celui qui assiste à un discours en simple spectateur [2], pour jouir du talent oratoire ou profiter des enseignements de celui qui parle, quoique le nom de juge n'appartienne, dans son sens propre et absolu, qu'aux auditeurs placés dans les deux premières conditions.

Or il importe à l'orateur, pour obtenir de lui un jugement favorable, non seulement de faire appel, par la force logique de ses arguments, à la raison de l'auditeur, mais encore de se présenter lui-même sous un certain aspect d'honorabilité, de se rendre sympathique et recommandable, et de mettre celui qui l'écoute dans un certain état moral. Les choses, en effet, apparaissent aux hommes ou absolument différentes, ou dans une mesure différente, suivant qu'ils jugent sous l'impression de la sympathie ou de l'antipathie pour la personne qui parle ou sous l'influence de certaines émotions passionnées, telles que la colère ou la bienveillance [3]. Il y a là un second

---

[1] *Rh.*, II, 1. ἕνεκα κρίσεώς ἐστιν ἡ ῥητορική. *Id.*, II, 18. ἡ τῶν λόγων χρῆσις πρὸς κρίσιν ἐστί.
[2] *Id.*, II, 18. ὡσαύτως δὲ καὶ ἐν τοῖς ἐπιδεικτικοῖς.
[3] Dem., περὶ τῆς παραπρεσβείας, § 340. « Tous les autres arts ont par eux-mêmes une valeur suffisamment indépendante; mais toute la force de la parole se brise, διακόπτεται, quand elle rencontre un auditoire animé de sentiments hostiles. »

moyen de persuasion, un second instrument de preuve, δευτέρα πίστις [1].

Des deux procédés qui servent à la produire, le premier, qui consiste dans l'art de l'orateur d'inspirer *par la parole* [2] à l'auditeur une opinion favorable de sa personnalité morale, est surtout utile dans les délibérations politiques ; le second qui consiste dans l'art de communiquer à l'auditeur des sentiments et des passions qui l'inclinent à juger dans le sens de notre cause, a plus volontiers sa place et son action dans les débats judiciaires [3] ; mais ils sont, quoique dans des degrés divers, tous deux utiles aux trois genres d'éloquence. L'art de traiter les mœurs, τὰ ἤθη, comme l'art de traiter les passions, τὰ πάθη, font donc partie de la topique générale oratoire [4].

§. 1. — *Topique générale des mœurs* [5] *ou l'ἤθος oratoire.*

L'auditeur n'accorde sa confiance, n'ouvre sa raison et son âme, ne laisse prendre autorité sur ses sentiments et ses jugements qu'à celui dont la parole atteste qu'il en est digne par trois qualités qu'elle révèle en lui : c'est d'abord la compétence et la capacité, φρόνησις, en second lieu la vertu, ἀρετή, et enfin le dévouement affectueux dont il paraît animé [6].

---

[1] *Rh.*, I, 9. ἐξ ὧν ποιοί τινες ὑποληφθησόμεθα κατὰ τὸ ἦθος, ἥπερ ἦν δευτέρα πίστις.

Rh., I, 2. διὰ τοῦ λόγου.

[3] *Rh.*, II, 1. τὸ μὲν οὖν ποιόν τινα φαίνεσθαι τὸν λέγοντα χρησιμώτερον εἰς τὰς συμβουλάς, τὸ δὲ διακεῖσθαί πως τὸν ἀκροάτην εἰς τὰς δίκας. On se demande pourquoi Aristote ne mentionne expressément que ces deux genres.

[4] Minucian., *Rh. Gr.*, IX, 601 τῶν δὲ ἐντέχνων πίστεων αἱ μέν εἰσιν ἠθικαὶ, αἱ δὲ παθητικαί, αἱ δὲ λογικαί. Cic., *de Or.*, II, 27. Ita omnis ratio dicendi tribus... rebus est nixa ; 1. Ut probemus vera esse quæ defendimus ; 2. Ut conciliemus nobis eos qui audiunt (ἦθος) ; 3. Ut animos eorum ad quemcunque causa postulabit motum vocemus (πάθος).

[5] Elle se confond en partie, comme Aristote lui-même l'observe (*Rh.*, I, 9) avec la Topique spéciale du genre épidictique.

[6] Whately (*Rhet.*, ch. 2) cité par Cope (p. 246), traduit très énergiquement ces mots par : *good sense, good principles, good will*, et renvoie au discours de Périclès,

Il est manifeste que nous refusons tous de suivre un orateur qui semble ignorer ou ne pas comprendre ce qu'il a la prétention de nous faire croire, qui nous révèle par l'accent de sa parole une âme basse, corrompue, perverse ou même seulement douteuse, qui nous paraît avoir pour nos intérêts, nos droits, nos personnes, des sentiments indifférents ou hostiles.

Mais il faut remarquer de plus que les hommes acceptent plus volontiers et approuvent les raisons et les discours qui correspondent à leur propre caractère, à leur manière personnelle de concevoir et de juger les choses au point de vue moral [1]. Pour y conformer son langage, pour prendre à leurs yeux et donner par l'expression à ses pensées un caractère semblable à celui de ses auditeurs, il est clair qu'il faut que l'orateur connaisse le caractère général de l'homme et connaisse les modifications et les variétés dont il est susceptible : de là la nécesité, non seulement pour l'orateur politique, pour lequel elle est naturellement plus impérieuse, mais pour tous les autres orateurs, d'étudier méthodiquement les formes politiques et les espèces de gouvernements, parce qu'elles donnent à tous les membres de la nation un tour d'esprit, une façon de sentir et de juger, un goût, un caractère propres qu'ils doivent se garder de froisser, auxquels mêmes ils doivent se prêter et s'associer en se montrant eux et leurs discours tels que leurs auditeurs.

C'est par la même raison, à savoir que l'orateur doit prendre une attitude morale particulière, conforme aux dispositions de son auditoire, que la rhétorique doit rechercher et exposer

---

dans *Thucydide*, II, 60, qui en donne un beau commentaire. Le grand homme d'État y déclare fièrement qu'il croit ne le céder à personne en intelligence et en connaissance des affaires publiques ; en amour et en dévouement pour son pays ; en talent d'exposer ses idées et de communiquer ses sentiments ; en probité, ce qui le me au-dessus de tout soupçon de corruption.

[1] *Rh.*, II, 13, 16. ἀποδέχονται πάντες τοὺς τῷ σφετέρῳ ἤθει λεγομένους λόγους καὶ τοὺς ὁμοίους. De là la nécessité d'une étude systématique des mœurs, τῆς περὶ τὰ ἤθη πραγματείας, qui nous apprendra comment on peut donner à sa parole un caractère moral. ἐξ ὧν ἠθικοὺς λόγους ἐνδέχεται ποιεῖν (*Rh.*, I, 2).

les modifications et les diversités qu'apportent au caractère universel de l'homme et au caractère national les passions des individus ou des groupes sociaux, leurs habitudes morales, ἕξεις, l'âge, et les conditions sociales [1].

Nous aurons donc à étudier le caractère moral : 1º dans ses éléments universels ; 2º dans les modifications que les circonstances particulières et les passions individuelles, les préjugés des classes sociales peuvent lui faire subir ; 3º dans l'influence générale qu'exerce sur l'esprit national la forme des gouvernements. L'orateur connaîtra alors les propositions générales [2] qui pourront communiquer à sa personne, par la forme qu'il imprimera à sa pensée, le caractère qui conviendra à chaque situation donnée.

§ 2. — *Le caractère, ἦθος,* [3] *dans sa généralité* [4].

C'est une grande force que celle que donne à l'orateur l'autorité morale du caractère qui persuade pour ainsi dire toute seule [5]. L'autorité de la vertu sur un auditoire quelconque repose sur ce fait que les hommes qui le composent reconnaissent dans la grandeur et la noblesse morale de celui

---

[1] *Rh.*, II, 12. τὰ ἤθη ποῖοι κατὰ τὰ πάθη, τὰς ἕξεις, τὰς ἡλικίας, τὰς τύχας.

[2] *Rh.*, II, 22. οἱ τόποι défini un peu plus haut par αἱ προτάσεις περὶ τῶν ἠθῶν καὶ παθημάτων καὶ ἕξεων. II, 12. πῶς χρώμενοι τοῖς λόγοις τοὺς ἠθικοὺς ποιητέον.

[3] C'est dans un sens un peu différent que le mot ἦθος s'applique au style, ἠθικὴ λέξις. *Rh.*, III, 16. Il signifie alors l'art de donner par le style une vie morale, un caractère vivant, un mouvement dramatique aux personnes et aux choses, ἠθοποιεῖν. Nous aurons lieu d'en parler plus loin.

[4] Conf. Roth, dans *Jahn's Jahrb.*, 1866, p. 855. « Was ist das ἦθος in der alten Rhetorik. » Quintilien (VI, 2) n'y a rien compris ; il n'y voit qu'un degré affaibli, adouci, tempéré, du πάθος : affectus mites et compositos. Aristote traite la question au 9ᵉ ch. du livre Iᵉʳ de la *Rhétorique*, où il s'occupe du beau moral et des vertus qui fournissent les εἴδη du genre démonstratif : mais cette étude a une portée plus générale, puisqu'elle nous apprend par quels moyens *oratoires* nous pouvons paraître des hommes capables et des hommes de bien, ὅθεν φρόνιμοι καὶ σπουδαῖοι φανεῖεν ἄν.

[5] τὸ ἠθικῶς λέγειν, auquel Ménandre attribue trop exclusivement la force de persuasion : τρόπος ἐσθ' ὁ πείθων τοῦ λέγοντος, οὐ λόγος.

qui parle l'essence vraie, la nature idéale de l'humanité qu'ils portent tous en eux : ils admirent, respectent et aiment ce noble exemplaire de l'homme, quelqu'abaissé qu'il puisse être en eux-mêmes, et savent gré à l'orateur de leur présenter leur propre image, mais relevée et purifiée.

Le caractère est cette disposition, cette habitude de l'âme enracinée et pour ainsi dire ineffaçable qui lui est imprimée par l'unité et la constance des maximes morales qui président aux actes, aux pensées et au langage de l'homme [1]. On peut dire de l'éloquence qui prend cette forme ce qu'Aristote dit trop exclusivement de l'éloquence pathétique, que l'auditeur y conforme naturellement ses sentiments et ses pensées, συνομοιοπαθεῖ ὁ ἀκούων [2].

Les trois éléments du caractère moral de l'orateur sont, nous l'avons dit : 1. L'intelligence pratique; 2. La vertu; 3. L'affection et le dévouement, εὔνοια, φιλία.

1. La sagesse, ou raison pratique, φρόνησις, νοῦς πρακτικός [3], est une vertu de l'intelligence discursive, une vertu dianoétique par laquelle nous prenons des résolutions justes et sages sur ce qu'on appelle les biens et les maux dans leur rapport au bonheur, c'est-à-dire les biens et les maux humains; c'est l'œil de l'âme tourné vers les réalités de l'ordre moral, la sagacité judiciaire, la connaissance pratique et l'expérience des hommes et des choses, le sens politique qui tient compte des possibilités et des circonstances [4].

---

[1] Anon. Seg., p. 427. ἦθός ἐστι ψυχῆς διάθεσις ἐνεσκιρρωμένη καὶ δυσεξάλειπτος. Le caractère moral est la réalisation de la raison dans un vouloir général et constant. Les stoïciens avaient tort de le définir : *semper idem velle atque idem nolle* (Sen., *Ep.*, 29, 4), parce que ce n'est pas l'identité des objets voulus ni des volontés, mais l'identité des maximes qui règlent et déterminent la volonté, qui constitue le caractère. Hartmann (p. 203) le définit : « Le mode général de réaction contre les classes particulières de motifs ».

[2] *Rh.*, III, 7. Il est étonnant que presque tous les auteurs de traités techniques aient passé sous silence ce point important, et Cicéron lui-même ne l'a mentionné qu'une seule fois. *Or.*, 37. Duo sunt quæ admirabilem eloquentiam faciant : quorum alterum est quod Græci ἠθικόν vocant, ad naturas, ad mores, et ad omnem vitæ consuetudinem accommodatum; alterum, quod idem παθητικόν nominant.

[3] Ar., *de Anim.*, I, 2, 5 ; III, 10.

[4] Ar., *Rh.*, I, 9, 13. *Ethic. Nic.*, VI, 5. C'est l'opinion vraie à l'endroit de action, de la vie humaine pratique, le savoir vivre dans son sens général et haut,

2. La vertu est quelque chose de supérieur encore : il ne suffit pas à l'orateur de savoir ce qu'est pour l'homme le bien et le mal; s'il est utile et nécessaire de le savoir, il est plus beau de pratiquer et d'aimer l'un, de fuir et de détester l'autre; la vertu est une force active, réalisatrice et conservatrice [1]. Une bonne action isolée ne fait ni le bonheur ni la vertu, comme une hirondelle ne fait pas le printemps. Il faut une conformité de l'action à la conception du vrai bien, constante et habituelle, une ἕξις du bien, c'est-à-dire une possession permanente qui constitue une propriété inaltérable de l'âme. Le mot ἀρετή marque lui-même ce caractère actif et agissant de la vertu, où l'homme trouve sa vraie félicité, parce que sa fonction propre, son vrai bien est l'activité soutenue de l'âme conforme à la vertu, c'est-à-dire la plus belle et la meilleure des choses humaines. C'est en elle que consiste vraiment et éminemment le caractère moral. Les passions nous meuvent; les vertus et les vices ne meuvent pas : ils nous donnent une manière générale d'être, de sentir, de penser, d'agir, διακεῖσθαί πως. C'est là l'ἦθος même, et quand cette habitude générale est bonne, on l'appelle ἕξις. L'homme possède alors sa vraie nature.

La vertu a des parties : la justice, la bravoure, la tempérance, l'élévation des sentiments, μεγαλοπρέπεια, la grandeur d'âme, la libéralité, la douceur [2], la science; de ces vertus,

---

mais soumis à la condition de la vertu morale. *Eth. Nic.*, VI, 13. οὐδὲ φρόνιμον εἶναι ἄνευ τῆς ἠθικῆς ἀρετῆς.

[1] Ar., *Rh.*, I, 9, 4. δύναμις ποριστικὴ ἀγαθῶν καὶ φυλακτική. Aristote distingue deux espèces de vertus : les vertus intellectuelles ou de l'entendement, διανοητικαί, dont la plus haute est la science pure, ἡ σοφία, et les vertus tour à tour appelées humaines, naturelles, pratiques, qu'enveloppent les vertus morales, αἱ ἀνθρωπιναί, φυσικαί, ἠθικαί (*Ethic. Nic.*, II, 21) qui ont toutes pour caractère d'appartenir au composé réel et vivant qui est l'homme (αἱ τοῦ συνθέτου ἀρεταί) et de ne se former que par des habitudes, même celles qui viennent du tempérament et de la constitution physique (*Eth. Nic.*, VI, 13 ; *Problem.*, XIV, 15); car celles-là surtout sont une habitude invariable, non pas de résistance absolue, mais de mesure à l'égard des impressions sensibles et des passions (*Eth. Nic.*, II, 5). ἡ ἀρετὴ τῶν παθῶν τούτων μεσότης. *Eth. Eud.*, III, 7. μεσότητες παθητικαί.

[2] πραότης qualifiée encore de μεσότης περὶ τὰς ὀργάς. *Ethic. Nic.*, IV, 11.

les plus utiles aux autres sont, dans les temps pacifiques, la justice ; dans la guerre, le courage ; les plus importantes à étudier pour l'orateur sont la justice et la science.

L'homme n'est pas fait pour la vie solitaire : la société de ses semblables est un besoin de sa nature morale et un penchant de son cœur. L'état, c'est-à-dire la société organisée, est un fait naturel, antérieur même à la famille qui ne peut être constituée que par les lois sociales [1], sous peine de n'être qu'une promiscuité, un accouplement bestial [2]. L'État est la forme essentielle et la fin de l'humanité. Mais il repose sur deux vertus qui le fondent et le maintiennent : l'amitié et la justice, qui ont l'une et l'autre un principe commun, à la fois naturel et social, l'égalité.

La justice consiste à vouloir rendre et à rendre à chacun ce qui lui appartient[3], ce à quoi la loi lui donne le droit de prétendre ; or ce à quoi il a le droit de prétendre est pour chacun son bien, qui est la fin de l'homme comme de toute créature et de toute chose. La justice consiste donc à vouloir et à faire le bien d'autrui, mais pour le bien même [4] ; elle est une autre forme de l'amitié qui veut également le bien d'autrui, mais en considération de cet autrui. Là où se montre l'une, l'autre apparaît [5] : « Ce sont deux faces différentes d'une seule et même volonté ». C'est pour cette raison, à savoir que la justice se confond presqu'avec l'amour, qu'Aristote a pu dire qu'elle est plus douce à contempler que les premiers rayons de l'aurore et que les derniers rayons du soleil qui se couche

---

[1] Rav., *Ess. s. la Mét.*, t. I, p. 464.
[2] *Pol.*, IV, 9. πᾶσα πόλις φύσει, *Id.*, I, 1. L'homme est un πολιτικὸν ζῶον καὶ συζῆν πεφυκός.
[3] *Rh.*, I, 8. ἀρετὴ δἰ ἣν τὰ αὑτῶν ἕκαστοι ἔχουσι. Aristote l'entend parfois dans un sens plus large, et désigne par justice non une partie de la vertu, mais la vertu tout entière, οὐ μέρος ἀρετῆς, ἀλλ᾽ ὅλη ἀρετή. *Ethic. Nic.*, V, 3. C'est alors la vertu complète et parfaite, qui, dans, par et pour l'association politique, crée et maintient le bonheur dans son tout et dans ses parties.
[4] *Ethic. Nic.*, V, 3. ἀλλότριον ἀγαθὸν δοκεῖ εἶναι ἡ δικαιοσύνη.
[5] *Magn. Mor.*, II, 11. ἐν οἷς ἐστι δίκαιον, ἐν τούτοις καὶ φιλίαν εἶναι. Cf. *Eth. Nic.*, VIII, 13.

dans sa gloire [1], c'est-à-dire plus belle que les plus grandes magnificences et les plus admirables splendeurs de la nature physique.

L'amitié nous amènerait à traiter de l'affection ou dévoument, εὔνοια, qui a les plus intimes rapports avec elle; mais comme l'εὔνοια forme le troisième élément moral du caractère, il convient de dire auparavant quelques mots de la science, σοφία, la plus grande et la plus haute des vertus particulières, puisqu'elle appartient au groupe des vertus de la raison, qui dominent toutes les autres.

La science se distingue de la raison pratique, ἡ φρόνησις [2]; c'est une vertu spéculative [3], qui consiste dans la connaissance pure et pour la connaissance même, ἐπιστήμη, des objets les plus élevés, les plus dignes de respect que puisse se proposer la curiosité de l'esprit humain passionné pour le savoir [4]: c'est-à-dire les choses invisibles, suprasensibles, immuables, le nécessaire, l'éternel, le divin [5]. C'est la science certaine et invariable de ce qui ne peut pas ne pas être et ne peut pas varier, de l'être simple, identique à soi-même, éternel, saisi par une vue immédiate de la raison, par un contact direct de l'esprit, qui dans cet acte invariable lui-même et simple est supérieur à l'opposition comme au mouvement [6]. C'est par suite la forme la plus parfaite de la connaissance, ἡ ἀκριβεστάτη; car non seulement elle sait déduire rationnellement les conséquences des principes, mais elle possède la vérité sur les principes: elle a l'intuition directe et sans intermédiaire des principes mêmes de la connaissance comme de l'être [7]. C'est pour cela qu'elle est à la tête des

---

[1] *Eth. Eud.*, V, 1, 45. οὔθ᾽ Ἕσπερος οὔθ᾽ Ἕως οὕτω θαυμαστός.
[2] *Rh.*, I, 9, 5. Cependant, elle semble, dans la technologie encore hésitante et confuse d'Aristote, se confondre parfois avec elle. Cf. *id.*, I, 11, 29.
[3] *Ethic. Nic.*, II, 1.
[4] *Ethic. Nic.*, VI, 7. τῶν τιμιωτάτων.
[5] *Mag. Mor.*, I, 35. περὶ τὸ ἀΐδιον καὶ θεῖον. *Ethic. Nic.*, VII, 15. τὴν τοῦ θεοῦ μάλιστα θεωρίαν.
[6] Rav., *Ess. s. la Mét.*, t. I, p. 478.
[7] *Ethic. Nic.*, VI, 7. τὰ ἐκ τῶν ἀρχῶν... περὶ τὰς ἀρχὰς ἀληθεύειν.

sciences et qu'elle gouverne la pensée, le monde et la vie [1].

Cette hauteur de raison, ces profondeurs de l'intelligence donnent manifestement à celui qui peut les montrer en soi un ascendant prodigieux sur les esprits ; il est écouté avec un respect qui se transforme facilement en une confiance souvent excessive, et maîtrise la liberté de leur jugement.

3. Le troisième élément constitutif du caractère oratoire c'est l'εὔνοια, c'est-à-dire le sentiment de disposition affectueuse pour les autres, qui est le principe de l'amitié [2], et qui comprend la philanthropie, τὸ φιλάνθρωπον, c'est-à-dire la sympathie tendre naturelle de l'homme pour l'homme [3]. C'est ce dernier sentiment d'où se développent les émotions passives, πάθη, de l'effroi et de la pitié, ἔλεος καὶ φόβος, et sur lequel se fondent la concorde politique et la concorde sociale [4].

Bien qu'elle fasse partie au fond de l'élément passionnel de l'homme, et qu'à ce titre Aristote en renvoie l'analyse et l'étude au chapitre des passions [5], la bienveillance est aussi une vertu, ou du moins ne peut être ni conçue ni pratiquée sans la vertu [6]; car le caractère distinctif de la vertu et qui en constitue l'épreuve, c'est le plaisir trouvé dans le bien et dans le plaisir d'un autre : or c'est en cela même que consiste l'amitié ou, pour mieux dire, l'amour, la vertu d'aimer. La vraie amitié suppose donc la vertu d'abord, ensuite la ressemblance et l'égalité de caractère, presque l'identité de conscience [7] : l'ami est un autre soi-même [8], et enfin la réciprocité d'affection,

---

[1] *Rh.*, I, II, 27. ἀρχικὸν γὰρ τὸ φρονεῖν.
[2] *Ethic. Nic.*, VIII, 2 ; IX, 5. ἀρχὴ φιλίας. « Quand Dieu fit les entrailles de l'homme, il y mit premièrement la bonté. » Bossuet, *Or. Fun. du prince de Condé*.
[3] *Ethic. Nic.*, VIII, 1. οἰκεῖον ἅπας ἄνθρωπος ἀνθρώπῳ καὶ φίλον; VIII, 5. συνομοιοπαθεῖν.
[4] *Ethic. Nic.*, IX, 6. ὁμόνοια.
[5] *Rh.*, II, 1. ἐν τοῖς περὶ τὰ πάθη λεκτέον.
[6] *Ethic. Nic.*, VIII, 1. ἔστι γὰρ ἀρετή τις ἢ μετ'ἀρετῆς. Elle dépend non seulement du sentiment et du penchant, mais de la volonté. *Id.*, VIII, 7. ἔοικε δ'ἡ μὲν φίλησις πάθει, ἡ δὲ φιλία ἕξει; c'est à dire : « le penchant général à aimer ressemble à une passion, l'amitié réelle et déterminée à une vertu, ἕξει. » On veut le bien de ceux qu'on aime pour eux-mêmes, non pas par un entraînement passif, κατὰ τὸ πάθος, mais par une disposition et une habitude vertueuse, καθ'ἕξιν.
[7] *Ethic. Nic.*, IX, 8. λέγεται γάρ· φιλότης ἰσότης.
[8] *Id.*, IX, 9. ἕτερος γὰρ αὐτὸς ὁ φίλος.

réciprocité qui non seulement doit être réelle, mais encore apparente et qui ne se dérobe pas [1]. L'amitié politique s'appelle la concorde, ὁμόνοια, et elle trouve sa forme organisée la plus parfaite dans la République, qui n'est pas seulement le meilleur des gouvernements [5], mais qui est le gouvernement même, l'état idéal [2].

Voilà sous quels traits l'orateur doit se montrer et, il ne faut pas l'oublier, par l'art seul de la parole, afin de gagner la confiance, de pénétrer jusqu'au cœur, d'avoir, comme on le dit, l'oreille de son juge : car tout auditeur est juge des raisons et des preuves de celui qui lui parle. C'est en se montrant dans la question qu'il traite, et même en général, un homme entendu, compétent et intelligent, en faisant comprendre et plutôt sentir, par les jugements qu'il porte sur les hommes et sur les choses [3], l'élévation de ses sentiments, l'étendue, la hauteur, la force de son intelligence et de sa pensée, son amour passionné pour la vérité, la justice et l'humanité, en un mot en se montrant un parfait honnête homme, χρηστοήθη, que, dans tous les genres [4], l'orateur pourra exercer, sur ceux qui l'écoutent, par les qualités morales dont il revêt sa personne au moyen de la parole [5], cette action puissante, cette impression de respect, cette autorité prestigieuse, cette

---

[1] *Id.*, VIII, 2. μὴ λανθάνοντας.
[2] *Polit.*, IV, 7.
[3] *Rh.*, II, 21, 16.
[4] Brandis (*Philolog.*, 1849, p. 5) croit, à tort suivant moi, que le caractère et les passions oratoires n'ont de place que dans les genres délibératif et judiciaire. Il n'est pas de sujet ni de circonstance où l'homme qui parle ne puisse avoir intérêt ou besoin de se faire passer pour un honnête homme et un homme de bien : le genre épidictique en a même peut-être plus besoin que les autres. Qui donc écouterait l'éloge de la bravoure ou de la sainteté dans la bouche d'un homme dont toutes les maximes trahiraient, à son insu, la lâcheté du cœur et la corruption morale. Quintil., III, 8 : « Valet autem in consiliis auctoritas (ἦθος) plurimum », et il ajoute que lorsqu'il s'agit de plaider devant un tribunal, l'avocat peut se laisser aller à ses préventions et à ses goûts personnels : habetur indulgere aliquid studio suo; on lui pardonne de céder aux entraînements de sa profession, tandis que dans un discours délibératif : « Consilia nemo est qui neget secundum mores dari », c'est-à-dire qu'il faut là parler en conscience, et que les sentiments exprimés en conscience paraissent dignes de respect.
[5] *Rh.*, II, 21, 16. ἠθικοὺς ποιεῖ τοὺς λόγους... car ἦθος ἔχουσιν οἱ λόγοι.

domination souveraine qui supprime les contradictions même de la conscience, brise ou étouffe les résistances intérieures, et, par là, mène les assemblées et les subjugue, sauve les personnes et les peuples et peut aussi les perdre; car ces qualités, qui doivent être apparentes, peuvent n'être qu'apparentes [1], puisqu'elles sont surtout l'effet de l'art. Mais, Dieu soit loué, il est bien difficile, même à l'art le plus parfait, de tromper longtemps les hommes, et, pour paraître un homme de bien et un homme de cœur, le plus sûr moyen, le plus court et la première condition c'est encore de l'être. Je sais bien qu'un homme éloquent et passionné peut transmettre et communiquer par la parole les haines et les colères, les perfidies et les violences dont son âme est nourrie. Mais, pour qu'il atteigne son but, il faut qu'il montre que les personnes et les choses qu'il poursuit de ses fureurs, même sanguinaires, méritent les sentiments qu'il exprime et les châtiments qu'il appelle sur elles. Quand il a raison, ou quand il paraît avoir raison, c'est encore une forme de l'amour de la justice et de l'humanité que ces cris d'indignation et de révolte contre ceux qu'il dénonce comme ayant violé les droits et les lois; et c'est toujours, même quand il est dans l'erreur ou dans le mensonge, c'est toujours cette apparence de noblesse morale qui prête, ne fut-ce que pour quelques instants, à ses paroles la force et l'autorité. Mais comment s'y prendre pour acquérir une telle autorité, même passagère? Il n'est pas permis à tous les orateurs, comme cela a été possible à Scipion et à Périclès, de dire à leurs concitoyens : « Je vous aime et vous le savez, car je vous l'ai prouvé; j'ai donné de telles preuves de ma capacité en politique, de mes aptitudes militaires, qu'il me suffit de les rappeler d'un mot. » Cette attitude haute ne paraîtrait souvent que hautaine, et ce ne sont pas ces orgueilleuses prétentions, parfois ridicules,

---

[1] *Rh.*, I, 8, 6. τῷ γὰρ ποιόν τινα φαίνεσθαι τὸν λέγοντα πιστεύομεν. *Id.*, II, 1, 6. τὸν ἅπαντα δοκοῦντα ταῦτα ἔχειν, ἀνάγκη ἄρα εἶναι τοῖς ἀκροωμένοις πιστόν.

qui concilieraient un auditoire : le plus souvent il en serait
mécontent et indisposé. C'est par la manière générale dont il
juge les évènements et les hommes, par les principes moraux
qui président à ces jugements, par les formes qu'il donne à
ses sentiments, à ses pensées, à ses conseils, par les raisons
qui déterminent ses préférences, c'est par là que l'orateur
révèle, sans paraître en avoir eu conscience ni intention,
sans les formuler expressément, les traits caractéristiques de
sa physionomie morale. Aristote recommande surtout, pour
cette fin, l'emploi des sentences et des maximes, τὸ γνωμο-
λογεῖν : le choix qu'on fait entr'elles trahit, sans qu'on s'en
doute, les penchants secrets de notre âme, de notre esprit et
de notre cœur [1].

§ 3. — *Le caractère oratoire, considéré dans ses formes particulières.*

Le caractère général que nous venons d'analyser est la
plus nécessaire des conditions que doit remplir l'orateur pour
s'assurer, dans tous les genres, la confiance, la sympathie, le
respect, l'autorité nécessaires à la fin qu'il se propose : mais
ce n'est pas la seule. Si ces qualités, que son art est de révéler
par la parole, ont tant d'action sur les hommes, c'est qu'elles
sont les éléments constitutifs, essentiels de la nature humaine
dans sa grandeur, qui est aussi sa vérité : elles plaisent à
l'auditoire, elles le charment, l'émeuvent, l'attirent parce qu'il
s'y reconnaît lui-même en tant qu'homme. Lui aussi, l'auditeur, a son caractère général, humain, son caractère intelligible comme dirait Kant, que doit respecter l'orateur en s'y
conformant. Mais ce caractère, malgré le fond commun
qu'il présente et qui fait la marque essentielle de l'humanité, se modifie et se particularise, et l'orateur, s'il veut

---

[1] *Rh.*, II, 21, 16.

rester en communication sympathique avec son auditoire, s'il veut être entendu et écouté avec faveur, devra également se conformer aux particularités et presqu'aux individualités du caractère de ses auditeurs.

Ces modifications sont pour ainsi dire infinies : l'état d'esprit des hommes change pour des causes si nombreuses et si complexes, prend des formes si multiples et si diverses, qu'il est impossible de les analyser toutes ; mais on peut les ramener à deux grandes classes :

1. L'état d'esprit, le caractère moral qu'imprime aux individus la forme particulière de l'organisation sociale et politique, et il faut faire entrer ici le degré de civilisation, la forme de la culture philosophique et littéraire, le degré de perfection et le caractère spécial de la langue et des arts, les institutions ecclésiastiques, les croyances théologiques, le climat, les façons de vivre, le tempérament, les goûts d'esprit, le tour d'imagination, la nature des industries et des professions nationales.

Puisque nos discours ont un caractère, puisque les hommes n'approuvent guère que les discours dont le caractère correspond à leur caractère propre [1], il est manifeste que l'orateur, pour y conformer ses discours, devra connaître le caractère qu'imprime à ses auditeurs la forme de société, la constitution politique de l'état dans lequel il vit, par lequel il vit, et, par une conséquence nécessaire, devra étudier ces formes sociales elles-mêmes et ces constitutions politiques [2]. Le rôle de l'orateur véritable n'est pas cependant de se plier sans réserve ni limite, comme un esclave rusé, aux sentiments, aux caprices, aux passions de ceux qui l'écoutent : il

---

[1] *Rh*., II, 13, 16 ; II, 21, 16. Plat., *Gorg.*, 513. τῷ αὐτῶν γὰρ ἤθει λεγομένων τῶν λόγων ἕκαστοι χαίρουσιν. « Charmadas », dit Cicéron (*de Or.*, I, 19), « caput esse arbitrabatur oratoris ut et ipsis apud quos ageret, talis qualem se ipse optaret, videretur... et uti eorum qui audirent sic afficerentur animi, ut eos affici vellet orator. »

[2] *Rh.*, I, 8, 6. δέοι ἂν τὰ ἤθη τῶν πολιτειῶν ἑκάστης ἔχειν ἡμᾶς· τὸ μὲν γὰρ ἑκάστης ἦθος πιθανώτατον ἀνάγκη πρὸς ἑκάστην εἶναι.

lui est parfois commandé par l'intérêt, par le devoir, par
l'honneur, de faire un effort pour les changer et les modifier.
Mais comme c'est par les mêmes moyens qu'il pourra présenter son propre caractère et transformer celui de son auditoire [1], nous rattacherons, comme l'a fait Aristote, l'étude
de ces moyens à l'analyse des propositions spéciales au genre
politique, où, pour convaincre une assemblée, il faut savoir
à la fois ménager ses sentiments et ses passions, sans céder
à ses entraînements et au contraire pour l'empêcher d'y
céder [2].

Bornons-nous ici à dire d'une façon très générale que
pour obtenir ce résultat, pour combattre et vaincre des
passions politiques ou des haines et des préjugés nationaux,
des antipathies de races, qui s'opposent à l'intelligence des
vrais intérêts, ou à l'accomplissement des devoirs de la justice
ou de l'honneur, l'orateur devra faire appel aux sentiments
généreux et nobles que rien n'éteint jamais complètement
dans le cœur de l'homme, et qu'un mot souvent suffit pour
y réveiller. C'est alors que l'autorité de sa personne morale,
le respect de son caractère, tels qu'il aura su les montrer,
exerceront une action puissante et parfois décisive. Il pourra
même dans ce but éveiller les émotions sympathiques ou
antipathiques, les passions de son auditoire qui tiennent
de si près au caractère, et peuvent, pour quelque temps du
moins, dans une certaine mesure, dans une circonstance
donnée, le modifier et le transformer [3]. Ceci nous amène à
parler des passions oratoires.

---

[1] *Rh.*, II, 1-8. ἐκ γὰρ τῶν αὐτῶν κἂν ἕτερόν τις κἂν ἑαυτὸν κατασκευάσειε
τοιοῦτον.
[2] C'est le cas, non seulement dans maintes circonstances politiques, mais dans
beaucoup de causes civiles et criminelles, et même dans certaines formes du discours
épidictique, par exemple : le sermon.
[3] *Rh.*, II, 12. τὰ ἤθη ποῖοι κατὰ τὰ πάθη.

CHAPITRE QUATRIÈME

TOPIQUE GÉNÉRALE DES PASSIONS ORATOIRES, τὰ πάθη.

C'était là, paraît-il, l'objet presqu'exclusif des traités et des manuels de rhétorique antérieurs à Aristote [1], parce qu'on croyait que l'art de soulever et d'apaiser les passions était le triomphe de l'éloquence [2]. Mais si le grand critique, qui est aussi un profond psychologue et un grand moraliste, ne fait pas difficulté d'avouer que l'auditeur se met presqu'inconsciemment au ton de l'orateur passionné qui le passionne, συνομοιοπαθεῖ τῷ παθητικῶς λέγοντι [3], il restreint la portée de cette observation par cette remarque non moins vraie et tout à l'honneur de l'humanité, c'est que, malgré tout et en faisant aux exceptions leur juste part, la vérité et le bon droit sont encore les mobiles les plus puissants et les plus constants des jugements, des résolutions et des actions des hommes [4].

C'est pourquoi il se faisait honneur, et avec raison, d'avoir le premier, dans l'enseignement de l'art oratoire, donné la première place aux preuves de raison et aux preuves morales, sans négliger la part que prennent les passions humaines dans l'éloquence comme dans la vie.

---

[1] *Rh.*, I, 2. πρὸς ὃ καὶ μόνον πειρᾶσθαί φαμεν πραγματεύεσθαι τοὺς νῦν τεχνολογοῦντας.
[2] Cic., *Or.*, 37. In quo uno regnat oratio.
[3] *Rh.*, III, 7; *id.*, I, 2, 4. σχεδὸν, ὡς ἔπος εἰπεῖν, τὴν κυριωτάτην ἔχει πίστιν ἦθος. *Rh. ad Al.*, ch. 39.
[4] Philod., *de Rh.*, vol Herc., III, 185. L'auteur prétend que les rhéteurs postérieurs avaient laissé de côté cette importante partie de leur art, qu'ils ne trouvaient pas dignes d'eux, et l'empruntaient tout entière à Aristote, ὡς οὐ προσῆκον ἑαυτοῖς... ἐκ τοῦ Ἀριστοτέλους μετενεγκεῖν.

L'étude des passions, dans la *Rhétorique* d'Aristote, est un chef-d'œuvre d'analyse psychologique, où il y a autant de plaisir que de profit à le suivre.

On appelle passions, πάθη, les états affectifs de l'âme qu'accompagne essentiellement ou le plus souvent un sentiment de plaisir ou de souffrance d'ordre sensible : les changements et mouvements, successifs, variables et peu durables qu'ils excitent dans notre état moral ont pour effet de modifier nos jugements [1]. Tels sont la colère, la pitié, la crainte, les autres affections de cette nature, et, bien entendu, aussi leurs contraires [2].

Pour chacune de ces passions, il y a trois choses à examiner : 1. Quel est l'état mental, quelle est la disposition psychique qui la constitue, et sous quelle forme extérieure et sensible cet état se manifeste ; 2. Quel en est l'objet ; 3. A la suite de quels faits ou par quelles causes cet état se produit dans l'âme [3]. Il faut savoir ces trois choses ; car si nous n'en connaissons qu'une ou deux, il nous sera impossible de savoir comment faire naître, ἐμποιεῖν, dans l'âme des auditeurs, les états affectifs particuliers que nous avons besoin qu'ils éprouvent pour les disposer à sentir et les amener à juger comme nous voulons qu'ils le fassent.

Il ne s'agit pas ici de ces mouvements de haine, de vengeance, de colère, qu'un moment fait naître, que le moment suivant efface, qui traversent notre âme comme un rapide éclair sans y laisser aucune trace durable : il s'agit de ces émotions, de ces faits psychologiques, affectifs et passionnés

---

[1] *Rh.*, II, 1, 8. δι'ὅσα μεταβάλλοντες διαφέρουσι τὰς κρίσεις, οἷς ἕπεται λύπη καὶ ἡδονή. Cf. *Eth. Nic.*, II, 4. *Eudem.*, II, 2. οἷς ἕπεται ὡς ἐπὶ τὸ πολὺ ἡ αἰσθητικὴ ἡδονὴ ἢ λύπη καθ'αὑτά. Brandis (*Philol.*, p. 26) traduit μεταβάλλοντες, par *wechselnde Stimmungen*.

[2] L'*Ethique à Nicomaque* et l'*Ethique à Eudème* présentent une liste des émotions qui n'est pas tout à fait la même que celle de la *Rhétorique*. Il est étonnant que ces questions si véritablement psychologiques n'aient trouvé aucune place dans le *De Anima*. Anon., *Seg.*, p. 427. πάθος πρόσκαιρος κατάστασις ψυχῆς σφοδροτέραν ὁρμὴν ἢ ἀφορμὴν κινοῦσα... τὸ δὲ εὐκίνητον..

[3] *Rh.*, II, 1, 9. πῶς διακείμενοι — τίσιν — ἐπὶ ποίοις ou διὰ ποῖα.

dans leur essence, passagers et mobiles en effet, mais qui ont cependant une durée assez longue, une intensité assez forte, qui se reproduisent assez fréquemment pour imprimer une sorte de caractère, passionné à la vérité, mais marqué, qui individualise la personne morale, et fait qu'on peut dire de celui-ci qu'il a le caractère irritable, de cet autre qu'il a le caractère envieux, de celui-là qu'il a le caractère affectueux et bon [1]. Ce ne sont pas seulement ces affections qui nous donnent une individualité morale, c'est encore la différence des situations sociales, et la différence des âges.

Le caractère spécifique essentiel [2] de tous les états affectifs de l'âme[3], c'est de tomber sous l'opposition du plaisir et de la douleur, et d'un plaisir et d'une douleur dont nous avons conscience par les sens [4].

Qu'est-ce maintenant que le plaisir? Que ce soit un acte pur [5], ou que ce soit un mouvement [6], toujours est-il qu'il est l'état de conscience par lequel le bien éveille et provoque le désir, ou qui résulte de la satisfaction du désir provoqué par l'idée ou la représentation du bien.

---

[1] *Rh.*, II, 12. ἤθη ποῖοι κατὰ τὰ πάθη. J'avoue que je ne comprends pas comment Aristote ajoute ici, κατὰ τὰς ἕξεις : c'est rentrer dans l'analyse des mœurs qu constituent certainement notre caractère.

[2] καθ'αὐτά. S. Augustin (*de Civ. D.*, VIII, 147) voit ce caractère spécifique dans l'opposition à la raison, opposition qui constitue précisément l'état passif de l'âme « Verbum de verbo πάθος passio diceretur, motus animi contra rationem ». C'est la notion platonicienne et stoïcienne.

[3] C'est l'une des trois grandes classes de phénomènes psychiques dont l'unité est la vie de l'âme; car il n'y a en elle que des facultés ou puissances, δυνάμεις, des habitudes, ἕξεις, qui sont presque des actes, et enfin des émotions et des sentiments, πάθη, affectus.

[4] *Rh.*, II, 1, 8. *Ethic. Eud.*, II, 2. οἷς ἕπεται... ἡ αἰσθητικὴ ἡδονὴ ἢ λύπη καθ'αὑτά.

[5] *Ethic. Nic.*, VII, 12, 13 et X, 2. ἐνέργεια τῆς κατὰ φύσιν ἕξεως ἀνεμπόδιστος.

[6] *Rh.*, I, XI. τὴν ἡδονὴν κίνησίν τινα τῆς ψυχῆς. C'est un mouvement, mais qui ramène l'âme à sa nature, à sa constitution essentielle, qui la crée pour ainsi dire κατάστασιν ἀθρόαν (ἀθρόα parce qu'elle est alors entière, complète : le plaisir n'est pas un devenir, toujours incomplet; il est un tout, ὅλον τι) καὶ αἰσθητὴν εἰς τὴν ὑπάρχουσαν φύσιν... τὸ ποιητικὸν τῆς εἰρημένης διαθέσεως... τὸ εἰς τὸ κατὰ φύσιν ἰέναι ὡς ἐπὶ τὸ πολύ. Il y a quelque contradiction entre les définitions de la *Rhétorique* et celles de l'*Ethique*; car l'acte, ἐνέργεια, est très différent du mouve-

Il n'y a pas de plaisir sans action, ni d'action sans plaisir. L'action conforme à la nature, qui établit l'être dans sa constitution vraie et entière, engendre le plaisir, et le plaisir à son tour engendre l'action.

Entre l'action et le plaisir la relation est donc intime, constante et réciproque : il est clair que si l'être n'est pas doué d'une activité spontanée, s'il n'est pas animé par une inclination ou un désir, il ne se portera à aucun acte, et il n'est pas moins certain que le plaisir causé par la satisfaction du désir et par l'acte même qui les satisfait augmente l'intensité de l'action, invite à la reproduire, donne un but à l'effort et concentre les forces.

Le plaisir accompagne, précède ou suit les états psychiques que nous avons appelés passions[2], πάθη, et qu'on appelle plus volontiers aujourd'hui inclinations : mais il ne les constitue pas. Ils sont tous également et essentiellement des formes du désir qui lui même est par essence la force psychique qui meut les êtres animés à penser et à agir[3]. Le jugement, auquel se ramène en définitive la fonction de l'auditeur, est un acte, et est par conséquent une source de plaisir.

Ce n'est évidemment pas pour procurer ce plaisir à l'au-

---

ment et du devenir. Mais Aristote lui-même nous avertit (*Rh.*, I, 4) que ce n'est pas à la rhétorique mais à une science plus certaine et plus haute qu'il faut demander des définitions scientifiquement exactes, διορίσαι κατὰ τὴν ἀλήθειαν. Les chercher ici serait sortir du domaine propre de cette discipline qui devrait se renfermer dans l'étude des lieux communs, et ne doit pas entrer dans l'étude et le système des sciences particulières, même de la politique et de la morale, οὐ ῥητορικῆς ἔργον. Ici, comme dans la théorie du bonheur et des vertus, en tant qu'elle a un intérêt pour l'art oratoire, il ne vise pas à la rigueur scientifique ; il procède par exemples, s'en tient aux vérités de l'expérience, aux opinions du sens commun, et cherche l'exposition naturelle et simple, ὡς ἁπλῶς εἰπεῖν.

[1] *Eth. Nic.*, X, 5.
[2] On pourrait ajouter qu'ils sont aussi accompagnés d'une sorte d'agitation, d'inquiétude, de trouble, comme il est naturel que l'éprouve un être qui cherche à entrer ou à rentrer en possession de sa vraie nature, c'est-à-dire de lui-même, et qui, par suite, ne la possède pas encore ou l'a perdue.
[3] Nous n'avons pas à instituer ici une discussion sur ces points délicats de psychologie morale, ni à établir une théorie personnelle des passions et inclinations de l'âme. Il me suffira d'ajouter que, dans la doctrine d'Aristote et aussi dans la vérité psychologique, le désir lui-même est éveillé par la vague et confuse conscience

diteur que parle l'orateur. Il a un but tout pratique, tout positif, mais pour lequel il lui est nécessaire de connaître les passions qui modifient le caractère et lui donnent un tour particulier; elles peuvent, dans tous les genres d'éloquence, déterminer dans un sens ou dans un autre les jugements de l'auditeur sur les personnes et sur les choses, et dans le genre judiciaire, soit dans l'accusation, soit dans la défense, la connaissance que nous en avons nous permet de pénétrer le secret des mobiles des actions humaines, les plus nobles comme les plus perverses.

Les passions sont : La colère, la douceur, l'amour et la haine, la crainte et l'audace, la pudeur et la honte, la reconnaissance, la pitié, l'indignation, Νέμεσις, l'envie, l'émulation[1].

Le caractère et les passions qui l'individualisent sont encore modifiés par les âges et les situations personnelles : il nous faudra donc étudier l'influence de la jeunesse, de la vieillesse, de l'âge mûr, de la richesse, de la noblesse, du pouvoir, du bonheur, sur les passions et les habitudes des hommes.

---

du bien : « Le désir de la fin n'est pas arbitraire : il faut avoir par nature une sorte de vue par laquelle on jugera bien et on choisira le bien véritable (*Ethic. Nic.*, III, 5). ἡ δὲ τοῦ τέλους ἔρεσις οὐκ αὐθαίρετος, ἀλλὰ φῦναι δεῖ ὥσπερ ὄψιν ἔχοντα ᾗ κρίνει καλῶς καὶ τὸ κατ'ἀλήθειαν ἀγαθὸν αἱρήσεται. L'intelligence ainsi — c'est cette sorte de vue, d'intuition immédiate et innée dont il parle, — détermine le désir et choisit l'objet. »

[1] *Rh.*, II, 12. Le désir sensible, ἐπιθυμία, ne fait pas partie de cette analyse : Aristote en rattache l'étude à celle du plaisir (*Rh.*, I, IX). Il manque aussi à cette énumération la joie, χαρά, le regret, πόθος, que mentionne l'*Ethique* (II, 4). Il n'y a pas lieu de s'étonner de ces légères différences. Aristote très sagement se borne, dans la *Rhétorique*, à traiter des sentiments passionnés que la parole a le pouvoir d'exciter ou d'atténuer. On peut regretter toutefois que la joie n'y ait pas trouvé place, puisque les discours littéraires ont précisément pour fin, partielle au moins, de causer au lecteur ou à l'auditeur cette joie délicieuse que procurent, comme il le dit lui-même, les beaux-arts. On peut croire que le grand psychologue n'était pas encore arrivé à une conscience claire et précise de la distinction de ces états psychiques, δυνάμεις, ἕξεις, ἤθη, πάθη, qui se pénètrent et se conditionnent les uns les autres. Nous ne sommes pas beaucoup plus avancés que lui.

§ 1. — *La colère.*

La colère est le désir, mêlé de souffrance, d'une vengeance éclatante, engendré par un mépris manifeste et injuste qu'a témoigné de nous ou des nôtres une personne à qui il n'appartenait pas de le concevoir et de l'exprimer [1]. L'objet de la colère est donc toujours un individu, une personne déterminée, tandis que la haine a aussi le général pour objet. On s'irrite contre un méchant : on hait la méchanceté. On connait les haines de classes, les haines nationales.

Cette passion est toujours accompagnée d'un sentiment de plaisir : car la vengeance qu'elle désire et poursuit lui parait possible : on ne désire pas l'impossible. Ce désir d'une vengeance possible c'est l'espérance, dont la pensée se repait d'avance, que l'imagination rend même comme présente, et cette vue de la vengeance espérée [2] chatouille le cœur blessé et offensé d'un plaisir plus doux que le miel à la bouche, d'un plaisir divin.

ὅστε πολὺ γλυκίων μέλιτος καταλειβομένοιο
ἀνδρῶν ἐν στήθεσσι ἀέξεται [3].

Le mépris, qui est la cause de la colère, est l'expression de notre opinion sur des personnes ou sur des choses qui ne nous paraissent mériter aucune considération, qui n'ont ni

---

[1] *De Anim.*, I, 1 ὄρεξις ἀντιλυπήσεως. Bossuet qui veut, en forçant le sens du mot, ramener toutes les passions à l'amour, définit la colère : « Un amour *irrité* de ce qu'on veut lui ôter son bien, et qui s'efforce de le défendre », où l'on voit l'idée à définir entrer, contre toutes les règles, comme partie dans la définition. Il remarque avec plus de vérité que cette passion n'a point de contraire, à moins qu'on ne veuille considérer comme une passion l'inclination à faire du bien à qui nous oblige, qu'il faudrait plutôt considérer comme une vertu.

[2] *Rh.*, II, 2. διατρίβουσιν ἐν τῷ τιμωρεῖσθαι τῇ διανοίᾳ... ἡ τότε γιγνομένη φαντασία ἡδονὴν ἐμποιεῖ.

[3] *Il.*, XVIII, V, 109.

assez de force dans le bien pour être aimées et respectées, ni assez de force dans le mal pour être redoutées. Il se présente sous trois formes : le dédain, la résistance à nos volontés, ayant pour but non de se satisfaire mais de ne pas nous satisfaire, enfin l'outrage, qui consiste à se livrer à des paroles ou à des actes qui couvrent de honte les personnnes qu'ils touchent, et cela uniquement pour jouir de leur humiliation et sans avoir pour excuse la recherche d'un intérêt personnel.

Tous ces sentiments, s'ils se manifestent par des gestes, des paroles ou des actes, prouvent qu'on ne fait nul cas de la personne, qu'elle ne nous paraît pas à craindre, qu'on n'en peut attendre aucun service, et qu'on ne tient pas à s'en faire aimer. L'homme se sent fait pour la grandeur, et c'est une véritable souffrance et cruelle pour sa dignité d'être pour ainsi dire réduit, aux yeux des autres, à l'état de chose indifférente et neutre. C'est ce même sentiment, je veux dire la passion de la grandeur et de l'honneur, qui rend si volontiers insolents les jeunes gens et les riches : il leur semble par là grandir à leurs propres yeux et aux yeux du monde. Être insulté et outragé, c'est être déshonoré. C'est le mot par lequel Achille justifie et déclare sa colère : « Il m'a déshonoré, dit-il, il m'a couvert d'opprobre [1]. »

Les personnes les plus sujettes à la colère sont celles qui croient avoir le plus de droits au respect et à la considération, non pas seulement absolument mais relativement à

---

[1] *Il.*, I, V, 355.

ἦ γάρ μ' Ἀτρείδης εὐρυκρείων Ἀγαμέμνων
ἠτίμησεν.

Je n'ai pas besoin de faire remarquer l'effet produit par le rejet, et le rejet d'un mot qui commence par trois longues : il semble entendre le héros irrité appuyer lentement sur chacune de ces longues syllabes, comme pour goûter plus profondément l'amertume de l'affront qu'il a subi, et faire pressentir les éclats de son implacable colère. V. plus loin, IX, v. 648. « Le cœur me gonfle de colère, lorsque je me rappelle qu'il m'a traité comme un proscrit déshonoré, comme un infâme exilé. »

leurs inférieurs respectifs en noblesse, en puissance, en vertus, en services rendus.

Par ces considérations générales il est déjà facile de voir quel est l'état qui nous dispose à la colère, quels sont les individus qui en sont l'objet et par quels faits elle est provoquée. Nous pouvons d'un mot définir l'état mental qui nous rend irascibles : c'est la violence de nos désirs quand ils ne sont pas satisfaits. C'est pour cela que chaque personne, par la nature propre de son caractère individuel et par sa passion habituelle, est comme conduit à une forme propre de la colère [1]. On voit d'ici quels sont les moments, les circonstances, les états moraux, les âges qui nous rendent le plus accessibles aux emportements de la colère.

Pour faire connaître les personnes qui nous irritent par leurs actes, nous n'avons qu'à déterminer les actes mêmes qui sont de nature à causer notre irritation : c'est le rire ironique et railleur ; c'est l'impertinence qui ose, en notre présence, dire du mal de nous-mêmes, et nous rabaisser dans les choses qui nous tiennent le plus à cœur. Le ressentiment est plus vif encore quand ces offenses et ces insultes nous viennent de nos amis [2], de ceux dont nous attendions des témoignages d'affection ou d'estime, de nos obligés, de nos inférieurs qui, par cela même, en contestant notre supériorité, blessent profondément notre orgueil. Le plaisir que la malignité et l'envie secrète du cœur humain éprouvent du malheur des autres, le bonheur d'autrui qui semble insulter à notre infortune, l'indifférence qu'on nous témoigne et le peu de souci qu'on prend de ne pas nous blesser, la tranquillité avec laquelle on nous entend mépriser, le mépris qu'on fait soit de nous-même en présence de nos rivaux, soit de ceux

---

[1] *Rh.*, II, 2, 10. προοδοποιεῖται γὰρ ἕκαστος πρὸς τὴν ἑκάστου ὀργὴν ὑπὸ τοῦ ὑπάρχοντος πάθους.

[2] Aristote fait ailleurs (*Pol.*, VII, 7) cette remarque profonde que les âmes capables de s'irriter sont aussi capables d'aimer, et d'aimer ceux-là même contre lesquels elles s'irritent. C'est, dit-il, la même faculté de l'âme : ὁ θυμός ἐστιν ὁ ποιῶν τὸ φιλητικόν· αὕτη γάρ ἐστιν ἡ τῆς ψυχῆς δύναμις ᾗ φιλοῦμεν.

que nous admirons comme de ceux qui nous admirent, de ceux que nous respectons comme de ceux qui nous respectent, soit de nos parents, de nos enfants, de nos femmes, même de nos serviteurs que le devoir et l'honneur nous prescrivent de protéger et de défendre ; le refus des marques de bienséance et de courtoisie, l'omission voulue d'un remerciement, une plaisanterie déplacée, l'oubli, parfois affecté de notre personne et de notre nom [1], qui montre quelle petite place nous occupions dans l'esprit des gens, telles sont les causes qui provoquent notre colère, tels sont les gens contre qui nous l'éprouvons.

Quel usage l'orateur peut-il et doit-il faire de ces analyses morales? Il est clair que l'avocat peut y trouver des preuves ou des indices des faits dont il doit accuser ou défendre telle personne. Il est vraisemblable qu'elle a commis tels actes, car elle était sous le coup d'une colère provoquée par telles causes, et qui avait pour objet telles personnes. Cette argumentation peut évidemment être mise en œuvre dans les autres genres oratoires.

D'un autre côté et plus généralement l'orateur doit dans certaines circonstances représenter les faits et les personnes sous des couleurs de nature à exciter la colère de l'auditeur et la justifier. Mais cela n'est pas suffisant. Comme toutes les passions, la colère est communicative, contagieuse : elle a son éloquence et sa force de persuasion [2]. Lui aussi, en représentant les choses, les actes et les personnes dignes du courroux des auditeurs, ne devra pas paraître insensible à ce sentiment. Ménagés avec art et avec sobriété, les accents frémissants de sa colère, les éclats et comme la foudre [3] de son indignation

---

[1] Un de mes camarades du Prytanée militaire, le colonel de St-Hillier, mort à Spickeren, ne se rappelait jamais sans colère qu'un officier général, qui était de sa promotion à la Flèche, avait feint, lorsqu'ils se retrouvèrent, d'avoir oublié son nom et ne le répétait qu'en l'estropiant.

[2] Cic., *Brut.*, 50. Fidem facit oratio.

[3] Cic., *Or.*, 70. Cujus (Démosthènes) non tam vibrarent *fulmina* nisi numeris contorta. Id., *ad Attic.*, XV, 1, 2. Long., *de Subl.*, 34. Léosthène dans Lucien, *Dem. Encom.*, 14.

irritée, pourront provoquer chez les autres les sentiments qui l'animent lui-même. En un mot, pour mettre le juge dans l'état qu'il croit utile à ses fins, il est souvent nécessaire à l'orateur de se montrer lui-même entraîné comme malgré lui à ces passions qu'il veut faire partager [1].

Est-il besoin de faire remarquer qu'il faut se garder de prolonger le pathétique de la colère : car le pathétique en général, et celui de la colère en particulier, est un état passager, un trouble subit et profond de l'équilibre de l'âme, de la raison, de l'être tout entier, trouble qui ne peut durer sans danger, puisque la colère est, comme on le sait, une folie momentanée. Elle ébranle non seulement l'esprit et le cœur, mais le corps lui-même, parce qu'en tant que passion, elle est intimement liée avec la sensibilité physique. Ces états violents et hors nature sont par eux-mêmes passagers. L'orateur qui oublierait de les mesurer et de les maîtriser paraîtrait bien vite un forcené ridicule, et les passions de l'auditoire, même déjà soulevées, retomberaient promptement dans l'état d'indifférence, de dégoût, d'hostilité. Prenons garde de prêter à rire en poussant tout au tragique [2].

Il ne faut pas se laisser abuser par les mots, et croire que l'orateur a réellement la puissance de faire naître, de créer, ἐμποιεῖν, ces passions dans l'âme de ceux qui l'écoutent. L'auditeur en tant qu'homme a en lui le germe, le principe de

---

[1] Car il doit non seulement, ποιόν τινα κατασκευάζειν τὸν κριτήν, mais encore ποιόν τινα φαίνεσθαι τὸν λέγοντα. C'est une observation qui s'applique à toutes les passions et que nous ne répéterons pas pour chacune d'elles. Cic., Or., 37 : « Est faciendum ut irascatur judex, mitigetur. » Cicéron se vante d'avoir excellé dans ce genre de l'invective : « Vehemens, incensum, incitatum... quo genere nos.. sæpe adversarios de statu omni dejecimus. » M. Guizot a eu un de ces grands mouvements d'éloquente colère. Provoqué par de violentes et cruelles injures, se tournant vers ses adversaires, il s'écria : « Vous aurez beau entasser outrages sur outrages, vous ne les élèverez jamais jusqu'à la hauteur de mon dédain ». Mais le maître ici, comme dans toutes les parties de son art, c'est Démosthènes, dont son rival et son adversaire comparait certains traits oratoires aux cris du fauve rugissant, αὐτοῦ τοῦ θηρίου βοῶντος. Plin. Jun., Ep., II, 3. Plut., Vit., X Or.

[2] Apsin., Rh. Gr., 406. δεῖ δὲ τὸ πάθος ἐν τῷ πολιτικῷ μέτρον ἔχειν ἵνα μὴ εἰς τραγῳδίαν ἐμπέσῃ.

toutes les passions, comme de toutes les vertus, et c'est pour cela que si on connaît le ressort, si on sait le manier, on peut les amener à une manifestation extérieure et à un état d'intensité utiles à notre cause. On les fait passer, comme dit Aristote, de la puissance à l'acte, de l'état latent à l'état positif. Le meilleur moyen de les communiquer aux autres, est de paraître les éprouver soi-même [1], parce que l'homme, comme une lyre qui se monterait elle-même, se met naturellement d'accord avec les passions fortement exprimées de l'homme [2]. Il y a dans l'influence du pathétique oratoire quelque chose de ces influences mystérieuses, de ces phénomènes obscurs dans leur origine et leurs modes d'action, mais certains dans leurs effets, de l'attraction magnétique et de la suggestion.

Le caractère purement physique de ces effets oratoires n'est pas étranger à la réserve, à la discrétion avec lesquelles les Grecs, si délicats en toutes choses, les ont employés [3]. Il leur semblait que c'était une violence, une oppression morale et physique faite à la conscience et à la vérité. Les auditeurs auraient senti qu'on leur manquait de respect en supposant qu'ils céderaient à des moyens si grossiers. Les Romains ne connaissaient ni cette délicatesse dans les sentiments ni cette mesure dans l'art [4], et Quintilien, qui signale cette différence

---

[1] Cic., *de Or.*, II, 45. Il ne pourra réussir à les faire naître : « Nisi omnes illi motus... in ipso oratore impressi esse atque inusti videbuntur... Nulla mens est quæ possit incendi, nisi inflammatus ipse ad eam et ardens accesseris. »

[2] *Rh*., III, 7. συνομοσπαθεῖ τῷ παθητικῶς λέγοντι.

[3] On peut vérifier cette observation dans les péroraisons de Démosthènes (*Or.*, XXX et XXXIII), de Lysias (*Or.*, XVI), où cependant il y avait une place toute prête pour la *Commiseratio*. Sur le caractère digne et réservé de l'éloquence attique, V. Otf. Müller.

[4] Dans le traitement de la *Commiseratio*, les orateurs romains dépassaient toutes les bornes et tombaient dans le puéril. Cic., *Or.*, 38 : « Miseratione nos ita dolenter usi sumus ut puerum infantem in manibus perorantes tenuerimus ». Id., *de Or.*, II, 28, parlant de l'orateur Antoine : « In peroranda causa non dubitavit excitare reum consularem et ejus diloricare tunicam, et judicibus cicatrices adversas senis imperatoris ostendere ». Quintilien rapporte lui-même qu'un avocat, pour attendrir les juges, avait fait exposer à leurs yeux le portrait de son client avec l'expression de ses souffrances et de ses douleurs.

des mœurs oratoires dans les deux nations, a l'air d'en faire un mérite à ses compatriotes [1].

§ 2. — *Le calme ou la douceur* [2].

C'est une affection contraire à la colère, un état pacifique de l'âme, un état d'équilibre et d'harmonie. Aristote, se plaçant au point de vue de la rhétorique, considère ici cet état mental non comme une vertu, c'est-à-dire comme une habitude constante, la possession permanente, ἕξις, d'une qualité morale, constituant un caractère, mais comme une disposition passagère, pouvant, comme la colère, être excitée par des procédés oratoires, naturellement contraires, mais pris dans le même genre de faits, d'actes et de personnes. L'orateur ne peut avoir, sauf dans le genre épidictique, ni l'intention ni la prétention de faire naître ou de développer chez ses auditeurs la vertu de la douceur et les habitudes

---

[1] XII, 10. Si quis ad eas Demosthenis virtutes, quas ille summus orator habuit, tamen quæ defuisse et sive ipsius natura, *seu lege civitatis* videntur, adjecerit, ut affectus concitatos moveat. Id., X, 1. Salibus arte et commiseratione, qui duo plurimum affectus valent... et fortasse epilogos illi *mos civitatis* abstulerit. Cette réserve était ainsi non seulement une règle de l'art, mais une loi morale et politique. Il était interdit de porter violemment atteinte à la conscience et à la raison du juge.

[2] πραότης. Lenitas, mansuetudo Dans les *Magn. Mor.*, I, 22. La πραότης, comme toutes les vertus, est un état intermédiaire, un milieu, μεσότης, c'est le ἀνὰ μέσον ὀργιλότητος καὶ ἀοργησίας. Dans l'*Ethique à Nicomaque*, IV, 5, Aristote émet un avis un peu différent : il dit que la πραότης est une μεσότης περὶ ὀργάς, mais un moyen qui n'a pas reçu de nom entre des extrêmes qui n'en ont pas non plus ; la πραότης ne semble pas ici une vertu, car elle révèle un manque, πρὸς τὴν ἔλλειψιν ἀποκλίνουσαν. Dans la *Rhétorique*, elle se présente comme un contraire de la colère. D'un autre côté, il ne veut pas (*Top.*, IV, 5, p. 125, b. 20), qu'on définisse la douceur en tant qu'habitude, ἕξις, ni aucune habitude, en la rapportant à la δύναμις qui lui est corrélative, ni dire par exemple que la douceur est la domination de la colère, ἐγκράτειαν, ou que le courage ou la justice est la domination de la crainte ou de la passion du gain. Car on peut dire de l'homme inaccessible aux passions qu'il est courageux, qu'il est doux, tandis que ἐγκρατής suppose une passion éprouvée, mais vaincue. Dans les *Définitions Plat.*, p. 567, on définit la douceur un apaisement du mouvement causé par la colère, un état tempéré de l'âme et harmonique, κρᾶσις ψυχῆς σύμμετρος.

pacifiques[1]. Son but est uniquement, si la cause le réclame, de produire ou de maintenir, dans le juge, des sentiments calmes et tranquilles, d'apaiser la colère qu'il aurait pu concevoir, mais pour le moment passager de la délibération ou du jugement.

Puisque la colère est engendrée par le mépris, il est clair que, même les personnes les plus irritables, resteront calmes et d'humeur paisible, si on ne fait rien qui témoigne du mépris pour elles, ou si ces témoignages paraissent involontaires, contraints par la force, ou si nous agissons envers elles comme envers nous-même. L'aveu, l'humilité, la modestie qui n'ose contredire, le repentir calment l'irritation ou l'empêchent de naître : car ces actes témoignent qu'on reconnaît notre supériorité et qu'on la redoute : ce qui chatouille notre orgueil et enfle notre âme. L'expression de la considération qu'on porte à notre personne et à nos idées, les formes extérieures de crainte respectueuse, de gratitude reconnaissante, la prière du pauvre qui a besoin de nous et implore notre assistance, des façons d'être qui ne sentent ni la raillerie ni l'ironie ni le dédain, tout cela nous maintient calme et nous apaise, car tout cela est la marque envers nous d'un sentiment contraire au mépris ou du moins différent. Il ne faut pas croire que l'expression d'une colère dont nous sommes l'objet provoque en nous ce même sentiment irrité : au contraire le spectacle de ces violences, de cette faiblesse, de cette impuissance morale[2], nous incline à l'indulgence, à la pitié, au pardon, toujours par la même raison, à savoir, que nous nous sentons, au moins dans cette circonstance, supérieurs à ces misérables passions. Il résulte de là que nous possédons un calme aimable quand nous nous livrons aux jeux et au rire, dans les solennités et dans les fêtes, quand nous sommes dans la joie et le plaisir, ouvrant toutes les

---

[1] Elles consisteraient, en tant que caractère, à résister aux mobiles et aux motifs qui exciteraient chez d'autres le ressentiment et l'irritation.
[2] Impotentia muliebris.

voiles à l'espérance. D'une façon générale, le temps [1] et la vengeance satisfaite [2] adoucissent nos ressentiments. L'âme humaine est aussi peu faite pour les longs ressentiments que pour les longues haines, parce que ces émotions, en se prolongeant, altéreraient sa nature. *L'homme* a conscience qu'en s'y livrant tout entier il perd quelque chose de son *humanité*. La réflexion que l'objet possible de notre colère a déjà souffert des maux plus grands que ceux que nous voudrions lui infliger, ou que les fautes qu'il a commises ont reçu déjà une juste et sévère punition nous empêche de nous abandonner à la colère.

Il faut remarquer qu'on ne s'irrite pas contre ceux qui ne pourraient ni sentir les effets de notre fureur, ni savoir d'où part la vengeance et quelle en est la cause. La colère est un sentiment tout personnel. Aussi ne s'irrite-t-on pas contre les morts à la fois insensibles à nos coups et qui ont souffert le dernier des maux [3].

Voilà de quels lieux il faut tirer les arguments capables d'apaiser la colère de l'auditeur, de le mettre dans des dispositions calmes et pacifiques : il faut lui montrer dans ceux contre lesquels il est irrité ou prêt à l'être, des gens à craindre, des personnalités dignes de considération et de respect, des

---

[1] *Antiph.*, V, 71. « Les jours succédant aux jours sont bien puissants pour arracher l'homme à sa colère et lui faire voir la vérité des choses. » Dem., *Exord.*, 6. Cléon, dans *Thucydide* (III, 38), signale aussi cet effet des délais et du temps écoulé, χρόνου διατριβήν, favorables surtout aux coupables, car même en poursuivant alors sa vengeance, l'homme s'y porte avec un sentiment émoussé et une passion affaiblie : ἀμβλυτέρᾳ τῇ ὀργῇ ἐπεξέρχεται.

[2] C'est ainsi qu'après avoir condamné Callisthène, les Athéniens acquittèrent Ergophile encore plus coupable que lui. (Cf. Westermann., *de Callisthene*, p. 23; *Schol. Ar.*, Ran., V, 358). La mort du premier avait satisfait leur vengeance, et son châtiment, leur sentiment de justice : leur âme, faite pour la pitié, était maintenant désarmée.

[3] Pour apaiser la colère d'Achille acharné contre son ennemi mort, Apollon lui dit (*Il.*, XXIV, 54) : « Ne nous courrouçons pas contre ce brave : la colère n'outrage qu'une terre sourde et insensible :

κωφὴν γὰρ δὴ γαῖαν ἀεικίζει μενεαίνων. »

Le vers est reproduit par le scoliaste de Sophocle (*Antig.*, V, 1039).

bienfaiteurs, ou du moins des personnes qui ont commis involontairement, et même contre leur gré, les actes dont nous aurions à leur demander compte, et qui en ont éprouvé un regret sincère et une profonde douleur.

§ 3. — *L'amour et la haine.*

C'est ici surtout qu'il faut se rappeler que ces vives et fortes émotions et affections de l'âme peuvent être considérées tantôt comme des vertus, tantôt comme des mouvements accidentels et passagers, tels enfin qu'on peut demander à un orateur de les produire [1]. L'amitié, qui n'a trouvé dans aucun temps ni dans aucun pays un admirateur, un ami, je dirais volontiers un amant plus passionné, plus enthousiaste, en même temps qu'un observateur plus pénétrant et plus profond qu'Aristote, l'amitié a été étudiée par lui comme vertu morale dans deux livres entiers de l'*Éthique à Nicomaque* [2]. Dans la *Rhétorique*, amené à parler de l'amitié comme élément du caractère moral de l'orateur, Aristote en a renvoyé l'analyse spéciale à la partie de son traité où il étudie les passions oratoires. C'est dire assez clairement qu'il ne la considère dans la *Rhétorique* et que nous ne devons ici la considérer que comme passion : telle elle est, en effet, au moins dans son origine première ; car elle peut naître en un instant, comme en un éclair, par une sorte d'affinité sympathique subite et rapide, une espèce de coup électrique, que ressentent à la fois deux êtres l'un pour l'autre, quoique le temps puisse la faire ensuite disparaître

---

[1] Ce n'est pas une amitié constante, fidèle, patiente, qu'on peut demander à un orateur, si éloquent qu'il soit, de faire naître chez une multitude, par l'ascendant d'un discours, quoi qu'il y ait quelque chose de fortuit, d'inconscient dans la source première et secrète de la sympathie qui rapproche les âmes.

[2] L. I VIII et IX.

ou la transforme en un sentiment durable et conscient, en une vertu.

L'amitié est un sentiment qui a une personne pour objet. Aimer c'est vouloir à une personne déterminée ce qu'on croit du bien, uniquement pour elle-même, et en outre être en état de lui faire réellement du bien [1]. On donne le nom d'ami à celui qui éprouve et à celui pour lequel on éprouve ce sentiment.

L'ami s'afflige de nos maux, se réjouit de nos bonheurs [2] : car le plaisir et la peine révèlent le fond de notre cœur, ses désirs et ses vœux secrets. Il a les mêmes choses que nous pour biens et pour maux, les mêmes amis, les mêmes ennemis. On aime ceux qui nous ont rendu des services, surtout s'ils sont grands, faits de bon cœur, rehaussés par les circonstances, et uniquement en vue de nous-même. On aime ceux que nous croyons avoir la volonté de nous faire du bien.

Les amis de nos amis, les ennemis de nos ennemis sont nos amis : car ils veulent les mêmes choses que nous et les considèrent, comme nous, des biens [3]. On aime les gens généreux, braves et justes, parce qu'ils sont en état de nous rendre service, et particulièrement ceux dont l'existence est indépendante, qui vivent de leur travail personnel, par exemple et surtout le travail de la terre [4].

On aime les gens modérés et sages, ceux qui ne s'occupent

---

[1] *Rh.*, I, 5 ; II, 4. *Ethic Nic*., VIII, 2. Diogène Laërte (V, I, 31) en rapportant la définition d'Aristote, lui donne cette formule : ἰσότητα εὐνοίας ἀντιστρόφου, l'égalité d'une affection réciproque. L'*Ethique* la formule ainsi : εὔνοια ἐν ἀντιπεπονθόσι μὴ λανθάνουσα. La réciprocité du bon vouloir n'existe que lorsqu'elle est manifeste en et à chacun des amis, lorsque chacun d'eux sait que l'autre a réellement pour lui ce même bon vouloir.

[2] *Ethic. Nic.*, VIII, 1 : « Personne ne voudrait vivre sans amis, eût-on en sa possession tous les autres biens... Quel avantage, si ce lien d'amitié était supprimé, aurait-on à être bon, puisque c'est surtout envers ses amis qu'on aime à l'être. »

[3] Idem velle, atque idem nolle, ea demum firma amicitia est. Sall., *Catil.*, 20.

[4] *Rhet.*, II, 4 : ἀπὸ τοῦ ἐργάζεσθαι... οἱ ἀπὸ γεωργίας καὶ... οἱ αὐτουργοὶ μάλιστα, qui ne se servent pas d'esclaves. Les Grecs ont moins méprisé, qu'on ne le croit, le travail des mains.

pas d'affaires, ceux dont nous voudrions être les amis ; c'est-à-dire les hommes de bien, les personnes considérées en général, et en particulier dans les choses que nous estimons et admirons le plus ou dans lesquelles on nous admire. On aime les gens d'un commerce agréable et facile, les gens spirituels qui savent pratiquer et supporter la plaisanterie, ceux qui nous louent [1], ceux qui ne se plaisent pas à critiquer nos fautes et à nous reprocher leurs bienfaits, les gens de bonne tenue et sachant vivre, les personnes sans rancune, qui n'aiment pas à médire du prochain [2], qui ne voient que le bien, qui ne sont pas querelleurs, d'humeur contredisante, qui nous traitent avec considération, surtout dans les circonstances qui nous touchent le plus, qui se plaisent avec nous, qui nous ressemblent par leurs goûts, à moins qu'ils ne nous fassent concurrence et vivent de la même industrie : car, comme dit le proverbe,

καὶ κεραμεὺς κεραμεῖ κοτέει καὶ τέκτονι τέκτων
καὶ πτωχὸς πτωχῷ φονέει καὶ ἀοιδὸς ἀοιδῷ [3].

On aime les gens devant qui on peut sans rougir faire ou dire certaines choses contraires à l'opinion commune, et ceux devant qui on rougirait d'en faire de réellement contraires à l'honneur, c'est-à-dire d'une part les gens devant qui on ne craint pas d'être sincères et francs et de l'autre

---

[1] Le conseil de Boileau

Aimez qu'on vous conseille et non pas qu'on vous loue,

est donc bien difficile à suivre. De là la boutade :

Quoi qu'en dise Boileau, j'aime et je vous l'avoue,
Fort peu qu'on me conseille, et beaucoup qu'on me loue.

Richelieu interrompit un jour Colletet, qui le louait de son talent de poète dramatique : « Je sais que tu mens ; mais c'est égal ; continue, ça me fait toujours plaisir »

[2] μὴ κακολογούς;... μηδὲ εἰδότας τὰ τῶν πλησίον κακά.
[3] Hesiod., Opp. et D., v. 15.

ceux devant lesquels on rougirait de se montrer un malhonnête homme. On aime ses émules, ses rivaux, quand il n'entre pas d'envie dans cette concurrence ; ceux que nous avons aidés à réussir sans compromettre nos propres intérêts. On aime ceux à qui l'absence n'a pas fait oublier leurs amis, et par suite ceux qui n'ont pas cessé d'aimer leurs morts. On aime enfin ceux qui savent aimer ardemment et fidèlement, ceux qui sont envers eux-mêmes sincères et ne se dissimulent pas leurs défauts, pas même devant nous, ceux qui ne se font pas craindre et ceux sur lesquels nous pouvons nous appuyer avec confiance ; car celui qu'on craint, on ne saurait l'aimer.

L'amitié a plusieurs espèces, la camaraderie, l'intimité, la familiarité, d'autres encore. Les causes qui l'engendrent sont la reconnaissance, le service offert et rendu spontanément, le secret gardé du bienfait : car ce sont là des preuves qu'on n'a agi que dans le désir de faire du bien à la personne même : ce qui est un des caractères de l'amitié.

De la haine et de l'inimitié il est inutile de parler : on peut, des contraires de ce que nous venons de dire, déduire facilement quelle en est la nature, quels en sont les objets, et quelles les causes : ces dernières sont la colère, l'humeur contredisante, la calomnie.

Il importe de ne pas confondre la haine avec la colère qui parfois la fait naître. La colère est une affection toute personnelle, passagère, pénible ; la haine est générale, durable, ne cause aucune souffrance à celui qui l'éprouve : car le vice dont nous sommes atteints ne nous afflige pas. La haine n'est pas nécessairement un vice, précisément par ce qu'elle est d'ordre général. Haïr le mal, c'est aimer le bien. *I love a good hater*, disait un Anglais : ce qui signifie sans doute : j'aime un homme ayant assez de force dans l'âme pour concevoir une grande haine et par suite un grand amour, ou encore : un homme capable de bien choisir l'objet de sa haine : alors le haïsseur peut être vraiment bon.

Nous sommes, par ces analyses, mis en état de savoir et de montrer quelles propriétés possèdent l'amour et la haine, de reconnaître les traits sous lesquels ils se manifestent, et sous lesquels on doit les peindre, de faire naître ces sentiments dans les auditeurs s'ils n'y existent pas, de les détruire s'ils s'y trouvent, et d'amener des juges incertains, en leur inspirant soit l'amitié soit la haine, à la résolution que nous avons intérêt à leur faire prendre ou au sentiment que nous avons intérêt à leur voir partager et exprimer.

§ 4. — *La crainte et l'assurance.*

Pour bien connaître quelles sont les personnes et les choses qui inspirent et causent le sentiment de la crainte, quel est l'état des personnes qui l'éprouvent ou sont disposées à l'éprouver, il convient d'en rechercher d'abord la nature et de le définir.

La crainte est une sorte de souffrance, un trouble de l'âme engendré par la représentation vive d'un mal imminent, qu'il soit d'ailleurs de nature à nous enlever la vie ou seulement de nous causer quelque douleur [1]. C'est pour cela que nous ne craignons pas tous les maux, même les plus grands, s'ils ne nous font pas sentir quelque souffrance. Ainsi nos vices, l'injustice, la paresse, que nous portons en nous-mêmes, sans en sentir le mal, ne nous causent ni effroi ni horreur. Il en est tout autrement des maux qui peuvent nous causer la mort ou quelque souffrance cruelle et prochaine : je dis prochaine, car on ne craint guère ce qui est loin de nous, pas même la mort, dont nous savons tous cependant que nous sommes certainement menacés : mais elle est loin, ou ce qui revient au même, nous ne savons pas qu'elle est proche.

---

[1] *Rh.*, II, 5. Dans l'*Ethique à Nicomaque*, la définition est plus brève : προσδοκίαν κακοῦ.

Quelles sont les personnes et les choses qui sont de nature à nous inspirer et à nous causer de la crainte ? Nécessairement, d'après ce que nous venons de dire, ce sont celles qui ont la puissance de nous causer la mort ou des maux entraînant de graves souffrances. On craint même les signes qui les annoncent : c'est ce qu'on appelle le danger ou l'approche d'une chose redoutable : telles sont la colère, la haine, l'injustice des puissants, la justice outragée et armée. En général on craint la force, car elle est toujours prête à faire le mal si elle le veut.

Comme les hommes ne sont pas en général capables de résister à l'appât du gain, et qu'ils sont lâches, on a toujours lieu de craindre d'être à la merci d'autrui ; on craint les complices qui nous peuvent trahir ou nous abandonner ; on craint les gens capables de nous nuire, même injustement, car, triste et mélancolique réflexion, en général, les hommes ne s'abstiennent guère de l'injustice, quand ils ont la force de la commettre. On craint les gens qui ont souffert ou croient avoir souffert de nous des injustices, et qui guettent l'occasion de s'en venger. On a lieu de craindre ceux qui en ont commis à notre égard, s'ils sont puissants, précisément par ce qu'ils craignent que nous ne leur rendions la pareille.

On a lieu de craindre ses concurrents dans les choses qui ne souffrent pas de partage, les gens que craignent de plus forts que nous, et ceux encore qui ont abattu de plus puissants que nous. Parmi ceux à qui nous avons fait tort, parmi nos ennemis et nos rivaux, nous devons craindre les caractères calmes, ironiques, sournois : car on ne sait jamais si le mal dont ils nous menacent n'est pas proche et on n'est jamais sûr qu'il soit loin.

Tout ce que nous avons à craindre devient plus à craindre encore si le mal est irréparable, ou qu'il ne dépende point de nous de le réparer, ou si nous ne pouvons pas ou si nous ne pouvons que difficilement espérer quelqu'appui pour nous en tirer. En un mot, est à craindre tout ce qui, arrivé à un autre ou sur le point de lui arriver, exciterait notre pitié.

Analysons maintenant quelles sont les dispositions morales des personnes sujettes à éprouver le sentiment de la crainte : c'est manifestement lorsqu'on pense avoir à supporter telles choses, de telles gens et dans telles circonstances qui sont redoutables. Quand donc l'intérêt de la cause que nous soutenons ou de l'opinion que nous développons exige que nous fassions naître chez nos auditeurs le sentiment de la crainte, il faut leur montrer qu'ils sont exposés à souffrir tels ou tels maux, que d'autres plus puissants ou leurs égaux les ont eu à souffrir, de gens, d'évènements, dans des circonstances où ils ne croyaient pas avoir à les souffrir.

L'analyse de la crainte facilite celle de l'assurance audacieuse, et permet de voir en quoi consiste cette disposition, à l'égard de quels objets ou de quelles personnes elle se montre et quel est l'état de ceux qui en sont affectés. L'assurance, τὸ θαρρεῖν, est opposée à la crainte comme l'objet susceptible de nous donner de l'assurance est opposé à l'objet à craindre ; par conséquent on peut la définir, l'espérance accompagnée d'une représentation vive des choses qui sont de nature à nous garantir de tout péril, qui sont proches, tandis que celles qui pourraient être à craindre ou n'existent pas ou sont loin.

Les choses capables de nous donner de l'assurance sont celles qui, malgré leur gravité, sont éloignées ; celles auxquelles on peut obvier ou remédier facilement et énergiquement. Les personnes, sont celles à qui nous n'avons jamais fait et qui ne nous ont jamais fait de mal, qui sont absentes ou impuissantes ; des gens puissants qui sont nos amis, à qui nous avons fait du bien ou qui nous en ont fait : les gens qui ont les mêmes intérêts que nous, si d'ailleurs ils sont les plus nombreux ou les plus forts, ou l'un et l'autre.

Dans quel état[1] avons-nous cette assurance ? Quand on

---

[1] πῶς ἔχοντες.

croit n'avoir rien à souffrir, comme les gens qui sont ou croient être au comble de la prospérité : les insolents et les orgueilleux ne craignent rien ; ce qui leur donne cette assurance, c'est la richesse, la force, le grand nombre de leurs amis, le pouvoir. Ce sont encore ceux qui ont tant souffert que leur âme envisage l'avenir avec un sang-froid et une imperturbabilité qui la fait paraître comme glacée [1], comme hypnotisée. La crainte en effet enferme encore un reste d'espérance, et la preuve, c'est qu'elle délibère : or on ne délibère pas quand on est réellement désespéré, et dans des circonstances réellement désespérées.

On a encore de l'assurance quand on n'a eu dans la vie que des succès et point de revers ; quand on s'est souvent tiré des périls ; car deux choses nous rendent insensibles à la crainte : l'inexpérience du danger ou la conscience qu'on possède les moyens d'en sortir. C'est ainsi que dans les périls de la mer sont confiants et ceux qui ne connaissent pas la tempête, et ceux à qui leur art et leur expérience fournissent des moyens pour y échapper. Nous avons de l'assurance quand on voit ne rien craindre et nos semblables et nos inférieurs ou ceux que nous croyons tels ; quand nous avons entre les mains des forces qui nous rendent nous même à craindre aux autres telle que la richesse, la force corporelle, le nombre de nos amis, l'étendue de nos propriétés, de grandes ressources militaires. Mais surtout nous sommes sans peur, quand les dieux nous protègent et qu'ils nous ont manifesté leur faveur par des augures ou des oracles. Les dieux, en effet, ne protègent que ceux que menace l'injustice, et le sentiment d'être victime d'une injustice éveille en nous la colère qui remplit l'âme d'assurance et d'audace [2].

---

[1] *Rh.*, II, 5. ἀπεψυγμένοι... ὥσπερ τυμπανιζόμενοι.
[2] Il est singulier qu'Aristote ait cru nécessaire de justifier par un argument en forme cette vérité que l'âme humaine est rassurée quand elle sent Dieu en elle ou près d'elle. Quand le devoir ou le bien lui apparaît, c'est Dieu même qui la visite.

§ 5. — *La honte.*

Quelles sont les choses qui provoquent l'affection de la honte, les personnes en présence desquelles on l'éprouve, quel est l'état psychique de ceux qui la subissent, c'est ce que nous allons examiner. La honte n'est pas une habitude, ἕξις, c'est un état passif de l'âme, qui a, comme la crainte, un effet réflexe sur l'état physiologique : celui qui a peur de la mort pâlit, celui qui a honte rougit ; ces troubles corporels qui l'accompagnent sont les indices de la passion plutôt que de l'habitude morale [1]. Elle consiste dans une souffrance, dans un trouble de l'âme occasionné par des maux présents, passés ou futurs qui paraissent conduire à notre déshonneur. L'état qui fait qu'on est insensible à la honte, c'est le mépris ou l'impassibilité à l'égard de ces mêmes maux.

Nous rougisssons donc des actes mauvais [2] qui nous paraissent à nous-mêmes ou à ceux dont nous respectons l'opinion, déshonorants : tels les actes de lâcheté, d'improbité, d'intempérance, d'avarice sordide [3], de basse flatterie, le commerce avec des gens flétris, la fréquentation de lieux infâmes, et dans des circonstances qui rendent la chose plus indigne. Il est honteux de ne pas rendre un service d'argent quand on est riche, d'en recevoir de moins fortunés ; d'en demander à celui qui vient vous en réclamer un de même nature, de le demander à celui qui vient vous réclamer une restitution, de réclamer une restitution à celui qui vient vous demander ce service, de priser certains objets avec une insistance telle qu'on voie clairement que c'est une

---

[1] *Ethic. Nic.*, IV, 15. πάθει γὰρ μᾶλλον ἔοικε ἢ ἕξει... σωματικὰ δὴ φαίνεται πως ἀμφότερα εἶναι, ὅπερ δοκεῖ πάθους μᾶλλον ἢ ἕξεως.

[2] *Rh.*, II, 6. ἀπὸ κακίας ἔργα.

[3] Comme de gagner de l'argent sur de pauvres gens, sur des morts : de là le proverbe : ἀπὸ νεκροῦ φέρειν.

manière de les demander; c'est une honte de ne pas se laisser décourager par les refus, de louer les gens en face, de vanter à l'excès leurs vertus, d'atténuer leurs défauts, de témoigner une douleur exagérée dans leurs malheurs.

Il est honteux de ne pas pouvoir supporter les fatigues que supportent des gens plus vieux, plus délicats, plus riches, plus faibles; car c'est de la mollesse. Il est honteux de s'accoutumer à se laisser rendre des services, de reprocher les bienfaits, car c'est d'une âme petite et basse; de parler de soi, de se vanter, de s'approprier les mérites d'autrui, c'est de l'impudence. En un mot tous les actes mauvais et tous les signes des vices moraux sont honteux en soi et doivent nous inspirer de la honte, comme par exemple de livrer sa personne volontairement ou même involontairement à la débauche d'autrui. Dans les deux cas on est flétri.

On rougit aussi d'être privé de certains avantages honorables, tels qu'une bonne éducation, dont jouissent nos égaux et nos semblables et surtout d'en être privé par notre propre faute.

Il faut bien remarquer que la honte est la représentation vive de l'infamie elle-même et non de ses conséquences : l'opinion ne nous touche que parce qu'elle est toujours l'opinion d'une personne. C'est donc toujours par rapport aux hommes que l'on a honte : c'est le respect humain. Or les gens dont on respecte et redoute ainsi l'opinion, ce sont ceux que nous honorons et qui nous honorent, par qui du moins nous voudrions être honorés, qui sont nos rivaux de réputation et de considération.

On rougit d'actes faits sous les yeux d'autrui : c'est pourquoi on rougit surtout devant les gens qui assisteront à toute notre existence, qui sont attachés à nous, devant ceux qui sont exempts de ces mêmes vices honteux, qui sont sans indulgence pour ces fautes et pour ceux qui les commettent, devant les indiscrets qui aiment à tout rapporter, comme les méchantes langues et les gens trompés qui remarquent tout, devant les grands observateurs de la nature humaine, comme les poètes comiques, qui font métier de relever et aiment à redire au public de leurs langues railleuses tous les défauts qu'ils ont constatés chez les individus [1].

On est honteux, devant les gens qui ne vous ont jamais rien refusé, et qu'on respecte par conséquent, devant ceux qui vous demandent pour la première fois un service, ceux qui recherchent votre amitié et devant lesquels on craint de perdre la considération qu'ils avaient pour vous, ne vous connaissant encore que par vos qualités ; devant nos vieux amis, à qui nous avions pu cacher ces défauts.

On rougit non seulement des actes honteux mais des signes révélateurs de nos faiblesses morales ; on rougit même d'en parler, et on en rougit non seulement devant les personnes que nous venons de signaler, mais encore devant leurs amis, leurs serviteurs, qui pourraient les leur rapporter.

On n'éprouve pas le sentiment de la honte devant des gens dont le jugement, quoique fondé sur la vérité, ne nous touche pas, comme les petits enfants et les animaux. Chose singulière : on éprouve ou on n'éprouve pas de la honte suivant que les témoins de nos actes nous sont ou ne nous sont pas connus.

Dans quelle situation d'esprit, dans quelles circonstances éprouvons-nous ce sentiment ? d'abord manifestement lorsque nous nous trouvons en présence de ceux que nous respectons, comme nous l'avons dit, surtout s'ils nous voient de leurs yeux mêmes [2], ou s'ils nous connaissent intimement : c'est ce qui fait qu'on rougit devant ses rivaux, car c'est un témoignage de respect de rivaliser avec nous ; ce qui montre

---

[1] Allusion à la liberté de la comédie ancienne qui mettait en scène les personnalités : ὀνομαστὶ κωμῳδεῖν.

[2] C'est pourquoi Cydias, dans sa harangue sur la Cléruchie de Samos, disait aux Athéniens de se représenter tous les Grecs réunis autour d'eux, et non seulement entendant, mais voyant de leurs yeux le vote qu'ils allaient émettre. Ruhnken (*Hist. Crit.*, p. 74), Clinton (*Fasti Hellen.*, p. 142), placent l'évènement, Ol. CVII, 1 = 352 av. J.-Ch., sous l'archontat d'Aristodème.

que nous comptons, dans leur esprit, pour quelque chose. Nous avons honte encore, si dans notre vie, dans celle de nos ancêtres, de nos meilleurs amis, de nos élèves, il y a des actes ou des faits honteux, dont il semble que nous sommes en partie responsables ou complices. Nous avons honte quand nous savons que nous nous retrouvons en face de ceux qui ont connu nos fautes : de là le mot d'Antiphon qui voyait ses compagnons de supplice se couvrir le visage : Pourquoi vous cacher ? qui donc d'entre eux vous verra demain [1].

§ 6. — *De la bienfaisance et de la reconnaissance* [2].

Nous saurons clairement à qui nous devons de la reconnaissance et dans quelles occasions, dans quel état nous sommes lorsque nous éprouvons ce sentiment, lorsque nous l'aurons définie. La bienfaisance est le sentiment qui porte à rendre un service à celui qui en a besoin, non pas en échange d'un service rendu ou dans l'espérance d'un intérêt personnel, mais par considération pour l'obligé seul. La valeur du service rendu dans ces conditions se mesure au degré des besoins, à la grandeur ou à la difficulté du service, aux circonstances, enfin au fait qu'on a été le seul, ou le premier ou le plus empressé à le rendre.

Les besoins sont des désirs qu'accompagne la souffrance jusqu'au moment où ils sont satisfaits, comme les désirs sensibles, αἱ ἐπιθυμίαι, tels que ceux qu'on éprouve dans la maladie, les dangers, la pauvreté, l'exil, où les moindres services [3] inspirent une grande reconnaissance parce que les

---

[1] Cf. Ast. ad Plat. Phædr., p. 305.
[2] χάρις exprime à la fois le sentiment qui nous porte à rendre un service et le sentiment que doit à son bienfaiteur celui qui l'a reçu.
[3] Aristote donne un exemple qui a bien occupé les commentateurs : οἷον ἐν Λυκείῳ τὸν φορμὸν δούς. Au Lycée, les auditeurs étaient assis sur des bancs de pierre scellés dans les murs. Les longues séances, dans cette posture, devenaient

besoins sont plus pressants. Nous apprenons par là, que si nous avons à prouver que telles personnes avaient droit à la reconnaissance de telles autres, il faudra montrer que les unes ont été dans la peine et le besoin, et que les autres sont venues libéralement au secours de leurs nécessités. Nous apprenons également comment on peut ruiner le sentiment de la gratitude et en délivrer la conscience. On dira que c'est dans un intérêt personnel, par hasard ou par contrainte que le prétendu bienfaiteur a agi ; que c'était une restitution et non un don spontané, qu'il le sache ou qu'il l'ignore : ce n'est pas là un bienfait.

Il faut de plus examiner les actes et les faits dans toutes les catégories, c'est-à-dire leur nature, leur degré ou quantité, leur qualité, le temps, le lieu, etc..., par exemple, dans la catégorie de la quantité : bien faible était le service, pourra-t-on dire ; on a rendu à des ennemis ou le même, ou de semblables ou de plus grands encore. Ce n'est donc pas par considération pour la personne obligée qu'on a agi. On pourra même dire qu'on lui a rendu un bien mauvais service et sachant ce qu'il valait.

§ 7. — *La pitié.*

La pitié est le sentiment douloureux que provoque la vue d'un malheur prochain qui menace autrui, de nature à causer la mort ou au moins de cruelles souffrances à une personne qui ne l'a pas mérité, et tel qu'on peut s'attendre à en être frappé soi-même [1]. Par conséquent ne sont pas accessibles à la pitié les gens plongés eux-mêmes actuellement dans un

---

fatigantes et pénibles. Les gens prudents apportaient des coussins et des nattes, et à un moment offrir sa natte ou son coussin à un voisin qui n'en avait pas, surtout s'il était souffrant, faible, vieux, c'était certainement lui rendre grand service.

[1] Les stoïciens (D. L., VIII, 1) en font la première des neuf espèces de douleurs qu'ils admettent et la définissent : λύπην ὡς ἐπ'ἀναξίῳ κακοπαθοῦντι. Cic., *Tusc.*, IV, 8. Misericordia est ægritudo ex miseria alterius injuria laborantis.

état absolument misérable, car ils n'ont plus rien à craindre de la fortune et, d'un autre côté, ceux qui sont ou croient être au comble du bonheur : ils s'imaginent être à l'abri de tous les maux.

Au contraire, la pitié touche le cœur de ceux qui ont souffert, mais ont échappé au malheur : les vieillards à qui l'expérience a fait connaître les vicissitudes humaines et l'inconstance des choses; les natures faibles et craintives, les esprits qui savent bien voir la réalité, tous ceux qui ont des affections intimes et profondes, tels que des parents, des enfants, des femmes qui peuvent être exposés à tant de maux; ceux qui ne sont pas actuellement dans un violent accès de colère ou dont les cœurs ne sont pas emportés par une exaltation de bravoure ou d'audace; car dans cet état, on ne refléchit pas qu'on peut avoir à souffrir d'un malheur. Le sentiment de la pitié se trouve entre ces deux extrêmes : car les caractères trop timides sont trop occupés d'eux-mêmes pour s'apitoyer sur les maux d'autrui. Pour l'éprouver, il faut croire en général à l'honnêteté humaine; si l'on croyait tous les hommes méchants, on considérerait tous les malheureux comme ayant mérité leur sort; et de plus il faut se souvenir des maux qu'on a soufferts [1] et en craindre le retour.

Quelles sont les choses qui éveillent ce sentiment? par la définition même, ce sont celles qui peuvent ôter la vie, ou causer de grandes souffrances physiques ou morales, même quand le hasard en est la cause : telles sont la mort, les blessures, les maladies, la vieillesse, la misère extrême. Être sans amis ou n'en avoir qu'un petit nombre, être séparé d'eux, est chose digne de pitié [2]. Il est des maux pitoyables qui naissent du hasard seul : la laideur, la faiblesse, les infirmités, les déceptions si fréquentes de la vie, qui nous

---

[1] Non ignara mali miseris succurrere disco.

[2] On reconnaît à ce trait une âme capable de comprendre et de goûter la véritable amitié, pour qui *l'absence est le plus grand des maux*, précisément parce qu'elle l'affaiblit et souvent la tue.

amènent une souffrance d'où nous espérions la joie ou le bonheur, ou qui nous rapportent des biens au moment où nous ne pouvons plus en jouir.

On éprouve de la pitié pour les gens que l'on connaît, sauf ceux avec qui nous avons des relations trop intimes : pour ceux-là nous ressentons leurs maux comme s'ils étaient nôtres. Le sentiment éprouvé dans ce cas n'est plus de la pitié, c'est un abattement affreux [1], différent de la pitié et qui parfois lui est contraire. On est accessible à la pitié pour les personnes de notre âge, de nos mœurs, de notre caractère, de notre dignité, de notre naissance : nous voyons là clairement qu'un malheur semblable nous pourrait atteindre, et c'est une condition du sentiment de la pitié.

Il faut encore que les malheurs soient récents ou proches : ceux qui sont arrivés ou arriveront dans 10,000 ans ne nous peuvent guère émouvoir. Pour nous émouvoir dans ces conditions même, il faut employer concurremment toutes les ressources de l'art dramatique et de la représentation scénique. Cet art, à l'aide de la parole et du costume, rapproche de nous les victimes du sort, les met pour ainsi dire sous nos yeux, rend présents et actuels les malheurs dont ils ont été ou vont être frappés. Les témoignages des maux soufferts, les actes de ceux qui les ont supportés, leurs paroles, leurs vêtements, tout ce qui rappelle leur souvenir, surtout si ce sont d'honnêtes gens, qui n'ont pas mérité ces infortunes, tous ces faits qui rapprochent de nous les hommes et les choses et les font pour ainsi dire revivre, sont de nature à remplir notre âme de pitié.

Aristote, dans cette délicate et profonde analyse, nous a montré les lieux où l'orateur peut puiser les moyens de faire

---

[1] Aristote cite, comme exemple, un fait qu'il rapporte par mégarde à Amasis et qui concerne son fils Psamménite. Interrogé par Cambyse, qui l'avait vu rester les yeux secs au moment où l'on conduisait son fils à la mort, et pleurer en apprenant l'affreuse misère où était tombé l'un de ses amis, il répondit : τὰ μὲν οἰκήϊα ἦν μέζω κακὰ ἢ ὥστε ἀνακλαίειν·τὸ δὲ τοῦ ἑταίρου πένθος ἄξιον ἦν δακρύων. Herod., III, 14.

naître la pitié, et n'a pas cru nécessaire de rappeler que, par les arguments contraires, tirés de ces mêmes lieux, on pouvait l'affaiblir et même l'éteindre [1], si tel est le besoin ou l'intérêt de la cause ou du sujet.

Pour exciter la pitié, l'orateur doit la ressentir, et surtout paraître la ressentir. Il y a une vie morale et une sensibilité de l'imagination qui sans doute ne sont pas étrangères à la sensibilité et à la vie morale réelles, mais en sont certainement distinctes. Cette disposition consiste dans la puissance de se mettre sous les yeux à soi-même les choses et les personnes dans l'état le plus propre à exciter la pitié, de s'en donner à soi-même la représentation la plus vive et la plus forte, πρὸ ὀμμάτων ποιεῖν et ποιεῖσθαι, de manière à pouvoir les représenter aux autres avec une vérité de couleur [2] et un accent sympathique qui entraînent les âmes.

Tous les genres peuvent avoir l'occasion de manier et de peindre ce sentiment, l'un des plus grands et des plus beaux de l'âme humaine. Le genre épidictique non seulement peut faire appel à la pitié, mais la prendre pour sujet d'un discours. Le genre judiciaire, sans doute, a plus souvent que les autres l'occasion de l'exciter ou de l'éteindre. Mais ce serait une erreur de croire qu'il est étranger au genre délibératif. Combien de fois les Grecs, qui, malgré les funestes divisions qui ont fini par les perdre, se savaient et se sentaient frères, n'ont-ils pas entendu ces accents de pitié

---

[1] On appelait cela ἐλέου ἐκβολή, comme on appelait l'excitation de la pitié, ἐλέου εἰσβολὴ ou ἐμβολή. Hermog., *Progymn*., c. 6. « Pour chasser la pitié, il faut se servir de ces chefs d'argumentation, tirés des fins morales, τελικοῖς καλουμένοις κεφαλαίοις, c'est-à-dire la légalité, le juste, l'intérêt, le possible, le convenable, τὸ πρέπον, l'insinuation d'une injustice commise par le malheureux. Ne regardez pas les larmes qu'il verse aujourd'hui, mais voyez ce contempteur des dieux, ce profanateur du temple des Dioscures », etc. Les κεφάλαια d'Hermogène ne sont autre chose que les *lieux* d'Aristote, qui les appelle encore στοιχεῖα. On les nomme τελικά lorsqu'ils sont tirés du droit, du juste, de l'utile, de l'honorable, ἔνδοξον, du possible, parce que ce sont là toutes les fins poursuivies dans toutes les actions humaines, ὅτι τὰ τέλη πάντων περιέχουσι πραγμάτων. Schol. d'Aphthonius, *Progymn*., de loco Communi. Cf Apsin., *Rh.*, c. περὶ λύσεων.

[2] ἐνάργεια.

généreuse et tendre, auxquels, dans leurs décisions politiques, ils n'ont pas toujours été insensibles. Les Croisades ont été en grande partie provoquées par le récit des misères que les chrétiens avaient à souffrir et des profanations des lieux saints, dans lesquelles l'imagination religieuse croyait voir une seconde fois l'outrage et le supplice de l'innocent. La France a longtemps eu la conscience et l'orgueil de se croire appelée à jouer ce grand rôle de protecteur des faibles et de libérateur des opprimés. Elle a souvent entendu, et quelquefois contre ses intérêts politiques les plus graves et les plus manifestes, comme dans la dernière guerre d'Italie, elle a souvent écouté le soupir de l'humble qu'on outrage et le gémissement des peuples asservis. Une des victimes de la dernière insurrection polonaise s'écriait dans son désespoir : Dieu est trop haut, et la France est trop loin. Qu'est-ce au fond que la Révolution française sinon un grand cri de pitié suivi d'un grand cri de colère [1] ? Nous avions voulu, insensés, être les libérateurs et les bienfaiteurs du monde. Aujourd'hui même, dans ce siècle qui a vu inaugurer et triompher la politique de fer et de sang, où, assagis par l'expérience, nous avons substitué la politique de l'intérêt national à la politique de sentiment, d'enthousiasme, de pitié, ce penchant n'a pas, malgré tout, perdu son influence dans l'imagination nationale, surtout en ce qui concerne la politique intérieure. On l'excite et trop souvent on l'exploite au profit de passions intéressées et de systèmes absurdes : néanmoins, parce qu'il est noble en soi, il a été et sera le thème de bien des discours éloquents et la source de beaux mouvements oratoires.

J'ai déjà dit avec quelle sobriété, avec quelle discrétion ce sentiment doit être traité par l'orateur ; car rien ne sèche plus vite que les larmes [2]. L'éloquence moderne, pas plus

---

[1] Il semble que ce soient là deux émotions corrélatives : comment éprouver une grande pitié pour l'opprimé sans éprouver une grande colère pour l'oppresseur ?

[2] Publ. Syrus : Nihil citius arescit lacrymis.

que la délicatesse grecque, n'admettrait ces moyens grossiers que Cicéron lui-même se vante d'avoir employés avec tant de succès [1]. Les Grecs n'avaient pas besoin de ces artifices violents et de ces spectacles dramatiques pour connaître la pitié [2]. Leur goût délicat et sévère, autant que les habitudes sociales et les mœurs de la tribune et du barreau, les lois même leur en interdisaient l'emploi. Les anciens orateurs, dit Eschine [3], étaient si éloignés de ce qui paraissait contraire à la simplicité qu'ils ne faisaient même pas ce que nous faisons tous aujourd'hui : ils ne sortaient pas la main de leur manteau pour appuyer leurs paroles d'un geste expressif; cela leur paraissait théâtral et impertinent, et ils s'en abstenaient ». Qu'auraient-ils pensé des procédés mimiques et scéniques de l'éloquence romaine [4] ?

Cependant déjà Eschine faisait une allusion habile et digne à la présence, dans l'assemblée, de ses frères, de ses enfants, de ses vieux parents [5]. Cette production des personnes que devait frapper, comme l'accusé lui-même ou

---

[1] *Or*., 38. Excitato reo nobili, sublato etiam filio parvo, plangore et lamentatione complevimus forum. Cf. plus haut, p. 182.

[2] Quintil., XII, 10. « Quadam eloquentiæ frugalitate contentos ac semper manum intra palium continentes. Plut., *Reip. ger. præc.*, ». « Périclès se distinguait dans toute sa manière de vivre, dans ses habitudes physiques, dans sa démarche tranquille, dans le calme de sa parole, dans l'expression toujours immobile du visage, dans l'habitude de garder la main sous son manteau et d'aller toujours par le même chemin à la tribune et à la salle des délibérations du Sénat ». Id., *Phocion* : « C'est bien rarement qu'on put le voir porter la main hors de son manteau, lorsque par hasard il en était revêtu. »

[3] Quintil., XII, 10. Quæ defuisse ei (Demosthènes) *lege* civitatis videntur. Id., X, 1, 107. Epilogos illi *mos* civitatis abstulerit.

[4] *C. Tim.*, § 6, et il ajoute : « La statue de Solon sur l'Agora de Salamine nous le représente la main sous le manteau. C'est dans cette attitude qu'il parlait aux Athéniens ». C'est à ces mots que Démosthènes fit cette spirituelle et cruelle réplique : « Ce n'est pas en parlant à la tribune, Eschine, qu'il faut avoir la main sous son manteau, c'est lorsqu'on est chargé d'une ambassade ». *De Fals. leg.*, 72.

[5] Quintil., I, 3. C. Gracchus primus inter dicendum inambulavit in rostris; Cleo Atheniensis, diducto pallio nudatum percutiebat femur.

[6] *De Fals. leg.*, 147 et 179. Cf. Dem., *Or.*, XLIII, 81. Mais dans Demosthènes, si le discours est bien de lui, rien de théâtral. On apprend la présence de l'enfant par un adjectif démonstratif : παρχδίδωμι οὖν ὑμῖν... τὸν παῖδα τουτονὶ ἐπιμελήθηναι... μὴ περιίδητε μήτε τὸν παῖδα τουτονὶ ὑβρισθέντα. La péroraison toute entière est touchante, mais d'une touchante simplicité : elle se termine par ces mots

l'intéressé, la décision des juges, reçut, dans la Rhétorique postérieure, un nom technique, le nom de παραγωγή [1]. Eustathe [2] l'appelle : οἴκτους πραγματικοὺς ἐπιλογικούς, c'est-à-dire les lamentations de la péroraison destinées à l'effet, et l'explique comme il suit : « A la vue des malheureux sur lesquels on appelle leur pitié, l'âme des auditeurs éprouve une émotion beaucoup plus profonde qu'elle n'en éprouverait des paroles de l'orateur. » La recherche de ces effets pathétiques, dûs à une mise en scène dramatique, n'appartient pour ainsi dire plus à l'art oratoire, où toute l'action sur l'auditoire doit être produite par la parole, fidem facit *oratio* [3].

Il ne suffit pas à l'orateur de savoir faire naître, il faut encore qu'il sache calmer ces émotions sympathiques, étouffer ce germe de pitié tendre, tarir la source de ces larmes que l'adversaire a pu faire verser. Pour cela, Hermogène conseille de faire entendre la voix de l'intérêt, du droit, de la justice, de l'honneur, de la possibilité même. Mais il importe de donner à l'argumentation destinée à cet effet une forme particulière, la forme plaisante, spirituelle, ironique, risible [4]. Gorgias, que cite en l'approuvant Aristote [5], disait

---

si réservés et si dignes : καὶ ταῦτα ποιοῦντες τά τε δίκαια ψηφιεῖσθε καὶ τὰ εὔορκα καὶ τὰ ὑμῖν αὐτοῖς συμφέροντα : en votant ainsi, votre décision sera conforme à la justice, à vos serments, à vos propres intérêts. »

[1] *Hermog.*, διαίρεσις τῶν στάσεων. Ald., p. 46; Rh. Gr., Speng., t. II, p. 149. ἐλεεινολογουμένων τε καὶ πάθη κινούντων· ἐνταῦθα γὰρ καὶ παραγωγαὶ χρήσιμοι τῶν παίδων καὶ γυναικῶν καὶ φίλων καὶ ὅσα τοιαῦτα ἃ ὁ κατήγορος ἀναιρήσει δηλαδὴ τῷ συμφέροντι. « (Les péroraisons) sont à l'usage de ceux qui veulent exciter la pitié et émouvoir : là on se servira des παραγωγαί des enfants, des femmes, des amis, et de tous ces procédés dont l'accusateur aura à détruire l'effet en faisant appel à l'intérêt. »

[2] *Ad Hom.*, *Il.*, π, p. 1049.

[3] Cic., *Brut.*, 50.

[4] *Rh.*, III, 18. τὰ γελοῖα.

[5] Id., id., ὀρθῶς λέγων, et que reproduit le scholiaste de Platon, *Gorg.*, 473, e. *Rh. ad Al.*, 36. χρὴ δὲ... εἰρωνεύεσθαι καὶ καταγελᾶν. Dans un des chapitres de la *Poétique* que nous n'avons plus, Aristote avait traité du rire et du ridicule (*Rh.*, I, XI) : εἴρηται πόσα εἴδη γελοίων ἐν τοῖς περὶ Ποιητικῆς, et Diogène Laërte mentionne aussi parmi les ouvrages de Théophraste, un mémoire περὶ γελοίων. Ces εἴδη sont en partie reproduits par Cramer, *Anecd. Paris.*, I, 404. *Introd. in Aristoph.*, Dindorf, p. XIII. Mais ces catégories purement extérieures, sans valeur pour l'art et la philosophie, sont indignes d'Aristote.

déjà : « Il faut tuer l'effet des arguments spirituels par le sérieux et l'effet des arguments sérieux par le ridicule. » Cicéron, tout en refusant d'entrer dans une analyse philosophique et psychologique du rire, de sa nature, de ses causes, reconnaît que c'est une partie de l'art oratoire de savoir le provoquer, d'en connaître les bornes ainsi que les formes diverses du ridicule et du risible [1], et la raison qu'il en donne, c'est que ce trait d'esprit, qui souvent consiste en un seul mot, abat l'adversaire, et par une saillie plaisante imprévue, efface l'impression grave ou l'émotion vive que nul argument sérieux n'aurait pu détruire [2]. Mais que l'orateur y prenne garde : il faut que la plaisanterie soit de bon goût, vraiment spirituelle et fine [3], de prime-saut, qu'elle ne dépasse point la mesure, qu'elle ne s'attaque pas à certaines choses, ou à certaines personnes, qu'elle respecte les malheureux : miseros illudi nolunt... Parcendum autem maxime est caritati hominum [4] : mot admirable sur lequel je veux ici

---

[1] Cic., de Or., II, 58. Sit oratoris risum velle movere, quatenus, quæ sint genera ridiculi.

[2] Cic., l. l. Frangit adversarium... odiosasque res sæpe, quas argumentis dilui non facile est, joco risuque dissolvit. Quintil., VI, 3. Tristes solvit affectus.

[3] Cic., l. l. Quod politum esse hominem significat, quod eruditum, quod urbanum. Conf. Cic., Or., 26. Chose singulière, ce don de l'esprit qui ridiculise le sentiment même de la pitié, dont Cicéron usa et abusa, a été refusé à Démosthènes. Quint., VI, 3. « Demostheni facultatem defuisse hujus rei credunt, Ciceroni modum ». Denys d'Halicarnasse (de admir. vi. Dem., 54). « Les dieux ne donnent pas aux hommes tous les avantages réunis : c'est ainsi qu'ils n'ont pas donné à Démosthènes l'esprit : τοὺς ἀστεϊσμούς ». Sous ce point de vue, on l'accusait d'être monotone, μονοτόνως λέγει (Longin, de Sublim., 34). « Son ton grave et sérieux ne laissait pas de relâche à l'attention du juge » (Cic., de Or., II, 58). Mitigat ac relaxat tristitiam ac severitatem (Orator). « Lorsqu'il veut faire le spirituel et le plaisant, il fait rire, dit encore Longin, mais rire de lui ». Cicéron (Or., 26) est plus indulgent ou plus juste : « Quo quidem mihi nihil videtur urbanius, sed non tam dicax fuit quam facetus ». Quoique Quintilien dise : « Salibus et commiseratione vincimus », Cicéron, dont le goût était plus délicat, reconnaissait encore aux Grecs leur supériorité même dans ce genre. De Or., II, 54. « Et Siculi in eo genere, et Rhodii, et Byzantii, et præter ceteros Attici excellunt. »

[4] De Or., II, 58 ; Or., 26. « Illud admonemus tamen ridiculo sic usurum oratorem ut nec nimis frequenter, ne scurrile sit, nec subobsceno, ne mimicum, nec petulanti ne improbum, nec in calamitosos ne inhumanum, nec in facinus ne odii locum risus occupet... Vitabit etiam quæsita nec ex tempore ficta sed domo allata, quæ plerumque sunt frigida ; parcet et amicitiis et dignitatibus ; vitabit insanabiles contu-

m'arrêter. C'est une grande entreprise, comme dit Molière, de faire rire les honnêtes gens, et il faut bien se garder de confondre l'ironie spirituelle et vive, qui respecte l'adversaire, l'orateur et l'homme, avec la bouffonnerie malséante, grossière, indécente, odieuse, qui insulte les uns et les autres.

§ 8. — *L'indignation.*

Le sentiment de l'indignation est opposé à celui de la pitié, bien qu'ils soient tous les deux les signes et l'expression d'un noble et généreux caractère[1]. S'attrister du bonheur immérité des autres, c'est en quelque sorte le contraire de s'attrister de leur malheur immérité. Nous devons compatir aux uns et en avoir pitié, et nous indigner contre les autres puisqu'ils sont indignes de leur bonheur. C'est pour cette raison que les Grecs attribuaient aux dieux ce sentiment, et que même ils avaient fait de l'indignation une déesse, Némésis[2].

---

melias ; tantummodo adversarios figet, nec eos tamen semper, nec omnes nec omni modo ». Les Grecs distinguaient parmi les plaisanteries oratoires l'ἀστεϊσμός, le χαριεντισμός, le διασυρμός, le μυκτηρισμός, espèces qui répondent à peu près aux expressions latines : urbanitas, venustum, salsum, facetum, jocus, dicacitas.

[1] ἄμφω τὰ πάθη... τοῦ αὐτοῦ ἤθους... ἤθους χρηστοῦ. La vie d'Homère (Plut., c. 132) rappelle que, d'après Aristote, ce sont là des sentiments délicats et beaux : ἀστεῖα πάθη. C'est pourquoi Homère les attribue aux hommes de bien et à Jupiter même (*Il.*, XI, v. 540). « Hector évitait de se rencontrer avec Ajax, fils de Télamon; car Jupiter se serait indigné qu'il osât s'attaquer à un homme plus brave que lui » :

Ζεὺς γὰρ οἱ νεμέσασχ'ὅτε ἀμείμονι φωτὶ μάχοιτο.

[2] Ar., *Eth. Eud.*, III, 7. διὸ καὶ θεὸν οἴονται εἶναι τὴν Νέμεσιν. Il n'est pas certain pour moi que ce soit ce sentiment moral qui ait contribué à créer cette divinité. Les Grecs appelaient ὕβρις, l'insolence et l'excès de prospérité, par lesquels les hommes semblent vouloir s'élever au-dessus de la condition humaine, nécessairement limitée et mélangée, et s'égaler ainsi aux dieux. La Némésis divine est la juste jalousie, l'indignation que conçoivent les dieux de cette audace, qu'ils considèrent comme un attentat sacrilège à leur majesté. La déesse est tantôt une fille de l'Océan, c'est-à-dire aussi vieille que les dieux et les hommes, tantôt une fille de la Nuit ou de l'Érèbe, comme funeste aux hommes, tantôt une fille de Diké, la Justice, parce que son courroux est provoqué par l'orgueil et l'impiété. Elle est souvent mise en rapport avec *Thémis*, la déesse qui *pose* les fondements de tout l'ordre moral. Son culte s'associait avec celui d'Adrastée, l'invisible et l'incorporelle, qui n'est souvent qu'une de ses épithètes et signifie l'inévitable, personnification d'une fatalité morale. Conf. Tournier, *Némésis et la Jalousie des dieux*. Paris, Durand, 1863.

D'un autre côté l'envie est l'opposé de la pitié, et, tout en paraissant s'identifier avec l'indignation, cependant en diffère : car si ce sont là deux sentiments de plaisir et de peine, causés par les faits qui touchent notre prochain, l'homme indigné s'irrite de voir la prospérité des méchants parce qu'ils sont méchants, et l'envieux souffre de la prospérité des autres, en tant qu'autres, indignes ou non de leur sort ; le jaloux [1], loin de s'en attrister, se réjouit de leur malheur. On peut donc dire que l'indignation est une affection intermédiaire entre l'envie et la jalousie [2]. Dans l'indignation aussi bien que dans l'envie il n'y a nulle pensée d'espérance d'un meilleur sort pour soi-même : ces deux affections n'ont pour objet que le prochain ; autrement ce ne serait plus ni l'indignation ni l'envie : ce serait la crainte, c'est-à-dire le trouble douloureux produit par la prévision que la prospérité de l'autre prépare et présage un malheur pour nous-même. Il importe surtout de bien maintenir la différence profonde qui sépare l'indignation de l'envie : l'une qui s'afflige du bonheur des autres en tant qu'autres, l'autre qui s'afflige également de leur bonheur, mais seulement en tant qu'il est immérité. Il est clair que dans les cas contraires on éprouvera les sentiments respectivement contraires à ceux que nous venons d'analyser. Celui qui s'afflige de voir des gens frappés d'un malheur immérité, se réjouira ou du moins restera indifférent s'il a été mérité. L'un et l'autre de ces deux sentiments répondent à l'idée de justice dont l'accomplissement réjouit le cœur de l'honnête homme, joie qui lui vient nécessairement et naturellement de l'attente

---

[1] ἐπιχαιρέκακος. Ce serait plutôt la malignité. Il y a là des nuances bien délicates. « L'envie, dit Bossuet, est une tristesse que nous avons du bien d'autrui, et *une crainte qu'en le possédant il ne nous en prive* ». Ce dernier caractère appartiendrait plutôt à la jalousie, chagrin de voir posséder par un autre un bien qu'on désire pour soi.

[2] *Ethic. Nic.*, II, 7. μεσότης φθόνου καὶ ἐπιχαιρεκακίας. Conf. *Eth. Magn.*, I, 28 ; *Eth. Eud.*, III, 7 ; *Top.*, II, 2 ; Cic., *ad Attic.*, V, 19. « Plane gaudeo quoniam τὸ νεμεσᾶν interest τοῦ φθονεῖν ».

que les évènements qui arrivent à son semblable peuvent lui arriver à lui-même. Ils appartiennent tous deux au même caractère moral, comme les sentiments contraires au caractère contraire. Se réjouir du mal d'autrui et être envieux [1], c'est la même chose ; celui qui s'afflige de voir un bonheur arriver à un autre se réjouira nécessairement de l'en voir privé et de contempler son bonheur détruit. Ces deux sentiments tuent la pitié : aussi est-il utile de les faire naître, quand on veut étouffer celui de la miséricorde.

Contre quoi s'élève en nous l'indignation ? d'après ce que nous venons de dire il est clair que ce n'est pas contre les biens réels et d'ordre moral. On ne s'indigne pas de voir un homme posséder la justice, le courage, la vertu, par la même raison qu'on n'a pas pitié de lui s'il possède les vices contraires. Mais on s'indigne contre la richesse, le pouvoir et tous les biens qui devraient, selon la justice, appartenir à ceux qui les méritent, c'est-à-dire aux honnêtes gens et à ceux qui les possèdent pour ainsi dire par droit de nature, comme les hommes de grande naissance ou de grande beauté [2], ou du moins qui les possèdent depuis longtemps ; car l'ancienneté de la possession ressemble à une possession naturelle. La richesse récemment acquise soulève plus de mécontentement qu'une antique opulence, et il en est de même de tous les autres biens. Les uns semblent posséder ce qui leur appartient, les autres ce qui ne leur appartient pas. Entre les biens et ceux qui les méritent il y a un rapport d'harmonie et de convenance qui demande à être respecté, comme il y a des degrés de mérite. On a lieu de s'indigner si l'on voit un homme obtenir un bien particulier qui ne correspond pas à son mérite particulier, ainsi un homme célèbre par

---

[1] Aristote fait remarquer que le sentiment de l'homme qui se réjouit du malheur d'autrui, quand il est mérité, n'avait pas de nom distinct dans la langue grecque. *Ethic. Eud.*, III, 7.

[2] Trait de mœurs bien grec : la beauté mérite, ἄξιοί εἰσιν, de posséder tous les biens de ce monde ; c'est une vertu.

sa justice recevoir de belles armes, un habile musicien recevoir des hommages et des honneurs qui appartiennent à la justice, laquelle assurément vaut mieux que la musique.

Les caractères portés à s'indigner sont ceux qui méritent ces biens enviés et les ont possédés ; car il est contraire à la justice que des gens qui ne les valent pas obtiennent des biens égaux aux leurs ; ceux encore qui ajoutent à l'honnêteté une sorte de gravité sérieuse qui leur permet de bien juger les hommes et les choses, et leur inspire l'horreur de l'injustice ; les ambitieux, les natures ardentes et passionnées pour ces biens mêmes que détiennent des indignes ; en un mot tous ceux qui s'estiment dignes des biens indignement possédés par d'autres : aussi les esclaves, les misérables, les gens déshonorés ont-ils perdu la faculté de l'indignation ; car il n'est plus rien dont ils s'estiment dignes.

On voit par là en même temps quels sont les gens dont les malheurs, la misère, les revers excitent légitimement notre satisfaction ou nous laissent légitimement indifférents.

Ainsi donc il faut que l'orateur, par la puissance de sa parole, amène les auditeurs à éprouver ce sentiment de l'indignation et à rester insensibles à la pitié, en leur montrant que ceux qui prétendent être dignes de compassion par suite de leurs malheurs ne méritent pas de l'obtenir et méritent même de ne l'obtenir pas.

§ 9. — *L'envie.*

Si l'envie est une souffrance[1] causée par le bonheur de nos semblables sans retour sur nous même et uniquement par malignité contre eux, il est clair qu'elle a pour objet ceux qui sont ou nous paraissent nos égaux et nos semblables, je dis

---

[1] Cic., *Tusc.*, IV, 8. Invidentiam esse dicunt ægritudinem susceptam propter alterius res secundas, quæ nihil noceant invidenti.

semblables par la naissance, les relations de famille, l'âge, les talents, la réputation, la fortune. On est envieux s'il nous manque peu de chose pour être au comble du bonheur, comme les grands et les riches, qui se figurent que les autres leur ravissent ce qui leur appartient de droit; on est envieux quand on a une célébrité quelconque, surtout celle de la science; quand on est ambitieux, amoureux de la gloire; quand on a l'âme petite, parce qu'alors tout vous paraît grand.

Les choses qui excitent l'envie sont les biens que nous avons énumérés, surtout ceux dont l'éclat nous attire, les heureuses chances de la fortune, particulièrement chez les natures passionnées qui croient être dans leurs droits dans leurs violents désirs, et lorsque la possession de l'objet désiré ne causera dans leur situation qu'une faible différence [1].

L'envie s'adresse à ceux qui se rapprochent de nous par le temps, le lieu, l'âge, la réputation : de là l'envie entre parents, entre rivaux, entre contemporains, entre voisins, tandis que l'on n'envie ni les gens qui vivaient il y a mille ans, ni ceux qui vivront dans mille ans, ni ceux qui habitent aux Colonnes d'Hercule, ni les morts. On envie ceux qui ont fait une grande et rapide fortune, là où nous avons échoué ou médiocrement réussi après de longs et laborieux efforts : leurs succès nous paraissent comme une condamnation d'autant plus cruelle qu'elle est méritée; car puisque nous ne les estimons pas supérieurs à nous, c'est donc notre faute d'avoir échoué là où ils ont réussi. On envie ceux qui possèdent ce que nous devrions posséder ou ce que nous avons perdu : de là l'envie des vieillards contre les jeunes gens [2]. L'envie s'adresse à nos amis comme à nos ennemis, et Eschyle, cité par Xénophon [3],

---

[1] Les grandes différences de situation ne permettent guère l'envie : le charbonnier n'envie pas le prince. C'est parce qu'ils attribuaient aux dieux et aux hommes une similitude de nature, une communauté d'origine, que les Grecs ont pu concevoir l'envie chez les dieux : πᾶν θεῖον φθονερόν.

[2]   Blâme en eux les plaisirs
Dont le penchant de l'âge a sevré leurs désirs.

[3] *Mem.*, III, 9, 8.

remarque que c'est un effort de vertu bien rare que de féliciter un ami heureux sans un sentiment d'envie.

παύροις γὰρ ἀνδρῶν ἐστὶ συγγενὲς τόδε
φίλον τὸν εὐτυχοῦντ' ἄνευ φθόνου σέβειν [1].

L'envieux a ses joies perverses, manifestement causées par le contraire de ce qui excite sa douleur ; car s'il s'afflige de ne pas avoir, il sera joyeux de posséder ces biens même qui provoquaient son envie [2].

L'envie, comme l'indignation, chasse le sentiment de la pitié, et par suite il conviendra que l'orateur, s'il veut fermer les cœurs à l'un de ces sentiments, s'efforce d'éveiller l'autre dans l'âme des auditeurs.

§ 10. — *L'émulation* [3] *ou la rivalité.*

L'émulation est un sentiment douloureux né de la vue de biens estimés que nous pouvons posséder, et que possèdent d'autres auxquels nous sommes semblables, non pas parce qu'ils les possèdent, mais parce que nous ne les possédons pas.

C'est pour cela qu'elle est un sentiment honorable, qui appartient aux natures honnêtes, tandis que l'envie est un sentiment mauvais et qui est le fait de méchantes gens. L'une nous pousse à faire un effort pour obtenir ce que nous désirons, l'autre à faire un effort pour que le prochain ne l'obtienne pas. On éprouve le sentiment de l'émulation quand

---

[1] *Agam*, V, 883. Præsentia invidia, præterita veneratione prosequimur. *Vell. Patercul.*

[2] Mais il semble qu'alors on n'a plus affaire à la passion de l'envie. La satisfaction causée par la possession de l'objet envié supprime l'envie qui lui est relative ; elle ne supprime pas le *caractère* envieux, il est vrai; mais il s'agit ici, ne l'oublions pas, des passions.

[3] Ζῆλος.

on croit mériter des biens que l'on ne possède pas et qu'on se croit en état de les obtenir, comme les jeunes gens et les orgueilleux ; quand on possède ceux dont sont dignes des personnes honorables et considérées, comme la richesse, le pouvoir, des amitiés nombreuses [1].

Elle s'élève vis-à-vis des gens qui ont l'estime du monde, dont les ancêtres, les parents, les proches, la race, la cité sont glorieux : car nous nous croyons dignes de pareils biens et nous considérons qu'à ce titre ils nous appartiennent. Toutes les vertus, toutes les qualités qui nous rendent utiles aux autres, par lesquelles nous témoignons notre bienveillance, et tous les biens dont les autres peuvent jouir, sont l'objet de l'émulation : la richesse, la beauté plus que la santé qui directement au moins ne profite qu'à la personne. C'est ainsi qu'il y a rivalité et émulation de courage, de science, de talents militaires, d'éloquence, qualités et vertus qui peuvent rendre tant de services aux hommes. Nous ressentons le sentiment de l'émulation vis-à-vis de ceux auxquels tout le monde voudrait ressembler, que nous admirons nous-même, ou que les autres admirent, dont l'éloge est célébré par les poètes et les orateurs [2], de même que nous méprisons les gens dans une situation contraire : or le mépris est contraire à l'émulation. Ceux qui éprouvent le sentiment de l'émulation et ceux pour lesquels on l'éprouve méprisent les gens entachés des vices contraires aux biens, objets de leur émulation : de là ce mépris pour les personnes qui ont de la chance, lorsque cette bonne fortune leur arrive sans les qualités estimables qui la justifient [3].

---

[1] On ne voit pas bien, dans cette circonstance, le caractère de l'émulation. Sur quoi porte l'effort, puisqu'on possède les biens enviables ? L'émulation ne peut avoir avoir lieu qu'entre ceux qui les possèdent, mais dont chacun fait effort pour en garder l'avantage et l'honneur.

[2] λογόγραφοι. Ce n'est pas à proprement parler l'orateur, mais l'auteur d'un discours écrit, comme Isocrate, qui appelle cet écrivain oratoire εὑρέτης λόγων. *Evag.*, 40 ; *ad Nicol.*, 7, 13, 48.

[3] Bossuet est peut-être plus précis et plus exact encore dans sa définition de l'émulation, « qui naît en l'homme de cœur, quand il voit faire aux autres de grandes

Ici se terminent les analyses des émotions et des sentiments, qui en lui en faisant connaître la nature, les causes, les objets, permettent à l'orateur de les faire naître ou de les détruire, en un mot, d'en tirer des preuves, c'est-à-dire des moyens d'incliner l'auditeur à croire qu'il a raison.

Il y a, nous ne devons pas l'oublier, trois sortes de preuves : celle qui se tire du caractère moral de l'orateur, et qui est peut-être la preuve maîtresse et souveraine [1] : les rhéteurs l'appelaient la preuve morale. La seconde est celle dont le principe et la force sont dans les sentiments, les émotions, les passions que la parole de l'orateur sait éveiller dans l'âme de ceux qui l'écoutent : c'est la preuve passionnée ou pathétique [2]. La troisième est la preuve fondée sur les choses mêmes, sur le raisonnement et la raison [3] : c'est la preuve logique, intellectuelle, la seule vraie preuve, qui ne s'adresse qu'à l'esprit.

---

actions, enferme *l'espérance* de les pouvoir faire parce que les autres le font, et un sentiment *d'audace* qui nous porte à les entreprendre *avec confiance* ».

[1] *Rh.*, I, 2, 4. κυριωτάτην ἔχει πίστιν τὸ ἦθος..
[2] Minucian., *Rh. Gr.*, V, 506. παθητικὴ (πίστις) λόγος εἰς πάθος, ὅπερ ὁ λέγων βούλεται τὸν ἀκροατὴν ἐκτρέπων καὶ ἄνευ τῆς τῶν πραγμάτων ἀποδείξεως.
[3] Id., *id.*, IX, 601. αἱ μὲν εἰσιν ἠθικαί, αἱ δὲ παθητικαί, αἱ δὲ λογικαὶ αἱ αὐταὶ καὶ πραγματικαί.

CHAPITRE CINQUIÈME

DE L'INFLUENCE DE CERTAINES CIRCONSTANCES SUR LES CARACTÈRES ET LES PASSIONS

Il est facile de reconnaître, et Aristote les signale à plusieurs reprises et en y insistant, les rapports intimes de l'éloquence et de la connaissance théorique et expérimentale des caractères et des sentiments moraux, c'est-à-dire du cœur de l'homme, qui a ses raisons persuasives que la raison ne connaît pas. Une philosophie de l'âme et de la vie est nécessaire à l'orateur. On voit moins bien en quoi peut lui servir la connaissance des influences que l'âge, par exemple, apporte à nos passions et à nos habitudes morales. Le précepte de disposer l'auditoire de certaine façon et de s'assimiler soi-même à ses mœurs et à ses sentiments n'est plus guère applicable. Si l'auditoire est composé de jeunes gens et a par suite les mœurs et les passions de la jeunesse, comment espérer pouvoir par la parole modifier des états psychiques qui ont une cause fixe, physique et fatale, par conséquent que rien ne peut changer? D'un autre côté, comment l'orateur, s'il est vieux, pourra-t-il s'assimiler ou même paraître s'assimiler un caractère et des sentiments contraires à ceux de son âge?

D'ailleurs n'est-ce pas une hypothèse peu vraisemblable que de supposer des auditoires exclusivement composés d'hommes ou jeunes, ou mûrs ou vieux. Les corps politiques et judiciaires, les sociétés académiques et littéraires, présentent dans leur composition un mélange des âges qui en modère et peut-être même en neutralise l'action. On pourrait donc être disposé à considérer l'analyse de ces influences comme inutile à l'éloquence, et hors de sa place dans une rhétorique [1].

Il n'en est rien : d'abord il n'est pas aussi rare qu'on le suppose qu'un orateur ait à persuader des auditoires presqu'exclusivement pris dans l'une des trois périodes de la vie que distingue Aristote. Nos sociétés chorales, de gymnastique et de tir, les étudiants de nos facultés et de nos écoles spéciales, le personnel combattant de nos armées, sont composés exclusivement de jeunes gens. Si nos tribunaux, nos jurys, nos assemblées politiques admettent en droit des hommes relativement jeunes, en fait ils ne renferment guère que des hommes dans la maturité de l'âge, et nos grandes cours judiciaires, le sénat, des hommes qui pour la plupart sont entrés déjà dans ce qu'on peut appeler la vieillesse. Il est certain que l'orateur ne pourra ni rajeunir les uns ni vieillir ou mûrir les autres, et toutefois il ne lui sera pas inutile de connaître les dispositions morales naturelles à chacun de ces âges pour y proportionner et y accommoder la

---

[1] Aristote n'a pas signalé, et le fait est cependant certain, quoique obscur et de grande conséquence pour l'éloquence, les changements moraux que produit sur un auditoire le fait du nombre et du plus ou moins grand nombre. Réunis, les hommes ne se ressemblent plus à eux-mêmes. Les foules ont des passions propres et comme une conscience distincte, qu'il appartient à l'orateur de connaître pour agir sur elles. Les effets de l'éloquence, comme ceux de la musique, sont alors non seulement accrus d'intensité, mais profondément altérés dans leur nature, quand ils s'adressent à des masses et retentissent en elles. Il y a là des phénomènes de communication magnétique, instantanés et d'une extraordinaire puissance, avec lesquels il faut compter dans les assemblées politiques et surtout dans les réunions populaires.

L'homme συνομοιοπαθεῖ à l'homme, et, ce qu'il y a de singulier, c'est que ces sentiments, d'une intensité souvent inouïe, prennent un caractère qui n'existe dans aucun des individus isolément pris. Un cri, un mot, un fait, le plus insignifiant parfois et le plus indifférent, suffit à provoquer un rire fou, une fureur sauvage et féroce, des accès de dévouement sublime dont chacun, individuellement pris, serait incapable. A quoi cela tient-il ? C'est un mystère psychologique que personne n'a encore éclairci, que peu ont remarqué, et qu'il n'est pas de mon sujet d'approfondir davantage. Schopenhaüer a peut-être raison d'en voir le principe dans l'unité morale de l'humanité et de l'appeler : « Le grand mystère de l'Éthique » (*Fondement de la Morale*, p. 182, 192). Mais qu'est-ce au fond que l'unité morale de l'humanité ?

nature et la mesure des preuves qu'il aura à leur présenter. Il est clair que pour se ménager la faveur et la confiance de ces réunions, l'orateur devra adapter le ton et la couleur de son style, ses mouvements oratoires, le caractère de sa discussion, la forme de ses arguments, aux sentiments et aux habitudes de la pensée, conformes à l'âge de ses auditeurs. On ne parlera pas à une réunion de jeunes gens comme à une réunion de vieillards [1].

Mais je vais plus loin : il n'est pas absolument impossible de modifier, dans une certaine limite, les caractères et les passions de ces auditoires. La puissance de l'éloquence peut aller, pour un moment du moins, mais pour le moment décisif, jusqu'à donner à la jeunesse certaines dispositions propres aux autres âges, et à imprimer à ceux-ci des entraînements, des enthousiasmes, des ardeurs qu'ils ne devraient plus connaître.

Enfin il est une autre raison qui justifie les analyses psychologiques entreprises par Aristote dans sa *Rhétorique*, et que tous les auteurs de traités didactiques ont reconnu nécessaire d'y introduire à son exemple.

Quel que soit le genre oratoire où l'on ait à développer un sujet, il y est presque toujours question d'un homme ; dans le genre judiciaire, c'est évident ; l'éloge ou la critique, dans le genre épidictique, peuvent sans doute porter sur des généralités, des vertus ou des vices ; mais la plupart du temps ils visent des personnes, et lors même qu'ils ne les visent pas directement, l'orateur est entraîné par des nécessités d'art à confirmer et éclairer ses maximes par des exemples. Il aurait été difficile à un Grec de faire l'éloge de la beauté sans parler d'Hélène, ou celui de l'éloquence sans parler de Nestor. C'est dans le panégyrique de saint Bernard que Bossuet trace cette admirable peinture de la jeunesse qui rivalise de

---

[1] *Rh.*, II, 13. ἀποδέχονται πάντες τοὺς τῷ σφετέρῳ ἤθει λεγομένους λόγους καὶ τοὺς ὁμοίους.

profondeur avec l'analyse d'Aristote et la surpasse par la beauté de l'expression et l'éclat du style. Il reste donc le genre délibératif où il s'agit de faire ou d'abroger des lois, de résoudre des questions relatives à la politique intérieure ou extérieure des États. Mais ces objets, tout impersonnels qu'ils paraissent, se rattachent forcément à des personnes, magistrats ou particuliers, qui les proposent, les défendent ou les combattent. La guerre du Péloponnèse ne pouvait être discutée abstraction faite de la personne de Périclès, ni l'expédition de Sicile, abstraction faite de la personne de Nicias. Il ne serait pas difficile de trouver dans notre histoire la plus récente des faits qui prouvent que les questions de l'ordre le plus général et de l'intérêt le plus national se compliquent de questions personnelles, et cela fatalement, puisque les idées ne peuvent pas se défendre toutes seules et sont nécessairement représentées et pour ainsi dire personnifiées par des individus. Or, toutes les personnes tombant dans la catégorie de l'âge, l'orateur pourra tirer du caractère, des sentiments, des passions propres à l'âge des raisons de les accuser et de les défendre, d'approuver ou de combattre leurs projets et leur politique, de louer ou de flétrir leur vie et leurs actes : l'analyse des influences de l'âge et des autres circonstances de même nature, n'est donc point, dans une rhétorique, une digression inutile.

§ 1. — *Les passions et les habitudes, ἕξεις, des jeunes gens.*

Nous avons dit quelles modifications imprimaient au caractère général les passions et les habitudes, c'est-à-dire les vertus et vices [1]. Il nous reste à examiner les modifi-

---

[1] On voit quelle relation intime, suivant Aristote, lie le caractère et les passions. Le caractère moral pour lui consiste dans leur juste équilibre, dans la vraie mesure d'action fixée par la raison à chacune des passions. M. Renouvier (*Psych.*, I, p. 270) va encore plus loin : « Le caractère est cette combinaison plus ou moins variable, plus

cations qualitatives qu'impriment aux caractères, d'abord la diversité des âges, et en second lieu la diversité des conditions sociales, telles que la naissance, la richesse, le pouvoir[1] et leurs contraires, en un mot les faveurs et les disgrâces de la fortune.

Les jeunes gens ont pour caractère, en tant que jeunes, d'être remplis d'ardents désirs et capables de tout faire pour les satisfaire. Ils sont enclins surtout aux plaisirs de la volupté et ne peuvent les dominer. Si leurs désirs sont ardents et vifs, ils sont mobiles, de peu de durée, suivis bientôt de dégoût, comme la faim et la soif des malades. Orgueilleux, irritables, ils obéissent au penchant actuel qui les entraîne, surtout à la colère qu'ils sont impuissants à maîtriser ; car leur orgueil ne souffre pas l'expression du dédain : ils s'en indignent, parce qu'ils le considèrent comme une injustice et une injure. Ils aiment l'honneur, et encore plus le succès : car la jeunesse aime la supériorité[2], dont le succès est la marque. Ils sont au contraire peu avides d'argent, car ils n'ont pas éprouvé les besoins de la vie ; ils ont le cœur ouvert et généreux, car ils n'ont pas encore fait l'expérience de la malignité humaine ; ils ont la confiance facile, parce qu'ils n'ont pas encore été souvent trompés ; ils s'ouvrent facilement à l'espérance, parce que la jeunesse a une sorte de chaleur semblable à celle du vin, et en outre parce qu'ils n'ont pas encore connu les déceptions de la vie et les mensonges de ses promesses. Ils vivent par l'espérance dans

---

ou moins cohérente des passions en puissance dans chacun de nous, et que la nature et l'instinct, le tempérament et le régime physique et moral, l'usage antérieur de la volonté, les habitudes prises modifient et règlent dans leur succession et leur développement ». Oui ! mais qu'est-ce qui donne à cette combinaison d'éléments divers et opposés sa constance et sa fixité, son unité relative ?

[1] Aristote dit : τὰς δυνάμεις, qui, dans ce contexte, ne peut avoir le sens défini par l'*Éthique à Eudème* (II, 2). κατὰ τὰς δυνάμεις τῶν παθημάτων καθ'ἃς ὡς παθητικοὶ λέγονται, et qui donne lieu aux oppositions d'irritable et insensible, voluptueux et chaste, pudique et impudent ; car ces qualités rentrent dans la catégorie des passions déjà analysées.

[2] Cicéron en fait le caractère de l'homme même. Appetitio principatus quædam.

l'avenir qui leur paraît sans fin ; dans ces premiers jours, ils n'ont pour ainsi dire aucun souvenir à garder, et ils ont tout à espérer et à attendre : c'est pour cette raison qu'ils sont aisés à tromper. Ils sont plus braves, parce qu'ils ont plus de sang au cœur : ce qui fait qu'ils n'ont pas peur, et ils espèrent plus volontiers échapper au péril, ce qui leur donne de la confiance et de l'assurance. Ils ont le sentiment de la pudeur et de l'honneur : car ils n'ont appris à considérer comme beau que ce que la loi leur a enseigné d'estimer comme tel. Ils ont l'âme grande ; car elle n'a pas été courbée et comme rapetissée par la vie. Ils préfèrent le beau à l'utile ; car ils obéissent plutôt aux penchants de leur caractère qu'ils ne calculent les avantages de leur conduite. Ils aiment à avoir des amis, sont bons amis et bons camarades et se plaisent dans l'intimité d'une vie commune avec eux. Tout est chez eux excessif et violent ; ils ne connaissent pas le précepte de Chilon : rien de trop. Ils croient tout savoir et affirment tout d'un ton tranchant. Ils s'emportent à nuire à autrui : mais c'est plutôt par insolence que par méchanceté. D'un autre côté, leur âme est ouverte à la pitié, parce qu'ils croient tous les hommes honnêtes et bons. Ils aiment à plaisanter et à rire, et sont joyeux compagnons : car la plaisanterie est une sorte d'aimable impertinence.

Comment, à côté de cette analyse si complète et si profonde, ne pas citer l'admirable portrait de la jeunesse, où Bossuet montre à la fois quel parti l'éloquence peut tirer de la connaissance des mœurs de cet âge et en général des études psychologiques, et en même temps les peint, avec une vérité, un mouvement, un éclat, une chaleur de style inimitables : « Vous dirai-je en ce lieu ce que c'est qu'un jeune homme de vingt-deux ans ? Quelle ardeur, quelle impatience, quelle impétuosité de désirs ! cette force, cette vigueur, ce sang chaud et bouillant, semblable à un vin fumeux, ne leur permet rien de rassis ni de modéré. Dans les âges suivants on commence à prendre son pli, les passions s'appliquent à quelques objets, et alors celle qui domine ralentit du moins la fureur des autres : au lieu que cette verte jeunesse, n'ayant rien encore de fixe et d'arrêté, en cela même qu'elle n'a point de passion dominante par dessus les autres, elle est emportée, elle est agitée tour à tour de toutes les tempêtes des passions avec une incroyable violence. Là les folles amours, là le luxe, l'ambition et le vain désir de paraître exercent leur empire sans résistance. Tout s'y fait par une chaleur inconsidérée ; et comment accoutumer à la règle, à la solitude, à la discipline cet âge qui ne se plaît que dans le mouvement et dans le désordre, qui n'est presque jamais dans une action composée, et qui n'a honte que de la modération et de la pudeur : et pudet non esse impudentem [1].

Certes, quand nous nous voyons penchants sur le retour de notre âge, que nous comptons déjà une longue suite de nos ans écoulés, que nos forces se diminuent, et que le passé occupant la partie la plus considérable de notre vie, nous ne tenons plus au monde que par un avenir incertain, ah ! le présent ne nous touche plus guère. Mais la jeunesse qui ne songe pas que rien lui soit encore échappé, qui sent sa vigueur entière et présente, ne songe aussi qu'au présent et y attache toutes ses pensées.... Nous voyons toutes choses selon la disposition où nous sommes : de sorte que la jeunesse, qui semble n'être formée que pour la joie et les plaisirs, ah ! elle ne trouve rien de fâcheux ; tout lui rit, tout lui applaudit. Elle n'a point encore d'expérience des maux du monde, ni des traverses qui nous arrivent : de là vient qu'elle s'imagine qu'il n'y a point de dégoût, de disgrâce pour elle. Comme elle se sent forte et vigoureuse, elle bannit la crainte, et tend les voiles de toutes parts à l'espérance qui l'enfle et la conduit. »

---

[1] S. Aug., *Conf.*, III, 9.

§ 2. — *Les passions et les habitudes des hommes âgés.*

La vieillesse donne aux habitudes morales un caractère presqu'en tout contraire à celles des jeunes gens. Comme les vieillards ont beaucoup vécu, éprouvé de nombreuses déceptions et de nombreux échecs, qu'ils ont vu qu'en somme les choses de ce monde sont laides et mauvaises, ils n'ont en rien grande assurance, et se gardent en tout, peut-être à l'excès, de l'excès. Ils émettent leur opinion avec réserve, restriction, ajoutant toujours *peut-être, sans doute* : ils ne savent rien, ils n'affirment rien. Ils ont l'humeur chagrine, voient tout en noir; ils soupçonnent volontiers le mal, parce qu'ils sont défiants, et ils sont défiants parce qu'ils ont de l'expérience. Ni leurs amitiés ni leurs haines ne sont profondes : ils aiment comme s'ils devaient un jour haïr, et haïssent comme s'ils devaient un jour aimer, suivant en cela le précepte de Bias [1]. Ils ont l'âme petite parce que la vie l'a abattue : tous leurs désirs se rapportent à la commodité et au bien-être. Ils ignorent la libéralité, parce qu'ils savent par expérience que la fortune est nécessaire, et qu'il est facile de perdre celle qu'on a eu tant de difficultés à acquérir. Ils sont timides, craintifs; leur cœur est comme refroidi, comme glacé. Ils aiment la vie, et d'autant plus qu'ils approchent du dernier jour; car on désire surtout ce qui nous manque, et ils ont conscience que la vie va leur manquer. Ils sont égoïstes : par cela même ils ne sont sensibles qu'à l'intérêt; car l'intérêt est le bien pour soi; la vertu est le bien même. Ils sont peu sensibles à la honte, car ils ne se sou-

---

[1] *Rh.*, II, 21. Le précepte de Chilon, pas plus que celui de Bias, ne plaît absolument à Aristote; car, dit-il, il faut aimer son ami comme si on devait l'aimer toujours et non le haïr demain, et on ne saurait trop haïr les méchants. Cicéron (*de Amic.*, 16) exprime le même sentiment : « Negabat (Scipio) ullam vocem inimiciorem amicitiæ potuisse reperiri... impuri cujusdam aut ambitiosi aut omnia ad suam potentiam revocantis esse sententiam. »

cient guère du qu'en dira-t-on. L'expérience ferme leur âme à l'espérance, par timidité d'esprit d'abord, pour avoir beaucoup vu, ensuite : ils ont vu trop de choses tourner à mal. Aussi vivent-ils de souvenirs plus que d'espérances; car l'espérance se porte sur l'avenir, et ce reste de leur vie à venir est trop court, tandis que leur passé est grand et long. Aussi aiment-ils les longues conversations; ils se plaisent à raconter les choses qu'ils ont faites ou qui se sont faites de leur temps : ils jouissent de ces souvenirs. Ils ont des colères violentes, mais impuissantes; de leurs désirs, les uns ont disparu, les autres sont énervés. Comme leurs désirs, leurs actions n'ont pour but que l'intérêt : c'est pour cela qu'on les dit tempérants. Ils calculent toutes leurs démarches, et résistent même à leurs sentiments moraux. S'ils font du tort à autrui, c'est par méchanceté pure et non par insolence. Cependant ils sont compatissants, mais non, comme la jeunesse, par amour pour les hommes, par humanité [1], mais parce qu'ils réfléchissent que le malheur est toujours proche : aussi aiment-ils à se plaindre. Ils ne sont pas par suite d'un commerce agréable, aimable et gai : le rire est le contraire de la plainte.

§ 3. — *Les mœurs des hommes dans la vigueur de l'âge* [2].

Il est clair que les hommes de cet âge ont des habitudes morales qui tiennent le milieu entre celles des deux âges précédents, et en évitent les excès : ainsi ils ne sont ni timides ni assurés, ni confiants ni défiants outre mesure; ils

---

[1] διὰ φιλανθρωπίαν.

[2] ἀκμή signifie la pointe, le sommet, le faîte, c'est-à-dire la série des années dans lesquelles s'achève et se maintient le plein développement de toutes les forces vitales, et le point culminant à partir duquel tout décline. Cette période en ce qui concerne la vie physiologique, va de 30 à 35 ans ; en ce qui concerne la vie morale, elle s'étend jusqu'à 49 ans. Nous voyons ici le principe de division des périodes de la vie par sept ($7 \times 7 = 49$) qu'avaient employé Solon (Fragm. XIV, 7) et les poètes,

se tiennent là dans un milieu juste et sage, comme en ce qui concerne l'intérêt et la vertu, l'avarice et la prodigalité. Il en est de même des passions de la colère et des désirs des sens. Les hommes d'un âge mûr sont prudents sans cesser d'être braves, et braves sans cesser d'être prudents. Ils réunissent les avantages que se partagent la jeunesse et la vieillesse, et en ont un qui leur est propre : la proportion et la mesure [1].

§ 4. — *Les mœurs des nobles.*

Ce n'est pas seulement la diversité des âges qui donne un pli particulier à nos sentiments et à nos habitudes morales : il y a aussi des circonstances fortuites, individuelles, telles que le hasard de la naissance et de la fortune, qui exercent une influence sérieuse sur notre caractère, sur nos façons de sentir, de penser, d'agir. Aristote en examine quatre : la naissance, la richesse, la puissance et le bonheur et leurs contraires. Il est clair que l'organisation politique et sociale, si diverse chez les différents peuples et aux différentes périodes de leur histoire, modifie ces influences. La noblesse qui, en France, n'est plus qu'un mot vide de contenu réel, a conservé, dans plusieurs pays de l'Europe, même civilisés, quelques restes de ses anciennes prérogatives et par suite de ses anciennes mœurs. En Grèce, à l'époque où écrit

---

comme le dit Aristote (*Polit.*, VII, 16), ᾗπερ τῶν ποιητῶν τινὲς εἰρήκασιν οἱ μετροῦντες ταῖς ἑβδομάσι τὴν ἡλικίαν. *Id.*, 17. οἱ γὰρ ταῖς ἑβδομάσι διαιροῦντες τὰς ἐπὶ τὸ πολὺ λέγουσιν οὐ κακῶς (On lisait autrefois οὐ καλῶς : c'est Muret qui a corrigé la leçon qui donnerait un sens contradictoire au passage précédent : δεῖ δὲ τῇ διαιρέσει τῆς φύσεως ἐπακολουθεῖν.) Conf. les divisions d'Hippocrate dans Censorin, *de die Natal.*, c. XIV; Macrob, *Somn. Scip.* : « Quum numerus septem se multiplicat facit aetatem quae proprie perfecta et habetur et dicitur ». *Scholl.*, 39, 20. « Vers la 5ᵉ période, ἡλικία, le corps est dans toute sa force (ἀκμάζει), car 5 fois 7 font 35; vers la fin de la septième période (7 fois 7 = 49), c'est l'âme qui arrive à son plein développement de vigueur, παρακμάζει ».

[1] τὸ μέτριον καὶ τὸ ἅρμοττον.

Aristote, elle n'avait guère plus de caractère distinctif qu'en France aujourd'hui : la définition qu'il en donne le prouve clairement ; le mot n'avait qu'un sens historique.

Il y avait encore des nobles ou des gens qui prétendaient l'être : il n'y avait plus de corps de la noblesse. Chez nous, à ces anciennes classifications en ont succédé d'autres qui n'existaient pas chez les anciens. Le clergé, les officiers de l'armée, la magistrature, les fonctionnaires en général, les propriétaires fonciers, l'industrie et le commerce, les paysans et les ouvriers constituent non pas des classes, mais des groupes distincts dont les habitudes, les intérêts, l'éducation, les mœurs et les passions sont assez différents pour que l'orateur ait intérêt à les connaître et par conséquent soit obligé de les étudier. Il est clair que dans une réunion électorale le candidat qui s'adresse à des ouvriers, à des paysans, à des propriétaires, doit leur parler un langage différent. Heureusement, malgré cette opposition d'intérêts plus apparente que réelle, l'unité morale de la nation est si profondément établie que dans les circonstances ou graves ou seulement sérieuses, ces nuances de mœurs et de sentiments s'effacent, et permettent à tout citoyen d'être entendu et compris par tous les Français.

La noblesse est l'illustration des ancêtres [1], une longue possession de la richesse et de la suprématie [2], la supériorité de la race [3] : elle est presque la même chose que la naissance libre [4]. Elle donne à celui qui la possède l'ambition de s'illustrer encore davantage, lui inspire le mépris de ceux auxquels ses ancêtres même étaient égaux ; car c'est l'antiquité, plus que le mérite récent, qui inspire l'orgueil et enfle la vanité. On est noble de condition, εὐγενές, par la suprématie de la naissance; on est noble en réalité, γενναῖον, quand on

---

[1] *Rh.*, II, 15.
[2] *Polit.*, IV, 8. ἀρχαῖος πλοῦτος καὶ ἀρέτη.
[3] *Id.*, III, 13. ἀρέτη γένους.
[4] *Id.*, id., οἱ δ'ἐλεύθεροι καὶ εὐγενεῖς ὡς ἐγγὺς ἀλλήλων.

n'a pas perdu les qualités originaires. C'est ce qui arrive rarement; car il se passe dans la génération des familles des hommes ce qui se passe dans les productions de la terre : il en est de favorisées qui pendant quelque temps engendrent des hommes supérieurs, puis qui déchoient, dégénèrent, s'abâtardissent.

La dégénérescence a ce résultat : de races énergiques sortent des rejetons de mœurs maniaques [1]; de races calmes, des rejetons imbéciles et stupides [2].

§ 5. — *Les mœurs des riches.*

La richesse inspire l'insolence et la vanité : elle paraît constituer à elle seule, aux yeux de ceux qui la possèdent, tous les biens, parce qu'elle est comme la commune mesure avec laquelle on en estime la valeur, et qu'on semble pouvoir avec elle se procurer tous les autres. Les riches aiment à bien vivre pour cette jouissance même et ensuite par ostentation : car ils s'imaginent, et ils n'ont pas tort, que tout le monde fait effort pour obtenir ce qu'ils possèdent; ils se croient dignes d'exercer le pouvoir, parce qu'ils ont entre les mains les biens mêmes qu'on s'efforce d'acquérir par le pouvoir. En un mot, le caractère du riche c'est d'être un insensé heureux [3].

Il faut remarquer, quant au caractère, une différence entre une antique opulence et une richesse récemment acquise. Cette

---

[1] Comme les descendants d'Alcibiade et de Denys l'ancien.
[2] Comme les descendants de Cimon, de Périclès, de Socrate. Il est curieux de voir Aristote citer Socrate comme un homme de race noble, à côté de Périclès et de Cimon. Platon, si favorable à l'aristocratie, n'en signale pas moins cette dégénérescence rapide et presque fatale des grandes races de l'histoire. (Rep., 310, c. ἀνδρία τε ἐν πολλαῖς γενέσεσι ἄμικτος... ἀκμάζειν ῥώμῃ, τελευτῶσα δὲ ἐξανθεῖν παντάπασι μανίαις... νωθέστερα φύεσθαι τοῦ καιροῦ (justo maturius, comme s'il y avait un moment déterminé et fixé par une loi de la nature, où cela dût fatalement arriver), ἀποτελευτῶσα δὲ παντάπασιν ἀναπηροῦσθαι, et finissent par ne plus produire que des rejetons infirmes et abrutis.
[3] ἀνοήτου εὐδαίμονος, trad. lat., insensati felicis.

dernière a tous les défauts de l'autre, mais plus accusés et plus choquants : elle n'a pas eu le temps de faire l'éducation et l'apprentissage du métier de riche [1]. C'est ainsi que les riches parvenus, par insolence plus que par méchanceté, se livrent à toute sorte d'excès, particulièrement aux relations adultères, et vont même jusqu'à frapper des citoyens.

§ 6. — *Les mœurs des gens au pouvoir et des gens heureux.*

Les mœurs des gens au pouvoir sont en quelques points semblables, mais sont partout supérieures à celles des riches : ils ont dans l'âme plus d'ambition, mais une ambition plus mâle et plus généreuse. Ils sont plus glorieux, mais plus appliqués par suite des devoirs de leurs fonctions ; ils ont plus de dignité, plus de gravité, par suite de la conscience de leur mérite, et cette conscience leur donne le sentiment de la mesure. Ils savent mettre de l'amabilité dans leur dignité et de la bonne grâce dans leur gravité. Leurs fautes, quand ils en commettent, sont toujours énormes.

Les gens heureux ont à peu près les mêmes mœurs. Les faveurs de la fortune nous aveuglent, nous inspirent un orgueil intraitable, corrompent notre cœur, égarent notre raison. Le seul bon effet qu'elles produisent est de nous porter à la pitié, et de nous inspirer la confiance en ces Dieux de qui a dépendu et dépend notre prospérité.

Aux situations contraires correspondent naturellement des sentiments et des passions contraires. Les principes généraux, posés dans ces études psychologiques, peuvent s'appliquer, avec des modifications que chacun peut faire, à la diversité des nombreuses conditions sociales et politiques. Il ne serait pas utile de poursuivre jusqu'à l'infini pour ainsi dire cette analyse. Il est temps et il est nécessaire de s'arrêter, ἀνάγκη στῆναι.

---

[1] ἀπαιδευσία πλούτου.

CHAPITRE SIXIÈME

LES LIEUX SPÉCIAUX, εἴδη, DES ENTHYMÈMES OU LA TOPIQUE APPLIQUÉE

La rhétorique est une science formelle : la partie qu'on appelle l'Invention ne supplée pas à l'effort et au plaisir de l'invention des idées ; elle ne fournit pas des raisonnements tout faits ; elle enseigne où on peut les chercher et les trouver et sous quelles formes ils se construisent ; elle énumère les points de vue généraux auxquels ils se ramènent, règle et conduit la recherche, en vérifie les résultats, en relève les omissions et les lacunes, en un mot expose une théorie systématique et méthodique des lieux des syllogismes oratoires [1]. Nous avons, dans les chapitres précédents, parcouru la topique générale, énuméré et présenté les lieux communs proprement dits, *communissimi loci*, de toutes les espèces d'arguments démonstratifs et réfutatifs, légitimes et illégitimes, tirés des principes rationnels, des mœurs, des caractères ou des passions.

Mais il y a d'autres lieux auxquels l'éloquence peut et doit aller chercher des preuves, et qui tout en restant formels en tant que lieux, se rapprochent davantage des choses mêmes, parce que ces vérités générales et formelles sont obtenues par l'expérience et l'observation, par des études spéculatives comme par des études pratiques qui sont du ressort de sciences déterminées, distinctes et leur sont propres et spéciales : ce

---

[1] *Rh.*, I, 2. ῥητορικοὺς συλλογισμούς... περὶ ὧν τοὺς τόπους λέγομεν.

sont les lieux appelés pour cette raison même εἴδη ou ἴδια, en opposition aux lieux communs appelés par excellence, τόποι [1]. Il est clair en effet qu'une proposition générale de physique ne pourra guère donner naissance à une preuve d'ordre moral, et réciproquement. Mais tout spéciaux, tout propres à une science déterminée qu'ils soient, ces lieux restent, par leur généralité même, insuffisants pour la connaissance de cette science, et ce serait une erreur de croire qu'en les étudiant on l'acquerra [2]. D'un autre côté l'orateur doit ici bien se tenir sur ses gardes; il peut être entraîné, par l'intérêt des choses et la force logique des principes scientifiques spéciaux qu'il aura été appelé à discuter, à sortir de la sphère propre de l'éloquence et à entrer dans le domaine d'une science déterminée, la physique ou la morale. Son auditoire n'en sera ni mieux persuadé ni plus touché : il n'est pas venu là pour écouter une leçon ou une dissertation, sauf le cas, bien entendu, où le discours est une leçon même et scientifique.

Avant de présenter ces propositions spéciales, ἰδίας προτάσεις, relatives à un genre déterminé d'objets et appartenant à une science déterminée, il est nécessaire d'établir les divisions de l'éloquence, de faire connaître leur nature et leur nombre; car chaque genre a ses lieux spéciaux propres, où il puise les preuves et les enthymèmes qui lui sont particuliers [3].

---

[1] *Rh.*, III, 1, 1. ἔστι γὰρ τὰ μὲν εἴδη τῶν ἐνθυμημάτων, τὰ δὲ τόποι. *Id.*, I, 2, 22 διαιρετέον τῶν ἐνθυμημάτων τά τε εἴδη καὶ τοὺς τόπους. *Id.*, II, 20. εἴρηται περὶ τῶν ἰδίων.

[2] *Rh.*, I, 2, 21. οὐ ποιήσει περὶ οὐδὲν γένος ἔμφρονα.

[3] *Rh.*, II, 1. ἐκ τίνων μὲν οὖν δεῖ... καὶ ποῖαι δόξαι καὶ προτάσεις χρήσιμοι πρὸς τὰς τούτων πίστεις... περὶ γὰρ τούτων καὶ ἐκ τούτων τὰ ἐνθυμήματα ὡς περὶ ἕκαστον εἰπεῖν ἰδίᾳ τὸ γένος τῶν λόγων. *Id.*, II, 18. ἐπεὶ δὲ περὶ ἕκαστον γένος τῶν λόγων ἕτερον ἦν τὸ τέλος, περὶ ἁπάντων δ'αὐτῶν εἰλημμέναι αἱ δόξαι καὶ προτάσεις εἰσιν ἐξ ὧν πίστεις γίγνονται. Ce sont les seuls passages de la *Rhétorique* où les deux mots δόξαι et προτάσεις soient ainsi liés par l'identité du sens et confondus avec εἴδη.

§ 2. — *Classification des genres oratoires*, γένη, εἴδη.

Quel que soit le sujet dont on parle, quelque forme grammaticale ou logique qu'il puisse revêtir, quelques développements qu'il puisse prendre, il peut toujours se ramener et se réduire à une proposition.

Si cette proposition pose absolument et universellement la relation du prédicat au sujet, que cette relation, d'ailleurs, soit celle de l'affirmation ou de la négation, la proposition prend le nom de *position*, en grec θέσις, en latin *quæstio*. Si au contraire ce rapport est soumis aux conditions des réalités phénoménales, aux circonstances et aux accidents des choses qui tombent dans le temps et se placent dans l'étendue, qui peuvent être et ne pas être ce qu'elles sont, la proposition s'appelle *hypothèse*, ὑπόθεσις [1], en latin, *causa*.

Cette différence admise par Aristote dans les *Analytiques* [2] divisait en deux grands genres opposés toutes les productions de l'esprit, exprimées par le langage en prose, qui étaient désignées en grec par le nom très large de λόγος. C'est manifestement par abus qu'Hermagoras les faisait tous deux rentrer sinon dans le domaine de l'éloquence, du moins dans celui de la rhétorique, et Cicéron a raison de le lui reprocher [3]. Il ne faut pourtant pas lui en faire porter

---

[1] Cic., *de Inv.*, I, 6. Hermagoras... *causam* esse dicit rem quæ habeat in se controversiam in dicendo positam cum personarum certarum interpositione ;—*quæstionem* eam quæ habeat in se controversiam in dicendo positam, sine certarum personarum interpositione. Id., *Or.*, 14. Quæstio a propriis personis et temporibus ad universi generis orationem traducta appellatur *Thesis*. On nommait encore les *thèses quæstiones infinitæ*, en opposition aux *quæstiones finitæ* (Quintil., III, 5) ou *quæstiones universales*, philosopho convenientes (id., II, 21). On trouve encore les termes de *propositum* (Cic., *Top.*, 21) et de *consultatio* (id., *de Or.*, III, 28).

[2] *An. Post.*, I. 72, a. 20, où θέσις signifie la proposition qui explique l'essence d'une chose, et ὑπόθεσις celle qui pose la question de savoir si quelque chose de déterminé est ou n'est pas.

[3] *De Inv.*, I, 6.

toute la responsabilité : cette distinction, d'ordre philosophique, venait, nous dit expressément Cicéron[1], des Académiciens et des Péripatéticiens, et peut-être remonte-t-elle jusqu'à Aristote même[2]. A ce titre elle mérite d'être présentée avec quelques développements : « Dicunt Peripatetici... et... Academici omnem *civilem* orationem in horum alterutro genere versari, aut *definitæ* controversiæ certis temporibus ac reis, hoc modo : Placeretne a Carthaginiensibus captivos nostros, redditis suis, recuperari ? aut *infinitæ* de universo genere statuentis : Quid omnino de captivo statuendum ac sentiendum sit ».

Le genre entier, divisé en deux espèces par les différences opposées, est appelé par Cicéron : *civilis oratio,* comme par Quintilien[3], qui cite à ce sujet Ariston, disciple de Critolaüs le péripatéticien. C'était la traduction littérale des termes employés par Hermagoras dans la définition de l'éloquence, τὸ πολιτικόν ζήτημα[4].

S. Augustin, qui traduit et commente la Rhétorique d'Hermagoras, nous explique ce qu'il faut entendre ici par πολιτικὸν ζήτημα et *quæstio civilis* : « Sunt autem *civiles quæstiones,* quarum perspectio in communem animi conceptionem potest cadere, quod Græci κοινὴν ἔννοιαν vocant[5]. » Ce sont donc toutes

---

[1] *De Or.*, III, 28.
[2] Nous savons par Diogène L. (V, 3), Quintilien (XII, 2), Théon, *Progymn.* (II, 8) : « qu'on trouve des exemples d'exercices de thèses, τῆς τῶν θέσεων γυμνασίας, dans Aristote et dans Théophraste : car ils avaient écrit un grand nombre de livres de *thèses* : πολλὰ βιβλία θέσεων. Aristote exerçait ses disciples dans les deux genres, πρὸς θέσιν συνεγυμνάζετο .. ἄμα καὶ ῥητορικῶς ἐπασκῶν », d'où il résulte clairement que les exercices πρὸς θέσιν différaient des exercices vraiment oratoires, ῥητορικῶς. Quintil., XII, 2. « Peripatetici studio quoque se quodam oratorio jactant : nam *theses dicere* exercitationis gratia fere est ab iis institutum »
[3] 2, 15. In quæstionibus civilibus.
[4] *Rh. Gr.*, W., V, 15. δύναμις τοῦ εὖ λέγειν τὰ πολιτικὰ ζητήματα. Sext. Emp., *adv. Rhet.*, 62. τὸ τεθὲν πολιτικὸν ζήτημα διατίθεσθαι. Les rhéteurs postérieurs se rattachent à la définition d'Hermagoras. (D. Hal., *Rh. Gr.*, V, 213). ἐν πολιτικῷ πράγματι. Doxopat., (*id.,* II, 74, 93, 106), se sert de la même formule. Chez Hermogène (*Rh. Gr.*, II, p. 183), le mot πολιτικὸν ζήτημα prend un sens plus restreint et identique à celui d'ὑπόθεσις ; car il le définit : ἀμφισβήτησις λογικὴ ἐπὶ μέρους ; car, dit-il, si elle est générale, la discussion n'appartient plus au genre oratoire.
[5] S. Aug., *Rh.*, 4.

ces questions que peut comprendre, discuter et résoudre l'intelligence et la conscience d'un homme qui a reçu une éducation libérale, telle que les mœurs et les lois mêmes, chez les Grecs, l'imposaient à tout *citoyen*, mais qui par cela même n'exigent pas des connaissances rigoureuses et approfondies. On voit pourquoi elles portaient le nom de πολιτικὰ ou de *civiles*, nom qui fut plus tard autrement et mal compris. Tout citoyen digne de ce nom devait être ou feindre d'être en état d'en parler ou du moins d'en bien juger, s'il se respectait lui-même et ne voulait pas rougir de honte, en avouant qu'il en était incapable [1].

La θέσις se divisait en deux espèces [2], la thèse de connaissance spéculative pure, et la thèse d'ordre pratique [3]. La première espèce contenait trois questions qui fondaient autant d'états de causes. La première question était : *sit necne?* le fait existe-t-il ou n'existe t-il pas ? par exemple : le droit est-il fondé dans la nature des choses, ou dans les mœurs habituelles ? C'était l'état de conjecture. La deuxième question était : *Quid sit?* quelle est l'essence vraie du fait, par exemple : le droit est-il ce qui a été résolu par la majorité ? C'est l'état de définition. La troisième question était : *Quale sit?* quels sont les caractères qualitatifs, les qualifications qui appartiennent au fait, par exemple : une vie conforme à la justice, est-elle oui ou non utile ? C'est l'état appelé *consecutio* [4], de conséquence. Le bonheur est-il la conséquence d'une vie vertueuse ?

La seconde espèce, les thèses de la vie pratique, ne comportait que deux subdivisions. La première contenait les questions relatives aux moyens de réaliser certains buts de

---

[1] S. Aug., *id.*, 4 Omnia quæcumque hujus modi sunt ut ea nescire pudori sit, et ea quæ, vel ignorantes, quasi sciamus tamen, cum simulatione præ nobis ferimus, quotiescumque in dubitationem vocantur.

[2] Cic., *Partit. Or.*, 62.

[3] Victor, *de Invent.*, p. 122.

[4] Cic., *de Or.*, III, 29. *Cognitionis* autem tres modi : conjectura, definitio, et ut ita dicam, consecutio.

la vie ou d'éviter certains maux ; par exemple : par quels moyens peut-on acquérir de la gloire? La seconde se rapportait aux questions qui touchent aux avantages qu'on peut attendre de certains états ou emplois de la vie ; par exemple : comment faut-il vivre dans la pauvreté [1]?

Cicéron, qui nous rapporte cette classification très systématique de forme, fait remarquer qu'elle n'établit aucun principe de division, puisque les caractères s'appliquent également à la thèse et à l'hypothèse : « sive in infinitis *consultationibus* disceptatur, sive in iis *causis* quæ in civitate et in forensi disceptatione versantur ». C'est pour cette raison sans doute que les stoïciens en imaginèrent une autre, qui nous a été transmise d'une façon inexacte [2], mais qui, avec les heureuses rectifications de Spengel [3], se présente comme il suit [4] :

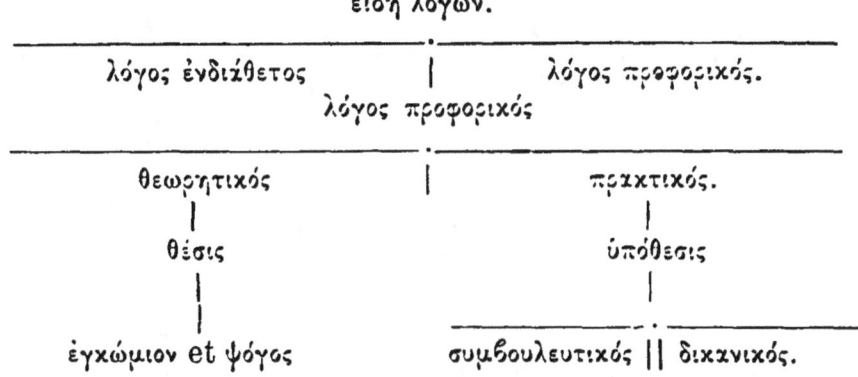

On voit par ce tableau que le genre démonstratif, épidictique,

---

[1] La classification de Cicéron n'est pas très fixe. Dans le *de Oratore* (III, 30), toutes les thèses relatives à la vie active et pratique, *ad agendum*, se divisent en deux genres : l'un dans lequel on recherche *quid rectum faciendumque sit*, où l'on rencontre toutes les questions du devoir et de la morale, *in officii disceptatione versatur*. L'autre est une analyse des moyens par lesquels on peut apaiser ou enflammer les sentiments, les émotions et les passions : *in animorum aliqua permotione aut gignenda aut sedanda tollendave*. C'est à ce genre que sont subordonnées les espèces *cohortationes, objurgationes, consolationes, miserationes,* qui pourraient rentrer, dans leur traitement général, dans la classe de l'ἐγκωμιαστικόν.

[2] *Rh. Gr.*, W., VIII, 2.

[3] *Rhein. Mus.*, t. XVIII, p. 500.

[4] Hermagoras (Cic, *de Inv.*, I, 9 ; III, 6) posait comme le genre le plus élevé les πολιτικὰ ζητήματα qu'il divisait en *Thésis* et *Hypothésis*. A la *Thésis*, il rattachait

appelé ici ἐγκωμιαστικός, est placé par les stoïciens, et par eux seuls, dans la catégorie générale de la thèse, et que l'hypothèse ne comprend plus que les genres délibératif et judiciaire [1], que les Latins appelèrent plus tard *suasoriæ* et *controversiæ*. Cela semble indiquer que ce genre était d'un caractère plutôt

l'état de cause, qu'il appelait πρακτική, relatif à la vie réelle et pratique. Dans l'*Hypothésis*, qui fournissait l'état de cause, ποιότης, il distinguait les genres délibératif, judiciaire, épidictique :

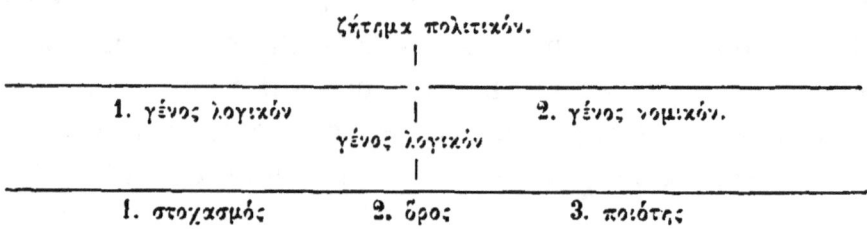

La ποιότης comprend : 1. συμβουλευτική; 2. ἐπιδεικτική; 3. δικαιολογία, où l'on discutait le point de droit dans sa généralité; 4. πραγματική, où l'on discutait le point de fait, c'est-à-dire le rapport du droit ou l'application du fait particulier. La division d'Hermagoras mêle, comme on le voit, dans une même classification, les états de cause, rationnel, légal, conjectural, de définition, de qualité, avec les genres délibératif, judiciaire, démonstratif et *pragmatique*. Le genre *pragmatique*, s'il comprend des faits à venir, comme il semble résulter des exemples d'Hermogène, qui adopte, en la régularisant, la classification d'Hermagoras (*Rh Gr.*, t. II, p. 149) comprend le genre délibératif, et ne devrait pas constituer un genre à part. Le genre νομικόν est celui où l'on traite une question de droit positif et écrit, in scripto. . de jure. Le genre λογικόν est celui qui comprend les questions dont la solution dépend exclusivement de la raison et du raisonnement Quintil., III, 5; Cic., *de Inv.*, I, 12; *Orat.*, 34. Dans le genre de l'*Hypothésis*, Hermagoras trouvait comme caractères distinctifs qui l'opposaient à la *Thésis*, les circonstances, περιστάσεις, circumstantiæ. S. Augustin (*Rh.*, p. 141) : « Quas Hermagoras μόρια περιστάσεως vocat, Theodorus στοιχεῖα τοῦ πράγματος ». C'étaient : « Quis, quid, ubi, quando, cur, quemadmodum, quibus adminiculis, quas Græci ἀφορμάς vocant. Horum omnium aut plurimorum rationalis congregatio conflat quæstionem. » On ne sait si Hermagoras avait inventé ou trouvé déjà faite cette détermination de l'*Hypothésis* par sept caractères constitutifs qui fut adoptée par les auteurs de *Progymnasmata*, comme éléments de la narration et que quelques-uns complétèrent même par l'addition de l'occasion, καιρός, et du nombre, ἀριθμός, en sorte qu'on eut la série entière : la personne, le temps, le lieu, l'occasion, l'action, le nombre, la cause, le moyen, τρόπος, les mobiles des actes.

[1] La rhétorique stoïcienne de Sulpicius Victor (p. 256) adopte la même classification : « Itaque *Hypothesin* sciemus quidem in controversiis et litibus esse, sive actionibus et causis; *Thesin* vero in κατασκευαῖς et ἀνασκευαῖς, itemque in his quas Græci χρείας vocant, quum disputatur rectene quid dixerit Diogenes vel Isocrates. Itemque laudes et vituperationes videntur ad Thesin pertinere. »

idéal, plutôt philosophique que réellement pratique, et qu'il n'avait guère d'emploi dans la vie active et politique. Antoine le mentionne à peine [1], et Cicéron souvent le passe sous silence [2]. Cependant il lui fait une place dans la division du genre de *l'hypothesis*, ou du moins il rappelle qu'il avait sa place dans la classification et les définitions de ce genre chez les philosophes du Portique et de l'Académie. « Horum superius illud genus causam aut controversiam appellant, eamque *tribus*, lite, aut deliberatione aut *laudatione* definiunt [3] ».

Il y eut encore d'autres divisions, inspirées comme celle des stoïciens par un penchant scolastique prononcé pour les divisions multiples et pour une symétrie logique toute mécanique et extérieure, et qui avaient également pour principe la matière même du discours et voulaient, par une confusion fâcheuse, en rattacher les genres aux divisions de l'état de cause [4].

L'état de cause, sur lequel nous reviendrons, était, suivant la définition de Cicéron [5], la constitution, l'établissement du sujet à traiter : constitutionem... id est quæstionem ex qua causa nascitur : Il en comptait quatre : 1. le point de fait qui constitue l'état conjectural ; 2. la dénomination, qui constitue celui de la définition ; 3. la qualification, qui forme l'état de genre ; 4. le mode d'action ou procédure qui forme l'état translatif, c'est-à-dire où l'on soutient que l'action

---

[1] Cic., *de Or.*, II, 10. Illud tertium quod ille ipse Aristoteles... adjunxit, etiamsi opus est, minus tamen est necessarium... An laudationes ?... Ita, inquit Antonius.

[2] Id., *id.*, I, 11. Hunc statuit esse oratorem qui tantummodo *in jure et judiciis* possit... aut *apud populum* aut *in senatu* copiose loqui.

[3] Id., *id*, III, 28

[4] La distinction, juste au fond, de la *Thésis* et de l'*Hypothèsis*, n'est pas pratique : quelle est la question spéciale, particulière, qui ne contient pas une idée générale dont la discussion est nécessaire pour l'intelligence et la solution du point particulier? Hermagoras fait observer lui-même que l'art oratoire est étranger au développement des thèses absolument universelles et qui ne se rattachent d'aucune manière à une question déterminée et particulière (*Rh. Gr.*, II, p. 133). τὸ γὰρ ὡς ἀληθῶς τε καὶ καθόλου καλὸν ἢ σύμφερον ἢ τὰ τοιαῦτα ζητεῖν οὐ ῥητορικῆς.

[5] *De Inv.*, I, 7.

a été mal intentée[1]. Hermagoras détachait de ce groupe l'état de genre, et le divisait en quatre espèces : le délibératif, le démonstratif, le *judicialis* et le *negotialis*, πραγματική. Cicéron les ramène à deux : le juridiciaire, « in qua æqui et iniqui *natura*, præmii aut pœnæ *ratio* quæritur; » et le *negotialis*, » in qua quid juris ex civili more et æquitate sit, consideratur. » Puis il subdivise le juridiciaire en deux parties : l'une appelée *absoluta*, l'autre *assumptiva* ; l'*assumptiva* comprend quatre espèces dont chacune à son tour se subdivise en sous-espèces qu'il est inutile et fastidieux de poursuivre.

Une classification plus simple se présente dans le scholiaste anonyme d'Hermogène[2]. L'éloquence comprend deux grandes classes, l'une appelée pratique, où il y a en jeu un intérêt réel, d'ordre pratique, ou encore ἀγωνιστικόν, parce qu'il y a un conflit d'opinion, un débat entre des personnes, une lutte entre des intérêts, qui implique un résultat substantiel; l'autre est nommée épidictique parce que la fin unique que l'orateur s'y propose est de faire montre de son talent et de son esprit, ou parce qu'il ne recherche que le plaisir de déployer ses forces et de recueillir de l'argent ou des applaudissements[3]. Spengel l'attribue à Théodore ou à Isocrate. L'Anonyme et Syrianus mentionnent qu'aux trois genres traditionnels. quelques-uns en avaient ajouté un quatrième, l'historique, τὸ ἱστορικόν. Ce quatrième genre défini par l'Anonyme[4] et par Rufus[5] : ἐν ᾧ διηγούμεθα πράξεις τινὰς μετὰ κόσμου ὡς γεγενημένας, est très faussement attribué par un Anonyme à Aristote[6] qui l'aurait

---

[1] Quod non is agere videtur quem oportet, aut non cum eo quicum oportet, aut non apud quos, quo tempore, qua lege, quo crimine, qua pœna oportet. Cet état, comme on le voit déjà, ne se rattachait qu'au genre judiciaire.

[2] Spengel *Artt. Scriptt.*, p. 184 et 186.

[3] Quintilien, III, 4, met en doute que les discours *Panégyriques* soient du genre épidictique, parce qu'ils ont la persuasion comme fin formelle, *formam suadendi*, et la plupart pour matière les intérêts de la Grèce, *plerumque de utilitatibus Græciæ loquuntur*. Tout en conservant les trois genres d'Aristote, il divise aussi l'éloquence en deux grandes classes, l'une *in negotiis*, l'autre *in ostentatione* posita.

[4] Speng., *Artt. Scriptt*, p. 185.

[5] Id, *Rh. Gr.*, I, p. 463.

[6] Id., *Artt. Scriptt*, p. 225.

considéré comme un mélange des trois autres, μιχτὸν ἀπὸ τῶν τρίων εἶναι εἰπών. A quoi le rhéteur objecte avec raison que, si l'on admettait un quatrième genre, on ne devrait pas s'arrêter là, et on en trouverait facilement trente et même davantage. Sans aller jusqu'à trente on en inventa beaucoup : par exemple le genre ἐντευχτιχόν, que Démétrius le stoïcien [1] associait ou subordonnait à l'épidictique, et qui contenait les discours de circonstance, les allocutions aux princes dont on saluait l'arrivée ou le départ, les discours officiels d'ambassadeurs ; le genre ἐπιστολικόν, mentionné par Théon [2], qui le place avec le panégyrique et le délibératif dans la classe de la *Prosopopée*, qui pour lui est celle où la *personne* de l'orateur se fait sentir, et où son langage doit être conforme à sa personnalité.

Ces divisions et subdivisions multiples et presque infinies, exposées avec grand fracas et de si longs développements par les rhéteurs qui n'en font, dans leurs traités, presqu'aucun usage, parce qu'elles ne touchent pas véritablement le fond de l'art ni le système de ses préceptes [3], semblent nées en grande partie de l'effort de faire entrer dans leur système d'enseignement l'ensemble de toutes les productions littéraires, excepté la poésie, que quelques-uns même y voulaient introduire [4]. C'était compromettre la rhétorique en la dénatu-

---

[1] *Philodem.*, 42, 10. Spengel l'identifie, sans beaucoup de raison, au genre historique que Cicéron d'ailleurs, suivant sans doute l'exemple des rhéteurs grecs, tantôt rattache, tantôt enlève à l'éloquence : « Videtisne quantum munus sit oratoris historia... Historia vero... qua voce alia, nisi oratoris, immortalitati commendatur » (*de Or.*, II, 9) : « Ab his (historicis) non multo secus quam a poetis hæc eloquentia, quam quærimus, sevocanda est ». (*Id*, II, 15).

[2] *Progymn.*, Sp., *Rh. Gr.*, II. p. 115-22. Demetr., *de Eloc.*, id., III, 310.

[3] Cic., *de Inv.*, I, 7. « Multorum verborum indigent et non tantopere *ad artis descriptionem et præcepta tradenda* pertinent » On ne les rencontre pas dans la *Rhétorique à Alexandre*.

[4] Ils appelaient Homère le premier et le plus grand des orateurs. Syrian., *in Hermog.*, p 17. « L'éloquence est née en même temps que la pensée, τῷ λόγῳ τῶν ψυχῶν σύνδρομος et a été pratiquée par les hommes même avant Nestor, Palamède, Phœnix, Ulysse, avant la guerre de Troie ». Hermog., p. 140, *Ald.* « Homère est le plus grand des poètes, mais je dirais volontiers aussi le plus grand des orateurs et des logographes ». Un certain Téléphe de Pergame avait écrit un traité didactique, Τέχνην, sur l'éloquence d'Homère. *Cod. Monac.*, VIII, Spengel.

rant. Cicéron et Quintilien n'échappent pas à cette tendance. Suivant eux, l'orateur doit avoir toutes les connaissances qui ont quelque grandeur : « omnium rerum magnarum atque artium scientiam »; il doit pouvoir parler sciemment de toutes choses : « de omnibus ei dicendum est ». La matière de l'éloquence est toute la vie : « materiam ejus totam vitam » [1]. En oubliant les limites fixées à l'art oratoire, mal défini, on était entraîné à oublier que la rhétorique est une science purement formelle, comme Aristote l'avait le premier fait observer.

Bien plus simple et bien plus rationnelle était la classification qu'on s'accorde à attribuer à Aristote [2], qui la fonde, non plus sur la matière du discours, mais sur la fonction diverse des auditeurs qui l'écoutent.

La notion du discours enveloppe trois éléments : un homme qui parle; un autre ou plusieurs autres qui l'écoutent parler et à qui il parle, c'est-à-dire un auditoire; enfin une personne ou une chose dont il parle. Autant il y a d'espèces d'auditeurs, autant il y a de genres oratoires, et à chaque genre est proposée une fin particulière à atteindre,

---

[1] Quintil., II, 21. Pæne Aristoteles oratori omnia subjecit : nihil enim non in hæc (genera) cadit. Si cela n'est pas tout à fait exact, il est certain qu'il avait donné prise à cette tendance en disant, (Rh , I, 2) : « L'éloquence doit pouvoir rendre *probable* tout sujet donné, pour ainsi dire : περὶ τοῦ δοθέντος, ὡς ἔπος εἰπεῖν. »

[2] Cic., *de Inv.*, I, 5. Aristoteles tribus in generibus *rerum* versari rhetoris officium putavit. Quintil., III, 4. Prope omnes scriptores, Aristotelem secuti, hac partitione contenti fuerunt. Id., II, 21. Aristoteles tres faciendo partes oratoris. Theo , *Progymn.*, Sp., *Rh. Gr.*, II, 61. τῆς ὑποθέσεως εἴδη τρία... ὅπερ ἐκάλουν οἱ περὶ Ἀριστοτέλη. Nicolas, *Prog.*, *Rh. Gr* , Sp., p. 182. Sopater. *Proleyg. Ar.*, p. 757. Les rhéteurs antérieurs n'en avaient distingué et traité que deux : le genre judiciaire et le genre délibératif, et encore ce dernier n'était-il traité que superficiellement malgré sa supériorité au double point de vue de la noblesse de la fonction et de la généralité qui le rend accessible à tout citoyen d'un État libre, puisqu'il y est question de ses intérêts, de ses devoirs, de ses droits les plus intimes et les plus chers, οἰκεῶν. Isocr., *adv. Soph.*, XIII, 19. οἱ πρὸ ἡμῶν .. τὰς καλουμένας τέχνας γράψαι τολμήσαντες... ὑπέσχοντο δικάζεσθαι διδάξειν. Ar., *Rh.*, I, 1, 10. καλλίονος καὶ πολιτικωτέρας τῆς δημηγορικῆς πραγματείας οὔσης, περὶ μὲν ἐκείνης οὐδὲν λέγουσι, περὶ δὲ τοῦ δικάζεσθαι πάντες πειρῶνται τεχνολογεῖν... ἧττόν ἐστι πρὸ ἔργου τὰ ἔξω τοῦ πράγματος λέγειν... ἧττον κακοῦργον ἀλλὰ κοινότερον.

qui contribue à en déterminer le caractère propre et distinctif : mais cette fin, c'est encore au fond l'auditeur que la fin de tout discours est de persuader.

Celui à qui l'on adresse la parole peut être un simple spectateur, venu là uniquement pour le plaisir d'entendre parler, et pour goûter les effets du talent et juger du génie de l'orateur. Mais il peut aussi avoir une fonction, un devoir à remplir. S'il a, comme citoyen, à porter un jugement sur des actes que l'État ou l'un des corps constitués qui le composent se propose d'accomplir, il est membre d'une assemblée politique ; si son jugement doit porter sur des actes accomplis et décider s'ils ont été ou non contraires au droit et aux lois, il est membre d'un tribunal. Cette triple fonction de l'auditeur, auquel tout discours s'adresse, donne naissance à trois genres d'éloquence, et à trois seulement [1].

L'éloquence délibérative, τὸ συμβουλευτικόν, qui s'appelle encore δημηγορία [2], parce que dans son principal usage elle s'adresse à une assemblée du peuple, a pour office d'éclairer les délibérations de l'assemblée, de la persuader ou de la dissuader de prendre une certaine résolution, προτροπή [3], ἀποτροπή, d'où lui vient une désignation assez fréquente, τὸ προτρεπτικόν. Le fondement sur lequel elle s'appuie est l'intérêt, le plus souvent l'intérêt de l'État, l'utile et son contraire, sans exclure cependant les idées du juste et du beau moral qui se mêlent souvent à l'intérêt bien entendu. Le temps où se placent les choses que l'orateur conseille ou dissuade de faire est manifestement l'avenir, ou le présent qui n'est pas encore actualisé [4] ; car, dit Démosthènes, on ne pro-

---

[1] Quintil., III, 4. Tria an plura sint ambigitur.
[2] Rh., I, 1, 10 et III, 16. En latin concio, concionale genus. Quintil., II, 4. Cic., de Inv., I, 5. Disceptationes.
[3] Suasoria oratio, Quint., III, 8, 6.
[4] Rh., I, 6. 1. ὡς ἐσομένων ἢ ὑπαρχόντων. Ce dernier mot n'est pas évidemment pris dans son sens étroit : il ne s'agit pas d'un acte qu'on est en train de faire au moment même où l'on parle, mais d'un acte qui va et doit suivre immédiatement.

pose pas d'instituer une délibération, on ne donne pas son avis sur un fait accompli [1]. C'est le plus beau, le plus noble, le plus pur des genres oratoires, parce qu'il a pour objet les intérêts généraux de l'État et de la patrie [2].

Le second genre est l'éloquence judiciaire, τὸ δικανικόν, τὸ δικαστικόν, en latin judiciale, forense genus ; il comprend deux éléments, l'accusation et la défense ; sa fin est la justice, puisqu'il s'agit toujours de prouver qu'un acte est ou n'est pas conforme aux lois ou au droit, et subsidiairement l'utile et le beau moral ; les faits sur lesquels il porte sont nécessairement accomplis ou passés. C'est, au sentiment d'Aristote, qui n'a pas en général beaucoup d'estime pour aucune des formes de l'éloquence, c'est le genre le moins honorable de tous et, pour dire le mot, c'est un genre méprisable, parce qu'il est malfaisant, κακοῦργον. Aristote en donne beaucoup de raisons, quelques-unes très fortes et qui n'ont pas aujourd'hui perdu leur valeur. C'est le genre, dit-il, où il est le plus facile de discourir en dehors du sujet même et de sortir de la question, ἔξω τοῦ πράγματος : où l'orateur, absolument indifférent à la justice, à la vérité, au droit ne se propose que de surprendre [3] la conscience du juge, et de jeter son esprit et son âme dans des dispositions favorables à sa cause [4]; c'est aussi le genre où cet effort de courber volontairement la règle inflexible qui doit mesurer le droit et la vérité a le plus de chances de réussir, parce que le juge y décide d'intérêts qui lui sont personnellement étrangers, que, n'étant pas soutenu et éclairé par cet intérêt personnel, il se laisse plus volontiers aller en écoutant aux perfidies des raisonnements sophistiques, aux séductions et au charme du style, aux émotions et aux passions qu'on soulève dans

---

[1] *Pro Ctes.*, 192. οὐδεὶς περὶ τούτου (le passé), προτίθησιν οὐδαμοῦ βουλήν· τὸ δὲ μέλλον ἢ τὸ παρὸν τὴν τοῦ συμβούλου τάξιν ἔχει.
[2] *Rh.*, I, 10. καλλίονος καὶ πολιτικωτέρας.
[3] ἀναλαβεῖν.
[4] *Rh.*, II, 1.

son âme, et enfin parce que sa décision, devant être prise instantanément, ἐξ ὑπογυίου, est plus sujette à l'erreur.

Le genre épidictique, qui plus tard porta aussi les noms de panégyrique et d'encomiastique [1], complète la classification ternaire d'Aristote, qui fut, dit-on le premier à l'introduire dans la rhétorique technique [2]. Le mot *démonstratif* par lequel on traduit habituellement le grec ἐπιδεικτικόν est mal choisi parce qu'il prête à l'équivoque. Il signifie que l'orateur ne se propose que d'exhiber, de déployer son talent et son art, et d'essayer de plaire à un auditoire venu pour assister à son discours comme à une fête et à un spectacle [3]. Ce genre a pour fonction de louer ou de blâmer; sa fin essentielle est de montrer dans les actes des hommes ou dans les choses l'élément grand, noble, beau, qui mérite la louange et l'admiration, ou les défauts contraires qui appellent le blâme et la répulsion. On le rapporte au temps présent, τὰ ὑπάρχοντα, ὁ παρὼν χρόνος, parce qu'on prend généralement pour sujet d'éloges ou des choses actuellement existantes ou des hommes actuellements vivants, mais aussi et surtout parce que les idées morales, les vertus et les vices, τὸ καλὸν, τὸ αἰσχρόν, n'ont pas une durée mesurée par le temps, fugitive et passagère, mais au contraire survivent aux hommes et aux choses et sont toujours présents à la conscience humaine. Ce qui n'interdit pas à l'orateur dans ce genre de rappeler le passé, de prévoir l'avenir, de faire appel aux idées du droit et de l'intérêt : car les genres se prêtent, dans leurs développements, un mutuel appui [4]. A proprement parler, et surtout

---

[1] D Hal., *Rh.*, VIII, 4. Nicol., *Progymn.*, *Rh. Gr. Sp.*, III, 477. Syrian., Spengel, *Rh. ad Alex.*, p. 99, et *Artt. Scriptt.*, p. 184.
[2] On le trouve mentionné comme espèce, avec son contraire, τὸ ψεκτικόν, dans la *Rhétorique à Alexandre* Les latins l'appellent *demonstrativum* « qu d (Cic , de *Inv.*, 1, 5) tribuitur in alicujus certæ personæ laudem aut vituperationem », d'où la désignation assez fréquente de *laudativum*, tirée de *l'a parte meliori*
[3] C'est pour cela que Sopater (*Prolegg.*, p. 757) déterminant les genres par les lieux où se débitent les discours, fixe à l'éloquence démonstrative pour lieu de ses exercices le théâtre, τόπον... θέατρον, et appelle l'orateur un louangeur : ἐπαινέτης.
[4] Quint., III, 4. Stant enim quodam modo mutuis auxiliis omnia.

au point de vue des anciens, ce n'est pas là un genre de discours : car le plus souvent les œuvres qu'il produit sont écrites et plutôt destinées à la lecture qu'au débit public [1]. Aucun intérêt pratique et sérieux n'y était en jeu ; aucune issue grave et importante n'en pouvait résulter; il n'y avait pas d'adversaires, pas de débat, pas de conflit ni d'opinions ni d'intérêt : tota ostentationis [2], dit Quintilien.

On l'appelait panégyrique, comme nous l'avons dit, parce que ces espèces de représentations oratoires, de compositions littéraires ou morales avaient le plus souvent lieu dans les grandes assemblées générales de la Grèce, πανηγύρεις, soit à Olympie, soit à d'autres Jeux. Le nom d'éloges, ἐγκώμια, laudationes, s'explique par l'emploi le plus fréquent de ce genre d'éloquence qui se met en frais et en mouvement plutôt pour louer que pour blâmer. Il comprend les oraisons funèbres, ἐπιτάφιος, les panégyriques dans le genre de ceux d'Isocrate, les ἐγκώμια proprement dits, tels que celui d'Hélène, et ne se refusait pas à traiter des sujets dans le ton burlesque, plaisant ou comique [3] : tels les éloges de la souris par Polycrate [4], l'éloge des pots et des coquilles [5], du sel [6], du bourdon [7], et, dans le ton paradoxal, l'éloge de la mort ou de la pauvreté [8].

C'est ce genre qui fournit à la subtilité des rhéteurs postérieurs l'occasion de transformer la rhétorique, théorie

---

[1] *Rh.*, III, 12. ἡ ἐπιδεικτικὴ λέξις γραφικωτάτη· τὸ γὰρ ἔργον αὐτῆς ἀνάγνωσις.
[2] Quint., III, 8.
[3] L'homme joue de tout : il joue avec le vêtement dont il fait une parure, avec la nourriture dont il fait un festin, c'est-à-dire une fête ; il joue de même avec la nourriture de son esprit, la pensée et la parole : ce sont les jeux d'esprit. Mais la pensée est en soi chose si grande, si noble, si grave, si digne de respect, qu'il faut bien prendre garde de se livrer sans mesure à ce jeu; on dégoûterait vite l'auditeur, en même temps qu'on corromprait sa propre intelligence.
[4] Ar., *Rh.*, I, 9. συμβαίνει καὶ χωρὶς σπουδῆς καὶ μετὰ σπουδῆς ἐπαινεῖν πολλάκις· οὐ μόνον ἄνθρωπον ἢ θεόν, ἀλλὰ καὶ ἄψυχα καὶ τῶν ἄλλων ζώων τὸ τυχόν. *Id.*, II, 23. εἰς τοὺς μῦς.
[5] Mentionnés par Ménandre le rhéteur.
[6] Plat., *Symp.*, 177, b.
[7] Isocr., *Helen.*, § 12.
[8] Tous deux d'Alcidamas. Speng., *Rh. Gr.*, III, p. 346.

de l'art oratoire, en une théorie générale de l'art de composer et d'écrire, et les moyens de créer une multitude d'espèces dont j'ai déjà nommé quelques-unes, et dont nous retrouverons plus loin le lieu de faire une énumération plus complète ; citons seulement ici le discours royal ou du trône, βασιλικός, le discours nuptial, ἐπιγαμήλιος ou ἐπιθαλάμιος, le discours à l'occasion d'une naissance, γενεθλιακός, le discours parénétique [1], le discours protreptique, dont l'attribution au genre parénétique pourrait être contesté [2].

Que faut-il penser de cette classification, qui, en fait, a survécu à toutes celles qui l'ont précédée et suivie [3] ? Épuise-t-elle toutes les espèces, toutes les particularités du genre oratoire ? Les distingue-t-elle par des caractères différentiels vraiment spécifiques ? Les ramène-t-elle à une notion générale essentielle qui les relie entr'elles et en fait le caractère commun ? Le principe de division est-il réellement philosophique, nécessaire et suffisant, et les groupes qu'il forme peuvent-ils comprendre non seulement les œuvres oratoires réelles, mais les œuvres oratoires possibles ; c'est-à-dire la classification s'étend-elle naturellement non seulement à l'éloquence des Grecs et des Romains mais encore à l'éloquence moderne [4], et aux formes qu'elle peut prendre dans le développement de la civilisation. Les sciences expérimentales peuvent se contenter d'une classification pratique ; mais la rhétorique qui, dans son acception la plus haute et aussi

---

[1] Le scholiaste d'Aristote, p. 437, ramène ces μερικὰ εἴδη à la forme épidictique : καὶ ἄλλα πολλὰ, ὧν ἕκαστα τυγχάνει τῆς ἐγκωμιαστικῆς ἰδέας.

[2] Isocr., *Demon.*, 5. οὐ παράκλησιν εὑρόντες, ἀλλὰ παραίνεσιν γράψαντες μέλλομεν σοὶ συμβουλεύειν, où Isocrate distingue le discours d'*Invitation*, παράκλησις, de l'*Exhortation*, et rattache ce dernier au genre συμβουλευτικόν.

[3] Isocrate, dès les premières lignes de son *Antidosis*, établit une division également ternaire : il distingue le discours qu'il va lire, ὁ μέλλων ἀναγνωσθήσεσθαι, et que les rhéteurs postérieurs rangeront dans le genre judiciaire, des discours πρὸς τοὺς ἀγῶνας d'une part, et des discours πρὸς τὰς ἐπιδείξεις de l'autre. Mais l'emploi de ces termes, dans ses propres discours, est si flottant et si variable, qu'on ne saurait y voir une distinction précise et scientifique. Comme le sens politique, le sens philosophique manquait à Isocrate.

[4] Les discours de la Chaire, par exemple.

la plus vraie, est, du moins dans une de ses parties, une théorie, une philosophie de l'art oratoire, qui doit non seulement voir, mais prévoir, la rhétorique réclame une classification rationnelle. Il y a une idée de l'éloquence, et c'est à la rhétorique de l'analyser dans ses éléments invariables, universels et nécessaires.

Il est manifeste d'abord que le genre suprême n'est pas suffisamment déterminé ni défini. Qu'est-ce au fond qu'un discours ? Dire avec Aristote que c'est l'exposition par la parole qui rend probable ou se propose de rendre probable tout sujet donné, n'est-ce pas étendre au-delà de ses limites vraies l'idée même du discours ?

Ce n'est pas la matière dont il traite, ni le but qu'il se propose, c'est la forme du discours qui lui donne, à mon sens, sa propriété essentielle.

Quelle est donc cette forme ? C'est la forme que prend la parole quand elle s'adresse à un ou à plusieurs auditeurs présents, dans le but d'exercer une action sur leurs esprits et leurs volontés et de déterminer, dans un sens particulier, leurs actes, leurs jugements ou leurs décisions.

Il est de l'essence de toute production oratoire d'être prononcée à haute voix, lue ou débitée, et, quand elle ne l'est pas, de pouvoir l'être ou supposée l'avoir été. Il en est ainsi des œuvres dramatiques : elles sont faites pour la représentation ; il n'est pas nécessaire qu'elles aient été réellement représentées ni même qu'elles aient été conçues et composées pour l'être : il suffit, mais il est nécessaire qu'elles puissent se plier aux conditions et aux exigences d'une représentation scénique. Les œuvres qui ne sont pas représentables, dont la représentation n'est pas possible ne sont pas dramatiques dans le sens technique du mot : ce sont des produits avortés, hybrides, sans genre et sans sexe, témoignant uniquement de l'absence de virilité chez leur auteur, qui, suivant l'énergique et intraduisible expression d'Aristophane, n'a pas eu la vigueur nécessaire pour déposer un germe fécond dans le sein de la muse, et a assouvi ses désirs impuissants en souillant son corps divin de sa semence stérile, προσουρῆσαι τῇ τραγῳδίᾳ.

Cette première et essentielle propriété du genre oratoire emporte avec elle de nombreuses et importantes conséquences pour la construction et le style du discours ; mais de plus elle implique que le discours qui a un *orateur*, a aussi un auditoire, qu'il soit réellement présent ou imaginaire et idéal, pourvu qu'il soit déterminé dans l'esprit de celui qui parle, que ce soit à lui qu'il s'adresse, en vue d'obtenir de lui certains résultats déterminés. C'est dans cette relation de l'orateur à l'auditeur que consiste la forme essentielle du discours et son caractère spécifique. Il n'est pas nécessaire que l'auditoire se compose de plusieurs personnes. Le but de tout discours est de provoquer un jugement : celui, quel qu'il soit, qu'il faut persuader est un juge, et il n'est pas moins juge pour être juge unique [1].

Le genre épistolaire ne peut donc être ramené à la catégorie du discours : car il suppose comme condition absolue l'absence et l'éloignement de la personne à qui l'on s'adresse, et écarte la possibilité ou la volonté de se faire entendre d'elle en lui parlant à haute voix. Tels sont la correspondance administrative et politique, les dépêches et les rapports des ambassadeurs, etc... Je n'y ramènerais pas davantage ce qu'on appelle les discours académiques, qui ne sont le plus souvent que des notices biographiques, des dissertations morales, des jugements littéraires, auxquels une lecture publique dans une assemblée ne suffit pas pour communiquer l'essence du genre oratoire, parce qu'il n'y a de la part de celui qui parle aucune intention d'obtenir de son auditoire aucun autre résultat que son approbation et ses applaudissements. Il est vrai que les anciens ont formé précisément un genre des discours qui ne visent qu'à obtenir ces effets ; mais je me refuse

---

[1] *Rh.*, II, 18. ἔστι (κριτής) ἄντε πρὸς ἕνα τις τῷ λόγῳ χρώμενος προτρέπῃ ἢ ἀποτρέπῃ.

à voir dans ce vice qui altère et déshonore l'éloquence, le caractère spécifique d'un genre littéraire. Ni les auditeurs ni le plus méprisable des sophistes n'accepteraient un pareil rôle. On ne joue pas, on n'a jamais joué ainsi de la parole.

Quand bien même le gain ou la vanité serait le vrai mobile qui l'inspire, l'orateur n'oserait pas l'avouer, et tous les sophistes, de nos jours comme il y a deux mille ans, font profession de remplir une fonction sérieuse, digne de respect et de considération, et même de remplir la plus respectable de toutes les fonctions, à savoir de rendre les hommes vertueux ou heureux. De quelque façon qu'ils entendent la vertu et le bonheur, c'est toujours une action pratique et avouable qu'ils ont la prétention d'exercer sur ceux qui veulent bien les entendre.

Je trouve donc deux défauts à la classification d'Aristote : le genre supérieur, la notion du discours ne reçoit pas une définition précise, et l'espèce épidictique n'est pas caractérisée par une différence vraiment spécifique. Le principe de division est multiple : c'est à la fois le rôle de l'auditeur, le but de l'orateur, la matière du discours, le temps où elle se réfère, le lieu même où il est prononcé. C'est beaucoup d'éléments pour un principe philosophique de division. Il y aurait avantage à le placer uniquement dans la détermination spécifique de la relation entre l'orateur et l'auditeur qui constitue le genre même. Qu'est-ce que l'orateur veut obtenir de l'auditeur ? Si c'est un jugement, nous avons l'éloquence judiciaire ; si c'est une résolution, une décision de l'ordre politique, nous avons l'éloquence délibérative ; si c'est une approbation intérieure d'ordre moral, scientifique et littéraire, c'est l'éloquence épidictique.

Les genres oratoires, tels que les Grecs nous les ont transmis, ne naissent pas dans tout état social. Ils supposent tous une civilisation déjà avancée, un état social et politique organisé, des institutions judiciaires établies et un système plus ou moins complet de libertés garanties. Partout où ces conditions n'ont pas reçu un commencement au moins de réalisation, l'éloquence délibérative ne peut trouver place que par accident. C'est ainsi qu'en France elle n'a pu se développer que depuis la Révolution de 89, parce qu'elle n'a eu jusque-là d'autres occasions de se produire que les assemblées des États généraux ou provinciaux, et aux temps de la Ligue et de la Fronde, les assemblées parlementaires. L'éloquence délibérative était limitée aux discussions des Conciles généraux et des réunions du clergé, qui par leur nature même, le secret qui les entourait, l'intermittence de leurs séances, ne permirent guère à ce genre de l'art oratoire de prendre possession de lui-même, de fixer son essence et ses limites, de se perfectionner, et même de se créer une tradition, des principes et des règles[1].

Il en fut tout autrement en Grèce où de tout temps la parole fut libre[2] et remplit une fonction importante et bientôt souveraine dans la vie nationale. L'éloquence délibérative y prit un essor et atteignit une perfection qui fatigue l'admiration de la postérité sans l'épuiser. Là l'orateur voulait et pouvait obtenir du peuple souverain[3] des actes, lois ou décrets exécutoires concernant la politique générale intérieure ou étrangère, civile ou religieuse.

Je ne veux pourtant pas dire que l'éloquence délibérative soit absolument impossible partout où l'organisation sociale et politique n'est pas démocratique ou constitutionnelle. J'ai déjà cité en France les assemblées ecclésiastiques dont les débats entretinrent le sentiment du discours délibératif. Les gouvernements les plus despotiques ont encore besoin pour gouverner de conseillers, de ministres, fût-ce même des favoris auxquels le maître est obligé de demander des avis.

---

[1] Conf. *L'Éloquence politique en France avant 1789*, par M. Ch. Aubertin, et *Les Orateurs politiques de la France*, par Alb. Chabrier.
[2] Eurip., Δούλου τό δ'εἴπας μὴ λέγειν ἅ τις φρονεῖ.
[3] *Rh. Gr.*, W., t. IX, p. 331. Incerti auctoris : ἐν ταῖς συμβουλαῖς αὐθένται οἱ ἀκροώμενοι.

Toutes les fois que l'un deux, à l'aide de la parole, aura pu obtenir ou aura tenté d'obtenir un acte relatif aux intérêts de l'État, il a prononcé un discours délibératif.

Il n'est pas non plus nécessaire que l'auditoire soit souverain, et que ses résolutions se transforment immédiatement en lois ou décisions exécutoires. Les orateurs de club, de réunions publiques ou privées, de sociétés secrètes, qui s'adressent à des auditeurs qui peuvent directement ou indirectement, légalement ou illégalement exercer une action quelconque sur les affaires publiques [1], appartiennent au genre délibératif, non pas parce qu'ils traitent de matières politiques [2], mais parce qu'ils essaient, par la parole, d'obtenir de leurs auditeurs, un acte politique.

J'en écarterais au contraire, malgré les classifications des anciens rhéteurs [3], les discours d'Isocrate à Démonique, à Nioclès, le *De Pace*, le Panégyrique, l'Aréopagitique, le Plataïque, Archidamus, qu'on y range, exclusivement parce qu'ils invitent et exhortent, προτρέπει, un auditeur absent à prendre une résolution intérieure et qu'ils contiennent beaucoup de bons conseils d'une utilité morale et politique [4]. Isocrate est d'ailleurs le premier à distinguer ses œuvres oratoires d'une part des discours épidictiques, d'autre part des discours πρὸς ἀγῶνας [5], politiques et judiciaires. Le nom qu'il donne à son art, *La Philosophie*, en montre assez le caractère et l'esprit,

---

[1] Le débat contradictoire, ἀγών, n'est pas un élément nécessaire. Beaucoup d'orateurs, traitant même de questions politiques, mais ne demandant pas à leurs auditeurs de prendre une résolution d'agir, ne se proposant pas un effet positif et extérieur, mais seulement une propagande d'idées, appartiendraient plutôt au genre démonstratif.

[2] Les pasteurs des Cévennes, rien qu'en exposant à leurs auditeurs la violence qu'on voulait faire à la liberté de leur conscience et les périls que courait leur foi religieuse, pouvaient les appeler à des actes réellement d'ordre politique.

[3] Phot., *Cod*, 159.

[4] Id., χρησίμους παραινέσεις ἔχοντες. Selon d'autres, les trois discours parénétiques constituent une espèce dans le genre délibératif.

[5] Aristote, qui ne connaît pas le terme technique d'éloquence πραγματική, se sert du mot ἀγωνιστική pour caractériser la forme du style propre aux *débats* politiques et judiciaires.

qui n'ont rien de pratique [1], et ne visent que l'éducation libérale, la haute culture littéraire et morale.

Le débat, la lutte contradictoire contre un adversaire, ἀγών, est un caractère très fréquent du discours délibératif : ce n'en est pas une différence spécifique. Sur une question donnée de finance, d'administration politique ou de guerre même, il peut se faire qu'un orateur n'ait pas de contradicteur. La chose est rare sans doute ; mais elle n'est pas sans exemple, et surtout elle n'est pas impossible.

La différence spécifique du genre judiciaire se tire également de la relation de l'orateur à l'auditeur, qui, constitué par des lois ou des coutumes en juge, a le devoir et le droit de rendre une décision sur des actes accomplis, décision qui établit qu'ils ont été contraires ou non à la législation qui règle les rapports des personnes et des choses. Il semble que l'organisation judiciaire, quelque primitif et rudimentaire qu'en soit le fonctionnement, a été la première forme que la civilisation a donnée à une société. Aussi retrouvons-nous presque partout le genre d'éloquence dont ces institutions sont la condition nécessaire. La procédure écrite, qui n'a jamais peut-être été exclusivement pratiquée, ne la supprimerait pas entièrement. Les consultations ou mémoires judiciaires seraient, dans l'espèce, adressés encore à un juge présent, sous une forme susceptible d'être lue à haute voix et destinés à agir sur sa décision en tant que juge. Le débat, la contradiction, l'ἀντίδικος, paraît impliqué dans l'essence de ce genre où il n'est jamais question que d'espèces. On ne poursuit pas la reconnaissance d'un droit qui ne vous est pas contesté, la réparation d'un tort qu'on s'offre de réparer ;

---

[1] Isocrate, Or., I, : « σοὶ μὲν ἀκμὴ φιλοσοφεῖν... Tu quidem es in eo ætatis flore ut litteris studeas, ἐγὼ δὲ τοὺς φιλοσοφοῦντας ἐπανορθῶ. Tous ceux qui adressent à leurs amis personnels des discours protreptiques font sans doute une noble chose, mais ils ne s'exercent pas (comme moi, (qui prépare la jeunesse à la vertu) sur la partie la plus haute de la Philosophie ». Les auteurs des arguments conservés donnent à la Lettre à Philippe, à l'Archidamus, au de Pace, la qualification de pratiques, en ajoutant que c'est un état de cause : ἡ δὲ στάσις τοῦ λόγου πραγματική : συμβουλεύει γάρ.

on ne prend pas la défense d'une personne qu'un autre n'accuse pas. Il est vrai qu'on peut supposer un prévenu qui ne se défend pas, qui ne peut ou ne veut pas se défendre, qui même est le premier à s'accuser. En tout cas ce n'est pas là une différence caractéristique de l'espèce, et l'éloquence judiciaire est assez distinguée des autres par ses autres caractères. C'est même un genre très tranché[1].

Il n'en est pas de même du genre épidictique, dont le nom[2] même n'est pas clair, et dont les anciens rhéteurs, sans en excepter Aristote, ne paraissent avoir ni saisi ni formulé exactement les caractères propres et distinctifs. Quelle est ici la relation de l'orateur à l'auditeur? le premier ne peut plus, comme dans les deux espèces précédentes, enfermer celui qui l'écoute dans le cercle d'une obligation déterminée, et d'un devoir à la fois prescrit et limité par des lois précises. L'auditeur n'est ni un citoyen ni un juge, que la constitution ou les mœurs et les coutumes de son pays obligent à écouter, et à se déterminer sur le cas défini qui est mis en question et soumis à sa raison et à sa conscience. Il est absolument libre de venir ou non, de rester et de s'en aller : il n'y a aucune question sur laquelle il soit obligé de se prononcer. Que vient-il donc faire, et qu'est-ce que l'orateur peut bien lui vouloir? Aristote en fait un simple spectateur, θεωρός, que n'appelle aucun devoir civique ou moral, qui ne vient remplir aucune fonction légale : il n'est attiré que par la curiosité, le plaisir de voir aux prises avec les difficultés de son métier un artiste de la parole, par l'espérance

---

[1] Je me sers, comme les Grecs, presqu'indifféremment des mots genre et espèce, puisqu'ils n'ont qu'une valeur relative.

[2] La multiplicité et la diversité de ces dénominations attestent le vague de la notion qu'on se faisait de cette forme de l'éloquence, définie par Hesychius, συμβουλή (comme la délibérative), νουθεσία, σωφρονισμός. De même Ammonius, qui en signale un caractère, à savoir de n'avoir pas d'antagoniste, de contradicteur : συμβουλὴ ἀντίρρησιν οὐκ ἐνδεχομένη. Les définitions platoniciennes, ὅροι (p 413) : « συμβούλευσις ἑτέρῳ τίνα δεῖ τρόπον πράττειν, conseils adressés à un autre sur la manière dont il faut agir ». Ailleurs, on le définit un exercice destiné aux jeux publics et aux concours, μελέτη ἀγώνων, semblable à ceux de la poésie.

de jouir d'un beau spectacle, qui est ici un beau discours. L'orateur par conséquent ne peut viser qu'à lui plaire, à lui plaire précisément en déployant les ressources et la virtuosité de son talent, en étalant les charmes et les grâces de la parole [1]. Tout caractère pratique, moral, sérieux est ainsi refusé à l'éloquence épidictique, qui tire précisément son nom de la vanité de ses fins et de la frivolité de ses effets [2].

La chose est contestable [3] : s'il est vrai que ce genre ait été inventé et pratiqué par les sophistes, et presque exclusivement par eux, s'il est vrai qu'ils aient trop souvent et trop particulièrement poursuivi ou les profits de la fortune ou les vanités du succès, il est certain que ce n'est pas sous cet aspect qu'ils se présentaient à leurs auditeurs bénévoles ; tous et partout ils s'annonçaient comme se chargeant de l'éducation de la jeunesse, et faisaient profession de la préparer par leurs leçons à la vertu religieuse, morale, politique ; ils se vantaient d'initier les hommes à la vie heureuse et honorable. Ce n'est pas que l'enseignement proprement dit [4] puisse être le but d'une forme quelconque d'éloquence, et que le professeur et le maître puissent jamais être confondus avec l'orateur [5]. L'un démontre par des méthodes rigoureuses et des raisonnements logiques des vérités certaines, sur une science déterminée : le géomètre, les propriétés des figures; le mathématicien, les propriétés des nombres; il n'y a pas de place, dans la science, pour le vraisemblable pas plus que pour le pathétique et ces raisons du cœur que la raison ne comprend pas. Le maître qui vise aux effets et emploie les

---

[1] Ar., *Rh.*, I, 3. L'auteur épidictique est un θεωρός qui juge du talent, περὶ τῆς δυνάμεως. Cic., *Part. Or.*, 3, 10. Ita ut delectetur... genera exornationis.

[2] Quintil., III, 7. Quod genus videtur Aristoteles a parte negotiali, h. e., πραγματικῇ, removisse, totamque ad solos auditores relegasse, et id ejus nominis, quod ab ostentatione ducitur, proprium est.

[3] Les exercices d'adresse, les tours de force, les prodiges d'équilibristes oratoires sont la dégénérescence, les vices du genre et non sa forme essentielle.

[4] *Rh.*, I, 1, 12. διδασκαλίας γάρ ἐστιν ὁ κατὰ τὴν ἐπιστήμην λόγος· τοῦτο δὲ ἀδύνατον.

[5] Pas même les cours de l'enseignement supérieur.

procédés oratoires altère, énerve et déshonore son art propre, et d'un autre côté l'orateur qui voudrait faire la leçon à son auditoire et se présenter en maître qui enseigne, démontrer, imposer des vérités contre lesquelles aucune objection n'est admise et aucune contradiction n'est soufferte, manquerait absolument son but et révolterait par ce ton impératif, un auditoire que son intérêt est de se concilier pour le persuader. Pour éviter cet inconvénient, il est même bon, comme l'observe Joubert [1], que l'orateur ne se présente pas avec une thèse toute faite, des arguments et des conclusions tout définis et préparés. Il vaut mieux qu'il ait au moins l'air d'être incertain et indécis et de chercher encore où est la vérité, qu'il semble agir sur lui-même comme il veut agir sur ses auditeurs, et paraisse être lui aussi vaincu par la force des arguments qui se présentent à l'instant même à son esprit, et auxquels cette apparence de sincérité, d'imprévu, de soudaineté donnera une chaleur toute persuasive. L'enseignement théorique et scientifique de la morale ne peut rentrer dans aucun genre oratoire [2]. Mais c'était un enseignement tout pratique que se proposaient les sophistes, et de cette morale, de cette politique pratique, on peut dire qu'elle se persuade plutôt qu'elle ne se démontre et ne s'enseigne. En tout cas la fin de cette persuasion est honorable et sérieuse, en apparence au moins, et comme le prétendaient les orateurs en ce genre. Aristote se contredit en accordant que si le but du genre épidictique est la louange, l'objet de la louange est le beau moral, c'est-à-dire le bien [3]. Sans doute l'orateur cherche à arracher à l'auditeur des témoignages d'admiration, mais

---

[1] *Pensées*, 107.
[2] Comme les leçons professées par Aristote et qui ont fourni la matière de ses *Éthiques*. Il n'y a rien là d'oratoire : si l'on peut dire qu'il y a là place aussi pour l'éloquence, c'est dans un autre sens du mot.
[3] *Rh.*, I, 3. ἐπιδεικτικοῦ δὲ τὸ μὲν ἔπαινος... τοῖς δὲ ἐπαινοῦσι τὸ καλόν. Quintil., IV, 4. Laudativum materiam *honestorum*. *Rh. Gr.*, IV, 713; V, 335, ajoutent τὸ πρέπον καὶ τὸ ἔνδοξον au καλόν. Il est singulier que le beau dans la nature et dans l'art ne soit pas mentionné comme un des objets de l'admiration,

d'une admiration qui, par la nature même des choses, porte non seulement sur le talent et la virtuosité de celui qui parle, sur la beauté de la forme dont il enveloppe et revêt sa pensée, mais sur la beauté des sentiments, des émotions des pensées elles-mêmes, inséparables de la forme [1]. Hippias, dans *le Troïque*, faisait exposer par Nestor à Achille les principes de la morale, et les moyens de vivre en honnête homme; Isocrate se propose ouvertement de rivaliser avec les poètes qui seuls, croyait-on, peuvent et savent louer; l'encomium a pour sujet des faits dignes de louange, περὶ ἔργων, l'ἔπαινος, la vertu même [2].

Je crois donc que ce qui constitue le caractère spécifique du genre épidictique, c'est que l'orateur vise à obtenir d'un auditoire volontaire un sentiment d'admiration libre pour la vérité ou la beauté des choses qu'il dit ou pour les personnalités qui représentent cette grandeur morale. Ce sentiment d'admiration n'est pas nécessairement frivole; il est noble en soi et même pratique. Il conseille, συμβουλεύει, il exhorte, προτρέπει, il moralise, παραινεῖ, il ravit les âmes au beau qui est au moins une forme du bien, et, a-t-on dit, sa splendeur même [3]. C'est là, malgré l'abus qu'on a pu faire et qu'on fera toujours

---

d'autant plus que l'admiration a aussi son côté pratique. L'imagination a son rôle dans la vie morale, et l'on est porté à imiter ce que l'on admire. La critique d'art, les conférences publiques sur la politique, le droit et les sciences mêmes peuvent être oratoires, lorsque les discours ne visent qu'à éveiller l'admiration du beau ou l'amour passionné du vrai, qui a aussi sa beauté, par des raisons d'ordre vraisemblable et accessibles à tout le monde.

[1] Hegel, G^{de} Logiq., 2e part., p. 265. « Les véritables œuvres d'art sont celles où la forme et le contenu ne font qu'un. On pourrait dire que le contenu de l'*Iliade* est le siège de Troie, ou mieux encore la colère d'Achille. On aurait ainsi le tout de l'*Iliade*, et cependant on aurait bien peu; car ce qui constitue l'œuvre d'art, c'est la forme poétique dont ce contenu est revêtu ».

[2] ἐμφανίζων μέγεθος ἀρετῆς.

[3] L'éloquence religieuse et morale, dont aucune forme n'a été inconnue des Grecs, rentre naturellement dans ce genre. Le *Discours à Démonique*, si tant est que ce soit un discours, est un vrai sermon individuel, un essai de direction de la conscience religieuse et morale d'un jeune homme. La grande différence de ces discours avec l'éloquence religieuse moderne, c'est qu'ils ne sont pas prononcés dans un temple, par des prêtres, et ne font pas partie d'une *cérémonie et de rites ecclésiastiques*. Ce sont des sermons qui sont, comme la religion même, laïques. Si

de ce genre, une fin qui le purifie et le relève de l'injuste mépris qu'Aristote prononce contre lui.

Il faut même remarquer, et je ne sais si jamais la remarque a été faite, que ce genre qu'on mésestime trop parce qu'on en méconnaît la nature, recueille les œuvres des deux autres genres que le temps a bien vite dépouillés de leurs caractères propres. Le vote de l'assemblée politique, l'arrêt de la cour ou le jugement du tribunal une fois rendus, le discours a perdu et ne peut plus retrouver son essence spécifique : il ne peut plus être que lu, et pour une fin très différente de celle pour laquelle il a été prononcé. L'auditeur et le lecteur n'ont plus à prendre de décision ni de résolution : ils sont devenus nécessairement des spectateurs désintéressés. θεωροί : l'effet produit sur eux ne peut plus être qu'un sentiment d'admiration pour la beauté et la force des idées et des sentiments, la perfection de l'art, la puissance[1], le génie ou le talent de l'orateur.

Postérieurement à la classification d'Aristote, les rhéteurs de l'école stoïcienne et de l'école d'Hermagoras en imaginèrent d'autres qui, sans se proposer de la détruire et de la remplacer, croyaient devoir et pouvoir la compléter : ils n'aboutirent qu'à en troubler la belle et simple ordonnance.

Il y eut d'abord celle de l'auteur de la *Rhétorique à Hérennius*, Cornificius, croit-on, commune à Cicéron et à Quintilien : on la retrouve dans Fortunatianus, S. Augustin et Sulpicius Victor. Les trois premiers en appelaient les divisions *genera causarum*, malgré l'équivoque de ce dernier mot; Fortunatianus et S. Augustin se servaient du terme *figuræ* (σχήματα) *materiarum* ou *controversiarum*. Le dernier enfin les désignait sous le nom de *modi causarum*.

Le principe de division commun à tous était le caractère

---

l'éloquence religieuse n'a pas pris chez les anciens un aussi grand développement que chez les modernes, c'est que la poésie avait toujours gardé la fonction de l'éducation morale des âmes, et la mission de faire connaître les dieux, les mythes, et d'interpréter les fonctions des uns et le sens des autres.

[1] δυνάμεις.

moral, ou la respectabilité des personnes et le degré de moralité du sujet traité. Envisagés à ce point de vue bizarre, les discours comprenaient cinq catégories ou groupes.

1. Le premier groupe comprenait les sujets importants, les causes sérieuses qu'un honnête homme et un orateur qui se respecte peut soutenir et traiter : c'est le genre ἔνδοξον, *honestum*, pris dans un sens qui se rapproche du sens du mot *honnête* dans la langue du xviie siècle.

2. Le second groupe au contraire est formé par les discours dont les sujets et les personnes sont d'un ordre inférieur, humble : ἄδοξον, *humile*.

3. Le troisième groupe est mixte : les personnes sont dignes, mais les choses sont indignes d'occuper notre talent et nos efforts : c'est le genre ἀμφίδοξον, *dubium*, *anceps*.

4. Le quatrième groupe est celui des discours où l'on s'occupe de personnes et où l'on traite de choses qu'on a lieu de s'étonner d'y voir figurer : c'est le genre παράδοξον ou *admirabile*.

5. Le cinquième enfin comprend les discours dont les sujets complexes et le grand nombre des parties intéressées rendent l'intelligence difficile et la question obscure : c'est le genre δυσπαρακόλουθον ou *obscurum*[1].

Cette classification, qui ne peut être d'aucun usage, repose comme on le voit sur la catégorie de la qualité : en voici une autre, qui n'est pas plus pratique[2], tirée de l'étendue du sujet traité et pour ainsi dire de sa quantité. Il suffira de donner les noms des sept espèces dont Fortunatianus la compose.

1. Genus simplex[3] rationale, λογικόν, c'est-à-dire où l'on traite une question de fait, où la raison et le bon sens sont seuls juges, *in re positum*.

---

[1] *Rh. ad Her.*, I, 3 ; Cic., *de Inv.*, I, 15 ; Quintil., IV, 1 ; Fortunat., p. 109 ; S. Aug., p. 147 ; Sulpic. Victor., p. 316.
[2] Les rhéteurs y voyaient cependant un moyen de reconnaître l'*état* de cause, et ils la croyaient utile à l'invention des arguments et à la disposition des matériaux.
[3] Qui ne touche qu'un point. Fera-t-on, oui ou non, la guerre aux Corinthiens?

2. Genus simplex legale, νομικόν, où il s'agit d'une question de droit, *in jure positum*.

3. Genus conjunctum [1] rationale.

4. Genus conjunctum legale.

5. Genus comparativum [2] rationale.

6. Genus comparativum legale.

7. Genus mixtum [3] ex rationali et legali.

Une troisième classification divise toutes les formes du discours public, *genera publica* ou *communia* en cinq classes ou espèces [4] qui sont :

1. Genus ethicum; 2. Genus patheticum; 3. Genus apodicticum; 4. Genus diaporeticum; 5. Genus mixtum. Mais ce sont là moins des espèces que des caractères, comme l'a justement observé Denys d'Halicarnasse, qui se diversifient suivant que le sujet se prête davantage à l'expression des mœurs ou des passions, ou se renferme dans le raisonnement.

Une quatrième classification était tirée de ce que Martianus Capella [5] appelle *ductus* et Denys d'Halicarnasse [6] σχήματα, ἀγῶνες ἐσχηματισμένοι, sermones figurati, ou encore χρώματα.

Denys n'en compte que trois espèces : la première, simple, dit naïvement, sincèrement ce qu'elle veut dire; la seconde, s'appelle oblique, πλάγιον, parce qu'elle veut dire autre chose

---

[1] Junctum ex pluribus quæstionibus : Faut-il détruire Carthage? ou la rendre aux Carthaginois à certaines conditions? ou y envoyer une colonie romaine?

[2] Ex aliqua comparatione; par exemple : de ces deux plans de campagne, comparez les avantages ou les désavantages : Faut-il envoyer l'une armée en Macédoine pour y soutenir nos alliés, ou vaut-il mieux la garder en Italie pour opposer à Annibal des forces plus nombreuses?

[3] Et ce dernier donne encore lieu à une division, car il peut-être ou simple ou comparatif.

[4] Sulpic. Victor, p. 316, les appelle *species* ; Marcellin, *Rh. Gr.*, IV, 190, εἴδη ou τρόποι τῶν ζητημάτων. Ce dernier nous apprend que Denys d'Halicarnasse les qualifiait de χαρακτῆρες, et en avait admis cinq : les caractères panégyrique, éthique, pathétique, symbouleutique et mixte.

[5] P. 463. Fortunat., p. 84. Ductus est agendi per totam causam tenor sub aliqua figura servatus.

[6] *Rh.*, VIII, p. 142. οἱ ῥητορικοί... καλοῦσιν αὐτὸ χρῶμα.

que ce qu'elle dit et suggère ce qu'elle ne dit pas [1]. La troisième consiste à dire précisément le contraire de ce qu'on veut dire et à engager à faire le contraire de ce qu'on conseille ouvertement de faire [2], but auquel on arrive en exprimant des idées ou en formulant des raisons que la conscience et le bon sens de l'auditeur suffisent et se plaisent à détruire et à retourner en sens contraire [3].

Ces divisions artificielles, qui n'ont ni un principe objectif dans le but, ni un principe subjectif dans la forme ou essence idéale, n'ont aucune valeur ni théorique ni pratique : elles se croisent, s'enchevêtrent, s'emmêlent les unes les autres, et si je ne les ai pas passées sous silence, c'est qu'elles contiennent parfois des observations critiques fines et vraies, et qu'en outre elles font partie du développement historique de la rhétorique.

Je maintiendrai dans l'exposition la classification traditionnelle des trois genres, produit combiné des lois générales de l'esprit et de conditions historiques, qui, malgré de grands changements, sont encore à peu près celles qu'on rencontre chez les peuples civilisés et qui sont : Le gouvernement de la nation appartenant en tout ou en partie à la nation elle-même ; — la liberté de la pensée et de la parole suffisamment ou à peu près garantie ; — une organisation politique, législative et judiciaire fixée et déterminée ; — des institutions morales, scientifiques et littéraires établies ; — une culture générale de l'esprit et des mœurs arrivée à un cer-

---

[1] *Id.*, id., ἕτερα μὲν λέγον, ἕτερα δὲ ἐργαζόμενον ἐν λόγοις... τὸ ἄλλαις κατασ-κευαῖς συμπλέκειν τὰ οἰκεῖα.

[2] *Id.*, id. τὸ οἷς λέγει τὰ ἐναντία πραχθῆναι πραγματευόμενον.

[3] εὐδιάλυτα καὶ ἀντίστροφα. Fortunatianus ajoute à ces espèces la figure mixte et celle à laquelle il donne le nom de *figuratus*. L'espèce *subtilis* répond à l'ἐνάντιος ; l'*obliquus* au πλάγιος ; quant au *figuratus*, où l'orateur prend des détours pour exprimer des faits ou des idées que la pudeur, le respect de lui-même ou des autres ne permettent pas de présenter ouvertement, Hermogène (Speng., *Rh. Gr.*, p. 258) et l'Anonyme (*id.*, p. 118) l'appellent κατ' ἔμφασιν. L'*obliquus* naît de la terreur : il dissimule ; le *subtilis* se fait entendre à mots couverts : il se dissimule. Ni Aristote ni Cicéron ne connaissent cette théorie des ἐσχηματισμένοι λόγοι.

tain développement; — une langue capable, par la richesse de son vocabulaire, la souplesse de ses formes grammaticales, la logique de sa syntaxe, de se prêter à l'expression de toutes les pensées et de tous les sentiments.

Conformément à cette classification nous allons aborder successivement l'analyse des lieux spéciaux, des propositions propres à chacun des genres qu'elle a établis, c'est-à-dire en premier lieu la topique spéciale du genre délibératif[1]; en second lieu, la topique spéciale du genre épidictique[2]; et enfin la topique spéciale du genre judiciaire[3].

[1] *Rh.*, I, 4-7. περὶ ὧν ἡ συμβουλή.
[2] *Id.*, I, 8-9. ἐξ ὧν ἐγκώμια γίνεται.
[3] *Id.*, I, 10-14. περὶ ὧν αἱ δίκαι.

CHAPITRE SEPTIÈME

LA TOPIQUE SPÉCIALE OU LES εἴδη DU GENRE DÉLIBÉRATIF [1]

§ 1. — Nous avons vu déjà quels sont les caractères distinctifs du genre délibératif. L'orateur y a pour but de déterminer les auditeurs à prendre, après délibération, telle ou telle résolution intéressant l'État. La résolution à prendre est nécessairement un fait à venir et de l'ordre des possibles, qu'il dépend de la volonté de l'assemblée [2] de réaliser, et il est clair qu'elle doit être démontrée utile [3] aux intérêts ou généraux ou particuliers de ceux qui délibèrent et ont le pouvoir de décider.

On a contesté que l'homme d'État et l'orateur politique ne

---

[1] Appelé aussi δημηγορικόν. Le discours lui-même porte le nom de δημηγορία, traduit par l'auteur de la *Rhétorique à Hérennius*, par *consultatio*, par Quintilien, par *suasoria*, d'après Sénèque le rhéteur, qui ne l'applique qu'aux exercices d'école. Cicéron dit *suasio* (*de Or.*, II, 82). Les rhéteurs, qui voulaient à toute force faire application à tous les genres de leur théorie des états de cause, ramenaient le genre délibératif à l'état pragmatique, στάσις πραγματική, *status negotialis* (Fortunatian. p. 94; Sulp. Victor., 318; Hermog., p. 139). Dans les arguments conservés des discours d'Isocrate, on trouve à chaque instant (et, par exemple, *Philipp.*), ἡ δὲ στάσις τοῦ λόγου πραγματική· συμβουλεύει γάρ.

[2] *Rh.*, I, 4. ὅσα πέφυκεν ἀνάγεσθαι εἰς ἡμᾶς καὶ ὧν ἡ ἀρχὴ τῆς γενέσεως ἐφ' ἡμῖν ἐστιν.

[3] Les rhéteurs postérieurs, sans doute sous l'influence du stoïcisme, qui ne voulaient pas séparer l'honnête de l'utile, se refusèrent à suivre ici les traces d'Aristote. Déjà, la *Rhétorique à Alexandre* (ch. I) enseigne, sous prétexte de donner à l'éloquence toute sa dignité, toute sa valeur morale, que les lieux de l'éloquence délibérative sont le juste, le légal, l'utile, le beau, l'agréable, le facile, le possible et le nécessaire. Cicéron, dans le même ordre d'idées, ajoute à l'utile, l'honorable. « In deliberativo autem Aristoteli placet utilitatem, nobis et honestatem et utilitatem (*de Inv.*, II, 51), et Quintilien approuve en le reproduisant ce sentiment (III, 8, 1). « Deliberativas quoque miror a quibusdam sola utilitate finitas... Nec dubito quin hi... ne utile quidem nisi quod honestum esset, existimaverint ». Nous avons déjà vu qu'Hermogène et les rhéteurs

doivent se proposer que l'utilité, l'intérêt particulier de la nation qu'il gouverne et conseille; on nie que cette fin prime toutes les autres fins, et surtout la justice et l'humanité. Cette question n'admet pas peut-être de solution générale et absolue : tout est relatif dans la politique. On ne voit pas quel sens précis auraient dans les relations internationales les mots de droit et de justice. Il n'y a pas de droit, puisqu'il n'y a pas de loi commune, émanant d'un législateur commun, qui le détermine et l'impose; il n'y a pas davantage de juge du droit; et cependant il y a au fond de l'âme humaine un tel besoin et un tel respect de ces grandes choses, qu'il n'est pas certain que les politiques qui les violent trop ouvertement ont aussi bien servi qu'ils le croyaient les intérêts mêmes pour lesquels ils les ont méprisées. Sans doute un homme d'État peut sacrifier à l'intérêt de sa patrie les considérations de l'humanité, de la justice et de l'honneur. Un orateur parlant à une assemblée publique pourra plus difficilement, mais il pourra encore le dire, et il est certain que jamais il ne pourra déclarer ouvertement et hautement qu'il faut sacrifier l'intérêt de la patrie à un devoir moral supérieur.

C'est donc bien l'utile qui est la fin éminente de l'éloquence politique. Mais il ne faut pas se jouer trop cyniquement des autres fins; il ne faut pas proclamer trop haut que la force prime le droit. Il y a une conscience humaine, quoiqu'on en

---

qui les suivent, Planude (*Rh. Gr.*, V, 335), Aphthonius (*Id.*, I, p. 109), donnaient à ces fins capitales et également essentielles, suivant eux, du genre délibératif, le nom technique de τελικὰ κεφάλαια. Le nombre en variait, suivant les auteurs, de 4 à 12. Denys d'Halicarnasse, pour caractériser le genre d'Isocrate, dit qu'il se proposait : 1. τάς τε πόλεις ἄμεινον οἰκήσεσθαι, et 2. τοὺς ἰδιώτας ἐπίδοσιν ἕξειν πρὸς ἀρετήν, c'est-à-dire d'exposer les principes et la pratique d'un bon gouvernement politique, et les principes et les règles d'une vie morale plus parfaite pour les individus. Ni l'une ni l'autre de ces fins ne font d'Isocrate un *orateur* politique : outre que son but est trop général, il lui manque un auditoire ayant le pouvoir légal de prendre des résolutions et de prescrire les mesures qui les réalisent. C'est un publiciste dont l'œuvre est une *philosophie* politique et morale : Bossuet dit quelque part que la politique est « l'art de rendre la vie commode et les peuples heureux ».

dise, dont les révoltes, quand on l'outrage, ont parfois, à la longue, leur jour de triomphe. La révocation de l'édit de Nantes, c'est-à-dire la négation de la liberté de la conscience religieuse, a tué le principe de la monarchie en France, en montrant quelles effroyables conséquences il portait en lui. Le coup du 2 décembre, qui en apparence relevait l'empire, en rendait plus ou moins prompte, mais certaine, la chute qui, au milieu même des désastres militaires de la patrie, paraissait à la conscience nationale comme une délivrance [1]. Si l'on doit dire avec Aristote [2] : « Tous les hommes obéissent à l'intérêt; et le salut de l'État est le plus grand des intérêts », avec Cicéron qui se ravise : « In deliberando finis utilitas... vincit plerumque utilitas [3] », il faut ajouter que la justice, l'honneur de l'humanité, le respect de la parole donnée, des engagements solennellement pris finissent par constituer des intérêts de premier ordre pour une grande nation; sa grandeur ne se compose pas uniquement de sa force : chacun des peuples dont l'histoire tient compte représente une idée ou un système d'idées morales, qui entrent dans l'essence de sa personnalité et constituent une partie de sa puissance. S'il est dangereux de confondre la politique avec la morale, il n'est pas moins dangereux de les séparer complètement. Celui-là même qui de notre temps a pris pour règle de sa politique le principe de la force, la loi sauvage du fer et du sang, n'a pas osé le proclamer publiquement, et l'a même, hypocrite hommage à la conscience humaine, l'a même repoussé comme une injure.

Ce qui est vrai de l'homme d'État en général, l'est encore davantage de l'homme d'État dans un pays libre et dans un gouvernement plus ou moins démocratique. Le discours public ne permet pas l'expression de certaines maximes que

---

[1] Mot de M. Vitet, *Revue des Deux-Mondes*, 1er janvier 1871.

[2] *Rh.*, I, 8, 1. πείθονται ἅπαντες τῷ συμφέροντι· συμφέρει δὲ τὸ σῶζον τὴν πόλιν.

[3] *Partit. Or.*, 24; *Rh. ad Her.*, III, 4.

réprouve et contre lesquelles se soulève le sens moral de l'homme, et, même alors qu'on veut persuader l'auditoire d'y conformer ses résolutions, il faut encore savoir sauver les apparences et masquer sous des dehors spécieux et des noms honnêtes les actes coupables qu'on se propose d'accomplir.

L'utile est un bien, mais le bien relatif et propre à une personne ou à un groupe de personnes. Les biens sur lesquels on délibère non seulement sont de l'ordre du possible et du contingent, car on ne délibère ni sur le nécessaire ni sur l'impossible, mais encore ils doivent être au nombre de ceux qui sont sous notre dépendance et dont le principe de réalisation est en notre pouvoir.

Dans l'énumération de ces biens, la rhétorique doit éviter un excès de précision, d'exactitude : il ne faut pas chercher à être complet. On a déjà fait, dans cette théorie de l'art oratoire, entrer trop de choses qui ne lui appartiennent pas et sont du domaine des sciences particulières [1]. L'éloquence n'est pas une science et encore moins la science d'un objet déterminé : c'est exclusivement l'art de parler [2]. Mais sans entrer à fond dans le domaine propre de la science politique, il est intéressant et utile à notre but de faire connaître les principaux objets des délibérations politiques. Ils se ramènent à cinq grands chefs [3]. Ce sont : 1. les finances ; 2. la guerre ; 3. le système de la défense nationale ; 4. les lois d'importation et d'exportation ; 5. la législation.

Les finances comprennent toutes les questions relatives au

---

[1] *Rh.*, I, 4. οἰκείων θεωρημάτων.
[2] *Id.*, id. μόνον λόγων.
[3] La *Rhétorique à Alexandre* les porte à sept en ajoutant : *Les Institutions religieuses et les Institutions civiles* qui se rattachent aux questions législatives, et la *Paix*, qui est inséparable de la question de la guerre. Dans la *Politique* (IV, II, 2), Aristote ajoute aux chefs ici énumérés la συμμαχία καὶ διάλυσις, c'est-à-dire les principes concernant la conclusion ou la rupture des traités d'alliance, les décisions judiciaires que les corps politiques se réservent parfois, quand les pouvoirs ne sont pas complètement séparés : tels étaient chez les Grecs la peine de mort, l'exil, la confiscation, le pouvoir d'examiner les comptes et les responsabilités des magistrats, εὔθυναι.

budget des recettes ou revenus et au budget des dépenses de l'État[1]. L'orateur doit connaître quelle est la nature des recettes, à quelle somme elles s'élèvent ; comment on pourrait augmenter le produit de certaines ressources, si on le trouve insuffisant. De même en ce qui concerne les dépenses, il faut examiner s'il n'y en a pas d'inutiles ou d'exagérées, et dans ce cas comment les supprimer ou les restreindre : car on s'enrichit non seulement par l'accroissement des revenus, mais par l'économie dans les dépenses. Gardons-nous cependant d'appliquer à l'administration financière de l'État les vues étroites et les principes qui sont le résultat de notre expérience dans la gestion de nos affaires privées : il faut avoir des idées plus générales, plus larges, et pour cela prendre connaissance des systèmes financiers pratiqués chez les autres peuples [2].

C'est par un discours qui traitait surtout une question financière que Démosthènes, alors âgé de 29 ans, et qui ne s'était produit jusque-là que comme avocat, se révéla à ses concitoyens comme un homme d'affaires et un homme politique pratique : c'est le discours sur les *Symmories* [3]. Eubule avait succédé à Aristophon dans la direction du gouvernement et adopté une politique tout opposée : la politique de paix, qu'il croyait la plus conforme aux intérêts actuels d'Athènes, et à laquelle il sacrifiait, momentanément du moins, les considérations d'honneur et de prestige. Sa politique s'appuyait sur les penchants les moins nobles de la nature humaine, et il s'efforçait de maintenir son influence en les satisfaisant, particulièrement par une organisation nouvelle et très populaire de la Caisse des Fêtes, du *Théoricon*.

Tout ce qu'il y avait de grand et d'élevé dans la démocratie

---

[1] *Rh.*, I, 4. περὶ πόρων... τὰς προσόδους... τὰς δαπάνας.

[2] Si l'on veut voir avec quel soin, dans quel détail, et en même temps avec quelle ampleur sont traitées ces questions financières chez les orateurs grecs, qu'on lise dans Démosthènes les § 24-30 du Περὶ συμμ, le § 29 du *Philipp.*, I, le § 19 de l'*Olynth.* I.

[3] 354 av. J.-Ch.

athénienne était en péril. Démosthènes le comprenait mieux que personne ; il sentait qu'Athènes avait besoin d'un autre chef et se préparait à le devenir. En outre, les armements d'Artaxercès III Ochus semblaient menacer la ville et du moins l'inquiétaient. Les esprits s'exaltaient : on voyait apparaître la perspective d'une nouvelle invasion et de nouvelles guerres médiques. On proposait donc de ne pas se laisser surprendre, d'aller au-devant du danger, pour cela, de faire appel à tous les Grecs, de se mettre à la tête de la défense nationale et de retrouver ainsi les jours de Marathon.

Mais Démosthènes comprenait aussi le danger d'une exaltation qui pouvait créer le péril en voulant le prévenir, et d'un autre côté il sentait le parti qu'on pouvait tirer de ce mouvement d'opinion pour réveiller les courages amollis [1], inspirer à ses concitoyens des résolutions viriles durables, leur faire reprendre le service militaire personnel tombé presqu'en désuétude, ranimer le sentiment du devoir, l'obligation de l'effort individuel et du sacrifice, les faire renoncer à se laisser entraîner au penchant immodéré et imprudent pour la paix, le loisir et le plaisir. Mais ce ne fut pas par des déclamations patriotiques et des considérations générales et abstraites qu'il aborda ce rôle généreux et ingrat. Il s'efforça de prouver qu'il ne fallait pas armer immédiatement [2] : qu'il était imprudent de négocier en ce moment avec les Grecs : car ce serait raviver les haines à peine éteintes et les défiances contre les intentions secrètes d'Athènes. Il proposa donc de prendre

---

[1] Tous les orateurs nous peignent à ce moment les vices et les désordres de l'organisation militaire, les difficultés du recrutement et de l'armement, l'horreur des citoyens pour le service personnel, les manœuvres frauduleuses pour entrer dans la cavalerie, moins souvent engagée.

[2] En effet, dans la complexité des questions politiques, il faut tenir compte et grand compte des circonstances et de l'opportunité. Quand on a décidé qu'il faut faire telle chose, il reste à résoudre les questions du temps opportun pour l'exécuter, du lieu qu'il faut choisir pour engager l'affaire, des personnes à qui il convient d'en confier l'exécution, du mode d'action militaire ou diplomatique, de la mesure de l'effort à faire. Quintil., III, 8 : « Et in tempore quæstio, et in loco, et in persona, et in genere agendi, et in modo. »

les mesures de la paix armée, d'organiser fortement le service de la flotte de manière à pouvoir résister au roi de Perse, s'il attaquait, et à tout autre ennemi que l'on pourrait prévoir [1]. Il fit remarquer que tandis que, pour les dépenses des Panathénées et des Dionysiaques tout était étudié, prévu, réglé, au contraire toutes les dépenses relatives aux dépenses de guerre, d'armement maritime, d'équipement de la flotte se faisaient sans ordre, sans règle, sans précision, ἄτακτα, ἀδιόρθωτα, ἀόριστα ἅπαντα. De là des armements incomplets, des mises à la voile incertaines et tardives. Les mesures financières fixées par la loi de Périandre avaient permis aux 300 plus riches des contribuables de former un syndicat qui avançait les fonds et se couvrait de ses avances par les bénéfices réalisés sur les fournitures : d'où des désordres et des abus qu'il importait de faire cesser.

Le plan de Démosthènes est de former une liste de contribuables riches au nombre de 1200, divisés en 20 symmories ou groupes de 60 membres chacune, chaque symmorie étant divisée en 5 sous-symmories de 12 citoyens, riches et moins riches mêlés.

A cette classification, trop artificielle et trop symétrique pour être pratique, correspond un état de la flotte qui doit se composer de 300 vaisseaux, divisés en 20 sections de 15 vaisseaux, chaque section devant comprendre 5 vaisseaux de premier rang, 5 du second, 5 du troisième.

Chaque symmorie était chargée et obligée d'équiper un groupe de 15 vaisseaux, et, pour cela, chaque sous-symmorie devait en équiper 3, un de chaque rang.

Les contribuables ne fournissaient que l'équipement; l'État donnait le vaisseau et les agrès, et, pour la solde et la nourriture des équipages, fournissait au triérarque une subvention en argent payée par les mains du général commandant de la flotte.

---

[1] ὑπὲρ ὧν προνοούμεθα.

Par quelles voies et quels moyens pourvoir à ces dépenses ? par l'impôt, que Démosthènes propose d'organiser comme il suit. Le revenu du capital imposable [1] de toute la population était évaluable à 6.000 talents [2] : Démosthènes le divise en 100 parts de 60 talents chacune, et fournit à chaque symmorie, pour la solde et la nourriture des équipages de 15 vaisseaux, 5 parts de 60 talents, soit 300 talents, ou ce qui revient au même à chaque sous-symmorie une part ou 60 talents. Si maintenant on a besoin de 100 vaisseaux, on donne à chaque sous-symmorie (il y en a 100) 60 talents ; si on en a besoin de 200, on divise la sous-symmorie en deux groupes de 6 citoyens. et à chacun de ces groupes on donne 30 talents ; si on en a besoin de 300, on la divise en trois groupes de 4 citoyens. à chacun desquels l'État donne 20 talents. Si la subvention totale de l'État restait la même pour la dépense totale, on voit qu'elle devenait pour lui d'autant plus petite par vaisseau, et que la charge des contribuables au contraire devenait d'autant plus grande, par vaisseau, que le nombre des vaisseaux à mettre à la mer et par suite la dépense des équipages à solder et à entretenir était plus considérable.

J'ai voulu confirmer le précepte d'Aristote relatif aux connaissances financières que doit posséder l'orateur. par une analyse de ce discours qui attira l'attention du monde politique par sa gravité sévère, l'aptitude financière et les capacités pratiques, le sens du réel, l'instinct organisateur, par l'absence de toute phraséologie sonore, banale et vide. On y remarque la simplicité du style et le naturel des mouvements qui allaient droit au but, une concision pénétrante, la force victorieuse du bon sens et de la raison, le patriotique courage de dénoncer au peuple ses vices et ses faiblesses morales, vrai péril des États démocratiques.

---

[1] Le capital imposable était, non la fortune entière de chaque citoyen, mais une fraction proportionnelle au degré de sa richesse, et cette fraction était, pour la classe la moins riche, évaluée à une année de revenu. C'était un impôt progressif sur la rente, mais très modéré.

[2] Le talent = 60 mines = 5,500 fr.

Le second des objets principaux et la seconde des fins essentielles des délibérations des assemblées politiques, c'est la grave question de savoir s'il faut faire ou maintenir la paix, s'il faut déclarer ou continuer la guerre. Pour oser donner à son pays, dans ces circonstances critiques, un conseil qui peut avoir des conséquences redoutables, il faut au moins savoir avec précision et certitude quelles sont ses forces militaires actuelles, quel accroissement elles peuvent recevoir, quelle en est la composition, les qualités présentes, les défauts, et comment on pourrait remédier aux uns et augmenter les autres par une nouvelle organisation ; il faut connaître l'histoire des événements militaires, examiner comment les armées nationales s'y sont comportées pour les employer suivant leurs aptitudes. Il n'est pas moins nécessaire d'étudier l'histoire et l'organisation militaires des nations voisines et étrangères, de celles surtout avec lesquelles on peut être amené à un conflit, afin de comparer leurs ressources et leurs chances de succès avec les nôtres, et de maintenir, autant que possible, la paix [1] avec les plus forts, et de rester maîtres, envers les faibles de faire ou de ne pas faire la guerre. L'histoire contient des leçons dont l'orateur politique doit profiter : car les circonstances analogues produisent en général des effets analogues [2].

L'organisation du système défensif est le troisième élément nécessaire de l'éducation politique de l'orateur : il lui importe d'avoir soigneusement examiné le nombre des troupes utilisables pour la défense du territoire, les différentes

---

[1] Car il y a d'autres raisons que celles des chances de succès. Cicéron (*Philipp.*, VII, 3) repousse la paix avec Antoine par trois raisons où la balance des forces ne figure pas : quia turpis est, quia periculosa, quia esse non potest, c'est-à-dire parce qu'elle est honteuse, périlleuse, menteuse.

[2] Les discours de Démosthènes contre Philippe fournissent d'admirables exemples à ce sujet. On peut voir aussi le discours des ambassadeurs de Corcyre pour obtenir des Athéniens un traité d'alliance défensive et offensive (Thuc., I, 32). Ils s'appuient : 1° Sur une raison d'ordre moral et de sentiment : c'est un État injustement opprimé qui fait appel à leur protection généreuse ; 2° ils possèdent une marine puissante, et la plus puissante de la Grèce après celle d'Athènes.

armes dont elles sont composées : l'emplacement des forteresses, ce qui implique une connaissance approfondie et directe de la géographie du pays lui-même. C'est par là seulement qu'il pourra savoir si certaines garnisons sont trop faibles, s'il faut les augmenter, ou au contraire si certaines sont inutiles et peuvent être supprimées sans danger, et surtout si les forteresses sont placées là où le prescrit la science militaire [1].

Une des plus graves préoccupations de l'homme d'État est la question de l'approvisionnement des matières alimentaires. L'orateur politique devra donc, en quatrième lieu, savoir à combien s'élève la dépense nécessaire pour la subsistance de la population ; quelle est l'espèce d'alimentation qui lui est propre, si on la tire du sol même ou s'il faut l'importer des pays étrangers ; quelles sont les denrées dont l'exportation est avantageuse, quelles dont l'importation est nécessaire ; avec quels pays, en vue de ce double commerce d'exportation et d'importation, il est utile de contracter des traités et des conventions [2] ; car s'il faut se garder de se mettre, par des actes imprudents, en hostilité avec des nations supérieures en forces, il n'est pas moins nécessaire de prendre les mêmes précautions et la même attitude vis-à-vis des pays qui tiennent en leur pouvoir l'alimentation nationale.

Les quatre points que nous venons d'exposer intéressent spécialement la sécurité de l'État : s'ils ne peuvent pas rester étrangers à l'orateur politique, le cinquième, à savoir la connaissance des lois, lui est absolument indispensable. Les lois sont en rapport intime avec la constitution de l'État, c'est-à-dire avec la forme du gouvernement. L'orateur devra donc connaître les formes diverses des gouvernements, les besoins, les tendances, les intérêts propres à chacune d'elles, les causes naturelles qui peuvent amener leur corruption et

---

[1] Aristote répète ici et presque dans les mêmes termes ce que dit Xénophon dans es *Mem.*, III, 6, 10.
[2] Tout le discours de Démosthènes *à Leptine* porte sur cette matière, c'est-à-dire sur une question d'économie politique.

leur perte, causes qu'ils portent dans leur principe même, ou qui y sont étrangères. Ainsi, en faisant abstraction du gouvernement parfait, ou du moins le meilleur possible, les autres se perdent soit en laissant se relâcher et s'énerver, soit en tendant à l'excès le principe qui les constitue. La démocratie, par exemple, par un trop grand relâchement de son principe, s'affaiblit et se transforme en oligarchie, comme elle dégénère en anarchie en voulant en pousser les conséquences jusqu'à l'extrême. Dans l'ordre des choses humaines pratiques, tout ce qui est extrême est faux.

Pour être, en matière législative, un politique avisé et prudent, il faut connaître l'histoire des législations et des constitutions anciennes et étrangères, saisir les rapports entre les formes politiques et les caractères des peuples auxquelles elles s'adaptent. Il sera pour cet objet très utile de voyager, de lire les livres de géographie physique et politique [1] et de consulter l'histoire.

Bien qu'Aristote soit le premier à déclarer que la connaissance approfondie et systématique de ces sujets appartient à la politique et non à la rhétorique, comme, en fait, l'éloquence est à la fois une partie et un instrument de la politique [2], il ne croit pas inutile d'en exposer au moins les principes avec quelques développements dans lesquels nous le suivrons avec profit, et j'espère même avec intérêt.

§ 2. — *L'éthique du genre délibératif et les lieux spéciaux,* εἴδη, *qui en sont tirés.*

La science politique est fondée chez Aristote sur des raisons d'ordre général et sur la notion de la vraie nature et de la vraie destinée de l'homme appelé, par son essence

---

[1] Ce que les Grecs appelaient αἱ τῆς γῆς περίοδοι, comme par exemple les cartes d'Eudore.
[2] *Eth. Nic.*, I, 2. δυνάμεις ὑπὸ ταύτην (la politique) οὔσας, οἷον στρατηγικήν, οἰκονομικήν, ῥητορικήν.

même, à vivre dans un état social, par conséquent à le créer. Néanmoins cette conception est trop conforme au sentiment général des Grecs et aux pratiques de leur civilisation pour qu'il soit téméraire de lui chercher un point d'appui dans l'histoire. Or l'histoire nous apprend qu'en Grèce, dans tous les États grecs, la personne était, sinon absorbée, du moins effacée par le citoyen. Il était donc naturel que la science politique embrassât et enfermât, comme une de ses parties, la morale [1].

La politique est la science pratique souveraine qui construit, ordonne, commande [2]; mais elle est aussi une science théorique ou du moins une connaissance du bien relatif à la vie humaine, connaissance nécessaire pour construire, comme il convient, cet édifice moral [3]. Ce bien relatif est le bien humain τὸ ἀνθρώπινον ἀγαθόν, le même pour l'individu et pour l'État; car l'un et l'autre vivent de la même vie, et le gouvernement est pour l'État comme une sorte de vie. ἡ γὰρ πολιτεία βίος τίς ἐστι πόλεως [4]. L'État est un être organisé, organisé par le principe politique, identique au fond au principe moral; c'est là le double élément de son essence, et la science qui s'occupe de procurer le bonheur et d'enseigner la notion et la pratique [5] du bien aux individus comme aux peuples, c'est la politique [6]. Si dans l'État les individus ne sont pas aussi étroitement liés en-

---

[1] Cependant ce qu'on appelle la *Grande Éthique* subordonne la politique à la morale, par la raison que l'homme moralement bon est seul en état de traiter, comme il convient, les affaires de l'État. Mais d'après l'*Éthique à Nicomaque* et la *Rhétorique*, le rapport est inverse, ou au moins réciproque; car c'est le résultat et ce doit être l'œuvre et la fin de la politique de faire des hommes moralement bons. On ne trouve nulle part dans Aristote exprimée l'opinion que la morale ait pour objet l'individu, et la politique, la collectivité nationale. Les deux points de vue, s'ils ne se confondent pas, se pénètrent; car le bien et le bonheur sont les mêmes pour l'individu et pour l'État : ταὐτὸν ἑνὶ καὶ πόλει (*Eth. Nic.*, I, 2).

[2] *Eth. Nic.*, I, 2. κυριωτάτη καὶ μάλιστα ἀρχιτεκτονική. Elle commande aux agents inférieurs, aux principes de l'action humaine, comme l'architecte aux manœuvres qu'il emploie; elle leur prescrit des règles et des lois (*Eth. Nic.*, VI, 7), νομοθετική ἐστιν ἡ πολιτική.

[3] *Eth. Nic.*, I, 2. πρὸς βίον.

[4] *Polit.*, IV. Init.

[5] Le vrai but de la politique est non pas la connaissance, mais l'action. *Eth. Nic.*, I, 3.

[6] *Eth. Nic.*, I, 2. πολιτική τις οὖσα.

tr'eux que les parties d'un organisme vivant individuel, les relations morales qui en font l'unité ont bien aussi leur force, et de plus cette unité morale est fortifiée par des liens physiques : ils respirent le même air, subissent l'action d'un même climat et d'une même température, sont soumis aux mêmes influences telluriques, actions multiples dont on a pu exagérer l'importance, mais dont il serait faux de nier la puissance réelle.

Il y a une politique, vraie au fond, quoiqu'en apparence contraire à la réalité ou du moins très différente d'elle, qui tend à la vertu et par la vertu au bonheur des individus et de l'État : c'est là le véritable objet de son travail et de ses efforts[1]. Car le véritable homme d'État ne doit vouloir qu'une chose : faire de bons citoyens et obéissant aux lois, et puisque c'est par la vertu qu'ils peuvent devenir tels, l'étude de la vertu appartient à la politique [2].

Mais il y a concurremment une politique qui s'occupe aussi, il est vrai, du beau et du juste, mais en tant qu'ils sont enseignés et prescrits, non par la raison et la nature, mais par des lois positives. Les actions de la vie humaine et sociale sont les seules sur lesquelles peut réellement porter une délibération qui aboutisse à un acte [3], et la connaissance expérimentale de tous ces faits constitue la politique proprement dite, celle dont la rhétorique doit surtout tenir compte. Ni l'une ni l'autre ne sont faites pour la jeunesse, parce que la jeunesse ne connaît ni la vie, ni les choses, ni les hommes, et que tous les raisonnements et toutes les conclusions politiques doivent être empruntés à l'expérience. Soumise et en proie, sans résistance, à toutes les passions, la jeunesse ne pourrait apporter à ces recherches si graves qu'un esprit frivole et

---

[1] *Eth. Nic*, I, 13. περὶ ταύτην μάλιστα πεπονῆσθαι.
[2] *Eth. Nic.*, id., id. τῆς πολιτικῆς ἐστιν ἡ σκέψις αὕτη. Cette science politique et morale est identique à la φρόνησις ou sagesse pratique, et différente de la science pure, de la connaissance spéculative, σοφία. *Eth. Nic.*, VI, 7. ἔστι δὲ ἡ πολιτικὴ καὶ ἡ φρόνησις ἡ αὐτὴ ἕξις... οὐκ ἂν εἴη ἡ πολιτικὴ καὶ ἡ σοφία ἡ αὐτή.
[3] *Ethic. Nic.*, VI, 7. περὶ τὰ ἀνθρώπινα καὶ περὶ ὧν ἐστι συμβουλεύσασθαι.

téméraire, et c'est peine perdue que de vouloir les leur enseigner [1]. Il en est de même des esprits intempérants, impuissants à se gouverner, incapables de douter et d'eux-mêmes et de la vérité absolue de leurs opinions infaillibles, incapables par conséquent de réfléchir sur rien : car la réflexion et la délibération sont filles du doute. Ils restent enfermés dans la puérilité d'une jeunesse, d'une enfance pour mieux dire, que rien ne peut mûrir ni assagir [2]. Il semble que leur âme a subi un arrêt de développement qui ne lui a pas permis de parvenir au plein et complet épanouissement de ses facultés.

La rhétorique est naturellement contrainte de traiter sommairement, simplement et en procédant par énumération et par exemples plutôt que par raisonnements scientifiques [3], de cette politique pratique qui se propose de rechercher pour l'individu comme pour l'État, auquel la vie de l'individu est liée, les éléments et les conditions du bonheur, la nature des biens, qui sont les moyens d'y parvenir et sur lesquels une délibération peut-être instituée, le caractère et les formes diverses des gouvernements et des constitutions politiques appliqués et applicables à la réalisation de ce but suprême et universel de l'humanité : La vie la meilleure et la plus digne d'être préférée [4].

---

[1] Il s'agit ici de la rhétorique comme préparation immédiate de la vie politique; les Romains appelaient ces exercices pratiques *declamationes*, *certamina rhetorica* (Prisc., *Præexercitam.*,) dicendi simulacra (Ennod. *Ep.*, I, l. I), et les Grecs, μελέτη, γυμνάσματα, ἀσκήματα τῆς ῥητορικῆς, λόγων ἄσκησις (Liban., *Ep.*, 201), ἀγωνίσματα διατριβῶν (Aristid., *Or. de Smyrn.*), γυμναστικὸς λόγος (Phot., *Bib.*), λαλίαι. Aussi, pour la jeunesse, avait-on fait une rhétorique spéciale et appropriée, dont le titre est Προγυμνάσματα et qui était une propédeutique surtout du style. « In iis (primordiis dicendi Fabius (Quintilianus), l. IX, prius exerceri jubet quam ad declamationes se conferant (Voss., *de Rhet.*) ». Nicolas (*Rh. Gr.*, Sp., t. 3, p. 449) la définit : ῥητορικὸν δὲ προγύμνασμά ἐστιν εἰσαγωγικὴ τριβὴ διὰ λόγων et Théon (id., t. 2, p. 65) commente la définition par ce titre général : περὶ τῆς τῶν νέων ἀγωγῆς.
[2] *Eth. Nic.*, I, 13. τὸ ἦθος νεαρός... ἀκράτης.
[3] *Rh.*, I, 5. ἐν κεφαλαίῳ..., ὡς ἁπλῶς εἰπεῖν... παραδείγματος χάριν.
[4] *Polit.*, VII, l. I. τὴν αἱρετωτάτην ζωήν... τίς αἱρετώτατος βίος.

§ 3. — *La théorie du bonheur.*

Le bonheur est le but que poursuivent naturellement les individus, les sociétés organisées, l'humanité tout entière, et qui les pousse à agir dans tel ou tel sens. Les hommes ne délibèrent jamais sur la question de savoir s'ils choisiront le bonheur ou son contraire. Leur volonté va naturellement et presque fatalement au bonheur : c'est pour eux le bien parfait, le comble des biens, de ceux du moins qui consistent dans l'action [1] ; c'est pour eux une fin en soi. Il est clair qu'il faut faire tout ce qui prépare, procure, augmente, conserve le bonheur ou l'une quelconque de ses parties, et partant éviter et refuser de faire ce qui l'empêche ou y est contraire.

L'orateur politique n'a point à analyser la notion abstraite du bonheur, de ce bonheur tel qu'une conception philosophique de la vie absolument parfaite lui en donnerait l'image, conception que la science de la morale fait connaître et ordonne de réaliser. Sans écarter cette notion idéale, dont la politique doit se garder, mais dont elle ne peut ni ne doit se séparer complètement, il a besoin surtout de savoir quelle idée les hommes en général se font du bonheur, en quoi ils font consister le leur propre et celui de leur patrie.

L'*Éthique* définit le bonheur l'acte de l'âme selon la vertu parfaite [2]. La *Rhétorique* n'écarte pas cet élément moral de ses définitions : c'est, pour elle, la prospérité accompagnée de la vertu, une vie qui se suffit à elle-même et indépendante d'autrui, ou encore une vie de plaisir avec une pleine sécurité ou enfin l'abondance des biens avec une puissance capable de les garder et de les accroître [3].

---

[1] *Rh.*, I, 5. τέλειον ἀγαθὸν καὶ τέλος. *Eth. Nic.*, I, 4. τὸ πάντων ἀκρότατον τῶν πρακτῶν ἀγαθῶν.

[2] *Eth. Nic.*, I, 1. ψυχῆς ἐνέργειά τις κατ'ἀρετὴν τελείαν.

[3] On remarquera combien ces définitions proposées négligemment, sans prétention scientifique, discrètement introduites par la formule ἔστω, sont conformes à l'idée que les Athéniens, à la grande époque de leur histoire, se faisaient d'eux-mêmes et de

La marque caractéristique du bonheur, c'est-à-dire de la vie heureuse et de la vie vertueuse [1] est de ne pas pouvoir être l'objet d'une délibération : la nature humaine s'y porte sans réflexion et sans choix. Mais il dépend de la personne de considérer comme le bonheur ou comme l'un de ses éléments tel ou tel objet qu'une autre n'envisagera que comme un moyen d'y parvenir, moyen sur la valeur duquel une délibération peut s'établir. Il en résulte qu'à moins qu'on n'ait institué par des raisons nécessaires et des principes, au moins relativement absolus, ce qu'il faut considérer comme une *fin* et ce qu'il faut considérer comme un *moyen*, il y a une confusion possible, suivant les dispositions du sujet, entre les éléments intégrants du bonheur et les conditions ou moyens d'y parvenir. Cette confusion, inévitable peut-être, s'accroît encore quand la question des rapports entre le bonheur et les biens est examinée non plus au point de vue de la morale scientifique, mais au point de vue des ressources et des arguments qu'elle peut fournir à l'éloquence délibérative. Ces réserves faites, on peut diviser les éléments d'une vie heureuse en deux grandes classes : les uns sont placés dans l'individu, dans la personne même, ou dans l'État considéré comme une personne, et ont rapport soit à son âme soit à son corps ; les autres sont des avantages extérieurs [2], qui, par nature, sont des choses bonnes, mais peuvent devenir funestes par les habitudes morales de la personne qui les possède [3].

---

leur pays. Ils jouissaient d'une *prospérité* sans pareille ; ils avaient conscience de leur *supériorité* intellectuelle, de leur grandeur morale, de leur *vertu* ; ils se sentaient assez puissants pour être *indépendants*, et pour tenir au contraire les autres peuples dans leur dépendance, sous leur domination, ou du moins sous leur hégémonie qu'ils considéraient comme légitime et juste ; ils avaient la force nécessaire et suffisante pour *conserver* les biens qu'ils avaient acquis et pour *en acquérir* d'autres ; enfin, leur ville avait été le berceau et était restée le foyer de ces arts charmants qui *égaient la vie* et élèvent le cœur de l'homme, tandis que leur libre constitution assurait à chaque citoyen le sentiment et la jouissance de sa valeur propre et de la dignité humaine : il y jouissait du respect de soi et du respect des autres, ἥδιστος βίος.

[1] *Eth. Nic.*, I, 4. τὸ εὖ ζῆν καὶ τὸ εὖ πράττειν.
[2] *Rh.*, I, 5.
[3] *Eth. Eud.*, VIII, 15. ἀγαθὰ μὲν φύσει ἐστίν, ἐνδέχεται δ'εἶναι βλαβερά τισι διὰ τὰς ἕξεις.

Les parties du bonheur sont, dans la catégorie des biens externes :

La noblesse, dont les races et les peuples s'enorgueillissent comme les individus et les, familles, en rappelant qu'ils sont autochthones, ou du moins d'une antique origine, qu'ils ont eu les premiers des chefs illustres et ont enfanté des hommes héroïques [1] ;

Le prestige de la réputation, εὐδοξία, les honneurs, τιμή [2], qui sont le signe et la marque du respect des hommes à l'égard de ceux qui leur ont rendu ou peuvent leur rendre des services considérables soit en eux-mêmes, soit par les circonstances. Ces marques d'honneur, pour les individus comme pour les cités, sont les sacrifices, les inscriptions [3], soit en vers soit en prose, qui fixent le souvenir des faits, les récompenses honorifiques telles que les couronnes décernées au nom de l'État [4], les obsèques faites aux frais du public [5], les préséances, par exemple, le droit d'occuper dans les jeux et les théâtres une place d'honneur, le plus près de l'orchestre, droit conféré aux généraux, aux prêtres, aux ambassadeurs étrangers, aux citoyens illustres des villes alliées, à tous les citoyens qui s'étaient distingués par les services rendus à l'État, même

---

[1] Pour illustrer ce passage, il faut lire les discours de Thucydide et particulièrement celui de Périclès, II, 36. « ἄρξομαι δὲ ἀπὸ τῶν προγόνων... τὴν γὰρ χώραν ἀεὶ οἱ αὐτοὶ οἰκοῦντες, διαδοχῇ τῶν ἐπιγιγνομένων μέχρι τοῦδε ἐλευθέραν δι' ἀρετὴν παρέδοσαν ». Isocr., *Paneg.*, 23, traite le même thème : « τὴν πόλιν ἡμῶν ἀρχαιοτάτην εἶναι .. καὶ παρὰ πᾶσιν ὀνομαστοτάτην. La terre que nous habitons, nous n'avons pas eu à en chasser les anciens possesseurs ; nous ne sommes pas un ramassis de proscrits et d'émigrés, ni un mélange de races diverses. Elle nous a donné naissance ; nous sommes ses enfants, αὐτόχθονες ». Conf. Plat., *Menex.*, 237. ἡ τῶν προγόνων γένεσις οὐκ ἔπηλος οὖσα... ἀλλ'αὐτόχθονας καὶ τῷ ὄντι ἐν πατρίδι οἰκοῦντας καὶ ζῶντας. » Je suis étonné qu'Aristote ne fasse pas mention de la liberté politique et de l'égalité civile parmi les éléments du bonheur d'un peuple, quand Périclès fait ressortir avec un si noble orgueil les bienfaits et la dignité supérieure d'un gouvernement libre (II, 37). : « ἐλευθέρως δὲ τά τε πρὸς τὸ κοινὸν πολιτεύομεν καὶ ἐς τὴν πρὸς ἀλλήλους. »

[2] *Thuc.*, II, 63. τῆς πόλεως τῷ τιμωμένῳ ἀπὸ τοῦ ἄρχειν.

[3] μνῆμαι.

[4] Par exemple la couronne décernée à Ctésiphon sur la proposition de Démosthènes.

[5] *Thuc.*, II, 34.

aux enfants orphelins de soldats morts pour la patrie ; les statues, comme celles qu'on avait élevées en l'honneur d'Harmodius, d'Aristogiton, de Conon [1] ; l'entretien au Prytanée aux frais de l'État [2] ;

Un grand nombre d'amis, et d'amis utiles ; la richesse qui, pour l'État, consiste dans l'abondance de capital monnayé, de domaines fonciers, de places fortes, d'armes, de troupeaux, d'esclaves, sous la condition que ces richesses soient sûres, libres, c'est-à-dire ne servent qu'à la jouissance même, comme les œuvres de l'art, ou soient d'un rapport réel, comme celles dont on tire un revenu. Ajoutons le nombre des enfants, leur beauté, leur force, leur santé : c'est un bonheur pour l'État d'avoir une nombreuse et florissante jeunesse, belle, vigoureuse, capable de remporter les prix des jeux musicaux et des jeux gymniques, pourvue des vertus de l'âme, particulièrement la tempérance et le courage. Il en est de même pour les particuliers, et ici il importe de relever les qualités des filles qui concourent au bonheur domestique : ce sont les mêmes que celles des fils, sauf le courage, au lieu duquel elles doivent posséder un amour du travail qui ne soit pas gâté par l'avarice. C'est une erreur de croire que les lois relatives aux mœurs des femmes soient indifférentes à la prospérité des États : elles y contribuent comme à leur ruine pour la moitié, suivant Aristote [3], et pour plus de la moitié, si l'on en croit Platon.

---

[1] Dem., *ad Lept*, 70
[2] Hermann, *Lehrb.*, p. 249 et 127. Il ne serait pas difficile de montrer que sous des noms différents les mêmes choses sont encore, chez les modernes, considérées comme éléments du bonheur, et que l'orateur politique a souvent l'occasion de développer ces mêmes lieux communs : par exemple, il importe à la sécurité, à l'honneur, à la force des familles comme de l'État d'avoir une belle jeunesse, vigoureuse, instruite, vaillante, apte aux exercices physiques et militaires et aux fonctions sociales qui réclament une haute culture de l'esprit. N'est-ce pas le but que se propose, par tout pays et en tout temps, l'organisation de l'éducation nationale ? Les lois scolaires qui créent ou améliorent cette organisation ont été et seront encore l'objet des méditations de l'homme d'État et la matière de discours des orateurs politiques.
[3] *Polit.*, II, 6. « ἡ περὶ τὰς γυναῖκας ἄνεσις βλαβερὰ πρὸς εὐνομίαν πόλεως... dans les États où les mœurs des femmes sont corrompues, τὸ ἥμισυ τῆς πόλεως δεῖ εἶναι ἀνομοθέτητον ». Plat., *de Legg.*, VI, 781. « οὐ γὰρ ἥμισυ μόνον... τὸ πλεῖον ἢ διπλάσιον. »

N'oublions pas la bonne chance, εὐτυχία, qui témoigne de la faveur et de la protection des dieux [1], une belle vieillesse, les heureuses dispositions et les dons innés [2].

Les éléments du bonheur incorporés à la personne sont d'abord les biens de l'âme qui se résument en un seul, la vertu, dont le genre épidictique nous fournira une occasion plus opportune de parler, et les avantages corporels personnels, tels que la santé, la beauté, la force, la taille, les facultés agonistiques [3].

§ 4. — *La théorie de l'utile et des biens.*

L'utile est l'objet que se propose toute personne qui délibère ou qui donne son avis à celles qui délibèrent. C'est un moyen, car on ne délibère pas sur la fin, mais sur ce qui y conduit : tel est l'utile considéré dans nos actes. Cependant l'utile est un bien, relatif au moins, et il dépend des dispositions morales et intellectuelles du sujet de faire de certains moyens des fins, et de certaines fins des moyens. On peut même dire qu'à l'exception de la fin suprême et absolue, tous les biens peuvent être successivement moyens et fins dans la vie active, qui est un système de moyens et de fins. Il n'est donc pas étonnant que certains des biens que l'analyse précédente nous a montrés comme éléments du bonheur, c'est-à-dire comme fins, se retrouvent dans l'énumération de ceux qu'on considère comme moyens. Le point de vue a changé, mais non les choses elle-mêmes, comme le prouve un des exemples d'Aristote qui compte la justice comme un bien relatif, c'est-à-dire comme un moyen, parce que, dit-il, elle est utile et d'une utilité générale.

---

[1] Ou plutôt de la déesse Ἀγαθή Τύχη adorée sous les noms de Σώτειρα, Φερέπολις, Ἀκραία.

[2] δυνάμεις, potestates : peut-être l'investiture de certains pouvoirs civils, car les dons innés appartiennent à la personne. Cf. *Rh. ad Her.*, III, 10.

[3] On sait quelle importance les Grecs attachaient à ces dons de la force, de l'adresse et de la grâce physiques.

Il est évident qu'il importe à l'orateur d'avoir des idées générales sur le bien relatif, et avant de les exposer simplement, mais cependant avec quelque détail[1], il convient de faire connaître la nature du bien, comme on l'entend dans la vie réelle et pratique[2], par quelques définitions ou plutôt par des descriptions et des formules populaires.

Le bien est ce qui est pour soi et non pour un autre objet le but des préférences de l'homme ; ce qui détermine nos préférences à l'égard de tous autres objets ; ce que désirent tous les êtres, ceux du moins qui ont ou peuvent avoir la faculté de sentir ou la raison ; ce que la raison donnerait à chaque individu, dans chaque cas particulier, ce qui, par sa présence, donne à l'être une bonne disposition et une existence indépendante ; ce qui est suffisant par soi ; ou encore ce qui peut produire ou conserver ces avantages, ou ce dont ces avantages sont la conséquence médiate ou immédiate, ou ce qui arrête ou supprime les états contraires[3], la chose en vue de laquelle se font les autres, qui en est la fin, et la fin est ce en vue de quoi se font toutes les autres choses. Par conséquent le bien est, pour chacun, ce qui se trouve dans cette relation à lui.

Ceci posé, il suit nécessairement que nous considérons comme bonnes les choses suivantes :

1. L'acquisition de biens, la délivrance de maux.

2. L'acquisition d'un bien plus grand, la délivrance d'un plus grand mal.

3. Les vertus de l'âme, la justice, le courage, la libéralité, la tempérance, la grandeur d'âme qui placent ceux qui les possèdent dans un état heureux et nous procurent beaucoup de biens.

4. Le plaisir auquel tendent, par nature, tous les êtres vivants[4].

---

[1] στοιχεῖα, ἁπλῶς.
[2] κτητὰ καὶ πρακτά.
[3] *Rh.*, I, 6.
[4] Comme l'individu, l'État a besoin de plaisirs : c'est pour lui aussi la fleur de l'activité.

5. Les belles choses, dont les unes sont préférables par elles-mêmes, c'est la beauté morale, dont les autres nous procurent le plaisir du beau esthétique.

6. Le bonheur, préférable par lui-même et en vue duquel nous nous déterminons en toute chose.

7. Les qualités corporelles, la beauté et la santé qui nous donne ces deux biens que la plupart des hommes estiment les plus précieux de tous, le plaisir et la vie.

8. La richesse.

9. L'ami et l'amitié.

10. L'honneur et la gloire.

11. Le talent de la parole.

12. La vertu de l'action[1].

13. Les dons heureux de la nature, la mémoire, une intelligence ouverte, la finesse de l'esprit.

14. Toutes les sciences et tous les arts.

15. La vie, qui par elle-même est un bien.

16. La justice, car elle est d'une utilité générale.

Ce sont là les biens que les hommes s'accordent tous à estimer comme tels; mais il en est d'autres, contestés ou contestables, des biens d'opinion, pour lesquels une démonstration est nécessaire, démonstration qu'on peut tirer des lieux suivants :

On doit compter comme bien :

1. Ce dont le contraire est un mal : ainsi, pour faire l'éloge de la liberté, il ne suffit pas d'en énumérer et d'en peindre les bienfaits: peignez aussi et surtout les maux de la servitude.

2. Ce dont le contraire est un bien pour nos ennemis : car ce dont ils se réjouissent, en tant qu'ennemis, est un mal

---

Il n'est pas bon qu'un peuple s'ennuie. La gaité est un assaisonnement de la vie et comme un signe de la santé morale et physique. Comme l'individu, l'État a besoin de force pour assurer son indépendance, de vertu qui est au fond la condition de la force durable et le principe de la vie morale ; il a besoin d'honneur, de justice, d'amour du travail, d'éloquence.

[1] δυνάμεις τοῦ λέγειν, τοῦ πράττειν.

pour nous, comme dit le poète : « Ah ! certes, Priam et ses enfants seraient bien heureux, tous les Troyens auraient la joie au cœur s'ils venaient à savoir quelles querelles vous divisent, vous qui êtes les premiers et dans le conseil et sur le champ de bataille [1], » ou comme dans Démosthènes : « Si quelqu'un demandait à Philippe : Voyons, aimerais-tu mieux voir cette armée commandée par Diopithès, puissante et forte, en faveur auprès des Athéniens, et prenant de nouvelles forces par le concours de l'État, ou bien la voir, sur des calomnies et des accusations, se disperser et se dissoudre ? Eh ! bien, le vœu que Philippe demanderait ardemment aux dieux d'exaucer, il y en a ici qui s'efforcent de le réaliser [2]. » La vive peinture des contraires prouve mieux qu'un argument direct où est le bien et l'utile pour les Grecs et pour les Athéniens. Aussi on trouve chez tous les orateurs de nombreux exemples de ce procédé oratoire.

3. Le contraire de ce que nos ennemis désirent.

4. Ce qui ne comporte pas d'excès.

5. Ce qui a mérité qu'on le poursuive par beaucoup de travaux et de peines : car cela prend l'apparence d'une fin, c'est-à-dire d'une chose bonne en soi, et la fin de beaucoup d'autres choses.

6. Ce que tous les hommes ou la plupart d'entre eux désirent.

7. Ce qui est digne de louanges, de celles mêmes de nos ennemis et des méchants : car il faut que ce soit un bien évident.

8. Ce qui est préféré par quelque personnage d'un grand sens ou d'un grand caractère.

9. En général tous les objets préférés ou dignes de l'être, parmi lesquels il faut relever [3] : ce que nous possédons seuls : car le cœur humain est jaloux,—ce que nous sentons qui nous

---

[1] *Il.*, I, 255.
[2] *Pro Cherson.*, § 20.
[3] Il y a 14 lieux de προαίρετα.

manque; car il est d'une convoitise infinie; — ce qui est l'objet du désir du moment; car ce désir passager mais tout puissant est trop souvent, pour l'homme, la mesure du bien.

Les biens d'opinion sont nombreux et divers, suivant l'imagination, le caractère, la vie des individus comme des peuples tourmentés, exaltés, parfois corrompus par les ardentes convoitises de l'âme qui n'est jamais satisfaite, par les fureurs de la vengeance, la soif des agrandissements, l'ivresse des triomphes, l'orgueil de la force, par l'ambition, l'envie, la jalousie, la haine qui voudrait effacer jusqu'au nom de l'ennemi détesté : sentiments nobles ou petits, passions grandes ou viles que l'orateur doit connaître, dont il doit connaître l'objet, la nature et le principe, puisqu'il lui faut les exalter ou les calmer, éclairer ses concitoyens sur le danger de se laisser entraîner par ceux qui, au profit de leurs ambitions personnelles, exploitent les passions les plus malsaines de l'homme, ou caressent les défauts particuliers de leur nation et de leur race.

L'orateur n'a pas toujours, on peut dire qu'il n'a que rarement l'occasion de proposer aux auditeurs l'alternative entre un bien et un mal évidents. Son embarras commence où commencent les hésitations de la raison et de l'expérience, de la conscience et de la passion, entre deux avantages, parfois entre deux maux pour l'un desquels il faut se décider et persuader les autres de se décider.

Il y a donc une balance à établir, une comparaison à faire, et c'est pour aider à cette opération délicate, pour fournir des raisons de préférence, qu'Aristote donne une série de 67 lieux, les plus usités et le plus en rapport avec l'éloquence délibérative[1], dont nous ne reproduirons que les plus intéressants et les plus généraux[2]. C'est une application du lieu du plus et du moins à la catégorie des biens.

---

[1] *Rh.*, II, 22, 10. τῶν ἐνδεχομένων καὶ τῶν ἐπικαιροτάτων. *Top.*, VII, 4. οἱ μάλιστα κοινοί. Cf. *id.*, III, 6.

[2] Au commencement du IIIe livre des *Topiques*, Aristote traite ce même sujet et par la même méthode, c'est-à-dire par une simple énumération dans laquelle on

Il convient d'établir d'abord, au point de vue formel, l'idée générale de l'excédent, τὸ ὑπερέχον. C'est une notion relative, qui exprime une grandeur contenant une grandeur égale à elle-même plus une autre. L'excédé est la grandeur contenue dans la grandeur qui lui est comparée. Telles sont les idées du plus grand par rapport au plus petit, du plus nombreux par rapport au moins nombreux, qui sont, comme le grand et le petit, le nombreux et le peu nombreux, des relations quantitatives.

Par application de ces formules de la topique formelle il est évident que :

1. Plusieurs biens réunis forment par leur somme un bien plus grand qu'un des biens qui la composent ou que la somme d'un plus petit nombre de biens, à la condition que ce bien unique ou ces biens en plus petit nombre fassent partie du plus grand et contribuent à en constituer le total [1]. C'est seulement à cette condition qu'on pourra dire que l'un excède l'autre qui, contenu en lui, sera nécessairement l'excédé [2]. Par exemple si l'on met d'un côté la somme des biens suivants : vertu, santé, richesse, beauté, force, et de l'autre la vertu seule ou la vertu avec la force, il est clair que le bien formé par la somme ou l'ensemble des premiers biens est plus grand que le bien unique, ou que le bien additionné avec la force, puisqu'il les comprend et en comprend encore d'autres : telle est la notion de l'excédent. Si au contraire on mettait d'un côté la richesse, la force, la santé, la beauté,

---

cherche vainement un principe d'ordre et un système d'organisation. Cicéron, dans sa *Topique* (XVIII) où il suit les doctrines des péripatéticiens postérieurs, divise les points de vue divers auxquels on peut se placer pour établir une comparaison entre les biens : ce sont le nombre, l'espèce, la puissance, le rapport à d'autres : « Comparantur igitur ea quæ aut majora aut minora aut paria dicuntur. In quibus spectantur hæc : numerus, species, vis, quædam etiam ad res aliquas affectio. » Théon (*Progymn.*, 3) traitant de la comparaison, σύγκρισις, à établir entre des personnes et des choses, reproduit quelques-uns des lieux d'Aristote, mais à un point de vue différent.

[1] *Rh.*, I, 7. συναριθμουμένου τοῦ ἑνὸς ἢ τῶν ἐλαττόνων. Grant (*Eth. Nic.*, I, 7, 8) donne une autre interprétation à cette phrase obscure.

[2] *Id.*, τὸ δὲ ἐνυπάρχον ὑπερέχεται.

de l'autre la vertu seule, il ne serait plus exact de dire que le plus grand nombre de biens est un bien plus grand que le bien unique, la vertu, qui à elle seule vaut plus que tous les autres. La comparaison même ne peut pas s'établir, puisque les unités ne seraient plus de même espèce.

2. Le bien est plus grand dont l'excédent excède l'excédent de celui qui lui est comparé. Le meilleur des hommes est supérieur au meilleur des chevaux : c'est donc un plus grand bien d'être un homme que d'être un cheval. Le plus grand des hommes vaut mieux que la plus grande des femmes : c'est donc un plus grand bien d'être un homme que d'être une femme. Le rapport des deux excédents détermine le rapport des genres mêmes ou des espèces [1].

3. Le bien est plus grand qui a tel conséquent ou tel antécédent que l'autre n'a pas : le mot grec τὸ ἑπόμενον, comme son synonyme ἀκολουθεῖν, dans sa signification logique et son emploi technique, s'applique aux connexions et aux relations nécessaires de diverses sortes : il s'entend des phénomènes antérieurs, postérieurs, simultanés, liés les uns aux autres [2]. Il y a même, applicable à ces trois catégories de connexions, une distinction de l'ἑπόμενον en puissance et de l'ἑπόμενον en acte. La *Topique* [3] formule une cinquième espèce : la connexion réciproque, ἡ κατὰ τὴν ἀντίστασιν ἀκολούθησις, appelée encore ἀντικατηγορουμένως, qui a lieu lorsque deux termes ou propositions sont convertibles.

Deux biens peuvent être ou paraître si semblables l'un à l'autre qu'on ne puisse voir aucune raison de préférer l'un à l'autre : c'est alors qu'il faut regarder aux connexions qu'ils peuvent avoir. Ainsi, si l'on arrive à se demander si la santé est un bien plus grand que la vie et si l'on hésite, le doute sera résolu par le raisonnement suivant : la vie accompagne

---

[1] *Rh.*, I, 7. ἀνάλογον γὰρ ἔχουσιν αἱ ὑπεροχαὶ τῶν γενῶν καὶ τῶν μεγίστων ἐν αὐτοῖς.

[2] *Rh.*, I, 7. ἔπεται δὲ ἢ τῷ ἅμα, ἢ τῷ ἐφεξῆς, (la succession, qui comprend le πρότερον et le ὕστερον), ἢ τῇ δυνάμει.

[3] *Top.*, II, 8, 113, b. 15.

toujours et nécessairement la santé [1] ; sans la vie, la santé est impossible : elle implique la vie. La vie est nécessaire à la santé, mais non la santé à la vie. La connexion n'est pas réciproque. Par conséquent la santé est un bien meilleur que la vie. L'étude a pour effet la connaissance [2]; mais il y a des connaissances immédiates, telles que les perceptions sensibles et les intuitions de la raison qui ne sont pas nécessairement précédées d'une étude, d'un effort pour apprendre : il n'y a pas réciprocité. Si donc on se demande quelle est des deux le plus grand bien, c'est évidemment l'étude, puisqu'elle a une conséquence que la connaissance n'a pas [3]. Le sacrilège enferme en soi, en puissance, virtuellement le vol [4] : omne majus continet in se minus. Celui qui a commis un sacrilège est à plus forte raison capable de commettre un vol simple. Il n'est pas difficile de décider quel est le moindre de ces deux crimes, c'est-à-dire de ces deux maux.

4. Si nous avons à déterminer entre deux choses quelle est celle qui est le bien le plus grand, il faut les rapporter à une troisième. Si l'excédent de l'une sur cette troisième est plus grand que l'excédent de l'autre sur la même, la première est un bien plus grand que la seconde [5]. Il est clair qu'il faut comparer des choses de même espèce, sans quoi il n'y aurait pas de commune mesure pour déterminer les rapports et pour les calculer. Mais c'est à découvrir les points communs des choses différentes, les caractères qui peuvent, malgré leurs différences, les faire rentrer soit dans la même espèce, soit dans le même genre, c'est à saisir des rapports non aperçus, secrets, mais réels entre les choses, c'est en cela que consiste la subtilité, la finesse, la puissance de l'esprit. Quel est le bien le

---

[1] *Rh.*, I, 7. ἕπεται ἅμα.
[2] *Id.*, ἕπεται ὕστερον.
[3] Il y a manifestement quelque chose de sophistique dans le raisonnement.
[4] ἕπεται δυνάμει.
[5] Schrader, pour illustrer ce lieu subtil, imagine l'exemple suivant. Est-ce un bien plus grand d'être dictateur que d'être consul? Oui : parce que l'excédent des pouvoirs de la dictature sur la préture est plus grand que l'excédent des pouvoirs du consulat sur cette même magistrature prise comme terme de comparaison.

plus grand, de la richesse ou de la santé? Ces deux biens ne sont pas sans rapports, malgré leur différence d'espèce, et on peut résoudre ou du moins discuter la question de savoir si la richesse contient en puissance la santé, ou la santé la richesse.

5. Est plus grand, celui des deux biens qui a la puissance de produire un bien plus grand : c'est la définition même du bien plus grand,

6. Le bien dont la cause efficiente est un bien plus grand,

7. Le bien qui est plus désirable par soi,

8. Le bien qui est fin par rapport à celui qui n'est pas fin,

9. Le bien qui a un moindre besoin d'être complété par un autre ou par d'autres : car il est plus suffisant par lui-même,

10. Le bien qui peut être sans l'autre, tandis que cet autre ne peut être sans lui : par ce principe on arriverait à prouver, contrairement au lieu n° 3, que la vie est un bien plus grand que la santé,

11. Le bien qui est principe par rapport à celui qui n'est pas principe,

12. Le bien qui est cause par rapport à celui qui n'est pas cause.

Au 55e lieu, qui pose que la plus grande partie d'un grand bien est un bien plus grand que la plus petite, Aristote cite comme exemple la belle métaphore tirée d'une des oraisons funèbres de Périclès [1] : « Lorsqu'un État est privé de sa jeunesse, c'est comme si l'année était dépouillée de son printemps [2]. »

Voilà les propositions générales d'où l'orateur politique, afin d'entraîner ou de détourner une assemblée délibérante, pourra tirer les arguments prouvant que tels ou tels actes ou

---

[1] Celle qu'il prononça à l'issue de la guerre de Samos, d'après Goetling, *Arist. Polit.*, p. 327. Westermann, *Quæst. Dem.*, II, p. 29.

[2] Aristote citera encore plus loin cette comparaison fameuse, en traitant des métaphores. *Rh.*, III, 107.

mesures contribueront ou ne contribueront pas au bonheur de l'État et des particuliers, sont ou ne sont pas pour des biens, sont ou ne sont pas des biens plus grands comparés à d'autres [1].

§ 5. — *La théorie des gouvernements.*

Pour arriver au bonheur, pour réaliser les biens qui le constituent, pour créer en lui l'homme même et l'humanité, πρὸς τὸ ἀνθρωπεύεσθαι, l'homme doit vivre en société et dans une société organisée. L'individu ne se suffit pas à lui-même pour remplir sa fin ; la famille, ἡ οἰκία, qui est un des éléments de l'organisation sociale, ne se suffit pas à elle-même ni aux personnes qui la composent.

Sans doute l'amour excité par le charme de la beauté commence l'organisation sociale et la maintient [2]. Mais cet amour trop sensuel, qui est presqu'une nécessité physiologique, un irrésistible entraînement des sens, qui n'a d'autre effet immédiat que la propagation de l'espèce, ἡ τεχνοποιία, ne répond pas aux besoins supérieurs de l'homme. Il suppose une inégalité essentielle dans les rapports de ses membres, une subordination de la femme au mari, des enfants au père, des serviteurs au maître, par suite l'absence de liberté. Le gouvernement de l'association domestique est monarchique, despotique, c'est-à-dire par essence injuste, et par conséquent d'ordre inférieur. D'ailleurs la famille n'est pas un simple agrégat d'individus. Un système de devoirs et de droits réciproques, qui ont une forme et une limite, les lie et en fait l'unité. Ce n'est pas la volonté de l'individu qui a pu établir ces règles et les confirmer par des sanctions pénales. Le

---

[1] *Rh.*, I, 5. ὧν μὲν οὖν δεῖ στοχάζεσθαι προτρέποντας καὶ ὧν ἀποτρέποντας. *Id.*, I, 6. 30. περὶ ἀγαθοῦ καὶ τοῦ συμφέροντος ἐκ τούτων ληπτέον τὰς πίστεις. *Id.*, I. 7. ἐκ τίνων μὲν οὖν δεῖ τὰς πίστεις φέρειν ἐν τῷ προτρέπειν καὶ ἀποτρέπειν σχεδὸν εἴρηται.
[2] *Eth. Nic.*, IX, 5. ἀρχὴ τοῦ ἐρᾶν ἡ διὰ τῆς ὄψεως ἡδονή.

mariage et tous les droits qui en dérivent, est une institution sociale et politique. Antérieurement à l'organisation qui lui donne une forme légale, le mariage n'existe pas : c'est ainsi que se justifie le mot d'Aristote : l'État est antérieur à la famille [1] et même, dit-il, à l'individu considéré comme personne morale, ayant des devoirs et des droits, puisque c'est l'État qui, en les reconnaissant et en les définissant, pour ainsi dire les crée. De là la nécessité bienfaisante de l'État qui n'est que la forme de la société organisée.

On comprend dès lors l'obligation où se trouve l'homme d'État et l'orateur politique [2] de connaître, par l'étude des principes et des faits, la fonction véritable de l'État ou du gouvernement, les conditions qu'il doit remplir, les formes qu'il doit prendre pour réaliser sa fin qui est, sinon de rendre les hommes vertueux et heureux, du moins de leur assurer les moyens de le devenir, en leur garantissant la liberté de leur activité conforme à la loi.

C'est la condition la plus essentielle, la connaissance la plus propre de l'éloquence politique [3], non seulement d'avoir examiné les principes généraux du gouvernement même, mais d'avoir étudié à fond toutes les constitutions politiques existantes, leurs habitudes, leurs lois, et d'avoir découvert ce qu'il y a de bon et d'utile en chacune d'elles. Car c'est par l'intérêt qu'on persuade les assemblées délibérantes, et l'intérêt c'est ce qui sauve et maintient l'État [4].

On croit communément qu'Aristote n'a pas eu, comme Platon, son idéal politique, répondant aux désirs et aux vœux de l'homme plutôt qu'à la possibilité des choses : c'est une erreur. Aristote a conçu lui aussi un état parfait, qui tout en paraissant un rêve, n'a rien en soi d'impossible [5].

---

[1] πρότερον ἢ οἰκία.
[2] *Polit.*, IV, 2. τὸν ὡς ἀληθῶς πολιτικόν.
[3] *Rh.*, I, 8. μέγιστον καὶ κυριώτατον.
[4] *Id.*, id. συμφέρει δὲ τὸ σῶζον τὴν πολιτείαν.
[5] *Polit.*, VII, 4. ἡ δὲ ἀρίστη... τῆς μελλούσης κατ'εὐχὴν συνεστάναι τῆς πόλεως... καθάπερ εὐχομένους... μέντοι μηθὲν τούτων ἀδύνατον.

Dans cet État idéal, tous les citoyens sont égaux, semblables, puisqu'ils sont des gens de bien, sachant obéir et commander, n'ayant en vue que la perfection de la vie tant privée que publique [1], car l'une est identique à l'autre. Les conditions qu'il doit remplir sont : 1. une étendue mesurée du territoire [2] ; 2. un pays fertile ; 3. une situation maritime pour les nécessités commerciales ; 4. une population d'une âme vaillante et d'un esprit intelligent ; 5. la participation de tous les citoyens, libres, égaux, semblables, au gouvernement de leur pays [3], parce qu'ils ont l'âme naturellement faite pour gouverner [4] ; 6. un système national d'éducation comprenant la gymnastique, la musique, la poésie et la philosophie, c'est-à-dire la plus haute et la plus belle des activités humaines, celle qui constitue l'œuvre propre de l'homme et par conséquent son bonheur [5].

Mais si l'homme d'État doit s'être formé un idéal absolu de gouvernement [6], qui puisse lui servir de mesure pour juger les vices, les défauts et les vertus des gouvernements réels et servir de stimulant et de but aux améliorations dont ils sont susceptibles, sa plus grande tâche et aussi la partie la plus difficile de son art est de concevoir et de chercher à réaliser le meilleur gouvernement possible dans des circons-

---

[1] Mais en cas de conflit, l'individu doit subordonner son bonheur à celui du tout. *Polit.*, I, 13.

[2] Cette mesure est nécessairement relative au développement des moyens de communication intellectuelle et matérielle qui permettent de maintenir l'unité de l'État et l'union morale de ceux qui le composent.

[3] On voit que c'est le gouvernement d'Athènes qui sert ici au macédonien Aristote de modèle réel pour son état idéal. *Polit.*, VII, 9. « ἡμῖν δὲ πάντες οἱ πολῖται μετέχουσι τῆς πολιτείας. »

[4] *Eth. Nic.*, I, 1, 5. τὸ φύσει ἄρχον. Les barbares sont au contraires dépourvus de ce fier sentiment : appetitio principatus quædam, comme l'appelle Cicéron. *Eth. Nic.*, I, 1, 5. ταὐτὸ φύσει βάρβαρον καὶ δοῦλον εἶναι. La servitude et la barbarie sont choses identiques par nature. *Id.*, III, 9, 3. δουλικώτερα εἶναι τὰ ἔθνη φύσει οἱ μὲν βάρβαροι. Les barbares sont des races naturellement serviles, et la preuve, c'est qu'ils supportent sans s'en indigner et sans en souffrir le gouvernement d'un maître, ὑπομένουσι τὴν δεσποτικὴν ἀρχὴν οὐδὲν δυσχεραίνοντες.

[5] *Eth.*, I, 6.

[6] *Polit.*, IV, 1. τὴν κρατίστην ἁπλῶς... τὴν ἀρίστην θεωρεῖσθαι τίς ἐστι καὶ ποία τις ἂν οὖσα μάλιστ'εἴη κατ'εὐχήν.

tances données[1], de remédier aux défauts reconnus des institutions actuellement existantes, enfin de déterminer les conditions possibles, faciles, communes à tous les gouvernements dignes de ce nom, et appropriées au caractère, aux mœurs, aux traditions et aux antécédents historiques du peuple auquel elles doivent s'appliquer; car il y a des peuples qui n'ont pas encore le degré nécessaire de raison et de vertu pour supporter le meilleur gouvernement[2].

Tout gouvernement est une sorte d'être vivant, βίος τις[3], soumis par conséquent aux conditions générales de la vie, dont la plus haute est l'ordre, τάξις, qui les résume toutes, l'ordre, c'est-à-dire la coordination ou la subordination des parties concourant à assurer l'unité du tout, qui est sa vie même. Ces parties ayant chacune leur fonction propre et tendant à une fin commune, sont des organes. Les organes nécessaires que l'ordre réclame pour la constitution et la conservation de l'État sont au nombre de trois :

1. Un pouvoir délibérant sur les intérêts communs, τὸ βουλευόμενον;

2. Un pouvoir exécutif et ses organes propres, τὸ περὶ τὰς ἀρχάς;

3. Un pouvoir judiciaire, τὸ δικάζον[4].

Il ne suffit pas d'avoir reconnu ces trois fonctions organiques de l'État comme nécessaires : il faut en outre savoir entre les mains de quels citoyens chacune d'elles sera remise

---

[1] Id., τὴν ἐκ τῶν ὑποκειμένων ἀρίστην... ταῖς ὑπαρχούσαις πολιτείαις δεῖ δύνασθαι βοηθεῖν ἐκ τῶν ὑπαρχουσῶν.

[2] Id., τίς τίσιν ἁρμοττοῦσα... οὐ μόνον τὴν ἀρίστην, ἀλλὰ καὶ δυνατήν, τὴν ῥᾴω καὶ κοινοτέραν ἁπάσαις. Il est intéressant de rapprocher ici l'opinion d'Aristote de celles d'Aug. Comte (Cours de philosophie positive, 48e leçon), et de Spencer (Introd. à la science sociale, conclusion : « Conduisant, avec la précision qu'elle comporte, à prévoir les évènements qui doivent résulter, soit d'une situation donnée, soit d'un ensemble donné d'antécédents, la science politique indique à l'art correspondant les tendances qu'il doit seconder et les moyens qu'il peut appliquer pour éviter toute inutile consommation des forces. En politique, comme dans les sciences, la condition de toute grande et durable influence est l'opportunité. »

[3] Polit., IV, 2.

[4] Id., IV, II, 1.

et le mode de nomination ou d'élection; quelles seront l'étendue et la limite de leurs attributions respectives; leurs rapports de suprématie et de subordination, et surtout lequel de ces trois pouvoirs, en cas de conflit, possèdera la décision définitive et suprême, en un mot quel sera le souverain et le maître de l'État : questions qui dépendent toutes du but particulier que poursuit la collectivité politique [1].

La connaissance théorique des principes généraux de la politique ne suffit pas à l'orateur: il faut qu'elle soit éclairée, confirmée ou rectifiée par l'expérience et par les leçons de l'histoire, qui est une sorte d'expérience; il faut qu'une analyse approfondie lui ait fait connaître les formes diverses que les gouvernements réels affectent, les types opposés qu'ils présentent, leurs principes et leurs fins, leurs vertus et leurs vices, leurs institutions et leurs intérêts particuliers et propres.

Le principe le plus simple et le plus rationnel de la division et de la classification des gouvernements se tire de la nature du souverain [2]. Si c'est un homme et un seul homme qui est le souverain maître de l'État, le gouvernement est monarchique; si c'est une minorité, il est aristocratique; si la nation est maîtresse d'elle-même, si c'est le peuple qui est souverain, c'est la République, ἡ Πολιτεία [3]. Ces trois formes de constitution politique répondent à autant de tempéraments des peuples, dont les uns acceptent le despotisme, les autres la royauté, quelques-uns, race vraiment politique, réclament le seul gouvernement qui soit à la fois utile et juste [4] : la République; c'est en effet moins une forme par-

---

[1] *Id.*, IV, 1. τάξις ἡ περὶ τὰς ἀρχὰς, τίνα τρόπον νενέμηνται, — τί τὸ κύριον τῆς πολιτείας, — τί τὸ τέλος ἑκάστης πολιτείας.
[2] *Id.*, III, 5, 10. ἡ κρίσις τίνας ἄρχειν δεῖ· τοῖς γὰρ κυρίοις διαφέρουσιν ἀλλήλαις.
[3] Il est remarquable qu'en grec comme en latin, ce mot exprime, non une forme distincte, mais l'idée même du gouvernement : ce n'est pas un gouvernement, c'est le gouvernement même.
[4] *Polit.*, III, 17. καὶ ἄλλο πολιτικὸν καὶ δίκαιον καὶ σύμφερον.

ticulière de gouvernement que le gouvernement même [1], le gouvernement de citoyens libres et égaux [2], qui seul permet de réaliser la fin vraie de toute société politique.

Cependant ces trois formes politiques peuvent être bonnes, ὀρθαί, quand elles servent au bien de la collectivité, et conviennent aux tempéraments et aux degrés de civilisation des peuples.

Ainsi, quoique le gouvernement absolu d'un seul ne puisse jamais être en soi ni juste ni utile, la monarchie peut être bonne pour les peuples barbares, pour les races asiatiques parce que leur âme est naturellement servile [3]. Toutes les trois sont susceptibles d'être altérées, quand elles ne servent plus au bien commun, mais seulement aux intérêts d'une partie de la nation. La monarchie dégénère alors en tyrannie; l'aristocratie en oligarchie; la république en démocratie [4].

La démocratie, qui se propose pour fin unique la liberté absolue, est le gouvernement où le sort dispose de la distribution et de l'investiture des pouvoirs. L'oligarchie a pour fin la richesse : aussi les pouvoirs y sont conférés d'après la fortune, d'après le cens. L'aristocratie a pour fin la perfection de l'éducation et la connaissance comme la pratique obéissante des lois. Cette fin devient le principe de nomination aux magistratures pour lesquelles le citoyen est désigné par sa supériorité intellectuelle et morale, par son caractère, ses talents et ses aptitudes politiques. La monarchie est le gouvernement où un seul est maître de tous : elle ne semble pas avoir une fin différente de la fin de la tyrannie [5], c'est-à-

---

[1] ἀρχὴ πολιτική.
[2] ἀρχὴ ὁμοίων καὶ ἐλευθέρων.
[3] *Id.*, III, 14. διὰ τὸ δουλικώτεροι εἶναι τὰ ἤθη φύσει.
[4] Le mot signifie en grec ce que nous appelons démagogie.
[5] Il est remarquable qu'Aristote a omis de désigner la fin, τὸ τέλος, de la monarchie, dans ce passage où il détermine les fins respectives de chaque gouvernement. On trouve, il est vrai, dans une scolie, les mots : βασιλεία· δὲ (τὸ τέλος) τὸ ἐννόμως ἐπιστατεῖν, qui ont passé dans l'édition de Venise et de là dans d'autres. Mais, comme Vittorio et Vater l'ont déjà observé, ce n'est pas là une fin, et de plus, malgré l'opinion de Brandis (*Philolog.*, 1849, p. 43), ces mots ne sont qu'une glose dont les Mss. ne portent aucune trace.

dire le maintien du pouvoir et le salut du maître, φυλακή [1]. Quand elle garde encore quelqu'ordre et quelque mesure, c'est la royauté, βασιλεία ; mais quand elle ne connaît plus de limites et de bornes, c'est la tyrannie qui n'a d'autres règles que l'intérêt du maître, ses plaisirs, et par dessus tout, la conservation de son pouvoir et de sa vie [2].

Aristote, dans sa *Rhétorique* renvoie, pour plus de détails, le lecteur aux livres de sa *Politique* où il a traité à fond ce sujet intéressant, et se justifie de ne pas en répéter les analyses aussi profondes qu'exactes, dont aucune, même après Montesquieu, n'a perdu, pour la science politique, son intérêt théorique et spéculatif, ni son utilité pratique. Nous emprunterons à cet ouvrage spécial quelques-unes des considérations les plus importantes qu'il renferme et qui y sont développées.

Toutes les formes de gouvernement doivent se proposer pour but au moins apparent l'intérêt général : s'ils tendent réellement et loyalement à cette fin, ils sont légitimes, ὀρθαί ; si au contraire ils n'ont en vue que l'intérêt d'un seul, ou d'une partie de la nation, fût-ce la plus nombreuse, ils sont corrompus [3]. Si l'on met de côté un cas exceptionnel, — on voit bien quels sentiments ont inspiré l'idée de cette exception, au sujet, au précepteur, à l'ami du roi de Macédoine, — si l'on écarte la circonstance où un homme se rencontre d'une telle supériorité intellectuelle et morale, dans tous les ordres de l'activité humaine, qu'il soit injuste et funeste à l'État de le placer sous l'empire de la loi, qu'il soit au contraire utile et juste de le considérer comme la loi

---

[1] Le mot est équivoque : outre le sens que je lui donne ici, il en a un tout différent ailleurs, celui de gardien des droits, des biens et des libertés des citoyens. *Polit.*, III, 14, βούλεται δὲ ὁ βασιλεὺς εἶναι φύλαξ. Le roi veut empêcher que les propriétaires ne souffrent aucune violence injuste, et que, de son côté, le peuple ne soit point opprimé. Un peu plus loin, il a le sens de garde personnelle : « φυλακὴ βασιλικὴ μὲν πολιτική, τυραννικὴ δὲ διὰ ξένων ». Le roi se fait garder par des citoyens, le tyran par des étrangers.

[2] *Rh.*, I, 8. κατὰ τάξιν τινά. *Polit.*, V, 10. τῆς ἰδίας ὠφελείας χάριν... σκοπὸς τυραννικὸς τὸ ἡδύ. *Eth. Nic.*, VIII, 12. τὸ ἑαυτῷ σύμφερον.

[3] *Polit.*, III, 5. C'est-à-dire que l'essence du gouvernement y est altérée.

même, la loi vivante, comme un Dieu parmi les hommes, affranchi des imperfections et des faiblesses de l'humanité, n'ayant en vue que le bonheur et le bien de ses sujets, qu'il soit ainsi au nom de la raison même le roi naturel, le roi de naissance, que sa domination absolue soit la vraie royauté, la plus juste et la plus parfaite des constitutions [1], si l'on écarte cette invraisemblable hypothèse, ce rêve chimérique, il reste cinq formes de la monarchie, qui sont toutes mauvaises: car la royauté qu'on appelle légale n'est pas une forme, une espèce distincte [2], et ces cinq formes, qui peuvent se ramener à deux : la dictature militaire à vie, et la monarchie absolue [3], sont :

1. Une sorte de généralat inamovible, tantôt héréditaire, comme à Sparte, tantôt électif.

2. La royauté barbare, comme on la pratique dans l'Asie, absolue et tyrannique par essence, fondée sur la servilité native des races.

3. La tyrannie élective [4], tantôt à vie, tantôt à temps, comme le pouvoir des Æsymnètes [5].

4. La royauté héroïque, où le prince est à la fois général, juge, magistrat politique, mais où sa puissance est fondée

---

[1] *Eth. Nic.*, VIII, 12 βελτίστη μὲν ἡ βασιλεία.
[2] *Polit.*, III, 11. ὁ μὲν γὰρ κατὰ νόμον λεγόμενος βασιλεὺς οὐκ ἔστιν εἶδος. Aussi, Digge, Filner et plusieurs autres Anglais se sont appuyés sur ce passage pour soutenir qu'il n'y a qu'une espèce de royauté : la royauté absolue.
[3] *Id.*, III, 16. παμβασιλεία.
[4] Aristote qualifie de tyrannie et la royauté barbare et le pouvoir dictatorial des Æsymnètes, parce que, s'ils tiennent de la royauté en ce que la loi et le consentement des citoyens leur donnent naissance, l'exercice en est arbitraire et despotique.
[5] Ce mot désigne dans Homère (*Od.*, VIII, 258) les présidents, les juges et les organisateurs des jeux :

Αἰσυμνῆται δὲ κριτοὶ ἐννέα πάντες ἀνέσταν,
δήμιοι, οἳ κατ' ἀγῶνας ἐϋπρήσσεσκον ἅπαντα.

A Cumes, à Chalcédoine, c'était le nom d'une magistrature régulière. Dans le sens qu'Aristote lui donne ici, c'est une dictature instituée pour rétablir la paix intérieure troublée ou menacée par la lutte des partis. Le seul Æsymnète que l'histoire nous fasse connaître est Pittacus de Mitylène, qui intervint, en cette qualité, dans le conflit entre les classes populaires et les classes aristocratiques, v < : 610 av. J.-Ch. Cf. Schoemann, *Griech. Allerth.*, I, 158.

sur le libre consentement et limitée par les libres délibérations des citoyens.

5. La royauté paternelle, où l'autorité est sans limite comme celle du père de famille, et qui mène les peuples comme des enfants éternellement en tutelle. C'est la tyrannie véritable, irresponsable, n'ayant d'autre but que l'intérêt du maître et nul souci de celui des sujets, quoiqu'ils vaillent autant et mieux que lui. C'est un gouvernement de violence que pas un cœur libre ne subit sans indignation et sans souffrance.

La première de ces cinq formes de gouvernement n'est pas particulière à la monarchie : les autres se ramènent à la monarchie absolue qui comporte plusieurs degrés d'absolutisme sans perdre son caractère. Elle n'est pas contraire à la nature, puisque la nature a fait des races incapables de se gouverner elle-mêmes et qui ont non seulement besoin, mais soif d'un maître.

En dehors de ces exceptions, que le développement de la culture générale rend de plus en plus rares, lorsqu'il s'agit d'hommes libres, égaux et semblables les uns aux autres [1], ou du moins qui ont conscience d'être capables et dignes de le devenir, le pouvoir d'un seul est toujours funeste, et lui livrer la souveraineté d'une nation c'est proclamer la souveraineté de la bête brute et féroce qui est en chaque homme [2], en lui comme en tout autre. Car la liberté que ce pouvoir lui offre de faire tout ce qu'il veut corrompt l'âme la plus vertueuse [3], et l'empêche de maîtriser et de tenir en bride ce principe du mal que tout homme porte en lui-même [4]. La domination d'un

---

[1] *Polit.*, III, 15. ἔστω δὴ τὸ πλῆθος οἱ ἐλεύθεροι. Le mot *semblables* exprime l'idée profonde qu'un peuple ne doit pas se diviser en classes séparées par les habitudes, les mœurs, les plaisirs, la langue, l'origine, l'éducation. L'unité intellectuelle et morale d'une nation est un élément de sa force, et si les chances de la guerre et les accidents de l'histoire ont introduit dans son sein des individus ou des groupes étrangers, c'est l'œuvre d'une habile et sage politique de les assimiler.

[2] *Polit.*, III, 11. ὁ δὲ ἄνθρωπον κελεύων ἄρχειν, προστίθησι καὶ θηρίον.

[3] *Id.*, III, 16 ἀναστρέφει καὶ τοὺς ἀρίστους ἄνδρας.

[4] *Id.*, VI, 4. τὸ ἐν ἑκάστῳ τῶν ἀνθρώπων φαῦλον.

seul contredit le droit naturel ; les hommes dignes de ce nom ne doivent obéir qu'à la loi, qui est la raison même, c'est-à-dire Dieu dans l'homme [1], à la loi dis-je, c'est-à-dire aux pouvoirs légitimes qu'elle institue et consacre. L'hérédité rend la monarchie plus funeste encore à l'État : car qui peut répondre que par cette coutume érigée en loi, le gouvernement ne tombe en des mains de plus en plus incapables et de plus en plus indignes ?

L'oligarchie consiste, comme nous l'avons vu, dans les privilèges politiques des riches : elle comporte plusieurs degrés. 1. Elle peut admettre un cens relativement modéré qui n'exclut de la participation au gouvernement et à la vie politique que les plus pauvres gens. 2. Ce cens au contraire peut être si élevé que les plus riches seuls aient la puissance gouvernementale. 3. Une troisième forme est constituée par l'hérédité des magistratures ; 4. et une quatrième se forme quand ces magistratures héréditaires se sont affranchies du joug de tout régime constitutionnel et de toute règle légale : c'est la tyrannie à plusieurs têtes.

La démocratie, qui, dans la classification d'Aristote, est une forme altérée et viciée de la république et porterait chez nous le nom de démagogie, repose comme la république sur la liberté et l'égalité ; elle est également susceptible de plusieurs formes : 1. L'une, la plus mesurée, fondée sur une égalité légale et vraie, ne comportant aucun privilège ni pour les classes riches ni pour les classes populaires, se rapproche beaucoup de la république. 2. La seconde exige, pour être admis aux fonctions politiques et administratives, un cens léger mais suffisant pour exclure les plus pauvres, sinon des droits civiques, du moins des magistratures. C'est, comme on le voit, une oligarchie modérée. 3. La troisième forme de gouvernement démocratique rend toutes les magistratures accessibles à tous les citoyens sans autres conditions

---

[1] *Id.*, III, 16. ὁ μὲν οὖν τὸν νόμον κελεύων ἄρχειν δοκεῖ κελεύειν ἄρχειν τὸν θεόν.

que celles de l'indigénat et d'une vie sans reproches. 4. La quatrième supprime cette dernière condition ; mais la loi y est encore souveraine et s'impose même aux assemblées délibérantes. 5. La cinquième naît de fait là où la volonté populaire est maîtresse de la constitution et des lois [1], où il n'y a plus d'autres lois et d'autre constitution que les décisions mobiles et arbitraires de la foule, qu'un démagogue, qui n'est autre chose qu'un tyran, mène à son gré, tant que durent son influence et sa faveur.

Il est facile de voir que le principe de chacune de ces deux dernières espèces de gouvernements, l'oligarchie et la monarchie, a son utilité propre et ses avantages. Une nation a besoin d'être riche pour être puissante et heureuse, car la richesse d'une nation et la richesse des individus, si l'on fait abstraction de certaines causes accidentelles, viennent de l'industrie et du commerce qui ne prospèrent que par l'activité et l'intelligence : c'est le fruit des vertus du travail et de la probité. Il faut reconnaître en outre que la richesse des individus est une présomption, sinon une preuve, d'indépendance dans le caractère ; elle les met à l'abri de certaines séductions, de certaines corruptions ; elle permet un plus libre emploi de la vie, donne des loisirs qui peuvent être consacrés aux fonctions publiques et à l'étude, plus difficile et plus longue qu'on ne le suppose, des questions qui se rattachent aux multiples et compliqués intérêts du pays ; enfin elle a pour effet d'élever le niveau de l'intelligence, d'accroître la somme des connaissances et de favoriser la naissance et le développement des talents dans tous les ordres de l'activité humaine. Il ne faut donc pas interdire à une nation le but que se propose de réaliser l'oligarchie, à savoir la richesse, dont les bienfaits se répandent, par une loi fatale et malgré les apparences et les exceptions particulières, jusque dans les classes déshéritées.

---

[1] *Polit.*, IV, 11. ἐν ᾗ κύριος ὁ δῆμος καὶ τῶν νόμων.

La monarchie elle-même n'est pas sans avantages [1]. C'est un principe d'unité, qui ramasse dans un centre toutes les forces nationales vis-à-vis de l'étranger, qui les coordonne à l'intérieur, et elle peut, en restant fidèle au but de tout bon gouvernement, qui est l'intérêt public, servir d'arbitre entre les partis qui, dans les pays libres, se disputent le pouvoir.

L'aristocratie tend à donner la puissance au plus capable et au plus digne de l'exercer pour l'avantage commun [2] : elle représente déjà un intérêt d'ordre moral, supérieur en soi aux avantages d'ordre matériel que promettent les deux autres gouvernements; mais le principe de la démocratie la dépasse encore sous ce rapport, car ses principes sont : la liberté, l'égalité, la fraternité [3]. Elle est donc fondée sur l'amour des citoyens les uns pour les autres, vrai principe et vrai fondement de l'État : de là résulte nécessairement la participation de tous aux délibérations et aux décisions sur les affaires publiques [4].

Le vrai gouvernement, la république, doit combiner les avantages et être la synthèse harmonieuse, organisée et vivante des principes propres à chacun des autres gouvernements [5]. Elle doit tendre au développement de la richesse, au perfectionnement intellectuel et moral, au maintien de ces grands principes supérieurs à tout : la liberté et l'égalité [6]. Le degré à peu près identique d'éducation et de culture rapproche, plus que toute autre chose, les uns des autres les citoyens

---

[1] Aristote ne mentionne pas ce gouvernement parmi ceux dont les principes, en se combinant, donnent naissance à la république.

[2] κατὰ παιδείαν, κατ'ἀρετήν.

[3] Aristote dit : ἐξ ἐλευθέρων, ἐξ ἴσων, ἐξ ὁμοίων. C'est ce dernier mot que je traduis par fraternité ; car quoi de plus semblable, parmi les hommes, que des frères? *Polit.*, IV, 9.

[4] *Polit.*, IV, 11. ὅταν πάντες τοῦ βουλεύεσθαι μετέχωσιν.

[5] *Polit.*, IV, 7. μίξις τῶν δύο τούτων, δημοκρατίας τε καὶ ἀρετῆς. *Id.*, V, 7. μεμῖχθαι καλῶς ἐν μὲν τῇ Πολιτείᾳ δημοκρατίαν καὶ ὀλιγαρχίαν. *Id.*, IV, 9. ἐν τῇ Πολιτείᾳ τῇ μεμιγμένῃ καλῶς. *Id*, IV, 11. ὅσῳ δ'ἂν ἄμεινον ἡ Πολιτεία μιχθῇ τοσούτῳ μονιμωτέρα. *Id.*, IV, 9. ἀφ'ἑκατέρας· ὥσπερ σύμβολον λαμβάνοντας συνθετέον.

[6] *Id.*, IV, 7. ἡ πολιτεία βλέπει εἴς τε πλοῦτον καὶ ἀρετὴν καὶ δῆμον.

d'une même patrie ; par la similitude des goûts, des idées, des sentiments, des habitudes, elle comble, dans la mesure du possible, les trop grandes distances qui creusent comme un fossé infranchissable entre les individus et les classes, et d'où naissent ces antipathies, ces sentiments mutuels de défiance, d'envie, de crainte, de haine même qui sont précisément l'opposé de ceux qui doivent être le but de toute société humaine, l'amour de l'homme pour l'homme, φιλανθρωπία [1].

La république n'est pas le gouvernement idéal et absolument parfait, mais c'est un gouvernement moyen [2], c'est-à-dire le meilleur possible, car la vertu elle-même est un moyen entre les extrêmes [3]. C'est le gouvernement auquel doivent aspirer la plupart des peuples civilisés, car il fournit au plus grand nombre des citoyens qui en jouissent la plus grande somme de bonheur, la vie la plus heureuse qu'il est possible de réaliser [4].

Tous ces gouvernements, sauf le gouvernement parfait, portent dans leur principe même un germe de corruption et de ruine. L'aristocratie attachée à la conservation des lois existantes, à la stabilité des institutions [5] devient un parti conservateur à outrance, qui ne tient plus compte de la mobilité des choses humaines, un parti de résistance au mouvement et au progrès, dans des vues parfois générales et élevées, mais secrètement et inconsciemment mû par un intérêt de classe ; car l'état de choses qu'il se refuse à laisser changer lui est profitable : il lui semble qu'il n'a qu'à perdre au changement et rien à y gagner.

---

[1] Aristote semble parfois confondre ce gouvernement avec l'aristocratie. *Polit.*, IV, 11. περὶ ἀμφοῖν ὡς μιᾶς λεκτέον. Mais c'est plutôt des analogies qu'il signale qu'une identité d'essence, comme le prouve le passage suivant : « De ces attributions de pouvoirs, les unes appartiennent à la *constitution aristocratique*, les autres à la *constitution républicaine*. »
[2] *Id.*, IV, 11. μέση πολιτεία.
[3] *Id., id.* μεσότητα δὲ τὴν ἀρετήν, τὸν μέσον ἀναγκαῖον βίον εἶναι βέλτιστον.
[4] *Id., id.* πολιτείαν ἧς τὰς πλείστας πόλεις ἐνδέχεται μετασχεῖν.
[5] *Rh.*, I, 8. ἐμμεμενηκότες ἐν τοῖς νομίμοις.

CHAPITRE HUITIÈME

TOPIQUE SPÉCIALE OU LES εἴδη DU GENRE ÉPIDICTIQUE [1]

Il y a entre le genre épidictique et le genre délibératif un apport qui justifie la transition de l'un à l'autre dans l'exposition théorique des matières de la rhétorique. En effet on ne propose guère dans les débats politiques que des résolutions et des actes que l'on croit dignes d'éloges. Il suffit de changer les formes grammaticales du discours pour faire du conseil[2] un éloge. Au lieu de dire : « Ne soyez pas orgueilleux de cette prospérité que vous ne devez qu'à la fortune, mais seulement de ces avantages que vous ne devez qu'à vous-mêmes », ce qui est un précepte, une leçon, dites : « Il n'était pas fier des avantages qu'il devait à la fortune, mais de ceux-là seulement qu'il ne devait qu'à lui-même »,

---

[1] Les discours appartenant à ce genre, tels que ceux de Gorgias et des grands sophistes, portaient le nom d'ἐπιδείξεις, au propre *exhibitions*. On aurait pu les appeler ἀκροάσεις, ἀκροάματα, comme les leçons orales des philosophes, c'est-à-dire *auditions*, puisqu'on ne venait à ces assemblées que pour le plaisir d'entendre. Xénophon (*Symp.*, 2, 2) l'applique à une audition d'airs de flûte et de lyre, et à une représentation de danses, θεάματα καὶ ἀκροάματα. Dans *Hiéron* (1, 14), « l'audition la plus agréable est celle de la louange : τοῦ ἡδίστου ἀκροάματος ἐπαίνου ». Le mot ἀκροάσεις fut adopté par l'usage pour les leçons de philosophie, qui reçurent plus tard la dénomination de πραγματεῖαι, Traités, parce que la science prétendait être une explication des choses. Comme les discours épidictiques étaient le plus souvent lus, on les nommait encore ἀναγνώσεις, lectures. On rencontre souvent, pour en caractériser le but plutôt que pour en définir l'espèce, les formules πρὸς χάριν, πρὸς ἡδονὴν λέγειν.

[2] *Rh.*, 1, 9, 36, ὑποθῆκαι. Mais cette classification des anciens ne paraît pas exacte. Les préceptes de morale, ὑποθῆκαι, appartiennent plutôt au genre épidictique qu'au genre délibératif, et les formes grammaticales ne sauraient constituer une différence d'espèce.

et c'est un éloge. On voit par cet exemple que le genre épidictique, dont la rhétorique spéciale avait fait l'objet de nombreux traités signalés par Aristote [1], se renfermait pour les anciens rhéteurs dans l'éloge et le blâme. Le lieu le plus général en était naturellement le beau, unique objet de la juste louange et de la juste admiration. Par là même il est le genre le plus vaste et le plus compréhensif de tous les genres oratoires : il n'en est pas un seul où il ne tienne une grande place, ne joue un rôle important, quoique épisodique [2]. Il l'est encore plus que ne l'ont conçu les anciens et Aristote lui-même : il ne comprend chez eux que les sujets qui offrent une matière à l'admiration par la représentation et la peinture, au moyen de la parole, de la grandeur et de la beauté morales : j'y fais entrer tous les discours qui, en excitant l'admiration, essayent d'inspirer le désir d'imiter ces beaux exemples, et provoquent des mouvements de l'âme pour réaliser ces nobles modèles [3] ; j'y fais même entrer, sans hésitation, tous ceux qui essayent d'enflammer les imaginations par l'expression de la beauté esthétique soit dans la nature soit dans l'art [4].

L'admiration, ou même simplement l'approbation morale, dont l'éloge est le témoignage exprimé par la parole, est un des plus beaux et des plus nobles sentiments que l'âme humaine soit capable d'éprouver. C'est un amour, comme toutes nos inclinations, mais un amour accompagné d'une joie délicieuse et d'une surprise mêlée de respect pour un objet qui, par sa beauté morale ou esthétique, dépasse la

---

[1] *Eth. Nic.*, I, 9, 1101, b. ταῦτα ἴσως οἰκειότερον ἐξακριβοῦν τοῖς περὶ τὰ ἐγκώμια πεπονημένοις.
[2] *Rh. ad Her.*, III, 8, 15. In judicialibus et in deliberativis causis sæpe magnæ partes versantur laudis aut vituperationis. Ar., *Rh.*, III, 17. τὸν λόγον ἐπεισοδιοῦν ἐπαίνοις. Cic., *de leg. agr.*, II, 1. « Ceux qui ont obtenu de votre bienveillance le droit d'images, sont tenus, dans leur premier discours, par les usages et les traditions de nos pères, d'associer « gratiam beneficii vestri cum *laudibus* suorum. »
[3] Ainsi les discours parénétiques. *Rh.*, I, 9. τὰς πράξεις ὁμολογουμένας λαμβάνειν ὥστε λοιπὸν μέγεθος περιθεῖναι καὶ κάλλος.
[4] Seule, la *Rhétorique à Alexandre* (III, p. 186, Sp.) donne une indication rapide analogue et en glissant : elle définit l'éloge : προαιρέσεων καὶ πράξεων καὶ λόγων ἐνδόξων αὔξησις.

mesure ordinaire. Ce sentiment peut s'adresser à des individus ou à des collectivités d'hommes, familles, peuples, races ; ou à des actions, des sentiments, des talents, des facultés, des arts, des œuvres, ἔργα [1], qui révèlent le caractère et l'âme même, ou encore à des objets de la nature, de l'industrie ou de l'art humains, tels que des villes, des États, des monuments, des pays, des forêts, des montagnes, des fleuves, partout où nous pouvons saisir un rayonnement de la beauté. Cet amour est grand, quand il est sérieux [2], quand il est sincère, quand il se propose un objet digne de lui ; mais il est misérable et ridicule quand, sans but et sans sincérité, il se propose uniquement d'arracher les applaudissements par des tours de force et de virtuosité, en comblant de louanges sans raison et sans mesure des objets qui, au point de vue moral comme au point de vue de l'art, n'ont aucun prix [3] ; il est corrompu et corrupteur, quand il est adressé, dans un but de basse cupidité ou de vile ambition à des hommes qui en sont indignes, ou qui ne méritent pas ces excès d'hommages sans réserve et sans vérité.

C'est ainsi que nous rencontrons dans la littérature oratoire des anciens non seulement les éloges de la Mort, par Alcidamas, de la Pauvreté par Protée le Cynique, de l'Effort par Héraclite, Πόνου ἐγκώμιον, titre que Ptolémée de Naucratès travestissait railleusement en ὄνου ἐγκώμιον, sujets où le paradoxe se donnait pleine carrière, mais où l'on peut mettre encore quelque sincérité et quelque but élevé ; — mais encore les Éloges de la Chevelure, par Dion Chrysostôme, de la Calvitie, par Synésius, de la Mouche et du Parasite, par Lucien, de la Poussière, de la Fumée, de la Paresse,

---

[1] Le mot grec s'applique aux œuvres de l'art comme aux œuvres morales : la poésie et l'éloquence, la peinture, la sculpture, la musique, la danse.

[2] Res severa est verum gaudium.

[3] Le genre ne vise alors que le plaisir, comme le dit Fronton : Facetiarum et voluptatis causa. Synésius (in Dion., p. 316) le caractérisait alors par ces mots : σπουδάζειν περὶ τὰ παίγνια. Aristote lui-même constate qu'on peut louer gravement, ou en se jouant et en riant, χωρὶς σπουδῆς.

par Fronton, même des Pots et des Marmites. Ces jeux d'esprit ne méritent pas d'occuper si longtemps que le fait un discours notre attention et notre temps, puisqu'ils n'ont pour objet que de fausser notre admiration et de corrompre la vertu de la louange en altérant la vraie proportion et la juste mesure des choses et des hommes [1]. D'autre part on rencontre des éloges de personnages morts ou vivants, de nations, de leurs institutions et de leurs lois : le *Panégyrique* d'Isocrate est l'éloge d'une période historique de la vie d'Athènes comme le *Panathénaïque* d'Aristide ; l'oraison funèbre prononcée par Périclès, en vertu d'une loi et par suite d'une délégation officielle, est un tableau des institutions d'Athènes, de sa grandeur, de ses mœurs, de sa gloire associée avec celle des soldats morts pour la patrie [2]. L'éloge est là dans toute sa pureté : il est sérieux, il est sincère, il est vrai ; l'objet en est digne de l'admiration la plus respectable, et si, dans la réalité, quelques ombres obscurcissent certaines parties du tableau, elles disparaissent, même à nos yeux et, à plus forte raison, devaient disparaître aux yeux des contemporains, comme les taches du soleil disparaissent dans la splendeur de ses rayons.

Les Grecs ont peu pratiqué l'éloge personnel, même des morts : ils semblent en avoir pressenti les faiblesses et les périls inévitables. Plutarque [3] cite un éloge de Philippe et d'Alexandre, par Lamachus, contemporain de Démosthène. Il n'en a pas été de même des Romains. Le genre démons-

---

[1] Plat., *Phædr.*, 267, c. τὰ σμικρὰ μεγάλα καὶ τὰ μεγάλα σμικρὰ φαίνεσθαι ποιεῖν. *Isocr.*, IV. τὰ μεγάλα ταπεινὰ ποιῆσαι καὶ τοῖς μικροῖς μέγεθος περιθεῖναι καὶ τὰ παλαιὰ καινῶς διελθεῖν καὶ περὶ τῶν νεωστὶ γεγενημένων ἀρχαίως εἰπεῖν.

[2] Malgré ce caractère officiel et politique, les Ἐπιτάφιοι ne pouvant pas être suivis d'aucune décision pratique, n'appartiennent pas à l'éloquence délibérative : ils faisaient, comme les Oraisons de Bossuet, partie de la pompe funèbre et de la décoration de la solennité. Il y avait là un élément de vanité, *ostentationis*, que la gravité des circonstances ne parvenait pas à faire disparaître, et qui entraînait les plus grands orateurs à sortir de leur sujet pour s'élever à des considérations d'ordre général, philosophique, moral, mais non réellement politiques.

[3] *Dem.*, 9.

tratif, pour Quintilien [1], consiste dans la louange : il reconnaît qu'Aristote et Théophraste l'ont exclu du genre délibératif, ou du moins, comme il s'exprime, *a parte negotiali, hoc est*, πραγματικῇ, *removisse*, et l'ont renfermé exclusivement dans les sujets qui ne visent qu'au plaisir des auditeurs, *ad solos auditores relegasse*. Tel est, dit-il, le sens propre du nom qu'il porte et qui est tiré de l'idée de spectacle, d'exhibition, *ab ostentatione ducitur*. Mais les traditions et les usages, chez les Romains, l'ont introduit dans le genre politique [2], et en ont fait comme une fonction essentielle de certaines magistratures : « *nam funebres laudationes pendent frequenter ex publico aliquo officio, atque ex senatusconsulto magistratibus sæpe mandantur* ». Mais ces oraisons funèbres personnelles ne sortent pas, quoiqu'officielles, du genre démonstratif parce que l'auditoire n'est pas appelé par l'orateur à prendre des résolutions pratiques d'ordre politique. Les orateurs chrétiens, grecs, latins et modernes ont produit toute une littérature de ce genre dans la double forme du Panégyrique et de l'Oraison funèbre. Dans le plus grand d'entr'eux il n'est pas difficile de voir le vice incurable du genre : une exagération insupportable de la louange, qui altère l'histoire, fausse les jugements et dénature la physionomie des faits, et n'est plus qu'un solennel et magnifique mensonge. Ménandre le rhéteur donne de ce fait une raison à la fois très fine et très forte : l'orateur, dit-il, peut sans crainte inventer des vertus que le personnage dont il fait l'éloge n'a jamais eues : car l'auditoire, par situation même, est obligé d'accepter sans examen ni contrôle tous les éloges qu'on en peut faire [3].

L'espèce appelée par les Grecs Βασιλικός [4] est-elle du genre

---

[1] III, 7.
[2] L'Oraison de Lucretius Vespillo, de l'empereur Adrien.
[3] *Rh. Gr.*, Sp., III, 368. διὰ τοὺς ἀκούοντας ἀνάγκην ἔχειν ἀβασανίστως δέχεσθαι τὰ ἐγκώμια.
[4] *Menandr.*, t. III, p. 368.

démonstratif ou du genre délibératif? Ce mot désigne un discours adressé au chef de l'État [1], empereur, roi, ou président d'une république, par des ambassadeurs en mission ordinaire ou extraordinaire, πρεσβευτικοί, à des réceptions solennelles, à l'avènement d'un nouveau prince, à la naissance, à la mort, au mariage d'un de ses enfants. On peut y joindre les réponses faites à ces allocutions. A la même catégorie appartiennent les Κλητικοὶ λόγοι [2], ou discours d'invitation adressés à un magistrat à assister à une solennité ou une fête quelconque, les Προσφωνητικοὶ λόγοι [3], ou Ἐπιβατήριοι, adressés à un haut fonctionnaire qui vient prendre possession de son poste et que viennent saluer ses nouveaux subordonnés, et les Προπεμπτικοί, qui sont, dans les mêmes circonstances, des saluts d'adieu, ou inversement les adieux de celui qui part à ses administrés ou à ses camarades, et que Ménandre appelle συντακτικοί [3], Photius [4], Συντακτήριοι, d'autres Ἐξιτήριοι [5], qui correspondent aux Εἰσιτήριοι.

La question de la classification de ces sortes de discours est assez complexe, comme il arrive d'ailleurs dans toutes les classifications lorsqu'il s'agit de déterminer les espèces qui sont à la limite des genres, et que les genres semblent se disputer : les zoophytes sont-ils des animaux ou des végétaux ? Dans le cas qui nous occupe, la solution dépend de l'influence politique et légale que peuvent avoir les paroles prononcées.

---

[1] Conf. Julian., *Discours à Constantius;* Libanius, *Discours à Constantius et à Constans;* d'autres dans *Thémiste;* le *Panégyrique de Trajan.* Ce sont là des morceaux littéraires qui méritent à peine le nom de discours : par leur étendue et leur forme, ils auraient à peine pu être écoutés de celui auquel ils étaient censés adressés. Le *Panégyrique de Trajan* est une œuvre travaillée pour la lecture et non pour l'audition, mais qui avait pour fond une *publica gratiarum actio* réellement prononcée au Sénat. Cf. Dierauer, *Beitr. z. einer Krit. Gesch. Trajans*, dans les *Budingers Untersuchungen z. Rom. Kaisergesch.* Leips., 1868, 1 vol. Les *gratiarum actiones* répondent aux λόγοι χαριστήριοι dont nous avons des exemples dans *Libanius* et *Thémiste*.
[2] *Id.*, p. 424.
[3] Tels que ceux d'Himérius, *Orat.*, III, X, XIII, XIV. Dion. Halic., 5, traite de cette espèce.
[4] *Bibl. C.*, 165.
[5] Cresoll., *Theatr. Rhet.*, V, 5. Conf. La *Dernière classe* d'Alf. Daudet.

L'*Adresse au Roi* des 221 eût pour conséquence légale l'acte très politique de la dissolution de la Chambre des députés et plus tard les Ordonnances de Juillet 1830, c'est-à-dire au fond une révolution : certes ce n'est pas là une harangue académique. Mais dans les pays où la parole des sujets ne peut avoir aucun effet constitutionnel et légal sur les événements de la politique extérieure ou intérieure, où les discours ne sont que des formules vides, ne pouvant contenir aucune conséquence sur les affaires publiques, formules d'hommages, de dévouement, d'adulation, les discours, quelle qu'en soit la matière, ne sont et ne peuvent être qu'académiques ou épidictiques.

A plus forte raison et sans aucune hésitation faut-il ranger dans cette catégorie les discours auxquels donnent lieu les événements de la vie de famille, tels que :

1. Les Γαμικοί ou Ἐπιθαλάμιοι, prononcés à l'occasion d'un mariage, par un ami, par le prêtre, par le maire. Pas de plus grand bonheur, dit Homère [1],

Ἥ ὅθ' ὁμοφρονέοντε νοήμασιν οἶκον ἔχητον
ἀνὴρ ἠδὲ γυνή.

2. Les Γενεθλιακοί, où l'on fête la naissance d'un enfant ;
3. Les Ἐπιτάφιοι, ou oraisons funèbres ;
4. Les Παραμυθητικοί, ou consolationes, espèce tombée en désuétude, fréquemment employée par les anciens [2] ;
5. Les monodies, discours de lamentations sur un événement funeste, comme une épidémie, un tremblement de terre, un incendie effroyable [3] ;

---

[1] *Od.*, Z, 183.

[2] L'Ode de Malherbe : *Ta douleur, Du Perrier*, etc., est en vers une espèce de παραμυθητικός.

[3] Rien ne marque mieux le caractère académique de tous ces discours que le fait qu'ils sont souvent remplacés par des pièces de poésie. Sous des noms divers, il est facile de remarquer que les modernes ont encore ces mêmes espèces littéraires en prose et en vers, par la raison toute simple que les événements qui les font naître sont de ceux qui ne changent pas.

6. Les Λαλίαι, terme très général, appliqué le plus souvent à des exercices d'école, mais qui, en dehors de cette signification, exprime l'idée d'un discours qui ne s'astreint à aucun sujet, ne rentre dans aucun genre, ne se soumet à aucune règle ni à aucun ordre, ne se propose aucun but, si ce n'est de parler pour le plaisir de parler, et de dire tout ce qui vous passe par la tête [1]. Ils semblent avoir été le plus souvent improvisés, inspirés par la fantaisie et destinés uniquement à montrer la virtuosité de l'écrivain ou de l'orateur ; Bernhardy [2], d'après Wernsdorf [3], donne ce nom de Λαλίαι aux leçons des sophistes, lorsqu'elles étaient courtes et revêtaient une forme élégante. C'était le triomphe de la sophistique oratoire.

7. Enfin les Μελέται ou Ἀγῶνες, qui comprenaient tous les discours destinés à la lecture ou à la récitation publique, sur des sujets imaginaires, de caractère politique ou judiciaire. et qui répondent aux *controversiæ* et aux *suasoriæ* des rhéteurs latins [4], et aux discours prononcés dans les conférences de nos étudiants et de nos jeunes avocats.

Le genre épidictique est caractérisé, à mon avis, par la relation spéciale de l'orateur à son auditoire. S'il renferme l'éloge comme un élément intégrant, il n'est pas nécessairement renfermé dans l'éloge : il peut traiter de matières d'ordre pratique, des affaires politiques, de questions de droit ; il peut chercher à persuader les auditeurs de prendre telle ou telle résolution, d'entreprendre tels ou tels actes, sans perdre son caractère spécifique qui est, que l'assemblée à laquelle il s'adresse n'est pas constitutionnellement établie

---

[1] *Menandr.*, p. 391. ἄτακτον ἐπιδέχεται τὴν ἐργασίαν... ἃ γὰρ βούλει, τάξεις πρῶτα καὶ δεύτερα... ἐξέσται ἡμῖν λέγειν.. ὡς ἂν προσπίπτῃ. On cite comme modèle du genre la plupart des discours de Dion Chrysostome. le *Bacchus*, l'*Hercule*, l'*Electrum*, le *Scythe*, *Zeuxis* et le *Songe de Lucien*. L'expression latine correspondante semble être : *Præfatio*. Ernesti. voc., Aul.-Gell., IV, 15 ; Plin., *Ep.*, I, 13 ; II, 3 ; IV, 11.
[2] P. 595.
[3] Cresoll., *Theatr. Rh.*, IV, 7, p. 193 ; 8, p. 198.
[4] *In Himer*, p. 692.

et n'a pas qualité pour prendre des résolutions légalement exécutoires ; que l'orateur n'y remplit pas un devoir politique, civique, mais parle seulement ou pour son plaisir ou pour un devoir de conscience personnel. Par conséquent les discours d'Isocrate, où les rhéteurs relèvent un état de cause pragmatique, parce qu'il y donne des conseils, συμβουλεύει, ou exhorte ses lecteurs à prendre des déterminations pratiques, παρακλητικοί, προτρεπτικοὶ λόγοι, παραινέσεις[1], où il fait appel à des motifs d'ordre moral ou même politique, tous ces discours sont pour moi du genre épidictique [2], non seulement parce qu'au fond toutes ces productions littéraires visent ce qu'il appelle τὸ κράτιστον τῆς φιλοσοφίας, c'est-à-dire la vertu ou le beau, mais encore parce que toutes les résolutions qui pourraient être déterminées par ces discours ne peuvent, par leur propre force, aboutir à un acte. Par ces mêmes considérations, nous rangeons dans ce genre l'Homélie des orateurs chrétiens, anciens et modernes, et le Sermon qui ont certainement pour but de persuader les auditeurs de prendre certaines résolutions intérieures, προαιρέσεις, et d'y conformer leurs actes.

L'objet commun de toutes ces espèces, c'est le beau, le beau moral et le beau esthétique ; dans tout le genre le sujet

---

[1] Le scoliaste auteur des *Arguments d'Isocrate*. Ulpien (*ad Dem. Olynth.*, I, p. 8) détermine la différence entre les προτροπαί et les συμβουλαί comme il suit : « Dans les συμβουλαί, le bien que nous donnons le conseil de faire est susceptible d'être contesté, et le mode par lequel nous réaliserions cette décision utile peut soulever des oppositions et des objections. Dans les προτροπαί, le bien, c'est-à-dire le but et les moyens sont d'une certitude également évidente ». La *Rhétorique à Alexandre* définit les προτροπαί : « ἐπὶ προαιρέσεις, ἢ λόγους, ἢ πράξεις παράκλησις, une exhortation à prendre certaines résolutions, à prononcer certains discours, à accomplir certains actes ». On plaçait dans la classe des προτρεπτικοί, mais ajoutons du genre épidictique, le IVe discours de Thémiste, et le célèbre discours de Synésius à l'empereur Arcadius, intitulé περὶ βασιλείας.

[2] Comme nos discours de distribution de prix, de récompenses aux expositions et à toutes sortes de concours, d'inaugurations de monuments, de statues, de ports, de chemins de fer.

[3] *Rh.*, I, 3. τέλος δὲ... τοῖς ἐπαινοῦσι... τὸ κάλον. Aristote distingue l'éloge, ἔπαινος, qui a pour objet la vertu et les actions qui y sont conformes, de la louange, ἐγκώμιον, qui s'adresse aux personnes. *Rh.*, I, 9. ἔπαινος ἐμφανίζων μέγεθος

est donc donné, et il ne s'agit plus que d'en faire voir, d'en développer, d'en mettre en pleine lumière et en relief puissant, la grandeur et la beauté. Ce n'est pas un mince mérite. Il faut avoir une âme pure, dit Platon, pour reconnaître la pureté ; il faut avoir une âme belle pour découvrir la beauté, l'aimer et l'admirer. C'est un effort dont tous les esprits ne sont pas capables. Savoir admirer est presqu'une vertu.

Précisément par ce qu'il se meut dans la région du beau, objet de la louange et de l'admiration, et qu'il semble qu'on ne saurait trop le louer et l'admirer, le genre épidictique tolère et même provoque l'exagération [1] ; il invite pour ainsi dire, par l'exaltation et l'enthousiasme qu'il suppose, qu'il exige, il invite à dépasser la juste mesure, la vraie proportion, l'exacte vérité, dans l'appréciation des hommes et des choses, et cela dans les deux sens du bien et du mal. Il ne voit pas les limites et les ombres [2]. Sans être interdit aux deux autres genres, ce penchant à une conception idéale, à une perfection absolue qui altère et transfigure la réalité est le propre du genre épidictique [3].

Le procédé propre au genre délibératif, nous l'avons vu, c'est l'exemple, parce que le passé est la leçon de l'avenir, parce que l'histoire se répète, parce que l'homme et l'humanité sont toujours semblables à eux-mêmes. Le procédé propre au genre judiciaire, nous le verrons plus loin, c'est l'argumentation sous la forme enthymématique, parce que dans l'obscurité et les contradictions qui enveloppent et les faits et les intentions, dans l'incertitude impénétrable qui

---

ἀρετῆς... καὶ κάλλος... δεῖ οὖν τὰς πράξεις ἐπιδεικνύναι ὡς τοιαῦτα. *Id.*, I, 3. ἐγκωμιάζομεν πράξαντας ou le τοιοῦτον, c'est-à-dire ou celui qui les a faites, ou celui qui est capable de les faire.

[1] *Rh.*, I, 9 ; *Cic.*, exornationem.

[2] *Id*, πίπτει δ'εὐλόγως ἡ αὔξησις εἰς τοὺς ἐπαίνους· ἐν ὑπεροχῇ γάρ ἐστιν ἡ δ'ὑπεροχὴ τῶν καλῶν. Tout ce qui dépasse la mesure ordinaire semble beau, paraît grand, même dans l'ordre du mal. C'est la beauté de la force.

[3] *Rh.*, I, 9. ἡ αὔξησις... ἐπιτηδειοτάτη τοῖς ἐπιδεικτικοῖς. *Rh. ad Al.*, 6. τὰς αὐξήσεις χρησίμους... μάλιστα... ἐν τῷ ἐγκωμίῳ. Quint., II, 7. Proprium laudis est amplificare, ornare. Les autres termes sont : augere, tollere, ou en sens contraire : extenuare, abjicere, minuere.

cache les buts et les mobiles, on ne peut essayer de les découvrir que par les procédés logiques du raisonnement inductif ou déductif.

Le procédé propre au genre épidictique est l'amplification. C'est un péril pour l'orateur, ce n'est pas nécessairement un vice du genre. La vision de la beauté, l'effort fait par l'esprit pour la bien exprimer, doivent évidemment emporter l'imagination et le style au delà des bornes de la réalité positive, et tout n'est pas faux dans cette disproportion. La réalité est souvent un mensonge : elle nous donne pour la vérité et l'essence des choses ce qui n'est souvent qu'une conception contingente, passagère et accidentelle. La parole a, dans cet ordre de conceptions, des entraînements presque nécessaires : il y a des choses en présence desquelles on ne peut être ni tiède ni froid. On n'est plus maître ni de sa pensée, ni de son imagination, ni de son langage. Le courant impétueux des idées et des sentiments n'a plus rien qui l'arrête ou le discipline. Le mot est déjà sur les lèvres avant qu'on ait une conscience claire de ce qu'il signifie. Cet échauffement, qui ne permet plus de garder la mesure, est encore exalté par la sympathie ou l'antipathie de l'auditoire qu'on veut dompter par une sorte de violence, quand on sent qu'on n'est pas parvenu à l'entraîner par la persuasion.

Mais il importe aussi que l'orateur ne perde pas de vue la terre et les hommes, qu'il n'oublie pas que même dans la poésie, à plus forte raison dans l'éloquence, la raison et le bon sens sont les maîtres souverains de l'art.

En raison de l'étendue du champ qui s'ouvre à l'éloquence épidictique, qui peut traiter tous les sujets en les considérant au point de vue de la beauté, il est difficile d'établir pour ce genre une topique vraiment spéciale. Aristote cependant a analysé les points de vue généraux et divers sous lesquels on peut envisager l'idée du beau qui en est la fin, τὸ τέλος [1],

---

[1] N'oublions que la rhétorique ne peut être ni une morale ni une esthétique : elle ne traite que des formes et ne vise pas à atteindre le fond des choses : λόγων,

ou comme diront les rhéteurs postérieurs, la fin capitale, essentielle, κεφαλαῖον τελικόν.

Le beau moral est ce qui étant préférable par soi, αἱρετόν, est en même temps et par cela même digne de louange, ou encore ce qui étant bon, est en même temps agréable parce qu'il est bon [1]. Telle est la vertu et ses différentes espèces, ses causes et ses effets, comme aussi les signes extérieurs qui la manifestent et en révèlent la présence et l'influence. L'analyse des formes et des espèces de la vertu et du beau moral a été déjà exposée et présentée plus haut; nous avons vu que le second moyen de produire la conviction dans l'esprit des auditeurs, δευτέρα πίστις, est de leur faire paraître, par la vertu de la parole, l'orateur comme un homme de bien et digne d'être cru. Nous ne répéterons pas ce que nous avons dit à ce sujet, nous nous bornerons à le compléter.

Au nombre des choses qui méritent le nom de belles, il faut placer toutes celles dont la récompense est uniquement l'honneur, ou du moins qui rapportent plus d'honneur que d'argent; celles qu'on fait dans une vue absolument désintéressée, par un dévouement aux autres qui va jusqu'au sacrifice de soi-même [2]; les biens naturels, ceux qui ne nous rapportent aucun avantage personnel, qui nous appartiendront plutôt dans la mort que dans la vie : car dans la vie, l'homme ne peut guère se dépouiller complètement de l'amour de soi; toutes les œuvres de libéralité et de bonté faites pour le bien d'autrui; les actes de gratitude, les bienfaits; les choses dont le contraire nous ferait rougir de honte;

οὐ πραγμάτων. C'est une science formelle. C'est ce que Cicéron n'a pas suffisamment compris, en exigeant de l'orateur qu'il ait non seulement parcouru, mais approfondi le domaine entier des connaissances humaines. « *Scientia comprehendenda rerum plurimarum... omnium* rerum magnarum atque artium *scientiam consecutus.* »

[1] C'est la belle maxime, présentée sous une autre forme, dans l'*Éthique à Nicomaque* (I, 9, 1099, 17). « L'homme vraiment bon est celui qui, en agissant conformément à la vertu, jouit et est heureux d'agir ainsi. »

[2] *Rh.*, I, 9, 17. πκριδῶν τὸ αὐτοῦ. C'est le comble de la vertu, dira plus loin (§ 29) Aristote, de faire du bien à tous les hommes, τὸ πάντας εὖ ποιεῖν.

celles pour lesquelles on ne rougit pas d'entrer en lutte et en concurrence avec un rival.

Il est beau de se venger de ses ennemis ; car cela est juste et est de plus le signe d'une âme vaillante ; il est beau de vaincre; il est beau d'être honoré. Les biens superflus sont beaux, surtout ceux qui n'appartiennent qu'à nous seuls, comme les biens improductifs qui ne peuvent appartenir qu'à un homme indépendant[1] et qui peut s'en passer ; les biens qui nous caractérisent en propre. Il est beau de n'être pas astreint à un travail manuel salarié : c'est la marque d'une existence indépendante.

Il y a des choses qui sont voisines des belles choses et ont quelqu'affinité avec elles ; à défaut des unes, il faudra louer les autres, et par exemple, appeler prudent le caractère froid et perfide ; brave homme, le niais ; doux, l'indifférent. On considèrera comme des vertus les excès qui en réalité les altèrent : on fera ainsi du fou furieux un homme franc, du téméraire, une âme grande et généreuse. Beaucoup d'auditeurs se laissent prendre à ces artifices.

Il faut dans l'éloge bien considérer à qui l'on s'adresse : si, comme le disait Socrate, il n'est pas difficile de louer Athènes dans une réunion d'Athéniens, la chose était moins aisée à Sparte. On devra donc regarder comme beau en réalité ce que vos auditeurs, Scythes, Lacédémoniens ou philosophes jugent comme tel, entrer à cet égard dans leurs idées, et en un mot ranger dans la catégorie du beau tout ce qui estimé et prisé par eux[2] : car il y a au moins en apparence quelqu'affinité. Les hommes pris en masse ne se trompent pas généralement sur ce qui mérite leur admiration et leurs louanges, leur approbation et leur estime.

Sont belles les choses conformes aux lois de la convenance[3]

---

[1] ἐλευθεριώτατα. Il n'est pas comme enchaîné à eux par le profit matériel qu'il en tire.

[2] τὸ τίμιον ἄγειν εἰς τὸ καλόν.

[3] κατὰ τὸ προσῆκον. C'est une des formes du beau, *decorum*, dans laquelle est

et de l'ordre, qui est le propre de l'homme. Il convient à un honnête homme, en dehors de la loi du devoir qui constitue la plénitude de la vertu [1], de ne pas démentir toute sa vie par une action basse et honteuse, par respect seulement pour cette beauté morale que communique à la personne humaine la conformité de ses actes avec ses principes et de ses principes entre eux, c'est-à-dire l'accord avec soi-même [2]. Il est beau encore de dépasser dans le sens du bien ce que cette loi de la convenance nous impose : par exemple, de garder des sentiments de modestie dans la haute fortune, une grande âme dans la mauvaise, de devenir meilleur et plus affable à mesure qu'on s'élève en dignité et en puissance.

Les actions sont l'objet de la louange parce qu'elles mettent en évidence le principe moral, l'intention qui les a produites. C'est donc cette intention, προαίρεσις, qu'il faut faire ressortir ; car c'est elle seule qui constitue la beauté de l'action. Il sera donc bon de montrer que les actes que nous louons ont été souvent reproduits et révèlent une habitude. Une hirondelle ne fait pas le printemps : une bonne action ne constitue pas un caractère. Les circonstances fortuites, les accidents de pur hasard, il faudra s'efforcer de les faire considérer au contraire comme le résultat d'une intention, comme les signes et les preuves d'une âme vertueuse et belle.

---

enfermée, moins impérative que celle du devoir, une loi à laquelle il convient de se soumettre soi et ses actes. Les stoïciens l'appelaient l'ordre et faisaient de cet ordre (rerum agendarum ordinem, et ut ita dicam, concordiam, Cic., de Fin., III, 6), auquel l'homme seul est sensible, le caractère de la beauté : « Unum hoc animal sentit quis sit ordo... nullum aliud animal pulchritudinem, venustatem, convenientiam sentit... constantiam, ordinem. Cic., de Off., I. 4 ; I, 18. « Hoc decorum quod elucet in vita, movet approbationem eorum quibuscum vivitur, ordine, et constantia et moderatione dictorum omnium atque factorum. » Le decorum, τὸ πρέπον, consiste en trois choses : formositas, ordo, ornatus ad actionem aptus. Cic., de Nat. D., II, 58. Decentiam oculi judicant. Cicéron distingue, sans doute d'après les stoïciens, deux genres de beauté : Dignitas, caractère de la beauté virile, et Venustas, caractère de la beauté féminine, la grâce, à laquelle se rattachent le facetum, le lepidum, le jocosum. Note de M. Ravaisson, Mét. d'Ar., t. II, p. 187.

[1] Cic., Orat., 21. Oportere enim perfectionem officii declarat.
[2] Cic., de Fin., V, 27. Quid constanter... quid se dissentiat.

Il ne faut pas négliger de relever même les faits et les circonstances secondaires et extérieures qui accompagnent [1] les actions et leurs auteurs, comme la noblesse ou la supériorité de l'éducation. Ils confirment notre appréciation et justifient nos éloges ; car il est très vraisemblable qu'issu d'une telle race, ayant reçu une telle discipline [2], le héros se soit montré tel que nous le représentons aux auditeurs [3]. Les faits accomplis, les événements passés, l'histoire externe pour ainsi dire de la vie d'un homme, sans constituer une preuve nécessaire de ses habitudes morales et de la beauté de son caractère, en sont cependant des signes qu'il importe de relever et d'interpréter.

La fin et le comble de ces éloges est de proclamer celui qui en est l'objet heureux et bien heureux [4], mots qui expriment des idées très voisines, et même identiques [5], mais supérieures à celles de l'éloge et de la louange [6] qu'ils enferment, comme le mot *bonheur vrai* enferme l'idée de la vertu : les mots εὐδαιμονισμός et μακαρισμός s'adressent donc aux dieux et à tout ce qui par sa perfection, sa grandeur, sa beauté se rapproche le plus des dieux.

Un des lieux spéciaux du genre épidictique qui sert à rehausser, à faire éclater la beauté d'une action et d'un caractère, est de montrer qu'un tel a été seul ou le premier,

---

[1] τὰ δὲ κύκλῳ.

[2] τοιοῦτον. Fortes creantur fortibus ac bonis.

[3] La fin de ce chapitre d'Aristote est obscure, et le texte altéré au moins dans la succession des idées. La distinction entre l'ἔπαινος et l'ἐγκώμιον est aussi vite détruite que posée. On lit τὸ δ'ἐγκώμιον τῶν ἔργων ἐστί, et deux lignes plus bas, ἐγκωμιάζομεν πράξαντας, puis vient la phrase : τὰ ἔργα σημεῖα τῆς ἕξεως· ἐπεὶ ἐπαινοῖμεν καὶ μὴ πεπραγότα. Les distinctions entre les ἔργα et les πράξεις, entre le μακαρισμός et l'εὐδαιμονισμός sont également bien subtiles.

[4] μακαρισμός et εὐδαιμονισμός.

[5] αὐτοῖς μὲν ταὐτὰ-τούτοις δὲ οὐ ταὐτά.

[6] *Eth. Nic.*, I, 12. L'ἔπαινος ne s'applique pas aux choses ni aux êtres parfaits, τῶν ἀρίστων : pour ceux-là, c'est quelque chose de plus grand et de plus beau, μεῖζον καὶ βέλτιον, qu'il faut. Ainsi, quand il s'agit des dieux, ou des hommes qui se rapprochent le plus des dieux, de tout ce qui est d'une perfection supérieure et divine, nous nous servons, pour les louer, des mots μακαρίζειν et εὐδαιμονίζειν... ὡς θειότερόν τι καὶ βέλτιον.

ou l'une des rares personnes qui aient accompli cette action ou présenté ce caractère, ou qui l'aient fait le plus parfaitement. Les circonstances et les temps fournissent d'autres lieux : car ils opposent à nos actions des obstacles qu'il est beau d'avoir vaincus, pace qu'il était difficile d'espérer de les vaincre et qu'on ne pouvait guère s'y attendre. Les succès multipliés prouvent que le bonheur n'a pas été un effet du hasard et qu'il n'est dû qu'au mérite de la personne. Il est beau d'avoir été le premier l'objet de certains honneurs, l'auteur de certaines institutions : tels qu'Hippolochus qui fut le premier l'objet d'un éloge public, qu'Harmodius et Aristogiton les premiers pour qui on éleva une statue dans l'Agora.

Si la personne elle-même ne présente pas une matière suffisante, il faut procéder par comparaison, et par comparaison avec des personnages illustres, ou sinon avec d'autres personnages. Car la supériorité, même dans ce cas, paraît témoigner de la vertu.

Telles sont les sources d'où l'on peut tirer des arguments pour cette partie du genre épidictique qui a pour but l'éloge ou la critique ; car il est clair que les lieux contraires à ceux de l'éloge fourniront des preuves à la critique des hommes et des choses [1]. On peut dire même que ces lieux, tous tirés de l'analyse du beau moral et des aspects divers qu'il peut prendre, servent aussi à l'éloquence épidictique pratique : car ce n'est qu'en montrant et en exaltant la beauté morale de certaines vertus et de certaines actions qu'on peut entraîner les auditeurs à les imiter et à les pratiquer.

Mais il y a une autre beauté que la beauté morale et qui donne naissance à une espèce particulière et non pas la moins féconde, surtout chez les modernes, de l'éloquence démonstrative. Comment se fait-il que les anciens ne l'aient ni dénommée ni distinguée, et qu'Aristote n'ait pas dressé la

---

[1] *Rh.*, I, 9, 41. πρὸς ποῖα δεῖ βλέποντα; ἐπαινεῖν... ἐκ τίνων τὰ ἐγκώμια γίγνεται καὶ τὰ ὀνείδη

liste des lieux communs qui lui sont propres. Je ne me l'explique qu'à moitié. La critique d'art leur paraissait sans doute se rapprocher trop de l'enseignement, du genre didactique, qu'ils excluaient de l'éloquence, parce que tout art repose sur des vérités nécessaires ou démontrées et que l'éloquence se meut dans le vaste mais flottant domaine du vraisemblable. Il semble qu'il y ait là quelqu'exagération. Il peut arriver, il arrive fréquemment qu'un orateur veuille, devant une assemblée qui n'est pas une réunion d'étudiants, exposer et faire comprendre, sous l'une de ses formes, la beauté dans la nature ou dans l'art, sans avoir la prétention de formuler ses opinions dans un système scientifique et de les démontrer par des arguments techniques. Il peut vouloir, en ne s'adressant qu'à des auditeurs volontaires, d'une culture moyenne, accessibles seulement à des raisons vraisemblables [1], faire naître chez eux le sentiment du beau, en éclaircir la notion, en développer et en fortifier le goût ; pour cet orateur [2], la rhétorique, sans avoir la témérité d'instituer un cours d'esthétique, fait, il me semble, chose utile et remplit sa fonction nécessaire en rassemblant les lieux spéciaux propres à cette espèce d'éloquence. C'est toujours du fond des choses que doit sortir l'éloquence.

Le beau est une idée [3].

L'idée du beau ou la beauté première est ce qui par sa présence rend belles les choses que nous appelons telles, de quelque façon que cette participation s'opère.

La beauté est au nombre de ces choses qui font de Dieu un Dieu véritable [4].

---

[1] μήτε ἀσαφεῖς μήτε ἀκριβεῖς.

[2] Un ministre assistant et présidant aux distributions des récompenses, dans une école des Beaux-Arts ou au Conservatoire, inaugurant un de ces établissements, ou inaugurant une fête donnée par ou pour des artistes, et où l'éloge de l'art et du beau doit trouver sa place.

[3] Plat., *Rep.*, V, 479, a. ἰδέα τις αὐτοῦ κάλλους. *Phædr.*, 250, d. αὐτὸ τὸ κάλλος.

[4] Comme ce trait est profondément grec ! Si Dieu n'était pas beau, il ne serait pas Dieu.

Dieu est tout ordre et tout harmonie : la beauté est un épanchement de ses rayons.

En toute chose, la mesure et la proportion constituent la beauté comme la vertu.

Le bien est la splendeur de l'être[1] ; le beau est la splendeur du bien. C'est le bien, seul objet de l'amour, qui donne aux choses les grâces.

Tout ce qui est beau est bon ; tout bien est beau.

Le beau se reconnaît d'abord et surtout à ce caractère : il est la seule chose que tout le monde aime, ce qui est éminemment et souverainement aimable.

Nous ne pouvons aimer que le beau.

Le monde est beau parce qu'il contient l'âme, la vie, l'intelligence, l'ordre, et l'ordre c'est l'unité, la proportion, l'harmonie.

Le beau se reconnaît encore à ce caractère : l'amour qu'il fait naître est noble, désintéressé, pur, fécond : le génie n'est autre chose que cet amour, dont les produits sont les chefs-d'œuvre des arts du beau.

La convenance et l'utilité ne sont pas étrangères à la beauté : elles ne la constituent pas, mais elles la confirment et la complètent.

Le beau est enfermé dans le monde des formes et de la vie.

La beauté est, non précisément ce qui est aimable, mais le symbole sensible de ce qui est aimable, mais sous la forme du bien.

La grâce et la beauté sont l'effet de l'accord harmonieux des parties entr'elles, qui se distingue de la convenance en ce que celle-ci n'est qu'un rapport d'un objet à sa fin, c'est-à-dire à une chose autre que lui-même.

La forme essentielle de toute beauté est l'unité qui est l'accord le plus parfait, et qui, dans les choses composées,

---

[1] Plat., *Rep.*, VII, 518. τοῦ ὄντος τὸ φανώτατον.

n'est réalisée que par la proportion et l'harmonie, c'est-à-dire par l'ordre ou le nombre.

On peut appeler beau tout ce qui contient en soi de quoi réveiller dans l'entendement l'idée de rapport et qui la réveille.

Le beau se distingue du bien en ce que le désir du bien se repose et se satisfait dans le bien même : l'aspect seul et la contemplation suffisent à satisfaire le désir et l'amour du beau.

Le beau est ce dont l'appréhension seule plaît.

Le beau consiste dans la grandeur ordonnée.

Les plus grandes formes du beau sont l'ordre, la proportion et la limite.

Le beau est ce qui, sans concept, nous donne une satisfaction universelle et désintéressée, produite par la conscience intime de l'harmonie de nos facultés représentatives, et en outre par l'idée que l'objet peut être considéré comme ayant avec nous une relation de finalité.

La conscience de cette finalité constitue le plaisir du beau, et le beau est la forme de la finalité d'un objet, en tant que cette finalité y est perçue sans représentation de fin réelle.

La nouveauté nous plaît, c'est-à-dire, contient un élément de beauté parce qu'elle alimente la curiosité, principe d'activité intellectuelle.

L'expression dans l'art est ce qui représente l'âme, ses passions et ses idées.

La grâce, quoiqu'indéfinissable, est un trait nécessaire de la beauté.

La grâce est la beauté de la forme sous l'influence de la liberté, et c'est par le mouvement, imprimé par l'âme, qu'elle se manifeste.

Le beau est non seulement la forme extérieure du vrai, mais le vrai même.

Le sentiment du beau naît lorsqu'à travers les formes visibles l'esprit découvre l'essence invisible.

La vie est forme et la forme est beauté.

Le beau est la forme une et diverse, et de plus la force ou énergie qui crée cette forme.

Ce qui vit, ce qui est un, ce qui émeut nos facultés, excite notre désir, élève notre esprit, la force, la vie, la forme, voilà le beau.

Le calme est une beauté.

La beauté est dans la perception des formes ; l'expression dans leur signification ; la poésie dans la suggestion. La beauté se voit ; l'expression se conçoit ; la poésie se devine. La beauté est l'objet même dans sa splendeur, l'expression en est l'âme, la poésie l'environne comme une auréole. La beauté dépend surtout de conditions objectives ; l'expression et la poésie de conditions subjectives.

Le beau est à la fois une forme et une idée, une forme engendrée de l'idée et sous laquelle on voit apparaître l'essence, l'élément général et intelligible des choses.

Le caractère, cette force d'individualité qui maintient, au sein des êtres, leur unité et leur essence propre, est le premier degré de la beauté. Le second degré est la grâce, où, par sa perfection même, la forme est comme anéantie, et ne sert plus qu'à manifester l'essence. La grâce est une aimable essence où l'on ne distingue plus l'opposition de la forme et de l'idée qu'elle concilie et dont elle est l'unité. Le dernier degré de la beauté est atteint, lorsque le caractère est supprimé ou dominé par le désintéressement ou le sacrifice. On sort ici de la sphère des idées esthétiques, pour entrer dans le domaine du beau moral.

Dans la nature, le beau c'est la vie, dont le caractère est l'unité.

L'art est la transformation du réel en forme expressive du beau : c'est l'homme ajouté aux choses.

Le beau commence où finit le besoin.

CHAPITRE NEUVIÈME

LA TOPIQUE SPÉCIALE OU LES εἴδη DU GENRE JUDICIAIRE

§ 1. — *Les états de cause.*

Il est singulier, et M. Havet en avait déjà fait la remarque, qu'Aristote, qui se plaint de la prédilection des rhéteurs pour le genre judiciaire et des développements excessifs qu'ils avaient donnés à la théorie de ce genre, s'en soit occupé lui-même avec un soin tout particulier : c'est une concession qu'il s'est vu, comme ses prédécesseurs, obligé de faire à l'importance de cette forme oratoire, importance due à l'étendue et à la gravité des intérêts pratiques qu'elle est appelée à servir.

Le premier soin de l'orateur judiciaire, c'est de rechercher et de déterminer avec précision[1] l'essence vraie, le point

---

[1] Cette recherche était imposée, non seulement à l'avocat, mais à tout orateur, dans quelque genre qu'il exerçât son art. C'était, suivant les stoïciens, la première partie de l'éloquence, le premier devoir de l'orateur, qu'ils appelaient νόησις, intellectio. Sulpit. Victor., p. 257 et 315 : « Dicendum est quæ officia sunt oratoris : sunt autem, ut traditum est, tria, intellectio, inventio, dispositio. Etenim, causa proposita, primum intelligere debemus, cujusmodi causa sit (*Rh. Gr.*, V, 217; VII, 15), c'est-à-dire comme il l'explique plus loin : Intelligendum primo loco est, thesis an hypothesis ; quum hypothesin esse intellexerimus, id est, controversiam, intelligendum erit an consistat (si elle a un état de cause), tum ex qua specie (à quel genre oratoire elle appartient) deinde ex quo modo, deinde *cujus status*, postremo cujus figuræ. » *Rh. Gr.*, V, 217. νόησις μὲν γνῶναι τὸ πρόβλημα εἰ πολιτικόν ἐστιν, ἢ μή, καὶ εἰ συνίστατι, ἢ μή, καὶ ἐπὶ ποῖον εἶδος ῥητορικῆς ἢ στάσιν ἀνάγεται. C'est une erreur de confondre, comme l'ont fait plusieurs rhéteurs, l'invention avec la recherche de l'essence du sujet que l'on se propose de traiter, du genre ora-

capital de la cause qu'il entreprend de soutenir[1], c'est-à-dire suivant la technologie des rhéteurs, d'établir l'état de cause ou de la question, laquelle doit toujours porter sur la notion du juste ou de l'injuste.

La théorie de l'état de cause, dont Quintilien attribue l'invention à Théodore qui l'appelait κεφάλαιον γενικώτατον [2], la question capitale la plus générale, le point central et comme le foyer du débat, ad quod referantur omnia [3], n'était pas encore constituée à l'époque d'Aristote comme une théorie systématique et doctrinale [4], quoiqu'elle paraisse avoir déjà été mise en pratique. Le mot στάσις, status, constitutio, dont le sens technique primitif est diversement expliqué [5], signifie : le point capital du débat, dans les questions qui touchent l'idée du juste et dont la solution appartient aux tribunaux. C'est par une extension manifestement abusive que la théorie des états de cause a voulu embrasser toutes les questions, thèses et hypothèses, qui peuvent fournir le sujet d'une controverse ou d'une exposition oratoire [6].

toire auquel il appartient, et de l'état de cause auquel il se rapporte. Cette dernière recherche est ce qu'Hermagoras (Quint., III, 3) appelait Judicium, et il ne faut pas confondre ce jugement préalable avec le choix des arguments à employer. C'est pourquoi Théodore (Quintil., II, 15), appelait la rhétorique à la fois ars inventrix et judicatrix (quid dicas).

[1] Cic., Or., 35 et 36. Illud in quo quasi certamen est controversiæ quod Græce κρινόμενον dicitur, ou, comme dit Vossius, quod in judicium venit, le point à juger.

[2] Le terme technique de στάσις est attribué à Naucratès, disciple d'Isocrate, ou à Zopyre de Clazomène, rhéteur du IIIᵉ siècle av. J.-Ch. (Quintil., III, 6, 3.)

[3] Quintil., III, 6. Cic., de Inv., prima causarum conflictio ex depulsione intentionis profecta.

[4] Arist., Rh., I, 13, et III, 17. Le système est exposé par Hermagoras, commenté par Porphyre, et développé surtout par Hermogène et ses commentateurs grecs, Syrianus, Sopater, Marcellinus, les deux Apsine, Phœbammon et Doxopater. Chez les latins, outre Cicéron et Quintilien, elle a pour adeptes Fortunatianus, qui semble reproduire fidèlement la doctrine d'Hermagoras, Marius Victorinus, commentateur des ouvrages de rhétorique de Cicéron, Sulpicius Victor et S. Augustin. Cf. Voss., Instit. Orat., l. 1, p. 177.

[5] Quod in eo causa consistat. Prolegg. ad Sch. Hermogen., p. 14. παρὰ τὸ ἑκάτερον τῶν ἀγωνιζομένων ἵστασθαι περὶ ὃ νομίζει δίκαιον... στάσις καλεῖται ἡ ἐν δικαστηρίοις ἀμφισβήτησις. Cassiodor., Comp. Rhet., p. 337. « Veluti cardo in quo tota causa versatur ». Sopat., Rh. Gr., V, p. 77 : παρὰ τὸ στασιάζειν ἐν ἑαυτοῖς τοὺς ἀγωνιζομένους.

[6] Comme par exemple : Sitne liber qui est in assertione, c'est-à-dire, est-il libre

C'est ainsi qu'Athénée le rhéteur y ramenait le genre προτρεπτικός ou parénétique, le genre συντελικός qui paraît se rapporter à l'état conjectural, le genre ὑπαλλακτικός qui consiste dans la question de la dénomination du fait, dénomination susceptible d'être changée en son contraire, enfin le genre judiciaire.

Dans ce dernier genre, où nous la considèrerons exclusivement, Aristote paraît établir quatre états de cause [1] ; car l'avocat doit établir, dans le rôle de défenseur, par exemple :

1. Ou bien que le fait allégué n'a pas eu lieu, ὅτι οὐ γέγονεν : c'est l'état conjectural, στοχαστικὴ στάσις.

2. Ou bien qu'il n'a pas causé de tort, que l'agent n'a pas commis d'injustice envers telle personne, ὅτι οὐκ ἔβλαψεν : c'est l'état de définition, ὁρικὴ στάσις, où le débat s'engage sur le nom légal à donner au fait : ὁρικὴ ὀνόματος, *controversia nominis* ou *quid sit*.

3. Ou bien que le fait avoué et avoué comme injuste n'a pas la gravité que lui attribue l'adversaire, et n'a pas causé un tort aussi grand qu'il le prétend, ὅτι οὐ τοσοῦτον. C'est l'état de quantité, στάσις ποσότητος ou πηλικότητος, où il s'agit de mesurer le degré de culpabilité légale ou morale du fait : *quam magnum sit*.

4. Ou enfin que le fait avoué est juste, ὅτι δικαίως : c'est l'état de droit, *juridicialis*, στάσις δικαιολογική, ou de qualité, *qualis sit*, où l'on soutient qu'on a pour soi la justice et le droit [2].

---

celui qui engage un procès en revendication du droit de citoyen libre, ou encore : An divitiæ superbiam pariant? Vossius (*Inst. Or.*, 1, p. 116), tout en étendant à tous les genres la théorie des états de cause, en montre l'application plus particulière au genre judiciaire en se fondant sur la définition de Cicéron : Fit ex accusatoris intentione, προβολή, et depulsione defensoris, ἀντιπροβολή : définition qui ne touche que le genre judiciaire.

[1] *Rh.*, III, 17.
[2] Les rhéteurs postérieurs firent un seul et même état des deux catégories du *quid* et *du quale ;* ce fut l'état de définition. Par contre, ils appelèrent l'état *juridicialis*, état de qualité. Quintil., III, 6. *Rhet. ad Heren.*, Hermogen., p. 139 : « Si la question se pose, ἵσταται, sur la qualité du fait, par exemple : s'il est juste ou légal, le nom général de cet état est la qualité : ποιότης.

A ces quatre états on pourrait encore joindre celui qu'on appelle μεταληπτική, translatif, ou ὑπαλλακτική μετάστασις [1], où l'on soutient que l'action intentée n'est pas légalement intentée, παραγράφεται, que la procédure n'est pas régulière, soit quant aux juges, soit quant au temps, soit quant à la loi, soit quant à la qualification légale : il faut alors plaider que la cause doit être appelée devant un autre tribunal ou modifiée dans sa nature [2]. Cet état de cause parait comprendre tout ce que nous entendons par questions de compétence, fins de non recevoir, exceptions, déclinatoires, récusations. Il semble que le droit romain en fasse mention sous les noms de transcriptiva, transpositiva, translativa.

L'état de qualité comprenait le genus legale, γένος νομικόν, qui se divisait en quatre espèces :

1. L'espèce qui porte sur le texte et sur l'intention, κατὰ ῥητὸν καὶ διανοίαν, constitutio scripti et voluntatis.

2. L'espèce συλλογισμός, qui repose tout entière sur des arguments de raison, constitutio ratiocinationis, quum res, sine propria lege, venit in judicium, quæ tamen ab aliis legibus similitudine quadam occupatur [3].

3. L'espèce appelée ἀμφιβολία ou ambiguitas, quand il y a incertitude sur le sens de la loi.

4. L'espèce appelée ἀντινομία quand il y a contradiction réelle ou apparente entre deux ou plusieurs lois.

---

[1] L'argument grec du discours d'Andocide c. Alcibiade porte : « Les uns disent que l'état est de définition, les autres qu'il est de fait, πραγματική. A proprement parler, l'état est d'abord translatif, μετάληψις ; car l'orateur prétend en premier lieu que l'action n'est pas légalement intentée. Dans la seconde partie, l'état est réel, de fait, πραγματική, car il y soutient qu'il est juste et utile de bannir Alcibiade. » Hermagoras appelait pragmatique, negotialis, la question dans laquelle *de rebus ipsis quæritur, remoto personarum complexu*, et juridicialis, celle où se débattaient les mêmes oppositions, mais *certis distinctisque personis*. Cicéron (*de Inv.*, I, 2), entend autrement le mot *negotialis* : « Negotialis est in qua quid juris ex civili more et æquitate sit, consideratur : cui diligentiæ præesse apud nos jurisconsulti existimantur. » Quintilien pense que c'est une erreur de Cicéron. D'autres commentateurs sont d'avis que la *juridicialis* se rapporte à un fait accompli, la *negotialis* à un fait à venir.

[2] *Ad Herenn.*, I, 11. Quum aut tempus differendum aut accusatorem mutandum aut judices reus dicit.

[3] *Ad Herenn.*, I, 13.

Le genre rationnel, λογικόν γένος, qui forme la seconde division de l'état de qualité [1], pose la question sur les causes et les raisons des faits incriminés qui ne portent pas sur un document légal [2].

L'état de définition comportait également plusieurs espèces.

1. L'ὅρος κατὰ κρίσιν, lorsque la définition se fonde sur un jugement rendu.

2. L'ὅρος κατ'αἴτησιν, lorsque la définition n'est pour ainsi dire qu'un postulat de l'avocat qui la pose et demande qu'on l'accepte.

Ce sont là des définitions simples, ἁπλοῖ : il en est de composées, διπλοῖ, qui se partagent en cinq classes :

1. L'ὅρος ἀντονομάζων, où la définition met un nom à la place d'un autre, comme dans le discours de Lycurgue contre Léocrate, où chacune des parties définit le même fait d'un nom différent.

2. L'ὅρος κατὰ σύλληψιν ou συμπλοκήν, où les deux dénominations opposées, employées à la définition, sont logiquement

---

[1] Et suivant d'autres rhéteurs, la seconde division du genre *politique*, πολιτικὸν ζήτημα, c'est-à-dire du discours en général. *Rh. Gr.*, Walz., V, p. 174; Quintil., III, 5. Omnes fatentur esse quæstiones aut in scripto aut in non scripto. In scripto sunt de jure, in non scripto de re. Illud *rationale*, hoc *legale* genus Hermagoras atque eum secuti vocant. Le tableau suivant résume toute la théorie des états de cause d'Hermagoras (*Rh. Gr.*, V, 174).

Ζήτημα πολιτικόν.

1. γένος λογικόν	2. γένος νομικόν.
1. στοχασμός; 2. ὅρος; 3. ποιότης; 4. μετάληψις.	1. κατὰ ῥητὸν καὶ ὑπεξαίρεσιν; 2. ἀντινομία; 3. ἀμφιβολία; 4. συλλογισμός.

La qualité ποιότης comprend :

1. Le genre délibératif; 2. Le genre épidictique; 3. Le genre judiciaire, δικαιολογία; 4 Le genre pragmatique.

D'après Hermogène, au contraire (p. 139), l'état de qualité, ποιότης, se divisait en :

νομική	λογική.

Le genre λογική en

πραγματική	δικαιολογία.

[2] Volkmann, p. 30, y fait rentrer les quatre états de conjecture, de définition, de qualité et de translation. Les quatre états du genre légal sont *scriptum* et voluntas, leges contrariæ, ambiguitas, collectio.

dans le rapport de l'espèce au genre, comme dans la Midienne.

3. L'ὅρος κατὰ πρόσωπα διπλοῦς ou κατ'ἀμφισβήτησιν ; lorsque deux personnes réclament la responsabilité du même fait ou la propriété d'une même chose, comme dans le discours d'Isée sur l'héritage de Cléonyme.

4. L'ὅρος ἐμπίπτων, où la définition introduit brusquement une autre question : par exemple, un homme non initié aux mystères, en a vu en rêve la célébration, et demande à un initié si ce qu'il a vu en rêve est vrai. L'initié répond affirmativement et est accusé d'avoir révélé le secret des mystères. Dans la question : qu'est-ce que révéler les mystères, se jette la question qu'est-ce qu'un non initié.

5. La cinquième espèce appelée δύο ὅροι réunit deux questions simples. La loi interdit de répandre des libations sur la tombe d'une personne étrangère. Un fils proscrit est trouvé pleurant sur la tombe de son père : c'est une question simple de savoir si les larmes sont des libations ; c'est une autre question simple de savoir si le fils proscrit peut être considéré, relativement au droit des cérémonies funèbres, comme un étranger pour son père.

A l'état de conjecture appartiennent la plupart des discours judiciaires des anciens : il se divise en στοχασμὸς τέλειος, conjectura perfecta, et στοχασμὸς ἀτελής, conjectura imperfecta. Les deux espèces sont simples ou composées : simples, s'il s'agit d'une seule personne ou d'une seule chose ; composées, dans le cas contraire.

Les conjectures composées, συνεζευγμένοι ou controversiæ complexivæ se divisent en :

1. ἐμπίπτων, conjectura incidens, catégorie dans laquelle Ménandre faisait entrer le discours de Démosthènes : *de Falsa legatione*.

2. προκατασκευαζόμενος, conjecture dans laquelle il y a un incident préalable à éclaircir avant d'aborder le point conjectural même.

3. συγκατασκευαζόμενος, où les indices du fait et les preuves de la solution sont fondés et s'appuient les uns sur les autres [1].

Sans essayer de faire rentrer dans un système rationnel, ni épuiser dans leurs variétés et espèces toutes ces divisions scolastiques, sans principe rationnel et sans utilité pratique, et qui ne sont ni intéressantes ni curieuses [2], je veux pourtant montrer jusqu'où pouvaient entraîner un bon esprit, comme Hermogène, le goût et la passion de l'esprit classificateur à outrance.

Nous avons vu qu'Hermogène [3] divise l'état de qualité en légal et logique ou rationnel. Ce dernier à son tour se partage en pragmatique ou de fait, et en juridiciel ou de droit [4]. Le point de droit, à son tour, comprend

1. L'ἀντίληψις ou ἐναντία λῆψις, ou constitutio juridicialis absoluta, où l'une des parties prend la position de droit absolument contraire à la partie adverse. Ainsi, à l'accusation : inique occidisti Milonem, on répond par la proposition : non inique sed jure occidi.

2. L'ἀντίθεσις ou constitutio juridicialis assumptiva, où l'accusé, plaidant coupable, cherche à se disculper en produisant des circonstances accessoires atténuantes ou excusatrices. Il y en a plusieurs espèces. Si pour excuser le délit commis, l'accusé oppose un bienfait rendu à la même

---

[1] Là ne s'arrête pas la richesse d'invention et la subtilité des divisions de la rhétorique des anciens. *Sopater* (p. 146) et *Planude* (p. 298), comptent beaucoup d'autres espèces ou variétés de l'état conjectural.

[2] Toute la théorie, qui est juste en soi, a été altérée d'une part parce qu'on a voulu y faire rentrer la classification des genres oratoires et, d'autre part, parce qu'on a prétendu y soumettre toutes les formes de l'éloquence, dont une seule, l'éloquence judiciaire, la comporte.

[3] P. 139. Cassiodor., *Comp. Rh.*, p. 396.

[4] A Rome, c'était le préteur qui donnait les formules ; mais le système des formules est tout spécial au droit romain. Cette formule constituait en quelque sorte l'état de cause ; mais les parties discutaient avec le préteur ou devant lui la rédaction de la formule qui devait leur être délivrée. Rien de semblable n'existait à Athènes, où les questions d'état de cause étaient librement résolues par les avocats, tandis qu'à Rome la position de la question faite par le préteur dans la formule, déterminait l'état de cause, ou du moins limitait la discussion à cet égard.

personne, beaucoup plus grand que le dommage qu'on lui reproche, c'est l'ἀντίστασις, ou *compensatio, comparatio*. Si l'accusé fait retomber ailleurs la faute commise et l'attribue à quelque chose d'extérieur, ce cas, dans sa généralité, n'a pas reçu de dénomination spéciale. Mais si l'accusé retourne la culpabilité sur celui-là même qui l'accuse, c'est l'ἀντέγκλημα, *relatio criminis*. Oreste a tué sa mère: mais le vrai coupable c'est sa mère elle-même. Si l'accusé retourne la culpabilité sur un autre, il est vrai, mais non pas sur l'auteur même de l'accusation, on peut appeler ce cas du nom général de μετάστασις ou *remotio criminis*. On accuse de meurtre un des chevaliers qui ont tué le tribun P. Sulpitius: l'accusé répond qu'il n'a fait qu'obéir aux ordres de son chef, le consul Sylla. Si la responsabilité est renvoyée non à une personne, mais à une chose, à un fait physique, c'est la συγγνώμη, *purgatio criminis*. Les dix stratèges accusés de n'avoir pas sauvé les blessés et recueilli les hommes tombés à la mer, à la bataille navale des Arginuses, répondaient que la faute en était à la tempête, qui ne leur avait pas permis de le faire, sous peine de compromettre la flotte et la victoire même [1].

[1] Je ne parlerai pas des ζητήματα ἀσύστατα, sujets qui ne contiennent pas les éléments d'un état de cause, d'une question qui doit aboutir à un oui et à un non. Si ces sujets pouvaient être le thème d'exercices d'école, ils ne sauraient être d'aucune application à l'éloquence réelle. Cicéron et Quintilien les ont passés sous silence, et il n'y a aucun inconvénient à faire comme eux. Au point de vue de l'histoire de la rhétorique, il n'était pas inutile d'en mentionner au moins le nom. Les *hypothèses* sont constituées, συνεστᾶσι, comme dit Rufus (*Rh. Gr.*, I, 468), par l'αἴτιον, c'est-à-dire par ce qui fonde l'affirmation de l'accusateur, par le συνέχον, c'est-à-dire par ce qui fonde la négation de l'accusé *quo continetur omnis defensio*, ou *firmamentum*) arguments présentés l'un et l'autre par l'orateur, enfin par le κρινόμενον, le point à juger par le tribunal. Tous les sujets où manquent ces éléments ou l'un d'entr'eux étaient appelés ἀσύστατα. Hermagoras en comptait quatre espèces:

1. L'ὑπόθεσις ἐλλείπουσα: Un père bannit son fils sans aucune raison;

2. L'ὑπόθεσις ἰσχύουσα où l'accusateur, par son accusation même, fournit les éléments de la défense de l'accusé. Deux jeunes gens mariés à de jolies femmes se surprennent l'un l'autre sortant la nuit de la maison l'un de l'autre. Chacun d'eux accuse l'autre d'adultère;

3. L'ὑπόθεσις μονομέρης ou ἑτερομέρης où l'accusé ne peut fournir aucun moyen de défense;

4. L'ὑπόθεσις ἄπορος, où il n'y a ni moyen d'accusation ni moyen de défense: Trois voyageurs faisaient route ensemble: deux seulement sont revenus au logis; ils

Les rhéteurs, et Vossius les a suivis, ont réparti les lieux spéciaux du genre judiciaire entre les différents états de cause auxquels il leur a semblé qu'ils se rapportaient plus spécialement [1].

Je préfère, comme l'a fait Aristote, ne pas entrer dans cette répartition souvent arbitraire et qui donne lieu à des répétitions inutiles, et je vais les présenter, comme lui, dans leur ensemble, sinon dans leur succession systématique et méthodique.

Dans le genre judiciaire, le débat [2], dans tous les états de cause, porte essentiellement sur le juste, le droit, la coutume conforme à l'un ou l'autre [3]; il s'agit toujours ou d'accuser ou de défendre, ou encore d'interroger et d'examiner.

L'interrogatoire, ou sorte d'enquête portant sur la vie et le caractère des personnes, constitue moins une espèce qu'une partie du genre judiciaire, où peut se montrer le talent et l'habileté de l'orateur [4]. C'est un élément qui ne peut guère constituer à lui tout seul une forme à part d'éloquence, mais se mêle aux autres formes et a surtout son emploi dans la défensive et dans les répliques, ἀντιλογία. Cette enquête, ἐξέτασις, que Denys d'Halicarnasse appelle encore κρίσις, et δοκιμασία [5], ne procédait pas exclusivement par l'interrogation, quoique ce fût sa forme la plus habituelle: l'avocat y examinait, scrutait, recherchait, interprétait, jugeait les intentions, les paroles, les actes, les rapprochait les uns des autres pour voir s'ils étaient ou non d'accord

---

s'accusent l'un l'autre d'avoir assassiné leur compagnon de voyage. Toute cette théorie des ἀσύστατα semble venir de l'école stoïcienne.

[1] On le comprend dans une certaine mesure, puisque la détermination précise et exacte de l'état de la cause qu'il doit plaider, guide, soutient et contient l'avocat dans la recherche et l'invention, dans le choix des arguments qu'il doit présenter.

[2] Ar., *Rh.*, I, 1. τῆς πρὸς ἀλλήλους ἐντεύξεως.

[3] *Rh Gr.*, IV, 713; V, 347. δίκαιον, νόμιμον, δίκαιον ἔθος.

[4] Quintil., III, 4. Anaximenes septem species... accusandi, defendendi, *exquirendi*, quod ἐξεταστικόν vocant... judicialis generis sunt partes. *Rh. ad Al.*, ch. 37 et ch. 1.

[5] *Ars Rh.*, c. XI.

entr'eux et avec le reste de la vie de la personne attaquée ou défendue [1].

§ 2. — *La nature de l'injustice ; ses causes, ses fins, ses objets.*

Pour connaitre les lieux spéciaux auxquels l'accusation et la défense doivent recourir pour trouver des arguments et des preuves, il faut trois choses :

1. Établir la nature et le nombre des mobiles et des fins qui déterminent à l'action injuste ;

2. Savoir quel est l'état psychologique, la disposition d'âme ou d'esprit qui nous y préparent ;

3. Quels sont les gens envers lesquels nous sommes enclins à la commettre, et par là il faut entendre quelle est leur nature, leur condition, leur situation [2].

Mais avant tout il faut définir ce que c'est que commettre une injustice, ἀδικεῖν.

Trois caractères constituent l'acte injuste, ἀδίκημα, qu'Aristote [3] distingue du fait injuste, τὸ ἄδικον qui n'est pas, comme le premier, nécessairement volontaire : Ce sont : 1. un tort, un dommage causé à autrui ; — 2. la violation d'une loi ; — 3. la volonté, la conscience, et la non contrainte de l'agent [4].

C'est par ce dernier caractère, à savoir l'acte volontaire que se spécifie l'injustice [5], et ce caractère est lui-même déterminé par le fait que l'agent a conscience qu'il fait mal, et fait ce mal sans y être physiquement contraint. La résolution calculée, le choix, προαίρεσις, n'est pas nécessairement enfermé dans l'acte volontaire. Nous n'avons pas délibéré sur toutes

---

[1] Syr., *ad Hermog.*, *Rh. Gr.*, IV, 60. Le discours d'Eschine c. Timarque, est presque tout entier renfermé dans une enquête de cette nature. Aussi dit-il, dans la péroraison (§ 196), τὸν βίον τοῦ κρινομένου ἐξετάσα.

[2] ποίους καὶ πῶς ἔχοντας.

[3] *Eth. Nic.*, V, 10.

[4] *Id.*, βλάπτειν ἑκόντα παρὰ τὸν νόμον.

[5] *Id.*, ἀδίκημα δὲ καὶ δικαιοπράγημα ὥρισται τῷ ἑκουσίῳ καὶ ἀκουσίῳ.

les choses que nous faisons volontairement, mais tout ce que nous faisons après délibération et par détermination calculée, après avoir pesé le pour et le contre, nous en avons conscience et nous le voulons [1].

Lorsque l'acte voulu, qui contient un dommage fait à autrui et la violation d'une loi, est, de plus, le résultat d'une délibération intérieure, il n'est pas seulement un fait injuste : c'est la méchanceté même, l'impuissance de l'homme sur ses désirs, ses volontés et ses actes [2]. Lorsqu'il en est arrivé là, à ne plus exercer sur lui-même, sur son esprit et sur sa volonté, aucun contrôle ni aucun pouvoir efficace, l'homme est entraîné à l'injustice par ses passions et ses habitudes, et à des injustices qui correspondent à ses passions propres : l'avare, en ce qui concerne l'argent ; le débauché, en ce qui concerne le plaisir ; l'insensé par son aveuglement sur ce qui est le juste et l'injuste, et ainsi de même pour tous les objets qui correspondent aux besoins ou aux désirs de l'homme.

Venons maintenant à l'analyse des mobiles et des fins qui nous poussent ou nous inclinent à l'action injuste, et recherchons d'abord en général les causes et les principes de nos actions.

Toutes nos actions sont faites par nous-mêmes, ou non. Celles dont nous ne sommes pas nous-mêmes les auteurs vrais, sont le résultat ou du hasard et de l'accident, ou de la nécessité, qui comprend la contrainte par violence et les besoins irrésistibles de la nature.

---

[1] *Eth. Nic.*, III, 4. La détermination et la résolution ne se confondent pas avec le caractère volontaire de l'acte, ἑκούσιος. Les enfants, les animaux, commettent volontairement des actes auxquels on ne saurait attribuer le caractère d'être délibérés et résolus après délibération, κατὰ προαίρεσιν.

[2] *Eth. Nic.*, V. 10. κακία καὶ ἀκρασία : « Si le tort causé a été fait sans le savoir ni le vouloir, c'est un malheur, ἀτύχημα; s'il a été commis avec connaissance, οὐκ ἀλόγως, mais sans mauvaise volonté, ἄνευ κακίας, c'est une faute, ἁμάρτημα; s'il a été commis dans un mouvement de passion, mais sans préméditation, μὴ προβουλεύσας, c'est un acte injuste, ἀδίκημα; mais s'il a été commis avec préméditation, c'est malignité pure ».

Les actes dont nous sommes nous-mêmes véritablement les auteurs [1] viennent ou de l'habitude ou de l'instinct. Cet instinct, quand il s'associe à la raison, c'est la volonté, qui est ainsi l'instinct du bien ; mais il peut aussi être sourd à la raison, et il devient alors la passion, tous les emportements du cœur, les entraînements et les emportements des sens [2].

Ainsi toutes nos actions se ramènent à sept causes :

1. L'accident fortuit ; 2. la nature ; 3. la contrainte violente ; 4. l'habitude ; 5. la raison ; 6. les entraînements du cœur ; 7. les passions des sens.

On appelle accidents fortuits les actes dont la cause est indéterminée, ou qui ne sont pas dirigés par une intention vers une fin, ou qui ne se produisent ni constamment, ni fréquemment, ni régulièrement. Ce dernier caractère suffit à marquer le hasard, ἡ τύχη, en tant que différent de l'évènement spontané, sans cause aucune, ταὐτόματον. C'est [3] « une cause accidentelle qui a sa place même dans les choses faites en vue d'une fin et de propos délibéré ». Il suffit qu'elle agisse accidentellement et non constamment et régulièrement. Les choses naturelles sont celles qui ont leur cause dans l'être même, qui croissent et se développent en suivant un ordre et une loi, se reproduisent constamment ou le plus souvent identiques. Toute la nature, et toute nature a une fin ; il y a un dessein et une intention dans toutes les

---

[1] ὧν αὐτοὶ αἴτιοι.

[2] Spengel (*Rh. Ar.*, t. II, p. 153) a mis cette analyse sous forme de tableau :

οὐ δι' αὐτούς		δι' αὐτούς	
διὰ τύχην — ἐξ ἀνάγκης		δι' ἔθος —	δι' ὄρεξιν
βία | φύσει		λογιστική (βούλησις)	— ἄλογος
		ὀργή (θυμός) —	ἐπιθυμία

[3] Ar., *Met.*, K. 8, 1065, a. 30.

opérations de la nature [1]. Ce ne sont pas des actions au sens propre, qui enveloppe une intention et une qualité morales. Il est superflu, pour notre objet spécial, la topique judiciaire, de presser trop subtilement ce sujet, et de se demander si les faits contre nature ne sont pas eux aussi, en quelque sorte, selon la nature, ou s'ils ont une autre cause, qui semblerait être la chance, le hasard [2].

On entend par actes contraints tous ceux que les agents ont, il est vrai, physiquement accomplis eux-mêmes, mais sous l'influence d'une force ou d'une impulsion extérieures et contrairement à leurs désirs et à leurs intentions : c'est une espèce de la nécessité [3], qui comprend aussi les mouvements naturels et les entraînements de la passion [4].

L'habitude est une cause de nos actions propres, parce que nous sommes portés à faire ce que nous avons déjà souvent fait, et cette disposition devient comme une seconde nature [5]. Il faut y voir une source de plaisirs ; car même des choses qui naturellement ne sont pas agréables, l'habitude fait un plaisir.

Le raisonnement, λογισμός, est une seconde cause des actions qui ont leur principe en nous-même : c'est la raison pratique et discursive, φρόνησις, qui, à la lumière des idées que nous nous sommes faites du bien et des biens, détermine nos actions vers une fin reconnue avantageuse, ou vers des moyens qui y conduisent, si la fin elle même n'est pas mise

---

[1] Ar., *Phys.*, II, 8, 199
[2] Ceci est en contradiction, — et ce n'est pas la seule qu'on relève dans cette théorie du hasard considérée comme cause, — avec la doctrine de la *Physique* où il est dit que les productions contre nature ne sauraient venir d'une cause fortuite, ἀπὸ τύχης, mais plutôt arrivent vraiment sans cause, et sont des productions spontanées, ἀπὸ ταυτομάτου. Car ce n'est pas la même chose : dans un cas, la cause du produit est intérieure à l'être; dans l'autre, elle lui est extérieure *Phys.*, II, 6, 197, b. 33. τοῦ μὲν ἔξω τὸ αἴτιον, τοῦ δὲ ἐντός. Conf. Grant, φύσις, dans ses notes à l'*Éthique Nic.* d'Aristote, II, 1, 3.
[3] Ar., *Met.*, IV, 5, 1015, a. 26. τὸ γὰρ βίαιον ἀναγκαῖον λέγεται καὶ ἡ βία ἀνάγκη τις.
[4] Id., *An Post.*, II, XI, 94, b. 37. κατὰ φύσιν καὶ τὴν ὁρμήν.
[5] *De Mem.*, 2, 452. τὸ εἰθισμένον ὥσπερ πεφυκός.

en discussion. En un mot, c'est la volonté ou le désir raisonné et raisonnable du bien, ou la pensée fortifiée et pénétrée du désir d'une fin, désir sans lequel elle n'aurait pas la force d'imprimer un mouvement à l'être [1].

La passion, θυμός et ὀργή, est un état passif de l'âme, aussi bien que l'appétit du plaisir, ἐπιθυμία. Le θυμός renferme tous les éléments actifs, énergiques du caractère humain : l'enthousiasme, le fanatisme, l'emportement, l'indignation, l'émulation, le prompt ressentiment de l'injure : nous en avons traité plus haut en parlant des passions oratoires.

L'ἐπιθυμία est l'impulsion passionnée, c'est-à-dire opposée à la raison, vers le plaisir et la volupté, et à laquelle, comme à la passion, participent même les êtres sans raison [2].

Il est inutile de rechercher le rapport de ces causes de nos actions avec les diverses situations sociales ou les différents âges. Si un jeune homme est colère ou débauché, ce n'est pas parce qu'il est jeune qu'il commettra tels ou tels actes : c'est par un effet du caractère irritable ou débauché de sa nature morale. Il en est de même du riche et du pauvre. Si le besoin fait commettre un acte injuste au pauvre, ce n'est pas parce qu'il est pauvre, mais parce qu'il est avide de jouissances. Les actes des honnêtes gens se ramènent également à l'une ou à l'autre de ces causes. L'homme tempérant agit par suite d'opinions et de désirs conformes à la raison, et il en est ainsi des autres caractères. Laissons donc de côté ces rapports dont l'analyse d'ailleurs a trouvé plus haut sa place.

Outre les mobiles internes qui sont comme les ressorts cachés de nos actions, il faut examiner les fins que nous poursuivons, et qui sont comme les forces, les énergies qui mettent en jeu ces ressorts.

Toutes nos actions ont pour fin ou notre bien, notre inté-

---

[1] *Eth. Nic.*, VI, 2. διάνοια δ'αὐτή οὐθὲν κινεῖ, ἀλλ'ἡ ἕνεκά του.
[2] *De Anim.*, III, 9, 5. καὶ ἐν τῷ ἀλόγῳ ἡ ἐπιθυμία καὶ ὁ θυμός.

rêt, soit réel soit imaginaire, ou notre plaisir. Parmi les biens, il faut comprendre la délivrance d'un mal apparent ou réel, l'échange d'un moindre mal à la place d'un plus grand, la cessation de douleurs et d'afflictions et l'échange d'une douleur moins vive à la place d'une plus violente.

Nous avons traité ailleurs du bien avec des développements suffisants et même touché la question du plaisir : sur ce dernier point il convient d'approfondir la matière sans prétendre toutefois à la rigueur philosophique, mais en nous efforçant surtout d'être clairs [1].

Si l'on définit le plaisir en général une sorte de mouvement, d'état actif de l'âme et de la vie qui rétablit tout d'un coup et d'une façon sensible l'être dans sa vraie nature [2], il faut compter parmi les choses agréables ou les plaisirs particuliers, tout ce qui crée et produit cet état.

Les plaisirs sont donc :

1. Tout ce qui est conforme à la loi de la nature, surtout quand l'être s'en est écarté.

2. L'habitude, qui est semblable à la nature, et comme une seconde nature.

3. L'acte accompli sans contrainte et sans effort : de là les plaisirs de la paresse, de l'oisiveté, de l'insouciance, de la rêverie, du sommeil, du jeu.

4. L'objet du désir soit sensible soit intellectuel, puisque le désir est l'appétit du plaisir.

5. Les souvenirs : l'imagination, qui n'est qu'une sensation

---

[1] *Rh.*, I, 10, μήτε ἀσαφεῖς μήτε ἀκριβεῖς. Les formules ἔστω (I, 5 et 6, 2), et ὑποκείσθω ἡμῖν montrent le caractère réservé de ces définitions présentées sous forme hypothétique.

[2] Lucr., *de Nat. rer.*, II, 966. Inque locum quando remigrant fit blanda voluptas. Cette définition, très suffisante pour la rhétorique, parce qu'elle est acceptable et acceptée de tout le monde, n'est pas conforme à la vraie théorie philosophique d'Aristote, qui nie précisément que le plaisir soit un mouvement, un devenir (*Éth. Nic.*, X, 3), et qui le fait consister plutôt dans le repos : μᾶλλον ἐν ἠρεμίᾳ, ἢ ἐν κινήσει (*Éth. Eud.*, VI, 15). Le plaisir est un acte ou sinon, un phénomène concomitant de l'acte qu'il achève et couronne (τελειοῦν. *Éth. Nic.*, X, 4, 6); c'est comme une perfection qui s'y ajoute, distincte quoi qu'inséparable de l'acte même, ὥσπερ ἡ ὥρα τοῖς ἀκμαίοις.

affaiblie, non seulement nous fait jouir du souvenir des joies passées qu'elle rend de nouveau présentes, mais elle transforme en joies les anciennes peines, si ces peines sont entièrement finies et ont été suivies d'honneur ou de biens réels. C'est un plaisir d'être délivré du mal. C'est pour cela que les poètes disent : et hæc olim meminisse juvabit.

> ἀλλ' ἡδύ τοι σωθέντα μεμνῆσθαι πόνον [1].
> μετὰ γάρ τε καὶ ἄλγεσι τέρπεται ἀνήρ
> ὅς τις δὴ μάλα πολλὰ πάθῃ, καὶ πολλ' ἐπαληθῇ [2].

6. L'espérance qui nous fait posséder en imagination l'ojet de nos désirs. Tel est le malade qui se voit déjà en bonne santé ; tels les amoureux qui, en l'absence du bien-aimé, jouissent à la fois de leurs souvenirs et de l'attente du bonheur. C'est même l'indice d'un amour qui commence d'aimer jusqu'au souvenir d'une personne, et de trouver je ne sais quel charme amer dans les gémissements et les larmes que cause son absence.

7. La vengeance, plaisir des dieux, qui satisfait notre colère et dont la perspective seule nous ravit.

8. Le triomphe, non seulement pour les ambitieux, mais pour tous les hommes qui ont soif de grandeur. L'homme a l'âme d'un roi. Il jouit non seulement des triomphes militaires, des succès dans les discussions philosophiques, les débats politiques et judiciaires, mais dans les jeux, même les plus simples, les osselets ou la paume, partout en un mot où il y a rivalité.

9. L'honneur et la réputation, qui nous grandissent à nos propres yeux.

10. L'amitié, dans laquelle il est plus doux encore d'aimer que d'être aimé, de donner que de recevoir [3].

---

[1] Eurip., *Fragm. Androm.*
[2] Hom., *Od.*, XV, 398.
[3] *Éth. Nic.*, VIII, 9; IX, 7; *Magn. Mor.*, II; *Éth. Eud.*, VII, 8; Conf. *Act. Apost.*, XX, 25.

11. Il est agréable d'être admiré et

12. D'être flatté ; car les admirateurs et les flatteurs mêmes nous semblent des amis.

13. La répétition des mêmes actes, qui nous crée des habitudes, et l'habitude par elle-même est agréable, comme le changement qui n'est pas moins dans la nature.

14. L'étude et le sentiment de l'admiration, qui est une fête pour l'âme comme pour l'esprit. L'admiration nous pousse à apprendre, à connaître, nous fait désirer de posséder et de reproduire l'objet admiré, et nous prépare ainsi la satisfaction du savoir, qui est dans la nature.

15. Faire du bien et recevoir des services.

16. Corriger et reprendre les autres.

17. L'imitation, principe des arts, plaît même d'un objet en soi désagréable et odieux, parce que ce n'est pas l'objet même qui cause le plaisir, mais l'exacte conformité de la représentation avec lui : il y a là une sorte de raisonnement rapide et tacite qui nous procure quelque connaissance et par là même quelque charme. Il y a une pensée dans toute œuvre d'art, et c'est là ce qui fait de l'admiration qu'elle provoque une joie si délicieuse, un plaisir si pur, qui donne pour ainsi dire des ailes à l'âme [1].

18. Les catastrophes soudaines qui causent l'étonnement et l'admiration, parce qu'elles nous révèlent les effets inattendus des causes.

19. Tout ce qui nous est semblable et a quelqu'affinité avec notre nature. C'est pour cela que l'homme plaît à l'homme, le jeune homme au jeune homme, et de là le proverbe, qui se ressemble s'assemble.

20. Nous-même nous nous plaisons à nous-même : nos enfants nous plaisent, nos travaux, nos ouvrages littéraires, philosophiques, artistiques, scientifiques, nos œuvres politiques et administratives.

---

[1] χάραν ἀβλαβῆ... κουφίζεσθαι μεθ'ἡδονῆς.

21. Le commandement, la supériorité, τὸ ἀρχικόν, et par suite la sagesse et la science qui sont une sorte de souveraineté : ἀρχικὸν γὰρ τὸ φρονεῖν.

22. Le jeu, les distractions, le rire, les choses, personnes, actions, discours ridicules. De là la malice cruelle du persifflage et de l'ironie : qui résiste au plaisir d'un bon mot, dût-il blesser, même un ami ?

Voilà les choses agréables en vue desquelles il peut nous arriver de commettre des injustices.

Voyons maintenant dans quelles dispositions nous sommes quand nous les commettons ; c'est :

1. Quand, la chose d'ailleurs étant possible et possible pour nous, on a l'espoir d'être ignoré ou impuni, ou quand la peine semble moindre que le profit;

2. Quand on est puissant, riche ; quand on a des amis et des appuis influents et nombreux;

3. Quand on est ami de la victime ou du juge : on échappe ou au soupçon ou au châtiment;

4. Quand on est faible et pauvre, et que le soupçon ne peut pas, avec quelque vraisemblance, porter sur nous. Il est invraisemblable qu'un homme affreusement laid ait séduit une femme : sa laideur même, en écartant les soupçons, l'encourage à tenter la séduction;

5. Quand on n'a pas d'amis ni d'appuis : comment croire à tant d'impudence ?

6. Quand l'acte est horrible, inouï : comment croire à tant de scélératesse ?

Ceux envers qui l'on commet volontiers des actes injustes, sont :

1. Ceux qui possèdent ce qui nous manque ;

2. Les étrangers et les voisins : les uns parce qu'ils sont loin, et que le châtiment, s'il arrive, sera tardif; les autres, parce qu'ils sont proches, et que l'occasion fait le larron ;

3. Les gens imprudents, trop confiants, faibles, timides

qui n'aiment pas se faire des affaires pour des questions d'argent ;

4. Nos amis, parce que cela nous est facile, et nos ennemis, parce que c'est un plaisir ;

5. Les méchants ; car le tort qu'on leur fait semble une vengeance méritée du droit et de la justice.

§ 3. — *De la loi.*

La notion du tort volontaire est maintenant complète : parlons de la loi dont la violation constitue proprement l'injustice de l'acte.

Les notions du juste et de l'injuste sont déterminées par le rapport des actes humains à deux espèces de lois, et par le rapport de ces lois à deux espèces de personnes qu'elles peuvent viser.

La loi [1] est ou particulière : c'est celle qui détermine les rapports des individus entre eux et organise la vie sociale et politique propre de chaque État : elle fonde ou régit sa constitution même, et peut être écrite ou n'être pas écrite, — ou bien elle est universelle, et renferme les règles non écrites, fondées dans la nature, que les hommes reconnaissent et observent universellement dans leurs rapports entre eux, quand bien même il n'y aurait pas eu de communication préalable ni de contrat passé. Ce sont là les lois proprement dites et non écrites : ἄγραφοι νόμοι, ἄγραφα νόμιμα, lois de la nature morale [2] de l'homme, lois naturelles auxquelles doivent être conformes toutes les lois positives. Ce sont ces lois,

---

[1] Il est singulier qu'on ne trouve pas ici une définition de la loi. Celle de Cicéron (*de Leg.*, I, 6) : « Lex est ratio summa, insita in natura, quæ jubet ea quæ facienda sunt, prohibetque contraria », est empruntée aux stoïciens : Νόμον σπουδαῖον εἶναι λόγον ὀρθὸν ὄντα, προστακτικὸν μὲν τῶν ποιητέων, ἀπαγορευτικὸν δὲ τῶν οὐ ποιητέων. — Νόμον κακόνα εἶναι δικαίων τε καὶ ἀδίκων. Chrysipp., *ap. Martian. Digg.*, liv. I, tit. 3, § 2.

[2] On voit ici la confusion de la morale et du droit positif, que les Grecs n'ont jamais voulu séparer.

dont le caractère est d'être universelles, éternelles, immuables, de toute évidence, infaillibles, divines [1], qu'invoque Antigone accusée d'avoir violé une loi de l'État, un décret positif du prince, en donnant la sépulture à son frère. La loi qui ordonnait et réglait la sépulture des morts était devenue pour tous les peuples de race grecque une loi nationale et un devoir sacré [2].

Les Grecs faisaient remonter l'origine de toutes ces lois à Zeus et à Thémis qui portait aussi le nom de Diké. C'est pourquoi ils appelaient la violation de ces grandes règles de la moralité un insolent et impie outrage aux dieux, ὕϐρις, un crime de lèse-majesté divine. Quand elles apparaissent à la conscience humaine, c'est Dieu même qui la visite et l'illumine [3] : car il y a dans la loi morale un Dieu, et un Dieu puissant. Telles sont les lois qui nous prescrivent de témoigner de la reconnaissance à nos bienfaiteurs, de rendre le bien pour le bien, ἀντευποιεῖν, de prêter assistance à nos amis; actions auxquelles sont attachés l'approbation morale, les louanges, les honneurs, les dons libres, parce qu'elles sont des vertus sublimes, tandis que les actions contraires sont l'excès de l'injustice et le comble de la perversité.

Outre ce sens général et très élevé, le terme ἄγραπτα νόμιμα en a un plus particulier : c'est celui par lequel il se rattache à la loi positive et politique et signifie l'équité, τὸ ἐπιεικές,

---

[1] *Antig.*, v. 454.
    ....ἀσφαλῆ θεῶν
    νόμιμα..........
    ....ἀεί ποτε
    ζῇ ταῦτα, κοὐδεὶς οἶδεν ἐξ ὅτου 'φάνη.
Œd. R., v. 865 ...νόμοι πρόκεινται ὑψίποδες, οὐρανίαν
    δι' αἰθέρα τεχνωθέντες, ὧν Ὀλύμπιος
    πατὴρ μόνος, οὐδέ νιν
    θνατὰ φύσις ἀνέρων
    ἔτικτεν, οὐδὲ μήν ποτε λάθα κατακοιμάσει.
    μέγας ἐν τούτοις θεός.
[2] Eurip., *Suppl.*, v. 526.
    θάψαι δικαιῶ, τὸν Πανελλήνων νόμον σῴζων.
    V. 537 ...πάσης Ἑλλάδος κοινόν τόδε.
[3] μέγας ἐν τούτοις θεός.

qui a pour objet de corriger les imperfections et de combler les lacunes inévitables des lois spéciales. L'équité est une forme de la justice qui va au-delà de la loi écrite [1], en mitige l'extrême rigueur, τὸ ἀκριβοδίκαιον, et en fait incliner l'interprétation et l'application dans le sens de la clémence et de la pitié [2]. Ces lacunes et ces imperfections des lois écrites sont, de la part des législateurs, tantôt volontaires tantôt involontaires ; involontaires, quand c'est par oubli ou ignorance qu'ils ont négligé de les compléter ; volontaires, quand ils ont reconnu l'impossibilité d'une détermination précise des faits et se sont bornés à une définition vague, ne s'appliquant qu'au plus grand nombre de cas, au lieu de donner une définition s'appliquant à tous, sans exception, comme il est nécessaire dans une formule légale. Il n'est pas possible, en outre, de déterminer ni même d'énumérer toutes les espèces : la nature des choses est encore plus subtile que l'esprit du plus subtil législateur. Le détail des circonstances irait à l'infini. On est donc obligé de se contenter, dans la rédaction des lois, de formules simples et générales. L'équité les complète et en redresse l'insuffisance.

Outre les lois proprement dites, il y a encore des lois coutumières, fondées sur les habitudes, οἱ κατὰ τὰ ἔθη νόμιμοι, dont l'origine remonte aux commencements de la vie sociale d'un peuple, mais qui ne perdent pas toute valeur, quand les progrès de la civilisation ont institué des systèmes organisés de législation écrite : au contraire, ces coutumes ayant pris racine dans l'âme et dans l'esprit de la nation, faisant pour ainsi dire corps avec ses mœurs et ses traditions, ont souvent une autorité supérieure aux lois formelles et statuent sur des objets d'une valeur morale plus élevée [3].

Il y a, comme nous l'avons dit, deux catégories de per-

---

[1] *Rh.*, I, 13. τὸ παρὰ τὸν γεγραμμένον νόμον δίκαιον.
[2] *Eth. Eud.*, IV, 14. ἐπανόρθωμα νομίμου δικαίου.
[3] *Pol.*, III, 11, 6 ἔτι κυριώτεροι καὶ περὶ κυριωτέρων τῶν κατὰ γράμματα νόμων οἱ κατὰ τὰ ἔθη εἰσίν.

sonnes que peut toucher la loi : ou les individus qui vivent en société, ou le corps social dans son ensemble et son unité[1]. De là deux sortes d'injustices : les unes commises envers les particuliers, comme l'adultère, les coups et blessures ; les autres envers l'État, comme le refus du service militaire.

Nous avons par là les éléments d'une classification générale des faits susceptibles d'être imputés comme fautes, ἐγκλήματα, à leurs auteurs. Ces faits ont enfreint ou la loi civile particulière, ou la loi générale : les auteurs ont agi soit par ignorance, soit involontairement, soit volontairement et avec conscience, et dans ce dernier cas, il y a lieu de distinguer les actes commis avec préméditation et délibération, et les actes commis dans un entraînement passager de passion.

Ces derniers ont été l'objet d'une analyse antérieure.

Quant aux autres, on distingue :

1. Ceux qu'on avoue, mais en constatant la qualification que l'adversaire veut lui appliquer ; on discute même l'objet auquel cette qualification est applicable. Par exemple, nous avons commis un vol, nous l'avouons, mais non un sacrilège[2] ; car l'objet dérobé n'appartenait pas à un Dieu. On a entretenu des relations avec les ennemis : mais ce n'était pas dans l'intention de trahir. Dans tous les cas de cette espèce, il faut s'attacher à définir avec précision en quoi consistent les crimes ou délits, vol, outrage, adultère, trahison, termes qui renferment tous implicitement l'intention délibérée, afin d'être en état, soit dans le cas d'aveu, soit dans le cas contraire, de mettre en pleine lumière le vrai point de droit[3]. C'est là uniquement que portent tous les débats judiciaires. L'acte est-il ou n'est-il pas contraire à la loi et à la justice ? car c'est dans l'intention, dans la résolution délibérée, ἐν τῇ προαιρέσει, que réside toujours la culpabilité ou la non culpa-

---

[1] *Rh.*, I, 13. πρὸς οὓς δικῶς... ἢ γὰρ πρὸς τὸ κοινὸν, ἢ πρὸς ἕνα κοινωνούντων.
[2] *Rh.*, I, 13. ἱεροσυλῆσαι.
[3] *Id.*, ἐμφανίζειν τὸ δίκαιον.

bilité. On a porté des coups à une personne : ce n'est pas une conséquence nécessaire qu'on l'ait outragée ; il faut connaître l'intention, τὸ ἕνεκά του.

§ 4. — *De l'équité.*

L'équité a pour but de réparer les imperfections et de suppléer au silence de la loi.

1. Il y a lieu d'appliquer la règle de l'équité, pour adoucir la rigueur de la loi, aux actes qui méritent le pardon.

2. Il ne faut pas vouloir frapper de la peine du talion les fautes qui ne révèlent pas une intention mauvaise, les malheurs que la raison ne pouvait prévoir et qui ne sont pas en soi entachés de méchanceté, ἀπὸ πονηρίας, ni même les actes injustes qu'à pu causer la passion [1] : il est équitable de juger les actions humaines avec une âme humaine [2]. La miséricorde fait partie de la justice.

3. L'équité commande de considérer l'intention du législateur plus que la loi même, l'esprit plus que la lettre ;

4. De chercher l'intention de l'acte plutôt que de se borner à l'acte même ;

5. D'envisager l'ensemble des faits plutôt que de les juger isolés les uns des autres ;

6. De mettre en balance avec les intentions que semble révéler l'acte incriminé, le caractère qu'exprime toute la vie antérieure de la personne, du moins telle qu'elle s'est montrée le plus souvent ;

7. De se souvenir des bienfaits plus que des offenses, et des bienfaits reçus plus que des services rendus ;

8. De savoir supporter l'injustice des hommes ;

---

[1] *Rh.*, I, 13. ἁμαρτήματα, ἀτυχήματα, ἀδικήματα.

[2] *Id.*, id., τοτοῖς ἀνθρωπίνοις συγγιγνώσκειν ἐπιεικές. III, 21, 6. θνητὰ χρὴ τὸν θνητὸν... φρονεῖν : peut-être un vers d'Épicharme.

9. De confier la défense de sa cause à la raison plutôt qu'à la pratique judiciciaire et aux lois positives;

10. De s'en référer à des arbitres et d'accepter des arrangements plutôt que d'engager un procès; car l'arbitre peut prendre en considération ce que conseille l'équité : le juge est obligé de n'écouter que les prescriptions de la loi.

§ 5. — *Du plus ou du moins dans les actes injustes.*

Le lieu formel du plus et du moins a naturellement son application dans l'appréciation des actes contraires à la justice et à la loi. Il y a des degrés dans l'injustice qu'il faut savoir mesurer, et pour la mesure exacte desquels il faut avoir des règles.

1. La faute est plus grave quand elle part d'une volonté plus perverse : c'est ce qui fait la gravité de certains délits en soi peu importants, mais qui révèlent en puissance une perversité extrême. Voler trois demi-oboles, ce n'est pas causer un bien grand dommage; mais les dérober à de pauvres ouvriers qui travaillaient à la construction d'un temple atteste une corruption du sens moral capable de tous les forfaits.

2. D'autres fois au contraire il faut mesurer la faute au dommage causé.

3. La faute est extrême, si les hommes ne connaissent pas de peine suffisante pour la punir et en égaler l'horreur;

4. Ou si elle a causé un mal que rien ne peut réparer ou guérir;

5. Ou s'il est impossible à la victime d'en obtenir justice : car le châtiment du coupable est une sorte de guérison du mal souffert et de celui qui l'a souffert [1]. Le châti-

---

[1] Platon dirait au contraire : une guérison du mal fait et de celui qui l'a fait, s'il reconnaît sa faute et s'en repent.

ment apaise, non seulement parce qu'il venge la victime, mais parce qu'il donne satisfaction à un besoin plus noble de la nature humaine, en redressant le droit méconnu et violé.

6. La faute est extrême si la victime s'est elle-même, sous le coup du mal souffert et de l'offense subie, infligé des souffrances cruelles ;

7. Ou si l'auteur a été seul ou le premier à la commettre, ou n'a eu que peu d'exemples à suivre ;

8. Ou si elle est la récidive de maintes fautes semblables ;

9. Ou si elle est telle qu'il a été nécessaire pour la punir de porter des lois nouvelles et d'inventer de nouveaux supplices ;

10. Ou si elle a un caractère de bestialité et de férocité particulières ;

11. Ou si elle a été commise avec préméditation ;

12. Ou si le seul récit en fait frémir d'épouvante et d'horreur et éloigne du cœur tout sentiment de pitié.

13. L'éloquence judiciaire, pour exagérer la gravité des faits coupables, peut encore faire valoir leur nombre, et par exemple montrer l'accusé coupable d'avoir violé ses serments, trahi sa patrie, manqué à ses promesses, faussé ses engagements, attenté à la sainteté des lois du mariage.

14. On peut encore, dans le même but, remarquer que la faute a été commise dans le lieu même où on juge les coupables : où s'abstiendra-t-on de commettre des crimes, si comme les faux témoins, on les commet même dans le tribunal où ils doivent recevoir leur châtiment ?

15. La faute est plus grave si elle est de celles dont on a le plus à rougir ;

16. Si le tort a été fait à un bienfaiteur, envers lequel on est doublement coupable et de ne pas lui avoir fait du bien et de lui avoir fait du mal ;

17. Si l'infraction viole une loi non écrite, par la même

raison que c'est un indice de plus grande vertu de pratiquer la justice sans y être contraint par la loi ;

18. Ou en renversant les idées, si elle a violé les lois écrites ; car si on a méconnu la justice, malgré les châtiments et les peines terribles dont elles menacent les coupables, comment s'abstiendrait-on des injustices que des lois précises et définies ne punissent pas et ne visent point ?

TROISIÈME PARTIE

LA STRUCTURE ET L'ÉCONOMIE DU DISCOURS

CHAPITRE PREMIER

LA DIVISION DU DISCOURS ET L'ORDRE DE SES PARTIES

Les dénominations par lesquelles les rhéteurs grecs désignaient cette troisième partie de la rhétorique sont assez nombreuses et assez différentes. Cela tient à la diversité des fonctions qu'ils lui attribuaient respectivement. Si on écarte du domaine de la rhétorique proprement dite l'action oratoire, ἡ ὑπόκρισις, malgré son influence puissante et parfois souveraine, mais que l'orateur, à qui elle est indispensable, doit apprendre d'un autre art [1], la théorie oratoire ne comprend que deux parties : celle qui concerne le fond des choses, les idées, et celle qui concerne l'expression de ces idées par la parole, c'est-à-dire le contenu et la forme [2]. On trouve déjà cette division simple et vraie dans Thucydide [3], pour qui l'éloquence consiste à avoir sur le sujet des idées vraies et appropriées, γνῶναι τὰ δέοντα et à savoir les exprimer, καὶ ἑρμηνεῦσαι. C'est à cette division bipartite que se réfère Aristote, qui distin-

---

[1] L'action oratoire renferme trois choses comprises sous le titre général : πάθη τῆς φωνῆς, c'est-à-dire la force de la voix, l'harmonie, le rythme; Denys d'Halicarnasse y ajoute le geste : σχήματα τοῦ σώματος. Ar., *Rh.*, III, 1 ; Den. Hal., *de Adm. Vi. D.*, 51.

[2] Senec., *Ep.*, 89, 97. Verba, sensus et ordinem. Quintil., III, 115.

[3] II, 60.

gue dans l'éloquence d'une part les preuves, de l'autre la mise en œuvre et en ordre de ces matériaux par le style, τῇ λέξει ταῦτα διαθέσθαι[1], mot par lequel il entend manifestement l'élocution, l'ordre et les règles pratiques, χρῆσις. Cependant et dans le même chapitre on le voit distinguer et séparer l'ordre, τάξις, de l'élocution, λέξις.

Hermagoras, au dire de Quintilien[2], ramenait le choix des arguments et des preuves, la division des parties du discours, l'ordre dans lequel elles doivent se succéder et tous les préceptes concernant le style, à une partie de la rhétorique qu'il appelait οἰκονομία, et Denys d'Halicarnasse, διοίκησις[3] ou χρῆσις. Ce dernier rhéteur réunissait sous les noms d'οἰκονομία, χρῆσις, διοίκησις πραγματική[4], l'ordre et l'ἐξεργασία, c'est-à-dire au propre le travail de l'exécution ; ces fonctions constituaient pour lui, avec l'εὕρεσις, qui n'était qu'une préparation, παρασκευή, ce qu'il appelle le caractère ou le type pragmatique, χαρακτήρ, τύπος πραγματικός, et il mettait à part, sous le titre de τύπος λεκτικός, tout ce qui a rapport à l'élocution, qu'il divisait en deux parties : le choix des mots, ἐκλογή, et leur arrangement, σύνθεσις.

Le mot grec οἰκονομία, auquel répondait si bien notre vieux mot *ménage* dans son sens large, exprime chez les Grecs l'art de diriger une maison d'après une règle habile et sage, νόμος, et bientôt toute direction sage et habile : c'est l'art de diviser comme il convient les fonctions diverses et de les répartir entre les différents serviteurs qui les doivent remplir, en tenant compte de leurs aptitudes spéciales, de ménager les ressources et les forces, d'en faire un emploi judicieux, de propor

---

[1] *Rh.*, III, 1. Aristote ne connaît pas les termes εὕρεσις et νόησις ; il use au contraire dans son sens technique du mot τάξις.

[2] Quintil., III, 3. Hermagoras *judicium*, partitionem, ordinem, quæque elocutionis sunt, subjecit Œconomiæ; quæ Græce appellata ex cura rerum domesticarum... nomine latine caret. Le *judicium*, qui formait, d'après certains rhéteurs, une partie distincte, était rattaché par Cicéron à l'Invention. *Id.*, Cicero quidem in Rhetoricis judicium subjecit inventioni.

[3] D. Hal., *Ars Rh.*, X, 13.

[4] Id., *de Adm. vi D.*, 51 ; *de Isæo.*, IV, 12.

tionner les moyens et les efforts à la fin poursuivie, de mettre chaque chose comme chaque personne à sa place, si bien que le tout constitue, suivant l'expression vive et charmante de Xénophon, un chœur, χόρος.

C'est sous ce titre, emprunté d'Hermagoras, que nous allons réunir toutes les recherches qui ont rapport à la mise en œuvre des matériaux du discours, dont nous avons appris à connaître les sources et les lieux.

On pourrait croire que nous avons épuisé, dans les analyses précédentes, tout ce qui concerne l'art de découvrir les raisons et les raisonnements dans chaque genre d'éloquence. Il n'en est rien : à la topique formelle, à la topique des passions et des mœurs, qui sont communes à tous les genres, à la topique spéciale à chacun d'eux, il est nécessaire d'ajouter encore la topique propre à chacune des parties dont le discours se compose, et que, pour cette raison, Cicéron comme l'auteur de la *Rhétorique à Alexandre*, rattache à l'invention. Nous la rapportons, avec Aristote, à l'économie du discours et à l'ordre, parce qu'avant de rechercher ces lieux propres, il est indispensable de diviser en membres le corps du discours, διαίρεσις, d'établir le nombre et de déterminer la fonction de ces parties, le principe de division qui les fonde, et l'ordre, τάξις, qui les lie, les dispose et en un mot les organise ; nous y traiterons en outre du choix des arguments, de la méthode pratique de les mettre en œuvre, χρῆσις, ἐξεργασία, de la mesure et de l'étendue des développements qu'il convient de leur donner, des moyens de les mettre en rapport et en harmonie avec les sujets partiels qui sont traités [1], et enfin des règles à suivre pour donner à ces matériaux une forme, et une forme d'art. Nous mettrons à part dans une troisième partie, à cause de son importance capitale, la théorie du style.

---

[1] C'est pour Denys d'Halicarnasse la partie du *caractère pratique* qui exige le plus d'art, τεχνικώτερον μέρος τοῦ πραγματικοῦ (de Isæo., IV, 12).

C'est une chose bien remarquable que l'insistance avec laquelle Aristote accentue le peu de considération que lui inspire, tant au point de vue moral qu'au point de vue esthétique, l'art oratoire.

Ce n'est point pour lui un art : c'est un métier, πραγματεία, métier qui n'a d'autre excuse que la nécessité, qui ne recherche que l'apparence et le probable et n'a rien en soi de sain et de droit, οὐκ ὀρθῶς ἔχοντος. Si ce métier se renfermait dans ses limites propres et sa fin vraie, il ne prendrait nul souci de plaire et se bornerait à éviter d'offenser les oreilles et le goût[1] ; il donnerait à ses preuves, à ses enthymèmes la forme d'argumentation et la langue de la géométrie [2]. Les éléments accessoires et étrangers à la fonction propre de l'éloquence, tous ces agréments d'une ordonnance harmonieuse, les grâces du style, le charme du débit, la puissance sympathique de l'action s'adressent exclusivement à l'imagination[3] et ne visent que l'auditeur, tandis qu'il serait juste que le débat n'eût lieu qu'entre les choses, c'est-à-dire les raisons mêmes[4], et que ni les mœurs, ni les passions, ni les formes de la beauté ne vinssent corrompre ou fausser les jugements d'une saine et droite raison.

Sans doute on peut dire qu'on surprend dans ce jugement austère un caractère de l'esprit d'Aristote et un trait de sa personnalité ; dans sa résistance à une des tendances les plus marquées de la race grecque, à savoir, d'imprimer à toutes les manifestations de la vie la forme de la beauté, on peut voir l'adversaire des théories oratoires d'Isocrate, qui semble visé dans un passage où il est dit que les discours écrits doivent

---

[1] μήτε λυπεῖν, μήτε εὐφραίνειν.
[2] οὐδεὶς οὕτω γεωμετρεῖν διδάσκει.
[3] ἅπαντα φαντασία ταῦτα.
[4] *Rh.*, III, 1. ἀγωνίζεσθαι τοῖς πράγμασι. Denys d'Halicarnasse (*Ars Rh.*, X, 1) relève cette opinion d'Aristote qu'il trouve avec raison excessive : « Il faut, dit-il, que les sentiments et les passions s'unissent intimement au fond des choses, pour les animer et les vivifier, comme l'âme est unie au corps », et c'est là l'homme même. Mettre la logique dans la passion et la passion dans la logique, c'est l'œuvre maîtresse du génie oratoire.

leur force et leur puissance moins à la pensée qu'au style[1], et la résolution de réagir contre de pareilles doctrines. On peut dire encore que ce Macédonien, qui n'a jamais pu, en qualité de métèque, posséder que les droits incomplets d'une naturalisation imparfaite, n'a pas pu vivre à Athènes, encore moins en Macédoine, de la vie publique et politique; il n'en a pas connu la grandeur et n'en a vu que les misères; il n'a pas été brûlé de la fièvre des luttes oratoires, n'a pas goûté l'ivresse des triomphes de la parole, ni senti ces mouvements profonds de légitime orgueil, en voyant tout un peuple suspendu à sa pensée, à son âme, à ses lèvres. Cicéron en parlait autrement, lui qui aimait la gloire, et dont les applaudissements populaires chatouillaient si profondément l'orgueilleuse faiblesse : « Quid enim est aut tam admirabile quam ex infinita multitudine hominum exsistere unum, qui id quod omnibus natura sit datum, vel solus, vel cum paucis facere possit[2]... Qui *cantus*, moderata orationis pronuntiatione dulcior inveniri potest? Quod *carmen* artificiosa verborum conclusione aptius[3] ? » et Tacite lui-même : « Quod gaudium consurgendi adsistendique inter tacentes, in unum conversos ». On peut dire aussi que le philosophe qui avait dû chercher dans l'exil son salut menacé par les accusations mensongères de deux orateurs, le neveu de Démosthènes, Démocharès, et l'hiérophante Eurymédon, était naturellement mal disposé à apprécier à sa valeur un art qui avait failli lui coûter l'honneur et la vie.

Je crois cependant qu'Aristote a eu d'autres raisons, que je considère comme bonnes, pour ne point admettre l'éloquence au nombre des arts, si ce mot veut dire les arts du beau, tout en reconnaissant qu'il a peut-être dépassé la mesure, et qu'il n'a pas rendu pleine et suffisante justice à ce talent de la parole publique, qui, s'il n'appartient pas par essence

---

[1] *Rh.*, III, 1.
[2] *De Or.*, I, 8.
[3] *Id.*, II, 8.

au domaine de la beauté[1], y pénètre par plusieurs côtés.

L'art en effet pénètre dans l'éloquence, non seulement par un besoin propre à l'esprit grec, pour qui la beauté est essentielle à toutes les manifestations de la vie et non un vêtement accessoire et étranger, mais par une loi de son essence et une nécessité de ses fins. Le rôle tout passif de l'auditeur est contraire à la nature essentiellement active de l'homme. C'est un effort, et un effort, à la longue, pénible d'écouter un autre, d'obéir aux mouvements de sa pensée, d'en suivre les traces, de la comprendre et de la juger. L'ordre, la beauté, le charme de la diction facilitent cette tâche par la lumière qu'ils répandent et le plaisir qu'ils causent.

Il y a plus : le beau esthétique se distingue du beau moral, mais il s'y associe presque nécessairement. Certains objets de l'éloquence, l'honneur, la gloire, le salut de la patrie, le droit, la justice, la miséricorde, le respect dû aux grandes idées morales, l'amour de l'homme et de l'humanité exaltent et enflamment l'imagination en même temps qu'ils élèvent l'âme et le cœur. Si l'imagination a son rôle dans la conception de l'idéal moral, la conception d'une vie morale supérieure exerce à son tour une puissante influence sur l'imagination. L'admiration naît et, sans le vouloir, sans y penser même, l'admiration et l'enthousiasme impriment à la pensée des formes plus belles, et à la voix même des accents plus beaux. C'est l'honneur des arts, en charmant et pour charmer l'homme, d'éveiller en lui le monde des idées morales, et c'est la récompense et la gloire de l'éloquence,

---

[1] On fait des vers pour le plaisir d'en faire; on chante et on peint pour le plaisir de peindre et de chanter, c'est-à-dire pour une satisfaction personnelle et désintéressée, où le besoin et l'intérêt n'ont aucune part, pour obéir au désir de donner une forme sensible et objective à un idéal conçu. Le regard trop tourné vers le public engendre la manière et le faux style. Dans l'éloquence, rien de semblable : tout doit être tourné vers l'auditeur, πρὸς τὸν ἀκροατήν, non pas pour lui plaire, mais pour le persuader. Mais pour le persuader il faut cependant lui plaire, d'une certaine manière sans doute et dans une certaine mesure. Aristote est bien dur

même considérée comme un art utile et de service, de s'élever et d'entraîner avec elle les auditeurs dans le monde des formes sensibles de la grâce et de la beauté. Mais il faut bien y prendre garde et ne pas dépasser la mesure : si l'auditeur venait à s'apercevoir qu'on le traite comme un spectateur oisif qu'on veut charmer, comme un dilettante dont on veut obtenir les applaudissements, il se déroberait et se refuserait à laisser transformer en une jouissance relativement frivole, le sérieux, le grave, parfois le terrible devoir qu'il vient accomplir comme juge et comme citoyen.

Il y a donc un élément esthétique dans l'éloquence, si elle n'est pas en soi un art esthétique. C'est ce qu'ont remarqué les rhéteurs qui avaient précédé Aristote, et à l'opinion desquels il fait, quoiqu'à contre cœur et visiblement à regret, de réelles concessions. Presque toutes les définitions de l'éloquence [1] font entrer dans son essence, comme un élément intégrant, la notion de la beauté, κόσμος, κάλλος. Comme le rappelle Denys d'Halicarnasse en citant textuellement ses paroles [2], Platon avait comparé le discours à un être vivant,

---

pour l'éloquence en général, et surtout pour l'éloquence judiciaire. Un critique moderne, très fin et très solide, est plus dur encore. M. Brunetière (*Revue des Deux-Mondes*, 15 mai 1888) reproche à l'éloquence du barreau de ne pas pouvoir, par son essence même, atteindre à la vraie beauté. C'est oublier que le chef-d'œuvre de l'art oratoire chez les anciens et chez les modernes, le *Pro Corona* appartient au genre judiciaire, comme tant d'autres discours des orateurs grecs et latins.

[1] Dopat., *Rhet. Gr.*, II, 104. εὑρετική καὶ ἑρμηνευτικὴ μετὰ κόσμου... τὸ δὲ μετὰ κόσμου διὰ τὸ τῆς φράσεως κάλλος. Anon., *in Aphthon.*, II, 7. οἰκονομῆσαι καλῶς. Ruf., *Rh. Gr.*, III, 447. διαθέσθαι καλῶς τὸν λόγον. Aristid., περὶ ῥήτορ., p. 95. ἀποδοῦναι μετὰ κόσμου. Les Romains ont encore plus que les Grecs insisté sur ce caractère : tous ils ont fait entrer dans la fonction essentielle de l'orateur le soin *de plaire*. Cic., *Or.*, 21. Ut doceat, moveat, *delectet*, et il ajoute : probare necessitatis, delectare suavitatis, flectere victoriæ. Cf. *de Or.*, II, 27 ; Brut., 49; *de Opt. gen. dic.*, I, 3; *de Or.*, I, 64 ; *Ornate*, composite dicere cum quadam actionis etiam dignitate; *id.*, 113, *ad ornandum* uberes ; *id.*, 213, verbis ad audiendum *jucundis*... eum instructum *lepore* quodam volo. Quintil., III, 51, et XII, 10, où il dit : *aures delectatione mulcendæ*. Le côté physique apparaît toujours chez les Romains même dans l'art et dans l'éloquence ; ils insistent avec excès sur les caresses sensuelles du nombre et de l'harmonie. Les Grecs ont mis dans l'emploi de ces moyens, comme dans l'usage des passions, ce goût exquis, ce sens de la mesure qui caractérise toutes leurs œuvres.

[2] *Rhet.*, X, 6.

ayant une tête et des pieds, des parties et des membres, μέρη καὶ μέλη, en harmonie et en proportion les uns avec les autres et avec tout le système du corps, ce qui est une perfection bien rare. Le discours, œuvre de l'art humain, est en effet semblable à un corps formé par la nature, organisé et vivant, ayant en soi son principe de vie et d'organisation. L'organisation est la tendance à l'unité par la coordination et la subordination des parties, qui deviennent des organes lorsque chacune d'elles a sa fonction propre et concourt à la fonction générale du tout.

C'est en suivant ces indications de leur génie plastique, en voulant mettre dans le discours, comme dans le temple et dans la colonne, une grandeur mesurée et limitée, l'ordre et la proportion des parties, c'est-à-dire les éléments même de la beauté [1], qu'à une époque qu'on ignore [2], mais probablement postérieure à Aristote qui n'en parle pas, et même à Hermagoras, on arriva à formuler comme une loi de l'art, établie et pratiquée universellement au temps de Cicéron, la règle que le discours, pour être un organisme un et complet, devait renfermer six parties, correspondant à autant de fonctions spéciales, concourant toutes à une fin identique et une et se succédant dans un ordre déterminé et fixe.

Ces six parties [3], qui sont des parties de quantité, sont : l'exorde, la proposition, la division, la narration, la confir-

---

[1] Qui consiste, d'après Aristote, ἐν τάξει καὶ μεγέθει, συμμετρίᾳ, πέρατι.

[2] Il est singulier qu'on ne connaisse pas mieux la date de l'origine et le nom de l'auteur de la règle des 5 actes connue de Cicéron et formulée par Horace. Il est probable que la loi traditionnelle et mécanique, la loi d'école, n'est venue que lorsque le discours, n'ayant plus, par suite de la constitution nouvelle de la société, une utilité pratique effective, ne fut considéré que comme un produit d'art, conception fausse dans son exagération, et qui devait aboutir à l'éloquence artificielle et sophistique.

[3] L'auteur de la *Rhétorique à Hérennius* (I, 3) les rattache à l'invention : Inventio in sex partes orationis consumitur, in exordium, narrationem, divisionem, confirmationem (ἀπόδειξις ou κατασκευή) refutationem (λύσις ou ἀνασκευή), conclusionem (ἐπίλογος ou ἀνακεφαλαίωσις). Cette classification put encore s'enrichir de la proposition et de la digression, παρέκβασις, egressio ou excessus. La subtilité scolastique des rhéteurs alla presqu'à l'infini dans la manie des divisions et subdivisions; on eut la προέκθεσις appelée encore πρόθεσις, πρόφασις, ὑπόσχεσις, προαναφώνημα, προκατάστασις; — la προπαρασκευή, l'ἀνανέωσις, l'ὑπεξαίρεσις; — outre l'ἔλεγχος, on eut l'ἐπεξέλεγχος, et outre la πίστωσις, l'ἐπιπίστωσις.

mation, la péroraison. Antérieurement, et à la naissance même de la rhétorique, on avait essayé de constituer et de définir les membres nécessaires du discours et leurs fonctions organiques propres. Corax, nous l'avons vu, avait déjà, d'après Doxopater [1], posé la règle que le discours devait contenir, outre le corps même du débat, ἀγών, un prélude et un épilogue ; et même, d'après un autre rhéteur, il avait prescrit d'intercaler entre l'exorde et la preuve, la narration, et entre la preuve et la péroraison, la digression, παρέκβασις.

Au temps de Platon, l'école de Théodore avait multiplié les dénominations, si ce n'est les divisions réelles, et au temps d'Aristote, on admettait déjà six parties dont il finit par accepter quatre : l'exorde, la proposition, la preuve, la péroraison, en faisant observer que les deux autres τὰ πρὸς ἀντιδικόν, les objections adressées à l'adversaire et l'ἀντιπαραβολή, qui n'est qu'un développement destiné à fortifier et à amplifier nos propres arguments par une comparaison avec ceux de l'adversaire, ne sont pas des parties distinctes [2] : ce sont des parties de la preuve même [3] ; car on prouve sa thèse non seulement par des arguments assertoriques, συλλογισμῷ, mais encore en renversant la thèse opposée.

Il n'en est point ainsi de l'exorde, ni de la péroraison, qui rafraîchit la mémoire, rappelle et résume les faits et les preuves, permet ainsi de ne pas allonger le discours [4] et délivre l'auditeur des longueries inutiles.

Mais malgré cette concession à une tradition d'école contre laquelle il réagit d'ailleurs, Aristote ne reconnaît comme fondées en raison que deux parties du discours : la proposition et la preuve, qu'il réduirait volontiers à une seule, la

---

[1] *Rh. Gr.*, VI, 13 ; III, 610.
[2] *Rh.*, III, 17. αὔξησις τῶν αὑτοῦ... μέρος τι τῶν πίστεων.
[3] Il ne faut pas confondre les parties de quantité du discours avec les trois points dans lesquels se divise le sermon, et dont Fénelon se raille si agréablement et si finement. Ces trois points ne sont que des divisions de la preuve, ce que les rhéteurs appelaient μερισμοὶ τῶν λόγων, et Cicéron, *partitiones*, Brut., 302.
[4] *Id.*, ἀφαιρεῖσθαι τοῦ μήκους.

preuve. Son principe, c'est toujours que l'éloquence n'est point un art, que le discours n'est point une œuvre destinée à produire l'effet d'une représentation de la beauté. On peut multiplier pour le plaisir des yeux les détails de la colonne, parce qu'outre sa fin utile, elle en a une autre : c'est de plaire. On peut ajouter au fût qui la constitue essentiellement et en est le corps [1], la base ou pied [2], et le chapiteau [3]; pour donner à ce membre de l'édifice plus de grâce et d'élégance, pour y faire jouer, d'une façon plus animée et plus variée, la lumière et l'ombre, on peut canneler le fût ; on peut introduire dans la base comme dans le chapiteau des motifs de sculpture qui les décorent et rien que pour les décorer. On ne peut pas traiter ainsi le discours, et la conception esthétique de cette production de l'esprit est en contradiction avec sa fonction vraie, qui est l'utilité, et seulement l'utilité.

Bien que toute quantité, toute grandeur ait une borne et une limite [4], Aristote, qui a défini avec une précision, qu'on lui a souvent reprochée, l'étendue de la tragédie, n'a pas songé et aucun rhéteur, après lui, n'a songé à déterminer la grandeur et à mesurer l'étendue d'un discours. La seule règle que donne Aristote et elle est suffisante, c'est qu'il faut qu'il ait une grandeur facile à embrasser du regard [5]. Sans doute le discours a une mesure plus précise, mais elle ne dépend pas de conditions esthétiques : elle est fixée par les conditions accidentelles et variables du sujet, des circonstances, des lieux, des auditeurs, de l'heure même. La clepsydre arrêtait l'orateur comme l'horloge arrête le professeur dans son amphithéâtre; bien des discours, aux Chambres législatives, prennent une forme particulière, quand l'heure du dîner approche ou a déjà sonné.

---

[1] σκᾶπος... σῶμα.
[2] σπεῖρα.
[3] κιονόκρανον, ἐπίκρανον, κεφάλαιον.
[4] *Rhet.*, III, 7. ἔστι γὰρ τοῦ ποσοῦ ὅρος.
[5] εὐσυνόπτον.

Si le discours ne peut être considéré absolument comme ayant une grandeur fixe et nécessaire, il n'a pas non plus un nombre de parties organiques déterminé, et l'ordre de ces parties n'est pas davantage nécessaire. Tout est ici libre et variable et soumis à des conditions étrangères à l'art [1].

La question même de l'ordre ne se pose pas dans certaines hypothèses, si par exemple le discours ne comprend, comme le voudrait Aristote, que l'exposition du sujet et la démonstration, les seules parties vraiment nécessaires [2], nécessaires et universelles en effet, puisque tout homme qui parle doit d'abord faire connaître le sujet dont il veut parler, et ensuite démontrer, sur ce sujet, la thèse qu'il prétend soutenir.

La narration, au contraire, n'est ni universelle ni nécessaire : elle appartient exclusivement au genre judiciaire, et on ne se rend pas compte du rôle qu'elle pourrait jouer, pas plus que la réfutation et la péroraison dans les discours du genre épidictique. C'est pourquoi Isocrate termine son *Panathénaïque* par ces simples mots : « Je crois avoir suffisamment exposé ce que je me proposais de dire : car de résumer et de vous remettre sous les yeux, les unes après les autres, les idées que je vous ai développées, cela ne convient pas à ce genre de discours [3]. »

Si l'on rencontre parfois dans des discours délibératifs un exorde, ἀντιπαραβολή, un résumé qui revient en arrière, ἐπίνοδος, c'est qu'alors on a en face de soi un adversaire, et l'affaire prend le caractère d'une accusation ou d'une délibération. La

---

[1] Cependant, toutes les fois qu'il y a des parties, il y a place pour une loi plus ou moins sévère de symétrie et d'ordonnance : elles doivent se distinguer les unes des autres et en outre se fondre ou se pénétrer les unes les autres, de manière à laisser intacte l'unité du tout et sensible l'impression de cette unité : ut integra quasi membris constet oratio. Jul. Victor., p. 196.

[2] *Rh.*, III, 13. ἀναγκαῖα ἄρα μόρια πρόθεσις καὶ πίστις. On pourrait même soutenir que la proposition n'est pas nécessaire, du moins universellement. Quelle nécessité, pour un orateur, d'exposer de nouveau un sujet déjà connu et exposé par les orateurs précédents, à moins qu'il n'ait intérêt à le présenter sous une autr aspect?

[3] § 266. τὸ γὰρ ἀναμιμνήσκειν καθ'ἕκαστον τῶν εἰρημένων οὐ πρέπει τοῖς λόγοις τοῖς τοιούτοις.

péroraison elle-même ne trouve pas place dans tout discours judiciaire, par exemple, si la plaidoirie est très courte et si l'affaire n'offre que peu de détails, faciles à retenir.

Il n'y a donc au fond que deux parties nécessaires à toutes les formes du discours, la proposition et la preuve; parmi celles qui sont propres à quelqu'une d'elles, celles qu'on rencontre le plus souvent sont l'exorde, προοίμιον, et la péroraison, ἐπίλογος[1] : c'était la division adoptée dans l'école d'Isocrate. Il est inutile et ridicule de multiplier les distinctions qui ne sont que nominales, d'établir des parties qui ne répondent à aucune fonction utile et propre, comme on l'a fait dans les écoles de Théodore et de Licymnius.

On voit qu'Aristote, bien qu'il tienne une si grande place dans la philosophie scolastique est le moins scolastique des philosophes. Il se joue des dogmes des rhéteurs, brise la chaîne de leurs traditions sans fondement, de leurs règles sans raison, de leurs divisions artificielles et superficielles qui ne répondent ni à l'essence des choses ni aux conditions réelles de la pratique oratoire.

---

[1] Il est singulier qu'Aristote, après avoir accepté ces quatre parties, ne donne la topique que de trois : l'exorde, la réfutation des objections et la narration, dont les deux dernières ne sont même pas comprises dans son énumération. La *Rhétorique à Alexandre*, qui procède de l'école d'Isocrate, emploie d'autres termes techniques : προοίμιον, ἀπαγγελία, βεβαίωσις, ἐπίλογος ou παλιλλογία. Rufus, *Rh. Gr.*, III, 447, se sert des mots prélude, narration, démonstration, ἀπόδειξις, et épilogue. Denys d'Halicarnasse adopte cette nomenclature en substituant seulement à l'ἀπόδειξις le terme de πίστις, et au lieu de μέρη τοῦ λόγου appelle ces parties στοιχεῖα τῆς ὑποθέσεως, les éléments intégrants du sujet. L'ordre adopté par Cicéron (*de Or.*, II, 19 ; *de Inv.*, I, 14; *ad Her.*, I, 3), qui adopte six parties, est le suivant : 1. Exordium ; 2. Narratio ; 3. Partitio ou propositio; 4. Confirmatio et refutatio; 5. Egressio ; 6. Peroratio. Sulpitius Victor, p. 264, en établissant les quatre parties : exordium, narratio, argumentatio, peroratio, rappelle que d'autres rhéteurs ajoutaient à cette division tantôt la *partitio* seule, tantôt avec la *confirmatio*, la *reprehensio;* que d'autres divisaient l'argumentatio en ces deux dernières parties. Fortunatianus, p. 78, après avoir posé les quatre parties usitées, ajoute : « Alias quidam tradiderunt : προέκθεσιν, προπαρασκευήν, διέξοδον, partitionem, propositionem, ὑπεξαίρεσιν, ἀνακεφαλαίωσιν, sed et ipsam confirmationem nostrorum argumentorum, quæ προηγούμενα dicuntur, et reprehensionem eorum quæ ab adversario proponuntur, quæ Græci vocant ἀναγκαῖα. »

CHAPITRE DEUXIÈME

§ 1. — *Économie de l'exorde.*

Il est certain que le discours, comme toute espèce de grandeur qui n'est pas infinie, et surtout comme toute production de la nature et toute œuvre d'art, a un commencement, un milieu et une fin. Le commencement est ce qui rationnellement ne suppose rien avant lui ; la fin, ce qui ne suppose rien après elle ; le milieu, ce qui est conditionné par l'un et qui conditionne l'autre. Mais qu'est-ce qui constitue le commencement d'un discours, et qu'est-ce qui rend nécessaire de commencer par telle ou telle chose ? Car toute chose n'est pas bonne à dire en commençant [1], et il faut bien commencer, comme il faut bien finir, par quelque chose : mais par quoi [2] ? Tout exorde est un commencement, mais tout commencement n'est pas un exorde.

Il convient en effet souvent d'entrer immédiatement dans le sujet, *in medias res*, et dans ce cas, le commencement, qui sera soit la proposition soit la narration, n'est pas un exorde, en tant que ce mot signifie une partie distincte de celle où la matière est traitée ; dans ce cas, dont l'orateur seul peut être juge, et dont il juge différemment suivant la diversité très multiple des espèces et des circonstances, dans ce cas, il ne faut pas d'exorde. Il n'en faudrait même jamais,

---

[1] Cic., *de Inv.*, I, 19. Non quidque dicendum primum. Jul. Victor., p. 196, l'appelle comme Cicéron, principium.
[2] L'orateur a toujours à se demander, comme Phèdre :

   Ciel ! que vais-je leur dire, et par où commencer ?

s'il faut en croire Aristote ; car l'exorde, en tant que partie distincte du discours, traite de choses étrangères à la question et est un hors-d'œuvre, ἔξω τοῦ πράγματος. La présence de cet élément étranger dans la constitution du discours en altérerait la santé et la force, s'il n'était un remède [1] à un mal : ce mal, c'est la faiblesse intellectuelle et morale de l'auditeur [2], qui consent à entendre, qui exige même qu'on lui fasse entendre des choses sans rapport immédiat à la question qui lui est soumise et sur laquelle il doit porter un jugement. Sans son ignorance, sa légèreté, son incapacité de bien juger, sa facilité à s'émouvoir et à se passionner, l'orateur pourrait se borner à exposer en commençant d'une manière sommaire le sujet, et ce simple et bref exposé servirait comme de tête au corps du discours [3]. Cet exorde, si on peut l'appeler ainsi, a pour fonction nécessaire et propre [4] de faire connaître quelle fin le discours se propose d'atteindre, le but que poursuit l'orateur, le motif pour lequel il prend la parole [5]. Quand tout cela est manifeste, quand l'affaire est claire, de peu d'importance, cet exorde même, qui n'est qu'une exposition, il ne faut pas l'employer, puisqu'il est inutile. Mais le cas contraire, comme le dit Cicéron, est de beaucoup le plus fréquent [6].

L'utilité ou la nécessité d'un exorde véritable vient principalement de l'état moral de l'auditeur qu'Aristote qualifie de φαῦλος, disposition malsaine qui corrompt la simplicité et la sincérité de l'éloquence [7]. Mais ce mal n'est-il

---

[1] ἰατρεύματα.
[2] *Rh.*, III, 14. φαῦλος ἀκροατής.
[3] *Id.*, ὥσπερ σῶμα κεφαλήν.
[4] *Id.*, ἀναγκαιότατον καὶ ἴδιον.
[5] *Id.*, τί τὸ τέλος... οὗ ἕνεκα ὁ λόγος.
[6] *De Or.*, II, 79. « Quum erit utendum principio, *quod plerumque erit* ».
[7] « Il n'est pas facile, dit Denys d'Halicarnasse (*de Lys.*, 17), de bien commencer, si du moins on veut que le commencement soit approprié au sujet, et qu'on n'y traite pas le premier sujet venu. Car ce n'est pas ce qu'on dit d'abord qui constitue un vrai commencement, un véritable exorde, c'est ce qui, un sujet étant donné, ne serait nulle part mieux qu'à cette place, pour servir l'intérêt de la cause qu'on soutient ».

pas incurable ? ne tient-il pas à la nature humaine même, aux bornes étroites de la raison de l'homme, à la faiblesse de son courage, à son impuissance à maitriser certains sentiments et certaines émotions, en un mot à son imperfection. D'ailleurs est-ce toujours et absolument un mal ? par exemple est-ce absolument un mal que l'homme porte partout et exige partout, dans une mesure diverse, le goût du beau. ? Il y a dans chacun de nous un artiste qui souvent s'ignore et qui pourtant dans certaines circonstances se révèle et qu'il faut satisfaire. Où rencontrer, je ne dis pas en Grèce, mais chez tous les peuples arrivés à un certain état de culture, où rencontrer un auditeur insensible à l'art de bien dire, un orateur insensible au plaisir de bien dire et de plaire. Si donc il est vrai que l'exorde, sans être nécessaire, puisse contribuer à l'élégance de la structure, à la grâce et à la perfection de l'ordonnance, à la beauté architectonique du discours, comme le reconnaît Aristote lui-même [1], dans les circonstances où ces sentiments esthétiques peuvent trouver place, il n'est pas juste de le considérer comme un défaut que la corruption de l'auditeur explique seule et excuse sans le justifier. Aristote entre dans ces idées lorsqu'il prescrit au sujet de l'exorde des règles minutieuses et nombreuses.

Le genre où l'exorde est le plus en situation c'est le genre épidictique, le genre de l'éloge, de l'oraison funèbre, le plus exposé à la monotonie, puisqu'il se meut dans le même cercle d'idées. L'exorde, même tiré de lieux étrangers à la question, sert ici à varier le ton et la couleur du discours : ce qui est une convenance du genre [2]. Il remplit alors la fonction d'un prélude dans une exécution musicale, d'un air de flûte, par exemple, προαύλιον, ou des préludes de la poésie dithyrambique [3]. De

---

La fonction, ἔργον, de l'exorde, dit un rhéteur anonyme (Speng., I, p. 321), c'est : εὔνοια, πρόςεξις, εὐμάθεια.

[1] κόσμου χάριν. *Rh.*, III, 14, 10.
[2] *Rh.*, III, 14. ξένα... ἐὰν ἐκτοπίσῃ ἁρμόττει.
[3] *Id.*, τὰ μὲν γὰρ τῶν διθυράμβων ὅμοια τοῖς ἐπιδεικτικοῖς. On appelait

même que l'artiste essaie, en préludant, son instrument et ses doigts, exécute, pour donner à l'auditoire un avant-goût de son talent et reconnaître lui-même s'il est en veine, quelques fantaisies brillantes dont il est parfaitement maître [1] et dont il a éprouvé l'effet; de même qu'il cherche ainsi à attirer d'avance l'attention et la faveur de l'auditoire sur sa virtuosité, et parfois tout en se jouant, amène et dessine le motif du morceau et prépare ce qui va suivre, de même tous les orateurs, mais surtout l'orateur épidictique [2], sentent le besoin de se mettre pour ainsi dire en voix, de donner le branle à leur imagination, de prendre le ton du sujet et de l'auditoire, de s'échauffer, d'affermir leur courage que peuvent intimider tous ces regards tendus sur eux, d'obtenir le silence ou respectueux ou sympathique d'une foule souvent houleuse [3], d'en tâter les dispositions, de prendre pour ainsi dire contact avec cet ennemi qu'il faut vaincre pour le convaincre, dont il faut vaincre du moins l'indifférence ou l'hostilité, les caprices, les préjugés, la paresse, les passions, la curiosité maligne à épier toutes les fautes. Isocrate compare lui-même l'exorde de son *Panathénaïque* aux chants du chœur qui précèdent le concours [4].

ἐξάρχειν, entonner le dithyrambe : ὁ ἐξάρχων dicebatur is qui choro canendo præibat. Mais le mot devint plus tard synonyme de chanter. Archil., ap. *Athen.*, XIV, 628.

...καλὸν ἐξάρξαι μέλος
οἶδα διθύραμβον.

Anonym., *Seg.*, p. 27. « Il faut savoir que les anciens appelaient au propre προοίμια les préludes des citharœdes : car ils nommaient les poésies chantées οἴμας; ainsi, la mélodie exécutée avant le chant de la cithare était appelée par eux προοίμιον ». C'étaient aussi les chants par lesquels les homéristes préludaient à la récitation des morceaux épiques, τῶν ἐπῶν προοίμια (*Rh.*, III, 14). On les nomma plus tard καταβολαί. Les ἀναβολαί étaient des préludes entièrement musicaux. Isocrate, pour caractériser l'exorde de son *Panathénaïque*, I, 38, se sert du verbe προαναβαλέσθαι.

[1] *Rh*., III, 14. ὅτι ἂν εὖ ἔχωσιν αὐλῆσαι. Cic., *de Or.*, II, 79. Quum illud meditati ediderunt.

[2] Le logographe, c'est-à-dire l'auteur de discours écrits; *id.*, ἐν τοῖς ἐπιδεικτικοῖς δεῖ οὕτω γράφειν... ὅπερ πάντες ποιοῦσι.

[3] Doxopat., *Rh. Gr.*, VI, 13. τὸ θορυβῶδες καταπραΰναι τοῦ δήμου... *Sch. Aphth.*, dans Doxopat., *Rh. Gr.*, VI, 19, προοιμιάσασθαι πρὸς εὔνοιαν.

[4] *Panath.*, I, 38. ὥσπερ χορὸς πρὸ τοῦ ἀγῶνος προαναβαλέσθαι.

Pour thème de cet exorde l'orateur choisira le sujet qu'il voudra, ὅ τι γὰρ ἂν βούληται; mais il faudra le traiter avec grand art et le choisir avec beaucoup de discernement et de tact : car le genre de l'éloge est bien délicat et bien difficile à manier. La malignité humaine supporte mal les louanges d'autrui. Il faudra faire en sorte que l'auditeur croie qu'il est lui aussi, directement ou indirectement l'objet de la louange, ou lui-même, ou sa race, ou ses institutions : car il est facile, comme le disait Socrate de faire agréer à des Athéniens l'éloge d'Athènes.

Quoiqu'étranger au fond au sujet, cet exorde doit cependant y conduire, y amener, faire pressentir ce qui va suivre [1]; on doit le rattacher au thème [2], qui sera développé, par des idées ou des motifs intermédiaires, qui jouent là le rôle du moyen dans le syllogisme, où le moyen sépare et en même temps lie les extrêmes.

Tel est l'exorde de l'*Éloge d'Hélène* d'Isocrate, qui n'a assurément rien de commun et de propre au sujet, οὐδὲν οἰκεῖον; car quel rapport peut-on concevoir entre le personnage mythique, sujet du discours, et les réflexions critiques employées dans leurs discours par les sophistes rivaux d'Isocrate? C'est un développement tiré du lieu du blâme qui sert d'exorde à un éloge. En effet, Isocrate que sa timidité naturelle, la faiblesse de son organe, son tempérament intellectuel et moral avaient écarté des luttes du barreau et de la tribune, avait consacré son talent à l'enseignement, à l'enseignement de l'éloquence qu'il appelait la philosophie, c'est-à-dire pour lui la sagesse pratique, la science de la vie. Il avait des rivaux : c'étaient les sophistes. De ces sophistes, qui ne recherchent que l'ar-

---

[1] *Id., Rh.*, III, 14. ὁδοποίησις τῷ ἐπιόντι.
[2] *Id.*, συνῆψαν τῷ ἐνδοσίμῳ... ἐνδοῦναι καὶ συνάψαι... δεῖ δὲ ἢ ξένα ἢ οἰκεῖα εἶναι τὰ ἐνδόσιμα τῷ λόγῳ. Le mot ἐνδόσιμον n'est pas clair pour moi; Hésychius le définit : πρὸ τῆς ᾠδῆς κιθάρισμα. Il est employé par Aristote (*Polit.*, VIII, 5, 1) et par Plutarque (Schaefer dans *Bos, Ellips. voc.*) dans le sens de signal, d'appel. D'après la *Rhétorique* (III, 14), il semble que c'était une partie de l'exorde : Inter prolusionem et cantum, dit Vittorio.

gent dans la pratique de l'art oratoire, qui n'aspirent qu'à étonner le monde par la bizarrerie de leurs idées, par les thèses paradoxales et absurdes qu'ils soutiennent sans se soucier des intérêts publics ni des intérêts particuliers de ceux qui fréquentent leurs écoles, Isocrate signale d'abord Protagoras, Gorgias, Zénon, Mélissus, qui ont professé sur les sujets de la philosophie et de la morale les plus extravagantes opinions; puis les sophistes qui enseignent l'art stérile et funeste de l'éristique [1], et, croyant prouver par le choix de sujets misérables la supériorité de leur génie, en sont arrivés à employer l'éloquence à faire l'éloge des insectes ou du sel. Il est évident que cette critique des sophistes, contenue dans les six premiers paragraphes du discours, n'a aucun rapport avec Hélène : c'est, à ce qu'il semble, un pur hors-d'œuvre. Mais voici venir la partie de l'exorde qu'Aristote appelle l'ἐνδόσιμον, et Quintilien [2] *insinuatio*, par laquelle l'orateur se glisse et s'insinue pour ainsi dire insensiblement et à pas discrets, dans le sujet même. Isocrate va pour ainsi dire appeler le sujet, et par une sorte de tournant nous faire arriver à la question véritable qu'il doit traiter.

De ces sophistes rhéteurs il en est pourtant un [3], dit-il, qui a choisi un sujet noble et beau : l'éloge d'Hélène. Mais l'exécution a trahi son projet. Ce n'est pas un éloge qu'il a écrit, c'est une apologie, et il n'a pas saisi la différence de ces deux genres de composition qui ne tirent pas leur développements des mêmes lieux. Or, continue Isocrate, comme je tiens à ne pas paraître capable seulement de faire la critique des autres, mais à prouver que je suis en état de produire quelque chose de moi-même, je vais, moi aussi et à mon tour, faire un véritable éloge d'Hélène, en laissant de côté tous les arguments déjà employés par d'autres écrivains. Je prends

---

[1] *Helen.*, § 5. τοὺς συνόντας βλάπτουσι.
[2] IV, 1. Quintilien donne cependant à ce terme un autre sens.
[3] Tout porte à croire qu'il s'agit de Gorgias, qui avait en effet écrit un éloge d'Hélène.

le *commencement de mon discours* de l'origine de l'héroïne[1]. »

Ainsi l'exorde du discours d'Isocrate n'en est pas, pour lui, le commencement : ce commencement n'arrive qu'au neuvième paragraphe de l'exorde.

De même qu'Isocrate avait tiré de la critique l'exorde de l'*Éloge d'Hélène* et l'exorde de son *Panégyrique*, où il reproche aux Grecs d'avoir établi des concours pour récompenser la force, l'adresse, l'élégance du corps, et oublié de proposer des prix pour la science et la vertu[2], de même Gorgias avait tiré l'exorde de son *Olympique* de l'éloge de ceux qui avaient fondé les grands Jeux. L'exorde peut encore être tiré du conseil, ἀπὸ συμβούλης, comme l'a fait l'auteur de l'*Éloge d'Aristide*, dont l'exorde commence par cette maxime : il faut honorer les grands hommes ; ou encore de considérations qui visent l'auditeur. Mais ce dernier lieu appartient surtout au genre judiciaire.

S'il est difficile qu'un exorde, dont la matière est étrangère au sujet, soit rattaché et lié[3] au reste du discours par une connexion assez intime pour qu'il paraisse comme un membre de son corps, la chose sera plus facile si l'on choisit pour sa matière un sujet qui, par essence, soit en rapport naturel avec le sujet même du discours, οἰκεῖον.

Dans l'éloquence judiciaire et dans le genre délibératif, dont l'exorde se tire des mêmes lieux[4], il importe, beaucoup plus que dans le genre précédent, de s'assurer la bienveillance

---

[1] § 9. τὴν μὲν οὖν ἀρχὴν τοῦ λόγου ποιήσομαι τὴν ἀρχὴν τοῦ γένους αὐτῆς. C'est dans cette pièce, d'ailleurs de peu de valeur, et où l'on sent facilement l'artifice et la sophistique oratoire, qu'Isocrate rapporte la tradition de certains homéristes, qui soutenaient « qu'Hélène était apparue pendant la nuit à Homère pour lui ordonner de consacrer dans un poème les héros de la guerre de Troie ». Hélène, le type le plus parfait, la vision même de la beauté, c'est-à-dire, pour un Grec, la plus auguste, la plus précieuse, la plus divine des choses, avait ainsi inspiré l'œuvre la plus parfaite et la plus belle de la poésie : allégorie charmante, transparente et profonde.

[2] τοῖς εὖ φρονοῦσιν.

[3] Cic., *de Or.*, II, 79. Connexum ita sit principium consequenti orationi, ut non tamquam *citharœdi prooemium* afflictum aliquod, sed cohærens cum omni corpore membrum esse videatur. Il est assez singulier de voir Cicéron blâmer ces exordes que tolère Aristote ; mais il se place au point de vue exclusif de l'avocat et de l'orateur politique, où ils sont, en effet, déplacés et intolérables.

[4] *Rh.*, III, 14, 10.

de l'auditeur, qui dans les deux cas est un juge, c'est-à-dire un homme qui n'est pas venu vous écouter volontairement, pour son plaisir, mais pour remplir un devoir civique, laborieux, ingrat, souvent pénible, redoutable, Il en est ainsi surtout quand il s'agit de faits invraisemblables ou abominables ou fastidieux, et qu'il faut pour ainsi dire se faire pardonner de faire entendre à l'auditeur. Dans ces exordes, qui ressemblent plus aux prologues de la tragédie qu'aux préludes des poèmes épiques, il faut indiquer sommairement le sujet, en faire connaître d'avance la matière afin de ne pas laisser l'auditeur dans une sorte de vague et d'incertitude pénibles et qui égareraient son jugement. Il faut lui mettre pour ainsi dire dans la main le commencement afin que, sans saut brusque et sans aucune interruption, il puisse suivre l'enchaînement des faits et le fil des raisonnements[1].

C'est là proprement l'exorde, l'exorde nécessaire. Toutes les autres espèces ne sont que des remèdes, ἰατρεύματα, n'ont rien de propre au sujet traité, et par leur banalité, κοινά, peuvent s'appliquer indifféremment à tous les discours. C'est pour cela que les orateurs, même les plus grands, Démosthènes comme Bossuet, avaient composé des collections d'exordes propres à tous les sujets.

Les lieux dont on tire la matière de l'exorde sont ou la personne de l'orateur, ou celle de l'auditeur, ou celle de l'adversaire, ou le sujet du discours[2].

Si l'orateur le tire de sa personne ou de celle de la partie

---

[1] δηλῶσαι τί ἐστι τὸ τέλος. Denys d'Halicarnasse (*Rh.*, X, 13) reproduit le précepte d'Aristote, παρανοίγειν τὸ πρᾶγμα. Il faut, dans l'exorde, entr'ouvrir le sujet, donner une idée des personnes et des choses du débat... dessiner les lignes principales de la structure du discours, προδιοίκησις. C'est en méditant les fonctions essentielles qu'il doit remplir, qu'on trouvera la mesure de l'étendue de l'exorde, son économie, διοίκησις, la manière de le traiter, πλάσις, c'est-à-dire la forme qu'il faut lui donner et le style qui lui convient.

[2] *Rh.*, III, 14, 7. ἐκ τοῦ λέγοντος, καὶ τοῦ ἀκροατοῦ καὶ τοῦ πράγματος καὶ τοῦ ἐναντίου. Cic., *de Or.*, II, 79. Ex reo, aut ex adversario, aut ex re, aut ex eis apud quos agitur, sententias duci licebit. Id., omne principium aut rei significationem habere debebit, aut quoddam ornamentum et dignitatem..., pro portione rerum. On retrouve les mêmes indications dans la *Rhétorique à Alexandre*, § 29, 1. ἀκροατῶν παρασκευή, la préparation de l'auditoire ; 2. L'exposé sommaire du sujet, s'il lui est inconnu ; 3. L'invitation à l'attention ; 4. Et s'il se peut à la bienveillance.

adverse, il doit contenir tous les arguments propres à écarter les préjugés défavorables et les dispositions hostiles, ou au contraire à les faire naître, avec cette différence que la défense seule confiera ce soin à l'exorde, tandis que l'accusateur le réserve pour la péroraison. La raison de cette différence dans l'économie de la composition oratoire, c'est que le défendeur, avant d'appeler sur lui la bienveillance de l'auditoire, est obligé d'écarter tout ce qui pourrait y faire obstacle, c'est-à-dire les charges qui pèsent sur lui et les impressions défavorables créées dans l'esprit des juges par l'accusation, tandis que celle-ci, pour que ses insinuations et ses preuves ne soient point oubliées, en réserve pour la fin les derniers coups.

Si l'orateur juge qu'il est plus opportun de viser l'auditeur[1], l'effort de l'exorde sera de se concilier sa bienveillance ou d'exciter son courroux, parfois de chercher à captiver son attention, parfois au contraire de la détourner ; car il n'est pas toujours utile au succès d'un débat politique ou judiciaire que l'auditeur y porte une attention trop soutenue et trop curieuse, y voie trop clair, et il est souvent nécessaire de distraire son esprit par des plaisanteries et d'exciter sa gaité et ses rires[2].

Tous les lieux indiqués déjà comme pouvant fournir la matière de l'exorde, pourront servir également à faciliter l'intelligence de la question et à rendre l'auditeur attentif : ce qui est presque la même chose que de le rendre *docile*[3],

---

[1] Cic., *de Inv.*, I, 15, ramène à trois les effets qui peuvent être produits par l'exorde sur les auditeurs (ut sint) benevoli, dociles, attenti.

[2] Nous retrouverons plus loin cet important sujet. Gaisford cite, fort à propos, les quatre vers suivants des Guêpes (v. 564, sqq).

οἱ δὲ λέγουσιν μύθους ἡμῖν, οἱ δ'
Αἰσώπου τι γελοῖον·
οἱ δὲ σκώπτουσ', ἵν' ἐγὼ γελάσω καὶ
τὸν θυμὸν καταθῶμαι.

« J'ai ri, me voilà désarmé. » Regnard, *Le légataire*.

[3] εἰς εὐμάθειαν... προσεκτικοί. Aristote ne fait presqu'aucune distinction. L'Anonyme de Séguier, p. 428, enseigne que l'εὐμάθεια est opérée par la proposition sommaire et par la division, μερισμός, qui distingue point par point, en parties séparées, tous les faits et les arguments de la cause.

c'est-à-dire désireux, curieux de connaître la chose et de s'y intéresser.

Le plus sûr moyen d'obtenir ce résultat, c'est pour l'orateur de se montrer un homme de bien. C'est surtout l'honorabilité de l'orateur qui captive l'intérêt et enchaîne l'attention ; mais il ne faut pas oublier que le sujet lui-même, par son importance, son étrangeté, par son rapport à nos intérêts personnels[1], par son charme propre, peut attirer notre curiosité passionnée. Il est donc nécessaire que l'orateur le montre avec l'un ou l'autre de ces caractères, quand il tire son exorde des faits mêmes de la cause[2].

Remarquons d'ailleurs que l'attention de l'auditeur, si celui qui parle juge à propos de l'exciter, ne doit pas être appelée par l'exorde exclusivement sur l'exorde : elle est, dans ce cas, nécessaire et commune à toutes les parties du discours[3], et plus nécessaire partout ailleurs que dans l'exorde, où elle n'a pas encore eu le temps de s'émousser et de se lasser. Il est donc ridicule, au commencement d'un discours, c'est-à-dire au moment où naturellement tout le monde prête l'oreille, de s'écrier : Veuillez me donner toute votre attention. Il faut sentir et saisir le moment opportun et nécessaire, et alors ranimer l'intérêt languissant par quelques artifices, comme ceux-ci : Écoutez-moi : ce sont vos intérêts plus que les miens que je viens défendre; ou encore : ce que j'ai maintenant à vous dire est une chose effroyable, et telle que vous n'en avez jamais entendue de pareille ; ou comme Prodicus, lorsqu'il voyait ses auditeurs, qui étaient

---

[1] ἴδια. Cic., *Part. Or.*, 8. Conjuncta cum ipsis apud quos agitur... magna et necessaria ; *de Inv.*, I, 16. Magna, nova, incredibilia, aut ad omnes aut ad eos qui audiunt, aut ad aliquos illustres homines, aut ad Deos immortales aut ad summam rempublicam pertinere. La *Rhétorique à Alexandre* multiplie encore ces caractères des sujets susceptibles d'intéresser l'auditoire.

[2] Ce point est traité légèrement par Aristote. Cicéron insiste davantage (*de Or.*, II, 79). « Ex re, si crudelis, si nefanda, si præter opinionem, si immerito, si misera, si ingrata, si indigna, si nova, si quæ restitui sanarique non possit ».

[3] Cic., *de Or.*, II, 79. « In totam orationem confundendum. Id., 77. Sicuti sanguis in corporibus... in perpetuis orationibus fusæ esse debebunt. »

ses élèves, prêts à s'endormir : Je vais vous dire une chose que je réserve à nos conférences à cinquante drachmes[1].

Cependant, comme le remarque judicieusement Cicéron, c'est plutôt le fait du talent de l'orateur de répandre partout l'intérêt, de maintenir et d'accroître la curiosité, de rafraîchir l'attention que le résultat de ses instances même les plus pressantes[2].

Il ne faut pas se lasser de répéter, dit Aristote, que toutes manières de traiter l'exorde s'adressent à l'auditeur, mais non pas en tant qu'auditeur. On vise en lui l'homme, sujet à toutes les erreurs de jugement, à toutes les défaillances de caractère, à tous les troubles et à tous les emportements de la passion qui caractérisent l'humanité. Car tous les orateurs l'emploient à discréditer leur adversaire, ou à effacer les sentiments de crainte dans l'esprit de leurs auditeurs. C'est pourquoi ceux dont l'affaire est mauvaise s'étendent dans l'exorde, et partout ailleurs plutôt que d'insister sur la chose même, où ils sentent que le terrain n'est pas sûr. C'est ainsi que nous voyons nos serviteurs pris en faute, répondre toujours à côté de la question[3], et non à la question même, et avec de longs préambules.

Nous avons déjà dit que dans le genre délibératif l'exorde se tire des mêmes lieux que dans l'éloquence judiciaire : mais c'est le genre qui en a naturellement le moins besoin ; car le sujet de la délibération est presque toujours connu de ceux qui en doivent délibérer. Un exorde n'y est donc pas nécessaire, à moins qu'on ne croie utile de parler de soi-même ou de ses contradicteurs, ou qu'on ne sente dans l'auditoire des dispositions ou trop violentes, ou trop pacifiques qu'on voudrait modifier et retourner avant d'entrer

---

[1] Ou suivant une autre interprétation plus piquante : Que vous avez payé 50 drachmes pour entendre. Ecoutez-la donc, si vous ne voulez pas perdre votre argent. Pour beaucoup de gens, en effet, les choses, et même les leçons de philosophie et de rhétorique, valent ce qu'elles coûtent.

[2] Cic., de Or., II, 79. Quod agendo efficitur melius quam rogando.

[3] Rh., III, 14, 10. τὰ κύκλῳ.

dans le fond du débat, en jetant la défaveur sur l'adversaire, ou en repoussant des imputations malveillantes, ou en grossissant, ou en diminuant l'importance du débat et la gravité des faits.

Même dans ce genre d'un caractère naturellement austère, il faut faire une place à l'art et donner au discours un exorde, κόσμου χάριν [1], uniquement pour lui imprimer une forme de grâce et un charme littéraire : sans quoi, le discours paraîtrait une œuvre grossière, absolument improvisée, sans aucun souci de la beauté [2], dont l'auteur semblerait se moquer de ses auditeurs ou du moins ne pas respecter suffisamment leur goût et leur dignité. Les auditeurs n'aiment pas à être traités avec trop de sans façon, et les réunions les plus populaires et les plus démocratiques savent gré, à ceux qui leur parlent, de l'effort et de l'intention de leur plaire [3]. L'art suprême consiste à produire cet effet [4] sans découvrir l'artifice, qui rendrait l'orateur suspect de vouloir porter atteinte à la conscience.

En résumé, les deux fins auxquelles il faut tendre dans l'exorde sont d'exciter la bienveillance ou la pitié ; elles sont toutes deux exprimées dans le vers d'Homère :

Δός μ'ἐς Φαίηκας φίλον ἐλθεῖν, ἠδ'ἐλεεινόν [5].

C'est dans l'étude attentive des fonctions générales et particulières de l'exorde que l'orateur trouvera le principe de

---

[1] On voit que, malgré la sévérité de ses principes, l'éloquence, dans l'esprit d'Aristote, flotte encore et cherche sa place entre le domaine des beaux-arts ou des arts de luxe, et le domaine des métiers utiles ou des arts de service.

[2] αὐτοκάβδαλα. On appelait ainsi des farces grossières et improvisées, des mimes bouffons et licencieux, dont l'origine paraît être dorienne. Cf. Athen., XIV, 622. Hésychius les définit : αὐτοσχέδια ποιήματα, εὐτελῆ. Conf. Saumaise, *Exercitat. Plinian.*, p. 76. Ces αὐτοσχεδιάσματα sont, au dire d'Aristote (*Poet.*, IV, 6), l'origine de la comédie grecque, et du moins de la comédie sicilienne : elles s'appelaient à Tarente φλύακες.

[3] Quint., IV, 1. Summæ artis est.

[4] Il est vrai qu'on croit leur plaire en parlant leur langage et en en exagérant même la grossièreté. C'est, j'imagine, un faux calcul : l'homme n'aime pas à être ainsi rabaissé à ses propres yeux.

[5] Il est remarquable qu'Aristote, dans un traité technique de rhétorique, cite si fréquemment des exemples empruntés aux poètes de tous les genres.

l'étendue qu'il faut lui donner. Ce précepte de Denys d'Halicarnasse est à peu près aussi celui de Quintilien : modus principii ex causa [1]. Isocrate avait déjà reconnu qu'il y a une mesure d'étendue imposée par la règle aux exordes, et il s'excuse [2] de l'avoir dépassée dans son *Panathénaïque*, où l'exorde, en effet, ne contient pas moins de douze pages [3]. Cette proportion est naturellement déterminée par l'étendue du discours lui-même; car il ne faut pas que ce qui est la tête prenne la dimension du corps même [4] et qu'il n'y ait, pour ainsi dire, qu'une tête sans corps. Quintilien nous apprend, en les critiquant et en s'en moquant, que des rhéteurs avaient voulu renfermer cette étendue, pour tous les exordes sans exception, dans l'espace de quatre phrases ou quatre propositions : ut intra quatuor sensus terminaretur. Contrairement à l'opinion de Spalding sur ce passage, Volkmann pense qu'on doit le rapporter à la définition d'Hermogène qui enseigne que tout exorde se compose de quatre membres : d'une protase, d'une confirmation de cette protase, appelée κατασκευή, d'une apodose qui rend compte des motifs de la position prise dans le débat par l'orateur et de sa résolution de prendre la parole, tire pour ainsi dire les conséquences de la proposition, la justifie et la montre digne d'être écoutée favorablement, enfin d'une quatrième partie appelée βάσις qui réunit ou rapproche l'apodose et la protase et met en mouvement et en marche le vrai sujet [5].

---

[1] IV, 1.
[2] *Panath.*, § 12. αἰσθάνομαι δὲ ἐμαυτὸν ἔξω φερόμενον τῆς συμμετρίας τῆς συντεταγμένης τοῖς προοιμίοις. Cic., *Pro Quint.*, 4. Paulo longius exordium petam.
[3] Ed. Tauchn.
[4] Quintil., IV, 1. Ne in caput excrevisse videatur.
[5] Hermog., *Rh. Gr.*, Speng., II, p. 187. Les scolies d'Æschine, *c. Tim.*, p. 375, t. 12, ed. Dobson, reproduisent textuellement le passage d'Hermogène. Voss., *Inst. Rh.*, III, p. 340. « πρότασιν, sive propositionem quæ ἀποδόσει viam parat; κατασκευήν, sive propositionis rationem; ἀπόδοσιν, sive redditionem, quæ nova est propositio, rem ipsam tangens, omnemque exordii dignitatem et autoritatem continens, unde ἀξίωσις quoque appellatur, ac denique βάσιν sive comprobationem, quæ redditionis causam affert. »

Mais pour accepter l'interprétation de Volkmann, il faut se rappeler que, pour certains rhéteurs, l'exorde n'est pas l'introduction tout entière du discours, et que certaines introductions contenaient deux et jusqu'à trois exordes [1], dont chacun pouvait alors se composer des quatre membres prescrits par Hermogène.

L'exemple cité par Vossius éclaircira ce qu'ont d'obscur et la théorie d'Hermogène et les termes techniques dont il se sert. L'exorde de la *Milonienne* contient :

1. Une protase, dans laquelle Cicéron avoue qu'il n'est pas sans éprouver quelques craintes;

2. Une κατασκευή, qui en donne la raison : ces craintes lui sont inspirées par l'aspect inusité du forum entouré de soldats.

3. Une ἀπόδοσις, dans laquelle il reconnaît que ces craintes sont mal fondées, et proclame qu'il est complètement rassuré par la connaissance personnelle qu'il a de la sagesse et de la justice de Pompée [2].

---

[1] Les auteurs de *Progymnasmata* parlent de doubles exordes : on en signale trois dans le *De Falsa Legat.* (*Argum.*). 1. ἐν μὲν οὖν τῷ προοιμίῳ; 2. ἐν δὲ δευτέρῳ νοήματι; 3. καὶ τὰ ἑξῆς ὁμοίως. L'exorde du discours d'Eschine *contre Ctésiphon* est composé comme il suit : 1. τὴν μὲν παρασκευὴν ὁρᾶτε, ὦ Ἀθηναῖοι, καὶ τὴν παράταξιν, ὅση γεγένηται καὶ τὰς κατὰ τὴν ἀγορὰν δεήσεις; (protase) 2. αἷς κέχρηνταί τινες ὑπὲρ τοῦ τὰ μέτρα καὶ τὰ συνήθη μὴ γίγνεσθαι ἐν τῇ πόλει (κατασκευή); 3 et 4. ἐγὼ δὲ πεπιστευκὼς ἥκω πρῶτον τοῖς θεοῖς, δεύτερον δὲ τοῖς νόμοις καὶ ὑμῖν, ἡγούμενος οὐδεμίαν παρασκευὴν ἰσχύειν παρ'ὑμῖν μεῖζον τῶν νόμων καὶ τῶν δικαίων (ce συμπέρασμα continue l'apodose et la βάσις). Sur cet exorde, l'argument dit : « On prétend qu'il n'a pas de κατασκευή et que, par conséquent, il ne faut pas y chercher de συμπέρασμα. C'est une erreur. La κατασκευή de l'exorde est dans la phrase ὑπὲρ τοῦ τὰ μέτρα καὶ τὰ συνήθη μὴ γίνεσθαι ἐν τῇ πόλει ; car si la κατασκευή donne la raison, αἰτία, de la protase, puisque *l'oubli de la politique modérée et traditionnelle* est la cause des δεήσεις qui se produisent dans la place publique, cette phrase contient certainement la κατασκευή. L'exorde a aussi un συμπέρασμα : c'est la phrase qui commence à ἐγὼ δὲ et se termine à μεῖζον τῶν νόμων καὶ τῶν δικαίων ». Le συμπέρασμα est l'union de l'ἀπόδοσις et de la βάσις.

[2] Ernesti (*Lexic.*, p. 36) explique ainsi le terme ἀπόδοσις : « Pars exordii tertia, quæ fieri debeat per ἀξίωσιν, h. e, habere debeat honestæ rei postulationem, scilicet, ut judices audiant diligenter, faveant, et adsint reo innocenti ». Dans cette analyse, on croit apercevoir l'intention de ramener la forme de l'exorde à l'épichérème : La protase est la majeure, dont la κατασκευή fournit la preuve; l'apodose est la mineure, et la βάσις, la conclusion.

4. Une βάσις, où il invite les juges à faire comme lui-même, c'est-à-dire à ne pas laisser troubler leur esprit et leur conscience par les craintes qu'au premier abord cet appareil inusité a pu leur inspirer [1]. On se rendra compte des qualités que doit posséder l'exorde en se rappelant les fonctions qu'il a à remplir ; elles se ramènent à deux : produire tout d'abord une impression sympathique pour la personne de l'orateur, et ouvrir un accès facile à l'intelligence de la question, en même temps que faire naître une disposition d'esprit favorable à la solution proposée. Les vices à éviter sont nécessairement les contraires de ces qualités. Il ne faut pas en commençant se montrer trop assuré [2], ni déployer un art trop visible soit dans la structure de la phrase soit dans le style. Il ne faut pas non plus que l'exorde en lui-même soit banal et par trop étranger au sujet qu'il doit annoncer et introduire. Si l'on est contraint de prendre un exorde banal, κοινόν, il convient au moins de le fortifier par une κατασκευή appropriée [3]. Il faut surtout, si la liaison n'est pas naturelle et intime, ce qui est la qualité maîtresse, qu'au moins il n'y ait pas de coupure tranchée, de saut brusque, une rupture complète du fil des idées. Enfin il ne doit pas être si long que le discours semble n'avoir pas de corps et être tout en tête, in caput excrevisse corpus [4]. Ce serait alors une sorte de monstre.

---

[1] La βάσις est ainsi une sorte de conclusion, συμπέρασμα, de l'exorde, et nous venons de voir que l'argument du discours d'Eschine c. *Ctésiphon* l'en considère au moins comme une partie, et la dernière.

[2] Cicéron recommande même de simuler une certaine hésitation, un certain trouble qui semble se trahir par l'incorrection de l'expression. W. Hamilton (*la Logique parlementaire*) reproduit cette recommandation : « Déterminez à l'avance la plus belle partie de votre discours ; rattachez-là à quelques incidents survenus au cours du débat, et arrivant à cette partie préméditée, ayez l'air embarrassé, employez une expression au-dessous de votre idée, et ayez l'air de rencontrer par hasard la forme belle et vraie ». C'était, au dire de Cicéron, la pratique et l'art d'Antoine.

[3] Aps., *Rh. Gr.*, Speng., p. 344. ἐὰν δέ ποτε ἀναγκασθῇς κοινὸν προοίμιον εἰπεῖν, τὴν κατασκευὴν αὐτῷ ἰδίαν πρόσαγε, comme l'a fait Isocrate dans son discours *sur la Paix*, où il ajoute une κατασκευὴ ἰδία dans la phrase : περὶ μεγάλων ἥκομεν· περὶ γὰρ πολέμου καὶ εἰρήνης.

[4] Quintil., IV, 1.

§ 2. — *Topique de l'apologie dans l'exorde.*

Une des fonctions sinon exclusivement réservée à l'exorde, du moins qui lui est très particulièrement propre, est d'effacer l'impression fâcheuse, les préventions hostiles qu'on peut avoir conçues contre nous [1], de même qu'une des fonctions de la péroraison est d'inspirer contre l'adversaire des sentiments défavorables. Il y a pour obtenir ce résultat des lieux spéciaux qu'il importe de connaître.

1. Le premier de ces lieux est d'un caractère général : il se tire de toutes les raisons par lesquelles on écarte les préventions, les opinions défavorables conçues ou préconçues contre nous, qu'elles soient nées du discours de l'adversaire ou de toute autre manière.

2. Un autre est de se porter immédiatement au point précis du débat et de soutenir ou que le fait allégué n'a pas eu lieu, ou qu'il n'a pas été nuisible, ou que le dommage n'a pas été aussi grand qu'on le prétend, ou que le fait n'est contraire ni au droit ni à l'équité [2], ou qu'il n'a pas en lui-même d'importance, qu'il n'a rien de déshonorant, qu'il n'a pas eu d'effets considérables, ou que le tort causé est compensé [3] par d'autres considérations ; par exemple, on peut soutenir, si l'acte a été nuisible, qu'il était honorable et beau en lui même ; ou, s'il était en soi affreux ou révoltant, qu'il a eu des résultats utiles, et ainsi de suite.

---

[1] *Rh.*, III, 15. ἀπολύεσθαι διαβολήν.

[2] Nous avons vu plus haut que ce passage a pu fournir l'occasion et les principaux éléments de la théorie des états de cause et de la théorie des κεφάλαια.

[3] La compensation, ἀντίστασις, exprimée ici par le verbe ἀντικαταλλάττεσθαι, est la comparaison des avantages et des inconvénients que peut avoir eus un même fait. C'est un des κεφάλαια, ou lieux principaux d'arguments : ces κεφάλαια, qui sont le juste, l'honnête, le possible, l'utile, forment les parties, μέρη, des états de cause, suivant Hermogène (*de Stat.*, l. I) ou suivant Aristote, les στοιχεῖα, les principes, les sources des preuves. Ce mode de défense par ἀντίστασιν s'appelait χρῶμα ἀντιστατικόν. Sopat., *Scholl. in Hermog.*, p. 256.

3. Un autre lieu se tire de l'affirmation que le fait incriminé est une erreur, ou un malheur, ou le résultat d'une fatalité ou d'une contrainte, ce qui supprime la responsabilité de l'agent; il se tire encore de la substitution d'une intention à celle qu'on nous suppose. C'est un genre de défense dont on fit plus tard un état de cause, στάσις συγγνωμική [1] ou στάσις ἄχρωμος, parce que le défendeur ne prend aucune position tranchée et nette, aucune couleur franche, dans la table des catégories des états de cause.

4. Le quatrième se tire du fait que l'accusateur est lui-même enveloppé dans une accusation ou actuelle, ou antérieure, ou personnelle, ou par quelqu'un des siens. Ce lieu constitue l'ἀντέγκλημα ou le νόημα ἀντεγκληματικόν, comme l'appelle Sopater [2]. La défense consiste alors à porter une accusation contre celui-là même qui nous en a intenté une. Il ne faut pas confondre ce lieu avec l'ἀντικατηγορία, où les deux parties s'accusent mutuellement du même délit ou du même crime. C'est une forme particulière de ce que l'on nomme μετάστασις τῆς αἰτίας, remotio criminis, lieu dans lequel on reporte la faute sur autrui [3].

5. On peut aussi tirer un argument de défense du fait que d'autres ont été enveloppés dans une accusation semblable, qui, plus tard, ont été reconnus innocents,

6. Ou du fait que l'accusateur ou d'autres personnes en

---

[1] Cyrus, *In differ. Stat.*, p. 460, Ald. Dans la *Rhétorique à Hérennius*, I, 14, et dans le *de Inv*., II, 34, cet état s'appelle *concessio*, ailleurs *deprecatio*, *status venialis*. Quint., VII, 4, Voss., *Inst. Rh.*, I, p. 152. « Omni colore destitutus ». Ad Her., I, 14, le divise en *purgatio* et *deprecatio*. *Purgatio*, quum consulto se negat reus fecisse. *Deprecatio*, quum et peccasse se et consulto fecisse reus confitetur, et tamen postulat ut sui misereantur.

[2] P. 289. La différence entre l'ἀντίστασις et l'ἀντέγκλημα consiste en ce que, par le premier de ces lieux, l'accusé se défend par des raisons tirées de sa personne même, par le second, au moyen des faits qui lui sont étrangers. J'ai tué ma mère, dit Oreste, et j'ai bien agi, car elle avait tué mon père.

[3] Lieu très différent de la μετάληψις ou *translativa constitutio*, qui n'est qu'un lieu de procédure, par lequel on soutient que l'action est irrégulièrement intentée, soit quant au tribunal, soit quant au lieu, soit quant au temps, soit quant à la pénalité.

ont sans raison accusé d'autres, ou que, sans être directement accusés, d'autres ont été l'objet de soupçons reconnus sans fondement.

7. On peut aussi accuser son accusateur, et détruire ainsi le crédit qu'on pourrait avoir en ses allégations. S'il n'est pas digne d'être cru, quelle valeur peuvent avoir ses accusations.

8. Un autre lieu se tire de la circonstance que le fait incriminé a été déjà jugé ailleurs. Euripide, accusé d'impiété pour avoir publiquement conseillé le parjure dans son vers célèbre :

Ἡ γλῶσσ' ὀμώμοχ', ἡ δὲ φρὴν ἀνώμοτος [1],

put répliquer qu'il était contraire au droit et à la justice de porter devant les tribunaux civils des faits qui avaient été déjà soumis aux juges des concours dionysiaques.

9. On peut encore s'élever avec indignation contre ce penchant à la calomnie, aux insinuations, aux suggestions malveillantes, contre la fureur d'accusation qui s'empare à certains moments de certaines personnalités ; montrer les effets funestes de cette perversité qui, précisément parce qu'elle n'a pas confiance dans les faits mêmes qu'elle incrimine, va soulever des griefs étrangers et différents.

10. Un lieu commun à la défense et à l'accusation consiste à rechercher les indices qui paraissent révéler ou signifier des intentions. Ulysse cherche à rendre Teucer suspect aux Grecs en rappelant qu'il est parent de Priam, puisqu'Hésione, sa mère, était fille du roi d'Ilion ; l'autre réplique en prouvant que Télamon, son père, était l'ennemi de Priam.

11. Un lieu particulier à l'accusateur consiste à masquer nos intentions perfides en nous étendant avec des longueurs calculées sur des faits de peu d'importance, qui pourraient

---

[1] *Hippol.*, v. 612.

être à l'honneur de l'adversaire, mais en insistant avec une énergique concision sur des faits graves à sa charge ; nous énumérons en lui avec complaisance une multitude de qualités ou de services rendus, sans aucun rapport avec la question présente, puis nous portons tout l'effort de l'argumentation sur un seul fait, mais d'une gravité exceptionnelle et qui touche au cœur même du débat. Cette apparence d'impartialité loyale est le comble de l'habileté et de la perfidie ; elle transforme le bien même qu'on s'empresse de dire de l'accusé en une arme empoisonnée qui donne toute sa force au mal qui s'y mêle [1].

12. Le douzième lieu est commun aux deux parties : comme des intentions et des mobiles contraires peuvent avoir produit un même fait, l'accusateur peut dénaturer l'acte en l'interprétant dans un sens très défavorable, l'accusé dans le sens opposé. L'un dira : si Diomède a choisi Ulysse pour l'accompagner dans son expédition nocturne [2], c'est qu'il l'a jugé le plus brave des Grecs : l'autre répliquera : c'est parce qu'Ulysse, seul des Grecs, par suite de sa mauvaise renommée, ne pouvait pas être pour Diomède un rival sérieux et lui causer d'ombrages.

Il est clair que dans l'exorde tous ces moyens d'apologie et de défense doivent être sommairement indiqués et ne recevoir que des développements proportionnés à la mesure de cette partie du discours, comme l'observe justement l'auteur de la *Rhétorique à Alexandre* [3].

On trouve dans cet ouvrage et au même chapitre quelques autres lieux d'arguments ingénieux propres à dissiper, dans

---

[1] On trouve, dans la *Logique parlementaire* de W. Hamilton (trad. J. Reinach, 1886), des conseils qui se rapprochent des observations d'Aristote : « Au lieu de nier absolument la thèse de votre adversaire, admettez-la en partie, en vous attachant à prouver que ce principe n'est vrai que dans une certaine mesure : par là vous enlevez à ses arguments toute leur force ». « Quand vous attaquez une personne, tâchez toujours de trouver en elle quelque chose à louer ».

[2] *Il.*, K. 242. Arist., *Rh.*, II, 23. Une citation de l'*Ajax* de Théodecte.

[3] Ch. 29. κεφαλαιωδῶς ἐν τοῖς προοιμίοις ἀπολογητέον... καὶ τὰς κρίσεις ψεκτέον.

l'exorde, les préventions hostiles à l'orateur ou défavorables à sa cause. Les préventions portent ou sur la personne de celui qui parle, ou sur les faits dont il parle, ou sur le discours même. Celles qui portent sur la personne sont tirées ou du temps passé ou du présent. Si elles sont tirées du passé, il faut aller au devant d'elles, avouer qu'elles existent, mais assurer qu'on en démontrera bientôt la fausseté. S'il y a eu un jugement contre nous, on soutiendra que c'est un injuste arrêt qui nous a frappé, et que l'accusation partait de nos ennemis avérés. Si on ne peut soutenir avec quelque vraisemblance cette thèse, il faudra dire que le malheur dont nous avons été victime est bien suffisant, et qu'il n'est pas juste, sur une chose jugée et pour laquelle nous avons donné satisfaction à la loi, de relever contre nous d'inflexibles et perpétuelles préventions. Si le procès est encore pendant, on assurera qu'on est prêt à répondre à toutes les accusations et qu'on se condamne soi-même à toutes les peines, même à la peine de mort, si on ne parvient pas à démontrer son innocence. C'est ainsi qu'Eschine, dans son exorde du *de Falsa legatione*[1], s'écrie : « Si je ne vous parais absolument innocent, je me condamne moi-même à mort, θανάτου τιμῶμαι », et Andocide, dans l'exorde de son discours *sur les Mystères*[2] : « Si j'ai commis quelqu'impiété, faites-moi mourir : j'y consens, ἀποκτείνατέ με· οὐ παρχιτοῦμαι. » On ne manquera pas d'ailleurs de s'élever avec indignation contre la passion d'accuser qui a perdu tant d'honnêtes gens.

Si les préventions sont tirées du présent, elles concernent l'âge de l'orateur à qui l'on peut reprocher d'être trop jeune ou trop âgé, ou de se montrer trop souvent à la tribune, ou de n'y avoir pas encore paru. L'orateur jeune dira que s'il a osé prendre la parole, c'est que peu des personnes autorisées

[1] § 5.
[2] § 32.

la voulaient prendre, ou que le sujet était de ceux qu'il ne messied pas à la jeunesse de traiter, que la sagesse et la prudence ne sont pas exclusivement le privilège de la vieillesse : c'est plutôt un don de nature. Si d'ailleurs il se trompe, lui seul en souffrira; s'il a raison, l'État en profitera. L'orateur âgé s'excusera sur l'absence d'orateurs plus jeunes, sur l'habitude et l'expérience des affaires, sur l'importance, la gravité des événements et l'imminence du péril. Celui qui parle fréquemment s'appuiera sur sa longue pratique et dira qu'il eût été honteux pour lui de se taire dans cette circonstance après avoir, dans tant d'autres, donné son avis. Celui qui n'a pas l'habitude de prendre la parole se justifiera de son audace en mettant en relief la grandeur des dangers présents et l'obligation qui s'impose à tout bon citoyen d'ouvrir un avis qu'il croit salutaire.

Si les préventions hostiles viennent de la chose elle-même, qui froisse les habitudes, les penchants, les passions des auditeurs, il faut faire appel à la nécessité, à la fortune, aux circonstances, aux intérêts particuliers ou généraux engagés. Ce n'est pas à l'orateur qu'il faut s'en prendre, c'est aux choses.

Si elles naissent du discours qui menace d'être long, vieilli, invraisemblable, il faut en rendre responsable la multitude des choses à dire, les circonstances qui obligent l'orateur de se répéter, et en dernier lieu, affirmer que le discours prouvera la vérité de ces choses prétendues invraisemblables.

CHAPITRE TROISIÈME

ÉCONOMIE ET TOPIQUE DE LA NARRATION [1]

La narration, dans le sens technique du mot, est la partie distincte du discours qui a pour fonction et pour but de faire connaître par un exposé exprès les événements et les actes accomplis qui appartiennent au sujet [2]. Elle n'est nécessaire dans aucun genre oratoire et n'est nécessairement exclue d'aucun d'eux.

C'est une faute, dit Denys d'Halicarnasse [3], de vouloir partout raconter. Le genre démonstratif n'a pas besoin du récit [4]; mais il ne l'exclut pas absolument. Aristote lui-même le reconnaît. Après avoir dit [5] que le genre délibératif porte sur l'avenir et ne peut contenir un récit qui ne peut toucher que le passé, il avoue qu'un récit peut y trouver sa place, parce que les évènements passés peuvent éclairer les auditeurs sur les conséquences heureuses ou funestes des résolutions qu'ils sont appelés à prendre. Il est étrange qu'il

---

[1] La *Prothésis* d'Aristote devait contenir la *partitio* ou *divisio* de Cicéron (*de Inv.*, I. 14; *ad Herenn.*, I, 3, 4). Cette *partitio* devait poser la *Controversiæ constitutio*, l'état de cause, l'énumération ordonnée des parties, les points litigieux, les chefs légaux, et pour ainsi dire la formule sous laquelle rentrait la cause. Dans cette hypothèse, la narration ne devait comprendre que l'exposé des faits nécessaires à l'intelligence des points litigieux.
[2] Nicol. Soph., *Speng.*, III, 450. ἔργων καὶ τέλος... τὸ παράδοσιν καὶ δήλωσιν ποιῆσαι. Zénon, dans l'*Anonyme*, Sp., I, 434. τῶν ἐν τῇ ὑποθέσει πραγμάτων ἔκθεσις. Cic., *Part. Or.*, 9, 31. Rerum gestarum explicatio ou expositio. Id., *de Inv.*, I, 19.
[3] *Rh.*, X, 14.
[4] *Id.*, ὅλη μὲν ἰδέα συμβουλευτικὴ διηγήσεως οὐ δεῖται.
[5] *Rh.*, III, 16.

ajoute qu'en agissant ainsi l'orateur ne fait plus fonction de conseiller politique, οὐ τὸ τοῦ συμβούλου ποιεῖ ἔργον. Eh ! quoi, ce n'est plus faire œuvre de gouvernement, de direction politique que de montrer la leçon, le conseil, les sévères avertissements ou les justes espérances que donnent au présent et à l'avenir les choses et les événements du passé. L'histoire, hélas, se répète, et je m'étonne qu'Aristote ait ici oublié qu'il en a conseillé, prescrit même l'étude approfondie, particulière et générale, à tous ceux qui ont la prétention d'exercer, par l'éloquence, une action sur les affaires législatives ou politiques de leur pays.

Il est clair que la narration est inutile [1], qu'elle serait même nuisible, quand les faits qu'elle a pour objet d'exposer sont déjà connus et qu'il suffit de les rappeler d'un mot ; quand le récit détaillé et précis ne nous serait pas favorable ; quand il serait difficile ou impossible de leur donner une couleur avantageuse à notre opinion sans altérer trop effrontément la vérité. Dans ces conditions, dont le bon sens et le bon goût restent juges, il ne faut pas se laisser aller au plaisir de raconter [2], et on doit se contenter, si l'on parle le premier, d'une brève exposition des faits, ou d'un résumé simple et rapide, κατάστασις [3], ou même, faisant semblant de les croire connus, de prendre position immédiatement, d'exprimer sa propre manière de les comprendre [4], de mettre les auditeurs en disposition de nous écouter avec bienveillance. Cette partie, qui s'appelle προδιήγησις ou προκατάστασις, désigne dans la *Rhétorique à Alexandre* [5], l'exorde, ou du moins s'en distingue à peine.

---

[1] *Rh.*, III, 16, 3. δεῖ δὲ τὰς μὲν γνωρίμους ἀναμιμνῄσκειν· διὸ οἱ πολλοὶ οὐδὲν δέονται διηγήσεως.
[2] *Rh. ad Al.*, ch. 30. Apsin., Sp., I. 353. ἐνίοτε οὐ διηγητέον. Cic., *de Or.*, II, 81. Quando utendum sit aut non sit narratione, id est consilii.
[3] Théodore cité par l'Anonyme (Sp., I, 434). κατὰ ψιλὴν ἀπόδοσιν ἔκθεσις. Anon., *Seg.*, p. 441 ; Apsin., p. 353.
[4] Aps., *id.*, ἐξ ἰδίας ἐννοίας.
[5] Ch. 30. Sub fin.

Aristote, après avoir réservé très exclusivement la narration proprement dite au genre judiciaire parce que seul il roule sur des faits accomplis [1], est moins affirmatif et plus exact dans le chapitre spécial [2] qu'il y consacre, et où, par une sorte de contradiction inexplicable, il ne traite de la narration précisément que dans les genres épidictique et politique d'où il vient de l'exclure.

De même qu'elle n'est pas une partie nécessaire et intégrante de l'organisme du discours, de même elle n'a ni une étendue mesurée et fixe, ni une place déterminée, ni une forme immuable dans le système des membres constitutifs du discours et dans l'économie de sa composition. On peut mettre une narration partout et même dans l'exorde [3]. Il faut la placer dans le lieu qui lui est propre, à la place qui lui convient, et ces places sont susceptibles de changement, parce qu'elles sont déterminées par l'intérêt de la cause [4]. C'est donc une erreur [5] de croire qu'elle doit toujours venir après l'exorde [6]; il convient parfois de la placer au milieu des preuves, parfois dans la péroraison, comme l'a fait Isocrate dans le discours *Æginétique* : elle prend alors le nom d'ἐπιδιήγησις.

Lorsqu'on jugera qu'elle doit suivre immédiatement l'exorde, si les faits à exposer sont peu nombreux et de peu d'importance, il faudra la fondre pour ainsi dire dans l'exorde, parce qu'isolée et détachée, elle paraîtrait trop courte et trop insignifiante pour constituer une partie vraiment organique du discours. Si au contraire les faits sont graves et nombreux, il faut la séparer nettement de l'exorde, de

---

[1] *Rh.*, III, 13.
[2] *Id.*, III, 16.
[3] *Id.*, III, 16. πολλαχοῦ δὲ δεῖ διηγεῖσθαι καὶ ἐνίοτε καὶ ἐν ἀρχῇ.
[4] Dion. Hal., *de Isæo.*, 14. ἐν οἰκείῳ χωρίῳ... ἐν τῇ προσηκούσῃ χώρᾳ τιθέναι... χωρίων ἀλλαγαὶ πρὸς τὸ συμφέρον ᾠκονομημέναι.
[5] Anonym., *Rh. Sp.*, I, 434.
[6] C'est le sentiment de Cicéron (*de Or.*, II, 80) : « Narrationis unus est in causa locus. »

manière [1] à en faire une sorte de corps indépendant. Bien plus, dans le genre épidictique, où plus encore que dans les autres elle est la source d'où découle tout le reste du discours [2], il convient de ne pas lui donner une forme continue et ininterrompue : au contraire, après l'avoir divisée en parties séparées, il faut répartir dans tout le corps de la composition ces narrations partielles [3], afin de soulager la mémoire. Ce genre repose sur l'éloge et on ne peut louer que des actions ou les qualités morales révélées par des actions. On peut même dire que pour justifier la louange des qualités des âmes extraordinaires « la seule simplicité d'un récit fidèle » suffit et est nécessaire : « Leurs seules actions les peuvent louer et toute autre louange languit [4] », et j'ajoute leurs actions seules ; car les vertus qui n'ont pas abouti à une action, et qui sont restées enfermées dans la conscience et n'ont pris que la forme d'une volonté intérieure, restent toujours douteuses. L'orateur n'est pour rien dans les grandes actions qu'il raconte, et sous ce rapport son art est impuissant [5]. Tout ce qu'il peut faire est de prouver, si on le conteste ou s'ils ne sont pas vraisemblables, ou que les faits qu'il va conter sont bien tels qu'il les raconte, ou qu'ils ont réellement eu lieu, ou qu'ils ont tel caractère et telle grandeur, ou tout cela à la fois. Pour éviter d'imprimer au discours un ton trop uni, un mouvement trop monotone, pour empêcher que l'ensemble des faits, par leur multiplicité, leur complexité, leur variété ne s'échappe de la mémoire de l'auditeur, divisez donc votre narration, et rompez-en le fil : montrez ici par le récit de tels faits que votre héros était un brave ;

---

[1] *Rh. ad Al.*, 31. τῷ προοιμίῳ συνάψομεν... ἐπὶ τῷ προοιμίῳ δεῖ σωματοειδῆ τάττειν.
[2] Cic., *de Or.*, II, 80. Omnis orationis reliquæ fons est narratio.
[3] *Rh.*, III, 16, 2. οὐκ ἐφεξῆς δεῖ διηγεῖσθαι πάντα.
[4] Bossuet, *Or. fun. de Louis de Bourbon.*
[5] Bossuet (*id.*) se rencontre ici avec Aristote : « Nous ne pouvons rien, faibles orateurs, pour la gloire des âmes extraordinaires ». Aristote « οὐδὲν γὰρ αἴτιος ὁ λόγος τῶν πράξεων... τὸ μὲν ἄτεχνον ».

montrez ailleurs par le récit de tels autres qu'il était sage ou juste, et ainsi de suite.

Ce précepte, applicable au genre épidictique, ne le serait pas toujours aux deux autres, et même Cicéron, sans distinction de genres, il est vrai, mais l'esprit visiblement préoccupé du genre judiciaire, donne une règle absolument contraire, et qui, par son caractère absolu, devient inexacte. Comme l'auteur de la *Rhétorique à Alexandre*, il veut que la narration suive l'ordre des faits, que le fil des événements et du récit ne soit pas interrompu, que l'orateur ne détache pas et n'isole pas les actions partielles dont l'ensemble forme l'action totale, mais au contraire en fasse voir le lien et l'unité [1]. Assurément il faut dans le récit, comme dans l'argumentation, faire des divisions rationnelles [2] et suivre un ordre. Le désordre trouble l'esprit de l'auditeur et l'irrite ; mais il n'est pas toujours nécessaire que la succession réelle des événements dans l'ordre du temps s'impose au récit lui-même. Il ne faut prendre pour principe de division et d'ordonnance que l'intérêt de la cause, et ne pas se croire obligé de suivre l'ordre chronologique [3], qui ne s'impose pas absolument même à l'historien, non plus que d'énumérer tous les détails et particularités insignifiantes : il faut savoir choisir. L'ordre historique n'est pas le seul qu'on doive observer : il y a un ordre logique, il y a un ordre esthétique qui ont aussi leur valeur et leurs exigences. On ne peut pas tout dire à la fois : il faut donc suivre un plan, qu'on aura, dans la proposition ou l'exorde, tracé d'avance, et où l'on aura indiqué les divisions convenables et l'ordre adopté. Le

---

[1] *Rh. ad Al.*, ch. 30 et 31. παρ' ἕκαστον συνάπτας ποιήσομεν... πρῶτα μὲν πρῶτα λέγειν μὴ προαπολίποντες τὴν τάξιν. Incertus auctor, Speng., *ad Anaxim*, p. 216. μὴ συγχέωμεν τὴν τάξιν τῶν γεγονότων. Cic., *ad Her.*, I, 15. Rerum ac temporum ordinem conservabimus ut gestæ res erunt... ne quid perturbate; *de Or.*, II, 80. Non interrupto... ordine rerum conservato.

[2] μερισμοὶ τῶν πραγμάτων.

[3] Dion. Hal., *de Is.*, 14 et 15. Même l'ordre naturel des choses ne s'impose pas à l'orateur : μηδ'ὡς ἂν φύσιν εἶχε πραχθῆναι.

mieux est de saisir le principe de l'acte, ὅθεν ἤρξατο, et l'intention, le but qu'on y a poursuivi, τίνος χάριν. Car la cause, διὰ τί, est dans la science comme dans l'art, la pièce maîtresse et souveraine, τὸ κῦρος [1].

On se convaincra de la vérité de cette règle en réfléchissant que souvent les faits ont été simultanés, par exemple dans une bataille, dans un assassinat, dans une émeute, tandis que le récit est nécessairement successif. Pour la reconstruction de la scène entière, le groupement des différents actes qui la composent peut être fait différemment suivant les différents points de vue des orateurs et la différence des impressions qu'ils désirent produire. Car les faits ont leur signification morale [2], et l'exposé des faits doit la faire voir et la communiquer par la manière dont vous les reproduisez [3]. Il faut montrer que vous avez ressenti l'impression que les honnêtes gens doivent éprouver de pareils actes, ce qui fera comprendre que vous même vous êtes un bon et honnête homme, en la parole duquel on peut avoir confiance, que vous avez de l'âme et du cœur. Ne faites pas votre récit, comme on démontre un théorème de géométrie [4], comme si vous étiez indifférent aux événements qu'il expose, comme le ferait le premier venu [5], comme un commissaire de police ou un gendarme dresse son procès-verbal. Il faut, par l'art même du récit, faire éclater l'utilité, la justice, la beauté des actions non seulement afin de lui donner plus de variété [6] et de mouvement, mais afin de saisir et d'empoigner l'auditeur sans en avoir l'air. Pour cela, il faudra montrer le mobile moral, l'intention, la fin qui a présidé à l'accomplissement des actes

---

[1] Longin., *Rh. Sp.*, I, 303-318

[2] Au fond, ce sont des idées qui ont pris corps, et voilà pourquoi nous nous irritons contre eux, et nous nous passionnons pour eux parce qu'ils sont la défaite ou le triomphe d'idées que nous combattons ou défendons.

[3] *Rh.*, III, 16, 8. ἠθικὴν δὲ χρὴ τὴν διήγησιν εἶναι.

[4] *Id.*, οὐκ ἔχουσιν οἱ μαθηματικοὶ λόγοι ἤθη.

[5] D. Hal., *de Is.*, 15. μηδ' ὡς ἂν ἰδιώτης τις λέγοι.

[6] *Rh. ad Al.*, 31. ποικίλον.

et le caractère qu'elles révèlent [1]. Tel caractère, telle action.

Il y a un autre caractère, le caractère individuel, la physionomie morale particulière, le tour propre des mœurs, des sentiments et des idées que révèlent et trahissent certains actes et même certaines paroles, et qu'il ne faut pas négliger de faire ressortir. Répondre aux gens qui vous abordent poliment sans s'arrêter et en continuant de marcher, c'est le signe de l'impertinence et du manque de savoir vivre [2]. On signale comme un caractère particulier du talent de Lysias d'avoir su peindre par des traits individuels et expressifs les faits de ses narrations [3] et leurs auteurs.

Sur l'étendue à donner à la narration, les rhéteurs sont loin d'être d'accord. Isocrate et son école prescrivaient, dit Quintilien, de la faire courte [4]. Aristote raille agréablement les auteurs de cette règle, et il rapporte à ce propos l'anecdote du garçon boulanger demandant à son patron s'il doit faire la pâte molle ou dure, et qui reçoit cette réponse topique : fais-la bien, si tu peux [5]. Il y a sans doute pour la narration, comme pour l'exorde et les preuves, une juste mesure de grandeur. La mesure, ici, c'est de dire tout ce qu'il faut et rien que ce qu'il faut pour que la narration remplisse sa fonction [6], à savoir d'exposer les faits, la preuve qu'ils ont eu lieu et qu'ils constituent un acte illégal et injuste, ou le contraire. Elle n'est donc pas enfermée dans une étendue fixe et déterminée ῥητῷ μέτρῳ [7] ; elle a une grande liberté de mouvement comme d'allure, et sa mesure est une affaire de tact et de goût : id est consilii, comme dit Cicéron, c'est-à-dire de jugement et de

---

[1] *Rh.*, III, 16, 8. ἐν μὲν δὴ τὸ προαίρεσιν δηλοῦν, ποιὸν δὲ τὸ ἦθος τῷ ποιὰν ταύτην (προαίρεσιν).
[2] Il est assez curieux de relever ce trait de l'urbanité athénienne.
[3] Rutil. Lupus., I, 21. C'est ce qu'on appelait ἠθολογία ou χαρακτηρισμός. (cf. Senec., *Ep.*, 95, 65), qu'il ne faut pas confondre avec l'ἠθοποιΐα.
[4] Quintil., IV, 2. Qui sunt ab Isocrate volunt esse lucidam, brevem, verisimilem. *Rh. ad Al.*, ch. 30. βραχέως (ou συντόμως) καὶ σαφῶς καὶ μὴ ἀπίστως.
[5] *Rh.*, III, 16. εὖ... μετρίως.
[6] D. Hal., *Rh.*, X, 14. ἐν μέτρῳ τῆς διδασκαλίας.
[7] Ar., *Rh.*, III, 4.

raison : la raison est dans l'art oratoire et dans tout art toujours la règle maîtresse.

Il ne faut pas qu'elle soit courte si les faits sont multiples et compliqués ; il ne faut pas qu'elle soit longue, si c'est le contraire. Il ne faut pas la faire si courte qu'on puisse croire qu'il vous est impossible de donner un développement suffisant aux faits : ce serait leur ôter toute importance ; ni si étendue qu'on y fasse entrer les κατασκευάι et les αὐξήσεις, c'est-à-dire les preuves et les amplifications [1].

Cependant la recommandation sinon d'être bref dans la narration, du moins de promettre de l'être [2], peut se justifier. C'est une règle d'un caractère plutôt subjectif qu'objectif, je veux dire qu'elle concerne moins la narration elle-même que le rapport de l'orateur à l'auditeur. Celui-ci, membre d'un tribunal ou d'une assemblée délibérante, n'aime pas à perdre son temps ou son attention, qui est toujours un effort. La narration a pour le narrateur des entraînements et un charme qu'elle n'a pas toujours pour l'auditeur : l'un se laisse aller à des détails souvent insignifiants ; l'autre est pressé de se reposer, de vaquer à son plaisir ou à ses affaires. Il est toujours prudent de dire : rassurez-vous ; je ne serai pas long ; je serai aussi court que possible. Cette promesse est faite par presque tous les orateurs, et leurs narrations sont souvent fort longues [3]. La question n'est pas d'être court, mais de le paraître, et pour cela d'être intéressant et de soutenir et d'accroître l'intérêt dans le développement du récit.

Pour le faire naître, il faut savoir choisir et relever les détails circonstanciés, les traits caractéristiques qui mettent

---

[1] Longin., *Rh. Sp.*, I, 303.
[2] D. Hal., *Rh.*, X, 14.
[3] Lys., XII, 3. ὡς ἂν δύνωμαι δι'ἐλαχίστων. Id., XVI, 9. διὰ βραχυτάτων. Isocr., *Areop.*, 19. συντομώτατα. Et cependant, la narration de l'*Aréopagitique* contient 16 paragraphes : celle du *de Bigis*, 17 ; celle du *Trapeziticus*, 21. Démosthène, après avoir dit (*adv. Olymp.*, 4) ἔστι δὲ βραχὺς ὁ λόγος, consacre 27 paragraphes à la narration, et malgré sa promesse d'exposer les faits διὰ βραχυτάτων fait, dans le discours *c. Conon*, un récit qui tient 9 paragraphes.

les choses, les actions, les personnes pour ainsi dire sous les yeux, qui animent et vivifient le récit et le transforment en une scène dramatique, en donnant à l'auditeur, au lieu d'une représentation purement mentale, comme une vision actuelle et une sorte de sensation immédiate des choses. Ces circonstances[1] sont tirées de huit lieux : Les personnes, les causes, les lieux, les temps, les instruments, ὄργανα, l'action même, πρᾶξις, la passion mobile de l'agent, τὸ πάθος, et le tour même de l'action [2].

Pour soutenir l'intérêt, il faut ne pas vouloir épuiser tous les faits ni toutes les circonstances ; ne pas remonter trop haut dans l'exposition, ne pas pousser trop loin ni trop rigoureusement les effets consécutifs, ne pas se permettre de répétitions inutiles, sans d'ailleurs rien omettre d'essentiel[3].

Les divisions concernant la narration n'ont pas manqué, on peut le croire, dans les classifications des rhéteurs : les uns distinguent : 1. l'ἀπαγγελία, qui se rapporte au passé, et semble particulièrement appliquée à un compte rendu diplomatique, à une dépêche ou un rapport verbal d'un ambassadeur ou d'un envoyé en mission [4] ; 2. la δήλωσις, qui est l'exposé de faits actuels ; 3. la πρόρρησις, qui a rapport à l'avenir et semble le récit prématuré des événements qu'on peut craindre ou espérer [5]. Les autres, outre la narration proprement dite, distinguent :

1. La παραδιήγησις, que connaît sous ce nom même Aristote [6] ; c'est le récit des faits qui, sans être absolument hors

---

[1] περίστασις et περιστατικά. S. Aug., *Rh.*, p. 141 : « Est igitur *circumstantia rerum* quam περίστασιν Hermagoras vocat... sunt partes περιστάσεως; septem, quas Hermagoras μόρια vocat, Theodorus στοιχεῖα τῶν πραγμάτων.

[2] Plut., *de Vit. Homer.*, c. 74. Apollodore, dans Quintil., III, 5, 17.

[3] Cic., *ad Her.*, I, 15. Ne ab ultimo repetamus, ne longa persequamur, ne quid quod ad rem pertineat, prætereamus. Incertus Auctor. *Speng. ad Anax.*, p. 216. μὴ τῶν αὐτῶν πολλάκις μεμνῆσθαι.

[4] Comme celles qu'on trouve dans les deux discours d'Æschine : περὶ τῆς Παραπρ., § 49, et de Démosthènes ; id., § 29-71 ; Æsch., *de prima leg.*, § 20-44 ; *de Secund.*, § 96-117.

[5] *Rh. ad Al.*, ch. 30.

[6] *Rh.*, III, 16, 5. παραδιηγεῖσθαι.

du sujet, sont à côté de la question, ne lui appartiennent pas essentiellement [1], et servent cependant au but poursuivi par l'orateur. Elle se justifie lorsqu'elle concourt à la preuve, lorsqu'elle accroît l'importance du sujet, lorsqu'elle donne une opinion favorable de notre personne ou de notre mérite, lorsqu'elle jette du discrédit sur l'adversaire, ou flatte les sentiments de l'auditeur [2]. Il ne faut pas confondre cette espèce de narration avec la παρέκβασις, qui est une digression réelle, que n'amène aucun rapport d'analogie ou de ressemblance. On entendait quelquefois par là une digression où l'orateur déplaçait la question, renversait les rôles, d'accusé se faisait accusateur. Cicéron veut la placer immédiatement avant la péroraison et ne la justifie que par des raisons d'art, *ornandi aut augendi causa* [3]. Curius Fortunatianus [4] l'appelle *excessus*, *egressus*, ou *egressio*, et en reconnaît l'utilité : « *Si materia desideraverit, id est, quum ea res est in narratione quæ maximam in se contineat atrocitatem* ». Mais il ajoute que ce n'est pas une partie distincte ; car ces développements hors ou à côté du sujet trouvent leur place partout où *rei atrocitas postulat*. Elle ne diffère pas essentiellement de l'ὑπεξαίρεσις [5], si ce n'est que celle-ci se produit dans la péroraison et que l'orateur cherche à *dérober secrètement* à l'attention de l'auditeur, à lui dissimuler les points scabreux ou odieux de sa cause. Le rhéteur Alexandre faisait une assez juste critique de cette narration à côté : si le récit, dit-il, se rattache par quelque relation à la question ou aux fins de l'orateur, ce n'est pas une digres-

---

[1] Quintil., IV, 2. *Pertinentes ad causam, sed non ipsius causæ*. Ruf., *Speng*., III, 153. πρὸς τὸ χρήσιμον τοῦ ὑποκειμένου λόγου ἔξωθεν. Cur. Fortunat., p. 81. *Res gestas* extra *causam positas, quibus judicis animum ad id quod causa desiderat confirmamus*.

[2] Anon., *Rh. Sp.*, I, 434. 1, πίστεως ἕνεκα ; 2. αὐξήσεως ; 3. διαβολῆς ; 4. ou quelqu'autre fin semblable. Ar., *Rh.*, III, 16, 5. 1. ὅσα εἰς τὴν σὴν ἀρετὴν φέρει ; 2. ἢ θατέρου κακίαν ; 3. ἢ ὅσα ἡδέα τοῖς δικασταῖς.

[3] *De Or.*, II, 19.

[4] P. 82.

[5] Philodem., c. 21, 18. Fortunat., p. 88.

sion. Si au contraire il n'y tient par aucun lien, s'il ne concourt en rien au but que poursuit celui qui parle, comment ose-t-il le faire et nous jeter, pour ainsi dire, à la porte du sujet [1].

II. L'ἀντιδιήγησις. Il importe assez souvent de refaire l'exposé des faits que la partie adverse a racontés à sa manière et à son point de vue pour le contredire au fond ou pour en rectifier quelques circonstances caractéristiques et importantes [2]. Dans ce cas il ne faut pas insister sur les points de fait qui ne sont pas contestables, mais s'attacher à faire ressortir, par le récit même, que l'acte n'a été ni dommageable, ni contraire à la justice, ou au degré qu'on prétend [3]. Il faut au contraire montrer que si on n'avait pas accompli cet acte, cela aurait soulevé contre nous la pitié ou l'indignation [4].

III. La προδιήγησις consiste, avant d'entrer dans le récit des faits de la cause même, à commencer par une narration étrangère, ἔξωθεν... ἕτερον, comme dans le discours c. *Timocrate*.

IV. Nous avons déjà mentionné l'ἐπιδιήγησις qui est une seconde narration placée après les preuves et même après la péroraison.

V. Enfin Rufus [5], donne le nom d'ὑποδιήγησις à l'exposé des raisons et des mobiles qui ont déterminé les actes dont l'orateur vient de faire le récit.

Il n'a pas suffi aux rhéteurs de distinguer les espèces de narrations en raffinant sur les fonctions diverses et distinctes qu'elles ont à remplir : ils ont établi des divisions pour en marquer le caractère et la façon dont elles sont traitées, τρόποι. C'est ainsi qu'Apsine distingue des narrations pathétiques, éthiques, indignées et véhémentes où l'accusation

---

[1] *Rh. Gr.*, Sp., I, 436.
[2] Anon., *Sp.*, I, 434.
[3] Ar., *Rh.*, III, 16.
[4] Je m'écarte, dans l'interprétation de la phrase obscure d'Aristote, de tous les traducteurs.
[5] *Sp.*, I, 466.

pénètre dans le récit même, d'autres au contraire élogieuses, d'autres graves et austères [1], d'autres enfin mixtes et intermédiaires [2]. L'Anonyme réduit ces différences à deux : la narration générale qui se borne à un récit simple, la narration spéciale qui vise en outre à s'emparer d'avance de l'esprit et du cœur des auditeurs [3]. Hermogène, sous le rapport de l'exécution, reconnaît trois formes de narration : la forme simple, ἁπλοῦς, qui répond à la narration générale de l'Anonyme ; la forme qu'il appelle ἐνκατάσκευος, qui fortifie le récit et en établit la vérité par l'exposé des preuves et des motifs de l'action, et qui doit être concise et simple dans l'expression [4] ; enfin la forme ἐνδιάσκευος, quand l'art du style donne au récit un charme et un éclat particuliers, et qu'à l'aide des figures, et spécialement de la prosopopée, elle met sous les yeux de l'auditeur comme une image vivante de l'action [5].

Aristote, sans s'embarrasser dans ces divisions subtiles et ces classifications systématiques, donne plus simplement les mêmes conseils : que votre narration, dit-il, ne soit pas froide et indifférente ; que le récit de l'action semble partir non seulement de votre esprit et de votre intelligence, mais révèle à la fois les mobiles moraux de l'agent et l'impression que vous même en ressentez. L'un ne ferait que prouver que vous êtes un homme avisé et en état de bien entendre les choses : l'autre montre que vous êtes un homme de cœur et que vous avez un haut sentiment du bien et de l'honneur. Montrez-vous tout d'abord sous le jour où vous désirez paraître à vos juges, afin qu'ils vous reconnaissent dans la suite de votre discours et y retrouvent toujours le même caractère.

---

[1] Aristote, III, 16, demande que la narration ait un caractère éthique, ἠθικὴν εἶναι, c'est-à-dire montre le caractère moral de l'agent, et même de l'orateur, ou un caractère pathétique.

[2] *Sp.*, I, 358.

[3] *Id.*, I, 435.

[4] πολιτική, de nature à être comprise par tout citoyen.

[5] Hermogen., *Sp.*, II, 199 et 231. La διασκευή est l'artifice ou l'art qui produit la διατύπωσις.

Faites le contraire en ce qui concerne votre adversaire ; mais ayez soin de cacher votre jeu [1] et de ne pas laisser surprendre dans une narration, où l'auditeur attend un exposé sincère, fidèle, qui l'éclaire, les traces d'une passion qui veut le tromper en altérant la physionomie des faits et des personnes. Et cela n'est pas aussi difficile qu'on le croirait ; on peut en avoir la preuve dans les récits qui nous sont faits : aux premières paroles dites, sur des choses que nous ignorons encore, nous nous formons déjà une vague idée des choses, et nous concevons une vague opinion des personnes.

Si les faits ne sont pas vraisemblables par eux-mêmes, ajoutez les raisons et les causes ; faites connaître l'intérêt que vous pouvez avoir à agir ainsi : car les hommes ne croient guère qu'on agisse par un autre mobile que l'intérêt [2]. Si vous n'avez pas de causes à fournir à l'appui de vos assertions, promettez du moins de les présenter plus tard avec tous les détails, tout le soin, tout l'ordre, toutes les preuves que les auditeurs peuvent désirer [3], et insistez sur votre nature morale et sur votre caractère. Dites : Oui, ce que je vous raconte est invraisemblable : mais tel est le tempérament de mon esprit et tels les sentiments de mon cœur [5]. Si vous voulez donnez un tour pathétique au récit, il faudra, comme lors qu'il s'agit d'exciter l'intérêt, entrer dans le détail, raconter les circonstances concomitantes, les accidents particuliers, les traits moraux ou physiques propres à votre client ou à votre adversaire [5]. Car ce sont là des signes révélateurs et des indices presque certains [6].

---

[1] W. Hamilton, *Logiq. parlementaire* : « Ayez une méthode, mais cachez-là. »
[2] Réflexion mélancolique.
[3] Le texte est obscur.
[4] Il ne faut pas oublier que les orateurs grecs parlaient pour eux-mêmes.
[5] τὰ ἰδίᾳ ἢ αὐτῷ ἢ ἐκείνῳ προςόντα.
[6] πιθανὰ σύμβολα.

CHAPITRE QUATRIÈME

ÉCONOMIE ET ORDONNANCE DES PREUVES.

Les preuves ou la confirmation, βεβαίωσις, comme l'appelle déjà la *Rhétorique à Alexandre* [1], est la partie distincte du discours dont la fonction et le but sont d'amener l'auditeur à ajouter foi à ce que nous disons [2], à accepter et à faire siens les jugements formulés ou les résolutions proposées par nous, c'est-à-dire en un mot de prouver.

L'Invention nous a appris à chercher les preuves, à les reconnaître, à les voir, θεωρῆσαι. Il s'agit maintenant de l'art de les employer, de les ménager et de les aménager, de les construire, de les mettre en œuvre et en mouvement, et de mesurer les développements qu'elles comportent. C'est l'élément architectural du discours, c'est l'œuvre architectonique de l'orateur [3] et la pièce maîtresse de l'art [4].

La première qualité, la vertu souveraine de cet organe essentiel du discours, nécessaire à tous les genres, c'est de fournir des preuves vraiment démonstratives et probantes. Pour qu'elles aient cette force, la condition à remplir c'est qu'elles portent sur le point même contesté ou qui pourrait

---

[1] Ch. 32. Corax la qualifiait d'ἀγῶνες et la définissait comme la partie du discours où celui qui parle démontre, par des preuves manifestes, qu'il dit la vérité. Hermogène l'appelle κατασκευὴ κεφαλαίων. On trouve encore, chez les rhéteurs grecs (*Waltz*, V, 220), les mots ἀντιθέσεις et λύσεις. En latin, on emploie concurremment argumentatio, probatio et confirmatio.

[2] *Anon.*, Seg., p. 445. λόγος ἄγων εἰς συγκατάθεσιν.

[3] οἰκονομία, χρῆσις, ἐργασία, διοίκησις... expolitiones argumentorum.

[4] D. Hal., *de Isocr.*, IV, 12. τεχνικώτατον μέρος.

l'être. Dans le genre judiciaire nous avons vu qu'il y en avait quatre : la question de fait; la question du dommage; la question de la mesure du tort causé; la question de droit et de justice. Ce dernier point comporte la même nature de preuves que le premier; mais il est le seul où l'une des deux parties a nécessairement commis une faute et où l'on ne peut plaider l'ignorance. Car si l'on peut ignorer la loi positive, on ne peut ignorer la grande et universelle loi du juste, qui est la conscience même. C'est donc sur ce point qu'il faut arrêter avec insistance et sans crainte des longueurs[1] l'esprit des juges; c'est là qu'il faut faire porter tout l'effort de l'argumentation et le poids des preuves.

Le genre épidictique s'étendra sur les lieux de l'utile et du beau; il insistera sur ces points, et ne craindra pas d'en faire valoir et même d'en exagérer la grandeur. Les faits ne doivent guère y préoccuper l'orateur : on doit supposer que tout le monde les connaît ou les accepte, et, sauf le cas, fort rare, où ils sont invraisemblables, ou qu'un autre que votre héros passe pour en être l'auteur, il n'y a guère de place pour une démonstration logique et un appareil de preuves. Le récit est nécessaire et suffisant, et c'est dans le récit qu'il faudra développer les caractères du beau qui excitent l'admiration et justifient la louange.

Dans le genre délibératif les points propres du débat sont les questions : si tels évènements, en vue desquels nous proposons telle résolution, se réaliseront ou s'ils sont conformes à l'intérêt national, ou à la justice, et dans un degré qui les justifie. Il est bon de chercher, en dehors même de la question, s'il n'y a pas eu, dans d'autres circonstances, des fautes, des erreurs commises par notre adversaire; car s'il s'est trompé une ou plusieurs fois, il est facile de conclure qu'il peut se tromper encore aujourd'hui.

Des deux grands procédés de la dialectique oratoire,

---

[1] Je lis χρονιστέον.

l'exemple, qui est l'induction de l'éloquence, convient mieux au genre délibératif, l'enthymème au genre judiciaire, parce que l'un porte sur l'avenir qui ne comporte pas de démonstration, et ne peut avoir recours qu'accidentellement au passé, qui n'en a pas besoin. Quand il s'agit d'établir qu'un fait est ou n'est pas, l'argumentation prend davantage le caractère d'une démonstration, dont les conclusions n'ont aucune sorte de nécessité semblable aux conséquences nécessaires d'un syllogisme. Le passé enveloppe l'idée de la nécessité.

La seconde règle pratique de l'économie des preuves, c'est de se limiter dans la démonstration et de ne pas accumuler sans mesure et sans choix les arguments. Il ne faut même pas établir une chaîne trop longue et trop serrée de raisonnements en forme ; par un habile mélange il faut varier les mouvements du discours, jeter au milieu des arguments logiques des considérations d'un autre ordre, sans quoi l'auditeur non seulement est fatigué et comme noyé dans le flot et la marée montante des syllogismes, mais encore de ces preuves l'une chasse l'autre de son esprit, et toutes par leur multiplicité se nuisent et se détruisent les unes les autres [1]. En tout, et même ici, il faut garder la mesure, ἔστι γὰρ ὅρος.

Il faut la garder également dans le choix des choses que nous voulons prouver ; car il ne faut pas s'imaginer qu'il faille tout prouver, comme font ces philosophes qui, à grand renfort de syllogismes, arrivent à des conclusions plus certaines par elles-mêmes et plus claires que les prémisses qui ont servi à les déduire [2].

Le discours doit avoir une grandeur limitée [3] et cela seul impose une mesure au nombre des arguments, à l'étendue

---

[1] καταβλάπτει ἄλληλα.

[2] Pascal, *Art de persuader*. « Règles pour les démonstrations : 1. N'entreprendre de démontrer aucune des choses qui sont tellement évidentes qu'on n'ait rien de plus clair pour les prouver. »

[3] *Rh. ad Al.*, ὅπως μέγεθος ὁ λόγος ἔχῃ. Ar., *Rh.*, III, 17, 6. ἔστι γὰρ τοῦ πόσου ὅρος.

des développements qu'ils exigent et qui doit être proportionnée au tout du discours [1].

D'un autre côté, il ne faut pas plus les admettre sans choix que sans mesure : il faut les examiner et les choisir avec soin et réflexion. C'est l'affaire de la qualité de l'orateur que Quintilien appelle *Judicium*, et la partie de la confirmation qu'Hermagoras nomme κρίσις [2]. L'état de verve dans la composition, la profondeur et l'intensité de la méditation, la chaleur et l'entraînement de l'imagination, les écarts de l'improvisation font monter et descendre dans l'esprit une foule impétueuse et désordonnée d'idées, de raisons, de sentiments, d'émotions qui s'y pressent, s'agitent comme dans un tourbillon et demandent pour ainsi parler leur place au soleil. Les unes traversent la conscience comme de rapides éclairs : les autres y demeurent, et cependant il arrive souvent qu'il faut essayer de rappeler celles qui s'enfuient et d'écarter celles qui persistent et les sacrifier sans pitié. Ce choix, cette critique de l'orateur pratiquée sur lui-même, ce sens sévère, ce goût délicat qui lui permet d'apprécier à leur valeur vraie les preuves qui s'offrent à lui est non-seulement pénible à l'amour-propre, mais très difficile autant que nécessaire. C'est l'empire que l'homme exerce sur son propre esprit et qu'il n'exerce que par la raison, mûrie par l'expérience, qui gouverne l'art comme la vie.

Quand vous avez mis en branle les mœurs et les passions, les sentiments et les émotions, ne les refroidissez pas trop vite par une argumentation en règle. Le raisonnement logique ne possède pas de caractère moral ; il ne révèle ni une résolution ni une volonté. Les idées abstraites et les sentiments moraux sont, il est vrai, également des mouvements de l'âme, mais des mouvements opposés, et qui, s'ils sont simultanés ou se suivent de trop près, se neutralisent. L'émo-

---

[1] D. Hal., *Rh.*, X, 4. οὔτε βράχεα, οὔτε πολλά.. ἀλλὰ σύμμετρα πανταχοῦ.
[2] Quintil., III, 3.

tion profonde ne permet pas de suivre le fil d'une argumentation rigoureuse, et l'attention qu'exige l'intelligence d'un raisonnement serré ne permet pas à l'émotion de naître [1]. Les mœurs et les émotions doivent entrer avec les choses et les idées dans le tissu du discours, comme l'âme est liée au corps dans l'unité de l'être vivant [2], mais à leur place; car elles ont une place comme une fonction déterminées.

Dans l'argumentation comme dans la narration, il est bon de procéder par maximes ; car la maxime exprime précisément l'ensemble et l'unité des idées morales qui nous font agir, et à la mesure desquelles nous jugeons les actions des autres : elles donnent, sans qu'on ait besoin de formuler notre manière de comprendre les hommes et la vie, une idée de nos habitudes et de notre caractère [3]. Il faut donc veiller avec soin sur le sens et la portée des maximes, sur l'esprit des sentences dont nous semons et parsemons l'argumentation, et qui pourraient trahir le fond secret de notre âme.

Il est des formes particulières d'argumentation qu'exclut certain genre, qu'admet certain autre. Ainsi le genre délibératif exclut, le genre judiciaire admet des interpellations directes adressées à l'adversaire, τὰ πρὸς τὸν ἀντίδικον. Malgré le caractère toujours haïssable du moi, ce genre comporte, il exige des explications personnelles, περὶ αὐτοῦ, surtout dans le rôle du défendeur où la personne même, ses biens, sa liberté, ses droits, son caractère moral, son honneur, sa vie sont en jeu : il lui est assurément permis, sans offenser les juges, de parler de lui même, et de ne parler que de lui. Par des raisons analogues, il est excusable, pour sauver des intérêts si chers à tous les hommes, d'employer des moyens interdits ou blâmables dans toute autre circonstance : il peut chercher à émouvoir, à attendrir, à passionner son auditoire, et à

---

[1] Ar., *Rh.*, III, 17. ἐκκρούουσι γὰρ αἱ κινήσεις ἀλλήλας αἱ ἅμα. On a saisi, dans cette phrase, le germe de la théorie psychologique d'Herbart.
[2] D. Hal., *Rh.*, X, 1.
[3] Ar., *Rh.*, III, 17. ἠθικὸν γάρ.

donner à sa parole tous les caractères pathétiques, παθητικὸν ποιεῖν. Dans les autres genres, user de ces ressorts c'est sortir des limites, ἐξίστησι, ce qui n'est permis ou tolérable que lorsqu'on est à bout d'autres ressources et dépourvu de vraies raisons et d'arguments sérieux.

Le discours épidictique admet des éloges épisodiques[1], c'est-à-dire qui ne se rattachent qu'indirectement au sujet même. C'est l'artifice habituel d'Isocrate, dont Gorgias avait donné la formule : l'athlète ne vous fournit pas une matière suffisamment abondante et riche ? jetez-vous sur le propos de Castor et de Pollux, héros, patrons et fondateurs de l'art gymnastique. Ne vous contentez pas de louer Achille : louez de plus Pélée, son père, Æaque son grand-père, la Déesse, sa mère. Vous avez à faire l'éloge du courage ? dites que votre héros a fait ceci, cela et le reste ; vous êtes en ce genre sûr de ne jamais manquer de matière et de beaux sujets d'inépuisables développements. Si on a pour soi la solidité de l'argumentation et la force des preuves, donnez à votre exposition le double caractère éthique et démonstratif. Si vous n'avez pas de preuves, ou de preuves suffisantes, faites appel à l'action des mœurs oratoires. Il convient mieux à un honnête homme de se montrer ce qu'il est, un honnête homme, que de savoir composer avec art une argumentation rigoureuse, et enchaîner des raisonnements logiquement exacts. La forme réfutative de l'argumentation est plus brillante que la forme assertorique; elle met plus en évidence la rigueur des conclusions, et en opposant front à front les raisonnements contraires, elle permet mieux d'en juger la valeur. Ce n'est pas une espèce particulière de preuves : il s'agit toujours de prouver votre thèse soit par un syllogisme positif soit par une objection refutative de la thèse de votre adversaire[2]. Ces deux modes de démonstration peuvent et même doivent être concurremment employés.

[1] ἐπεισοδιοῦν ἐπαίνοις.
[2] De même qu'on ne détruit une thèse qu'en édifiant la thèse opposée.

L'ordre des preuves soit positives, soit réfutatives n'est pas fixe ; il dépend de la position que dans le débat politique ou judiciaire occupe l'orateur. S'il parle le premier, il doit d'abord établir positivement ses preuves et seulement après cette démonstration réfuter à l'avance [1] celles que pourra produire l'adversaire. Cependant il faudrait adopter l'ordre inverse, si l'on prévoit des objections très fortes et très nombreuses, et commencer par s'efforcer de les détruire. C'est l'ordre que doit toujours suivre celui qui répond, afin de renverser d'abord l'argumentation de l'adversaire [2], surtout si elle a fait sensation par sa force et son éclat, avant de soutenir sa propre thèse. L'âme humaine n'accueille pas favorablement la parole d'un homme accusé et attaqué, surtout s'il a contre lui un adversaire éloquent. Il faut donc pour ainsi dire déblayer la place [3] dans l'esprit de l'auditeur, le vider des préventions accumulées contre nous, pour permettre à notre discours d'y pénétrer et d'y demeurer.

Nous savons que par preuves en rhétorique il faut entendre non seulement l'argumentation proprement dite, par exemples ou par enthymèmes ; tout ce qui révèle les habitudes morales de l'orateur ou de son adversaire, leurs sentiments et leurs passions, peut déterminer ou incliner la décision des juges ou les résolutions d'une assemblée délibérante. Il est donc utile d'avoir quelques règles pratiques [4], pour aider à manier cet instrument oratoire puissant mais délicat, qu'on appelle les mœurs.

Parler de soi, c'est s'exposer à exciter l'envie et à être long, car on ne tarit pas sur soi-même ; à provoquer des répliques cruelles et dangereuses. Parler de la personne de l'adversaire, c'est risquer d'être appelé insolent ou grossier. Pour nous mon-

---

[1] προδιασύροντα.
[2] ἀντισυλλογιζόμενον.
[3] χώραν ποιεῖν.
[4] On remarquera le caractère pratique de cette partie de la Rhétorique, caractère qu'expriment plusieurs des noms qu'elle porte, entr'autres, χρῆσις, οἰκονομία, διοίκησις.

trer à l'auditeur sous le jour que nous désirons dans l'intérêt de la cause, il est préférable de mettre dans la bouche d'un autre ce que nous voulons qu'on pense de nous ; un autre moyen est de transformer en maximes générales les formules logiques de nos raisonnements[1].

La force démonstrative des preuves dépend non seulement de la force intrinsèque et individuelle de chacune d'elles, mais encore de l'ordre dans lequel elles sont présentées et du lien qui les enchaîne dans un tout systématique et en fait, comme on dit, un *corps* de preuves.

L'ordre se peut considérer à deux points de vue[2] : le point de vue logique dont nous venons de parler, et le point de vue esthétique qui souvent trouble avec intention le premier, qui prendrait à la longue un caractère déplaisant de mécanisme. Il est nécessaire de donner au mouvement de la démonstration même plus de naturel, de variété, d'élégance, de grâce.

Il y a, dit Denys d'Halicarnasse, une suite nécessaire[3] dans le mouvement des idées. Cet ordre, qu'a connu Platon, et qu'à son exemple a réalisé Démosthènes, ressemble à l'ordre dans lequel se succèdent et se lient les membres d'un corps organisé et vivant, d'après leurs convenances mutuelles et leur rapport au tout. On s'imagine à tort, parce que les preuves ne doivent pas être jetées pêle-mêle et au hasard les unes avec les autres, que la perfection de l'art et la beauté de la démonstration est de donner un rang d'ordre à tous les κεφάλαια[4], ordre inflexible et mécanique, et de le suivre comme si on récitait la série des lettres de l'alphabet depuis α jusqu'à ω. La vraie loi de l'ordre est de disposer les preuves comme on dispose les lettres pour en former des mots, d'après les nécessités de la cause ou l'intérêt du débat, en suivant l'ordre

---

[1] Ar., *Rh.*, III, 17.
[2] C'est un sujet qu'Aristote a négligé de traiter.
[3] *Rh.*, X, 6. ἀναγκαία ἀκολουθία.
[4] D. Hal., X, 5 et 6, donne ici au mot κεφάλαια le sens de προτάσεις et de πίστεις. L'*Epitomator d'Hermogènes*, p. 20, définit le κεφάλαιον... μέρος λόγου... ἐκ νοημάτων καὶ ἐπιχειρημάτων συγκείμενον. Conf. Syrien, *ad Hermog.*, p. 24.

intime, profond des choses et des idées mêmes : et c'est là l'ordre vrai de l'art [1].

Cet ordre qui est à la fois l'ordre de la nature des choses et l'ordre des principes de l'art, se ramène à deux lois : la loi de gradation et la loi de continuité, qu'il faut suivre scrupuleusement en ayant soin de les établir d'avance et après en avoir conçu et organisé le système[2]. Car présenter indifféremment à toute place les preuves, ce serait en diminuer la force, qu'on accroît si on leur a d'avance assigné un ordre et un rang, et si on l'observe religieusement[3].

La loi de gradation [4] consiste à disposer les preuves dans un ordre correspondant à leur force respective de démonstration, en partant des plus faibles pour arriver aux plus fortes, par une marche ascendante, un *crescendo*.

Il semble qu'on est entraîné à cet ordre par une loi de la nature qui échauffe, exalte et transporte l'imagination et le raisonnement comme la voix de l'orateur à mesure qu'il parle[5]. Car si on les mêlait les unes avec les autres, les plus faibles, rapprochées des plus fortes, perdraient par la comparaison inévitable le peu d'effet qu'elles possèdent et n'auraient

---

Id., *id.*, κατὰ τὴν χρείαν τοῦ ἀγῶνος διακοσμεῖν τὰς πίστεις... τὰ κεφάλαια πρὸς τὰ πράγματα διακοσμεῖν... τάξιν τὸ συμφέρον ἡγούμενος. Hermog., *Speng.*, II, 228. τῆς τέχνης κατ' οἰκείαν τάξιν. D. Hal., *de Isæo*, 3, 14 et 15, applique à l'ordre des faits de la narration et à l'ordre des enthymèmes le même principe, c'est-à-dire l'intérêt du but poursuivi par l'orateur ; c'est pour cela que les arguments n'ont pas une place invariable et fixe, mais au contraire mobile et changeante, χωρίων ἀλλαγαί. Leur place propre, οἰκεῖον χωρίον, ἡ προσήκουσα χώρα, est déterminée par ce principe de l'intérêt de la cause, de ce qui est utile au résultat voulu, πρὸς τὸ συμφέρον ᾠκονομῆσαι.

[2] D. Hal., *Rh.*, X, 5. προδιοικεῖσθαι... ὅπερ ἐστὶ προσυστῆσαι... τὰς τῶν προτάσεων μεθόδους.

[3] Quintil., IV, 5. Pessimum, non eodem ordine exsequi, quo qudque proposueris.

[4] Hermog., *Sp.*, II, 228, προχωροῦντα. Id., III, p. 386. κλίμαξ. Elle est rare, dans Démosthènes, parce qu'elle sent trop la préparation et l'artifice. Quintil., IX, 3. Gradatio apertiorem habet artem et magis affectatam. Rutilius, p. 114, en cite des exemples sous le nom d'ἐπιπλοκή. Conf., *ad Heren.*, IV, 25.

[5] Hermog., *id.*, p. 228. ὡς ὑπὸ τῆς ἐν τῷ λέγειν θερμότητος ἐπὶ τὸ ἀκμαιότερον προαγομένῳ. Il y a des avocats qui prétendent être obligés de parler pendant quelque temps sans trop rien dire, pour se mettre en verve et en voix.

plus pour ainsi dire de place[1]. Sur ce point, cependant, la règle n'est pas absolue et dépend des circonstances : elle s'applique particulièrement à la partie réfutative de la démonstration.

Dans la partie positive au contraire, il convient de mettre en première ligne quelques-uns des arguments les plus solides, de terminer par les plus puissants de tous, et, ce qui rompt la loi de gradation, d'insérer entre les deux les arguments de valeur inférieure[2]. On appelait cette disposition, qui ressemble à un ordre de bataille tactique, ordo Homericus.

La seconde loi de l'ordre est celle de la continuité, qui prescrit de ne présenter une preuve que si elle se lie, par la nature même des idées et son affinité logique, avec la preuve précédente, de manière à ce que l'esprit, qui est un et continu, et pour lequel la continuité et l'unité est une loi essentielle et la vie même, ne soit pas obligé, au lieu d'une transition naturelle et douce d'une pensée à l'autre, d'arrêter brusquement un mouvement commencé et que son essence l'obligerait à continuer.

Si vous manquez à cette loi, l'auditeur en qui elle se trouve comme en vous qui lui faites violence, et qui attend, pressent la pensée qui s'attache à la précédente et en semble le complément nécessaire, est déçu dans son attente et vous châtiera de sa déception par son mécontentement dangereux[3]. L'argumentation doit donc présenter l'aspect d'une chaîne continue et d'un système sans défaut ni faille. C'est par ce moyen que cette partie du discours, la plus importante de

---

[1] Apsin., p. 371. οὐκ ἔτι χώραν ἕξουσιν.

[2] La *Rhétorique à Hérennius*, III, 9, 16, connaît aussi deux principes d'ordre : l'un qui appartient à l'art, ab institutione artis profectum; l'autre, qui se plie aux circonstances, ad casum temporis accommodatum : de firmissimis alia prima ponet, alia postrema ; inculcabit leviora. Celsus, dans Quint., VII, 1, 10, donne le même conseil.

[3] Fronton, p. 211. Argumenta ita disponere ut sit ordo rerum rite connexus... transgredi potius quam transiliisse. Aristid., *Sp.*, II, 537. ἡ προσδοκία τῶν λεγομένων καὶ τὸ ἐξηρτῆσθαι ἀλλήλων τὰ νοήματα καὶ τὰ ἐπιχειρήματα ἐχόμενα τοῦ ὑποκειμένου.

beaucoup, la seule même qui lui soit essentielle, apparaîtra comme un corps un, se soutenant et vivant par lui-même, au lieu de se montrer comme disloqué et forcé d'emprunter une fausse solidité à des soutiens étrangers et extérieurs [1].

C'est dans cette partie, par le choix sévère des idées et des sentiments, le caractère élevé, grave, noble des maximes, par l'économie et l'aménagement savant des preuves, l'ordre naturel, varié, plutôt secret qu'apparent, libre, c'est-à-dire non asservi à une loi extérieure et mécanique [2], que le discours prendra cette unité d'accent et de ton, ce grand caractère moral que Denys d'Halicarnasse appelle la grandeur d'âme de l'éloquence [3]. Ce grand caractère, qu'il ne peut emprunter qu'à la philosophie, doit dominer tous les autres caractères tirés du maniement des passions et de l'invective, des émotions tendres de la pitié, des traits d'esprit et de finesse, comme dans l'âme humaine la raison doit dominer et gouverner le monde mobile et divers des émotions et des passions : dans l'art oratoire, comme dans tous les autres arts et dans la vie, la raison est toujours la légitime souveraine.

Parmi les diverses manières de traiter les preuves et les diverses formes qu'on peut donner aux enthymèmes [4], il en est deux tout à fait particulières : c'est la forme interrogative et la forme plaisante. Nous avons plus haut traité de cette dernière [5].

La première, où Cicéron ne voit qu'une figure de style [6], est opposée à la forme condensée, ramassée et comme roulée

---

[1] Hermogen., *Sp.*, II, 229. ἵνα κατὰ τὸ ἐφ'ἑξῆς ὑφ'ἓν ὁ λόγος γένηται σῶμα, μὴ διασπώμενος ἐν ταῖς ὑποφόραις, ἀλλ'αὐτὸς αὑτοῦ δοκῶν ἔχεσθαι καὶ ἀνίστασθαι δι'αὑτοῦ.

[2] Joubert, *Pensées sur le style*, 97 : « Il ne faut à l'orateur... qu'un plan entrevu et non arrêté. C'est ôter à l'esprit tous les plaisirs de la rencontre et de la nouveauté; c'est se rendre l'exécution insipide. »

[3] D. Hal., *Rh.*, X, 15. τὸ ἐν μέγα ἦθος... τὸ μεγαλοπρεπὲς φυλάττειν.

[4] ἐξεργασία τῶν ἐνθυμημάτων.

[5] II° part., ch. 4°, p. 204, § 7. *La Pitié*, p. 204.

[6] *De Or.*, III, 52 et 53. Habitus orationis, conformatio verborum et sententiarum.

sur elle-même, que les Grecs appelaient συστρεφομένη et qui est la plus usitée et de beaucoup la plus puissante [1]. En effet l'incapacité de l'auditeur ne permet pas de multiplier les formes interrogatives qui brisent le fil d'un raisonnement qu'il a déjà, sous sa forme régulière, quelque peine à suivre. En outre c'est une arme dangereuse ; car si l'adversaire interrogé a une riposte topique, forte, spirituelle, votre argument est détruit et vous êtes perdu. Citons la réponse de Crassus à Philippe qui lui criait dans son grossier langage : *Quid latras ?* et qui s'attira cette plaisante et cruelle réplique : *Furem video*. Mais d'un autre côté, et en se plaçant au point de vue exclusif de l'art, il faut reconnaître ce que devait avoir, là où cette procédure était permise, de puissant et dramatique intérêt le spectacle de deux adversaires aux prises l'un avec l'autre, se portant l'un à l'autre des coups rapides et répétés. C'était un véritable combat, ἀγων, un duel judiciaire, et dans l'attitude, le geste, le son de la voix, dans l'assurance, la précision, la clarté des demandes et des réponses, l'auditeur devait trouver non seulement une émotion esthétique et littéraire, mais des indices de la vérité et du mensonge.

Quand on est bien sûr qu'il n'est pas possible de nous faire une autre réponse que celle que nous attendons, l'interrogation cherche à prendre l'adversaire par surprise, afin que l'imprévu de la question, la force du dilemme qu'on lui pose lui arrachent un aveu compromettant ou l'obligent à garder un silence qui le condamne.

Puisqu'une loi [2] imposait aux deux parties l'obligation de répondre respectivement aux questions de la partie adverse, il est évident que cette forme dialectique était un procédé réellement pratiqué, par les Grecs du moins. Toutefois il est

---

[1] Ar., *Rh.*, οὐ γὰρ οἷον τε πολλὰ ἐρωτᾶν... διὸ καὶ τὰ ἐνθυμήματα ὅτι μάλιστα συστρέφειν δεῖ.

[2] Cette loi se trouve dans Démosthènes, *adv. Stephan.*, *Orat*, II. Νόμος· τοῖν ἀντιδίκοιν ἐπάναγκες εἶναι ἀποκρίνασθαι ἀλλήλοις τὸ ἐρωτώμενον, μαρτυρεῖν δὲ μή. Les parties n'étaient pas tenues de témoigner contre elles-mêmes. **La loi française** n'a pas encore adopté cette procédure humaine et libérale.

certain que cette interrogation n'était souvent et le plus souvent qu'une forme de style, où l'orateur faisait lui-même les demandes et les réponses. Ainsi toute la série des questions que Socrate dans l'*Apologie* de Platon [1], adresse à Mélétas, semble ne recevoir de réponse que de lui-même, bien qu'il fasse allusion à la loi citée, en disant : Réponds-moi donc, car la loi t'ordonne de répondre. Mais on ne peut tirer aucun argument de cette pièce qui n'est qu'un discours fictif. Dans le discours de Lysias contre Ératosthène, la confirmation commence par ces mots : « Monte ici [2] et réponds à toutes mes questions : As-tu emmené Polémarque ou non ? — J'ai, sous l'influence de la crainte, exécuté les ordres que m'avaient donnés mes collègues. — Étais-tu présent au Sénat lorsqu'il a été question de nous ? — Oui. — As-tu été de l'avis de ceux qui demandaient contre nous la mort, ou l'as-tu combattu ? — Je l'ai combattu. — Croyais-tu que nous avions été justement condamnés ou injustement ? — Injustement. » On trouve le même interrogatoire systématique dans le discours contre les marchands de blé [3]. « Et d'abord monte ici ? Es-tu métèque ? — Oui. — En te faisant métèque, as-tu eu l'intention d'obéir aux lois ou de faire ce qui te plairait ? — D'obéir aux lois. — N'as-tu pas mérité la mort, si tu as commis un crime que la loi punit de mort ? — Oui. — Avoues-tu avoir acheté des quantités de blé plus grandes que la loi ne permet d'en acheter ? — Je l'ai fait sur l'ordre des Archontes. »

Ce qui rend plus difficile à résoudre la question de savoir si ces questions et réponses ont été réellement faites à l'audience par les parties respectives, ou si elles ont été introduites après coup dans le texte écrit et publié, c'est qu'on ne trouve cet interrogatoire si précis et si complet dans aucun des autres orateurs, chez lesquels on ne rencontre que des

---

[1] P. 24-25.
[2] Auprès de l'orateur, à la tribune.
[3] Lys., 2e vol., p. 56, éd. Auger.

questions isolées, comme par exemple, dans Andocide [1], où nous trouvons un interrogatoire de témoins [2], dans Isée [3], où la réponse manque. Dans le discours contre Euboulide pour Euxithée, l'orateur dit : « Je vais m'interroger et me répondre à moi-même, comme vous interrogez vos Thesmothètes dans leur *docimasie.* » L'interrogatoire est ici évidemment une pure forme de structure grammaticale. Cependant, comme Aristote donne des préceptes sur l'art de répondre, il faut bien que l'interrogatoire n'ait pas été, dans le discours, une simple figure de style.

On en distinguait plusieurs espèces : l'ἐρώτησις, que Cicéron appelle *rogatio*, et Quintilien *interrogatio;* une autre, qui s'en rapproche beaucoup et qu'ils nomment tous deux, πεύσις. La seule différence que signale Quintilien, c'est que la première n'a pour but que de connaître la vérité et s'applique particulièrement à l'interrogatoire des témoins ; la seconde est une forme donnée à l'argumentation, qui n'a pas pour but de poser une question, mais d'accuser, d'accabler l'adversaire [4], comme la fameuse apostrophe de Cicéron : « Quousque tandem, abutere, Catilina, patientia nostra? »

L'*Altercatio* des Romains [5], inconnue des Grecs, se rattache cependant à cet usage. Ce n'est, dit Quintilien [6], qu'une forme de la confirmation des preuves, qu'on présente d'une façon diverse : « Neque alia dicuntur in altercatione, sed aliter, aut interrogando aut respondendo ». La procédure civile et criminelle des Romains autorisait les parties ou

---

[1] *Or.*, I, 14.
[2] Quint., V, 7, donne les préceptes les plus détaillés sur l'art si souvent perfide de l'interrogatoire des témoins.
[3] *Or.*, XI. 5.
[4] Non sciscitandi, sed arguendi, instandi causa. Cic., de Or., III, 53. Quint , IX, 2. La *Rhétorique à Alexandre*, ch. 21, en distingue encore une autre, le dialogue. Hermogène (*de Method.*, ch. X), distingue : 1. L'interrogation adressée aux auditeurs, comme par exemple : Quand donc, Athéniens, voudrez-vous faire votre devoir ? — 2. L'interrogation adressée par l'orateur à lui-même. — 3. L'interrogation à la partie adverse. Cette dernière seule peut être une pratique de procédure.
[5] Pauly's *R. Encycl.*, Th. 1, p. 809.
[6] VI, 4.

leurs avocats, après les plaidoieries terminées, d'entamer un nouveau débat par demandes et par réponses, avant le prononcé du jugement. On y était court, mais net, vif et tranchant [1]. Le même usage était pratiqué dans les délibérations du Sénat, et constituait une procédure parlementaire en opposition aux discours suivis de longue haleine [2]. Ces *Altercations* ont une certaine analogie avec les parties stychomythiques de la tragédie grecque [3], et ce n'est pas la seule ressemblance que le dialogue scénique présente avec les formes de l'éloquence judiciaire.

Lorsque l'interrogation est réelle et que la partie adverse doit faire elle-même la réponse, il faut observer quatre règles :

1. N'y avoir recours que lorsque l'une des alternatives a été déjà reconnue, et que l'autre, posée par la question et que la réponse doit nécessairement accepter, est une absurdité manifeste.

2. Lorsque des deux prémisses l'une est si évidente que personne ne peut manquer de la voir, et que l'adversaire ne pourra se refuser à accorder la conclusion qui lui est contraire et qu'exprime la question.

3. Lorsque l'adversaire, par la position de la question, sera contraint de fournir des réponses qui se contredisent ou contredisent la raison et le bon sens.

4. Lorsque l'adversaire ne pourra donner que des réponses d'un caractère manifestement sophistique, sans aucune force de réfutation, en disant par exemple : oui et non; — je distingue : — sous un rapport, oui; sous un autre, non. L'embarras de la réponse soulève contre celui qui la fait les railleries, les murmures et toujours l'incrédulité ou la

---

[1] Quintil., II, 4, 28. Altercationibus velociter occurrere.
[2] *Continuæ* ou *perpetuæ orationes*. Tacit., *Hist.*, IV, 7; T.-Liv., IV, 6; VIII, 33; Cic., ad Attic., I, 16; IV, 13; *Brut.*, 24 et 44; ad Famil., I, 2.
[3] Œd. R., v. 547. Cf. Herm., *Androm. Eurip.*, 76. Chaignet, *Essais de métriq. grecq.*, p. 233.

défiance.

Quand il s'agit de répondre, si la chose prête à deux sens, il ne faut pas répondre en bloc, mais diviser la question, distinguer les cas et définir rigoureusement les termes [1]. Dans les cas où il n'y a pas deux solutions possibles et où nous sommes obligé d'accorder les prémisses du raisonnement contenu dans la question, où nous nous sentons entraîné à une contradiction, il faut, par une réponse immédiate et en bloc, repousser la conclusion avant que l'adversaire, complétant son raisonnement et multipliant ses questions, ait le temps de formuler sa conclusion, qu'il n'est pas difficile de prévoir [2]. Enfin, si la question forme la conclusion même d'un syllogisme, il faut que la réponse expose les raisons qui expliquent ou justifient l'acte incriminé. Pisandre posait à Sophocle l'orateur cette série de questions : N'as-tu pas voté l'établissement du régime des Quatre-Cents ? — Oui. — Ne savais-tu pas que c'était un gouvernement funeste? — Je le savais. — N'as-tu pas commis par là un acte coupable?—Oui, mais il n'y avait rien de mieux à faire.

On voit, par cet exemple, le danger de poser des questions après avoir établi les conclusions de nos raisonnements et de donner une forme interrogative à ces conclusions, que les réponses imprévues et solides de votre adversaire peuvent renverser en un instant de fond en comble. Il ne faut donc se hasarder à ce procédé puissant mais délicat que lorsqu'on est absolument certain que l'adversaire ne pourra échapper ni à la question ni à la réponse qui vous est favorable.

---

[1] διαιροῦντα λόγῳ.
[2] Conf. Ar., *Top.*, VIII.

CHAPITRE CINQUIÈME

ÉCONOMIE DE LA PÉRORAISON

La péroraison [1], qu'Aristote appelle d'un terme plus propre et plus exact, épilogue [2], est la partie distincte du discours qui suppose avant elle toutes les autres parties et n'en suppose après elle aucune autre : elle termine le discours et l'achève [3].

Sa fonction générale peut se diviser en quatre points principaux [4] :

1. Bien disposer l'auditeur pour soi-même; l'indisposer contre l'adversaire;

2. Accroître ou diminuer l'importance et la gravité de la question;

3. Soulever dans l'auditoire des sentiments et des émotions;

4. Récapituler sommairement les faits et les preuves [5].

---

[1] On donnait aussi ce nom au *discours des orateurs qui parlaient en dernier lieu* dans les affaires où il y avait plusieurs avocats.

[2] Les autres rhéteurs, ἀνακεφαλαίωσις, énumération, répétition : « Decurrendum per capita », dit Quintilien, VI, 1. En latin, peroratio, conclusio, congregatio, cumulus.

[3] Cic., *de Inv.*, I, 52. Exitus et determinatio.

[4] Quintilien (VI, 1) n'en compte que deux : Enumeratio et affectus, terme sous lequel il comprend les ἤθη et les πάθη et probablement aussi l'αὔξησις. Cic., *de Inv.*, I, 52. Hæc habet partes *tres*, enumerationem (ou amplificationem, ad Her., II, 30), indignationem (δείνωσις), et conquestionem (miseratio, dans Quintilien, VI, 1) ἔλεος.

[5] Chrysippe avait prescrit que la péroraison n'eût qu'une seule partie, μονομέρης, et ne contînt qu'un résumé ou récapitulation (Anon., *Sp.*, I, p. 454). Anaximène (*Rh. ad Al.*, c. 36, p. 236) y ajoute l'émotion favorable. Théodecte (Ar., *Rh.*,

S'il est naturel, en commençant son discours et en prenant la parole de bien disposer l'auditoire, il ne l'est pas moins, quand on le termine, de le confirmer dans ces favorables sentiments, et après avoir démontré la vérité de notre thèse et l'erreur de la thèse opposée, de se recommander avec une force nouvelle et une insistance particulière [1] à la sympathie des juges en montrant qu'on en a été digne en toute circonstance et que du moins on en est digne dans celle-ci, et de chercher à l'enlever à la partie adverse par les raisons contraires. C'est manifestement la première partie de la péroraison. Il est intéressant de remarquer qu'Aristote ne conseille pas comme Quintilien [2] de laisser ici couler librement les flots pleins de l'éloquence ; ce dernier en fait lui-même la remarque et explique cette différence, par la raison que la loi athénienne défendait à l'orateur d'exciter les émotions trop vives, et si sévèrement que s'il venait à manquer à cette règle de respect pour la justice et pour l'auditoire, il était rappelé à l'ordre par un huissier : *Athenis affectus movere etiam per præconem prohibebatur orator* [3]. La topique des mœurs nous a appris de quels lieux on peut tirer ces moyens d'expression et d'action morale.

L'analyse des lieux communs formels [4] montre également

III, 19. Anonym., *Sp.*, I, p. 454) admettait trois parties ; Fortunatianus (p. 19) et Sulpicius Victor (p. 324), adoptent ce nombre de trois parties qui sont : le résumé, l'οἶκτος ou ἔλεος, la δείνωσις. Cicéron (*Rh. ad Her.*, II, 18) distingue le résumé, complexio, quæ concludit breviter, colligens partes argumentationis, de la péroraison (id., II, 30), qu'il nomme conclusio et qu'il divise aussi en trois parties : l'*enumeratio*, l'*amplificatio* et la *commiseratio*, et qui s'appellent dans le *De Inventione* (I, 51) : Enumeratio indignatio, conquestio. C'était très probablement la doctrine d'Hermagoras, qu'il parait suivre ici : « Hermagoras... postremam conclusionem ponit. Ille putat... Hanc si quis partem putarit orationis, sequatur Hermagoram licebit. »

[1] ἐπιχαλκεύειν, remettre sur l'enclume, reforger.
[2] VI, 1. Hic si usquam, totos eloquentiæ aperire fontes licet .. tuto pandere possumus vela... commovendum *theatrum*, quum ventum est ad ipsum illud, quo veteres tragœdiæ comœdiæque clauduntur : *Plaudite*. Ce dernier mot caractérise bien la manière théâtrale de l'éloquence romaine, qui fait un contraste frappant avec la sobriété, la candeur, la simplicité délicate et loyale des Grecs.
[3] Quint., VI, 1.
[4] IIe part., ch. 2, § 3, p. 126.

comment on peut grossir ou diminuer les proportions des choses ou de leurs conséquences.

Ce n'est qu'après avoir ainsi bien disposé l'auditeur et mis la cause au point que nous jugeons favorable, qu'il convient de faire appel aux sentiments et aux passions : pour traiter cette matière, la topique des passions oratoires [1] nous a fourni les lieux les plus généraux et les plus fréquents.

Il ne nous reste donc plus à dire que quelques mots de la *récapitulation*, quatrième et dernière partie de la péroraison [2]. Ici se place naturellement la recommandation que la plupart des rhéteurs conseillent pour l'exorde, à savoir, de requérir l'attention plus particulière de l'auditeur et de la rafraîchir par des traits nouveaux, si on la sent fatiguée et l'intérêt émoussé.

On commencera par dire que nous avons rempli notre promesse et parcouru tout le plan que nous avions tracé et proposé. Cela nous amènera naturellement à résumer les faits et à récapituler brièvement les preuves; nous comparerons nos affirmations avec celles de l'adversaire, soit en les opposant chacune à chacune [3], bout à bout, soit en les opposant groupées les unes aux autres.

La récapitulation peut procéder par l'ironie, par l'interrogation ou avec plus de simplicité et de loyauté par l'énumération, en suivant autant que possible l'ordre antérieur. Pour bien marquer que vous êtes arrivé à la fin de votre discours, ce qui est très important, terminez par des mots sans lien grammatical [4], par exemple : « J'ai fini, vous avez entendu, vous connaissez l'affaire. Jugez. » Ces mots sont

---

[1] II⁰ part., ch. 4, p. 190.
[2] Quintilien (VI, 1) : « Ce genre de péroraison, qui se borne à une récapitulation est celui que *pratiquent* la plupart des orateurs attiques et presque tous les philosophes. Unum epilogi genus visum est. » Je ne crois pas qu'il s'agisse ici d'un précepte, mais simplement d'une pratique que signale Quintilien.
[3] κατ'ἀντικρύ... e regione collocare.
[4] ἀσύνδετος... ὅπως ἐπίλογος ἀλλὰ μὴ λόγος.

presqu'identiquement ceux de la péroraison du discours de Lysias à Ératosthène : παύσομαι κατηγορῶν· ἀκηκόατε, ἑωράκατε, πεπόνθατε· ἔχετε· δικάζετε. Cette formule, avec quelques variantes insignifiantes, se produit souvent : Isée[1] et Démosthènes[2] finissent plusieurs de leurs discours par les mots : « Je ne sais pas ce que je pourrais dire de plus, et je crois que vous avez compris les choses que je vous ai dites », qui constituent la péroraison tout entière, qui, dans un discours de Démosthènes[3], se réduit à cette simple phrase : « εἴρηταί μοι τὰ δίκαια ὅσα ἐδυνάμην· ὑμεῖς οὖν κατὰ τοὺς νόμους γιγνώσκετε τὰ δίκαια. Je vous ai fait connaître dans la mesure de mes forces où étaient la justice et le droit. C'est à vous maintenant qu'il appartient, suivant les lois, de prendre un arrêt conforme au devoir et à la justice. » Il n'est pas certain que cette simplicité grave et digne, étrangère à tout artifice et à tout charlatanisme, ne produise pas un plus grand effet que les mouvements les plus violents de l'éloquence pathétique.

[1] *Or.*, VII, VIII.
[2] *Or.*, XX, XXXVI, XXXVIII, LIV.
[3] *Or.*, XXXIII.

QUATRIÈME PARTIE

THÉORIE DU STYLE [1]

CHAPITRE PREMIER

CONSIDÉRATIONS GÉNÉRALES SUR LE STYLE [2] ET CLASSIFICATION DE SES QUALITÉS

La plupart des rhéteurs grecs et tous les rhéteurs latins, qui poussent toujours tout à l'extrême, ont fait entrer dans la définition de l'éloquence l'idée de la beauté [3] réalisée par le style. Aristote, dont la définition ne contient pas cet élément et dont les principes sembleraient l'en exclure, est cependant obligé de lui faire une place lorsqu'il arrive à traiter du style, qui est en effet l'un des moyens et le plus puissant d'imprimer au discours la forme de la beauté. Il est vrai qu'il a l'air de se reprocher cette concession à une faiblesse peut-être incurable de l'esprit humain ; mais enfin il

---

[1] D. Hal., *Dem.*, 32. ἡ θεωρία τοῦ λεκτικοῦ τόπου. C'est un terme emprunté aux stoïciens, qui appelaient τόπος chacune des parties dans lesquelles ils divisaient l'ensemble d'une science et qui constituaient son domaine propre et comme sa région spéciale.

[2] Les Grecs appelaient cette partie de l'art oratoire φράσις, λέξις, ἑρμηνεία, plus rarement ἀπαγγελία.

[3] Doxopat., *Rh.*, II, 104. ἑρμηνευτικὴ μετὰ κόσμου... τὸ δὲ μετὰ κόσμου διὰ τὸ τῆς φράσεως κάλλος. L'Anonyme *in Aphth.*, II, 7, répète les termes de cette définition.

se place, lui aussi, dans une certaine mesure, au point de vue de l'art. Il reconnaît que le style, comme l'action oratoire, contribue puissamment à donner à l'orateur l'apparence au moins de l'honnête homme [1], parce que le style est l'homme même, que la forme de la parole finit toujours par révéler le vrai fond de l'âme et de la pensée [2]. Le style, avait dit Dussault, est une habitude de l'esprit; Joubert ajoute avec raison qu'il est aussi une habitude de l'âme [3].

Le style, Aristote l'avoue, a la puissance magique de toucher les âmes et de déterminer par son charme propre les actes et les volontés des hommes, et c'est parce qu'il y a dans ce charme et dans cette grâce une force d'une puissance souvent irrésistible [4], qui remporte le prix de l'éloquence [5], qu'il veut étudier avec le plus grand soin [6] les conditions que doit remplir et les qualités que doit posséder le style oratoire, le seul dont il ait ici à s'occuper. Tout orateur, en effet, doit savoir exprimer comme il faut, ὡς δεῖ [7], les idées propres de son sujet placées dans leur ordre de convenance.

On comprend jusqu'à un certain point les résistances d'Aristote contre les procédés accessoires et auxiliaires de l'éloquence, et, parmi les plus grands orateurs, il en est qui se sont plaints comme lui de la frivolité, de la légèreté des mobiles auxquels se laissaient aller les auditeurs dans les circonstances les plus graves. Démosthènes, qui était loin d'avoir une bonne qualité de voix, irrité de la faveur qu'attiraient à Eschine la beauté de son organe et l'art dont il savait

---

[1] Ar., *Rh.*, III, 1, 2. συμβάλλεται πολλὰ πρὸς τὸ φανῆναι ποιόν τινα τὸν λόγον.
[2] Les grands menteurs sont les silencieux.
[3] Joubert, *Pensées sur le style*, 46.
[4] Ar., *Rh.*, III, 1, 9. εὐφραίνειν.. ἐκόσμουν. Id., III, 1, 5. μέγα δύναται... μεῖζον ἰσχύουσι. Aristid., II, p. 128. Dindorf, τὰ δέοντα ἀποδοῦναι μετὰ κόσμου καὶ δυνάμεως.
[5] Id., id., III, 1, 7. τοῖς τοῦτο δυναμένοις γίγνεται ἆθλα. Par ce mot, je n'entends pas seulement les applaudissements du public, la renommée, mais le succès, le triomphe de la cause.
[6] III, 1, 10. ἀκριβολογητέον.
[7] III, 1. καὶ ταῦτα ὡς δεῖ εἰπεῖν.

le manier, s'écriait, au dire de Plutarque, en faisant une allusion cruelle à l'ancien métier de son rival : « Ce sont des comédiens qu'il faut juger d'après leur voix, mais non les orateurs, qui doivent être appréciés d'après la force des raisons qu'ils apportent à l'appui de leurs propositions [1] ». Je ne puis m'empêcher de croire qu'il y a quelqu'exagération dans les plaintes des théoriciens et des praticiens de l'art oratoire. Le style, la perfection esthétique du style n'a pas une aussi grande puissance d'effets pratiques qu'on veut bien le dire, et ce ne sont pas les merveilles d'art que nous admirons aujourd'hui dans les œuvres de Démosthènes, qui ont seules produit les résultats politiques qu'il voulait atteindre et qui ne les ont pas toujours produits. Les situations politiques, les événements, la force des raisons et des faits, la clarté manifeste des témoignages et des lois, toutes ces preuves placées en dehors et au dessus de l'art, ἄτεχνοι, ont une force de conviction, de persuasion contre laquelle luttent souvent en vain le talent de l'orateur et la perfection de son style : nous l'avons vu, nous le voyons nous-mêmes tous les jours, et il ne faut peut-être pas s'en plaindre.

Les grands hommes d'État d'Athènes qui ont gouverné leur pays par leur sage politique et l'autorité de leur parole ont-ils tous possédé cette virtuosité d'artistes ? Il est permis d'en douter. Il semble qu'ils ont toujours improvisé, et l'improvisation, même précédée d'une forte méditation, même appuyée sur une grande pratique oratoire n'est guère compatible avec la perfection étudiée du style, pas plus qu'avec une ordonnance savante du discours. En tout cas, ils ne se sont guère souciés de cette gloire ; ils ont dédaigné de confier à l'écriture et de transmettre à la postérité ces discours qui ont eu une influence si considérable sur les destinées de leur pays. Ils ont fait plus : ils ont méprisé cet honneur et auraient même considéré comme une injure l'épithète de logographes.

---

[1] Plut., *Vit.*, X; *Or. Dem.*, ἐκ γνώμης.

Ceux mêmes qui ont été sensibles à la gloire de bien dire, n'ont pas tenu, j'imagine, devant leurs auditeurs réels, le langage si correct, si pur, si distingué, si grand que nous, lecteurs, nous y admirons aujourd'hui. Nous n'avons de leurs discours que des éditions revues, corrigées et peut être remaniées par leurs auteurs, à un point de vue différent de celui où ils étaient placés en les prononçant. Dans l'un il s'agissait d'emporter les suffrages et les votes ; dans l'autre, il s'agissait de s'assurer les éloges de la critique et des hommes de goût. Les ouvrages de ceux qui n'avaient pas pris ce soin de remaniement et de révision et laissaient circuler leurs discours sous la forme même qu'ils avaient eue dans le débat réel, paraissaient à la lecture isolée froids et plats [1], et pour leur rendre quelque couleur et quelque vie, ils avaient besoin d'être lus à haute voix et suivant les règles du débit oratoire [2].

Il faut naturellement mettre à part les discours épidictiques ou académiques, qui non seulement étaient tous écrits et lus par l'auteur à un public bénévole, mais étaient destinés à la lecture du grand public et de la postérité [3]. Pour ceux-là le style était nécessairement différent du style de l'éloquence politique et judiciaire, et cette différence, correspondante aux fins des différents genres, n'était pas et ne devait pas être effacée par les retouches et le travail de seconde main que les discours politiques et judiciaires pouvaient recevoir en vue de la publicité. Les critiques la signalent partout [4], et dénotent le vice et la faiblesse de cette éloquence, qui viennent de ce qu'elle s'imagine tirer plus de force et obtenir plus d'applaudissements par les effets du style que par la vérité ou la beauté des pensées [5].

---

[1] Ar., *Rh.*, III, 12. ἰδιωτική.
[2] Id., *ul.* ὑποκριτική.
[3] εἰς ἔκδοσιν. Diod. Sic., ap. Clem. Al., *Strom.*, I, p. 365.
[4] D. Hal., *Isocr.*, ἀναγνώσεως μᾶλλον οἰκειότερός ἐστιν ἢ ῥήσεως et le critique qualifie de puérils, μειρακιώδεις, les discours écrits par Isocrate avant sa vieillesse qui seule a mûri sa pensée.
[5] Ar., *Rh.*, III, 1. οἱ γραφόμενοι λόγοι μεῖζον ἰσχύουσι διὰ τὴν λέξιν ἢ διὰ τὴν διάνοιαν.

Quoiqu'il en soit, une méthode théorique et pratique de l'élocution est toujours une partie essentielle d'un traité de rhétorique, puisque c'est toujours et uniquement par la parole que peuvent être produits ou poursuivis les effets et les fins de l'éloquence, en quelque genre que ce soit et de quelque façon qu'on la considère. La langue est un instrument qu'il faut savoir manier comme le sculpteur doit savoir manier son ciseau [1]; c'est un mécanisme dont on doit être parfaitement maître pour lui faire exprimer fidèlement nos sentiments et nos idées. Il y a plus : l'idée s'incorpore tellement avec les mots que ceux-ci deviennent une partie de sa substance propre et forment avec elle un tout organisé. L'unité ou l'union intime de la pensée et du langage, des formes de l'entendement avec les formes grammaticales est telle qu'on peut dire qu'on en arrive à penser les mots autant que les idées, qui ne sont des représentations pour la conscience que par eux [2]. Néanmoins, malgré le rapport intime et indestructible de la forme extérieure avec la pensée, la langue a une vie propre, une essence propre, un caractère, des mouvements, des habitudes, des formes qui lui appartiennent en propre, et que tout homme qui veut parler doit s'être assimilés non seulement par une patiente pratique et assidue, mais encore par une discipline théorique approfondie.

La langue peut prendre la forme de la beauté : cela est manifeste dans la poésie, où cette beauté de la forme fait partie de la poésie même et ne saurait être séparée du contenu. L'éloquence, peut-elle aussi, sans manquer à ses

---

[1] Tous les arts supposent cette condition préalable, à savoir la possession du mécanisme de l'art.

[2] Quintil., VIII, Proœm., 26. Curam verborum, rerum volo esse sollicitudinem. Le style, dans son essence, dépend sans doute de la nature, de l'ordre et de la liaison des idées. La beauté même est une idée. Néanmoins, le langage a sa fonction dans la création de la beauté du style : il achève la perfection de l'exposition, et sur lui reposent sinon les plus puissants effets du style, du moins les plus délicats. Conf. Steinthal, Zeitschrift, f. Wolkerpsychologie, t. IV, p. 285

fonctions organiques et même pour les mieux remplir, chercher à revêtir l'expression des idées de ce charme, de cette grâce, de cette attraction presque magique que la beauté exerce sur toute âme humaine [1] ? Assurément oui, et c'est à la rhétorique à enseigner dans quelle mesure, sous quelles réserves et par quels moyens. Puisque le sauvage polit et sculpte son arc et sa hache de guerre, puisque tous les peuples ont cherché à donner des formes élégantes et pures aux meubles de l'usage domestique le plus humble et le plus pratique, puisque quelques-uns ont décoré de peintures, parfois admirables, les vases destinés à aller puiser ou garder l'eau des fontaines, il ne serait pas a priori étonnant que l'orateur ait aussi le droit de donner à sa parole, son grand instrument d'action sur ses semblables, la forme durable de la beauté, d'élever ainsi le langage à la dignité du style, mais d'un style approprié à la fonction de l'éloquence [2].

La langue et le style de la poésie ont été l'objet des premières études techniques, qui ont produit en outre l'art de la rapsodie ou de la récitation savante. On a pu croire, et ce n'était pas absolument une erreur, que les sujets de la poésie étant très simples, empruntés aux manifestations habituelles et ordinaires de la vie sociale et domestique, sa puissance et sa beauté ne tenaient qu'aux formes du langage qu'elle avait adoptées, et quand l'éloquence naquit, elle crut bon d'abord d'emprunter ces formes tant admirées et réellement admirables. Les gens de peu de goût croient encore que les orateurs qui s'expriment dans un langage poétique

---

[1] ψυχαγωγία. Le sentiment esthétique commence où le besoin se tait. On peut se demander si, dans aucun genre oratoire, disparaît absolument le besoin, je dis le besoin propre à l'éloquence, à savoir d'amener l'auditeur à prendre une résolution ou à adopter une proposition conformes à notre volonté. Non, assurément ; mais il peut se trouver, et en fait il se trouve, pour la réalisation même de cette fin pratique, un moment d'ordre esthétique. Longin., Περὶ ὕψ, p. 305. « οὐ γὰρ ψυχαγωγήσεις μὴ γοητεύων μετά τινος χάριτος καὶ ἡδονῆς.
[2] « Le langage ne devient un lien social que lorsqu'il acquiert d'autres qualités (que la correction et la pureté, conditions de la clarté) ». Daunou.

sont ceux qui parlent le mieux. C'est une grande erreur. Le style de la poésie même s'est modifié avec le développement et le progrès de certaines formes de la poésie. Ainsi, en Grèce, la tragédie qui à l'origine n'était qu'un chœur dansé et chanté, et à laquelle s'appropriait alors parfaitement le tétramètre trochaïque, la tragédie, quand elle fut devenue la représentation des grandes crises de la vie humaine, adopta le rythme iambique et la mesure du trimètre qui se rapprochaient l'un et l'autre de la conversation réelle. De même elle changea la couleur de son style et renonça aux formes et au vocabulaire étrangers à la langue ordinaire. L'éloquence tomberait dans le ridicule, si, oublieuse de la fonction pratique qui la constitue, elle voulait imiter un style abandonné par la poésie elle-même, au moins dans plusieurs de ses espèces.

L'éloquence a sa langue et son style propres et différents de ceux de la poésie, différents même de ceux des autres genres de la prose. C'est de la langue et du style oratoires que nous allons exclusivement nous occuper [1], à cette place que le lien logique des idées assigne à cette étude [2].

Si le travail du style a besoin d'une pratique assidue, cette pratique elle-même est soumise à des règles. La forme du discours ayant absorbé en Grèce presque tous

---

[1] Ar, *Rh.*, III, 1. Théophraste avait peut-être encore plus curieusement que son maître étudié le style. Dans son traité, Περὶ λέξεως (D. Hal., *de Isocr.*, 3), il en avait divisé la théorie en quatre parties : 1. Le choix des mots; 2. L'harmonie qui résulte de leur combinaison; 3. Les figures; 4. Les trois espèces de style, χαρακτῆρες φραστικοί (Amm. Marcell., *Vit. Thuc.*, 39). La distinction des trois genres de style (tria genera dicendi) qui se trouve établie sans nom d'auteur au ch. 22 du traité de Denys sur *Thucydide* est rapportée à Théophraste, parce que, dans ce même ouvrage (ch. 1-3), Denys, signalant les écrivains représentant la troisième forme, s'appuie sur le témoignage de Théophraste, ὡς οἴεται Θεόφραστος. Dans le traité *de Compositione verborum* (ch. 4), le même critique nous apprend que les stoïciens avaient étudié avec le plus grand soin (οὐ μικρὰν φροντίδα) la question du langage, τοῦ λεκτικοῦ τόπου, sur laquelle Chrysippe avait laissé deux mémoires concernant l'ordre des parties du discours. Mais ces ouvrages, dit-il, se rapportaient plutôt à la dialectique, et ne touchaient point vraiment la théorie de l'art oratoire, οὐ ῥητορικὴν θεωρίαν ἔχουσα.

[2] Ar., *Rh.*, III, 1. περὶ δὲ τῆς λέξεως ἐχόμενόν ἐστιν εἰπεῖν.

les genres littéraires en prose, il n'est pas étonnant, quoi qu'il soit regrettable, que la théorie du style oratoire se soit presque confondue avec la théorie générale de l'art d'écrire en prose, et qu'il n'ait été tenu qu'accidentellement [1] compte des différences qui caractérisent les genres et doivent se refléter dans le style. Je m'efforcerai de rester plus spécial.

C'est à Théophraste [2] qu'on peut avec vraisemblance rapporter la première classification des qualités du style oratoire. Les qualités du style oratoire sont de deux espèces : 1. générales, essentielles, nécessaires, ἀναγκαῖαι ; celles-ci doivent se trouver dans tous les genres littéraires et dans tous les genres oratoires [3], et de plus accompagner le discours dans toutes ses parties : ce sont de vraies parties de qualité, c'est-à-dire un élément constitutif de l'essence du style et par suite de sa définition [4] ; 2. particulières, accidentelles, accessoires, ἐπίθετοι ; elles s'ajoutent aux premières sans lesquelles leur vertu propre serait impuissante et n'ont leur place que dans certains genres, certains sujets, certaines circonstances, certaines parties séparées du discours ; leur effet et leur charme consistent précisément dans ce rapport de convenance [5], et cette appropriation des qualités du style aux différentes espèces, constitue à son tour une condition générale et nécessaire [6]. L'une des principales différences, c'est que certaines espèces littéraires, certaines parties du discours admettent tel élément de grâce et de beauté qu'excluent les autres.

On peut rattacher à la classe des qualités particulières,

---

[1] Aristote n'a pas formulé en système sa théorie du style oratoire. C'est le moins scolastique des hommes, et ce n'est pas une des moindres difficultés de cette étude de faire rentrer dans des classifications systématiques, que la scolastique a habitué l'esprit français à considérer comme l'ordre même, les vues profondes mais libres de ce grand penseur.
[2] D. Hal., *de Thuc.*, 22.
[3] Ar., *Rh.*, ἐν ἅπασι τοῖς λόγοις ὀφείλουσι παρεῖναι.
[4] Id., III, 7. πᾶσιν ἅμα.
[5] Id., *id.*, τὸ πρέπον τῆς λέξεως... τὸ δ'εὐκαίρως χρῆσθαι... μὴ πᾶσιν ἅμα χρῆσθαι.
[6] Id., *id.*, κοινὸν ἁπάντων τῶν εἰδῶν.

pour éviter d'en faire une troisième, celles qu'on pourrait appeler personnelles, et qui révèlent non seulement l'homme en tant qu'homme, mais la personnalité, l'individualité, incommunicables dans le style, comme toute autre forme de l'individualité. Le style est l'homme même.

CHAPITRE DEUXIÈME

LES QUALITÉS GÉNÉRALES DU STYLE [1]

La première qualité essentielle et nécessaire du style à laquelle on pourrait ramener toutes les autres, c'est la clarté, σαφήνεια [2].

La clarté qui s'entend ici, non de la clarté dans les idées mais de la clarté dans les mots, et qui est le principe même de la diction, ἀρχὴ λέξεως [3], est le résultat de plusieurs conditions réunies : la propriété des termes, la pureté, la correction, qualités qu'on désigne encore par les formules : bien parler sa langue, parler grec, τὸ ἑλληνίζειν, parler français [4].

La propriété et la pureté des termes relèvent du choix des mots ἐκλογή, et ont pour pendant le langage figuré, τροπικὴ φράσις, dans les qualités particulières, tandis que la correction ἀκρίβεια τῆς διαλέκτου, qui résulte de l'observance exacte des règles de la syntaxe, relatives à la structure, à l'ordre et à la forme des parties du discours réunies dans la synthèse de la phrase [5], relève de la composition, ἡ σύνθεσις, qui, avec le choix des mots, forme toute la théorie du style.

---

[1] D. Hal., de Thuc., 22. ἀρεταὶ ἀναγκαῖαι.

[2] Ar., Rh., III 2. Hermog., Sp., II. p. 268. D. Hal., de Thuc., 23. Epicure (D. L, X, 13) prescrivait à l'orateur de n'en pas rechercher d'autre, μηδὲν ἄλλο ἢ σαφήνειαν ἀσκεῖν. S'il faut en juger par sa lettre à Hérodote, il est loin de l'avoir possédée pour lui-même. Il est vrai que le texte en semble très altéré.

[3] Ar., Rh., III, 5.

[4] τὰ κύρια... τὸ καθαρὸν τῶν ὀνομάτων, τὰ οἰκεῖα... ἀκρίβεια τῆς διαλέκτου... τὸ ἑλληνίζειν.

[5] D. Hal., de Comp, 2. τῆς συνθέσεως ἔργα... οἰκείως θεῖναι τὰ ὀνόματα παρ' ἄλληλα. Cette partie comprend en outre l'harmonie et la structure périodique; elle est la seconde dans l'ordre naturel et logique, δευτέρα δ' οὖσα μοῖρα; car la première, la principale et l'essentielle, est le choix des mots : ἡγεῖται γὰρ ἡ τῶν

Au-dessus de toutes ces qualités, que l'étude et l'art peuvent communiquer, il en est une qui ne relève que de la nature et qui, sans les rendre inutiles, dans certaines circonstances, les remplace toutes et les domine toutes : c'est le naturel, l'accent sincère, un langage aussi semblable que possible à la nature [1]. Or que veut la nature ? Elle veut que les paroles suivent et obéissent aux pensées, et non les pensées aux paroles [2].

Balzac et Montaigne commentent éloquemment ce passage, et montrent que l'on peut remporter le prix de l'éloquence, qui est de convaincre, sans aucune des conditions qui semblent le plus nécessaires, même le respect de la grammaire et de la langue : « C'est aux paroles, dit l'un, presque dans les propres termes de Denys, c'est aux paroles à servir et à suyvre [3], et que le Gascon y arrive si le Français n'y peult aller. Je veux que les choses surmontent et qu'elles remplissent de façon l'imagination de celui qui escoute, qu'il n'aye aulcune souvenance des mots. Le parler que j'aime est un parler simple et naïf, tel sur le papier qu'à la bouche, un parler succulent et nerveux, court et serré, non tant délicat et peigné comme véhément et brusque. L'éloquence fait injure aux choses, qui nous détourne à soi [4] », et Balzac, avec sa manière un peu précieuse : « C'est une éloquence d'affaire et de service,

---

ὀνομάτων ἐκλογὴ κατὰ φύσιν καὶ προϋφίσταται. Mais la composition redevient la première, si on considère la puissance relative des effets produits : τῇ μὲν τάξει δεύτεραι.. τῇ δὲ δυνάμει πρότεραι. Denys définit comme il suit les fonctions des trois parties de la composition :

1. τί μετὰ τίνος ἁρμοττόμενον πέφυκε καλὴν καὶ ἡδεῖαν λήψεσθαι συζυγίαν : c'est l'ordre des mots ;
2. πῶς ἂν ἕκαστον σχηματισθέν : c'est l'art d'approprier les formes aux règles de la syntaxe ;
3. La μετασκευή, transformation des mots par l'aphérèse, la prosthèse, l'altération phonique, ἀλλοίωσις.

[1] D. Hal., *de Isocr.*, 13. ἐν διαλέκτῳ πολιτικῇ καὶ ἐναγωνίῳ τὸ ὁμοιότατον τῷ κατὰ φύσιν.
[2] Id., *id.* τοῖς νοήμασιν ἔπεσθαι τὴν λέξιν, οὐ τῇ λέξει τὰ νοήματα.
[3] S. Aug., *de doctr. Christ.* « Il ne dépend point des paroles, mais les paroles dépendent de lui ».
[4] *Art de conférer.*

née au commandement et à la souveraineté, toute efficace et pleine de force ; elle agit, s'il se peut, par la parole, plus qu'elle ne parle ; elle ne donne pas seulement à ses ouvrages un visage, de la grâce et de la beauté, comme Phidias, mais un cœur, de la vie et du mouvement, comme Dédale [1] ». On trouverait également dans Fénelon et encore chez d'autres critiques l'affirmation de cette pensée qu'un homme doué par la nature d'une imagination vive et forte, peut entraîner un auditoire sans le secours de l'art, même en violentant la langue dont, suivant Boileau, le respect doit être sacré jusque dans les plus grands excès. Il y a, je crois, quelqu'exagération dans cette thèse [2], qui ne saurait être soutenue qu'avec des réserves et des limites ; mais même en l'admettant, comme ces natures exceptionnelles, ayant *quelque facilité naturelle de parler* et *un grand exercice*, sans aucune culture préalable et générale, sont des plus rares, s'il y en a, comme l'art et ses règles ne suppriment pas la nature et l'aident et la complètent, le système méthodique des qualités du style n'en gardera pas moins sa valeur réelle, scientifique et pratique à la fois.

Nous en commencerons l'étude par la propriété.

La propriété s'oppose d'une part aux façons de parler qu'on nomme figurées, τροπική, et d'autre part au défaut contraire de l'impropriété, ἀκυρολογία. En employant les mots usuels et qui sont à la disposition de tout le monde [3], on donne au discours l'aspect de la simplicité, du naturel. La recherche inspire toujours quelque défiance. L'art ici est non de séduire et d'étonner l'auditeur simple et naïf, τὸν ἰδιώτην, mais de s'emparer de lui, en imitant son langage. Les choses alors surmontent, comme dit Montaigne, et ce dédain de l'ornement, qui semble un témoignage de respect pour la vérité,

---

[1] *6ᵉ Dissert. crit.*, p. 521, éd. 1665.
[2] Fénel., *Lettre à l'Acad*, Projet de Rhét. « Un homme qui a l'âme forte et grande, *avec quelque facilité naturelle de parler et un grand exercice*, ne doit jamais craindre que les termes lui manquent ».
[3] D. Hal., *de Lys.*, 3. κοινὰ καὶ ἐν μέσῳ κείμενα.

donne à la parole un air de dignité et de noble sincérité[1].

D'un autre côté, en usant des mots dans le sens vrai que leur ont donné l'usage [2], les bons écrivains et les bons orateurs, en n'employant pas un mot pour un autre ou une périphrase à la place du mot propre, on donne à la pensée un précieux caractère de précision, de netteté, de clarté[3].

C'est une grande qualité d'exprimer sa pensée par le mot propre et juste qui y correspond entièrement et la couvre complètement ; c'est aussi une grande difficulté. L'usage de la langue courante et saine, l'étude réfléchie et méditée des grands écrivains ne suffisent pas : il faut posséder une connaissance approfondie, scientifique même de la langue, avoir le sentiment de son génie propre, ce qui ne se peut obtenir que par la science de l'étymologie, surtout en ce qui concerne les langues dérivées et qui n'ont pas en elles-mêmes leurs derniers principes. Pour bien saisir les sens d'un mot[4], souvent divers, pour lui en communiquer d'autres, par d'heureuses hardiesses, permises surtout à l'orateur, il faut, par exemple en français, le ramener non-seulement à sa forme latine, qui déjà nous éclaire, mais à la racine du mot latin lui-même, à ce que Tryphon [5] appelle ἡ πρώτη θέσις. On le replonge ainsi dans la source même, dans la source pure d'où il nous est arrivé. Nous le purifions des souillures qu'il a reçues dans un long usage ; car l'usage altère le sens autant

---

[1] Id., id., τοῖς δὲ πράγμασιν ἀκολουθεῖ τὰ ὀνόματα· περιττὰ καὶ σεμνὰ καὶ μεγάλα φαίνεσθαι τὰ πράγματα ποιεῖ.

[2] Tryphon (de Trop., III, p. 191) dit : « Le *premier* usage », διὰ τῆς πρώτης θέσεως. Greg. Corinth., de Trop., id., p. 215. ἡ τῶν κατὰ φύσιν λέξεων τετευχυῖα φράσις ou κατὰ τὴν τῶν ἑλληνιζόντων συνήθειαν. Id., ad Hermog., Περὶ δεινότ., p. 4. « ὅταν ἐφ'ἧς κεῖται σημασίας κυρίας ἡ λέξις».

[3] L'ἀκυρολογία manque aux principes de l'étymologie et de la synonymique et est définie par les grammairiens : ἐναλλαγὴ λέξεως, emploi d'un mot au lieu d'un autre, ou λέξεων τῶν περὶ τὸν αὐτὸν τρόπον ἀναστρεφομένων οὐ προσέχης χρῆσις, l'emploi fautif de mots qui ont la même forme. Boissonnade, *Anecd. Gr.*, t. III, p. 263. *Etym. Magn.*, 721, 49. ἑκάστης λέξεως καθ'ἑαυτὴν καλῶς ἐχούσης, ἐν δὲ τῇ συντάξει ἀτάκτως καὶ ἀνακολούθως παραλαμβανομένης.

[4] Joubert, *Pensées sur le style*, X : « Il faut souvent, pour en bien connaître le sens, la force, la propriété, avoir appris son histoire. »

[5] L. l. supra, p. 393, n. 4.

que la forme des mots ; nous rafraîchissons ses couleurs par des rapprochements nouveaux, nous avivons les arêtes et les contours émoussés qui en dessinent aujourd'hui trop mollement le sens. Non seulement nous rappelons ainsi à la vie des mots languissants et presque morts, mais nous pouvons en créer de nouveaux, *si latino aut græco fonte cadent, parce detorta* [1].

La pureté, τὸ καθαρόν ou ἡ ἀκρίβεια τῆς διαλέκτου, ne se distinguait pas toujours de la propriété, comme le barbarisme se confondait parfois avec le solécisme : elle consiste précisément à n'employer que des mots qui ont bien le caractère de la langue, qui sont reçus par elle, ou qui, s'ils sont créés par l'orateur, portent l'empreinte vraie, vive et fraîche du génie de la langue : c'est ce qu'Aristote appelle τὸ ἑλληνίζειν, τὸ οἰκεῖον ὄνομα [2], le mot de la famille, de la race, de vraie souche grecque, qui a pour ainsi dire du sang hellène ; c'est ce mot qui, comme une eau transparente et pure que n'a troublée aucun mélange [3], laisse apparaître le sens et les choses et donne au style ce caractère qu'on appelle classique [4]. Mais ce n'est pas la seule signification qu'Aristote attache à l'expression *parler grec* [5], et que nous devons attacher à l'expression *parler français*. Il entend encore par là la correction, qui consiste à obéir aux lois de la syntaxe et à donner

---

[1] « Joubert, *id.*, IX : Rendre aux mots leur sens physique et primitif, c'est les fourbir, les nettoyer, leur restituer leur clarté primitive ; c'est refondre cette monnaie... c'est renouveler, par le type, des empreintes effacées. *Id.*, VII. Remplir un mot ancien d'un sens nouveau dont l'usage ou la vétusté l'avait vidé, pour ainsi dire, ce n'est pas innover, c'est rajeunir. On enrichit les langues en les fouillant. Il faut les remuer à de grandes profondeurs. *Id.*, V Il faut remonter aux sources, parce que cette pointe d'étrangeté pique et réveille le goût. »

[2] Ar., *Rh.*, III, 5 ; III, 2, 6. Isocr., *Evag.*, 9, ὀνόματα πολιτικά, opposé à τὰ ξένα. D. Hal., *ad Pomp.*, 3. τὸν ἑλληνικὸν χαρακτῆρα σώζουσα διάλεκτος.

[3] D. Hal., *de Plat.*, ὥσπερ τὰ διαφανέστατα τῶν ναμάτων

[4] Cic., *Brut.*, urbanitas.

[5] Les cinq éléments de cette qualité sont d'après Aristote (*Rh.*, III, 5) : 1. L'exacte concordance des conjonctions ; 2. L'emploi des termes propres, ἴδια, c'est-à-dire l'absence de périphrases ; 3. L'absence de termes ambigus ; 4. L'observance des règles sur les rapports grammaticaux ; 5. et des règles relatives aux nombres : δεῖ ταῦτα ὀρθῶς ἀποδιδόναι.

aux mots la forme morphologique qui correspond, dans le système grammatical de la langue à la fonction logique qu'on veut leur faire exprimer, c'est-à-dire à éviter le barbarisme et le solécisme [1].

La position des mots dans le système de la proposition et dans le système de la phrase demandait chez les anciens un grand art et un grand sentiment de la langue et du style, quoiqu'en dise Cicéron : verborum collocandorum facilis est ratio, aut sine ratione exercitatio. L'ordre des mots était soumis à plusieurs lois; une loi qui venait des habitudes de la langue, une loi purement logique et d'ordre grammatical, une loi d'ordre pathétique, expressif et oratoire, une loi esthétique qui visait des effets de style, enfin une loi d'harmonie et de rythme. C'est dans le jeu de ces différentes fins, souvent contraires, que résidait l'art de la disposition et de la composition des mots. Ce n'est pas seulement au point de vue de l'harmonie et du rythme qu'il faut connaître le pouvoir d'un mot mis à sa place. Il y a des mots de valeur, comme dans le dessin des traits de force, mais qui ne prennent cette force et cette valeur qu'à la lumière même où les jette la place qu'ils occupent [2].

La propriété a encore pour contraire la catachrèse, qui est au fond une impropriété d'expression, par où on violente la langue et on abuse d'elle [3]. Il est vrai que souvent la pauvreté du vocabulaire d'une langue contraint à employer, au lieu du mot propre qui manque, un mot qui n'exprime l'idée qu'au moyen et par l'intermédiaire d'analogies plus ou moins naturelles. Mais souvent aussi ce n'est qu'un pur caprice de l'écrivain, qui peut être heureux ou maladroit.

Il n'y a pas entre les qualités nécessaires que nous venons

---

[1] Suid., v. βαρβ. et D. L., VII, 1, 40. λόγος ἀκαταλλήλως συντεταγμένος... ὡς τὸ... Ἐγὼ περιπατῶν ὁ τοῖχος ἔπεσεν. Apollon, de Contr., p. 198, 7. ἐπιπλοκῆς λέξεων ἀκαταλλήλων, qui ne s'accordent pas les uns avec les autres. Eustath., ad Il., p. 367-44. περὶ σύνταξιν ἐννοίας σῶον λόγον αἰκίζουσα.

[2] Joubert, l. l. XVI : « Avant d'employer un beau mot, faites-lui une place. »

[3] Quint., VIII, 2. Abusio ou κατάχρησις.

d'énumérer et les qualités accessoires un saut brusque et une distance considérable. Une langue pure et correcte, une diction juste, propre et claire communique déjà au discours un certain charme, une certaine grâce, la grâce aimable de la simplicité et de la franchise. Le style a aussi sa probité et sa droiture. Il y a une clarté si pure que non seulement elle éclaire, mais illumine. De plus entre les deux espèces de qualités, il en est une qui sert de transition et comme de moyen terme. C'est ce qu'Aristote appelle τὸ πρέπον et les latins *decorum*[1] : il la décrit plus qu'il ne la définit en disant que le style pour la posséder ne doit être ni bas ni ambitieux. Je vois là une condition plutôt absolue que relative, et qui répond à ce que, dans la vie sociale, nous appelons le *comme il faut*[2], c'est-à-dire une tenue générale qui exprime le respect de soi, s'attire le respect des autres et se confond presque avec ce que les latins appelaient *dignitas*[3]. C'est une condition nécessaire, générale, partout la même, et qui présente partout les mêmes caractères. Un style qui sent l'affectation et la recherche des grands effets, qui dépasse visiblement la portée de l'auditoire et la mesure des choses, qui vise à frapper d'étonnement et d'admiration en grossissant les faits, les sentiments et les idées, choque tout le monde, et d'un autre côté, dans les réunions les plus populaires et les plus démocratiques, un langage grossier, vulgaire, qui blesse toutes les formes de la décence et de l'urbanité, incorrect et trivial, d'une basse familiarité, sous couleur de se mettre à leur niveau, offense les auditeurs et les offense légitimement. Il semble qu'on leur rappelle l'infériorité de leur éducation et de leur culture sociale en reproduisant si fidèlement les

---

[1] Ar., *Rh.*, III, 2, 1. Cic., *Or.*, 21. « πρέπον appellant hoc Græci, nos dicamus sane decorum. Est autem quid diceat oratori videndum non in sententiis solum, sed etiam in verbis ». Il y a une autre convenance, toute relative celle-là, et dont nous parlerons ailleurs.

[2] ὡς δεῖ. Ar., *Rh.*, III, 1.

[3] Cic., *de Off.*, I, 28. Hoc decorum quod elucet in vita, movet approbationem eorum quibuscum vivitur.

vices de leur langage. Ils sentent instinctivement que l'orateur leur manque de respect et il se déconsidère alors à leurs yeux en s'abaissant volontairement dans l'intention de les flatter. Ce n'est pas impunément qu'on offense les assemblées populaires : elles sont impuissantes à suivre l'enchaînement systématique des arguments et à soumettre les idées qu'on leur expose à une analyse critique. Elles ne voient que des masses, elles jugent en bloc et ne trouvent pas dans leur propre esprit, dans l'habitude de réfléchir et de douter, de contre-poids aux impulsions et aux répulsions instinctives qui les entraînent presque sans résistance. *Dudar, pensar ;* l'impuissance de douter est l'impuissance de penser. Il est donc bien dangereux de les blesser, et on les blesse souvent, Dieu merci, en cherchant à les flatter dans leurs entraînements bas et vils, dont une conscience instinctive, élément de l'humanité même, obscur mais toujours présent et vivant, leur fait bientôt apparaître la vilenie et la bassesse.

Ce style qui réunit le décorum et la décence, qui ne tombe pas dans la bassesse et ne cherche pas à s'élever à une hauteur démesurée exige, bien entendu, comme conditions préalables, toutes les qualités générales, et admet, dans une proportion convenable, les qualités particulières, à l'étude desquelles il nous amène et où il nous introduit naturellement.

CHAPITRE TROISIÈME

LES QUALITÉS PARTICULIÈRES DU STYLE

§ 1. — *Le rythme et l'harmonie.*

Il est des qualités qu'on hésite à caractériser de particulières, tant leur application est étendue : c'est l'élégance et la grâce, l'harmonie et le rythme [1].

Les autres, qu'on peut ramener à la vivacité, la beauté, la grandeur, le pathétique, la puissance ou la force [2], et qu'on obtient en imprimant au style le mouvement, la couleur et la vie, sont réellement des qualités de surcroit, qui donnent à un art de service, à un art sérieux, comme Fénelon appelle l'éloquence, quelque chose de ce charme propre aux arts de luxe, qui au fond ne sont qu'un jeu, παιδιά, διαγωγή. Toutes ces qualités sont soumises à la loi de la convenance relative, τὸ ἀνάλογον, différente de ce décorum du style, qui est en quelque sorte absolu et nécessaire.

Enfin il est des qualités qui caractérisent une personnalité, qui sont propres à un individu, et qui sont l'originalité, la

---

[1] Ar., *Rh.*, III, 10. ἀστεῖα; III, 9. ἁρμονία, ῥυθμός.
[2] Ar, *Rh.*, III, 10. εὐδοκιμοῦντα (ὀνόματα)... ἐνέργεια ou πρὸ ὀμμάτων ποιεῖν. *Id.*, 6. ὄγκος τῆς λέξεως. Dion. Hal., *de Thuc.*, 22, énumère :
1. ὕψος, καλλιρρημοσύνη, σεμνολογία, μεγαλοπρέπεια.
2. τόνος, βάρος, πάθος.
3. δεινότης, qui comprend τὸ ἐρρωμένον et τὸ ἐναγώνιον πνεῦμα.
Je donnerai au § 3 toute la théorie d'Hermogène.

brièveté ou concision, la simplicité, la sincérité de l'accent et du ton [1].

Les procédés par lesquels on peut communiquer au style ces qualités diverses sont, en ce qui concerne le rythme et l'harmonie, la structure habile de la phrase, de ses membres, et son enchaînement avec les phrases suivantes [2]; en ce qui concerne les autres qualités, le choix des mots, des épithètes et l'emploi du style figuré. Chacune d'elles, dans son caractère propre, résulte et de la nature des mots choisis, du caractère des figures mises en œuvre et de la proportion dans laquelle ces éléments divers sont mélangés et combinés par le sentiment littéraire et le goût de l'orateur.

Commençons par le rythme.

Le rythme est l'ordre et la proportion des mouvements partiels qui constituent l'unité d'un mouvement total. Les mots soit isolés soit liés en propositions liées elles-mêmes en phrases, sont des mouvements sensibles à l'oreille et dont la succession peut être soumise à la loi de l'ordre et du nombre qui le détermine en les mesurant. Il ne faut pas s'étonner du charme que le rythme cause à l'homme, et d'y voir à la fois une forme de la beauté et une puissance particulière d'expression communicative et d'irrésistible sympathie. La parole est une action de l'âme qui se manifeste par la voix, un des organes de notre corps [3]. Notre corps, comme tout corps, est sonore; c'est un luth suspendu : sitôt qu'on le touche, il résonne, c'est-à-dire que l'impression extérieure éveille un mouvement de l'âme, qui à son tour met en mouvement, réflexe ou conscient, l'appareil vocal lié intimement avec l'appareil respiratoire, organe de la fonction la plus

---

[1] καινότης, συντομία, ἀφέλεια, ἀλήθεια.
[2] Cæcil. Calact., ap. Phot., Cod. 259. ἐναρμόνιος σύνθεσις. Ar., Rh., III. τὰ μέτρα... εἰρομένη... κατεστραμμένη. Cic., Or., 12. Concinnitas.
[3] De toutes les fonctions de notre corps, c'est celle que remplit l'organe de la parole, qui est, dit Aristote, le plus propre à l'homme. Les autres nous sont communes avec les animaux. Pour quelques philosophes, la faculté du langage a même paru caractériser l'espèce humaine.

essentielle de la vie. Il en est de même quand l'âme est directement touchée.

Tout corps frappé rend un son qui, s'échappant pour ainsi dire de son sein, du plus intime de son être, semble en révéler la nature interne et être la manifestation la plus vraie de son essence et de son état. De même l'âme ébranlée par des pensées, des sentiments, des passions, les projette pour ainsi dire au dehors dans des cris, dans des sons articulés, dans des mots, dans le langage, et les mouvements de ces sons de la voix humaine, significatifs et expressifs, ne sont que la forme, sensible à l'oreille, des mouvements de l'âme qui les a produits et dont ils sont les signes, les symboles en même temps que les effets. Les autres arts ne représentent de l'âme humaine que des mouvements matériels, arrêtés, immobilisés, partant incomplets. Dans les arts de la parole, presqu'immatérielle en son essence, l'âme s'ouvre et apparaît tout entière jusque dans ses plus intimes profondeurs,

Apparet domus intus et atria longa patescunt.

Il ne faut donc pas s'étonner que l'éloquence, qui ne dédaigne pas la beauté, qui recherche la puissance de l'expression, s'efforce de donner au discours cette harmonie et ce rythme dont la vertu significative, expressive, morale et pathétique est si parfaitement d'accord avec sa fonction essentielle : persuader.

Il y a évidemment un art qui peut donner au style cette qualité et cette vertu : les anciens l'avaient pratiqué et étudié avec une grande conscience, jusque dans ses détails les plus minutieux. Les rhéteurs recommandaient aux orateurs de se mettre à l'école des comédiens pour cultiver leur voix, et apprendre à prononcer avec grâce, force, douceur, souplesse, variété et à rythmer la phrase avec intelligence et expression [1]. Mais l'harmonie et le rythme ne dépendent pas

---

[1] Joubert, *Pensées sur le style*, XXVII : « Il faut assortir les phrases et les mots à la voix et la voix aux lieux. »

uniquement des qualités de la voix et d'une bonne méthode pour la manier. Ces conditions de la beauté euphonique du style résultent aussi de l'euphonie des mots considérés en eux-mêmes, de la liaison des parties de la proposition et des propositions entr'elles. L'harmonie est une sorte de rythme: c'est un rapport mesuré, une composition, ordonnée par le nombre, des sons, voyelles et consonnes, des syllabes quant à leur volume ou leur intensité, leur degré d'acuité, leur quantité, leur timbre, quant à l'étendue des groupes particulières que forment les mots et quant à la position des accents [1]. Sans doute la langue donne ces conditions déjà toutes faites; mais l'art réside dans le choix et l'arrangement qu'on en sait faire, et où le besoin de la variété a sa place et son rôle. Les intervalles des sons syllabiques ne sont pas absolument mesurables, comme ceux des intervalles musicaux, par des rapports simples; mais ils s'en rapprochent, et c'est ce qui forme l'harmonie, c'est-à-dire l'accord et la proportion, ἁρμόζειν, apta compositio.

Le mot, nous le verrons, est déjà par lui-même une figure et un système de couleurs, c'est-à-dire un petit tableau; il est en outre une mélodie vague, une phrase d'un chant voilé et incertain [2]: est etiam in dicendo cantus obscurior. Toute langue est une harmonie et une mélodie, ou du moins contient un élément musical dont l'influence n'a pas été étrangère à sa constitution. Il y a des langues plus harmonieuses et plus mélodieuses que d'autres, et chaque langue a son harmonie spéciale, chaque genre littéraire, chaque genre oratoire doit avoir une harmonie appropriée, et chaque orateur a son harmonie individuelle.

---

[1] Cic., *de Or.*, III, 57. « Voces (les mots prononcés et devenus *voix*) ut chordæ, sunt intentæ, quæ ad quemque tactum respondeant, acuta, gravis, cita, tarda, magna, parva.

[2] Les bruits même de la nature, les plus confus et les plus indistincts, prennent la forme rythmée, ou du moins la prennent dans l'imagination et l'oreille des poëtes :

Quand le vent du soir coupe en strophes incertaines
Cette longue chanson qui coule des fontaines.

L'orateur est bien obligé de se contenter de sa langue; mais dans les limites des ressources qu'elle lui offre, il aura à choisir les mots harmonieux, à les disposer et à les composer dans des liaisons harmonieuses [1], de manière, sinon à ravir les oreilles d'une mélodie purement musicale qui ne serait pas à sa place et dont il faut abandonner à la poésie les grands effets, du moins à ne pas les offenser, car les oreilles même des juges ont un jugement dédaigneux et sévère [2]. Il ne faut pas oublier que le discours est destiné à être débité à haute voix : ceux même qui le lisent dans leur cabinet s'en donnent intérieurement comme une audition ; ils l'entendent et le prononcent, et par conséquent exigent qu'il ait les qualités qu'il devrait avoir s'il était destiné à être réellement prononcé.

L'harmonie achève la clarté en ce qu'elle ne fait pas obstacle à l'intelligence des choses en blessant les oreilles, que doivent nécessairement traverser les idées sous la forme de mots pour arriver à l'esprit. L'auditeur inconsciemment, involontairement imite l'orateur : la dureté des sons des mots l'oblige à simuler, à commencer, pour les prononcer [3], un effort pénible qui le mécontente, aussi bien que la rudesse de leur rencontre [4], qu'on peut comparer à un choc violent qui désarçonne l'esprit et lui fait perdre son assiette [5]. Il faut donc éviter

---

[1] Cic., *de Or.*, III, 52. Lenitatem conjunctionis... et numerorum rationem tenere.

[2] Id., *Or.* Offendunt aures quarum superbissimum est judicium. Diderot, *Œuv. compl.*, t. XIV, p. 420. « Qu'est-ce donc que le rythme?... C'est l'image même de l'âme. Le sentiment se plie de lui-même à l'infinie variété du rythme. Ce n'est pas à l'oreille seulement, c'est à l'âme, d'où elle est émanée, que la véritable harmonie s'adresse. Ne dites pas d'un poëte (ajoutons : et d'un orateur) sec, dur et barbare, qu'il n'a pas d'oreilles : dites qu'il n'a pas d'âme. »

[3] C'est pour cela qu'on dit : parler *ore rotundo* ; l'harmonie des sons ne contraint pas la bouche de prendre, pour les émettre, des formes disgracieuses et forcées.

[4] Cic., *Or.*, 151. Vocum concursionem magna ex parte ut vitiosam fugit Demosthenes. Cependant, Quintilien (IX, 4) nous dit que Démosthènes et Cicéron lui-même n'y faisaient pas grande attention : modice respexerunt ad hanc partem. C'est aussi le sentiment de Denys d'Halicarnasse (*Dem.*, 43), διασπᾶσται ἡ σύνθεσις ἐν τῷ... et il cite un exemple, puis ajoute : ἐν τούτοις γὰρ δὴ τὰ φωνήεντα πολλαχῇ συγκρουούμενα δῆλα ἐστιν.

[5] Nous retrouverons la même image employée par Aristote pour exprimer l'effet violent produit par un rythme trop court : προσπταίειν διὰ τὴν ἀντίκρουσιν.

l'hiatus [1] sans pousser l'observance de la règle jusqu'à un scrupule superstitieux [2].

Cependant, il ne faudrait pas attribuer trop d'importance à l'élément purement musical de l'harmonie, et Joubert [3] a eu raison de dire que c'est la signification, le sens qui en constitue la force et la beauté principales, ou du moins le rapport intime, la pénétration mutuelle de l'idée et du son. Par exemple, dans la phrase de Tite-Live parlant des Décemvirs : « Male parta, male gesta, male servata imperia obtinuerunt », il est certain que l'effet est produit surtout par la répétition d'un côté, et de l'autre par l'identité des consonnes finales. Le mot répété prend chaque fois qu'il est répété un sens plus plein, plus intense, comme un crescendo de signification. Les sons graves, sourds, prolongés de la cadence, qui n'ont rien en soi d'harmonieux, sont en parfait accord avec le grondement sourd de l'indignation et de la colère contenues dans l'âme de l'écrivain, tandis que la structure coupée du commencement de la phrase correspond au prononcé lent et vengeur de l'arrêt de la justice et du droit.

Le rythme proprement dit a une beauté et une puissance plus grandes encore que l'harmonie, qu'il complète et en quelque sorte corrige; car bien qu'il y ait une harmonie austère [4], il y a dans la douceur harmonieuse des sons quelque chose d'amolli, de féminin, presque d'efféminé. Elle a un caractère trop physique, trop sensuel, qui explique le mot de Longin ; ce métricien en faisait l'élément matériel, le facteur femelle de la musique, réservant au rythme le rôle

---

[1] Benseler., *de Hiatu*.

[2] Chrysippe (v. Préface) parlant de l'hiatus, σύγκρουσις : « Non seulement on peut se le permettre pour atteindre des qualités et des effets supérieurs ; mais il y a même certaines négligences et certaines fautes de langue qu'il ne faut pas éviter ».

[3] *Pensées sur le style*, XXIX.

[4] D. Hal., *Demosth.*, init., *de Compos.*, 22, en distingue trois espèces : l'harmonie austère, dont Thucydide est le type ; l'harmonie douce et simple, λιτὴ καὶ ἀφελής, représentée par Lysias ; l'harmonie moyenne, μέση, périodique, représentée par Isocrate.

de facteur mâle et d'élément formel. Aristote définit le rythme : le nombre de la figure du style, ὁ τοῦ σχήματος τῆς λέξεως ἀριθμὸς, ῥυθμός ἐστιν[1]. Tout mot, toute succession de mots formant une proposition ou un enchaînement de propositions, constitue déjà un rythme ; car c'est une combinaison d'un certain nombre de temps qui peuvent se partager en parties dont le rapport est susceptible d'être exprimé par un nombre qui le mesure et est compris et senti par l'oreille[2]. Tout ce qui est vivant, les phénomènes naturels eux-mêmes, tendent à prendre la forme rythmée, ondulatoire. C'est une des manifestations les plus sensibles de l'organisation ; à plus forte raison le langage a-t-il, comme toutes choses, son rythme et son nombre naturels. Mais le style oratoire ne s'en contente pas, quoiqu'il ne doive pas affecter de prendre, sous ce rapport comme sous le rapport des autres qualités, le caractère poétique : ce qui serait un défaut. Appliquée aux affaires pratiques de la vie sociale et politique, la structure rythmique trop savante nuirait au naturel ; l'artifice trop visible ôterait au discours l'accent de la sincérité et de la vérité, et en détruirait l'effet logique et moral sur l'auditeur dont l'attention, distraite des choses, serait absorbée par le charme tout extérieur du rythme. L'art intervient cependant pour donner au style un rythme, approprié sans doute à la fonction oratoire, mais plus marqué et plus agréable que celui de la conversation habituelle[3], qui communique une dignité particulière au discours et lui attire l'attention, mélangée d'admiration[4], des auditeurs. Le rythme oratoire satisfait l'oreille et l'esprit qui ont l'une et l'autre un type, une mesure idéale

---

[1] *Rh.*, III, 8.
[2] Cic., *Or.*, 20. Quidquid est quod sub aurium mensuram aliquam cadit, etiamsi abest a versu, numerus vocatur. Id., 50. Id enim exspectant aures ut verbis colligantur sententiæ, et il fait surtout ressortir l'importance des clausules : Ambitus verborum non abjiciendus, sed deponendus.
[3] *Rh.*, III, 2, 1. μήτε ταπεινὴν μήτε ὑπὲρ τὸ ἀξίωμα. Cic., *Or.*, 57. Neque humilem et abjectam, nec nimis altam et exaggeratam.
[4] *Rh.*, III, 8. σεμνότητα γένεσθαι καὶ ἐκστῆσαι.

assez précise et assez sûre[1], et qu'inquiéterait et offenserait un prolongement indéfini, sans limite prévue, du mouvement du sens comme de la pensée. Le rythme met une limite sensible et pose une fin [2] marquée au développement phonique de la phrase et en fait une unité; il la divise en parties distinctes[3], qui ont chacune leur fonction comme leur étendue propre, et deviennent par là des membres, ayant des rapports mesurables entr'eux et au tout : en un mot il fait de la phrase un corps organisé et vivant, qui se meut avec mesure et avec ordre [4].

Les rhéteurs grecs et latins considéraient comme le premier élément du rythme oratoire, la nature des pieds métriques formés par les mots. Mais il y a lieu de croire que les orateurs ne pratiquaient guère leurs prescriptions minutieuses, qui sont loin de s'accorder entr'elles[5]. Aussi, je m'étonne avec Quintilien de voir des hommes si considérables attacher tant d'importance à une théorie sur le nombre oratoire, incertaine, artificielle, pleine d'obscurités et de contradictions : « Miror autem in hac opinione doctissimos homines fuisse, ut alios pedes ita eligerent, alios damnarent, quasi ullus esset quem non sit necesse in oratione deprehendi. » Il n'en est pas de même du rythme appliqué au mouvement total et complet de la pensée, et dans la composition duquel l'art intervient manifestement.

Ce n'est pas à dire que la pensée elle-même, qui est mouvement, ne se meuve pas aussi dans un ordre dicté par les lois de l'esprit. La proposition a trois parties; le syllogisme compose avec trois termes trois propositions; le raison-

---

[1] Cic., *de Or.*, III, 47. Aurium mensura, quod est acrius judicium et certius.
[2] *Rh.*, III, 8. δήλην εἶναι τὴν τελευτήν.
[3] Cic., *de Or.*, III, 48. Articulis membrisque distincta.
[4] Quinet (*Revue pédagog.*, t. XI, nouvelle série, p. 493) recommande, dans la composition rythmique de la phrase, de suivre d'instinct la loi de la respiration, un souffle aisé, naturel, ni trop haletant, ni trop saccadé, ni trop lent. « La structure trop coupée, trop rapide, dit-il, donne comme la sensation de cahots ».
[5] *Rh.*, III, 8, 4. Cic., *Or.*, 57; *de Or.*, III, 47.

nement procède par trois temps : la thèse, l'antithèse, la synthèse. C'est le rythme de l'idée, mouvement de rotation et de translation à la fois, qui, par une série de mouvements circulaires partiels, parcourt, en décrivant une sorte de cercle, l'espace que lui prescrit et lui ouvre la logique interne de l'idée. Il est certain que le style, rien qu'en obéissant au mouvement logique de la pensée, prend déjà une forme rythmée ; mais il est certain aussi que le genre oratoire a besoin d'un rythme plus sensible, plus musical, qui, pour être parfait, doit s'unir au rythme de la pensée, le pénétrer, et loin de l'effacer, en faire valoir les détails et l'ensemble suivant leur importance relative.

La langue oratoire, comme la langue poétique, a son rythme propre, ou plutôt ses formes propres de rythme : car elle en a plusieurs. C'est d'abord la forme que les Grecs appellent εἰρομένη, continue, indéfinie, qui s'allonge et se déroule comme un fil, une ligne, une chaîne sans fin[1]. Elle n'a pas de terme en elle-même, ni de membres ni de liaisons déterminés. Toutes les parties y sont indécises, vagues et comme flottantes. La phrase n'est arrêtée dans son cours que par la pensée ; elle se répand et pour ainsi dire s'épanche comme un fleuve sans rives, ne présentant ni divisions claires, ni totalité définie, en un mot elle est à l'état inorganisé[2]. Par cela même elle est désagréable, parce qu'elle marche à l'aventure, à l'inconnu, et semble aller se perdre dans l'infini[3]. On n'y sent pas de principe interne et propre de cohésion et d'unité, pas de centre de mouvement et d'évolution, rien de ce qui charme et qui plaît. La seconde forme où l'on sent un

---

[1] Concatenatio, *ad Heren.*, IV, 11. Sine nervis et articulis... fluctuans, diffluens.

[2] *Rh.*, III, 9. τῷ συνδέσμῳ μία, οὐκ ἔχει τέλος καθ'αὑτήν. Aristid., *Rh. Gr.*, IX, 403. ἡ μὲν συνεχής, ἡ διὰ πλειόνων. Cic., *Or.*, 68. Feratur ut flumen non numero coacta. Aquila Roman., § 18. « *Soluta*, διῃρημένη, nulla inter se necessitate numerorum, neque composita membris quibusdam... vel *determinata* certa circumscriptione verborum. *Perpetua*, quam Græci εἰρομένην λέξιν appellant. » Je lui appliquerais volontiers l'épithète de κεχυμένη qu'Aristide (l. l.) donne à la forme λελυμένη... soluta.

[3] *Rh.*, III, 8 et 9. ἀηδὲς γὰρ καὶ ἄγνωστον τὸ ἄπειρον.

commencement d'organisation est celle qu'Aristote appelle διῃρημένη et d'autres λελυμένη[1]. Ici les parties sont distinctes ; la phrase procède et marche par coupures isolées, disjointes, qui n'ont pas entr'elles de lien rythmique et ne forment plus des membres qui supposent un tout. C'est la phrase hachée, coupée, le style par incises[2], que Démétrius compare à l'appareil en pierres non taillées, non adhérentes, sans jointoiement, sans ciment, placées au hasard et sans lien les unes au-dessus ou à côté des autres[3]. Cette composition trompe l'oreille qui attend, parce qu'elle en a le besoin et l'idée, non seulement le lien des membres, mais la fin marquée du tout qui les enveloppe dans l'unité[4]. Les κῶλα n'ont aucun rapport entr'eux ; ils ne se correspondent pas, ne se complètent ni ne se conditionnent les uns les autres, ne concourent pas à une fin commune ; on ne voit par aucun signe qu'ils fassent partie d'un tout ; ils pourraient se répéter indéfiniment, sans que rien arrête cette répétition, je veux dire aucun principe propre : car ils sont bien obligés de s'arrêter quand le sens est terminé, ou quand la nécessité de reprendre haleine introduit un arrêt, marqué dans l'écriture par un signe orthographique[5]. C'est donc un principe étranger

---

[1] *Rh.*, III, 8 et 9. Demetr., *de Eloc.*, 12. εἰς κῶλα λελυμένη οὐ μάλα ἀλλήλοις συνηρτημένα. Hermogen., *Rh. Gr.*, VII, 1215. οὐ γὰρ ἀλλήλοις τὰ κῶλα συνέχεται οὐδὲ συσφίγγεται.

[2] Cic., *Or.*, 63. Incise membratimque dicere ; par exemple : *Et inimico proderas, et amicum lædebas et tibi ipsi non consulebas* (*Rh. ad Heren.*, IV, 19) ; encore ici la conjonction *et* répétée semble faire l'office d'une liaison et établit une sorte d'ordre.

[3] Demetr., *de Eloc.*, § 12 ; *Sp.*, III, 263. ὥσπερ γὰρ σεσωρευμένοις ἐπ'ἀλλήλοις τὰ κῶλα ἔοικε καὶ οὐκ ἔχουσι σύνδεσιν οὐδ'ἀντέρεισιν οὐδὲ βοηθοῦντα ἀλλήλοις.

[4] Certa circumpscriptione determinata. Aquil. Rom., § 18.

[5] Appelé par les Grecs παραγραφή. Les Anglais ont emprunté les noms des signes de ponctuation des noms grecs des sections diverses de la phrase : comma, colon, période. Cicéron (*de Or.*, III, 46) les considérait à tort comme l'effet exclusif des nécessités physiologiques de la respiration : « Clausulas atque interpuncta verborum animæ interclusio (l'exclusion intermittente de la glotte) atque angustiæ spiritus attulerant ». Aristote, pas plus que la *Rhétorique à Hérennius* (IV, 19) ne distingue entre le κῶλον et le κόμμα. Hermogène (περὶ περιόδου, *Speng.*, t. II, p. 240) ne les différencie que par leur plus ou moins grande dimension. Longin (*Rhet.*, Sp., t. I, p. 309) multiplie encore les distinctions par l'addition de la περικοπή, qui con-

au style qui intervient dans sa forme, au lieu que sa beauté et sa perfection consistent en ce que la forme soit le résultat d'une coïncidence et d'une pénétration des deux principes, ou plutôt la subordination au moins apparente du principe physiologique au principe logique ou esthétique.

La succession des sons des mots constitue une sorte de mélodie qui, comme la phrase musicale, a besoin d'une certaine étendue, d'une certaine grandeur pour être exprimée et exposée tout entière, et qui, pour remplir cette étendue, a ses sons dominants, médians, toniques. La voix a les mêmes besoins. L'air amassé avec un certain effort, sous un certain volume, dans la poitrine, a besoin d'un certain temps pour être expiré tout entier et pour rendre aux poumons la liberté de leur jeu. Les incises et la phrase par incises [1] indéfiniment répétées, ne peuvent remplir ni l'une ni l'autre de ces conditions : elles martèlent les idées et font haleter le style.

Le style périodique a les qualités précisément opposées à ces défauts. Aristote l'appelle κατεστραμμένη ou ἡ ἐν περιόδοις λέξις [2]. C'est là le mouvement parfaitement organisé de la phrase. Démétrius définit comme il suit la période [3] : « Un

---

tient deux ou trois κῶλα, tandis que le *comma* comprend deux ou trois mots et le κῶλον a une grandeur double. Pour Quintilien (IX, 4), l'*incisum* est une partie du *membrum* et a un sens complet dans un rythme imparfait ; le *membrum* a un sens et un rythme complets en lui-même, mais incomplets si on le rapporte au tout dont il doit faire partie, c'est-à-dire à la période : c'est comme un membre, une main, par exemple, qui en soi est une main complète, mais n'est qu'une partie du corps. La phraséologie par incises ou κῶλα isolés se sert de membres comme si c'étaient des corps complets et entiers.

[1] Le style par paragraphes.
[2] Condensée, concentrée, roulée sur elle-même. La racine est στρέφω, d'où le mot στροφή.
[3] *De Eloc.*, § 11. σύστημα ἐκ κώλων καὶ κομμάτων εὐκαταστρόφων (je lirais volontiers εὐκατάστροφον) πρὸς τὴν διάνοιαν ἀπηρτισμένον Longin., *Rh. Gr.*, Sp., I, 309. ἡ δὲ περίοδος ἐνθύμημά πως ἐστιν ἀπηγγελμένον ῥυθμοῖς εὐτάκτοις κώλοις τε καὶ περικοπαῖς κατ'ἀλλήλας συμμέτροις. » Le nom de période est une métaphore empruntée à la loi de périodicité réglant la célébration des Grands Jeux qui revenaient non à des époques fixes, mais à des intervalles constants, ou bien aux mouvements des danses autour de l'autel qui s'accomplissaient en cercle, et revenaient, la danse achevée, au point même où ils avaient commencé ».

système de commas et de colons complets et achevés en eux-mêmes, et qui coïncide et s'adapte au mouvement de la pensée[1] ». La période ramasse les idées comme en une forme arrondie et sphérique, et enveloppe les mots qui l'expriment dans une sorte de cercle fermé et clos[2]. C'est la strophe oratoire. On voit le point où elle commence; on pressent celui où elle finira ; on suit des oreilles les mouvements intermédiaires partiels qui la conduisent graduellement à sa fin[3], à la cadence ou clausule. C'est l'harmonie parfaite et complète du discours[4]. Elle forme un tout complet et indépendant[5], parfaitement organisé, ayant en soi son principe d'unité et de grandeur, de division et de fin, de relations mutuelles et de fonctions réciproques, dont tous les mouvements, quoiqu'obéissant à une loi propre et interne d'évolution et de révolution, suivent néanmoins et accompagnent en les exprimant les mouvements partiels de la pensée et se terminent, comme ils ont commencé, avec elle. Sa grandeur, dont la mesure souple et élastique ne se laisse pas ramener à un nombre précis, doit être facile à embrasser de l'œil, de l'oreille et de la voix : ni trop longue, ni trop courte[6], par les raisons que nous avons déjà dites. Comme les membres qui la composent, elle doit permettre à l'orateur de respirer facilement et librement, et ne pas l'obliger à s'arrêter à chaque membre, comme dans le style trop coupé, qui donne comme la sensation d'un cahot. Elle ne doit pas s'arrêter brusquement et violemment comme si elle se heurtait contre

---

[1] Dion. Hal., *de Lys.*, 6 συστρέφουσα τὰ νοήματα καὶ στρογγύλως ἐκφέρουσα. Cic., *de Or.*, III, 51. Circuitum et quasi orbem. *Or.*, Ambitus verborum.

[2] Quint., IX, 4 Conclusio. Cic., *de Or.*, III, 44. Conclusa numerose periodus... eam conjunctione sicuti versum numerose cadere et quadrare et perfici volumus. On sent qu'elle est finie, et ni l'oreille ni l'esprit n'attendent plus rien. Finita, apta, terminata. Cic., *Or.*, 50.

[3] Démétrius (*de Eloc.*, § 12) la compare à des coureurs qui s'élancent dans la carrière, οἱ δρομεῖς ἀφεθέντες.

[4] Dion. Hal., *de Comp.*, 2. ἁρμονία λόγου.

[5] Ar., *Rh.*, III, 9. δεῖ δὲ τὴν περίοδον καὶ τῇ διανοίᾳ τετελειῶσθαι καὶ μὴ διακόπτεσθαι... δεῖ δήλην εἶναι τὴν τελευτήν.

[6] *Rh.*, III, 9. μήτε μειούρους, μήτε μάκρας... εὐσύνοπτον... εὐανάπνευστος.

une force étrangère [1] : elle doit arriver à son terme naturellement, sans qu'on éprouve ou qu'on voie éprouver aucun effort. C'est un poids qu'on dépose tranquillement, et non un fardeau trop lourd qu'on rejette avec violence de ses épaules qu'il accable [2].

La période trop longue laisse pour ainsi dire l'auditeur en arrière ; car il ne peut suivre l'orateur qui dépasse le terme convenu, comme dans une promenade faite en commun et dont le but est fixé, ceux qui vont trop loin laissent leurs compagnons derrière eux. Ce ne sont plus là des périodes : ce sont des discours, semblables aux interminables préludes des dithyrambes. Lorsque la période est trop courte et s'arrête brusquement avant le moment prévu par l'auditeur, qui a dans son oreille la mesure approximative de la grandeur juste et qui s'était, sur ce sentiment, comme lancé en avant, il est, par suite de cette espèce de heurt et de choc, de cette résistance inattendue, comme jeté sur ses genoux et renversé à terre [3].

Les arrêts de mouvements dans la suite sériée des pensées amènent des pauses correspondantes dans les séries partielles de sons, et de même que l'arrêt partiel de la pensée ne satisfait pas l'esprit qui attend qu'elle se complète, de même la pause interne ne satisfait pas l'oreille qui attend la tonique finale ni le sentiment du rythme qui demande un repos complet.

En ce qui concerne la longueur de la période et le nombre des membres qu'elle peut contenir, Démétrius [4] et Hermo-

---

[1] *Id.*, μὴ διακόπτεσθαι.
[2] Cic., *Or.*, 59. Deponendus, non abjiciendus. Hermog., περὶ ἰδ., I, p. 40. ἱστᾶσα τὸν λόγον, ubi spiritus et impetus animi quiescit.
[3] *Rh.*, III. 9. ἔτι ὁρμῶν ἐπὶ τὸ πόρρω... ἀντισπασθῇ... οἷον προσπταίειν γίγνεσθαι. Il ne faut donc pas qu'elle soit écourtée, κολοβός, διακεκομμένη, ἀποκεκομμένη. (Aristot., *Sp.*, I, 135), ce qui la ferait boiter, χωλή. Demetr., (*Sp.*, III, 264, 313). Elle ne doit pas tomber, mais s'arrêter sans secousse, s'asseoir, se reposer, considere (*de Or.*, III. 49), consistere, acquiescere (*Or.*, 59), conquiescere (*de Or.*, III, 49).
[4] *De Eloc.*, § 11 et 12.

gène [1], limitent à 4 le nombre des colons qui peuvent y entrer, τετράχωλος περίοδος, parce qu'un plus grand nombre briserait la symétrie. Cette détermination arithmétique est puérile dans sa précision rigoureuse. Il faut que la période soit bien proportionnée, bien membrée, bien musclée ; que les articulations grammaticales qui en soudent les membres soient nerveuses, puissantes, élastiques, qu'elles se conditionnent réciproquement et, par leurs relations conjonctives, fassent pénétrer par leurs deux extrémités, les uns dans les autres, les membres, qui doivent cependant rester distincts. Mais c'est une prétention qu'aucune raison ne justifie de fixer à un orateur ou à un écrivain le nombre de mots qui doivent entrer dans un colon, et le nombre de colons qui doivent entrer dans une phrase. Les anciens comme les modernes, d'après leur sentiment et leur génie oratoire propres, d'après le sujet et l'auditoire, d'après le lieu même où ils parlent, d'après la qualité de leur voix et la force de leurs poumons [2] allongent ou diminuent l'ampleur de leur phrase et le développement de leur période. On ne modèle pas sa phraséologie de la même manière dans une petite chapelle de Jésuites et dans la chaire de Notre-Dame. L'ampleur de la phrase, correspondant à la grandeur et à la majesté de l'idée, peut produire un bel effet esthétique, à la condition que les membres soient bien articulés, que l'unité de ces parties soit sensible, et que ces unités partielles, loin de nuire à l'unité du tout, la fassent au contraire ressortir avec éclat. Le lien grammatical et l'articulation physiologique, pour ainsi dire, peuvent être lâches parfois ou même faire défaut, pourvu que la force de la pensée rétablisse suffisamment la continuité interne et l'unité logique. Il faut même reconnaître que les genres oratoires politique et judiciaire, par leur caractère de réalité vivante, s'accordent mal avec une construction trop régulière ; ils admettent, parfois même ils préfè-

---

[1] περὶ περιόδου. *Speng.*, t. II, p. 240.
[2] Dion. Hal., *Demosth.*, c. 43. ὥστε συμμετρηθῆναι πρὸς ἀνδρὸς πνεῦμα.

rent une économie rythmique plus libre et presqu'irrégulière, qui semble la marque de la nature et l'effet de l'effort de l'improvisation sincère, pourvu que ces incorrections et ces négligences trop fortes et trop fréquentes n'aillent pas jusqu'à ôter à la phrase toute forme rythmique. C'est ainsi que Denys d'Halicarnasse [1] relève dans Démosthènes une riche variété et une souplesse admirable dans la structure et les procédés de la phraséologie. Les constructions sont souvent réduites à la proportion d'un colon ; souvent elles prennent la forme périodique. De ses périodes les unes sont d'un art consommé, parfaitement arrondies et faites comme au tour ; les autres sont négligées, lâches, à membres inégaux ; celles-ci sont courtes ; celles-là très longues et vont jusqu'à la quatrième pause [2], c'est-à-dire embrassent quatre colons. Lysias est monotone par une phraséologie trop commatique, Isocrate par une phraséologie trop périodique de pensées. « Souvent ce dernier suspend le mouvement qu'il a imprimé, et jette au milieu, dans un ordre étranger et très différent, de tout autres idées qui n'y appartiennent pas ; il inspire à l'auditeur la crainte de voir la chaine du discours complètement brisée ; puis, par un retour imprévu, il renoue si à propos le fil interrompu que ces sauts brusques ne font qu'augmenter la force des impressions causées à l'auditeur qui a partagé les inquiétudes et presque les dangers de l'orateur [3]. » Telle est, dans Démosthènes [4], cette variété souple et riche de la structure phraséologique dont la beauté la plus sensible repose toujours dans la chûte, la cadence, la clausule ou la pause, ἀνάπαυσις ; car, de même que dans le vers, c'est cette fin qu'attend surtout l'oreille, qu'elle goûte ou repousse le plus vivement [5].

---

[1] *Dem*, c 43.
[2] *Id.*, ἀναπαύσεως τετάρτης.
[3] Long., περὶ ὕψ., c. 22. συναποκινδυνεύειν.
[4] Dissen., *Dem. Or. pro Corona*, Præf., p. 34. Mobilitas periodorum pulcherrima.
[5] Cic., Extrema pars versus maxime attenditur.

La construction périodique se présentait chez les Grecs comme chez nous sous deux formes, l'une vraiment périodique, arrondie, affectant généralement la forme trinaire, quelquefois quaternaire — c'était la forme carrée[1], — et même quinaire, lorsque le membre intermédiaire se divisait en deux ou trois commas ou colons. Cette architecture correspond bien aux mouvements de la pensée, dont le type logique est le syllogisme qui a trois propositions, mais qui peut en avoir un plus grand nombre, suivant que l'une ou l'autre des prémisses ou l'une et l'autre est accompagnée de sa preuve ; mais de même que le syllogisme, sous la forme de l'enthymème, peut se réduire à deux propositions, de même la période peut prendre la forme binaire et se disposer en deux séries parallèles et opposées, composées chacune d'un ou de plusieurs commas ou colons. Cette structure *antithétique*, ἀντικειμένη, permet de mieux saisir les raisons opposées et comparées, et a l'avantage de ressembler à une des formes du syllogisme, c'est-à-dire à une forme dont elle prend au moins les apparences extérieures[2]. La logique interne a une force secrète de plasticité qui modèle le discours à son image.

Ce parallélisme qui fait marcher la phrase par couples opposés a bien quelques inconvénients. Chacune des séries parallèles n'aurait aucune raison en soi de s'arrêter ni de se rejoindre : elles se prolongeraient ainsi à l'infini. Mais l'image dont se sert Aristote nous fait comprendre comment ce mouvement peut devenir périodique, c'est-à-dire former un tout fermé. Il le compare aux deux allées du stade, au *diaule,* que devaient parcourir les coureurs, et qui les obligeait, arrivés au point où le stade fait un détour, se courbe, au καμπτήρ, de revenir au point de départ. C'est ainsi que les deux séries de la structure binaire sont liées l'une

---

[1] Quadrata. Cic., *de Or.*, III, 44.
[2] Ar., *Rh.*, III, 9, 8. τὰ ἐνάντια γνωριμώτατα καὶ παράλληλα μᾶλλον γνώριμα· καὶ ὅτι ἔοικε συλλογισμῷ· ὁ γὰρ ἔλεγχος συναγωγὴ τῶν ἀντικειμένων.

à l'autre, se rejoignent à un certain moment, et tout en s'opposant l'une à l'autre, font partie d'un seul et même mouvement, d'une seule et même grandeur. Le parallélisme n'est point contradictoire au mouvement circulaire, ou du moins elliptique, et s'y ramène.

L'unité de ce mouvement décomposé en deux mouvements, de cette grandeur divisée en deux parties opposées, était marquée par des procédés artificiels, par des effets purement externes de sonorité. C'était d'abord l'égalité à peu près parfaite de dimension des colons, mesurée par le nombre de leurs syllabes, l'artifice de la παρίσωσις qui produisait les ἰσόκωλα ; puis la παρομοίωσις, qui donnait aux syllabes initiales ou finales des deux membres un son identique ou semblable, et produisait les ὁμοιοκάταρκτα et les ὁμοιοτέλευτα ; c'était surtout l'ἀντίθεσις, qui consistait à opposer dans chaque membre des séries linéaires un contraire à son contraire [1]. On allait plus loin encore dans la recherche de la symétrie; dans l'intérieur même des colons on se plaisait à opposer l'un à l'autre et pour ainsi dire face à face et front à front des mots de même dimension, de même son final, de même catégorie grammaticale, ce qu'on appelait les παρονομασίαι, παρηχήσεις. Denys d'Halicarnasse [2] fait la remarque que ces procédés mécaniques, qu'on peut croire puérils, ont été pratiqués non seulement par Gorgias, qui les avait inventés, non seulement par Antiphon [3], qui est de son école, mais encore par le divin Platon. Chose curieuse, le grave et austère Bossuet, qui trouve « tant de creux » dans les vains et frivoles amusements de la poésie, n'a dédaigné aucun de ces artifices

---

[1] Ar., *Rh.*, III, 9, cite de nombreux exemples de ces procédés.
[2] *Lys.*, 14.
[3]
νῦν δὲ τοῦ μὲν πεπείραμαι παρὰ τοῦ προσήκοντος
τοῦ δὲ ἐνδεής εἰμι μᾶλλον τοῦ συμφέροντος
οὐ μὲν ἔδει κακοπαθεῖν τῷ σώματι μετὰ τῆς αἰτίας
οὐ δέ με ἔδει σωθῆναι — μετὰ τῆς ἀληθείας
τῆς οὐ προσηκούσης ἐνταυθοῖ οὐδὲν μ' ὠφέλησεν ἐμπειρία
εἰπόντα τὰ πράγματα ἐν τούτῳ μέ βλάπτει τοῦ λέγειν ἀπειρία.

enseignés par la rhétorique, et l'usage très fréquent qu'il en fait ne permet pas de croire qu'il les ait employés inconsciemment. J'en citerai des preuves qui paraîtront décisives et qu'il serait facile de multiplier.

« Ce lien, Messieurs, c'est la charité[1],

Qui se trouve dans ce lieu d'exil — aussi bien que dans la céleste patrie,

Qui réjouit les saints qui triomphent — et animent ceux qui combattent,

Qui se répand du ciel en la terre — et des anges sur les mortels[2]. »

Bossuet préfère cependant le mouvement ternaire, mais toujours en lui imprimant la forme antithétique. Par exemple, après avoir défini la divinité :

1° Par ses attributs ;

2° Par ses fonctions ;

3° Par les éléments du monde,

l'orateur, en parlant de l'homme qui l'a méconnue, continue ainsi : « Ce qu'il n'a pu entièrement abolir, je veux dire son nom et sa connaissance,

1. Il l'a obscurci par l'erreur ;

2. Il l'a corrompu par le mélange;

3. Il l'a anéanti par le partage[3] ».

Et plus loin, dans le même discours[4] :

---

[1] *Panég. de Sainte-Thérèse*, t. I, p. 423.

[2] Proudhon (*de la Justice dans l'Église et la Révolution*, t. III, p. 257, 261) : « En logique, toute proposition isolée semble boiteuse; elle laisse l'esprit en suspens; pour mieux dire, elle ne signifie rien. Il faut un commencement de série, deux termes au moins, deux idées couplées, balancées, une dualité, une polarité. Là est la condition positive, réelle, plastique de toute création, de tout mouvement. La poésie hébraïque avait entrevu cette loi qu'elle suivait dans son parallélisme souvent puéril et enchevêtré, mais qui, parfois, produit des effets puissants. Là est aussi le secret de la poésie française, ce qui fait sa magnificence et sa force : des couples redoublés, deux hémistiches égaux pour le vers, deux vers couplés pour la rime, puis encore deux couples de sexe différent pour former le quatrain. Le dualisme de la pensée y apparait plus régulièrement qu'en aucune autre. Le vers français marche comme l'homme ».

[3] *Panég. de Saint-Victor*, t. I, p. 372.

[4] *Id.*, p. 373.

1. « L'homme lui a donné premièrement une forme humaine ;

2. Ensuite il a adoré ses propres ouvrages ;

3. Enfin il a fait des dieux de ses propres passions, afin que l'homme, n'ayant plus devant les yeux [1]

   1. Ni l'autorité de son nom,

   2. Ni les conduites de sa providence,

   3. Ni la crainte de ses jugements,

n'eût plus [2]

   1. D'autres règles que sa volonté ;

   2. D'autres guides que ses passions,

   3. Enfin plus d'autres dieux que lui même. »

Citons encore dans le même Panégyrique et à quelques pages de distance [3] le passage suivant :

Trois circonstances rendaient la persécution épouvantable :

1. On méprisait les chrétiens ;

2. On les haïssait ;

3. Enfin la haine passait jusqu'à la fureur.

   1. Parce qu'on les méprisait,

on les condamnait tous sans procédure ;

   2, Parce qu'on les haïssait,

on les faisait souffrir sans modération ;

   3. Parce que la haine allait jusqu'à la fureur,

on poussait la violence jusqu'au delà de la mort.

Ainsi la vengeance publique n'ayant [4]

   1. Ni formalité dans son exercice,

   2. Ni mesure dans sa cruauté,

   3. Ni borne dans sa durée,

nos pères en étaient réduits [5]..., etc... »

Il est manifeste qu'il y a ici beaucoup de rhétorique : outre la symétrie antithétique et le mouvement trinaire, on

---

[1] et [2] On voit ici le καμπτήρ.

[3] P. 383.

[4] καμπτήρ.

[5] Préparation de la clausule.

entend, comme Denys d'Halicarnasse l'a observé dans Platon, les membres opposés renvoyer, comme un écho fidèle et dans le même ordre, les pronoms aux pronoms, les verbes aux verbes, les temps et modes aux modes et temps, les noms aux noms, et même les sons identiques se reproduire et accentuer par une sorte de rime l'opposition conjuguée et, comme dit Proudhon, la polarité des idées.

Il est certain et clair que l'opposition ou l'équilibre des idées, leur valeur respective dans les détails comme dans l'ensemble sont mis en relief par cette architecture symétrique qui les fait se heurter l'une contre l'autre ; mais il n'est pas moins certain que cette forme sériée entraîne involontairement à un travail purement mécanique du style, et pousse à l'amour de la ciselure qui se préoccupe du vase et non de la liqueur qu'il doit contenir. C'est un jeu qui devient promptement un joujou. L'habitude de l'antithèse dans les idées mène tout doucement à la rechercher dans les mots seuls, dans des formes vides, et l'une et l'autre est funeste au grand art et au sens élevé du style, qui a sa forme parfaite dans l'évolution périodique, dans le développement.

Démétrius de Phalère compare ces deux modes de structure phraséologique aux deux styles de l'art sculptural : l'un archaïque, semblable à celui de l'école d'Égine, a pour caractères un travail mécanique trop ciselé, un air trop nu, quelque chose d'anguleux et de maigre dans les mouvements ; l'autre rappelle les chefs-d'œuvre de Phidias et unit à la vérité de l'expression, à la largeur du faire, la magnificence de la forme [1]. Sa conclusion parfaitement sensée et profondément juste est que toutes ces différences de style ont chacune leur place et leur valeur dans le discours, qu'aucune d'elles ne doit le remplir tout entier, mais qu'il faut savoir les

---

[1] *De Eloc.*, § 14 ; *Sp.*, t. III, p. 263. περιεξεσμένον ἔχει τι ἡ ἑρμηνεία ἡ πρὶν καὶ εὐσταλὲς ὥσπερ καὶ τὰ ἀρχαῖα ἀγάλματα ὧν τέχνη ἐδόκει ἡ συστολὴ (contraire à la πλατεῖα λέξις) καὶ ἰσχνότης, ἡ δὲ τῶν μετὰ ταῦτα τοῖς Φειδίου ἔργοις ἤδη ἔοικε ἔχουσά τι καὶ μεγαλεῖον καὶ ἀκριβὲς ἅμα.

mélanger et les varier l'une l'autre dans des proportions diverses, suivant les genres, les langues, les sujets, les circonstances, les lieux, les auditeurs [1]. Le style prend par là plus de vérité d'accent, et acquiert en même temps le charme de la variété. La construction par couples liés et symétriques retombe, en se prolongeant, dans la forme brisée, λελυμένη, et la structure périodique elle-même, si elle n'est pas parfois suspendue, si elle n'est pas variée par des coupes différentes, enivre, pour ainsi dire, l'orateur de sa mélodie monotone, tandis que l'artifice trop visible de la forme inspire une sorte de défiance, de dégoût, de nausée, pour me servir de la forte expression de Démétrius, à l'auditeur, qui, prévenu de la durée du mouvement et de la nature du rythme répétés constamment, n'en attend pas la cadence et termine la phrase commencée et comme balancée, qui ne peut avoir qu'une fin et une fin prévue [2].

§ 2. — *La couleur et le mouvement. — La vie du style.*

Au-dessus de cette qualité de l'harmonie et du rythme qui, malgré la puissance de ses effets esthétiques et pathétiques, garde toujours de sa nature un élément physique et presque sensuel, s'élèvent les qualités supérieures du style oratoire qu'on pourrait appeler, à un autre point de vue, les qualités nécessaires. Les auditeurs en effet pardonnent l'obscurité, l'incorrection, le désordre, même le défaut de rythme et d'harmonie à celui qui par la couleur, le mouvement et la vie de son style sait imprimer à ses pensées la forme de la grâce et de la beauté, les ravir à ses sentiments, à ses émotions, à ses passions, et répandre dans ses paroles un souffle [3]

---

[1] *Id.*, p. 264. μήτε περιόδοις ὅλον τὸν λόγον συνείρεσθαι, μήτε διαλελύσθαι ὅλον... ἀλλὰ μεμῖχθαι μᾶλλον.

[2] Demetr., *de Eloc.*, § 15, p. 264. τῶν δὲ λεγόντων οὔθ'αἱ κεφαλαὶ ῥαδίως ἑστᾶσιν, ὡς ἐπὶ τῶν οἰνωμένων, οὔτε ἀκούοντες ναυτιῶσι.

[3] D. Hal., *Thuc.*, 23. τὸ ἐρρωμένον ἐναγώνιον πνεῦμα, ἐξ ὧν ἡ καλουμένη

irrésistible de sympathie communicative qui **les entraîne**, les emporte où il veut les mener. Ces qualités qu'on appelle de surcroît, ἐπίθετοι, sont précisément celles où éclate toute la puissance de l'éloquence [1].

C'est à l'imagination qu'elle emprunte cette puissance, et l'imagination opère sur le style son œuvre magique, représentatrice et créatrice, à l'aide de procédés divers qu'on peut et qu'on doit ramener tous au nom et à la notion de figures, σχήματα λέξεως, quasi gestus orationis [2]. Le goût, qui n'est autre chose que la raison appliquée au jugement des choses esthétiques, maintient dans les limites de la convenance et de la mesure, cette faculté qui est susceptible de grands entraînements et qu'on n'a pas nommée sans raison la folle du logis.

Toute chose dont nous prenons connaissance est dans la conscience un groupe, une série liée, un système, si petit qu'on le veuille supposer, de représentations. La représentation élémentaire non associée, non corrélative à une autre, l'atome de représentation, que la théorie peut poser dans le monde des choses mentales, comme les physiciens posent l'atome matériel dans le monde physique, n'existe pas pour la conscience.

L'association de représentations et leur rapport est la loi fondamentale de la connaissance, et l'imagination est une des lois selon lesquelles l'association se forme et fonctionne, et plus précisément la loi selon laquelle les groupes de représentations et les groupes de phénomènes objectifs qu'elles

---

γίνεται δεινότης. Il ne faut pas confondre *ce souffle* de vie, δεινότης, avec la structure phraséologique à laquelle il donne son nom et sa valeur, et qui consistait à donner à la période, dans des circonstances pathétiques, une étendue aussi grande que le permettait le besoin de reprendre haleine. L'orateur semblait épuiser dans l'expression de sa pensée tout son souffle, toute son âme, et donnait par là la mesure de la force, de la sincérité et de l'ardeur de ses convictions. Hermog., IV; Sp., t. 2, p. 243. πνεῦμα σύνθεσις λόγου... διάνοιαν ἀπάρτιζον ἐν κώλοις καὶ κόμμασι μετρούμενον πρὸς τὴν διάρκειαν τοῦ πνεύματος κατὰ τὴν φωνὴν τοῦ λέγοντος. On l'appelait aussi τάσις, vocis intentio. D. Hal., *de Comp.*, 19.

[1] D. Hal., *Thuc.*, 23. τὰς δ'ἐπιθέτους, ἐξ ὧν μάλιστα διάδηλος ἡ τοῦ ῥήτορος γίνεται δύναμις.
[2] Cic., *Or.*, 51. τροπικὴ λέξις ou φράσις.

représentent nous apparaissent comme séparés les uns des autres dans l'espace, occupant une étendue déterminée les uns par rapport aux autres, c'est-à-dire ayant forme et figure.

L'imagination est donc une intuition des figures, et par cela même une forme de nos perceptions externes. Mais sur le fondement des expériences antérieures elle reproduit, avec une force et une clarté souvent égales, parfois supérieures à l'intuition même, ce monde de formes et de figures. En outre elle a la puissance de le construire mentalement, idéalement, par des groupements nouveaux dont les séries, formées par augmentation ou diminution, substitution ou désagrégation, sont dues soit au mécanisme de l'habitude mentale, soit à la force de la volonté.

L'imagination a une puissance plus grande encore : ce monde de figures, de formes, peut recevoir d'elle une vie mentale, et par l'intermédiaire du langage une sorte de vie réelle ou du moins objective : elle donne par là à ses constructions jusqu'alors géométriques et abstraites la chair et le sang, la couleur et le mouvement, le sentiment, la passion, la pensée, la voix même, comme Ulysse rendait momentanément la vie au peuple des ombres et aux mânes des morts de l'Hadès.

Le style figuré, τροπικὴ λέξις, a son origine dans la nature du langage et dans les fonctions multiples et diverses de l'imagination. Il suppose qu'il y a une classe de mots qui ont, ou plutôt qu'il y a un emploi des mots qui leur attribue un sens propre et primitif. Mais cette propriété est très relative : elle est plutôt l'effet du développement de la culture générale et du perfectionnement des langues que l'œuvre voulue et originelle de l'esprit qui les a créées. Même dans les langues mères et relativement primitives, il est difficile, peut-être est-il absolument impossible de remonter à ce sens propre et premier[1] ; à plus forte raison, dans les langues dérivées.

---

[1] Où le trouver, en effet? Dans sa racine, quand on peut la connaître ; mais quoi de plus vague, de plus indéterminé que le sens d'une racine, qui n'est encore entrée dans aucune catégorie grammaticale et ne peut faire fonction de mot?

Le mot est censé renfermer à l'état fixé et à peu près organisé un groupe complet de représentations : mais c'est là une illusion.

L'imagination qui par l'association a contribué à former ce groupe en les détachant de la masse incohérente et flottante de représentations qui montent et descendent en tumulte dans la conscience, n'a pu leur donner qu'une unité accidentelle, une individualité momentanée. Il reste dans la conscience un grand nombre de représentations séparées de ce système, mais ayant avec celles qui y sont comprises des rapports, des analogies, des relations de toute nature ; et d'un autre côté le mot contient un grand nombre de représentations mal liées entr'elles et qui ne demandent qu'à s'échapper de ce filet. De là vient la signification toujours flottante et indécise des termes, et la difficulté de leur en assigner une fixe, constante, précise, propre. C'est cette fonction, fondée par l'usage, qui constitue, dans la mesure du possible, la propriété toujours imparfaite, toujours relative des mots. Cette imperfection est compensée par certains avantages : car c'est elle qui donne naissance à la signification dérivée, à l'emploi du style figuré : elle facilite, elle exige le passage de l'un à l'autre, et fait mouvoir le sens des mots par un ou plusieurs tours et détours. Le mot ne perd pas sa signification immédiate, mais cette signication, par suite de l'association des représentations, a la vertu de reproduire un groupe de représentations plus ou moins liées avec celles du sens primitif [1], et de le reproduire médiatement ou immédiatement. Ces différences n'ont d'ailleurs

---

[1] Ce sont ces rapports à peine visibles que fait apparaître une habile alliance des mots : on s'aperçoit alors qu'ils n'ont par eux-mêmes qu'un sens vague et confus, qu'ils ont besoin de se compléter l'un l'autre par des représentations que leur rapprochement rend visibles; ils jettent l'un sur l'autre, les uns sur les autres, des reflets, une lumière, des éclats semblables aux couleurs complémentaires ou aux harmoniques des sons musicaux. En se heurtant ainsi, les mots laissent échapper des sons et communiquent des sensations qui révèlent le fond intime de leur être et le sens vrai qu'ils possèdent. On pourrait presque dire que les mots, à l'état isolé, n'ont pas de sens ni figuré, ni propre. C'est dans le tissu de la pensée, dans le contact

rien d'absolu ; les mots propres, si on les connaissait bien dans leur sens primitif, nous apparaîtraient comme des tropes usés, effacés, et nous voyons, sous nos yeux mêmes, des mots employés d'abord comme figurés, devenir des mots propres par l'usage général et constant qui est fait de la figure.

Une des figures les plus fréquentes du style, et si usitée qu'elle a perdu la valeur de l'image, est l'emploi du mot abstrait auquel la forme nominale, déterminée par un suffixe ou par un article, donne une apparence de substance, d'être individuel et personnel. La qualité d'être doux n'est pas une substance, un être qui existe par soi ; ce n'est qu'un accident. L'imagination, détachant cette qualité du substratum réel qui la porte, en fait une espèce d'être, que le langage fixe et détermine par une modification de la forme et l'emploi de l'article : *la douceur*. Qui remarque ce trope, et peut-on même dire que c'en est un ? Si je fais une phrase complète, comme : *la douceur des sons flatte l'oreille*, tous les mots font image, mais des images inaperçues. C'est une image d'attribuer à des sons la qualité de la douceur ; c'est une image de donner à cet abstrait la vertu de l'action exprimée par un verbe ; c'est une image de lui attribuer l'action de flatter ; c'est une image d'attribuer à l'oreille la vertu d'être flattée ; c'est une image d'employer au singulier l'oreille ; c'est une image d'employer le nom oreilles pour signifier l'appareil auditif, et même pour exprimer l'esprit, qui seul perçoit et goûte la sensation par l'intermédiaire de l'organe. Tout cela, ce sont des tropes, mais des tropes décolorés, inertes, sans vie.

C'est l'affaire de l'imagination, qui les avait créés, de leur

que produit la synthèse grammaticale qu'ils peuvent le dégager. De là l'heureuse impuissance, pour l'orateur et l'écrivain, de tout dire, et de vouloir tout dire. Dans la conscience de l'auditeur, flottent autour des mots, malgré la fermeté de leurs contours, des groupes de représentations par lesquelles ils complètent celles que les mots littéralement expriment, et dont ils ont suggéré l'idée. C'est une vertu du style d'être significatif ; une autre d'être expressif ; une autre d'être suggestif.

rendre la fraîcheur de leur coloris et le mouvement de leur signification première, de les rappeler à la vie. On peut dire, avec Cicéron, que l'art de dire n'est autre chose que l'art d'éclairer les idées par quelqu'espèce de figure ou de trope, et que le véritable orateur ne peut rien dire sans imprimer à ses pensées quelque forme, quelqu'attitude, une physionomie vivante, qui attirent sur elles l'attention et l'intérêt [1].

La beauté du style, prise dans sa généralité et dans sa perfection, est absolument nécessaire à la poésie et y produit des effets tout puissants ; elle est moins indispensable à la prose en général et à l'éloquence en particulier dont les sujets sont d'un ordre sérieux et pratique ; mais si, dans la poésie même, le style doit être approprié aux genres et aux sujets, si cette appropriation, cette convenance doit être la mesure d'après laquelle il faut varier, en l'élevant ou en l'abaissant, le ton du style, à plus forte raison en est-il ainsi dans l'art oratoire. Quand la beauté y sera exigée ou permise et dans la mesure qui convient, il faut encore que l'on dissimule les moyens et les procédés employés pour la réaliser ; il faut que tout effort, toute intention, toute trace du travail esthétique disparaissent et que tout semble naturel. Car c'est le naturel qui persuade, tandis que l'artifice de composition et d'expression semble, quand il est aperçu, un piège tendu à la bonne foi de l'auditeur, qui s'indigne de cette supercherie et en éprouve un mécontentement qui ne favorise pas la persuasion.

Voilà donc la première des grandes qualités du style oratoire, qu'on peut désigner sous des noms multiples qui n'en expriment que des nuances et des faces diverses : le naturel, la simplicité, la vérité, la sincérité [2], complétées par

---

[1] Cic., Or., 136. Nec quidquam est aliud dicere nisi omnes aut certe plerasque aliqua specie *illuminare* sententias.. Nullus fere locus ab eo (Demosthènes) sine quadam conformatione sententiarum dicitur. D. Hal., *Thuc.*, 53. μηδὲν ἁπλῶς ἀσχημάτιστον ἐκφέρειν νόημα. Id., *Lys.*, μηθὲν ἄψυχον.

[2] ἀφέλεια, ἀλήθεια.

la finesse, la délicatesse, l'esprit [1] : qualités dont la réunion seule constitue déjà la grâce aimable : gratia simplicis atque inaffectati coloris [2]. L'effet propre de la grâce, ἡ χάρις, suavitas, est de s'insinuer comme à la dérobée, de glisser au lieu d'appuyer, au lieu d'emporter le succès d'assaut et de force [3] : chose légère et ailée, qui doit circuler dans le style comme le souffle frais et vivifiant de la brise marine [4]. C'est la force, mais la force prise dans un mouvement sans effort, aisé, libre.

Pour maintenir au style le charme du naturel et de la sincérité, il faut lui donner le caractère de l'improvisation, αὐτοσχέδιον, ou au moins lui en donner l'apparence; on a recours à une sorte d'hésitation dans le choix des mots, d'incorrection pour cela dans les formes grammaticales, de défaut dans l'achèvement de la pensée. Ces incertitudes réelles ou feintes de l'esprit semblent prouver que les idées nous viennent subitement sans préparation, sans préméditation, qu'elles partent du cœur, sont amenées par la nécessité logique des raisonnements : elles n'en sont que plus persuasives [5]. De plus elles donnent à l'auditeur le spectacle si intéressant du travail de

---

[1] τὰ ἀστεῖα, ἀστεϊσμός, εὐτραπελία, urbanitas, que beaucoup, d'après Dion Hal. *Dem.*, 54, appellent la grâce, ἡ χάρις. Dans Longin, περὶ ὕψ., 34, il semble qu'ἀστεῖος soit comme ἐπίχαρις l'équivalent de γέλοιος et exprime le talent de faire rire, γέλωτα κινεῖν. C'est une des espèces de l'ironie qui, sous une forme spirituelle, légère et vive, peut rester gracieuse, ou devenir amère, mordante, sarcastique, χαριεντισμός, μυκτηρισμός, dissimulatus quidam, sed non latens derisus. Herod. (*de Figur.*, p. 591), dérive le mot μυκτηρισμός de la contraction qu'imprime au visage le rire méchant et haineux, μετὰ σεσηρότος τοῦ προσώπου λεγόμενος. D'après Denys d'Halicarnasse (*Lys.*), la grâce, ἡ χάρις consiste dans l'ὥρα, l'εὐαρμοστία, τάξις, εὔρυθμος, καιρός, μέτρον (ὥρα, la fleur de la vie et de la force) : on la reconnaît au plaisir qu'elle cause, ἡδονὴ γράφειν. Le mot a chez lui-même parfois un autre sens : l'esprit, le trait fin, la plaisanterie délicate, quelquefois cruelle et terrible, l'aiguillon de l'abeille.

[2] Quintil, IV, 4, 7.

[3] D. Hal., *Dem.*, 2. ἀπατῆσαι καὶ κλέψαι, opposés à βιάσασθαι καὶ προςαναγκάσαι.

[4] D. Hal., *Lys.*, ὥσπερ νότιος αὔρα.

[5] Tiber., περὶ σχημάτων. *Sp.*, p. 66. Alex., *id.*, p. 14. Aristid, III, p. 490. ἀξιόπιστον ποιεῖ τὸν λόγον. Nous verrons quelles figures donnent au style ces apparences.

l'esprit pour enfanter la pensée, et lui font partager les émotions, les joies et les angoisses de cet enfantement périlleux. Même écrit, le style du discours ne doit pas être le style d'un livre ; il est destiné au moins à être lu à haute voix, à être entendu, et celui même qui le lit s'en donne une audition qui n'est pas absolument muette : il y a une parole intérieure qu'on entend. De là des conséquences considérables pour le style oratoire : de même qu'il supporte et exige même des défauts qu'on ne tolérerait pas dans les genres écrits, de même il a ses beautés propres, des audaces de mouvements, des brusqueries de transitions, des témérités de termes et d'alliances de termes, des hardiesses de métaphores qu'un lecteur n'agréerait pas. Ce n'est pas un éloge de dire d'un orateur qu'il parle comme un livre : ce n'est pas non plus un éloge d'un écrivain de dire qu'il écrit comme on parle.

C'est une qualité supérieure encore de donner aux choses et aux idées la forme et la couleur, une forme bien détachée, aux contours arrêtés et comme sculpturale ; un coloris plein de charme, lumineux, éclatant de splendeur, qui met les choses sous nos yeux, les rend visibles, perceptibles aux sens et transforme des représentations mentales abstraites en objets qu'on entend et qu'on voit [1]. Mais en cherchant à illuminer ainsi le style et à le revêtir des enchantements de la couleur et de la splendeur des formes, il ne faut pas oublier qu'il a non-seulement à observer le décorum, à respecter les convenances, la chasteté, les mœurs, mais à garder sa dignité et sa noblesse : il faut qu'il ait grande allure et grand air [2].

Si, dans une conversation familière, entraîné par le désir d'accentuer énergiquement la pensée, ou de faire rire par un bon mot, on peut risquer un mot grossier, même obscène,

---

[1] τὰ εὐδοκιμοῦντα, κάλλος (venustas) ἐνάργεια, λαμπρότης. Cicéron emploie les mots : flores, lumina, colores verborum. Aristote : πρὸ ὀμμάτων ποιεῖν.

[2] σεμνότης, μεγαλοπρέπεια, ἀξίωμα, τὸ περιττόν, c'est-à-dire la distinction, l'horreur du plat, du commun, du vulgaire.

s'il est spirituel, de franche et haute couleur, il n'en est pas ainsi du public, toujours nombreux, auquel l'orateur est censé s'adresser. Ses oreilles, comme son goût, au point de vue de la pudeur, sont singulièrement sévères, beaucoup plus sévères que ne le sont les auditeurs pris individuellement. C'est un des effets encore mystérieux du fait même des réunions d'hommes Les foules ont des passions et aussi des délicatesses qui leur appartiennent en propre. Le crayon est volontiers libertin ; comme son œuvre se peut dissimuler, il se dérobe, il peut s'abandonner à représenter des choses que la peinture et surtout la sculpture, par la plasticité puissante de leurs moyens d'impression, et par le caractère de publicité de leurs œuvres exposées à tous les regards, se refusent à reproduire.

Ce n'est pas tout : il faut que sous ces formes et sous ces couleurs on voie pour ainsi dire circuler régulièrement un sang vif et rapide, on sente battre avec force le mouvement des artères et le souffle puissant de la vie [1], on aperçoive les nerfs et les muscles tendus pour l'action [2], on devine la présence des os recouverts d'une chair et d'un tissu richement colorés, mais non assez saillants pour qu'on puisse les compter. Le style a son mouvement : ce mouvement peut être rapide, impétueux, d'un élan irrésistible, comme un incendie qui dévore, comme un torrent qui ravage, comme le tonnerre qui foudroie : c'est la qualité de la force; il peut avoir aussi une allure plus calme, mais continue, comme une mer immense qui ne suspend jamais son effort, et qui de ses eaux profondes, silencieuses, mais puissantes même alors qu'elle est paisible, bat incessamment le granit du rivage et

---

[1] ἐνέργεια, γοργότης, ἐρρωμένον, ἐναγώνιον πνεῦμα, qui constitue la δεινότης, Tacit., de Or., 21. Oratio sicut corpus hominis ea demum pulchra est, in qua non eminent venæ nec ossa numerantur, sed temperatus ac bonus sanguis implet membra et exsurgit toris, ipsosque nervos rubore tegit et decore commandat. L'opposé de γοργότης est ὑπτιότης la langueur.

[2] τόνος, τάσις.

finit par le miner et le renverser[1] : c'est la qualité de l'abondance et de la plénitude, ubertas, qui se répand[2], et donne la sensation d'une grandeur d'étendue plutôt que de profondeur.

Mais le style peut avoir, doit avoir, comme le corps organisé, outre cette force interne, principe du mouvement et de la vie physiques, une âme capable de passions et de sentiments, c'est-à-dire une qualité qui puisse donner aux idées comme aux choses cette vie morale supérieure, dont les deux formes sont le pathétique et le caractère, ἦθος καὶ πάθος. C'est par là que se mettant directement en communication avec notre âme, il peut exercer cette force de pression et comme d'oppression qui abat toute résistance, cette action d'une énergie souveraine[4], et prendre cet aspect de grandeur, de noblesse, de majesté sublime[5] qui achève son œuvre, et constituerait sa perfection, s'il ne fallait pas y ajouter encore une qualité peut être plus précieuse, en tout cas plus rare, l'individualité, la personnalité, l'originalité[6], pour l'appeler de son nom technique. Par son essence même elle résiste à l'analyse et à la définition : c'est un don de la nature, une faculté qui ne saurait être ni soumise à des règles rationnelles ni acquise par des procédés pratiques, puisque son essence est précisément d'être libre du joug des lois générales et de n'obéir ou

---

[1] Long., περὶ ὕψ., 12. κτίειν τε ἅμα καὶ διαρπάζειν, σκηπτῷ τινι παρεικάζοιτο ἂν ἢ κεραυνῷ... τοιούτῳ τινὶ χεύματι ἀφοφητὶ ῥέων.

[2] χύσις.

[3] βάρος, ὄγκος.

[4] ἐνέργεια, ἀκμή, δεινότης.

[5] ἀξίωμα, μέγεθος, ὕψος. Denys d'Halicarnasse (Rh., VIII, 16) entend autrement le mot μέγεθος, qu'il appelle la plus grande des figures, celle qui enlace les preuves de diverse nature, συμπλοκὴ πίστεων ; elle consiste pour lui à donner une force supérieure à notre thèse particulière, en *l'agrandissant*, en l'élevant à une thèse générale, συγκατασκευάζων τὸν οἰκεῖον ἀγῶνα τῷ κοινῷ. Ainsi, l'*Epitaphios* de Thucydide appartient par la forme et la figure au genre épidictique, mais, en réalité, c'est un discours politique, où le thème propre s'est bien vite élargi, où, sous *couleur* de louer les citoyens morts, l'orateur persuade aux Athéniens de persévérer dans la guerre contre Lacédémone. C'est une *complexio*, une *commixtio* d'arguments qui porte, et on voit pourquoi, le nom de χρῶμα, couleur.

[6] καινότης.

plutôt de paraître n'obéir qu'à elle-même. C'est le génie même du style.

Isocrate en donne une assez faible et fausse idée : « Le plus habile orateur, dit-il, est celui qui dit tout ce que son sujet exige, et peut trouver des pensées qui ne sont pas celles des autres... laisser de côté ce qui a été dit par d'autres [1]. » C'est une définition incomplète et fausse de l'originalité. L'effort fait pour dire des choses que personne n'a jamais dites est à la fois impuissant, orgueilleux et ridicule. Les morts mènent et gouvernent les vivants, et les pensées des morts remplissent, qu'ils le veuillent ou non, l'esprit des vivants. Nous pensons les pensées communes à tous, ξύνος λόγος, et c'est en cela que nous sommes des hommes. Tout ce que nous pouvons faire c'est d'imprimer à ces pensées la forme, la couleur, le mouvement de notre personnalité ; la raison est commune, le style seul est personnel : il est l'homme même.

Toutes ces qualités du style et surtout les plus grandes et les plus brillantes, dépendent ou du génie naturel ou d'une longue et patiente pratique [2]. Mais il appartient à la théorie de la rhétorique [3] de les exposer, et d'analyser les procédés par lesquels on les réalise.

Ces procédés nombreux et divers peuvent être ramenés à trois classes distinguées par les rhéteurs, mais qu'Aristote, peut-être avec raison, a confondues dans son analyse.

Ce sont :

I. Les figures de mots, parmi lesquelles les rhéteurs font entrer les épithètes, et auxquelles on peut ramener d'une part l'abondance du développement [4] qui multiplie les termes, d'autre part la concision [5] qui en supprime le plus possible.

---

[1] Isocr., *adv. Sophist*, 12. τὸ ὑφ'ἑτέρου ῥηθὲν τῷ λέγοντι μετ'ἐκεῖνον οὐχ ὁμοίως χρήσιμον... μηδὲν τῶν τοῖς ἄλλοις εὑρίσκειν δύνηται... *Helen.*, 14. παραλιπὼν ἅπαντα τὰ τοῖς ἄλλοις εἰρημένα.
[2] Ar., *Rh.*, III, 10.
[3] Id., τῆς μεθόδου ταύτης.
[4] περιβολή, l'opulence des formes, la périphrase, oratio cumulata, circumducens.
[5] συντομία qui non seulement évite tout mot qui n'est pas utile, mais même celui qui n'est pas absolument nécessaire. L'auteur de la Σύνοψις παρχδ., p 24, dit que c'est la marque d'un beau génie : μεγαλοφυΐας ἔργον.

II. Les tropes.

III. Les figures de pensée.

Outre ces trois espèces de figures, Denys d'Halicarnasse[1] en établit une quatrième, qui n'a aucun rapport avec les autres, et dont nous allons tout d'abord dire quelques mots : ce sont les figures des sujets, τῶν ὑποθέσεων, qui donnent naissance à trois sortes de discours figurés, c'est-à-dire que la figure, en ce sens, touche et forme le caractère du discours même. La première espèce est celle où l'orateur dit ce qu'il veut dire, mais avec certains euphémismes, certaines réserves commandées soit par la prudence, soit par le respect. La seconde est celle où il exprime indirectement, obliquement autre chose que ce que signifient les termes propres dont il se sert : c'est une sorte d'allégorie. La troisième fait comprendre précisément le contraire de ce qu'il dit.

C'est ainsi que l'oraison funèbre chrétienne peut être en général considérée comme un discours figuré, ἐσχηματισμένος, parce que l'orateur, sous *couleur* de faire l'éloge d'une personnalité si haute et si grande qu'on la suppose, établit une thèse d'ordre moral ou religieux. Par exemple, Bossuet, dans l'Oraison funèbre de la reine d'Angleterre, dissimule à peine son intention ; la vraie fin de son discours éclate dans son texte : *Et nunc reges, intelligite : erudimini qui judicatis terram,* autant que dans le commentaire magnifique qui lui fournit la matière de son exorde et révèle son vrai sujet, ὑπόθεσις, πρόθεσις. « Celui qui règne dans les cieux et de qui relèvent tous les empires, à qui seul appartient la gloire, la majesté, l'indépendance, est aussi le seul qui se glorifie de faire la loi aux rois et de leur donner, quand il lui plaît, de grandes et terribles *leçons* ». Il est clair qu'en faisant l'éloge de la reine, Bossuet se propose, au nom de l'Église romaine et au nom de Dieu, dont il a l'orgueilleuse conviction de connaître et d'exprimer les desseins, de donner au roi, qui sans cet arti-

---

[1] *Rh.*, VIII, 2.

fice l'aurait dificilement supportée, une leçon non seulement d'humilité chrétienne, mais de politique catholique. Les rois doivent prendre garde d'ébranler chez leurs peuples la foi aux antiques croyances : car ils risquent d'y perdre non seulement leur salut, mais leur couronne. C'est un artifice du même genre qu'emploie le grand orateur, dans l'Oraison funèbre du prince de Condé, lorsque pour exprimer sa résolution de ne plus continuer cette fonction de panégyriste perpétuel et officiel des princes de la maison royale, qui finissait par humilier la fierté naturelle de son âme et offenser la loyauté de son esprit, Bossuet, ne pouvant déclarer ouvertement au roi son intention ni s'exposer à opposer à ses ordres un refus offensant et dangereux, s'adresse au

prince dont il célèbre les funérailles et par une prosopopée sublime fait de cette détermination même un dernier et suprême hommage rendu à son génie et à sa gloire: « Agréez, grand prince, ces *derniers* efforts d'une voix qui vous fut connue; vous mettrez fin à *tous ces* discours ». On sent par ces mots si habiles et si significatifs la lassitude et je ne sais quel dégoût du rôle auquel il s'était jusque-là abaissé. Sous toute autre figure, σχῆμα, sous toute autre couleur, χρῶμα, qui sait l'accueil qu'aurait fait Louis XIV à cette espèce de démission d'un fonctionnaire qui, à ses yeux, ne pouvait qu'être glorieux et fier de servir d'employé supérieur des pompes funèbres, pour les personnes de sa maison ou de sa cour?

§ 3. — *Théorie des qualités du style d'Hermogène.*

Au point de vue historique, il est intéressant de connaître sur ce point la doctrine d'un des plus illustres rhéteurs de l'antiquité grecque, et je ne crois pas que cette étude soit sans profit même pour la théorie et la pratique de la critique moderne.

Les qualités du style qu'Hermogène appelle[1] ἰδέαι τοῦ λόγου sont des formes qui naissent autant des idées mêmes que du style proprement dit[2]. Il en compte sept :

I. La clarté, dont le contraire est l'obscurité, ἀσάφεια, et qui entraîne parfois à un vice, la platitude, la vulgarité, τὸ εὐτελές et τὸ ταπεινόν. Elle consiste en deux choses : 1. La signification sans ambiguité ni équivoque des termes, εὐκρίνεια, un choix de mots qui rendent le sens facile à distinguer, à séparer du sens de tout autre mot ; la netteté grammaticale, et de plus l'exposition des idées et des faits dans leur suite logique ou naturelle ; l'opposé de cette qualité serait la confusion, σύγχυσις. 2. La pureté, καθαρότης, qui semble pour Hermogène l'opposé de la circonlocution, de la diffusion : elle exclut de l'exposition les idées accessoires qui troubleraient la pureté du sens du mot, les circonstances même naturelles qui entourent et enveloppent les choses, et peuvent comme noyer dans leur ombre les contours tranchés et nets des mots qui les expriment[3].

II. La grandeur, μέγεθος, identique ou à peu près à l'ὄγκος et à l'ἀξίωμα. Si l'on veut établir une nuance de signification entre ces termes qui sont loin d'avoir une précision technique et dont le sens se modifie d'après le contexte et le caprice de l'écrivain, ὄγκος désigne la grandeur du poids, la masse, le volume : tumor, moles, massa[4] ; — ἀξίωμα, c'est la grandeur dans la hauteur, dans l'attitude qui se fait respecter et se

---

[1] περὶ ἰδ., Init., Sp., t. II, p. 275.
[2] Denys d'Halicarnasse (Lys., 4) trouve aussi que la clarté, σαφήνεια, qu'il appelle πραγματική, tient à la fois et des mots et des choses, ἐν τοῖς ὀνόμασιν καὶ πράγμασιν ; cette clarté vient de ce que ce ne sont pas les idées qui obéissent aux mots, mais les mots qui obéissent aux idées : οὐ τοῖς ὀνόμασι δουλεύει τὰ πράγματα... τοῖς δὲ πράγμασιν ἀκολουθεῖ τὰ ὀνόματα. Pour Aristote (Rh., III, 12), la clarté tient le milieu entre la diffusion, la prolixité, ἀδολεσχία, le bavardage stérile, inanis verborum volubilitas, et la concision, ἄντε ἀδολέσχη, οὐδὲ ἂν σύντομος... οὐ σαφής.
[3] Id., p. 276. περιβάλλει καὶ ὅσα φύσει παρακολουθεῖ τοῖς πράγμασιν
[4] Le sens du mot ὄγκος est très flottant : Démétrius, de Eloc., §§ 36 et 77, l'identifie comme Hermogène à μέγεθος ; ailleurs, § 247, il l'oppose à δεινότης, comme son excès ; Longin, § 30, en fait un défaut : c'est pour lui l'enflure. Aristote (Rh., III, 6) l'oppose à συντομία et parait l'identifier à ἀδολεσχία. S. Chrysostome

montre respectable ; μέγεθος est la grandeur en surface, en étendue.

La grandeur elle-même se divise en six qualités :

1. La dignité, la gravité, ἡ σεμνότης, quæ auctoritatem parit.

2. L'abondance, la plénitude, l'ampleur des développements, ἡ περιβολή [1] ou μεστότης. Par cette qualité l'orateur donne une idée entière, complète, achevée de la chose ; il trace autour d'elle comme un cercle qui enveloppe toutes les circonstances, tous les détails qui s'y rapportent, περιστατικά, comme le lieu, le temps, les causes, les personnes. Elle s'oppose par conséquent à ce qu'Hermogène a appelé καθαρότης par plusieurs caractères : *a*. par l'emploi de synonymes, ἰσοδυναμοῦντα, au lieu des mots propres ; *b*. par l'énumération complète, ἀπαρίθμησις, qui n'omet aucun détail ; *c*. par l'emploi des hypothèses et des propositions conditionnelles ; *d*. par le procédé de l'ἐπιτρέχον ou ἐπιδρομή, qui fait courir les pensées les unes après les autres, sans laisser respirer l'auditeur ; ce qui ne peut manquer, suivant la remarque d'Aristide, si on abuse de ce moyen, d'amener le trouble et l'obscurité [2] ; *e*. par l'emploi des particules qui lient les propositions par les rapports de cause ou de simultanéité, comme : ita ut... ou quamdiu ; *f*. par des divisions, μερισμοί, qui opposent les membres de phrase les uns aux autres, comme : d'un côté... de l'autre ; non-seulement ceci, mais encore cela.

3. La τραχύτης, emploi de termes durs, rudes, méprisants, sans ménagement pour les personnes et les choses, asperitas qua reprehendimus eos qui antistant nobis.

(*de Sacerd.*, IV, 305) en fait la qualité maîtresse de Démosthènes, comme Sophocle (Plut., *de Prof. in virt.*, 7) le faisait d'Eschyle. C'est dans ce sens l'*os magnum* des latins. Longin l'identifie parfois à ὕψος, à σεμνότης, à μεγαληγορία, ἄγων (8, 2 ; 12, 3 ; 15, 1).

[1] Isocr., *Panég.*, § 7, entend ce mot du *cercle* des matières que parcourra son discours.

[2] Aristid., περὶ πολιτικοῦ λόγου... ὅταν τις διὰ μέσου τοῦ νοήματος, πρὶν ἀπαρτῆσαι τὸν νοῦν, ἕτερα ἐμβάλῃ νοήματα.

4. La σφοδρότης, presqu'identique à la qualité précédente, exprime surtout la véhémence, la violence, l'emportement de la parole qui va à l'outrance et ne sait pas se maîtriser.

5. La λαμπρότης, l'éclat du coloris, la splendeur des formes, splendor, festivitas.

6. L'ἀκμή, la vigueur, naît, d'après Hermogène, de l'union de la couleur et de la véhémence, virilis oratio, vis et vigor, vegeta et fortis oratio, non senilis, non exsanguis, non languescens, sed quasi juveniles lacertos habens, ætate florens... Le mot technique fait image : il désigne ou la pointe ou le tranchant de l'épée, ou le comble, le faite d'un édifice ; on appelait οἱ ἀκμαῖοι les hommes arrivés à toute la force et la beauté de l'âge, à ce sommet d'où l'on ne peut plus que décliner.

III. La beauté, κάλλος, naît d'une part de la proportion, de la mesure, de l'ordre, de l'harmonie, εὐαρμοστία, τὰ εὔροια, εὐταξία ; de l'autre de la perfection de l'exécution et du travail ciselé, τὸ γλαφυρόν.

IV. La γοργότης, celeritas, est la qualité du style qui imite et reproduit la rapidité entraînante et énergique de la pensée, qui procède par incises courtes et par phrases sans larges développements ; qui ramasse les membres au lieu de les allonger et de les étendre, comme est construite la phrase à ailes courtes, mais au vol vif et alerte de Voltaire. Pour donner au style ce mouvement, il est bon d'employer un arrêt, une suspension du lien et de l'enchaînement des idées, ce qu'Hermogène appelle ὑποστροφή : on revient sur ses pas, on fait pour ainsi dire machine en arrière, au lieu de continuer le mouvement dans la direction déjà imprimée ; on dit par exemple : « et moi qui, — si quelqu'un ou bien a la folie de croire, — car c'est une véritable folie d'entreprendre une chose au-dessus de ses forces, — ou bien a l'orgueil — j'étais alors stratège — de suivre..., etc.[1] »

[1] Dem., *Mid.*, § 69.

V. L'ἦθος est la qualité qui imprime par le style aux personnes et même aux choses dont on parle un beau et noble caractère ; cette qualité est produite par l'honnêteté de l'expression, ἐπιείκεια, la candeur et le naturel, ἀφέλεια, par un langage naïf, sans détour, sans artifices même; elle donne l'impression d'un sentiment sincère, profond, vrai, intime, ἐνδιάθετον [1]. La βαρύτης en fait partie : c'est l'expression d'une tristesse grave, des sévères reproches, l'accent de l'honnête homme indigné qui accuse ou qui repousse une accusation.

VI. L'ἀλήθεια peut être considérée tantôt en elle-même, tantôt comme élément de l'ἦθος. C'est une forme de style qui exclut le soupçon même du mensonge, où tout respire la vérité des affirmations, la loyauté des raisons, la justesse des raisonnements, la sincérité des sentiments. Il y a un style qui sonne faux ; il y a un style qui sonne vrai. Il y a une fausse grandeur, une fausse splendeur, une fausse grâce, une fausse beauté, comme il y en a de vraies, où l'on sent le fond du cœur et de l'âme qui s'ouvre et se découvre.

VII. La δεινότης : le mot a une signification très générale : il exprime alors la perfection de l'éloquence, la réunion de toutes les qualités essentielles et souveraines du style, et par dessus tout le souffle inspiré de la bataille, ἐναγώνιον πνεῦμα; il en a une plus restreinte dans laquelle il signifie la hauteur, la véhémence, la force, l'emphase même de l'expression et qui contient l'ἔκπληξις, cette énergie suprême qui foudroie l'adversaire, vim κατ' ἐξοχήν.

---

[1] L'union de la beauté et de la naïveté donne le charme doux et aimable, γλυκύτης, identique à ἁδρότης et à ὥρα τοῦ λόγου. *Hermog.*, II.

CHAPITRE QUATRIÈME

THÉORIE DES FIGURES

§ 1. — *Les figures de mots.*

Aussitôt qu'apparait dans une langue ce qu'on appelle le style figuré, c'est qu'il y a dans cette langue un emploi des mots et des formes que l'habitude a fixé et établi comme direct et naturel. Le style figuré, par opposition à celui-ci, peut donc être défini : l'emploi des mots et des formes qui expriment la pensée en les écartant, en les détournant de leur usage direct et naturel [1]. C'est un changement de l'habitude dans le langage [2]. L'habitude, là comme ailleurs, produit la trivialité, la banalité, que ce nouvel aménagement permet d'éviter [3]. Cela ne suffit pas pour constituer le mode figuré : il faut encore que cet emploi détourné des mots et des formes soit meilleur [4], au point de vue des effets que le style doit produire, que l'usage ordinaire, et qu'à cet égard il soit plus utile ou même nécessaire ; ajoutons enfin que tout en s'écartant de l'usage habituel, il doit néanmoins se fonder sur la nature de la langue et des mots [5].

---

[1] Tiber., περὶ σχημάτων : τὸ μὴ κατὰ φύσιν τὸν νοῦν ἐκφέρειν, μηδὲ ἐκ εὐθείας, ἀλλ'ἐκτρέπειν καὶ ἐξαλλάττειν.
[2] Id., ἐξαλλαγὴ τοῦ ἐν ἔθει.
[3] Æl. Herod., *Anecd. Villois*, t. II, p. 91. οἰκονομία τοῦ λόγου ἐκπεφευγυῖα τὴν ἰδιωτικὴν ἁπλότητα.
[4] Phœbammon., περὶ σχημάτων· ἐξάλλαξις ἐπὶ τὸ κρεῖττον.
[5] Alexand., περὶ σχημάτων· ἐκ τοῦ κατὰ φύσιν πλάττουσα πρὸς τὸ χρησιμώτερον, ou χρείας χάριν.

Le mot grec, σχέσις, σχῆμα, beaucoup plus précis et plus propre que celui de figure [1], que nous avons emprunté des latins, exprime la forme extérieure d'un être vivant, qui a en lui-même le principe de sa vie et de sa forme, qui a une manière d'être qui lui appartient en propre, qu'il possède nécessairement comme un élément intégrant et essentiel de sa nature, par où il se distingue et se sépare des autres êtres ou manières d'être, habitus, ἕξις, σχέσις [2]. Le discours reçoit d'abord cette forme de la structure morphologique et grammaticale. La phrase régulièrement construite est déjà une figure, mais une figure uniforme, immobile, raide, exprimant l'essence logique et objective de la pensée, mais non la variété des mouvements internes dont elle est susceptible. On peut comparer la phrase figurée à une statue : l'une et l'autre doivent se tenir debout, sans appui étranger. Aussitôt que la sculpture a dressé en bois, en bronze ou en pierre une image, elle lui a donné forcément une attitude; les membres ont pris des positions déterminées, dont les contours extérieurs ont dessiné la forme totale. Mais cette habitude du corps, qui a été primitivement immobile et raide, peut prendre et a pris avec le progrès de l'art de la souplesse, de la variété et même des mouvements. Les attitudes de la tête, du tronc, des bras, des jambes, l'expression du visage ont été les signes des actions, des sentiments, des passions, des états internes du personnage représenté : status, σχέσις. Ce qu'on appelle figures, dans le style, ne mérite cette dénomination que par excellence, par éminence

---

[1] Le mot *Figura* s'applique au propre à la forme des choses inanimées, façonnées par la main de l'homme : fingere, fictilia vasa.

[2] Aristote (*Rh.*, III, 10) emploie le mot σχῆμα dans un sens très différent. Deux choses, dit-il, font la beauté de l'éloquence : la beauté des pensées et la beauté du style; la beauté du style est soumise à trois conditions : la première est la figure, τὸ σχῆμα, c'est-à-dire la structure de la phrase, et la plus belle structure est la forme antithétique ou périodique, ἀντίθεσις; la seconde concerne les mots; c'est en résumé l'emploi de la métaphore; la troisième est la puissance du coloris, du relief, du mouvement, qui met les choses sous nos yeux, nous les fait voir en action actuelle : c'est l'ἐνέργεια· ὁρᾶν γὰρ δεῖ τὰ πραττόμενα ὡς ἤδη ἐνεργοῦντα μᾶλλον.

du sens. Nous l'avons déjà dit : toute proposition grammaticalement construite est une forme ou figure du style, mais une figure immobile, constamment identique à elle même, et sinon insignifiante, du moins inexpressive. Il faut lui imprimer les modifications, les accidents, les caractères qui révèlent les changements divers que la vie morale provoque dans la pensée. C'est à cela que servent les figures. Les mots sont comme une matière que l'écrivain et l'orateur façonnent, sculptent, ordonnent, et à laquelle ils donnent les formes souples et variées, les mouvements et les attitudes qui correspondent aux attitudes et aux mouvements de l'imagination et de l'âme. Comme l'individu seul vit, agit, pense et parle, les formes de l'individualité communiqueront seules au style la vie, qui en est la force et le charme. Peu d'hommes arrivent à cette haute et vraie personnalité ; ceux mêmes qui la possèdent ne lui donnent qu'accidentellement son libre jeu et sa pleine manifestation. Les autres hommes restent dans la forme ordinaire, habituelle, terne, insignifiante de la vie et du style. Voilà pourquoi, par une méprise, qui contient un fond de vérité, les figures sont définies comme opposées à la nature, μὴ κατὰ φύσιν, et à l'habitude. ἐξαλλαγὴ τοῦ ἐν ἔθει, parce qu'elles expriment une supériorité, τὸ κρεῖττον, une perfection de la nature, donnée, il est vrai, dans la nature, mais à laquelle elle n'arrive, qu'elle ne réalise que dans des individus privilégiés et dans des moments privilégiés.

Les tropes sont parfois confondus et il n'y a pas grand inconvénient à les confondre avec les figures de mots[1] ; cependant la distinction entre les deux classes a un fonde-

---

[1] Quintilien (IX, 3) nous apprend, après Cicéron, que Gorgias le jeune, précepteur du fils de Cicéron, avait traité des figures dans un ouvrage en quatre livres que Rutilius Lupus résuma dans le sien, dont nous n'avons probablement qu'un extrait, lui-même incomplet (*Rhetor. Latin. Minores* Halm, Leips., 1863). Malgré le titre des Mss. : *Rutilii Lupi Schemata dianœas ex Græco versa Gorgia*, — ce qui nous reste de Rutilius n'a trait qu'aux σχήματα λέξεως. Rutilius nous dit lui-même (V, II. 12) : « Quid intersit... cognoscere poteris multo diligentius ex Græco Gorgiæ

ment réel. La figure de mots n'a aucun rapport avec le sens ; elle vient de la fonction grammaticale ou de la fonction oratoire qu'on donne aux mots soit isolés soit liés par un rapport logique, mais qui laisse entière, sans modification aucune, leur signification propre et primitive. Qu'elle soit d'ordre grammatical, lexicologique ou oratoire, la figure de mots ne touche point à la pensée, tandis que le trope au contraire altère d'une manière plus ou moins profonde la pensée attachée aux mots liés ou isolés, et c'est dans cette altération même qu'elle consiste [1] : ainsi par exemple, l'emploi de mots étrangers, la répétition, la syllepse [2] sont des figures de mots [3] ; la métaphore et la métonymie sont des tropes [4]. Les

---

libro, ubi *pluribus* uniuscujusque ratio redditur. » Celsus (Arruntius Celsus, sous Antonin le Pieux, 138-161) continua son ouvrage : « Celsus (Quintil., l. I) videlicet Rutilio accedens, posuerunt schemata. » L'énumération des figures, dans le traité de Gorgias, est innombrable et puérile ; la terminologie en est très particulière. Dzialas, *Quæstion. Rutilianæ*, Breslau, 1860 ; *Rhetor. Antiq. de Figurar. Doctrina* (Breslau, 1869). Alexandre, fils de Numénius, a écrit sur cette matière un ouvrage qui ne s'est pas conservé en entier : c'est un extrait de l'original (*Speng.*, t. III, 1) dont nous avons en latin une paraphrase d'Aquila Romanus, sous le titre: *de Figuris sententiarum et elocutionis*, opuscule d'un contenu superficiel, complété plus tard par Julius Rufinianus, dans un traité d'un style dur et souvent incorrect, qui commence ainsi : « Hactenus Aquila Romanus ex Alexandro Numenio : exinde ab eo præteritas, aliis quidem proditas (figuras) subtexuimus ». Cæcilius de Sicile avait écrit en grec (30 av. J.-Ch), des ouvrages de rhétorique qu'a dû consulter et utiliser Tibérius, qui nous a laissé un traité des figures de pensée (Ed. Boissonnade, 1815). Comme Hermogène (*Speng.*, t. II, p. 426) dans son traité περὶ μεθόδου δεινότητος, il ne parle que des figures employées par Démosthènes. Phœbammon (*Speng.*, t. III, p. 41-56) établit le premier et le seul une division méthodique, une classification systématique des figures, comprenant toutes les figures de pensée au nombre de 18 et toutes les figures de mots au nombre de 24, les unes et les autres ramenées à quatre sources, à quatre principes générateurs, qu'il appelle τρόποι ou αἰτίαι, et qui sont : 1. Le défaut, ἔνδεια ; 2. L'excès, πλεονασμός ; 3. La métathèse ; 4. L'énallage : principes peu féconds et peu philosophiques.

[1] D'où le mot de Quintilien (IX, 38) : « Translata probari nisi in contextu sermonis possunt. »

[2] Les principales figures grammaticales sont l'énallage, la syllepse, l'ἓν διὰ δυοῖν, l'hypallage, la prolepse, l'attraction, l'anacolouthe, l'ellipse, le pléonasme, et toutes les anomalies de la syntaxe qu'on appelle d'élégance, syntaxis ornata. Nous ne nous en occuperons pas davantage.

[3] Alex., *Sp.*, III, p. 11. ἐξαλλάξεις λόγου κατὰ λέξιν ἄνευ τρόπου.

[4] Tryph., *Sp.*, III, 191. κατὰ παρατροπὴν τοῦ κυρίου κατὰ τινα δήλωσιν κοσμιωτέραν ἢ κατὰ τὸ ἀναγκαῖον. Greg. Cor., Speng., p. 215. χρείας ἕνεκα ἢ κόσμου περὶ τὴν φράσιν.

tropes ont donc quelque rapport avec les figures de pensée, dont ils diffèrent cependant en ce que si l'on change les mots dans une phraséologie tropique, la figure s'évanouit, et que dans la figure de pensée elle demeure.

L'une des premières figures de mots, due soit à l'insuffisance de la langue qu'on parle, soit à l'intention voulue de produire un effet de style, consiste à employer des mots empruntés à une langue ou à un dialecte étrangers, ou des mots archaïques, ou des mots soit simples soit composés, faits par nous et par conséquent étranges et nouveaux [1], ou encore des mots tirés du lexique propre des sciences, des arts, des métiers. Combien de mots originaux et expressifs la langue oratoire ne pourrait-elle emprunter aux dictionnaires spéciaux de la peinture, de la musique, de la sculpture, de la mécanique ?

L'effet de ce procédé est de déplacer le point de vue de l'imagination de l'auditeur, de le transporter dans un autre monde, de le faire sortir du cercle habituel, de l'ornière triviale où tournent son langage et sa pensée, comme sa vie pratique quotidienne [2]. Les hommes sont à l'égard des mots comme à l'égard des étrangers : ils ont un penchant naturel à trouver plus distingués, plus nobles [3] ceux qu'ils ne connaissent pas que ceux qu'ils connaissent, voient et pratiquent tous les jours et dans les circonstances les plus vulgaires. Cette pointe d'étrangeté, comme dit Joubert [4], pique et réveille le goût. On admire volontiers ce qui est loin et ce qui vient de loin [5]. L'inconnu est toujours un peu merveilleux : qui ignore,

---

[1] Ar., *Rh.*, III, 2. τὸ ἐξαλλάξαι δεῖ ποιεῖν ξένην τὴν διάλεκτον... γλῶτται... διπλᾶ ὀνόματα καὶ πεποιημένα. J'appelle propre, dit Aristote (*Poet.*, 21), le mot dont nous nous servons tous, et γλῶσσαι, les mots dont se servent les autres, de sorte que le même mot peut être glossématique et propre, mais pas pour les mêmes hommes. »

[2] C'est ce qu'exprime le mot ἐξαλλάττειν, pour lequel on trouve parfois le synonyme de ποικιλία.

[3] Ar., *Rh.*, III, 2. ποιεῖ φαίνεσθαι σεμνοτέραν.

[4] *Pensées sur le style*, 5.

[5] Id., id. θαυμαστὰ γὰρ ἀπόντων. E longinquo major reverentia.

qui n'a pas senti l'attrait inexplicable mais certain de ce qui en a seulement l'apparence ? C'est un charme [1], et ce charme enveloppe dans l'étonnement un sentiment d'admiration ou du moins de respect, dont l'objet est toujours un degré quelconque de dignité, de noblesse [2]. C'est l'effet que produit une citation opportune et heureuse dans la langue originale. Lorsque lord Chatam, dans la question de l'abolition de l'esclavage, faisant allusion à la marche actuelle de la civilisation, qui éclaire aujourd'hui de sa pleine lumière les peuples de l'occident, tandis que son flambeau tardif ne fait que s'allumer chez les races orientales, citait en plein parlement ces beaux vers de Virgile :

> Nos ubi primus equis Oriens afflavit anhelis
> Illic sera rubens accendit lumina Vesper,

il enchantait les imaginations de ses auditeurs en les jetant dans un monde antique et lointain, où la poésie n'excluait pas la réalité et où la beauté des images et le charme du rythme étaient relevés par le caractère de la langue qui leur servait d'expression. Il y a là un effet de perspective, et on connaît la puissance magique de la perspective pour agrandir et approfondir les intuitions. L'harmonie particulière à la langue latine, qui éveille chez tout homme cultivé tant de grands souvenirs, donne naturellement, semble-t-il, aux choses le caractère de la grandeur et de la majesté.

Il est bien rare que dans cet emploi de mots qui n'appartiennent pas à la langue, du moins à la langue courante, il ne se mêle pas quelque trope, c'est-à-dire quelqu'altération consciente ou inconsciente du sens des mots. M. de Humboldt accorde à Gorgias que le même mot ne couvre pas, pour tous les individus qui parlent la même langue, complètement la même idée, c'est-à-dire le même groupe de représentations

---

[1] Ar., *Rh.*, III, 2. ἡδύ.
[2] *Id.*, σεμνότης.

élémentaires. A plus forte raison le mot nouveau créé par l'orateur amène-t-il avec lui ou un élargissement ou une diminution du nombre ou de la qualité dans les représentations qui lui ont été primitivement attribuées.

Par ce procédé très naturel l'orateur peut donner à son style quelques-unes des qualités précieuses, la variété, la distinction, une sorte de noblesse et l'abondance comme la richesse des formes. Cependant le genre oratoire, surtout dans ses espèces pratiques, doit n'en user que rarement, ὀλιγάκις καὶ ὀλιγακοῦ, les glisser pour ainsi dire à la dérobée, et s'il crée des mots par composition, ne les composer que de racines ou de mots de la langue habituelle. Car il ne faut pas pousser l'art du style au delà des bornes de la convenance, de la convenance au sujet, à l'orateur et aux auditeurs [1]. Si on dépasse la juste mesure dans l'emploi des mots composés ou archaïques, étrangers ou nouveaux, si ces termes ne sont pas clairs ou s'ils ne sont pas naturellement amenés, au lieu de produire un heureux effet, ils prouvent que l'orateur manque de goût; le style, au lieu de se revêtir d'une qualité, tombe dans la froideur [2], la pédanterie, l'affectation : vices qu'on peut définir, comme Théophraste [3], par l'effet d'un effort qui pour atteindre la noblesse dépasse trop la mesure de l'expression propre: c'est un défaut que ne peuvent guère éviter ceux qui se proposent, comme Isocrate, d'anoblir et d'agrandir les choses en soi viles et petites par la manière de les exprimer [4]. Les figures de mots ne produisent pas seulement un effet d'harmonie ou de rythme: la structure antithétique, le parallélisme, l'allitération, la similitude des

---

[1] Ar., *Rh.*, III, 2. ἐπὶ μεῖζον τοῦ πρέποντος.

[2] *Id.*, III, 3. ψυχρά, ψυχρότης... frigidum, insulsum. Le mot vient de ce que, par une fausse application, le mot a perdu la chaleur de la vie.

[3] Demetr., περὶ ἑρμηνείας. *Speng.*, III, 287. ὁρίζεται δὲ τὸ ψυχρὸν Θεόφραστος οὕτως .. τὸ ὑπερβάλλον τὴν οἰκείαν ἀπαγγελίαν. Ce défaut a d'autres causes encore : l'exagération dans la pensée même, l'emploi d'épithètes mal appropriées ou de méchantes métaphores.

[4] Id., ὁ τοῖς μικροῖς πράγμασι περιβάλλων ὄγκον.

sons dans les finales des mots qui constitue une sorte de rime, les mêmes mots ou les mêmes thèmes employés avec des désinences différentes, toutes ces figures servent à donner au style ces grâces spirituelles et fines qu'on appelle ἀστεῖα; elles aiguisent le trait et la pointe de l'ironie, ajoutent une certaine force aux coups de la raillerie et de la moquerie et accentuent le ton cruel ou plaisant du jeu de mots [1].

Il est souvent utile de répéter soit un mot soit plusieurs, soit immédiatement soit à intervalles, comme pour retourner le fer dans la blessure, agrandir et approfondir la plaie qu'un seul mot a déjà faite [2]. Les dénominations techniques se multipliaient pour désigner des différences à peine sensibles et pour lesquelles le terme général ἀναδίπλωσις est suffisant [3]. Parfois il est préférable de jeter en tête de chaque membre le mot sur lequel on veut insister par la répétition : c'est alors l'*anaphore* [4]. Tantôt il vaut mieux le rejeter à la fin : c'est l'*antistrophe* [5]. Si l'on emploie simultanément les deux procédés, c'est la συμπλοκή appelée aussi κοινότης et en latin *complexio*, *traductio* [6], figure qui prend le nom de *cercle*, κύκλος, quand on termine la phrase par le mot même qui l'a commencée. L'*anastrophe* termine un membre par le mot même qui commence le membre suivant [7], et le *climax*, en tant

---

[1] Hermogen., περὶ ἰδ., p. 367, δριμύτης καθ' ὁμοιότητα τῆς λέξεως.

[2] Les Grecs entraînés par la souplesse et la richesse de leur langue ont multiplié les termes destinés à exprimer les variétés de ces figures : il ne me paraît pas utile d'insister sur ces nuances fines souvent, mais parfois bien subtiles.

[3] Ainsi, la répétition s'appelait : διπλασιασμός, παλιλλογία, ἀναδίπλωσις, ἐπανάληψις, par exemple : οὐκ ἔστι τοῦτο, ὦ ἄνδρες δικασταί, οὐκ ἔστι τοῦτο, ou encore βοηθῆσατ' ἡμῖν, βοηθήσατε.

[4] περιείργασμαι μὲν ἐγὼ περὶ τούτων εἰπών,
περιείργασται δὲ ἡ πόλις ἡ πεισθεῖσ' ἐμοί.

[5] S'agit-il de quelque affaire heureuse pour vous,
ἄφωνος Αἰσχίνης.
S'agit-il, au contraire, de fâcheuses nouvelles,
πάρεστιν Αἰσχίνης.

[6] *Ad Herenn.*, IV, 14. Comme dans la période :
ἐμαρτύρησε μὲν Νικοκλῆς ἐπιτροπεῦσαι κατὰ τὴν διαθήκην
ἐμαρτύρησε δὲ Πασικλῆς ἐπιτροπευθῆναι κατὰ τὴν διαθήκην.

[7] Virg., *Egl.*, X, 72. .....Vos hæc facietis maxima *Gallo*,
Gallo cujus amor....

que figure de mots, n'est qu'une *anastrophe* répétée [1]. Dans l'ἐπιμονή, en insistant sur la pensée on change les mots qu'on multiplie, et alors on peut ou accumuler les conjonctions, c'est la figure *polysyndeton*, ou les supprimer toutes, c'est la figure *asyndeton* [2]. Le *polysyndeton* imprime au style un mouvement calme et un caractère de grandeur et d'abondance imposante, quelque chose de solennel qui convient à l'éloquence académique. Ce genre supporterait mal au contraire l'*asyndeton*, qui est en harmonie avec l'éloquence pratique et d'affaires politiques par son expression passionnée, vivante, d'allure libre, presqu'abandonnée, par son mouvement bref, rapide, emporté, entrainant et entrainé, par son souffle presque haletant. Longin [3], après avoir signalé dans la *Midienne* [4], le concours de l'*anaphore* et de l'*asyndeton* observe : « ajoutez maintenant les conjonctions, et vous verrez comment ce mouvement pathétique, d'une allure si pressée et si âpre, s'arrête pour ainsi dire, languissant et sans force, et s'éteint. C'est comme si on avait mis des entraves aux jambes d'un coureur. »

Cicéron compte parmi les figures de mots l'emploi d'un terme inattendu, imprévu ; c'est ce que les Grecs appelaient παράδοξον ou παρὰ προσδοκίαν. Démétrius [5] en fait autant. Mais comme c'est au fond l'idée seule qui fait la force et qui est la cause de cet effet, c'est plutôt une figure de pensée que de mots, et je pense même que ce n'est pas du tout une figure.

Ces procédés et plusieurs autres qu'il serait inutile d'énumérer, malgré leurs effets de grâce, de piquant, de pathétique, de dignité, appartiennent au mécanisme du style, dont il ne

---

[1] οὐκ εἶπον μὲν τοῦτο, — οὐκ ἔγραψα δέ,
οὐκ ἔγραψα μὲν, — οὐκ ἐπρέσβευσα δέ,
οὐκ ἐπρέσβευσα μὲν, — οὐκ ἔπεισα δέ.
Dem., *Pro Coron*, 179. Hermogen., *Sp.*, III, p. 337.
[2] Ar., *Rh*, III, 12. ἄτακτ', ἀδιόρθωτ', ἀόρισθ' ἅπαντα... ἄγεις, ἐλαύνεις, συκοφαντεῖς, διώκεις.
[3] περὶ ὕψ., c. 20.
[4] § 72.
[5] *De Eloc.*, Sp., III, p. 292. πρώτους δὲ τῆς λέξεως τόπους.

faut pas médire d'ailleurs. Tout art a son mécanisme, et même la pensée a le sien.

La figure de mots que constitue l'emploi des *épithètes* est cependant d'un ordre plus relevé et d'une beauté plus intellectuelle; on la place ordinairement, mais arbitrairement, parmi les tropes, parce que la plupart du temps on s'en sert dans une fonction métaphorique, parce que tout trope peut être constitué par une épithète, et qu'en outre, si l'on supprime le substantif auquel elle est rapportée, elle constitue le trope de l'*antonomase*, qui met un mot à la place d'un autre. Mais d'un autre côté ce sens métaphorique n'est nullement de l'essence de l'épithète, comme l'a déjà remarqué Vossius [1], et on en trouve à chaque instant qui ont un sens propre. On peut dire que ce procédé tient le milieu entre la figure de mots et le trope, et alors il peut nous servir de transition naturelle pour passer, après en avoir étudié la nature, l'usage et l'effet, à l'analyse des tropes.

Les épithètes que les latins nomment adjuncta, apposita, sequentia [2], comprennent les mots et les groupes de mots qui, apposés à un nom, en complètent ou en déterminent le sens [3]. On dit que la poésie peut s'en servir, même quand elles ne font que rappeler une propriété constante, essentielle et si manifeste de l'objet qu'elles ne nous apprennent rien et ne nous en montrent rien de plus que le nom seul. J'en doute quant à moi, et je pense que les épithètes absolument oiseuses et vides de sens ne sont de mise nulle part, pas même en poésie et à plus forte raison dans l'éloquence. S'il est permis à un poète de dire *le lait blanc* [4], c'est que dans certaines circonstances il est important ou utile de rappeler que le lait, qui a

---

[1] *Instit. Or.*, IV, p. 245.

[2] Cic., *Part. Or.*, 6. Quintil., VIII, 3 et 6.

[3] Charis., p. 273, qui la considère comme une espèce de l'*antonomase*, définit cette figure : « Dictio, vocabulo adjecta, ornandi aut destruendi aut indicandi causa. »

[4] Ar., *Rh.*, III, 3. ἐν μὲν γὰρ ποιήσει πρέπει γάλα λευκὸν εἰπεῖν· ἐν δὲ λόγῳ τὰ μὲν ἀπρεπέστερα.

d'autres propriétés, révèle par la pureté de sa couleur blanche une qualité particulière et relative à la circonstance. Cette couleur éclatante et pure peut avoir sa valeur dans un tableau pittoresque, et même dans la réalité : elle peut nous décider en entrant dans une ferme à boire une tasse de lait dont la blancheur excite notre désir. Mais l'épithète est un mot, et un mot qui ne dirait absolument rien ni à l'esprit ni à l'imagination doit être absolument écarté.

L'épithète peut avoir pour objet de distinguer et de préciser le sens d'un nom qui, sans elle, resterait obscur ou équivoque, ou de mettre en relief une propriété particulière que l'objet peut avoir mais n'a pas nécessairement et qu'il est utile de rappeler dans le cas présent [1]. ou d'embellir le style par une image qui achève l'idée [2].

Il est plus facile d'abuser de ce procédé que d'en bien user, et plus facile aussi d'en faire connaître les défauts que les qualités, d'en citer des exemples que de le définir avec précision [3]. Il est remarquable que les rhéteurs grecs, sauf Aristote, ne traitent pas de l'épithète, sinon accidentellement, comme Plutarque [4], qui définit l'*antonomase* : une façon figurée d'exprimer l'idée du nom propre par des épithètes ou des synonymes, λέξις δι' Ἐπιθέτων ἢ συσσήμων. Aristote lui-même [5] n'en donne pas de définition mais des exemples et en fait connaître les défauts et l'abus, plutôt qu'il ne détermine la fonction utile ou nécessaire qu'elle remplit dans le style. L'idée qu'ils s'en font tous et qu'expriment clairement les noms qu'elle porte en grec comme en latin, c'est une notion que l'on ajoute à une autre notion exprimée par un nom, qui s'y associe, l'accompagne et la suit, *sequens*, comme l'ombre suit le corps et le fidèle Achate suit Énée. Ils rapportent à

---

[1] La route poudreuse, l'âme immortelle, la maladie incurable.
[2] La mer furieuse.
[3] Donat., *ad Ter. Eunuch.*, 315. ἐπίθετα autem de tribus causis nominibus adduntur, discretionis, proprietatis, ornatus.
[4] *De Homer. poesi.*
[5] *Rh.*, III, 2 et 3.

cette figure, si c'en est une, toute détermination non seulement par un adjectif, un nom ou un participe, mais même par un colon ou un fragment de colon. Ainsi, toutes les propositions relatives, explicatives, déterminatives s'ajoutant, *adjuncta*, à un nom peuvent être, d'après eux, considérées comme des épithètes [1]. Dans cette extension de l'idée d'épithète il est clair que nous avons affaire à un développement de la pensée, ou à une forme d'expression d'ordre grammatical et non à une forme pure de style. On comprend donc que la rhétorique des Grecs n'ait pas traité expressément cette matière. En réduisant le sens du mot à la signification qu'il a pour nous, modernes, c'est-à-dire à un adjectif apposé à un nom, mais qui ne fait pas fonction de prédicat dans une proposition, on peut considérer l'épithète comme une forme d'expression intermédiaire entre la figure de mots et le trope.

Il n'y a pas de substance sans qualités; les qualités sont essentielles ou accidentelles : dans le premier cas, le substantif qui exprime la substance devrait signifier en même temps toutes les idées dont elle est l'unité réelle ou factice. Mais il ne faut pas croire qu'il en est toujours ainsi, et que pour tous les esprits les mêmes mots réveillent les mêmes représentations, dans le même ordre d'importance constitutive, dans le même plan de perspective. Ainsi la guerre, qui ne change pas en soi de nature, se présente aux yeux des mères sous une tout autre couleur qu'aux yeux d'un jeune officier, d'un diplomate, d'un homme politique, d'un banquier, d'un négociant: elle n'apparaît pas à une nation vaincue comme à une nation triomphante, à un peuple civilisé comme à une race à demi-barbare qu'enivre l'espoir du butin et que transporte le besoin d'une activité virile, qui ne sait pas s'employer et n'a pas d'autre moyen de se dépenser. Il est donc naturel que, même quand il s'agit des propriétés essen-

---

[1] Quintil., VIII, 6, 43. « Si dicas : *ille qui Numantiam et Carthaginem evertit*... si adjeceris : Scipio, *appositum*. »

tielles, il soit souvent utile de leur donner par un adjectif une expression explicite et particulière, à coté du nom qui en contient l'idée, mais fondue et confondue avec toutes celles qui constituent l'ensemble et l'unité de la notion.

A plus forte raison est-il nécessaire de déterminer par un adjectif le nom auquel cette qualité n'appartient qu'acccidentellement, à la condition qu'il ajoute un détail important, intéressant et au moins utile, c'est-à-dire sans lequel l'idée serait moins claire, moins précise, moins forte : il faut que l'adjectif ajoute non seulement un mot, mais donne par ce mot une plus grande valeur au nom qu'il accompagne, et lui fasse produire un plus grand effet [1]. Le nom substantif ressemble au corps humain qui a sans doute sa beauté propre, mais qui dans tous les arts, sauf la sculpture, a besoin, comme dans la vie, d'être en certaines de ses parties moins nobles, couvert, caché et paré. Sans ce vêtement le style prend un caractère de négligence, de pauvreté, de nudité [2]. Il ne faut donc pas s'étonner de voir si souvent, comme le dit spirituellement Fénelon, le substantif mener par la main son adjectif : il est rare qu'il n'en ait pas besoin. Mais il faut pour cela savoir le choisir, et la première règle du choix des épithètes, c'est qu'elles aient une valeur réelle et produisent un effet soit logique, soit pittoresque, soit pathétique [3].

Il ne faut pas qu'insignifiantes et vides elles viennent simplement remplir une place dans le rythme d'une période ;

---

[1] Quintil., VIII, 6. Apud oratorem, nisi aliquid efficitur, redundat... tum autem efficitur, si sine illo, quod dicitur, minus valet.

[2] Id., id. Nuda et velut incompta oratio (mal peigné).

[3] L'adjectif, comme le participe, se rattache étroitement au verbe, qui exprime l'action et le mouvement, tandis que le nom signifie le produit de l'action, fixé et immobilisé. De là sa valeur esthétique et littéraire, en même temps que son importance grammaticale, relevée par Bekker, *Organism. d. Sprache*, § 31, 2ᵉ édit., et qu'avait devinée Ammonius dans son commentaire sur le *de Interpretatione* d'Aristote, ch. 1, où il dit que l'adjectif, parce qu'il exprime le prédicat dans la proposition, s'appelle ῥῆμα, verbe. La qualité exprime la causalité, inhérente à la substance et qui a concouru, par le mouvement, à la produire. L'adjectif, qui exprime la qualité, est d'essence vraiment verbale ; mais la qualité qu'il exprime, détachée de son sujet, n'a pas la même force que celle qui s'est fixée dans le nom, où elle a pris, sous la forme grammaticale, au moins, l'apparence d'une substance qui existe par elle-même. L'adjectif ne peut marcher tout seul : le nom peut se suffire à lui-même.

il ne faut pas qu'elles expriment des idées qui n'ont pas de fonction propre là où on les emploie, ou qui contrarient même l'ensemble de la pensée et nuisent à l'effet total; il ne faut pas qu'elles soient trop longues ni trop nombreuses [1]; car par leur dimension et par leur nombre l'attention de l'esprit est attirée sur elles, et comme par leur nature même elles ont moins de force, moins de sang, moins de vie que le substantif, elles en affaiblissent le sens au lieu de le fortifier et dégradent l'éclat des couleurs qu'on s'attendait à les voir rehausser [2]. C'est pourquoi c'est un grand art de savoir non seulement les choisir, mais les bien placer, et à moins d'un effet particulièrement visé, à moins qu'elles n'aient un sens d'une force rare, il faut éviter de les mettre à la fin d'une période, où l'on attend un mot de valeur. On éprouve alors une déception qui se change vite en dégoût [3] ; on sent l'artifice, le jeu puéril et poétique dont on voudrait nous faire dupes, et on s'y dérobe en refusant de suivre l'orateur. C'est comme dans ces armées des rois de l'Orient, où il y a plus de valets que de soldats et où le nombre n'a pas augmenté les forces de combat [4]. Dans tous les genres oratoires, mais surtout dans les genres sérieux et pratiques, il faut garder, dans l'emploi de cette figure, une mesure sévère. Se servir d'épithètes non pas en guise d'assaisonnements, mais en guise d'aliments [5], c'est tomber dans le faux style, dans le mauvais goût, pire encore qu'une diction sans art et sans grâce ; car si l'une est dépourvue de beauté, l'autre est déshonoré par des défauts, comme enlaidi par des infirmités souvent ridicules

---

[1] Ar., *Rh.*, III, 3, 3 (τὸ ψυχρόν) ἐν τοῖς ἐπιθέτοις· τὸ ἢ μάκροις ἢ ἀκαίροις ἢ πύκνοις χρῆσθαι.

[2] Voltaire multiplie dans ses tragédies ces épithètes :
> Est-ce là cette reine *auguste* et *malheureuse*,
> Celle de qui la gloire et l'infortune *affreuse*
> Retentit jusqu'à moi...

[3] Ar., *Rh.*, III, 3, 3. ἂν ᾖ κατακορῆ, ἐξελέγχει καὶ ποιεῖ φανερὸν ὅτι ποίησίς ἐστιν.

[4] Quintil., VIII, 6. Similem agmini totidem lixas habenti quot milites quoque, in quo et numerus est duplex, nec duplum virium.

[5] Ar., *Rh.*, III, 3. οὐ γὰρ ὡς ἡδύσματι χρῆται, ἀλλ' ὡς ἐδέσματι.

et grotesques[1], en même temps qu'il devient obscur par son abondance stérile. Car les mots qu'on ajoute à une expression claire et comprise, s'ils sont insignifiants, en troublent la clarté[2]. Il faut en dire autant d'un procédé qui a beaucoup d'analogie avec l'emploi des épithètes; je veux parler de celui qui consiste à exprimer les choses par plusieurs substantifs, ou à les qualifier par plusieurs adjectifs synonymes. Ce procédé éveille l'attention, et concourt par suite à la clarté de la pensée. Il est rare en effet qu'un seul mot suffise à exprimer complètement le groupe de représentations qui entrent dans l'unité d'une idée. La signification des synonymes ne se couvrant jamais complètement, nous sommes obligés de nous arrêter sur chacune des représentations qu'ils expriment, de les opposer entr'elles; ce qui rend, s'ils sont bien choisis, la pensée plus précise, plus complète, parce qu'on a pu envisager la chose sous plusieurs aspects, la montrer par plusieurs faces, et pénétrer plus intimement dans sa nature et son essence.

§ 2. — *Les Tropes*[3].

Nous avons déjà dit que les tropes donnent au style une forme particulière, en ce qu'ils consistent à faire dévier, à détourner un mot de sa signification propre, à en changer le sens traditionnel et fixé par l'usage. Il frappe sur un seul mot[4]; mais ce mot ne reçoit sa signification figurée que dans

---

[1] Id., *id.* τῇ ἀπρεπείᾳ τὸ γελοῖον καὶ τὸ ψυχρὸν ἐμποιοῦσι.

[2] On peut ajouter à la classe des épithètes les diminutifs, les mots insignifiants, qui servent à atténuer le bien comme le mal, mais où il faut bien observer la mesure; on s'en sert également pour exprimer la tendresse, car tout ce qui est petit et faible semble attirer une pitié ou une affection plus tendre.

[3] Aristote ne connaît pas ce terme et semble confondre tous les tropes sous le nom commun de métaphores. Les latins ont les expressions *tropi*, *mores*, modi, motus : Cicéron définit le trope (*Brut.*, 17), verborum immutatio. Plutarque (*de Homer. poes.*), ἡ μὲν τῶν λέξεων ἐκτροπὴ καλεῖται τρόπος.

[4] Alexandr., p. 574. περὶ ἓν ὄνομα γίνεται ἀρετή. Tryph., *Sp.*, II, p. 191. κατὰ παρατροπὴν τοῦ κυρίου.

le tissu du discours : isolé, la déviation n'aurait pas lieu ou ne serait pas comprise. Si je dis *les orages du cœur*, il y a un trope ; car je conçois immédiatement que le mot *orage* n'est pas pris dans son sens propre ; mais si j'isole le mot du tissu de la pensée et du contexte de la phrase, rien ne m'apprendra que le mot est pris dans un sens figuré. Ce n'est donc pas par lui-même et par lui seul que le trope fait figure, c'est par ses relations logiques et mentales. Ce sont ces rapports aperçus et affirmés qui sont la cause de la déviation du sens : c'est le rapport de l'idée *cœur* à l'idée *orage* qui force ce dernier mot à changer sa signification habituelle, ou plutôt qui force l'esprit, obéissant au mouvement général de la pensée, de détourner le mot de sa fonction propre et de lui en donner une autre que lui imposent ses relations nouvelles. On n'a pas assez remarqué le fait, et il est cependant important à relever : car c'est une des causes, et peut-être la plus considérable du plaisir que le trope nous procure, et qui est dû à l'activité intellectuelle mise en jeu par l'effort d'établir les relations logiques entre deux idées ou deux groupes de représentations : ce qui ne peut avoir lieu que par une modification imprimée à l'une d'elles. Tout plaisir, et le plaisir de l'esprit en particulier, est lié à un acte, le stimule et l'achève, et en est l'accompagnement nécessaire et la récompense. Aristote définit la métaphore : « l'imposition d'un nom qui n'appartient pas à la chose signifiée » : ce mouvement de sens a lieu ou du genre à l'espèce ou de l'espèce au genre, ou de l'espèce à l'espèce, ou suit la loi de l'analogie [1]. L'usage actuel déjà établi du temps de Cicéron [2] n'applique le nom de métaphore qu'aux deux dernières catégories ; les deux premières constituent ce que nous appelons la *synecdoche*, et la troisième même pourrait être considérée comme un cas de la *métonymie* ou *hypallage*.

---

[1] Ar., *Poët.*, 21. κατὰ τὸ ἀνάλογον. *Rh.*, III, 10, 7. C'est la plus belle des métaphores avec celle qu'Aristote en distingue et qu'il décrit, πρὸ ὀμμάτων.

[2] *De Or.*, III, 38.

Quoi qu'il en soit, la *métaphore*, même dans le sens large où l'entend Aristote et dans sa doctrine, repose sur des rapports de ressemblance et d'analogie. L'heureux don d'inventer des métaphores n'est autre chose que la faculté de voir des rapports nouveaux, de rapprocher par des caractères communs des choses qui jusque-là paraissaient différentes [1]. C'est le signe d'une imagination vive, du génie poétique et du génie de l'éloquence, et la marque de l'originalité ; car une métaphore empruntée n'a aucune force ; il faut l'inventer soi-même pour qu'elle ait quelque prix [2].

Nous disons que dans la métaphore le mot perd son sens propre, au moins en partie : qu'est-ce cela veut dire ? L'usage a fait entrer dans la signification d'un mot un certain groupe de représentations associées et dans une certaine mesure liées. Mais l'esprit et l'imagination de l'orateur comme du poète sont pleins de représentations qu'ils conçoivent associées à ce groupe et que personne n'y avait associées avant eux. Les troubles dans les conditions de l'état de l'atmosphère et les phénomènes matériels qui s'y rattachent sont amenés à la conscience par des représentations liées entre elles ; les troubles dans les conditions de l'état moral de l'âme et les phénomènes internes qui s'y rattachent sont amenés à la conscience par certaines autres. L'imagination, où ces deux groupes de représentations entrent en contact par certains côtés, se pénètrent et se lient l'un à l'autre, est une imagination métaphorique. Cette pénétration peut avoir lieu dans les deux sens, c'est-à-dire que si les représentations qui nous donnent l'idée de l'orage peuvent s'associer et se combiner avec celles qui nous donnent l'idée du cœur, la réciproque, le renversement doit être possible [3].

---

[1] *Poet.*, 22. τὸ γὰρ εὖ μεταφέρειν τὸ ὅμοιον θεωρεῖν ἐστι. *Top.*, VI, 2. πάντες γὰρ οἱ μεταφέροντες κατά τινα ὁμοιότητα μεταφέρουσιν.

[2] *Poet.*, 22. πολὺ δὲ μέγιστον τὸ μεταφορικὸν εἶναι· μόνον γὰρ τοῦτο οὔτε παρ' ἄλλου ἐστι λαβεῖν εὐφυΐας δὲ σημεῖόν ἐστι, *Rhet.*, III, 2, 8.

[3] Ar., *Rh.*, III, 4, 4. αἰεὶ δὲ δεῖ τὴν μεταφορὰν ἀνταποδιδόναι καὶ ἐπὶ θάτερα καὶ ἐπὶ τῶν ὁμογενῶν. Demetr. (*de Eloc.*, § 79, *Sp.*, III, 280) fait observer que

De même qu'on peut attribuer des orages au cœur, de même on peut attribuer un cœur à l'orage et les phénomènes psychologiques qui s'y rattachent : on dira donc également : les colères de l'orage et les orages de la colère. Dans beaucoup de métaphores l'association des représentations des deux groupes n'est pas directe ; la ressemblance est saisie, non pas tant entre les représentations mêmes confondues que plutôt entre les rapports d'où sont tirées ces représentations : c'est ce qu'Aristote appelle le rapport analogue, ou la métaphore par proportion.

J'appelle, dit-il, proportion le double rapport qui s'établit entre le premier terme a et le second terme b, d'une part, et entre le troisième c et le quatrième d, d'autre part ; on a alors $a : b :: c : d$, de manière qu'on puisse prendre le quatrième terme pour le second, ou le second pour le quatrième. Ainsi la jeunesse n'est pas à proprement parler semblable au matin ; mais ce que le matin est au jour, la jeunesse l'est à la vie. L'égalité des deux rapports justifie la métaphore : la jeunesse est le matin de la vie, et en renversant les rapports : le matin est la jeunesse du jour[1].

L'effet de la métaphore dans l'art oratoire est des plus puissants[2], et il est d'autant plus utile de savoir user de ce procédé que le nombre des moyens dont peut se servir l'orateur est plus restreint. Elle nous fait pénétrer plus avant dans le sens intime des choses[3], agrandit l'horizon de nos idées,

---

la loi de réciprocité n'est pas constante : « οὐ πᾶσαι μέντοι ἀνταποδίδονται : car, par exemple, le stratège, le pilote, le cocher tombent bien tous dans le genre de guides, de directeurs, et l'un peut être substitué à l'autre. On dira : le stratège est le pilote de l'État, et le pilote le stratège du navire ; mais parce qu'on appelle pied l'ὑπώρεια d'une montagne, on ne pourra pas appeler ὑπώρεια le pied d'un homme. »

[1] *Poet.*, 21. ὁ γῆρας πρὸς βίον καὶ ἑσπέρα πρὸς ἡμέραν· ἐρεῖ τοίνυν τὴν ἑσπέραν ἡμέρας καὶ γῆρας ἑσπέραν βίου, ou comme Empédocle, δυσμὰς βίου. Le soir et la vieillesse tombent sous le même genre, ὁμογενῆ ; car le genre est ici l'idée générale d'état de déclin, de décadence, de fin dernière. Les deux idées ne se pénètrent pas, car elles sont étrangères l'une à l'autre ; mais on établit deux rapports dont apparaît l'égalité. Steinthal, *Einleit. in die Psychologie*, p. 16.

[2] *Rh.*, III, 2, 8. τοῦτο πλεῖστον δύναται.

[3] *Id.*, id. τὸ σαφὲς ἔχει. *Top.*, VI, 2. ποιεῖ πῶς γνώριμον τὸ σημαινόμενον. *Rh.*, III, 10. ἐποίησε μάθησιν καὶ γνῶσιν.

aiguise notre esprit, illumine vivement, soudainement comme un éclair ou une fusée lumineuse, les représentations qu'elle lie : mais, comme l'éclair, sa lumière est momentanée, et si elle prolongeait son action, son éclat trop vif et trop continu éblouirait et aveuglerait. Si tout était métaphorique dans l'élocution, la pensée deviendrait une énigme[1]. Elle demande donc une certaine sobriété dans son emploi, parce qu'elle détourne le cours de la série primitive des pensées[2]. Précisément parce qu'elle jaillit d'un mouvement soudain, elle est le trope de la passion et de l'imagination : de là sa puissance d'émotion communicative. Elle a le charme de l'imprévu qui étonne, semblable à une modulation inattendue dans le développement d'un thème musical: elle plaît par la nouveauté, l'originalité des rapports qu'elle nous fait soudainement saisir[3], et parce qu'elle nous transporte hors des trivialités du langage ordinaire, comme des triviales relations de la réalité. C'est un autre monde, une autre terre, d'autres cieux qu'elle nous ouvre : elle les met sous nos yeux, ou du moins les peint et les imite si bien qu'on a comme l'illusion de la réalité et qu'on ressent comme l'effet d'une sensation : car elle reproduit, représente à l'esprit et construit une série d'actions, une suite de mouvements avec toute la richesse du coloris et le relief des formes[4]. Voilà comment elle anime et vivifie le style, lui donne un corps, un esprit, un visage, le dramatise par les émotions et les actions de ses personnages fictifs. C'est l'association des représentations qui est le principe de toute métaphore, l'association qui n'est pas seulement une opération mais une force, ἐνέργεια.

[1] Ar., Poet., 22. τοὺς πάντα μεταφέροντας αἰνίγματα γράφειν... ἂν μὲν οὖν ἐκ μεταφορῶν ἅπαντα αἴνιγμα, Rhet., III, 2. μεταφοραὶ γὰρ αἰνίττονται.
[2] Demetr., de Eloc., § 78. μὴ μέντοι πυκναῖς.
[3] Cic., Or., 39. Qui motus cogitationis celeriter agitatus per se ipse delectat.
[4] Rhet., III, 2. τὸ ἡδὺ καὶ τὸ ξενικὸν ἔχει. Id., II. πρὸ ὀμμάτων ποιεῖ. Id., 10. ὅσα τῶν ὀνομάτων ποιεῖ μάθησιν ἥδιστα. On a remarqué que par cela qu'elle ne suppose aucune combinaison réalisée de représentations, elle est le trope auquel sont obligées de recourir les langues dans la période de leur enfance. Mais, dans cet état d'organisation imparfaite du langage, où il n'y a pas de mot propre, il ne peut y avoir place pour le mot métaphorique.

Cicéron, en en faisant l'application au genre des facetiœ[1], peint cette vertu supérieure et souveraine du style qui représente les choses comme se passant en réalité sous nos yeux, ὡς ἤδη ἐνεργοῦντα ὁρᾶν, dans les termes suivants : « Est autem hæc hujus generis virtus ut ita facta demonstres ut mores, ut sermo, ut vultus omnes exprimantur, ut iis qui audiunt *tum* geri illa fierique videantur ». Lessing[2] dit : « Le poète (disons ici l'orateur), veut exciter en nous des idées si vives des objets que dans le premier moment nous nous imaginions éprouver les véritables impressions sensibles des objets mêmes : il veut que l'illusion fasse disparaître les moyens mêmes qui la produisent et nous fasse oublier les paroles dont il s'est servi. »

Aristote consacre à la métaphore tout un chapitre[3] : Faire voir les choses, dit-il, c'est les exprimer agissantes, ἐνεργοῦντα, en mouvement[4], car l'acte est mouvement : par exemple, dire d'un parfait honnête homme qu'il est carré, τετράγωνος, c'est une métaphore : car le carré est une figure géométrique parfaite, mais qui n'exprime pas la vie et l'acte, οὐ σημαίνει τὴν ἐνέργειαν, tandis que lorsqu'Isocrate dit[5] : l'âge florissant, c'est une métaphore qui exprime l'acte, l'acte de la plante vivante, qui croit et fleurit. C'est par la métaphore qu'on fait vivre les choses sans vie, qu'on donne une âme aux choses sans âme, le mouvement et l'action aux choses inertes et immobiles, τὸ τὰ ἄψυχα ἔμψυχα ποιεῖν... ἐνεργοῦντα, κινούμενα, ζῶντα.

Nous avons déjà dit qu'il faut tirer les métaphores d'objets qui ont avec la chose à désigner une sorte d'affinité, mais qui n'est pas visible à tous les yeux. C'est dans ce choix que

---

[1] *De Or.*, II, 59.
[2] *Laocoon*.
[3] *Rh.*, III, 11,
[4] Plut., *an Pythia*, p. 398, a. « Aristote dit qu'Homère seul a su par la vie et l'acte, διὰ τὴν ἐνέργειαν, mettre les mots en mouvement, κινούμενα ποιεῖν τὰ ὀνόματα.
[5] *Philipp.*, § 10.

consiste la sagacité, la vivacité ingénieuse de l'orateur de talent, εὐστόχου : c'est par ce choix que nous donnons au style la force, la majesté, la grandeur, la noblesse, le mouvement entraînant, la grâce et la beauté : car la beauté est la forme de la vie, et la grâce est la beauté en mouvement.

La qualité qu'Aristote appelle ἀστεῖα, c'est-à-dire l'esprit et l'élégance en vient également : la métaphore enferme au premier abord une sorte de déception, d'imposture. Il semble qu'en nommant une chose pour une autre, on nous en impose par une ressemblance que nous ne reconnaissons pas immédiatement et qui nous oblige à un effort de réflexion, à la suite duquel nous avons conscience d'avoir appris quelque chose, et de l'avoir appris précisément par l'opposition des deux groupes de représentations [1]. Notre esprit se dit à lui même : C'est pourtant vrai, et moi, qui ne le voyais pas! C'est la joie d'une découverte dans le monde des idées.

La métaphore est encore la cause du plaisir que nous font les apophthegmes, formes sentencieuses, sans généralité, sans visée morale, aiguisées par un trait d'esprit où l'on ne dit pas ce que l'on a l'air de dire, ou on le dit dans un autre sens [2] : — les énigmes bien faites qui nous apprennent quelque chose ; — les originalités de tour et d'expression qui surprennent, car il faut surprendre l'auditeur si on veut lui plaire comme si on veut le toucher : il faut le frapper désarmé [3] : — les saillies imprévues, les jeux de mots dont on détourne le sens ou dont on le change par l'addition ou le retranchement d'une seule lettre, et qui sont par là en oppo-

---

[1] διὰ τὸ ἐναντίως ἔχειν.
[2] ἐκ τοῦ μὴ, ὃ φησι λέγειν... οὐχ οὕτω λέγει ἀλλ' ἄλλως.
[3] κατὰ λέγειν... παράδοξον, παρὰ προσδοκίαν, παρ' ὑπόνοιαν. Quintil., VIII, 5 Ex inopinato. Cic., de Or., II, 63. Jocus praeter exspectationem. Cette figure produit aussi des effets du plus haut comique, et Hermogène (Μέθοδος δεινότητος, p. 453) la considère comme le premier et le plus sûr moyen τοῦ κωμικῶς λέγειν καὶ πράττειν. Les deux autres sont la métaphore qui parodie les choses, et la métaphore empruntée à un ordre de représentations absolument contraires à la nature des choses dont on parle. Le contraste fait rire. C'est l'antiphrase qui peut servir à d'autres fins et forme souvent euphémisme.

sition, en contradiction avec la pensée [1]; — les mots à double entente [2]; — les antithèses vives qui aiguisent la pensée [3]. Tous ces jeux, souvent puérils, ont parfois aussi leur agrément, à la condition que la métaphore qu'ils contiennent soit appropriée à la personne et à la chose : car c'est dans cette appropriation que consiste sa valeur [4].

Le mérite de la métaphore dans toutes ces fonctions est encore relevé par l'antithèse, parce que l'opposition violente ou vive des idées en fait mieux, par une sorte de choc, ressortir le sens, tandis que la forme parallélique de la construction le fait comprendre plus rapidement.

Dans l'emploi de cette figure, il faut toujours considérer soigneusement les personnes auxquelles on s'adresse, la correction de la figure même, la justesse de la pensée qu'elle exprime et qui doit toujours contenir un fond de vérité : il faut enfin éviter la banalité. Toutes ces conditions ne sont pas toujours faciles à réunir, et l'agrément du style, ἀστεῖα, est d'autant plus grand qu'il y en a un plus nombre de réunies, c'est-à-dire quand le style est riche en métaphores, en métaphores de bon aloi, contenant une opposition réelle d'idées, dans une phrase de structure périodique, enfin et surtout lorsque par l'artifice du style les choses vivent et agissent, sentent, pensent, parlent, ἔχοι ἐνέργειαν.

La métaphore cependant peut substituer le nom d'une chose inanimée à celui d'une chose inanimée et même à celui d'une chose animée, et si les plus belles, celles qu'on appelle κατ'ἐνέργειαν sont celles qui substituent le nom d'une chose animée à celui d'une chose également animée et surtout à celui d'une chose inanimée, les autres ne sont pas dépouillées de tout agrément ; par exemple, dans ce passage de Xéno-

---

[1] ὃ οὐκ ἂν ᾠήθης τις ἐρεῖν τοῦτ'εἴρηται καὶ ἐγνώσθη ὅτι ἀληθές.
[2] ὁμωνυμίαι.
[3] ὀξύμωρον, par exemple : l'accouplement d'un sujet et d'une qualité qui en nie l'essence : πίστις ἀπιστωτάτη. Quum tacent, clamant. Cic., Catil., t. 8.
[4] προσηκόντως... τότε εὖ.

phon : « Quand ils se mirent en mouvement, on vit *onduler les rangs* de la phalange, ἐξεκύμηνέ τι τῆς φάλαγγος », la phalange vivante est comparée à une mer, chose inanimée, et au mouvement de ses flots. Il est bon parfois, par des épithètes, de corriger des métaphores trop hardies ou de compléter le sens de métaphores trop peu claires[1] ; mais en les développant il faut se garder de les transformer en une sorte d'allégorie, qui ne convient pas au genre oratoire [2].

La métaphore est l'art même du style : c'est la grâce et la beauté des mots, dit Théophraste [3]; car le principe du charme du style, outre la noblesse des idées, outre l'harmonie des sons, vient surtout de la métaphore, par la beauté des images qu'elle présente à l'esprit [4].

Mais pour qu'elle produise ces grands effets, il faut qu'elle soit en harmonie et en proportion avec les idées, c'est-à-dire fondée sur des associations naturelles, des rapports clairs, des ressemblances et des analogies véritables [5], qu'elle ne soit pas ambitieuse en dépassant soit la mesure du sujet, soit la mesure et la portée de l'auditoire, soit la mesure de notre propre esprit, dont il faut bien connaître et mesurer les forces [6]. Sans cette convenance, on tombe dans le faux goût, dans la manière, dans la froideur, dans le ridicule, comme il arrive dans ces métaphores dont la pompe solennelle et la hauteur tragique, dans des sujets qui ne les comportent pas, sont choquantes et risibles [7]. Si la pourpre convient à la jeunesse et à la beauté, un si riche vêtement ne convient pas

---

[1] Demetr., *de Eloc.*, Sp., t. III, p. 280.
[2] Cf. sur la métaphore : Pott dans la *Kuhn's Zeitschrift.*, t. II. Les métaphores tirées de la vie, et Gerber : La langue comme art : *Die Sprache als Kunst*, t. I, p. 370.
[3] Demetr., *de Eloc.*, § 173-175.
[4] Id., *id.* ὅσα γὰρ ὁρᾶται ἡδέως, ταῦτα καὶ λεγόμενα καλά ἐστι.
[5] *Rh.*, III, 7. ἀνάλογον τοῖς πράγμασι... εὐκαίρως... μὴ πᾶσιν ἅμα... III, 2, 8. ἁρμοττούσας, πρέπουσας.
[6] ἰσοσθένεσι. Anon, *Rh Gr.*, VII, 49.
[7] *Rhet.*, III, 3. ἀπρεπεῖς· αἱ μὲν διὰ τὸ γελοῖον, αἱ δὲ διὰ τὸ σεμνὸν ἄγαν καὶ τραγικόν.

à la vieillesse. On peut choisir les rapports sur lesquels se fonde la métaphore dans l'ordre des choses nobles, si l'on veut relever le sujet ; dans l'ordre des choses triviales, si on le veut rabaisser ; mais il faut toujours, à moins qu'on ne veuille produire un effet d'harmonie imitative, choisir des mots agréables à l'oreille, des images qui charment le sens de la vue ou tout autre sens [1]. Il ne faut pas non plus les tirer de loin, car elles seraient obscures, mais de choses de même genre et de même espèce [2], dont le rapport toutefois ne soit pas non plus trop clair et trop frappant. Aussi, certaines énigmes ou phrases énigmatiques se justifient quand la chose métaphoriquement désignée n'a pas de nom propre.

De même on peut des énigmes tirer de belles métaphores : car au fond la métaphore pose toujours une sorte d'énigme, mais une énigme claire et facile à deviner lorsque la métaphore est bien inventée. C'est alors que nous avons, sans un effort laborieux et sans que la clarté en souffre, le plaisir de découvrir de nouveaux rapports, c'est-à-dire d'acquérir de nouvelles connaissances [3]. Mais il ne faut pas que la métaphore repose sur de fausses relations, sur des ressemblances ou analogies forcées ou même qui n'existent pas, qu'elle s'efforce de mettre en rapport les représentations trop étrangères l'une à l'autre : car l'esprit ne pourrait pas, ou ne pourrait pas sans peine les rapprocher et opérer la substitution. D'un autre côté il n'est pas moins nécessaire d'éviter des rapprochements vulgaires, des relations superficielles ou banales, connues de tout le monde, qui n'apprennent rien à personne : car alors la métaphore ne causerait plus aucune impression [4].

---

[1] *Id.*, III, 2. ἀπὸ καλῶν ἢ τῇ φωνῇ ἢ τῇ δυνάμει ἢ τῇ ὄψει ἢ ἄλλη τινὶ αἰσθήσει (j'entends par δυνάμις la plénitude du sens, la force de l'expression). C'est ce qui constitue la beauté de l'expression, κάλλος ὀνόματος.

[2] *Id.*, III, 2. οὐ πόρρωθεν... III, 3. ἀστρεῖς δὲ ἂν πόρρωθεν. *Id.*, III, 11. ἀπὸ οἰκείων καὶ μὴ φανερῶν.

[3] *Rh.*, III, 10. ὅσα τῶν ὀνομάτων ποιεῖ ἡμῖν μάθησιν ἥδιστα.

[4] *Id.*, μήτ' ἀλλοτρίαν· χαλεπὸν γὰρ συνιδεῖν· μήτ' ἐπιπόλαιον· οὐδὲν γὰρ ποιεῖ πάσχειν.

La métaphore est un tableau, une peinture : elle est essentiellement pittoresque ; mais cela ne veut pas dire que le sentiment de la nature [1], qu'elle excelle à exprimer, ait sa place dans aucun des genres oratoires : on ne l'y rencontre que très rarement. J'en veux citer un exemple d'Antiphon [2] : οἱ δυστυχοῦντες, ὁπόταν μὲν ὑπὸ χειμῶνος πονῶσιν, εὐθὺς γενομένης παύονται. Il ne faut pas s'en étonner, le pittoresque et le sentiment de la nature font partie de la poésie et des arts de luxe, qui ne visent qu'à plaire et ne dissimulent point leur intention. L'éloquence peut plaire, elle doit plaire : elle ne doit jamais laisser voir ce désir et révéler qu'elle poursuit cette fin.

La *comparaison* [3] diffère peu de la métaphore : ce n'est même qu'une métaphore développée, compliquée [4], comme la métaphore peut être dite une comparaison abrégée. Elles ont l'une et l'autre les mêmes sources et sont sujettes aux mêmes règles. Mais la comparaison convient plus à la poésie où elle abonde, qu'à l'éloquence où elle a rarement sa place, précisément parce qu'elle est d'un effet trop poétique. Ces deux procédés peuvent facilement se transformer l'un dans l'autre. Une bonne métaphore peut être convertie en une belle comparaison, et une bonne comparaison en une belle métaphore : car la comparaison est une métaphore complétée par une forme grammaticale [5], ou développée par une phrase entière. C'est pour cela, à savoir qu'elle a une étendue plus développée, qu'elle a moins de charme : elle ne prend pas la forme claire d'une proposition catégorique : elle ne nous dit pas : ceci est cela, mais ceci est comme cela : or ce n'est pas un à peu près que réclame l'esprit [6] et qui le satisfait : il veut une connais-

---

[1] Secretan., *Du Sentiment de la nature dans l'antiquité*, 1866.
[2] 1ʳᵉ Tétralogie.
[3] εἰκών, simile.
[4] Demetr., *de Eloc.*, III, 284 μεταφορὰ πλεονάζουσα.
[5] La conjonction *comme*, ὡς, qu'Aristote appelle πρόσθεσις, III, 10. μεταφορὰ διαφέρουσα προσθέσει. Volkmann, p. 156, lit : πρόθεσις.
[6] *Rh.*, III, 10. οὐδὲ τοῦτο ζητεῖ ἡ ψυχή... τὸ γὰρ μανθάνειν ἡδὺ φύσει πᾶσιν. On y voit trop l'opération de l'esprit qui rapproche et qui compare ; elle est plus artificielle et ne naît pas des choses mêmes.

sance précise, une affirmation nette, sans réserve, en même temps que rapide, et c'est ce que lui donne la métaphore ; aussi la comparaison n'a-t-elle de mérite que lorsqu'elle contient une métaphore par analogie, et c'est le cas quand il y a possibilité de renversement, de conversion des termes [1].

La *métonymie*, dont Aristote ne connait pas le nom et qu'il confond avec la troisième espèce de métaphore par laquelle on désigne une chose qui forme espèce par le nom d'une autre espèce, est aussi nommée *hypallage* [2] : elle consiste dans l'emploi d'un substantif à la place d'un autre, et désigne, suivant la définition de Tryphon, un synonyme par un homonyme, c'est-à-dire met un mot qui a plusieurs significations à la place d'un mot d'une signification identique [3]. Elle tire d'un groupe ou d'une série de représentations hétérogènes, un membre, par lequel elle agit sur les autres: elle suppose évidemment une association entre ces représentations, qui les a rapprochées ; mais l'origine de cette fusion est indifférente à l'esprit même qui l'a produite, et n'intéresse pas le fond des idées, le contenu intelligible de ces représentations. On peut ainsi désigner les inventions par le nom des inventeurs, le contenant par celui du contenu, les armées par celui de leurs généraux. Dans le style oratoire, comme dans le style poétique, elle est d'un effet médiocre: car elle n'amène point à la conscience ni des rapports nouveaux ni de nouvelles idées ; elle ne construit rien, ne perçoit rien, ne fait vivre rien [4].

La *synecdoche* en a un plus grand : elle aussi détache d'un groupe de représentations et met en relief un membre de ces

---

[1] ὅταν ἀποδίδωσι.
[2] *Rh. ad Her.*, IV, 32. Denominatio.
[3] Tryph., p. 195. ἀπὸ τοῦ ὁμωνύμου τὸ συνώνυμον δηλοῦσα, et Théon, *Progymn.*, définit l'homonymie, ὅταν ἓν ὄνομα δύο ἢ τρία σημαίνει ἢ καὶ πλείω.
[4] Il y a bien peu de différence à dire que les Prussiens à Iéna ont été vaincus par Napoléon, ou de dire qu'ils l'ont été par les Français, si ce n'est qu'on apprend que les Français étaient commandés par Napoléon : ce que peu de personnes ignorent.

représentations qui les reproduit toutes à la conscience. Mais le groupe où elle choisit ce membre détaché est lié, au moins partiellement, par une ressemblance intime de ses membres, et par là la synecdoche opère simultanément avec la médiate une reproduction immédiate de représentations : ce qui est la cause du plaisir et de l'intérêt qui résultent de l'emploi de cette figure. Elle prend ainsi un caractère intellectuel, logique, sans prendre la forme sèche et froide de l'abstraction. On s'explique par là le sens du terme technique συνεκδοχή, car la figure enveloppe et embrasse une série ou un groupe lié de représentations, reproduits à la conscience par l'une d'entre elles, et le mot latin *intellectio*, par lequel la désigne la *Rhétorique à Hérennius*[1]. La synecdoche en effet nous fait *comprendre* le tout d'une chose par l'une de ses parties, non par l'une quelconque, mais par la partie qui domine dans le groupe soit par son importance relative, soit par son importance absolue ; tantôt elle indique la partie par le nom du tout qui l'enveloppe et la contient, la fin par les moyens, et les moyens par la fin. Les deux derniers procédés ne sont pas également efficaces, et il n'est pas indifférent d'employer l'un ou l'autre. Les instruments, comme l'a remarqué Steinthal, les matériaux, les moyens rappellent plus facilement la fin à laquelle ils sont destinés que cette fin ne les rappelle : à la vue des bois et des pierres de construction amenés dans un chantier, on pense plus facilement à l'édifice qu'ils serviront à construire que la vue de l'édifice construit ne reproduit à la conscience les matériaux divers dont il est formé. Steinthal l'explique en disant que l'âme suit plus facilement le cours du mouvement réel des choses qu'elle n'accomplit le mouvement inverse et régressif. Dans la fin l'âme trouve un repos, dans lequel elle demeure volontiers : dans la vue des moyens, elle est excitée par eux à poursuivre, à continuer le mouvement qu'ils exigent. Il serait plus simple

---

[1] IV, 33.

et plus clair de dire qu'en toutes choses la fin satisfait l'intelligence, puisque c'est toujours la fin qu'elle poursuit ; que les moyens n'ont de valeur qu'en elle et par elle, et qu'aussitôt qu'elle est réalisée, ils se fondent et pour ainsi dire disparaissent en elle.

Il en est de même des rapports inverses du tout et des parties : le tout ramène plus difficilement l'idée des parties que les parties ne ramènent l'idée du tout. Le tout est une sorte de fin que les parties invitent l'esprit, l'obligent même à réaliser par un mouvement qui tend au tout. La partie est inintelligible sans le tout auquel elle appartient : le tout est complet, c'est un objet indépendant où l'esprit se repose satisfait et dans la contemplation duquel il n'éprouve pas le besoin de se mouvoir : il en jouit.

Mais il faut bien remarquer que ces mots : moyens et fin, tout et parties, expriment moins la réalité objective que les habitudes ou les lois de notre esprit, c'est-à-dire quelque chose de subjectif. C'est par suite de ces habitudes que le moyen a uniquement le sens de servir à une fin ; mais cette fin porte en soi sa valeur par la jouissance qu'elle promet, c'est-à-dire parce que subjectivement et relativement le but est plus important. S'il s'agit de cause et d'effet, on accorde volontiers que l'esprit rappelle plus facilement la cause que l'inverse. L'âme part de la représentation de l'état, de la chose arrivée, réalisée, en repos, et retourne sur ses pas pour se représenter le devenir même, l'activité nécessaire pour réaliser un mouvement. Mais il n'en est pas toujours ainsi ; très fréquemment on perçoit des états sans s'inquiéter de leur cause, et ce n'est que là où nous sommes habitués à considérer les états comme des effets que la pensée s'inquiète d'en chercher la cause : ce qui, pour l'âme, a la valeur et le plaisir d'un arrêt de mouvement, d'un repos, dépend de l'habitude.

La synecdoche a l'avantage de jeter de la variété dans le discours en faisant comprendre l'un par le multiple, l'espèce par le genre, l'antécédent par le conséquent, la cause par l'effet, la matière par la forme, les moyens par la fin et réciproquement. L'orateur peut, à cause de cette variété même, s'en servir utilement, mais à la condition d'en faire un usage prudent et sobre. Les Grecs en comptaient 13 espèces dont l'énumération et la distinction causeraient plus d'ennui que de profit. Quelques rhéteurs y rattachaient *l'antonomase*, qui désigne une chose par une qualité accidentelle, au lieu d'employer son nom propre [1]. J'en ai entendu faire une application dont l'impression ne s'effacera jamais de ma mémoire. M. Thiers était à la tribune de l'Assemblée nationale et à la suite de je ne sais quelle interruption, demandait aux partis de faire trêve à leurs divisions, à leurs passions, à leurs haines : à la fin de ce développement grave mais calme, il lui échappa tout à coup ce cri : « *par pitié pour ce noble blessé.* » La France n'avait pas été nommée : mais cette désignation de la patrie par les blessures dont elle était toute saignante et par la noblesse de son glorieux passé, souleva dans la salle entière un frémissement silencieux, profond, douloureux, et je ne crois pas que jamais un plus grand effet oratoire ait été produit par un procédé plus simple et plus naturel, qui, malgré sa brièveté, unissait à *l'antonomase* la force et la vie de la *métaphore*.

Le *proverbe* est une métaphore qui passe du nom d'une espèce au nom d'une autre espèce. Les belles *hyperboles* sont également des métaphores. L'exagération est une sorte de violence et de force plus apparente que réelle. τὸ πολὺ σφόδρα. C'est pour cela que *l'hyperbole* [2] a quelque chose de puéril, μειρακιώδης. La mesure est la force même, comme le calme est une beauté. La jeunesse est toujours et en toute chose emportée à l'excès. Bien que les orateurs à Athènes ne se fissent pas faute d'user de *l'hyperbole*, au dire d'Aristote, peut

---

[1] Tryph., *Sp.*, III, p. 204. διὰ συνωνύμων τὸ κύριον παριστῶσα. Charis., p. 273, per accidens proprium significans.
[2] Quintil., VIII, 6. Decens veri superjectio.

être ici trop sévère et généralisant trop, elle est messéante non seulement aux vieillards, mais à l'homme politique sérieux à qui l'expérience a dû apprendre la vraie mesure des choses. Tandis que la *litote* [1] dit moins qu'on ne veut suggérer, la *périphrase*, toujours en évitant le mot propre dit longuement la chose, l'exprime par plusieurs de ses caractères et la décrit au lieu de la nommer.

Les rhéteurs grecs ont certainement multiplié à l'excès, dans la théorie des figures, les classes, les genres, les espèces, les subdivisions désignées chacune par des noms particuliers. Toute théorie comporte une classification, et toute classification a besoin d'une technologie spéciale. Mais d'une part les divisions et subdivisions de la rhétorique des Grecs reposent souvent sur des subtilités qui ne répondent à aucune différence spécifique réelle ; on se perd, sans aucun profit ni intérêt pour l'esprit, dans le détail infiniment petit. D'autre part leur classification est tout empirique ; elle ne part d'aucun principe philosophique ; le principe de division est tout extérieur. Aucun lien méthodologique ne ramène à des lois ou à des règles générales les faits particuliers. Enfin s'il ne faut pas redouter l'emploi d'une langue spéciale pour désigner les idées d'une science spéciale, il est certainement inutile de les multiplier sans nécessité et à l'excès. L'inconvénient était moindre pour les Grecs que pour nous : ces noms de *catachrèse*, de *métalepse*, d'*onomatopée* et tant d'autres, étaient d'une clarté et d'une simplicité parfaites pour eux ; les racines, les suffixes, les flexions des mots, les éléments intégrants des composés donnaient l'idée de la figure, et presque sa définition. Il n'en est pas de même pour nous, et sans les prendre tout à fait pour des termes de chimie, leur nom sonne étrangement à nos oreilles, comme leur notion précise échappe au premier regard de notre esprit. Ce qu'Aristote dit des figures me paraît à la fois suf-

---

[1] λιτότης, simplicitas, tenuitas.

fisant et nécessaire [1]. Il serait étrange que la rhétorique qu'il a professée aux orateurs de l'époque de Lycurgue, d'Hypéride, d'Eschine et de Démosthènes parut incomplète aux lecteurs modernes ; tout, dans le passé, n'a pas également le droit de vivre ou de revivre. Ce n'est pas la crainte d'être incomplet que j'éprouve, et je voudrais espérer qu'on ne me reprochera pas de vouloir être trop complet.

§ 3. — *Les figures de pensée* [2].

Y a-t-il des figures de pensée ? Longin le niait expressément [3] « Ce qu'on nomme figures de pensée, par exemple : la Prodiorthosis, l'Aposiopésis, l'Ironie, l'Éthopée, sont à tort, d'après mon jugement, considérées comme des figures. Ce sont des idées, des arguments, des enthymèmes, des espèces de preuves, πίστεων εἴδη ». Il est certain que ces figures ne sont que des formes de la pensée ; la pensée est forme elle-même, et il est bien difficile de séparer ici la forme du fond.

Cæcilius de Calacta [4], dans son Traité des figures, sans nier l'existence réelle des figures de pensée, déclarait : « qu'elles ne conviennent pas à l'orateur, parce que celui-ci doit exprimer directement et sans artifice ses pensées [5] et qu'elles sont une forme détournée et faussée de la pensée comme du langage, contraire à la nature » du langage comme de la pensée [6]. Cette façon détournée de penser et de parler

---

[1] Pour une étude spéciale des figures. Conf., outre Vossius, Ernesti, Spalding, dans les *Indices* à Quintilien, G. Dzialas : *Rhetorum de Figuris doctrina. Progr.*, Breslau, 1869.

[2] τὰ κατὰ διάνοιαν σχήματα. Conf. H. Monse, *Veterum rhetorum de sententiarum figuris doctrina.* Bresl., 1869.

[3] Speng., t. I, p. 310. Il semble qu'Aristote ait partagé ce sentiment : du moins on pourrait le conclure de son silence à ce sujet, quoi qu'il soit vraisemblable que la distinction des figures de mots et des figures de pensée remonte à Théophraste.

[4] Phot., *Bibl. Gr.*, Cod. 259, et Phœbammon, Speng., III, p. 44.

[5] κατ' εὐθὺ καὶ ἀπλάστους.

[6] Speng., Συναγωγή, p. 12. Phœb., Sp., III, 44. τροπὴ εἰς τὸ μὴ κατὰ φύσιν.

vise à donner le change, à tromper : ce qui est d'un malhonnête homme. L'orateur qui respecte son art et son caractère ne doit ni la rechercher ni même s'en servir quand elle se présente : elle marque l'agitation, la turbulence de la passion, et c'est l'explosion des sentiments violents qui donne au langage son effet et sa forme pathétiques, son πάθος. Elle consiste essentiellement en effet dans l'expression vive de l'*indignation*, dans une *interrogation* ironique ou sarcastique ; dans une *répétition* véhémente et emphatique de la même idée, relevée et aiguisée par la figure de mots appelée πολύπτωτος [1] ; dans une *gradation* habile ; dans une *interruption* [2] brusque de la phrase commencée, comme si ce qui reste à dire dépassait la puissance de l'expression.

Mais il y a autant d'art, de dessein prémédité que d'émotion sincère, dans ces mouvements divers donnés à la pensée et à son expression grammaticale. Quelquefois on a l'air de chercher une expression comme si on ne pouvait en trouver une parfaitement appropriée, et cet *embarras* [3] n'est qu'une feinte qui a pour but de donner plus de force au terme qu'après cette hésitation calculée on finit par hasarder et lancer comme un trait.

Souvent on *se corrige soi-même* [4] : on retire une expression ou une idée, pour inspirer à l'auditeur une plus haute opinion de nos scrupules à ne pas dépasser la mesure et de notre respect pour la vérité. Parfois on exprime, *en la détournant de son sens*, la réponse qu'on suppose toute prête dans l'esprit de l'adversaire, comme si elle était nécessaire, inévitable [5], ou bien on *interprète* les expressions de la partie adverse dans un sens très différent de celui qu'elle a voulu leur donner [6].

---

[1] Emploi répété d'un même mot dont on varie les désinences casuelles ou verbales.
[2] ἀποσιώπησις.
[3] ἀπορία.
[4] ἐπιδιόρθωσις, μετάνοια.
[5] ἀνάκλασις, refractio, reflexio.
[6] ἀντανάκλασις ou ἀντεπίδοσις. Rut. Lup., 1, 5, quum id quod ab altero dictum est in contrariam mentem accipitur. Quintilien, IX, 3, la définissait : ejusdem verbi contraria significatio.

Ainsi ou passion sincère mais violente, qui détruit tout jugement juste et sain, qui altère, sans qu'on en ait conscience, les choses en exagérant leurs proportions, ou dissimulation perfide qui ne recule pas devant le mensonge pour égarer l'auditeur et mettre de son côté les apparences du bon droit : voilà le principe des figures de pensée et de l'emploi qu'en veut faire l'éloquence, d'après Cæcilius, qui les appelle une manœuvre malhonnête [1] et indigne d'un orateur loyal et probe.

Il est certain que la figure de pensée est souvent une dissimulation, l'expression d'un état d'esprit qui n'est pas réellement éprouvé ; il n'est pas moins certain que l'art de l'orateur est dans l'emploi de ces formes, dans son habileté à en dérober l'artifice à l'auditeur et à lui faire croire que ces mouvements pathétiques de style sont dûs à l'impuissance de l'âme à maîtriser les sentiments qui la bouleversent ou l'agitent, et que c'est la sincérité comme la profondeur de ces émotions qui entraînent l'orateur à ces formes et à ces constructions qu'on peut qualifier d'incorrectes [2].

L'art de la parole, comme l'art de la poésie, comporte un certain élément de mensonge ; il y a une émotion, une sensibilité de l'imagination qui ne vient pas toujours du fond du cœur, et on pourrait appliquer aux orateurs ce que Pindare, poète lui-même, disait des poètes : ce sont des grands menteurs [3]. Mais tout n'est pas mensonge dans ce mensonge de l'art : il suppose toujours un sentiment vrai, sinon réel ; l'imagination comme la vie a ses émotions, ses passions, qui toutes momentanées qu'elles sont n'en sont pas moins sincères pour le temps qu'elles durent. Les larmes du comédien ne sont pas de fausses larmes, et l'orateur, s'il fait des

---

[1] τροπὴ ἐκ τοῦ πανούργου.

[2] D. Hal., *Rhet.*, VIII, 16. προσποιῆσαι τοῦ πάθους... τοῦ λανθάνειν ἡ τέχνη... ἡ τοῦ ἤθους προσθήκη ἔκλεψε τὸν ἀκροάτην... IX, οὐκ ἀκριβεῖ λόγῳ χρώμενον.

[3] πολλὰ ψεύδονται ἀοιδοί.

dupes, est souvent le premier la dupe de son imagination.

Dans le genre épidictique l'orateur a choisi son sujet et l'a pris dans l'ordre du beau moral ou du beau esthétique, objet de l'admiration. Il est par conséquent tout naturel que le développement de ces grandes idées amène une exaltation de l'âme, un trouble puissant qui varie et diversifie les mouvements de la pensée et se communique aux tours de la phrase qui doit s'y plier. Les figures de pensée sont donc ici naturelles et sincères : elles naissent d'une émotion vraie.

Les deux autres genres sont un débat, un combat, une lutte : ce serait bien mal connaître le cœur humain que de contester que cette joute oratoire, où l'on a à lutter non seulement contre une assemblée qu'il faut vaincre et convaincre, mais contre un adversaire, ne provoque pas chez les orateurs des passions et des ardeurs sincères, surtout quand l'objet du débat est considérable et que grand est le prix de la victoire. Au jeu, même désintéressé, on veut gagner ; on s'y anime, on s'y passionne, comme s'il s'agissait de choses sérieuses. L'espoir et la joie de vaincre, la crainte et la honte d'être vaincu, la passion de bien dire pour elle-même, la rivalité professionnelle qui met en jeu les intérêts en même temps que l'orgueil, non seulement aiguisent l'esprit, lui font illusion sur la valeur morale et logique des faits et des preuves, mais enflamment réellement l'imagination et le cœur.

L'argument qui, dans le cabinet et l'étude silencieuse, paraîtrait froid, à mesure qu'on le développe devant un auditoire, prend une force qu'on ne lui soupçonnait pas. Les faits douteux deviennent évidents ; les opinions probables deviennent certaines ; les conjectures, des vérités manifestes. Tout cela est réellement et même fortement senti, et cet état de verve oratoire, cet entraînement inévitable de la lutte et pour le succès, qui ébranle le corps, le geste, le regard, la voix surtout, et lui imprime sans qu'on y pense des accents si divers, des inflexions si riches, ébranle aussi l'esprit, agite et mêle les représentations que l'activité surexcitée de la pensée amène en foule et en désordre à la conscience, les combine en rapports divers et leur imprime naturellement ces modes, ces inflexions du discours, πάθη λόγου, qu'on appelle des figures de pensée. Sans doute toute cette chaleur, toutes ces ardeurs tombent à la fin de la séance ou de l'audience, et dans les couloirs ou la salle des Pas-Perdus, les orateurs sont les premiers à rire du beau feu qui les a enflammés, et qu'attise ou allume souvent la présence d'un auditeur à qui l'on veut plaire ou d'un plaideur intéressé. Néanmoins si ces émotions sont passagères et factices, on n'a pas le droit de dire qu'elles sont fausses et mensongères. On s'aperçoit d'ailleurs bien vite quand elles le sont complètement et absolument, c'est-à-dire quand la force de l'imagination n'a pas été assez vive pour donner un instant à l'orateur même l'illusion de la réalité. Pour me servir d'une expression triviale, il faut qu'il *croie que c'est arrivé*. Il me paraît étrange que Théophraste ait interdit dans le genre délibératif l'emploi de toute figure [1]. Il est clair que l'emploi des figures de pensée, comme des figures de mots, doit être soumis à la loi souveraine de la convenance, c'est-à-dire du goût, comme le dit Théophraste [2] : « Quand on a à parler d'affaires sérieuses, jouer avec les pensées et avec les mots enlève tout pathétique et toute dignité au style ». Le point de vue étroit auquel se place Cæcilius frapperait non seulement l'emploi des figures de pensée, mais tout l'art du style et l'art même de l'orateur.

La pensée est forme dans l'esprit, puisqu'elle est un rapport, le lien et l'unité de plusieurs représentations : elle a nécessairement aussi quelque forme dans le langage, forme qui est attachée parfois au rapport même. Toute construc-

---

[1] Quintil., III, 8. Theophrastus quam maxime remotum ab omni *affectione* in deliberativo genere voluit esse sermonem. On lit aussi *affectatione*, mais la leçon est manifestement mauvaise.
[2] D. Hal., *Lys.*, 14. ἧττον ἁρμόττει τῇ σπουδῇ... τὸ πάθος τῇ λέξει περιαιρεῖ.

tion phraséologique, toute proposition exprimée et mise en forme est la figure extérieure et sensible d'un rapport mental, d'une relation entre les représentations, du mode sous lequel l'imagination ou l'entendement les lie et les combine. Ces relations qui font partie de la pensée sont nombreuses et diverses, et dans notre esprit les représentations, sous l'influence de plusieurs causes, le caractère moral, les habitudes de l'esprit, les mouvements de l'imagination, se groupent, se combinent, se pétrissent, se modèlent diversement. Ce dessin varié, cette articulation souple, ces combinaisons élastiques sont en grande partie indépendantes des mots isolés. Ainsi, par exemple, la *question* oratoire est une figure de pensée : on peut sans la détruire en changer les termes, pourvu qu'on ne modifie pas la forme interrogative. Tous ces mouvements de la pensée qui laissent leur trace dans les mouvements de la forme du langage, sont vrais et naturels. Sous le coup d'une émotion forte, un orateur d'une imagination vive peut voir se dresser à ses yeux des objets sans vie qui paraissent vivre, des êtres morts qui paraissent retrouver la vie ; dans cet ébranlement psychologique [1], il peut leur adresser la parole, les interroger, leur répondre, les supplier, les menacer, entendre leur voix comme contempler leur visage. La figure de pensée n'est donc pas contre nature : elle est dans la nature, et cependant, envisagée dans le style oratoire comme dans le style poétique, elle est un produit de l'art, en ce que l'une et l'autre emploient ces formes naturelles à des fins pour lesquelles elles n'ont pas été faites, pour produire des effets voulus, d'ordre pratique ou littéraire. L'art est toujours, comme le dit Bacon, l'homme ajouté aux choses ; c'est cette transformation des pensées par la volonté humaine éclairée par des raisons d'art, qui constitue au fond la figure de pensée, et dont on retrouve la notion dans les définitions de tous les rhéteurs [2].

---

[1] Qui, à certaines périodes de culture, a pu être fréquent.
[2] Phœbamm., p. 588. Il dérive la dénomination de σχήματα de ce que la pensée,

—Toute pensée exprimée a sa figure, comme tout corps organisé a sa forme. Mais la figure, comme procédé technique de style n'apparaît que lorsqu'elle se distingue de la forme habituelle sinon en elle-même, du moins dans sa fonction, c'est-à-dire qu'elle doit viser à un effet pathétique, ou à la dignité de la forme ou à sa beauté [1]. Comme elle sert de véhicule à des mouvements passionnés et à des agitations intérieures, il est clair qu'il n'en faut pas exagérer l'emploi : ce serait offenser la vérité et la vraisemblance. L'homme est sujet aux orages de la passion, comme la mer aux tempêtes, mais il ne vit pas habituellement dans la tempête et dans l'orage. Il faut donc être sobre de ces figures, et, ce qui est encore plus difficile, il faut ne s'en servir que là où elles conviennent ; elles sont si intimement liées au tissu des représentations qu'elles se distinguent difficilement parfois des pensées mêmes, et par cela même ont entr'elles de si grands rapports que leurs nuances et leurs différences se confondent souvent.

La *prosopopée* est la figure par laquelle un orateur, créant pour ainsi dire un personnage, πρόσωπον, le fait apparaître dans son discours et le fait vivre, agir, parler, parler et agir, bien entendu conformément aux sentiments et aux passions qui doivent l'animer. Elle donne la vie dramatique moins au style qu'à la pensée même [2]. La qualité qui donne aux

---

comme la cire ou l'argile, reçoit des modifications diverses et variées, μετασχηματισμένα, et il conteste avec raison, contre Cæcilius, que ce procédé soit contre la nature. Alexandr., *Rh.* « La figure de pensée est μετάπλασις διανοήματος ἐκ τοῦ κατὰ φύσιν πλάττουσα πρὸς τὸ χρησιμώτερον τὴν ἀναγκαίαν διάνοιαν, et elle diffère de la figure de mots en ce que celle-ci disparait avec le changement des mots qui l'expriment, tandis que l'autre, malgré ce changement, demeure et demeure identique, κἂν τὰ ὀνόματα κινῇ τις, κἂν ἑτέροις ὀνόμασι ἐνέγκῃ, τὸ αὐτὸ πρᾶγμα μένει.

[1] Athen. Naucrat., et Apollonius Molon, dans Phœbammon, *de Figur.*, p. 588. μεταβολὴ εἰς ἡδονὴν ἐξαγοῦσα. Phœbammon lui-même : ἐξάλλαξις ἐπὶ τὸ κρεῖττον ἄνευ τρόπου γενομένη. Alexandre avait dit (v. p. 464, n° 2) : ἐπὶ τὸ χρησιμώτερον. Tibérius : κόσμου τινὸς τῇ πλάσει ἢ χρείας ἕνεκα.

[2] Les Grecs qui n'ont jamais manqué, grâce à la souplesse de leur langue et à la facilité de composition, d'un mot commode et naturel pour exprimer les nuances les plus délicates des choses et des idées, appelaient εἰδωλοποιΐα la prosopopée qui évoque les personnages morts, mais réels et qui ont vécu, et réservait le nom de

personnages fictifs ou réels créés ou évoqués par la *prosopopée* le langage, les idées, le caractère moral qu'ils doivent avoir, c'est l'*éthopée;* celle qui représente la scène mise sous les yeux avec une si grande force de couleurs, un relief si puissant de contours qu'on croit la voir et l'entendre, c'est l'*hypotypose* [1]. Pour être vraiment belle et communicative, la *prosopopée* doit réunir ces deux conditions, et c'est ce qui fait qu'elle a été souvent confondue avec l'*éthopée* et l'*hypotypose* qui ne sont pas des figures.

Bossuet est plein de ces *prosopopées* admirables, et par exemple, dans l'oraison funèbre d'Henriette de France : « O mère! O Femme! O Reine admirable et digne d'une meilleure fortune, si les fortunes de la terre étaient quelque chose! Enfin, il faut céder à votre sort. Vous avez assez soutenu l'État, qui est attaqué par une force invincible et divine : il ne reste plus désormais, sinon que vous teniez ferme parmi ces ruines. » Jusqu'ici l'orateur n'a fait que lui adresser la parole, comme si elle était présente : mais la voici qui la prend elle même, et nous allons entendre ses cris mêmes et ses pleurs : « Elle s'écrie avec le prophète : Voyez, Seigneur, mon affliction ; mon ennemi s'est fortifié et mes enfants sont perdus. Le cruel a mis sa main sacrilège sur ce qui m'était le plus cher. La royauté a été profanée et les princes sont foulés aux pieds. Laissez-moi, je pleurerai amèrement, n'entreprenez pas de me consoler. L'épée a frappé au dehors ; mais je sens en moi-même une mort semblable. »

La *question* oratoire [2], n'est pas une figure moins vive : elle est plus naturelle et se prête à une plus grande variété

---

prosopopée à la figure qui créait le personnage même, par exemple dans Bossuet, la figure : « O mort, éloigne-toi, et laisse nous tromper pour un peu de temps la violence de notre douleur par le souvenir de notre joie », est une prosopopée, et la figure : « O Prince, le digne sujet de nos louanges et de nos regrets, vous vivrez éternellement dans ma mémoire. Agréez ces derniers efforts d'une voix qui vous fut connue : vous mettrez fin à tous ces discours », serait une εἰδωλοποιΐα.

[1] Elle devient une τοπογραφία, quand il s'agit non d'une création de personnages, mais d'une représentation pittoresque et vivante de lieux.

[2] ἐρωτήσις.

de fonctions. Si elle ne donne pas un si grand jeu à l'activité de l'imagination, si elle n'a pas la grandeur, la majesté, la terreur même de ces évocations magiques, elle jette dans le discours une variété rapide; elle met en éveil la curiosité et stimule l'activité de l'esprit qui cherche à deviner et à devancer la réponse. Sa vertu s'accroît quand les questions se pressent, s'accumulent, se précipitent les unes sur les autres[1], quand les réponses les suivent immédiatement, revêtues souvent elles-mêmes de la forme interrogative, quand enfin ces réponses contiennent et exposent les raisons et les causes[2] des choses sur lesquelles portent les questions. Je veux encore citer Bossuet qui n'a pas moins d'éloquence que Démosthènes, et qui n'a pas non plus moins d'art ni un art moins consommé : « Que dirais-je ? Étaient-ce là de ces tempêtes par où le ciel a besoin de se décharger quelquefois ? et le calme profond de nos jours devait-il être précédé par de tels orages ? ou bien étaient-ce les derniers efforts d'une liberté remuante qui allait céder la place à l'autorité légitime ? Ou bien était-ce comme un travail de la France prête à enfanter le règne miraculeux de Louis ? — Non, non! C'est Dieu qui voulait montrer qu'il donne la mort et qu'il ressuscite, qu'il plonge jusqu'aux enfers, et qu'il en retire, qu'il secoue la terre et qu'il la brise, et qu'il guérit en un moment ses brisures[4]. » C'est ici qu'il faut dire avec Longin[4] ? : « Quelle n'est pas la puissance de l'imagination oratoire ? Elle arrive non seulement à persuader l'auditeur, mais à l'asservir : οὐ πείθει μόνον, ἀλλὰ καὶ δουλοῦται.

La *question* oratoire prend les formes les plus variées. Si à chaque question que l'orateur adresse, il fait lui-même la réponse, la figure prend la forme du *dialogue*[5]. Quand cette

---

[1] ἐπιτροχασμός, συναθροισμός.
[2] αἰτιολογία, *ad Herenn.*, IV, 16 Ratiocinatio.
[3] *Or. fun. d'Anne de Gonzague.*
[4] περὶ ὕψ., 15.
[5] τὸ διαλεκτικόν. Tiber., p. 67, ou διαλογισμός Charis, p 283; Quintil., IX, 2, 15. Schema per suggestionem.

réponse écarte ou refute une objection qu'il se fait à lui-même ou qui lui a été faite, c'est l'ὑποφορά ou l'ἀνθυποφορά[1], par exemple dans Andocide : « A qui demanderai-je de venir implorer pour moi votre pitié ? Mon père ? Il est mort. Mes frères ? je n'en ai plus. Mes enfants ? je n'en ai pas. » C'est un procédé difficile à manier : multiplié, il enlève au discours sa véritable forme, qui est le contraire du dialogue, et pour produire son effet, il doit être préparé avec un tel art qu'on le puisse croire né de la circonstance et de l'occasion[2].

Avec ou sans interrogation l'orateur cherche à prévoir les objections qui peuvent lui être faites, à en détruire la force d'abord par le fait même que l'auditeur prévenu en sera moins frappé, et ensuite par la réfutation qu'il y oppose d'avance. C'est la *prolepsis* ou *procatalepsis* qui se divise en plusieurs espèces. Si par exemple vous avez à produire une déposition décisive, prenez garde qu'on ne puisse ou suspecter la bonne foi ou contester la capacité du témoin[3]. Ou bien vous avouez le fait qui doit vous être reproché : par cela même, si vous ne l'excusez pas, vous en diminuez l'odieux ou la faute[4] ; ou bien encore, après avoir dit une chose vous la retirez, vous vous reprenez, mais pour renforcer les termes ou la pensée : ce qui de plus, par une sorte d'incorrection grammaticale, par une apparence d'hésitation dans la pensée[5], donne au discours le charme et le piquant de l'improvisation[6].

Il est bon souvent d'exprimer quelque *doute*[7] sur les choses

---

[1] I, 148. Reisk.
[2] Long., *id.*, 18. γεννᾶν.
[3] C'est alors la προϋπεργασία, la προδιόρθωσις, la προθεραπεία, præmunitio, ou encore προκατασκευή ou προπαρασκευή, præstructio.
[4] C'est la συγχώρησις, confessio.
[5] ἐπιδιόρθωσις, ἐπανόρθωσις. μετάνοια, ἐπιτίμησις, correctio.
[6] αὐτοσχέδιον. Tiber., p. 66 : « Lorsqu'on feint d'avoir une pensée subite », Aristid., p. 490. « Ces paroles, qui ne semblent pas préparées mais amenées par les circonstances, et qui ressemblent à une improvisation, communiquent au discours une force persuasive, ἀξιόπιστον ποιεῖ τὸν λόγον.
[7] διαπόρησις, ἀπορία.

qu'on avance : ce qui donne à l'orateur la présomption de la sincérité et de la bonne foi ; il entre ainsi en communication, en conversation avec les auditeurs ou avec ses adversaires [1], s'en remet à la conscience, à l'intelligence, au jugement des juges ou de l'auditoire [2]; invoque les dieux, les prend à témoins [3], s'adresse par une apostrophe directe [4], non aux juges mais à la partie adverse, feint de passer sous silence certains faits, de retenir certaines preuves [5], mais lorsque, comme le dit Démétrius, cette réticence, ce silence parle plus haut et plus clair que les paroles [6] : procédé qui devient plus vif et plus pathétique, quand on arrête, par un brusque mouvement, l'achèvement d'une idée commencée.

Les figures de pensée n'étant que les formes, communiquées et imprimées au langage, des mouvements de l'esprit et de l'âme, ce sont elles, comme l'observe Cicéron, qui contribuent le plus puissamment à la beauté du style [7], qui lui donnent le plus de grâce et de force [8]. L'art d'écrire et l'art de parler ne sont pour ainsi dire que l'art d'éclairer et d'illuminer les pensées [9]. Les grands orateurs comme les grands écrivains, Démosthènes et Thucydide, Pascal et Bossuet n'expriment pas une pensée de quelque valeur, sans la revêtir de quelqu'une de ces formes dont la lumière est splendeur [10].

---

[1] ἀνακοίνωσις ou κοινωνία, quasi cum iis ipsis apud quos dicas deliberatio. Cic., *de Or.*, III, 52.
[2] ἐπιτροπή, permissio.
[3] ἐκφώνησις, σχετλιασμός, ἀνακλητικὸν σχῆμα.
[4] ἀποστροφή, aversus a judice sermo.
[5] παράλειψις, παρασιώπησις, ὑποσιώπησις, occultatio, omissio.
[6] ἀποσιώπησις, reticentia.
[7] *Orat.*, 136. Sententiarum ornamenta multo majora sunt.
[8] Quintil., IX, I, 28. Ipsis sensibus quum gratiam tum etiam vires accommodat.
[9] Cic., *Or.*, 136. Nec quidquam est aliud dicere nisi omnes aut certe plerasque aliqua specie *illuminare* sententias.
[10] Cic., *id.* Nullus fere locus ab eo (Démosthènes) sine quadam conformatione sententiæ dicitur. D. Hal., *Thuc.*, 53. τὸ μηδὲν ἁπλῶς ἀσχημάτιστον ἐκφέρειν νόημα.

CHAPITRE CINQUIÈME

THÉORIE DES CARACTÈRES DU STYLE

De l'emploi simultané ou isolé des divers procédés du style, de la réalisation des différentes qualités qui en résultent, de la proportion diverse des éléments qui les constituent et de la prédominance de certains d'entr'eux dans les combinaisons où ces moyens et ces propriétés entrent, naissent des particularités de style que les Grecs avaient heureusement et finement nommées des *Caractères*. Le style est l'homme même et comme l'homme il a son caractère, dût-il consister, ce qui arrive trop souvent à l'un et à l'autre, à n'avoir point de caractère.

Le caractère est la forme que donne à l'âme et à l'homme l'unité des maximes constantes qui président à la détermination de ses volontés et de ses actes, et cette unité est elle-même une maxime constante et dominante, ou un système de maximes constantes et dominantes, liées et fondues entr'elles si intimement qu'elles n'en fassent plus qu'une. Il y a quelque chose d'analogue dans le style, et dans le choix des procédés littéraires, dans la nature des qualités que nous préférons, dans la constance et l'unité de nos idées de perfection oratoire, il y a un tour particulier et propre qu'on peut appeler le caractère de notre style. La perfection du style comme la perfection morale absolue n'enlèverait, si elle était réalisable, ni au style ni à l'homme sa haute personnalité et son caractère personnel. Le propre des plus grandes individualités humaines est de représenter le type le plus complet et le plus parfait de l'espèce. C'est la perfection relative du style de Démosthènes et de celui de Bossuet qui en fait l'originalité superbe et l'inimitable caractère. Il ne faut donc pas croire que le caractère du style est absolument individuel, et que comme tel il se dérobe à l'analyse et à la généralisation. Il y a une sorte de psychologie du style et de même qu'on a pu réduire à un certain nombre de types généraux les caractères moraux de l'homme, de même on a pu ramener à un petit nombre de types les différences spécifiques des qualités du style qui constituent de véritables caractères. Ce n'est point Aristote qui a fondé cette théorie : il n'emploie même pas le mot de caractères appliqué au style ; mais il est probable qu'il l'a suggérée, car il consacre tout un chapitre à l'analyse et à la détermination des genres de style qui conviennent respectivement à chaque genre oratoire. Il y a donc au moins trois genres ou caractères de style.

Le style du discours épidictique, destiné à la lecture et toujours écrit, n'est pas celui du discours qui tend à une fin pratique dans un débat politique ou judiciaire, et qui, s'il est écrit en totalité ou en partie, ne doit pas le laisser voir. Le discours du genre délibératif a lui-même un style différent de celui du genre judiciaire, bien que leurs différences soient moins profondes.

Il y a deux qualités que tout orateur, dans quelque genre qu'il exerce son art, doit nécessairement posséder : d'abord, comme nous l'avons vu, savoir manier sa langue avec pureté et correction ; en second lieu, avoir à sa disposition, en réserve, emmagasinés dans sa mémoire ou plutôt organisés dans son imagination et dans son esprit, tout prêts à être employés, un assez grand nombre d'expressions et de tours oratoires, de formes et de formules phraséologiques pour ne pas être exposé à rester court et muet, quand on a quelque chose à dire à d'autres. Car c'est à cela qu'on s'expose quand on n'a pas, par une pratique assidue de la composition écrite, acquis ces deux qualités nécessaires, indispensables. La première condition de l'art de parler est de savoir écrire [1]. Ce n'est que lorsqu'on sera maître de sa langue comme de sa pensée, qu'on pourra donner à son style, outre les qualités générales, les qualités propres à chaque genre oratoire.

La marque distinctive et éminente [2] du discours écrit est la qualité qu'Aristote appelle ἀκρίβεια, poussée à la perfection. C'est une forme d'élocution qui ne laisse échapper aucune inexactitude, aucune incorrection, aucune faute de goût, soit dans le choix des idées, soit dans le choix des termes, des tours, des figures, des nombres oratoires ; c'est le fini de l'expression, l'élégance et la distinction étudiée de la forme [3], qui a pour contraire la négligence, souvent volontaire, de l'improvisation [4]. Elle n'exclut pas sans doute les autres qualités du style ; mais elle est le trait dominant, la loi impérieuse du discours épidictique, la formule qui le définit et le distingue éminemment des autres genres, enfin, si on le veut comparer à un être vivant et humain, son attitude, son teint, son accent, sa voix, en un mot son caractère [5].

Tel n'est pas le signe distinctif du style dans les discours judiciaires et politiques : il faut ici un style dramatique, le langage de l'action et qui se prête à tous les jeux du débit oratoire et presque du débit scénique [6]. Il a deux formes : la forme pathétique et la forme éthique.

Le style sera pathétique, si dans la bouche d'un homme violent et insolent, il a l'accent et la physionomie de la colère ; si, ayant à exprimer des choses qui offensent l'honneur ou les dieux, il prend un accent indigné et presque honteux ; si,

---

[1] Ar., *Rh.*, III, 12, 1 ὅπερ πάσχουσιν οἱ μὴ ἐπιστάμενοι γράφειν. Cic., *de Or.*, I, 33. Stylus optimus et præstantissimus dicendi effector et magister.

[2] Cic., *Or.*, 23. Generis nota et formula.

[3] Accurata et meditata oratio, omnes numeros explet.

[4] σχεδιάζειν.

[5] Cic., *de Or.*, III, 52. *Brut.*, 63. Habitus. Hermog., π. ἰδ. Sp., II, 388, δι'ὧν... σῶμα λόγου γίγνεσθαι πέφυκε. Cic., *de Or.*, III, 25. Colores ; *Brut.*, 26. Sonus.

[6] ἀγωνιστική.

ayant à parler de belles et nobles choses, il s'élève et se laisse ravir jusqu'à l'admiration et l'enthousiasme ; si, ayant à peindre des scènes douloureuses et pitoyables, il prend un air modeste et une attitude humble[1]. On peut dire que ce n'est pas cette accommodation même, commandée par la loi supérieure de la convenance[2], qui fait le pathétique du style ; mais c'est elle qui lui fait produire son effet, ce qui revient à peu près au même ; car tout pathétique est détruit, s'il n'est pas en harmonie et en proportion avec les choses. Au contraire cette harmonie du style pathétique avec le sujet et le contenu donne à tous les mouvements oratoires le caractère de la vraisemblance et le simulacre de la réalité. L'esprit et l'âme sont dupes d'une illusion : nous croyons entendre et voir les choses mêmes, parce que nous nous rappelons qu'en pareille occurrence, nous avons tenu ce langage et pris cet accent.

Il faut cependant remarquer que l'absence de parfaite convenance entre le ton de l'orateur et les choses, à moins que le désaccord ne soit extrême, n'empêche pas toujours le style pathétique de produire quelques-uns de ses effets, au moins momentanément. L'observation psychologique nous prouve que l'âme humaine aime l'émotion pour elle-même, et l'émotion vive et forte ; elle la recherche ou s'y prête, parce que, au milieu des banalités de la vie ordinaire, un choc violent et soudain lui donne la sensation et la conscience d'une vie plus intense, plus vivante. Les foules surtout, où s'éveillent spontanément tant de mouvements mystérieux et inconscients, se laissent volontiers, abstraction faite du fond des choses, se laissent prendre à un langage passionné, à des accents, à des cris pathétiques. On est à peu près sûr, à ce prix, d'obtenir les applaudissements d'auditeurs qui n'entendent pas à demi-mot, et qu'entraînent souvent dans tous les excès, même quand l'orateur n'a pas le sens commun[3], des gestes violemment

---

[1] ταπεινός.
[2] *Rh.*, III, 7. τὸ ἀνάλογον τοῖς πράγμασι... τὸ πρέπον.
[3] *Rh.*, III, 12. κἂν μηδὲν λέγῃ.

accentués, des métaphores hautes en couleur, des mouvements oratoires multipliés et énergiques. Ce n'est pas, à coup sûr, le tonnerre et les éclairs de l'éloquence de Périclès [1]; c'est la grosse caisse et les cymbales du charlatan, dont le tapage sonore et retentissant finit par étourdir. C'est la caricature de la force et de la grandeur.

Le style est éthique, quand il est comme une manifestation, une révélation, δεῖξις, du caractère moral. Chaque classe sociale, γένος, chaque habitude, chaque constitution morale, ἕξις, a son langage propre qui en est le résultat comme le signe. Ce langage est précisément l'un des signes les plus caractéristiques par lesquels se manifestent les habitudes d'agir et de penser des hommes : il ne faut pas croire que toutes sortes d'habitudes et n'importe lesquelles impriment à la vie une marque distinctive et à toute personnalité un caractère : il y a des existences effacées, sans individualité qui les distingue, confondues et fondues dans la foule et qui ne comptent que numériquement, *Nos numerus sumus*. Il y a des hommes dont le caractère est d'être sans caracactère.

Mais en dehors des caractères personnels, il y a des caractères qu'on peut appeler généraux : l'âge, le sexe, la nationalité, l'éducation, la façon de vivre impriment au langage des formes particulières qui en sont les signes, et quand le style est approprié à ces états ou conditions, il communique à celui qui parle ou qu'on fait parler cette forme qu'on nomme *éthique* [2]. Il est certain qu'un paysan grossier ne parle pas comme un homme qui a reçu une culture supérieure; il n'a ni le même vocabulaire ni les mêmes formes d'élocution, ni le même accent, ni la même prononciation [3]. Ce genre de style ne peut pas être appelé un caractère. quoi qu'il soit et précisément parce qu'il est une peinture fidèle, l'expression vraie des mœurs et des

---

[1] Quintil., II, 16. Fulgurare et tonare.
[2] *Rh.*, III, 7. ποιήσει τὸ ἦθος. D. Hal., *Lys.*, ὁ πάντα μετρῶν καιρός.
[3] *Id.*, οὐ γὰρ ταὐτὰ, οὔθ᾽ ὡσαύτως.

conditions. Il n'a pas de forme propre, de qualité essentielle ; c'est un Protée, comme on le dira de Démosthènes, dont le style prend tous les tons, toutes les figures, toutes les couleurs, les plus variées et les plus opposées. Il ne constitue pas un type constant, indépendant, existant par lui-même et en lui-même. Son essence consiste à pouvoir se plier à toutes les formes et à n'en avoir aucune de fixe, et sa valeur repose uniquement sur la fidélité et la force avec lesquelles il obéit à la loi de la convenance. Cette action est très grande. Les auditeurs sont toujours très sensibles à ces traits de caractère, vivants et fidèles, qui, imprimés dans le langage et par le langage, donnent au style le charme de la vie réelle. Aussi les écrivains de profession qui font des discours pour les autres s'attachent à ce procédé et en abusent. Ils disent par exemple : *Personne de vous n'ignore : Tout le monde sait bien que...* Nous admettons alors sans examen ce que l'on nous propose, parce que nous ne voulons pas passer pour ignorer ce que tous les autres savent et faire figure d'un imbécile. Dans les choses d'ordre moral, on n'ose pas être d'un avis contraire à ce qui paraît être le sentiment unanime des hommes, et comme une marque de l'humanité. Cet artifice a beau être usé : il fait presque toujours son effet, et crée chez l'auditeur un état moral, ποιήσει ἦθος.

Il faut ici bien tenir compte des circonstances, et le sens de l'à-propos[1] doit corriger et restreindre la loi de la convenance en ce qu'elle peut avoir d'excessif. Il peut y avoir en effet excès dans la fidélité de l'appropriation et dans la vivacité de la peinture des mœurs et des caractères. Si l'on sent qu'on est tombé dans ce défaut, comme dans tout autre excès oratoire, on se hâte de le reconnaître en s'accusant le premier et en se condamnant. Cet aveu a un double effet : l'exagération du langage qu'on a tenu garde son influence ; le coup violent a fait sa profonde blessure, et avant que

---

[1] εὐκαίρως.

l'auditeur ait eu le temps de réfléchir et de réagir, l'aveu libre et spontané de l'orateur l'a désarmé ; il croit que ce dernier a obéi à une impulsion sincère, à un sentiment vrai ; car c'est une preuve de sincérité et de conscience de reconnaître ainsi soi-même ce qu'il y a d'exagéré dans une pensée ou dans une forme de la pensée.

Les discours écrits et destinés à être lus supportent victorieusement l'examen de la critique, par la perfection de l'exécution et l'élégante correction du style ; mais en revanche, ils paraissent bien froids si on les produit au grand jour de la place publique, si on les jette dans la mêlée de la bataille : d'un autre côté, les discours qui ont produit de si puissants effets quand ils ont été prononcés dans l'animation de la lutte, paraissent dénués de beauté et d'art quand on les relit de sang-froid et à tête reposée [1]. C'est que le style n'en était pas approprié à la fonction spéciale du discours. Dépouillés de l'influence communicative de l'action oratoire, enlevés à leur fin propre [2], ils paraissent vulgaires, languissants et d'une simplicité qui touche la nudité. La qualité de voix de l'orateur, le caractère de sa personnalité, les inflexions diverses et mobiles de son accent, de ses gestes, de sa physionomie, les circonstances politiques ou sociales, l'intérêt passionné des questions agitées, produisent une illusion dont se plaint vivement Isocrate, et empêchent de voir des défauts qui apparaîtront comme tels au juge et au critique rassis, tandis qu'ils ont concouru au succès de la lutte et contribué à déterminer les convictions [3].

---

[1] Rien ne prouve mieux quelle part active prend l'auditeur dans la création de la beauté littéraire. Les différentes dispositions qu'il apporte amènent la diversité de ses jugements.

[2] ἔργον.

[3] Isocr., *Philipp.*, 10. ἐπειδὰν γὰρ ὁ λόγος ἀποστερηθῇ τῆς τε δόξης τοῦ λέγοντος καὶ τῆς φωνῆς καὶ τῶν μεταβολῶν τῶν ἐν ταῖς ῥητορείαις γιγνομένων, ἔτι δὲ καὶ τῶν καιρῶν καὶ τῆς σπουδῆς τῆς περὶ τὴν πρᾶξιν, καὶ μηδὲν ᾖ τὸ συναγωνιζόμενον καὶ συμπεῖθον, ἀλλὰ τῶν μὲν προειρημένων ἁπάντων ἔρημος γένηται καὶ γυμνός, ἀναγιγνώσκῃ δέ τις αὐτὸν ἀπιθάνως καὶ μηδὲν ἦθος ἐνσημαινόμενος, ἀλλ' ὥσπερ ἀπαριθμῶν, εἰκότως, οἶμαι, φαῦλος εἶναι δοκεῖ τοῖς ἀκούουσιν.

Ainsi l'emploi des constructions sans conjonctions, ἀσύνδετα, la répétition des mêmes mots, le changement des tours sont justement critiqués dans les discours écrits et non moins justement applaudis dans les discours prononcés. Ces procédés, par la variété qu'ils introduisent et l'animation dramatique qu'ils jettent dans le discours facilitent, préparent, commencent l'action oratoire, ou du moins y acheminent la voix de l'orateur[1]. Si, par exemple, on emploie plusieurs fois le même mot, comme dans la phrase : « *Voilà* leur doctrine et *voilà* leurs preuves ; *voilà* leurs fins et *voilà* leurs moyens[2], » et si la voix n'accentue pas le mot répété avec un crescendo d'énergie, si elle prononce uniment, toujours du même ton ce mot qui doit être mis en relief et en valeur, on est ridicule comme un homme qui a avalé un sabre[3]. Il en est de même dans la structure ἀσύνδετον, il faut faire ressortir chaque mot par le jeu de la voix, et non les lier et les fondre par l'uniformité du ton et de l'expression morale[4]. Par exemple, dans cette phrase que j'emprunte encore à Bossuet, parce que, plus on l'étudie, plus on découvre sous l'ampleur du développement et la profondeur comme la hauteur des pensées, la pratique savante et consciente de tous les procédés techniques de la rhétorique : « Ceux-ci ne nous disent pas : Nous avons pensé, nous avons médité, nous avons conclu… ; ils nous disent : Nous avons ouï, nous avons touché[5]. »

Les effets de l'un comme de l'autre de ces procédés, en soi fort simples, sont très remarquables, et jouent un rôle important dans le caractère de vie dramatique que doit posséder le style des deux genres de combat oratoire. Parlons d'abord de la *répétition* : il est clair que si l'on a beaucoup à

---

[1] *Rh.*, III, 12. ὁδοποιεῖ τῷ ὑποκρίνεσθαι· ἔστι γὰρ ὑποκριτικά.
[2] Bossuet, *Panég. St-André*, p. 480.
[3] *Rh.*, III, 12. τῷ αὐτῷ ἤθει καὶ τόνῳ, eodem animi habitu.
[4] *Id.*, id., γίγνεται ὁ τὸν δοκὸν φέρων.
[5] *Panég. St-André*, p. 481.

dire d'une personne ou d'une chose, on est obligé de la désigner plusieurs fois par son nom ; réciproquement, si on la nomme plusieurs fois, il semble qu'on a dit d'elle beaucoup de choses. C'est un pur paralogisme, qui suppose que l'effet et la cause sont réciproquement convertibles, tandis qu'ils ne le sont pas. Mais le raisonnement quoique vicieux est spécieux, et n'en produit pas moins son effet pathétique ou éthique.

D'un autre côté, en employant les ἀσύνδετα on paraît dans un temps égal accumuler plus d'idées, on économise le temps en le remplissant davantage. En effet la conjonction a pour résultat de mettre l'unité dans la pluralité[1], de faire pénétrer les idées les unes dans les autres, de les souder en un système où elles n'apparaissent plus à la conscience dans leur diversité mais dans leur unité. Si on les supprime, il est clair qu'on produira l'effet contraire : un paraîtra plusieurs ; les idées sembleront multipliées et diverses ; on aura accru l'intensité de valeur de l'expression, surtout si l'action oratoire ajoute son influence à celle du style, en détachant nettement et en mettant, par un sforzato, en pleine lumière, chaque partie détachée du tout où elle aurait été, sans cet artifice, effacée, sinon perdue.

Le style du genre délibératif se distingue de celui du genre judiciaire par des différences moins marquées que celles qui les séparent tous deux du genre épidictique. Il peut être comparé à la peinture de décors, à la peinture scénique[2], qui sans la magie des couleurs et par les seules ressources de l'opposition de la lumière et de l'ombre, réalise les jeux de la perspective. Il est, comme elle, destiné à produire l'illusion à distance, et ne réussirait pas à la produire par une exécution trop soignée, par un fini trop achevé du détail. Une assemblée politique nombreuse est comme un théâtre, et

---

[1] *Rh.*, III, 12. ἓν ποιεῖ.
[2] *Rh.*, III, 12. σκιαγραφία.

plus elle est nombreuse, plus la scène et l'action sont vues de loin. Le souci exagéré du faire ¹, la délicatesse raffinée du style sont inutiles, parce qu'ils sont perdus pour l'auditeur, et par suite contraires à l'effet voulu. Il faut procéder par des touches larges, par grands ensembles, en observant dans le ton et la couleur du style les lois de la perspective oratoire ². Dans sa comparaison du style de Platon et de celui de Démosthènes ³, Denys d'Halicarnasse dit qu'ils diffèrent l'un de l'autre comme des armes de bataille diffèrent des armes de parade, comme la réalité diffère de son image, comme un corps brûlé par le soleil et endurci aux fatigues diffère d'un corps amolli accoutumé à la fraîcheur et à l'ombre. L'un est semblable à un pré fleuri qui offre un lieu charmant de repos et des agréments éphémères ; l'autre est un champ fertile, qui produit à la fois et les choses utiles et les choses charmantes.

Le discours judiciaire admet un style plus soigné, plus correct, plus finement travaillé, surtout quand on s'adresse à un juge unique, qui, voyant de près, est en état de distinguer ce qui appartient au sujet et ce qui lui est étranger. L'amour-propre ne joue plus ici presqu'aucun rôle, puisqu'il n'y a plus d'auditeurs actifs : on ne s'y échauffe pas et on ne comprendrait pas qu'on s'y échauffât : le jugement demeure sain et impartial ; le juge est calme ; il n'est pas troublé par ces émotions sympathiques et magnétiques qui naissent au sein des foules quand elles jugent ou délibèrent, et qui se transportent à chacun des individus qui s'y trouvent enveloppés, comme dans une atmosphère chargée d'électricité.

Il résulte de ces observations sur les différences de style

---

¹ Dans la sculpture, on appelait κατατρέχεσγυία la manie de représenter délicatement les plus petits détails. On en faisait un reproche à Callimaque.

² Aristote pose la même règle dans sa *Poétique*, XXIV, 11, et l'applique au style de la tragédie. « Un travail très soigné du style, une perfection trop étudiée de la forme, ne peut convenir que dans les parties de la composition effacées et secondaires, ἄργα, qui ne manifestent pas les caractères et ne contiennent ni hautes ni fortes pensées. Un style trop brillant obscurcit le vif dessin des caractères, et *émousse* la force des pensées ».

³ § 33.

qu'exigent les différents genres oratoires que les mêmes orateurs n'ont pas le même succès ni le même talent dans toutes les circonstances et devant tous les auditoires, dont la loi de la convenance nous prescrit de tenir toujours compte. Là où il faut déployer toutes les ressources de l'action oratoire, la flexibilité, la douceur, la force de la voix, là, le fini de la forme et la délicatesse du style, ἀκρίβεια, seront le moins nécessaires. Le style du genre épidictique est celui qui a le plus des qualités des œuvres écrites, et Aristote va jusqu'à les confondre [1]: car sa fonction propre et naturelle est d'être lu [2]. Le style judiciaire, sous ce rapport, vient en second rang, et au troisième et dernier, le style du genre politique.

Aristote après avoir ainsi établi les différences et les qualités propres du style des trois genres oratoires, à savoir, l'ἀκρίβεια ou l'exécution soignée et parfaite, la vie dramatique, ἡ ὑποκριτική sous ses deux formes, le style pathétique et le style éthique, se refuse à entrer dans une analyse plus approfondie et plus détaillée des qualités et des caractères du style. Il est inutile, dit-il, après avoir établi que le style de l'éloquence doit être clair, éloigné de la trivialité et de la bassesse, décoré de noblesse et de grâce, et doit posséder la convenance, — c'est là la perfection même, ἀρετὴ τῆς λέξεως, il est inutile d'ajouter qu'il doit être sage et libéral ou avoir toute autre vertu morale [3]. Les conditions que nous avons posées, ajoute Aristote, la clarté, la dignité, la convenance sont les qualités nécessaires et suffisantes du style. Nous avons de plus fait connaître par quels procédés on pouvait arriver à ces qualités, à savoir, en évitant les longueurs qui

---

[1] Il appelle λέξις γραφική le style ἐπιδεικτική et οἱ ἀναγνωστικοί les orateurs de ce genre.

[2] L'ἔργον est déterminé par la fin, τὸ τέλος, et la fin détermine la fonction. La perfection de la chose résulte de l'appropriation parfaite des moyens par lesquels ce travail remplit sa fonction et réalise sa fin. Conf. *Eth. Nic.*, I, 6. Plat., *Rep.*, I, 352, d.

[3] *Rh.*, III, 12. ἡδεῖαν... μεγαλοπρετῆ... σώφρονα... ἐλευθέριον. On pourrait cependant dire qu'il y a dans le style de la modestie, de la sobriété, de la sagesse, et comme un souffle libéral.

amortissent le pathétique et énervent la force [1], comme la concision extrême qui nuit à la clarté, et en se tenant, sous ce rapport, dans un milieu également éloigné des deux extrêmes ; en pratiquant une juste et habile combinaison des formes ordinaires du langage, des locutions étranges et étrangères, enfin des variétés des rythmes. C'est là ce qui donne la grâce, inspire la confiance et communique la persuasion. En toute chose et aussi dans le style, la vertu, la convenance suprême, τὸ ἁρμόττον, est le moyen, le milieu, τὸ μέσον, d'un autre mot, la mesure, τὸ μέτρον.

Il est impossible de contester que si Aristote a déterminé, avec sa netteté et sa profondeur habituelles, d'une part, les qualités du style communes aux trois genres oratoires, de l'autre la qualité propre et dominante de chacun d'eux, il n'a pas exposé une théorie des caractères du style considéré en lui-même : il semble même avoir pensé qu'il n'y avait pas lieu d'en instituer une ; car il exprime nettement l'opinion qu'il a, sur ce point, épuisé la matière, et qu'il n'y a rien de plus à dire du style que ce qu'il en a dit [2]. Je ne saurais souscrire à ce sentiment, et je crois que les rhéteurs postérieurs, Théophraste, son disciple, le premier, peut-être même les rhéteurs antérieurs qui ont essayé de constituer cette théorie, Thrasymaque et Gorgias [3], obéissaient à la logique interne de leur art.

Outre les qualités générales et particulières, outre la qualité maîtresse qui distingue les uns des autres les grands orateurs, outre les conditions et les formes qu'impose à l'élocution la loi de la convenance [4], le style, comme l'homme, comme

---

[1] Demetr., *Phal. Sp.*, III, 314. τὸ μῆκος ἐκλύει τὴν σφοδρότητα.
[2] *Rh.*, III, 12.
[3] Denys d'Halicarnasse (*Dem.*, I), arrivé au troisième caractère qu'il appelle mixte et composé, se demande si c'est Thrasymaque de Chalcédoine qui l'a découvert, comme le croit Théophraste, ὡς οἴεται Θρασύμαχος. Il résulte de ce passage, d'abord que Théophraste connaissait la théorie des trois caractères, et ensuite qu'elle remontait, dans son opinion, à Thrasymaque.
[4] Vossius (*Institut. Orat.*, l. V, p. 425) confond ces formes conditionnées par les lois de l'appropriation à la matière traitée, aux personnes qui la traitent, aux audi-

la peinture, l'architecture, la musique, est susceptible de prendre certaines formes, certaines habitudes, certaines manières d'être à la fois générales et distinctes les unes des autres : ce sont les caractères. Ils ne dépendent ni de la personnalité, ni de la nationalité de l'orateur, ni du sujet qu'il traite, ni du genre qu'il pratique : ils dépendent de la nature même, de l'idée du style, et si l'évolution historique de l'art les réalise, c'est qu'il en contenait le germe vivant. Ce sont des types, des concepts à la fois idéaux et vrais, auxquels on peut ramener l'infinie variété des caractères individuels, comme on peut ramener à un petit nombre de caractères l'infinie variété des individualités morales, qui les réalisent dans une mesure plus ou moins grande et dans une diversité qui en multiplie les nuances intermédiaires.

Sauf quelques rares exceptions, les anciens reconnaissent trois styles [1] ayant chacun leur marque distinctive et spécifique. Je considère cette classification traditionnelle et classique en trois caractères [2] nécessaire et suffisante.

---

teurs qui l'écoutent, avec les caractères, dont il méconnait ainsi la vraie essence : « Est vero character rei imago, quemadmodum pictura. Definitur a nonnullis : *apta personis ac rebus orationis forma.* Julio Scaligero (*Poet.*, IV, 1) : « Dictio similis rei, cujus nota est, substantia, quantitate, qualitate. » Materiarum diversitas diversos efficit characteres... Character ex varia compositionis ac dignitatis facie resultat et constituitur ».

[1] Demetr., *de Eloc.*, 36, compte quatre caractères simples, et d'autres encore, mais composés, résultant de la combinaison de ces quatre entr'eux, quoi qu'ils ne se combinent pas tous indifféremment les uns avec les autres. Il nous apprend, en outre, que quelque rhéteurs n'en admettaient que deux, entre lesquels ils en inséraient beaucoup d'autres. Macrobe, par exemple : *Sat.*, V, 1, entre le *copiosum genus* et le *pingue et floridum*, intercale le *breve* et le *siccum*. Dans un autre sens du mot *caractère*, Apollonius de Tyane (*Ep.*, 19, p. 391) en distingue cinq : le philosophique, l'historique, le judiciaire, l'épistolaire et le style des mémoires.

[2] C'est le nom que leur donnent Démétrius (*de Eloc.*, 36), Marcellin (*Vit. Thuc.*, c. 39), Suidas (V'), Denys d'Halicarnasse (*de Dem.*, 33), le pseudo-Plutarque (*Vit. Hom.*, c. 72). Ce dernier mentionne aussi comme usitée l'expression πλάσματα (τὰ καλούμενα), qui rappelle ce qu'il y a de plastique dans l'élocution. En latin, on trouve les termes : genera dicendi, colores, habitus, sonus, forma, figura ; mais ces termes ne sont pas systématiques, techniques, scientifiques : ce sont des figures et des métaphores, des descriptions plutôt que des définitions, indécises, vagues, flottantes, suffisantes pour la critique, insuffisantes pour la méthodologie oratoire.

Les anciens rhéteurs ont volontiers comparé les styles oratoires aux styles de la statuaire et y ont reconnu des caractères analogues. C'est ainsi que Denys d'Halicarnasse trouve, comme Démétrius, dans le style des statues de Phidias et Polyclète, le caractère de la dignité, de la grandeur, de la noblesse [1], dans celles de Calamis et de Callimaque la finesse délicate et la grâce [2]. Je ne crois pas cependant que ce soit à la statuaire qu'il faille comparer l'art du style oratoire, et demander des renseignements qui nous éclairent sur le sens de la classification de ses caractères. A mon avis, c'est une série de progrès et de perfectionnements dans la conception de la beauté plastique et dans les formes de la représentation qui ont conduit l'art grec du style archaïque, hiératique, éginétique, en passant par Calamis, Pythagore et Phidias, au style de Scopas, de Praxitèle et de Lysippe. Ces formes diverses de conception et d'exécution ne sont pas des types également beaux, dans lesquels est nécessairement contraint de se renfermer l'art de la sculpture. Ce sont plutôt des degrés de perfection, et non des formes nécessaires existant simultanément et simultanément réalisées. La sculpture a renoncé volontairement à ces formes musculeuses à l'excès, anguleuses, maigres, raides, à ces actions, ces attitudes, ces mouvements outrés et violents, à ces proportions ramassées et courtes, à ces tendons ressortis, ces articulations saillantes, ces contours secs, ce dessin dur et cru, ce parallélisme géométrique et cette symétrie rigide dans le groupement des figures, qui distinguent la manière de Callon, de Canachus et des marbres d'Égine, sans qu'on doive y méconnaître le naturel, la force et la vie : ce n'est point là un caractère.

Le style de Phidias et de Calamis en constituerait plutôt un ; il vise à la beauté pure et dans tout son éclat, à la grandeur calme, à la dignité naturelle, à l'animation mesurée

---

[1] *De Isocr.*, 3. τὸ σεμνὸν καὶ μεγαλότεχνον καὶ ἀξιωματικόν. Demetr., *de Eloc.*, 14.

[2] Id., *id.*, λεπτότης καὶ χάρις. Demetr., *id.*

dans les mouvements et les actions, à l'aisance et la tranquillité dans les attitudes du repos, à la vérité de l'expression, à l'imitation fidèle et vivante de la nature, quoiqu'encore gêné par les habitudes d'une symétrie et d'une eurythmie trop extérieures. Là aucun effort pour flatter les sens, aucune recherche d'effets brillants, aucune manière où l'artiste, pour faire admirer sa virtuosité, oublie que c'est aux dépens de l'œuvre elle-même.

Mais est-ce là un caractère ? n'est-ce pas le trait de la perfection, qui, malgré quelques défauts, reste encore supérieure au style de Scopas et de Lysippe : ces grands artistes affranchissent les formes naturelles de toute entrave traditionnelle, réalisent une conception plus animée, plus chaude, plus libre, y impriment, sans porter réellement atteinte à la beauté physique, la beauté morale, l'élan, l'enthousiasme, la passion, la vie dramatique; mais on remarque chez eux un certain penchant vers le côté matériel de la beauté, une tendance à exciter des sensations vives, et sinon voluptueuses, du moins molles. Je ne trouve pas là ce qu'on peut appeler et ce que l'on doit appeler des caractères : rien de fixe, rien de nécessaire, rien de constant. D'ailleurs la sculpture est un art d'ordre esthétique pur ; il ne vise qu'à reproduire la beauté, à la faire voir, goûter, admirer. L'art oratoire, où l'élément esthétique a sa place et son moment, a cependant une autre fonction à remplir, une autre fin à atteindre; il ne doit jamais, sous peine de manquer à lui-même, oublier qu'il est un art pratique et de service, et des rapprochements trop intimes, si ingénieux qu'ils soient, avec la sculpture, troubleraient le sujet où nous essayons de jeter quelque lumière.

Il n'en est pas de même de l'architecture, nécessairement liée, comme l'éloquence, à une fin pratique qui conditionne ses moyens, ses procédés et détermine en grande partie ses genres et leurs caractères. Les trois genres qu'on y a établis sont logiques et parfaits chacun en lui-même et chacun a son caractère défini; ce n'est pas par des défauts ou des degrés de perfection qu'ils se distinguent les uns des autres, mais par des conceptions différentes mais également fondées en raison et dans l'art. Les préférences que l'on peut avoir pour l'un d'eux ne tiennent pas à sa valeur intrinsèque, mais à des goûts personnels et à des raisons subjectives.

L'ordre dorique a pour caractères une simplicité imposante, des formes énergiques, solides, robustes, résolues, décidées, une tendance visible à la manifestation de la force. Tout y est simple : les rapports, les proportions, les lignes presques toutes droites, les figures presque toutes géométriques. Les colonnes d'un énorme diamètre, séparées par un faible intervalle, sans base, mettent pour ainsi dire leur pied nu sur le sol, et leur chapiteau d'une énorme saillie, surmonté de son large tailloir carré, qui porte la haute et lourde architrave, ne vise qu'à la force, non sans quelqu'ostentation. Il ne cherche pas à adoucir les transitions brusques par des membres intermédiaires. Tout répond au but : tout membre fait sa fonction, s'accorde en soi, et par là même devient grand et noble.

L'ordre ionique ne succède pas mais coexiste au premier, quoi qu'essentiellement différent. Les formes ici s'arrondissent et deviennent plus élastiques. Les colonnes s'élancent plus minces et plus légères, s'élèvent sur des bases qui en accroissent pour l'œil la hauteur. Le tailloir toujours carré est plus petit et plus bas; l'architrave plus légère; des membres nouveaux ménagent des transitions douces entre la frise et la corniche ; les parties saillantes, les volutes du chapiteau, montrent qu'on s'est préoccupé, sans l'oublier, d'autres conditions de composition et de structure que celles qu'exige la solidité. L'architecte a cherché à plaire, mais il a cherché une grâce naïve, simple, charmante et riante.

L'ordre corinthien est le plus riche des ordres parfaits. Il se distingue par la réunion, dans la colonne, de la volute qui n'est pas nécessaire, à des ornements empruntés au règne végétal qui ne le sont pas davantage. Le tailloir n'est plus carré : il est creusé sur les côtés, sans angle et orné d'une rosette. Sous le poids du tailloir de petites volutes s'inclinent et se courbent comme des tiges, tandis que deux étages circulaires de feuilles disposées dans un ordre compliqué remontent jusqu'aux volutes. Le fronton est décoré de reliefs et de groupes nombreux et animés [1].

C'est dans cette classification traditionnelle et classique, toujours respectée, des ordres de l'architecture, que je trouve le pendant, l'analogie la plus vraie avec ces différences spécifiques dans la structure du style oratoire, que j'appellerais volontiers des ordres et que je vais maintenant essayer de déterminer.

Le style est la physionomie de l'âme ; l'âme simple et une dans son essence est multiple dans ses fonctions, ses actes ou ses produits. Il y a en elle une raison, une sensibilité, une volonté, une imagination, des émotions et des passions. L'homme, quand il parle, ne peut exprimer, par sa parole, que tout ce que ces éléments divers amènent à sa conscience, et les façons dont il s'exprime se distinguent respectivement les unes des autres par la prédominance, dans la combinaison de ces éléments, de l'un d'entr'eux. Il y a des tempéraments d'esprit comme des tempéraments physiques, et ces tempéraments divers donnent naturellement naissance à diverses manières de concevoir, de reproduire, d'exprimer les choses. Il est clair que le sens logique, la force de la raison, le goût de l'abstrait et de la généralisation, le tour pratique ou idéal de l'esprit, les habitudes morales, le degré de sensibilité réelle ou esthétique, les qualités diverses de l'imagination, le respect de soi-même et de sa profession, les combinaisons et associations des facultés entr'elles et de leurs produits psychiques, la proportion diverse dans laquelle se fait ce mélange, tout cela imprime au style de l'orateur

---

[1] L'architecture du moyen âge modifiera les caractères de ces ordres sans les supprimer et surtout sans les remplacer.

des formes, des habitudes diverses, en un mot des caractères [1] différents. Sans doute cette distinction, prenant sa source dans les esprits, est d'origine et de nature subjective, mais de cette subjectivité générale, humaine qui fonde l'objectivité, tous les arts produits de l'esprit, leurs conditions, leurs règles, leurs classifications. La classification des caractères du style, malgré son origine subjective, a donc pu et dû prendre une valeur d'objectivité dans les théories de la rhétorique, et l'on peut y voir une des lois relativement nécessaires et relativement universelles de cet art.

Ces types, réduits à trois [2] par une analyse très rationnelle, n'ont pas évidemment la valeur d'une irréductibilité absolue ; ils ne sont pas séparés par des différences contradictoires : au contraire, comme les mobiles moraux des actes humains et par la même raison, l'unité de leur source commune, ils se touchent, par bien des points, même dans la théorie : à plus forte raison, quand ils se réalisent dans un orateur où ils se succèdent, se limitent ou se complètent. Il est beau d'être noble et magnanime dans la vie, d'avoir de grandes façons dans le monde ; mais il n'est pas difficile d'imaginer des circonstances où la prétention de montrer ce caractère serait grotesque. Il est impossible à un homme magnanime d'être toujours et partout magnanime : il est impossible à un orateur dont le style aurait pour caractère la sublimité et la magnificence d'être toujours et partout magnificent et sublime.

Les trois caractères du style sont :

1. La noblesse et la grandeur ; 2. la candeur et la simplicité ; 3. le troisième, appelé le plus souvent μέσος, tient le milieu entre les deux premiers et participe de chacun d'eux [3] :

---

[1] Le mot χαρακτήρ veut dire au propre empreinte gravée, ciselée, très en relief.
[2] *Ad Herenn.*, IV, 8. Sunt igitur tria genera, quæ genera nos *figuras* appellamus, in quibus oratio *non vitiosa* consumitur.
[3] Ueber die Namen der Stilarten, bei den Roemern, Düntzer, Zeitschr. f. das Gymnasiwesen. Berlin, Weidmann, 1877.

Ce dernier que Cicéron appelle aussi *medius* et qualifie de *temperatus* [1], est devenu le style tempéré, c'est-à-dire le style classique dans la rhétorique française. Le style tempéré seul est classique, dit Joubert, et notre goût se rencontre ici avec la maxime d'Aristote, τὸ μέσον... ἁρμόττον [2], et c'est parce que ce caractère est à ses yeux la perfection même que le pseudo-Plutarque en fait la marque du style de Démosthènes, Δημοσθένους δὲ... τὸ μέσον [3].

Chacun de ces types de style a sa marque extérieure, ses procédés techniques préférés ; mais tous sont conditionnés par les différentes sortes de termes, de figures, de tropes, de composition qu'ils préfèrent. L'harmonie a sa valeur d'expression et de beauté oratoires, et comme les différents genres d'harmonie contribuent à constituer l'essence spécifique de chaque type, on est naturellement arrivé à une

---

[1] Cic., *Or.*, 5.
[2] *Rh*, III, 12, 6.
[3] *Vit. Hom.*, c. 72. Les passages qui contiennent cette classification sont :
1. Le ch. 72 de la *Vie d'Homère*, attribuée à Plutarque; 2. Les § 1 et 36 du traité d'Halicarnasse *sur le génie de Démosthènes*; 3. Le ch. 33 du traité de Longin *sur le Sublime*; 4. Le ch. 36 du traité de Démétrius *sur l'Elocution*; 5. Le § 39 de la *Vie de Thucydide*, par Amm. Marcellin, que reproduit littéralement Suidas; 6. le § 5 de l'*Orateur* de Cicéron; 7. Le § 8 du l. IV de la *Rhétorique à Hérennius*; 8. Le § 1 du l. X et le § 10 du l. XII de Quintilien.

Vit. Homer., c. 72. ἐπεὶ δὲ χαρακτῆρές εἰσι τῶν λόγων τὰ καλούμενα Πλάσματα, ὧν τὸ μὲν ἁδρὸν, τὸ δὲ ἰσχνον, τὸ δὲ μέσον.

D. Hal., *de Dem.*, 33. διελόμενος τὴν λέξιν εἰς τρεῖς χαρακτῆρας τοὺς γενικωτάτους, τόν τε ἰσχνον, καὶ τὸν ὑψηλὸν καὶ τὸν μεταξὺ τούτων.

Long., *de Subl.*, 33, caractérise les génies plutôt que les styles oratoires, et les classe en : 1. ὑπερμεγέθεις φύσεις; 2. ταπειναί; 3. μέσαι.

Demetr., *de Eloc.*, 36, compte quatre caractères parfaits : 1. ἰσχνός; 2. μεγαλοπρεπής; 3. γλαφυρός; 4. δεινός, auxquels il oppose comme corrélatifs, dans l'ordre des styles imparfaits 1. ξηρός; 2. ψυχρός; 3. κακόζηλος; 4. ἄχαρις.

Amm. Marcellin, § 39, énumère trois caractères φραστικοί : l'ὑψηλος, l'ἰσχνος, le μέσος, qui sont nommés par Cicéron (*Or.*, 5) : Grandiloquis, tenuis, medius et quasi temperatus, et plus loin (*id.*, 21) : Subtilis, modicus, vehemens; *ad Her.*, IV, 8. Gravis, attenuata ou extenuata (oratio), mediocris, auxquels correspondent, dans le défaut ou l'excès, les caractères : 1. Sufflatus; 2. exilis, aridus, exsanguis; 3. fluctuans et dissolutus.

Quintilien, X, 1, emploie les mêmes termes que Cicéron, et les rapproche des termes grecs : « Unum *subtile*, quod ἰσχνον vocant; alterum *grande et robustum*, quod ἁδρόν constituunt; tertium alii *medium* ex duobus, alii *floridum* (namque id ἀνθηρόν appellant) addiderunt. Quintilien propose une autre classification des carac-

classification systématique corrélative des genres d'harmonie oratoire[1], résultat de la manière de disposer les mots dans la phrase.

Le caractère du premier de ces types généraux est la grandeur et la noblesse. On lui donne des noms très nombreux et assez divers ; car il y a des aspects différents dans la noblesse et la grandeur. C'est tantôt la force de l'action, la véhémence des mouvements, la puissance des effets que le style produit sur les imaginations, et qu'on peut comparer aux effets de la pesanteur ou d'une violente pression : on l'appelle alors δεινός, σφοδρός, βαρύς : tantôt c'est l'abondance, la richesse, l'ampleur, la splendeur des formes, et on le nomme ἁδρός, πλάτυς, μέγας, ἀνθηρός ; tantôt la force prend un caractère de rigidité, de sévérité, d'austérité : c'est le style αὐστηρός : tantôt enfin, c'est l'élévation, la hauteur, la profondeur, le sublime, et il devient alors l'ὑψηλός. Parfois même, quand le sujet s'y prête, et se fait en quelque sorte l'agent

---

tères en attique, asiatique, rhodien, fondée sur le goût particulier et le tour d'imagination propre à ces races.

Fortunatianus (p. 15) établit une table tout à fait systématique des catégories du style. On peut considérer le style à trois points de vue : 1. L'intensité, ποσότης, la quantité de force ; 2. L'étendue ou la quantité en dimension, πηλικότης ; 3. La qualité, ποιότης.

I. L'intensité, ποσότης, a trois caractères :

1. L'ἁδρόν, appelé par Jul. Victor βαρύ et qui comprend :
   a. L'αὐστηρόν.
   b. L'ἀνθηρόν, que Quintilien confond avec le μέσον.

2. L'ἰσχνόν ; 3. Le μέσον.

II. La catégorie de l'étendue, πηλικότης, en a trois autres :

   1. Le μακρόν ;
   2. Le βραχύ ;
   3. Le μέσον.

Il y a, en effet, dans les deux modes de la grandeur intensive et extensive, un terme moyen entre les deux extrêmes.

III. Enfin, la catégorie de la qualité a également trois caractères :

   1. Le δραματικόν ;
   2. Le διηγηματικόν ;
   3. Le μικτόν.

[1] Appelés également χαρακτῆρες par Denys d'Halicarnasse (*Dem.*, 36) ou σχήματα τῆς ἁρμονίας (id., id., 38). Plutarque (*Scholl. ad. D. Hal., de Compos.*, § 21) les nomme εἴδη συνθέσεως.

provocateur ou au moins le complice de l'imagination, le style se laisse emporter à des mouvements extraordinaires, à des figures, à des images tellement hardies qu'on les compare aux cris de la bacchante saisie par le délire prophétique [1], ou aux éclats terribles de la foudre. Il y a des natures intellectuelles, des imaginations qui voient dans un sujet ou qui veulent y voir surtout ce qui est beau, noble, élevé, grand, et qui savent imprimer avec force, graver et sculpter dans la matière du style, ces mêmes traits saillants qui sont le caractère de leur propre esprit : non pas qu'ils doivent s'efforcer, comme le pensait Isocrate, de faire paraître grand ce qui est petit, noble ce qui est bas et trivial, mais parce qu'il y a des choses, et beaucoup plus qu'on ne croit, dans lesquelles une imagination sans vivacité, un esprit sans pénétration et sans force, une âme sans grandeur et sans noblesse ne saura rien voir de noble et de grand, bien que ces qualités y soient contenues cependant. Sans doute il faut y prendre garde, et l'excès est ici bien voisin de la perfection ; l'enflure qui rend le style froid vient précisément de cet effort sans conviction de donner aux choses et aux idées des proportions de grandeur qui ne leur appartiennent pas, à l'aide de l'emploi mécanique de certains procédés de style.

Le grand style en effet emploie volontiers des termes et des locutions étranges ou rares, ne respecte pas toujours dans ses audaces ni les règles de la structure grammaticale et rythmique, ni la pureté ni la correction [2] ; il varie les formes,

---

[1] Demetr., ὥσπερ ἐνθουσιῶντα. Plut., Dem., 9. πάραβακχον. Quintil., fulgurare, tonare.

[2] Les génies oratoires supérieurs, dit Longin (Sp., I, 283), ont un style moins pur; car il y a dans le soin d'une forme absolument correcte et pure, τὸ ἀκριβὲς ἐν παντί, le danger de tomber dans la petitesse : eux, au contraire, sont volontiers négligents et négligés. On sent, dans toute l'économie de leur style, la trace d'un effort ou du moins l'ostentation et l'exagération de la force. Dans la jointure des membres de la phrase, les transitions ne sont pas ménagées ; les ressauts sont violents et heurtés. Aussi Denys d'Halicarnasse (de Dem., 13) constate que le grand orateur, vise à la beauté de l'expression, καλλιλογία, à la noblesse et à toutes les qualités accessoires, ἐπίθετοι, plutôt qu'à la correction parfaite : μᾶλλον ἐσπουδακὼς ἢ περὶ τὴν ἀκρίβειαν.

change brusquement les mouvements, vise à la distinction, à la majesté, à la force, parfois à la rudesse[1], multiplie les épithètes, charge le coloris des métaphores presque à l'égal du style poétique[2], ne néglige aucun des ornements sérieux[3] susceptibles de donner au style l'expression et la beauté[4], une harmonie grave, forte, calme, austère, antique, et dédaigne les grâces efféminées d'un art raffiné et frivole[5]. Parfois même, emporté par le souffle de l'inspiration morale, religieuse, patriotique, le style s'enveloppe dans des rythmes d'allure martiale ou solennelle et fait entendre des accents et on peut dire des chants semblables à ceux d'un cortège triomphal, d'une marche guerrière ou d'une pompe sacrée.

Le style simple, naïf, sincère porte dans presque toutes les classifications le même nom grec, ἰσχνός, et les mêmes équivalents latins, subtilis, tenuis, extenuata oratio, qui en marquent les nuances délicates. Son caractère est le naturel, la candeur, ἀφελής, la modestie, presque l'humilité du ton, λιτή ; il n'est pas timide, mais circonspect et prudent ; il va à son but en conscience, ne pensant qu'à sa fonction qui est d'éclairer les auditeurs et y marchant d'un pas tranquille mais sûr, et ne se laisse détourner par aucun regard sur lui-même ou sur l'auditoire. L'orateur qui parle de ce style n'a pas une trop haute idée ni des autres ni de lui-même : il ne voit pas grand ni beau, et naturellement il exprime les choses comme il les voit; il ne vise qu'à la clarté, à la justesse et à

---

[1] Marcell., *Thuc.*, 41. τραχύτητος μέστον.
[2] ποιητικαῖς λέξεσι καὶ μεταφοραῖς.
[3] D. Hal., *Dem.*, 1. ἡ μὲν ἐξηλλαγμένη καὶ περιττὴ καὶ ἐγκατάσκευος καὶ τοῖς ἐπιθέτοις ἅπασι κόσμοις συμπεπληρωμένη λέξις. L'opposé de περιττή est la diction populaire, commune, δημώδες, κοινόν, et περιττή a pour synonymes en latin, præstans, copiosa, eximia, impar, quæ a communi forma recedit, nimio elegantiæ studio redundans.
[4] Procl., *Chrest.*, Phot., *Cod.*, 139. τὸ ἁδρὸν ἐκπληκτικώτατον (foudroyant) καὶ κατεσκευασμένον μάλιστα καὶ ποιητικὸν ἐμφαῖνον κάλλος.
[5] D. Hal., *Dem.*, 36. εὐσταθῆ καὶ βαρεῖαν καὶ αὐστηρὰν καὶ φιλάρχαιον καὶ σεμνὴν καὶ φεύγουσαν ἅπαν τὸ κομψόν, ἁρμονίαν.

CHAPITRE SIXIÈME

THÉORIE DES CATÉGORIES ORATOIRES

J'ai exposé avec certains développements la doctrine classique des caractères du style parce qu'elle a un intérêt historique, et aussi parce qu'elle garde une valeur réelle pour éclairer la critique et la pratique de l'éloquence : elle pose des genres tranchés, mais dont les limites, nettes dans la théorie, se fondent ou se déplacent dans la réalité ; elle permet au critique qui veut juger un orateur de se reconnaître au milieu des conditions multiples et diverses de l'art; elle apprend à l'orateur à voir clair dans les moyens à choisir et les effets à poursuivre ; sans doute elle ne lui donne pas la conscience de son aptitude, de son talent, de son génie ; mais elle l'oblige à y réfléchir; elle l'invite et l'aide à mesurer ses forces, à déterminer le caractère de son imagination et à choisir le style qui y convient. Mais aucun orateur ne présente pur et sans mélange, εἰλικρίνης, le type de style qu'il a choisi. De même qu'il n'y a pas dans la nature d'éléments absolument simples et premiers, de même dans l'économie du style comme dans la composition rythmique tout ce qui est réel et vivant est composé ; mais le style prend son nom et son caractère de l'élément qui prédomine dans la combinaison et le mélange.

Cette doctrine qui nous paraît à la fois utile et suffisante, n'a pas semblé suffisante à Hermogène : il a voulu fonder une théorie plus complète, qui constituât comme une table des catégories nécessaires, sous lesquelles on peut envisager successivement le discours.

Les catégories logiques ou métaphysiques sont les relations, les fonctions, les lois les plus générales, les plus simples, irréductibles et nécessaires, que nous pouvons affirmer des êtres et qui constituent leur concept et leur manière d'être constante. Les catégories grammaticales sont les notions les plus générales, les fonctions les plus simples que nous pouvons affirmer du langage. Il en sera de même du discours, dont les catégories nous donneront les formes et les fonctions constitutives les plus simples et les plus générales sous lesquelles nous pouvons ramener l'idée du discours, considéré comme un être en soi.

Ce discours en soi, dont Hermogène veut nous faire connaître l'essence par l'énumération systématique des catégories sous lesquelles on doit l'envisager, il le qualifie de δεινός. Pour lui la δεινότης est la seule et vraie éloquence, l'éloquence en soi [1], et les catégories sont les ἰδέαι, les εἴδη du discours. Un autre nom donné à cette éloquence en soi est πολιτικός λόγος [2], l'éloquence vraie, accomplie, parfaite, idéale, qui se trouve dans la bouche du vrai citoyen, pour des fins politiques, sociales, humaines : car celui qui n'est pas un citoyen dans un état organisé n'est pas un homme. Elle a pour pendants et pour contraires l'éloquence sans art, ἀρέτης, d'un côté, et de l'autre les œuvres artificielles, les produits mécaniques des écoles de déclamation et de sophistique.

Les catégories, qu'on pourrait appeler aussi d'un nom employé par Aristote, dans sa *Poétique*, parties de quantités, séparables les unes des autres dans l'œuvre réelle, sont

---

[1] Περὶ ἰδ., *Sp*, II, p. 388. ἡ δεινότης .. χρῆσις ὀρθὴ πάντων τῶν προειρημένων εἰδῶν τοῦ λόγου καὶ τῶν ἐναντίων αὐτοῖς καὶ ἔτι δι' ὧν ἑτέρων σῶμα λόγου γίνεσθαι πέφυκε. Il ne faut pas donc pas confondre la δεινότης d'Hermogène avec la qualité particulière du style, dénommée de ce nom par les autres rhéteurs et par lui-même.

[2] Dans les Τέχναι ῥητορικαί faussement attribués à Ælius Aristide, Sp., II. *Præf.*, XIX.

au nombre de sept: 1. la clarté; 2. la grandeur; 3. la beauté: 4. la vivacité, γοργότης: 5. l'expression morale, ἦθος; 6. la vérité: 7. la force, δεινότης.

Quelques orateurs, et du moins le plus grand d'entr'eux, Démosthènes, les ont pu réunir toutes et n'en faire qu'un seul corps, qui est l'idéal réalisé de l'éloquence. Mais envisagées au point de vue spéculatif et théorique, de ces catégories, de ces idées du discours, les unes existent en soi, par soi, et n'ont besoin de rien autre qu'elles mêmes: les autres sont les genres sous lesquels sont subsumées d'autres formes par lesquelles elles se réalisent [1]. Celles-ci sont ainsi les espèces des premières et ont entr'elles, avec certaines différences qui les séparent, des propriétés communes qui naissent du genre commun dont elles sont des parties.

Mais outre les parties de quantité, le discours comprend, au nombre de huit, des parties de qualité, éléments constitutifs et inséparables de l'essence et sans lesquelles dans aucune des catégories, il ne saurait être. Ce sont : 1. les pensées, ἔννοιαι: 2. la disposition, l'ordre, ce qu'Hermogène désigne d'un nom équivoque, la méthode, ἡ μέθοδος et qu'il définit : l'art qui nous apprend comment il faut introduire les idées [2]: 3. l'élocution ; 4. les figures: 5. l'organisation des κῶλα; 6. la composition rythmique, συνθήκη : 7. la clausule ou la pause rythmique, ἀνάπαυσις: 8. le rythme, qui résulte de l'union des deux dernières parties, mais a aussi son existence propre ; car il y a un rythme de la danse, un rythme de la musique instrumentale, c'est-à-dire un rythme non attaché à des paroles.

Il est évident que, quelle que soit la catégorie ou la forme du discours, il doit contenir comme éléments intégrants et essentiels les pensées, les formes logiques du raisonnement, le style, qui comprend à son tour les figures, la disposition

---

[1] αἱ μὲν γένη εἰδῶν.
[2] ἐπιστημονικὸς τοῦ πῶς δεῖ τὰ νοήματα ἐξάγειν.

en membres distincts, l'organisation de la période au point de vue harmonique, la pause qui la termine et le rythme qui embrasse ces deux derniers éléments.

De ces catégories l'une, la grandeur, est à son tour constituée, comme nous l'avons déjà vu, par sept conditions : 1. la dignité; 2. l'ampleur; 3. l'austérité; 4. la richesse, λαμπρότης; 5. la pénétration, l'*acumen* d'Hypéride; 6. la véhémence; 7. la force, qui terrasse et foudroie.

Le traité d'Ælius Aristide [1] simplifie un peu la classification à trois tiroirs d'Hermogène, et admet directement et sans essayer de les déduire douze formes ou idées du discours. Ce sont : 1. la σεμνότης; 2. la βαρύτης; 3. la περιβολή; 4. l'ἀξιοπιστία; 5. la σφοδρότης; 6. l'ἔμφασις; 7. la δεινότης; 8. l'ἐπιμέλεια, qu'Hermogène appelle κάλλος; 9. la γλυκύτης; 10. la σαφήνεια unie à la καθαρότης; 11. la βραχύτης unie à la συντομία; 12. la κόλασις, qu'Hermogène nomme εὐκρίνεια et qui s'unit à la καθαρότης pour former la qualité de σαφήνεια.

Quoiqu'en dise Hermogène [2], qui prétend que, sans cette science des formes oratoires, on ne saurait ni bien juger les œuvres des autres orateurs ni pratiquer soi-même avec talent cet art difficile, sa théorie n'a guère d'autre intérêt que celui de la curiosité : nous ne pousserons donc pas plus loin l'analyse de cette table systématique, où les qualités du style et ses caractères, les genres et les catégories sont confondus pêle-mêle. Nous avons profité, pour établir la théorie du style, de ce que les minutieuses distinctions d'Hermogène pouvaient avoir de juste et d'original.

[1] *Sp.*, II, 459.
[2] *Sp.*, II, 265.

CHAPITRE SEPTIÈME

LA LOI DES CONVENANCES DU STYLE

Outre la convenance, qualité constante qui s'impose à toute personne qui adresse la parole à d'autres, dans toutes les circonstances, dans toute espèce de genre et devant tout auditoire, il est des convenances qui se fondent sur ces rapports mêmes. Aristote en a analysé une : c'est celle qui détermine l'appropriation du style aux trois genres. Le style, nous l'avons vu, pour se conformer à cette règle, devient ou pathétique, ou éthique, ou dramatique ; mais il ne suffit pas que le style soit en conformité avec les genres, il faut encore qu'il soit en harmonie avec les choses et les sujets traités [1], ἀνάλογον τοῖς πράγμασιν, en proportion avec nos forces et le caractère propre de notre esprit et de notre imagination [2], en rapport avec la qualité, l'éducation, les mœurs, les passions [3], le nombre même de ceux qui l'écoutent. Le nombre en effet n'est point indifférent pour le choix du caractère et l'emploi des procédés du style : on ne parle pas devant 200 personnes comme devant 20, ni devant 20 comme devant 2.

---

[1] Sit par rebus oratio. Cic.
[2] ἐν ἰσοσθένεσι ὑποθέσεσι. Anon., *Speng. Rhein. Mus.*, 1863, p. 526.
[3] Ar., *Rh.*, III, 7.

L'étude des mœurs oratoires nous permet de résoudre brièvement ces questions. La dernière, qu'Aristote a négligé de traiter et à laquelle l'auteur anonyme cité en note[1] fait une si brève allusion, ne peut être résolue que par l'observation psychologique de la personne sur elle-même, aidée des conseils, souvent inutiles, d'un ami compétent, sincère et courageux. Savoir se connaître soi-même, ne fût-ce qu'au point de vue oratoire, est une grande affaire et une vertu rare. Mesurer les forces dont on dispose, juger si elles peuvent atteindre à certaines fins, proportionner les genres et les caractères du style à notre condition, à notre âge, aux qualités de notre voix, à la vigueur de nos poumons, à nos habitudes physiques, même à notre taille, tout cela est difficile autant que nécessaire: mais la rhétorique n'a pas autre chose à faire que de le constater : sur ce point elle renvoie, comme la conscience morale, l'homme à lui-même et à lui seul.

Il n'en est pas de même de la conformité du style aux choses. La rhétorique nous apprend qu'elle consiste : 1º à ne pas exprimer des idées nobles en termes vulgaires; 2º à ne pas exprimer des idées simples et naturelles en termes solennels et pompeux; 3º à ne pas accoler à un terme simple une épithète éclatante de couleur, à moins qu'on ne vise à produire un effet comique. La convenance nous prescrit encore de ne pas employer tous à la fois les procédés du style et de réserver et chaque caractère de style et chaque espèce de tropes, de figures, de métaphores, de rythme pour le lieu spécial qui lui convient dans le discours. Elle est elle-même, d'ailleurs, limitée par une autre loi : celle de dissimuler l'art à force d'art, *ars est celare artem*. Si, par exemple, pour rester fidèle à l'expression vive et forte des sentiments, des idées, des mœurs vous vous trouvez dans l'obligation d'employer des termes violents et durs, n'exagérez pas encore la fidélité de cette reproduction en forçant le ton de la voix, en durcissant

---

[1] P. 536, n. 2.

les traits de la physionomie, en grossissant les signes extéqui accompagnent la passion et la révèlent. On verrait bien vite l'artifice, et on saisirait sur le fait le mécanisme du procédé. Si au contraire vous contenez le geste, tout en donnant au style toute sa force, ou si en tempérant l'expression, vous accentuez le sens par le son pathétique de la voix, il y a sans doute défaut d'harmonie, mais l'effet voulu est produit[1]. En multipliant les procédés, même pour se soumettre à la loi des convenances, on détruit l'impression. Mais là encore il faut prendre garde et ne pas tomber dans le défaut contraire ; si vous alliez prononcer d'une voix harmonieuse, caressante et tendre des termes violents et âpres, ou d'une voix rude et farouche des expressions aimables et gracieuses les deux moyens se détruiraient l'un et l'autre, et vous auriez perdu la confiance de l'auditeur devenu, par la contrariété des effets, incrédule et soupçonneux.

Les mots composés, les épithètes nombreuses, les formes étrangères ou archaïques ou nouvelles conviennent au style pathétique ; on excuse dans la bouche d'un homme irrité des épithètes qui dépassent la mesure des choses : on sent qu'il n'est plus et ne doit plus être maître de son jugement et de sa raison. Ces excès de style sont même à leur place et produisent grand effet quand l'orateur sent qu'il possède son auditoire et le maîtrise. Il peut alors exalter son enthousiasme par l'éloge et la critique, l'entraîner à l'amour ou à la fureur. Il y a des formules ardentes, propres à ces états exaltés des âmes, que l'auditeur accueille volontiers parce qu'il a conscience et souvenir qu'il a éprouvé les mêmes phénomènes moraux et les a exprimés d'une manière semblable. Bien qu'elles soient plus propres à la poésie, par essence exaltée et enthousiaste, elles ont aussi leur place dans l'éloquence et peuvent servir à exprimer la plus mordante, la plus terrible ironie.

---

[1] οὕτω γὰρ κλέπτεται ὁ ἀκροάτης.

Les rhéteurs anciens ont pour la plupart compris dans leurs Traités la mémoire et l'action oratoires. Sans nier qu'il y ait une méthode et des exercices pratiques rationnels pour développer et fortifier la mémoire, faculté si précieuse pour l'orateur, sans nier davantage qu'il y ait un art de l'action et du débit oratoires, je pense que ce n'est pas à la rhétorique qu'il appartient de les enseigner, et je termine ici cet ouvrage qui n'est déjà que trop complet ou du moins trop long.

ERRATA

P. 33, n. 1, lire : ἔνεστί τις.
P. 33, n. 4, lire : ποιητής au lieu de ποιήτης.
  ἀγωνιστής au lieu de ἀγωνίστης.
P. 57, l. 20. Placer la citation οἷος ὑφ'οἵων πείθεται à la ligne 24, après : *tel auditeur*.
P. 61, l. 3, lire : Toutes les parties de la rhétorique, celle qu'il appelle *Judicium*, c'est-à-dire le choix.
P. 119 n. 5, lire : Les *Fables Æsopiques* au lieu de : les Tables.
P. 144, l. 19, lire : Des enthymèmes *spécieux* au lieu de spéciaux.
P. 170, après la l. 8, insérer la phrase omise :
II. L'état d'esprit, le caractère particulier qu'impriment à l'individu ses propres maximes morales, ses habitudes, ses passions, modifiées elles-mêmes par les circonstances diverses de la vie.
P. 199, l. 23, lire : Qui *éveillent* au lieu de évétilent.
P. 439, n. 5, lire : *L'occlusion* de la glotte au lieu de l'exclusion.
P. 465, l. 18, lire : τὸ γλάφυρον au lieu de γλάφυρον.
P. 481, n. 1, lire : τὸ ψυχρόν au lieu de ψυχρόν.
P. 497, n. 2, lire : τὰ κατὰ διάνοιαν au lieu de διάνοιαν.
P. 503, l. 3, lire : *Éthopée* au lieu de Éthophée.

TABLE ANALYTIQUE DES MATIÈRES

PAR ORDRE ALPHABÉTIQUE

A

Abondance (l') dans le style, p. 464.
Ἁβρότης, 466.
Accumulatio, p. 505, n. 1.
Action (l') oratoire, 97-432-538.
Adjectif (valeur de l'), 479, n. 3.
Ἀδελφά (les mots), 20.
Ἁδρός, 527.
Adjuncta, 476.
Affection, εὔνοια, 162-166.
Ἀγών, 6-307.
Ἀγωνιστικόν (le genre), 235.
Ἀκμή (dans le style), 465.
Ἀκρίβεια, 422-510-518.
Ἀκυρολογία, 425, n. 3.
Αἰτήματα, 41.
Αἰτιολογία, 545, n. 2.
Albutius Caïus, Rhéteur, 64.
Alcidamas, 38.
Alcuin, 65, n.
Alexandre, Rhét., 63, n.
Ἀλήθεια, dans le style, 466.
Allégorie, 489.
Allitération, 446.
Altercatio, 404-406.
Amitié (l'), 165.
Amour (l') et la haine, 186.
Amplification, 146.
Ἀνάκλασις, 498.
Ἀνακοίνωσις, 507.
Ἀναδίπλωσις, 474.
Ἀναγνωστικοί (les orateurs), 518, n. 1.
Ἀνακεφαλαίωσις, 409.
Ἀνακλητικὸν σχῆμα, 507, n. 3.

Analogie (lieu de l'), 139.
Anaphora, 474.
Anastrophe, 474.
Anaximène, 38.
Annaeus L. Cornutus, Rhét., 64, n.
Ἀντανάκλασις, 498.
Antécédents (lieu des), 142.
Ἀντεπίδοσις, 498.
Ἀντέγκλημα, 375.
Ἀνθηρός, 527.
Ἀντιδιήγησις, 390.
Ἀντικατηγορία, 375.
Antiphon, 28-59.
Antistrophe, 474.
Antithèse, 446-448.
Antithétique (structure), 445.
Antonius M., Rhét., 63, n. 1.
Antonius Liberalis, Rhét., 64, n.
Antonomase, 495.
Ἀνθυποφορά, 506.
Ἀπαγγελία, 388.
Ἁπλοῦς, forme de la narration, 391.
Ἀπόδειξις, confirmatio.
Ἀπόδοσις, 372.
Apollodore, 62.
Apollonius Molon, 61.
Apologie (dans l'exorde), 374.
Apparente (réfutation), 152.
Apparents (lieux des enthymèmes), 144.
Ἀποπλάνησις, 22.
Apophthegmes, 487.
Ἀπορία, dubitatio, 498.
Ἀποσιώπησις, 498-507, n. 6.

Ἀποστροφή, 507, n. 4.
Apposita, 476.
Apsine, Rhét., 62, n.
Ἀφέλεια, 466.
Ἀξίωμα, 463.
Archaïques (les mots), 471.
Architecture (ordres de l'), 522.
Argument de l'homme débile, 8.
Argumentation (l'), 5 et 6. — 111.
Aristide, 63, n.
Aristote (Rhétorique d'), p. 3.
Ἁρμόνιος σύνθεσις, 17-433.
Ars, 65.
Art (l') dans l'éloquence, p. 74-354-413.
Artificielles (les preuves), 17.

Assurance (l'), 190.
Ἀστειολογία, 41-456-474-487.
Asyndeton, 475-515.
Ἄτεχνοι (les preuves), 99.
Athénée de Naucratis, 61.
Auditeur (fonction de l'), 237.
Augustin (St), Rhét., 65, n.
Αὔξειν καὶ μειοῦν, lieu, 130.
Αὔξησις, 409.
Αὐστηρός, 527.
Αὐτοσχέδιον, 456-506.
Avenir (lieu de l'), 130.
Aversio, ἀποστροφή, 507, n. 4.
Aveu (l') figure, 506, n. 4.
Aveu (l'), 105.

B

Balsac, cité, 423.
Barbarisme, 427.
Βαρύτης, 466-527.
Βάσκανοι, 41
Βασιλικοὶ λόγοι, 304.
Βάσις (dans l'exorde), 372.
Beauté (la) dans l'éloquence, 413 417.
Βεβαίωσις, 393.
Béda, Rhét., 65, n.

Bienveillance (la), 197.
Binaire (rythme), 445.
Βλαίσωσις (lieu de la), 138.
Blandus, Rhét., 63, n. 1.
Biens (théorie des), 276.
Bonheur (théorie du), 272.
Bossuet cité, 177-446-461-504-504.
Bravoure (la), 163.
Βραχύ (τὸ) du style, 527.

C

Cæcilius de Calacta, Rhét, 62.
Cæstius, Rhét., 64, n.
Calamis, 521.
Callimaque, 521.
Callippe, Rhét., 29.
Calme (le), 183.
Caractère (le) oratoire, 109-161.
Caractères (les) du style, 459-508-519, n. 4.
Caractère individuel dans la narration, 386.
Cassiodore, Rhét., 63, n. 1.
Catachrèse, 427-496.
Catégories oratoires (théorie des), 532.
Caton, Rhét., 63, n. 1.
Cause (la recherche de la), 385.
Cause (lieu de la), 142.

Causes (lieu de l'identité des), 140.
Céphale, Rhét., 28.
Chatam (lord) cité, 472.
Chrysippe, Rhét., 59, n. 5.
Cicéron, sur Corax et Tisias, 9.
— sur Gorgias, 14.
— (Rhétor. de), 64.
Circonstances (lieu des), 137.
Circonstances (discours de), 306.
Civilis oratio, 230.
Clarté (la), 422-463.
Classification des genres oratoires, 233, sqq.
Clausule (la) de la période, 444.
Climax, 474.
Clodius P., Rhét., 64, n.
Cocondrios, Rhét., 63, n.

Colère (la), 177.
Commiseratio, 410.
Comparaison (la), 491.
Complexio, 474.
Compositio, 422.
Concessio, συγγνώμη.
Concinnitas, 17.
Conclusio, 409.
Concorde (la), 167.
Conditions de l'éloquence, 66.
Confessio, συγχώρησις.
Confirmation, 111, 393.
Conformité du style aux choses, 537.
Conjectural (état), 322.
Conjugués (lieu des), 135.
Conquestio, 409.
Conséquent (lieu du), 147.
Consequentium locus, 138.
Constitutio causæ, 27-320, sqq.
Consultatio, 229.

Continuité (loi de la), 402.
Contradiction (lieu de la), 142.
Contraires (théorie des), 127.
— (lieu des), 134.
Contrapositum. V. Antithèse.
Convenance (la), 15-428.
Convenances (la loi des), 536.
Conventions ou contrats, 104.
Conversio v. Antistrophe, 5.
Corax, 3.
Corinthien, ordre, 523.
Cornelius Celsus, Rhét., 63. n.
Cornificius, Rhét., 63, n. 1, 253.
Correctio, ἐπιδιόρθωσις, 506, n. 5.
Crainte (la), 190.
Crocodilite (le), 8.
Couleur du style, 17-457.
χρώματα λόγων, 255.
Curius Fortunatianus, Rhét., 64-134, n. 5.

D

Décisions antérieures (lieu des), 137.
Décorum du style, 428.
Définition de la rhétorique, 74.
— de l'éloquence, 75.
— (état de), 322.
— (lieu de la), 137.
Δεινός (le style), 527.
Δεινότης du style, 465.
— d'après Hermogène, 533.
Δείνωσις (lieu), 146.
— partie de la péroraison, 409.
Délibératif (le genre), 238.
Délicatesse des Grecs, 182.
Δήλωσις, espèce de narration, 388.
Δημηγορία, 238.
Démétrius, Rhét., 63, n.
Démonstration (la) oratoire, 111.
Démonstratif (le genre), 240.
Denys d'Halicarnasse, Rhét., 61.
Denominatio v. Hypallage.
Dialectique (rapports de la) et de l'éloquence, 83.
Dialogue, figure, 505, n. 5.
Διάνοια, 99.
Διαπόρησις, 506, n. 7.
Diaule (le) dans le style, 445.

Διήγησις, 5.
Διηγηματικόν (τὸ) du style, 527.
Διηρημένη (structure), 439.
Dignité du style, 428.
Digressio, 6.
Δικανικόν (le genre), 232-239.
Diminutifs (les), 481.
Diplasiologie, 19.
Disjunctio ou polysyndeton, 475.
Dispositions de l'auditoire, 109.
Dissortio ou πλαίσωσις, 138.
Division (lieu de la), 137.
Division de la Rhétorique, 96.
— des genres oratoires, 229.
— du discours, 347.
— des figures, 467.
Divisionis fallacia, sophisme, 146.
Dorique (ordre), 523.
Douceur (la), 163-183.
Douleur (la), 174.
Droit (état de), 322.
Ductus figurati, 255.
Durée des discours, 356.
Doute (le), figure, 506.
Δραματικόν(τὸ) du style, 527.

E

École sicilienne, 18.
Egressio v. Digressio.
'Ἐγκώμιον (le genre), 232-240.
'Ἐκλογή, qualité du style, 422.
Εἰδωλοποιΐα, 503, n. 2.
Εἴδη (les), 123.
Εἰκός, p. 115.
'Ἐκφώνησις, 507, n. 3.
Ἔλεγχος, 41-151.
Élégance (l'), 487.
Ἔλεοι (les), 23.
Ἑλληνικοὶ λόγοι, 33.
Ἑλληνίζειν (τὸ), 422.
Élocution (l'), 96-413.
Éloges (les), 241.
Éloquence appelée philosophie, 32.
Éloquence (définition de l'), 75-88
— (Rapports de l') et de la dialectique), 83.
Empédocle, 3.
Émulation (l'), 211.
'Ἐνέργεια, 458, n. 1, 459, n. 4-486.
Ἔνστασις, 152.
'Ἐνδιάθετος (λόγος), 232.
'Ἐνδιάθετον, 466.
'Ἐνδιάσκευος, forme de la narration, 391.
'Ἐγκατάσκευος, forme de la narration, 391.
'Ἐντευκτικόν (le genre), 236.
'Ἐναγώνιον πνεῦμα, 466.
Enthymèmes, 111.
— (classification des), 123.
— (lieux des), 132.
Énumération (lieu de l'), 138.
— partie de la péroraison, 409.
'Ἐξιτήριος (le discours), 305.
'Ἐπέλεγχος, 26.
'Ἐπιγαμήλιος (le discours), 241.
Épidictique (le genre), 240.
'Ἐπιδιήγησις, 26-390.
'Ἐπιδιόρθωσις, 498.
'Ἐπιείκεια, 466.
'Ἐπίλογος, péroraison, 6-409.
'Ἐπιμονή, 475.

'Ἐπιπίστωσις, 26.
'Ἐπιτροπή, 507, n. 2.
Épisodes dans l'éloge, 398.
'Ἐπιστολικόν (le genre), 236-244.
'Ἐπιτάφιος λόγος, 241.
Épithètes (les), 476.
'Ἐπίτρεχον ou ἐπιδρομή, 464.
'Ἐπίθετα (les mots), 21.
'Ἐπίθετοι (les qualités), 430.
'Ἐπούρωσις, 21.
Équité (de l'), 342.
ἔκπληξις, 466.
Ἑρμήνεια, 413.
Esprit (l'), 487.
'Ἐσχηματισμένοι λόγοι, 255.
Esthétique (l'élément) dans l'éloquence, 352.
États de cause, 27-320.
Étendue de l'exorde, 371.
— de la narration, 386.
— du discours, 357.
Éthique du genre délibératif, 268.
Éthique (le style), 512.
Éthopée, 504.
Ἦθος (l') oratoire, 159.
Ἦθος de l'orateur, 108-161.
Ἦθος du style, 459-466.
Évenus de Paros, Rhét., 27.
Εὐέπεια, 17.
Εὐκρίνεια, 463.
Εὔνοια (l'), 166.
Euripide, cité, 107, n. 1.
Exemple (l'), 111-115.
Exorde (l'), 360.
— de l'Éloge d'Hélène, 363.
— ramosum, 22.
'Ἐξεταστικόν, 39.
'Ἐξεργασία.
Extrinsèques (les preuves), 108.
Ἐκφώνησις, 507, n. 3.
Énigmes, 487-490.
'Ἐπανόρθωσις, 506, n. 5.
'Ἐπιτίμησις, 506, n. 5.
'Ἐπιτροχασμός, 505, n. 1.

F

Fait accompli (lieu du), 130.
Faux goût, 439.
Fénelon, cité, 479, Préf. XXVI.
Figuratus sermo, 255-461.
Figures du style, 450.
— de mots, 467.

Figures de pensée, 461-497.
Figure grammaticale (sophisme de la), 144.
Froideur (la), 489.
Funèbre (l'oraison), 244-461.

G

Gallio, Rhét , 64, n.
Gens au pouvoir (mœurs des), 226.
Genres (les) oratoires, 229.
— des causes, 230.
Genre (le) délibératif, 258.
— démonstratif, 300.
— judiciaire, 320.
Genres du style (théorie des).
Γένος λογικὸν, νομικόν, 233.
Γενεθλιακὸς λόγος, 252.
Γλαφυρόν (τὸ), 465.
Γλυκύτης, 466, n. 1.
Gnomologie, 20.

Gouvernements (théorie des), 285.
Gorgias, Rhét., 12.
Γοργότης du style, 465.
Grâce (la), 456.
Gradation (loi de la), 401.
Grand (le style), 528.
Grandeur du style, 463.
Grandeur d'âme, 163.
Grandeur (lieu de la), 130.
Γραφικὴ λέξις, 518, n. 1.
Grégoire de Corinthe, 63, n.
Guizot, cité, Préface XI.

H

Hardion, 74.
Harmonie (l'), 430, sqq.
Hermagoras, Rhét., 60.
Hermogène, Rhét., 60-62.
— (théorie du style d'), 462.
Hérodien, Rhét., 63, n.
Hippias, Rhét., 51.
Homère, orateur, 236, n 4.

Homonymie (lieu de l'), 144.
Honneurs (les), 275.
Honte (la), 194.
Hybréas, Rhét., 62.
Hyperbole, 495.
Hypothesis, 229.
Hypotypose, 504.
Hypallage, 492.

I

Iconologie, 20.
Idées (ἰδέαι) du discours, 33.
— d'après Hermogène, 533.
Images, 454.
Imagination, 451.
Incises, 439.

Inconstance des opinions (lieu), 141.
Indice, σημεῖον, 115.
Indignation (l'), 206-409-498.
Induction, 110.
Injustice (nature de l'), 329.
Insinuation (lieu), 137.

Instance, 152.
Intellectio, νόησις, 99-493.
Intelligence pratique, 162.
Interrogation, 403-498, sqq.
Interruption, 498.
Intrinsèques (preuves), 99.
Invitation (discours d'), 305.
Ionique (ordre), 923.

Isée, Rhét., 59.
Isidore, Rhét., 65, n.
Isocola, 12-446.
Isocrate, Rhét., 29.
'Ισοδυναμοῦντα, les synonymes, 464.
'Ιστορικόν (le genre), 235.
"Ισχνον (τὸ), 527.

J

Jeunesse (la), 217-275.
Jeux de mots, 41.
Joubert, cité, 107-403-425-476-427-432.
Judiciaire (le genre), 239.
Judicium, 396-414.
Julius Rufinianus, Rhét., 64, n.

Julius C. Victor, Rhét., 64, n.—134, n. 5.
Julius Severianus, 65, n.
Judicialis (état), 322.
Justice (la), 163-164.
Jeux de mots, 487.

K

Καλλιλεξία, 19.
Κάλλος, 353.
Καλλωπισμός, 17.
Καθαρότης, 463.
Καμπτήρ, 445.
Κατασκευή, 372.
Κατάστασις, 5.
Κατ'ἔμφασιν ductus, 256.

Κατεστραμμένη (période), 441.
Κεφάλαιον γενικώτατον, 27.
Κλητικὸς λόγος, 305.
Κοινωνία, 507, n. 1.
Κόμμα, 439-441.
Κόσμος, 353.
Κύρια (les mots), 20-422-424.
Κῶλον, 439-441.

L

Λαλίαι, 307.
Λαμπρότης, 465.
Langage (sophismes du), 144.
Laudativum genus, 240, n. 2.
Λελυμένη (période), 439, n. 1.
Λέξις, 413.
Liberalité (la), 163.
Licymnius, Rhét., 20.
Lieux communs, 126.
— spéciaux εἴδη, 123-226.
— ante rem.
— in re.   }
— circa rem.   } 135
— post rem.   }
Litote, 496.

Λογικόν γένος, 283.
Λόγος ἐνδιάθετος,
  προφορικός
  θεωρητικός
  πρακτικός   } 232
  συμβουλευτικός
  δικανικός,
Loi de la continuité, 402.
— de la gradation, 401.
Lois (lieu des), 102.
Longin, Rhét., 62.
Louange (la), 240.
Λύειν, λύσις, 150.
Lysias, Rhét., 29.
Lysippe, 54.

TABLE ANALYTIQUE DES MATIÈRES

M

Marius Victorinus, Rhét., 65, n.
Martianus Capella, Rhét., 65, n.
Maximes, 119-397.
Μακρόν (τὸ) du style, 527.
Mécanisme du style, 417.
Μεγαλοπρέπεια, 163.
Μέγεθος, 463.
Μέγας, 527.
Membres de la période, 439-441.
Mémoire (la), 538.
Ménandre, Rhét., 63, n.
Mépris (le), 177.
Μερισμοί, 464.
Μέσον (τὸ), 519.
Mesure (la) dans le traitement des passions, 182.
Μετάνοια, 498.
Métaphore (la), 483.
Μέτρον (τὸ), 519.
Métriques (les pieds) dans la prose oratoire, 437.

Μεσότης du style, 464.
Minucianus, Rhét., 62, n.
Miseratio, 409.
Mixte (le style), 531.
Miserationes, 23.
Mnémonique (la), 97.
Modales (propositions), 127, n.
Modi, synonyme de tropes, 481, n. 3.
Mœurs (les) des nobles, 222.
— des femmes, 275.
— des riches, 225.
— des hommes mûrs, 222.
— des gens au pouvoir, 226.
Montaigne, cité, 123.
Moralité de l'éloquence, 79.
Mores, synonyme de tropes, 481, n. 3.
Mot (nature du), 453.
Mots (figure de), 467.
Mots étrangers et nouveaux, 471.
Motus, synonyme de tropus, 481, n. 3.

N

Narration (la), 5-381-386-391.
Naturel (le), 466.
Naucratès, Rhét., 59.
Nicétès, Rhét., 62.
Nicias, Rhét., 11.
Nicolas, Rhét., 63, n.

Noblesse, 274.
Nobles (mœurs des), 222.
Νόησις, 99-493.
Nom (lieu du), 143.
Nombre oratoire, 24-130.
Νομικόν (le genre), 233.

O

Obliquus ductus, 256.
Obscurité, 463.
Occultatio, 507, n. 5.
Ὄγκος, 463.
Ὄζοι, 22.
Omissio, 507, n. 5.
Ὁμοιοκάταρκτα, ὁμοιοτέλευτα, 446.
Ὁμόνοια, 167.
Onomatopée.
ὥρα τοῦ λόγου, 466.

Ordre des preuves, 400.
Ordre des parties du discours, 317.
Ordre des mots, 41.
Ordre homérique, 102.
Ὀρθοέπεια, 17-45.
Otacilius, Rhét., 63, n.
Occultatio, 507, n. 5.
Ὀξύμωρον, 488, n. 3.
Ὁμωνυμίαι, 488, n. 2.

P

Pœon (le), 25.
Παλιλλογία, 41.
Pamphile, Rhét., 29.
Panégyrique (le genre), 241.
Παραδιήγησις, 388.
Παράδοξον (τὸ), 475.
Παραγραφή, 439, n. 5.
Παράλειψις, 507, n. 5.
Parallélisme (le), 445.
Παράψογοι, 27.
Παρασιώπησις, 507, n. 5.
Pause (la), 414.
Parénétique (le genre), 252.
Παρέπαινοι, 27.
Παρήχησις, 446.
Parisa (les), 12-19-146.
Paronomase. 446.
Parties du discours, 534.
— de l'exorde, 371
— de la péroraison. 409.
Parties de quantité du discours, 533.
— de qualité, 534.
Passions (les) oratoires, 172.
Πάθη (les) du discours, 501.
Πάθος (le) du style), 459.
Passions (les) des hommes âgés, 221.
— des jeunes gens, 217.
— des hommes mûrs, 223.
Pathétique (le), 23.
— (le style), 510.
Πηλικότης, 527.
Pensée (figures de), 464.
Περιβολή, 34-464.
Περικοπή, 439, n. 5.
Périodique (le style), 440.
Période, εἰρομένη, 438.
— διηρημένη ou λελυμένη, 439.
— κατεστραμμένη, 440.
Périphrase, 496.
Péroraison, 409.
Persuasion (la), 92.
Φράσις, l'élocution, 426.
Phidias, 521.
Philosophie, synonyme d'éloquence, 32.
— (la) nécessaire à l'orateur, 67.
Phœbammon, Rhét., 63, n.
Pieds (les) métriques), 437.
Πίστωσις, 26-393.

Pitié (la), 198.
Plaisir (le), 174.
Πλάγιος λόγος, 255.
Platon (Rhétorique de), 51.
Πλάτος, 527.
Plinius C. Secundus, 64, n.
Plotius Gallus, Rhét., 63, n. 1.
Plus ou moins (lieu), 137.
Plution, Rhét., 62.
Ποιότης, 233-527.
Πολιτικὸς λόγος, 14-33-533.
Πολιτικὸν ζήτημα, 230-233.
Polus (Rhétorique de), 19.
Polybe de Sardes, 63, n.
Polyclète, 521.
Polycrate, 241.
Πολύπτωτος, figure de mots, 198.
Porcius M. Latro, 64, n.
Popilius Lænas, 64, n.
Possible (lieu du), 126-129.
Ποσότης, 526.
Pragmatique (le genre), 233.
Πραότης, 163.
Pratiques (les thèses), 231.
Pratiques (études) de l'art oratoire, 67.
Praxitèle, 521.
Πρεσβευτικοὶ λόγοι, 305.
Preuves (les), 6-393-396-399.
— intrinsèques, 99.
— extrinsèques, 108.
Principium ou exorde, 359
Priscien, Rhét., 65, n.
Προαύλιον, 361.
Procatalepsis, 506.
Προδιήγησις, 26.
Prodicus, Rhét., 45-50-368.
Prolégomènes d'Hermogène, 6.
Prolepsis, 506.
Pronominatio ou Antonomase, 195.
Προοίμιον, 5-361.
Proposition (la), 354.
Propositum, 229.
Προπεμπτικοὶ λόγοι, 305.
Propriété (la), 124.
Πρόρρησις, 388.
Prosopopée, genre oratoire, 236.
— figure, 503.
Προσφωνητικοὶ λόγοι, 305.

Protagoras, Rhét., 45.
Protase, 372.
Προτρεπτικοὶ λόγοι, 252.
Προτρεπτικόν (le genre), 10-238.
Proudhon, cité, 447.
Ψυχρόν (τὸ), 480.

Pureté (la), 422-426-463.
Pythagore statuaire, 521.
Proverbes, 495.
Παράλειψις, παρασιώπησις, ὑποσιώ-
    πησις, 507, n. 5

Q

Qualité (état de), 322.
Qualités du style, 413.
 — générales, 422.
 — particulières, 430.
Quantité (état de), 322.
Quaternaire (rythme). 445.
Question (la) oratoire, 229-502-504.

Question (élever la) particulière en géné-
    rale, 68.
Quæstiones finitæ et infinitæ, 229.
Quinaire (rythme , 445.
Quintilianus M. Fabius, 64, n.
Quintus Curtius, Rhét., 64, n.

R

Raisonnements oratoires, 121.
Ramosum exordium, 22.
Récapitulation, 409.
Reconnaissance (la), 197.
Redoublement, v. ἀναδίπλωσις, 474.
Répétition, v. Anaphora, 474.
Réfutation (les procédés de la), 149.
Relatifs (lieu), 136.
Répétition, 4-498.
Réticence, v. ἀποσιώπησις.
Rhétorique (la), née en Sicile, 2.
 — à Rome, 63, n. 1.
Rhétorique (la) à Alexandre, 7-38.

Rhétorique (la) et l'éloquence, 73.
Rhétorique (division de la), 96.
Riches (mœurs des), 225.
Ridicule, 16.
Rire (le) tue la pitié, 204.
Rivalité (la), 211.
Rufus, Rhét., 62, n.
Rutilius Lupus, 64, n.
Rythme (le) oratoire, 430.
 — binaire ou antithétique, 445.
 — ternaire, 445.
Ratiocinatio, 505, n. 2.
Remissio, 507, n. 5.

S

Sagesse (la), 162.
Sainte-Beuve, cité, Préface XIII
Σαφήνεια, 422
Science (la), 165-163.
Scopas, 521.
Sentences (les), 119.
Sentiment de la nature dans l'art
    oratoire, 491.
Sequentia, 476.
Serments (les), 106.
Sermo figuratus, 255.
Sextus Clodius, Rhét., 63, n.

Sextus Julius, Rhét., 64, n.
Sicile (la Rhétorique née en), 2
Siciliens (aptitude des) pour l'éloquence, 2.
Signes, σημεῖα, 115-147.
Simple (le) style, 529.
Simplicité, v. ἀφέλεια, 466.
Soluta (période), 438.
Sophismes (lieux des), 144.
Sophistes (la Rhétorique des), 44.
Σοφία, 165.
Species sermonum, 255.
Statius L. Ursulus, Rhét., 64, n.

Statuaire (style de la), 521.
Status causarum. 320.
Stertinius Rhét., 64, n.
Stoïciens (Rhétorique des), 59-97-233, n. 1.
Στοχασμός (état), 233.
Style (théorie du), 413-524.
— (qualités générales du), 452.
— qualités particulières, 430.
— théorie d'Hermogène, 462.
— (caractères du), 525.
Stychomythiques (parties) de la tragédie. 104, n. 3.
Συγγνώμη, deprecatio,
Συγχώρησις, aveu, 506, n. 4.
Subtilis ductus, 256.
Sulpicius Victor, Rhét., 64, n.
Συμβουλευτικὸν γένος, 238.

Συμπλοκή, 474.
Συναθροισμός, 505, n. 1.
Συνέχης (période), 438.
Σύνθετα (les mots), 20.
Συντακτικοὶ ou Συντακτήριοι λόγοι, 305.
Συντομία, 41.
Syllogisme, 83-112.
Symmories (analyse du discours sur les), 262.
Synecdoche, 492.
Synonymes, 464-481.
Syracuse (la Rhétorique à), 1.
Σχετλιασμός, 507, n. 3.
Σφοδρός, 527.
Σφοδρότης, 465.
Σχετλιασμός, 507, n. 3.

T

Taine, cité, Préface, XV.
Τεκμήριον, 41-115.
Τελικὰ κεφάλαια, 258, n. 2.
Témoignage (le), 103.
Tempérance (la), 163.
Tempéré (le style), 531.
Τετράκωλος (période), 433.
Τέχνη, 65.
Τεχνῶν συναγωγή, d'Aristote, 3.
Τέχναι (les), 74.
Θεωρός, 253.
Théodecte, Rhét., 30-59.
Théodore, Rhét., 25-62.
Théon, Rhét., 63, n.
Théophraste, 59-419, n. 1.
Théramène, Rhét., 28.
Thésis (la), 229.

Thiers (M.), cité, 495.
Thurii, siège de l'école de Gorgias, 11.
Tibérius, Rhét., 63, n.
Tisias, 9.
Topique des passions. 172.
— des mœurs, 159.
— du genre délibératif, 258.
— du genre épidictique, 300.
— du genre judiciaire, 320.
Τοπογραφία, 504, n. 1.
Traductio, 474.
Τραχύτης, 464.
Tropes (théorie des), 461-481.
Τρόποι ou genres, 33.
Tryphon, Rhét., 63, n.
Tullius Tiro, 64, n.

U

Ὑπεξαίρεσις, 389.
Ὑποδήλωσις, 34.
Ὑποδιήγησις, 390.
Ὑπόκρισις, 23-97.
Ὑποκριτική, 23-518.
Ὑποστροφή, 465.
Utile (théorie de l'), 276.

Utile (l'), fin de l'éloquence délibérative, 259.
Utilité de la rhétorique, 75.
Ὑπόθεσις, 34-229.
Ὑποφορά, 506.
Ὕψηλος, le style, 527.

V

Valerius Primanus, Rhét., 64, n.
Verginius Flavus, Rhét., 64, n.
Vérité (la) du style, 466.

Vertu (la), 162.
Visellius, Rhét., 64, n.
Vraisemblable (lieu), 6-115.

X

Xénocrate, définit. de la Rhétor., 60, n. | Χρώματα λόγων, 255.

Z

Zénon, définition de la Rhét., 60.
Ζήτημα πολιτικὸν, 233.

Zonæus, Rhét., 63, n.

www.ingramcontent.com/pod-product-compliance
Lightning Source LLC
Chambersburg PA
CBHW060505230426
43665CB00013B/1395